A Monsieur le Recteur Jacques GEORGEL
en témoignage d'estime et de respect

Contentieux constitutionnel français

THÉMIS

COLLECTION FONDÉE ET DIRIGÉE PAR MAURICE DUVERGER

THÉMIS DROIT PUBLIC

SOUS LA DIRECTION DE DIDIER TRUCHET
Professeur à l'Université de Paris II

GUILLAUME DRAGO

Professeur à l'Université de Paris II - Panthéon-Assas
Doyen honoraire de la Faculté de droit et de science politique de Rennes

Contentieux constitutionnel français

PRESSES UNIVERSITAIRES DE FRANCE

ISBN 2 13 049577 X

Dépôt légal — 1re édition : 1998, septembre

108, boulevard Saint-Germain, 75006 Paris

Sommaire

TITRE II

HISTOIRE DU CONTRÔLE DE CONSTITUTIONNALITÉ EN FRANCE

TITRE III

LE CONSEIL CONSTITUTIONNEL ET LE CONTRÔLE DE CONSTITUTIONNALITÉ DES NORMES

TITRE IV

L'EFFECTIVITÉ DU CONTRÔLE DE CONSTITUTIONNALITÉ

Abréviations utilisées

AFDI	*Annuaire français de droit international*
AIJC	*Annuaire international de justice constitutionnelle*
AJDA	*Actualité juridique. Droit administratif*
APD	*Archives de philosophie du droit*
art.	Article
Bull.	*Bulletin des arrêts de la Cour de cassation*
Cass. civ.	Cour de cassation, chambre civile
Cass. crim.	Cour de cassation, chambre criminelle
Cass. soc.	Cour de cassation, chambre sociale
CCC	Comité consultatif constitutionnel
C. const.	Conseil constitutionnel
CE	Conseil d'État
Chron.	Chronique
Chron. const. fr.	Chronique constitutionnelle française (*Revue du droit public* et *Pouvoirs*)
CJEG	*Cahiers juridiques de l'électricité et du gaz*
Concl.	Conclusions des commissaires du gouvernement
D	*Recueil Dalloz*
DEA	Diplôme d'études approfondies
Déb. parl.	Débats parlementaires
dir.	direction
éd.	édition, éditeur
EDCE	*Études et documents du Conseil d'État*
GAJA	*Grands arrêts de la jurisprudence administrative*
GDCC	*Grandes décisions du Conseil constitutionnel*
GDJC	*Grandes décisions de la jurisprudence. Droit constitutionnel*
Gaz. Pal. ou *GP*	*Gazette du Palais*
J	Jurisprudence
J. cl.	*Jurisclasseur*
JCP	*Jurisclasseur périodique (Semaine juridique)*
JO	*Journal officiel*
LGDJ	Librairie générale de droit et de jurisprudence
LPA	*Les petites affiches*
Mél.	*Mélanges*
NED	Notes et études documentaires
PUAM	Presses universitaires d'Aix-Marseille
PUF	Presses universitaires de France
RAE	*Revue des affaires européennes*
Rec.	— après un arrêt du Conseil d'État ou du Tribunal des conflits, *Recueil Lebon* — après une décision du Conseil constitutionnel, *Recueil des décisions du Conseil constitutionnel*
Rép.	*Répertoire*
Rev. adm.	*Revue administrative*
RDP	*Revue du droit public et de la science politique en France et à l'étranger*
RFDA	*Revue française de droit administratif*
RFDC	*Revue française de droit constitutionnel*

RFSP	*Revue française de science politique*
RGDIP	*Revue générale de droit international public*
RIDC	*Revue international de droit comparé*
RITD	*Revue internationale de théorie du droit*
RPP	*Revue politique et parlementaire*
Rev. Sc. crim.	*Revue de science criminelle et de droit pénal comparé*
Rev. Soc.	*Revue des sociétés*
RTD civ.	*Revue trimestrielle de droit civil*
RTDE	*Revue trimestrielle de droit européen*
RTDH	*Revue trimestrielle des droits de l'homme*
RDSS	*Revue de droit sanitaire et social*
RUDH	*Revue universelle des droits de l'homme*
S	*Recueil Sirey*
TA	Tribunal administratif
TC	Tribunal des conflits
V.	Voir ou voyez...

Remarque générale concernant les références des décisions du Conseil constitutionnel

Les références des décisions du Conseil constitutionnel citées dans le corps de l'ouvrage ne sont faites qu'au *Recueil des décisions du Conseil constitutionnel*, ceci pour ne pas multiplier les références dans le texte. Le lecteur trouvera en annexe 2 l'ensemble des notes et commentaires de ces décisions, par type et numéro de décision.

Introduction générale

L'un des mouvements les plus marquants des démocraties occidentales de la fin de ce siècle est, du point de vue du droit, l'importance prise à nouveau par le droit constitutionnel (cf. J.-L. Seurin, *Le constitutionnalisme aujourd'hui*, Économica, 1984 ; D. Rousseau, Une résurrection, la notion de constitution, *RDP*, 1990, p. 5 et s.). Plus exactement, dans un monde aux valeurs sociales fragilisées, la référence à des textes socialement et juridiquement fondateurs constitue un recours aisé quand les valeurs communément admises sont fortement contestées et lorsque l'individualisme forcené prend le pas sur l'intérêt général. L'ordre social ébranlé, le droit demeure une référence, gouvernants et gouvernés s'y rattachent en y cherchant des règles de conduite, tant sociales qu'individuelles parfois. De toute part, le juge est sollicité pour dire le droit, tout le droit, et même dicter les conduites sociales, lorsqu'elle n'est plus unanimement admise. De ce point de vue, le droit constitutionnel fait figure de modèle. Par nature plus stable — on ne change pas tous les ans de constitution — il fonde l'édifice politique et social, il organise les pouvoirs publics, il définit le contenu et fixe l'étendue des droits fondamentaux de chaque citoyen.

Ce retour du droit constitutionnel est aussi lié à la renaissance des nationalismes dans l'Europe contemporaine et à la contestation latente du droit de l'Union européenne qui n'est pas (encore) un État, et donc aux résistances nationales à son application effective, dont le débat politique, à l'occasion de la ratification du traité de Maastricht, a été une illustration significative.

Les citoyens et les hommes politiques se tournent donc vers leur constitution en y voyant un gage de stabilité institutionnelle, politique et sociale.

Le développement des juridictions constitutionnelles dans les démocraties occidentales a contribué fortement à ce mouvement de recentrage du droit autour du droit constitutionnel. Le retour des régimes démocratiques après 1945 s'est accompagné de la mise en place de systèmes de contrôle de constitutionnalité, sous une double influence : celle du positivisme juridique dont le mouvement était déjà présent dès le début de ce siècle, celle du doute porté à l'égard du légicentrisme qui venait de montrer son incapacité à résister aux totalitarismes de toutes origines. En voyant dans les constitutions les instruments ultimes de défense du droit, les gouvernants ont cherché le moyen technique de garantir cette suprématie du droit et ils l'ont trouvé logiquement en créant une institution chargée d'assurer cette suprématie et de contrôler toutes les tendances contraires à celle-ci : la juridiction constitutionnelle.

Mais cette évolution des mentalités est aussi le fruit d'un mouvement de pensée qu'on qualifie généralement de constitutionnalisme.

Le constitutionnalisme

On laissera aux historiens du droit constitutionnel le point de savoir si la doctrine des « lois fondamentales du royaume » est l'une des origines du constitutionnalisme (v. S. Rials, Aux origines du constitutionnalisme écrit. Réflexions en marge du projet constitutionnel de la Ligue (1588), *Rev. hist. des Facultés de droit et de la science juridique*, n° 8, 1989, p. 189 ; B. Barret-Kriegel, *L'État et les esclaves*, Paris, Calmann-Lévy, 1979) ou s'il faut comprendre que le fondement moderne des constitutions se trouve dans le principe de séparation des pouvoirs et dans la garantie des droits, tel que l'affirme l'article 16 de la Déclaration des droits de l'homme et du citoyen de 1789[1]. L'analyse historique peut même permettre de rechercher l'idée constitutionnaliste dans l'Antiquité (P. Bastid, *L'idée de Constitution*, rééd., Paris, Économica, 1985). Il ne s'agit pas non plus ici de rechercher si la constitution est nécessaire à la création de l'État ou si celui-ci existe sans pour cela qu'il y ait une constitution à son origine. On souscrit volontiers à la démonstration de Carré de Malberg qui démontre que la création de l'État est d'abord un simple fait, non susceptible de qualification juridique, qui est la formation d'un groupe national en

1. Déclaration de 1789, art. 16 : « Toute société dans laquelle la garantie des droits n'est pas assurée, ni la séparation des pouvoirs déterminée, n'a point de constitution. »

unité collective (*Contribution à la théorie générale de l'État*, Paris, Sirey, 1920, rééd. CNRS, 1962, t. 1, p. 62 et s.), avec cette précision que l'État existe dès lors qu'un statut — qu'on peut appeler constitution originaire — « donne à cette collectivité des organes assurant l'unité de sa volonté et faisant d'elle une personne étatique » (*op. cit.*, p. 65).

Et Carré de Malberg de conclure : « Cette Constitution originaire n'est, comme l'État même auquel elle donne naissance, qu'un pur fait, réfractaire à toute qualification juridique : son établissement ne relève en effet d'aucun ordre juridique antérieur à cet État. C'est donc une erreur fondamentale que de vouloir, comme l'ont prétendu certains auteurs [L. Duguit], trouver indéfiniment du droit à la source des États et de leurs Constitutions » (p. 66).

A l'origine du constitutionnalisme, il y a l'idée de la suprématie de la constitution, c'est-à-dire d'un texte écrit, stable dans la durée, et dont la valeur est supérieure à celle de toutes les autres normes juridiques. Cette conception n'est pas seulement juridique, elle implique aussi un comportement politique et social.

« Politiquement, le constitutionnalisme signifie que la loi fondamentale est la traduction du pacte social conclu entre toutes les composantes du pays. Parce qu'elle incarne l'adhésion de l'immense majorité des éléments du corps social, la constitution bénéficie d'une légitimité érigée en mythe sacralisé » (Y. Mény, V° constitutionnalisme, *in* O. Duhamel et Y. Mény, *Dictionnaire constitutionnel*, PUF, 1992).

Si ce mouvement se réalise dans un texte constitutionnel aux États-Unis par l'adoption de la Constitution de 1787, il est particulièrement caractéristique en France dès 1789, ce dont le préambule de la Déclaration des droits de l'homme et du citoyen témoigne pleinement en un style superbe :

« afin que les actes du pouvoir législatif et ceux du pouvoir exécutif, pouvant être à chaque instant comparés avec le but de toute institution politique, en soient plus respectés ; afin que les réclamations des citoyens, fondées désormais sur des principes simples et incontestables, tournent toujours au maintien de la constitution et au bonheur de tous ».

Il y a donc dans le constitutionnalisme une volonté de stabilité normative et un principe de supériorité de la norme constitutionnelle, norme originaire, fondatrice, et dont découlent toutes les autres règles de droit. On trouve dans cette conception un souci de rationalisation, d'unification et de systématisation des règles de la vie en société qui plonge ses racines chez Hobbes et son *Léviathan*. De cette structure logique, on peut tirer une hiérarchie de règles et de pouvoirs, pouvoir constituant et pouvoirs constitués. C'est ce qu'explique bien S. Goyard-Fabre :

« La constitution en effet fixe la distribution des compétences des différents organes du pouvoir : elle est le statut matriciel de l'institutionnalisation qui, *matériellement*, s'étend à tous les domaines de la vie sociale. En cela, on perçoit aussitôt l'importance de l'aspect *formel* du constitutionnalisme : une loi ou un énoncé de droit ne sont valides que s'ils sont congruents avec le dispositif de la constitution, qui prend ainsi valeur de "loi fondamentale" » (*Les fondements de l'ordre juridique*, Paris, PUF, 1992, p. 147).

Mais cette conception du droit et de l'État est une conception organiciste, formelle, qui laisse largement de côté la question du droit substantiel, c'est-à-dire du contenu des règles fondamentales, de leur raison d'être, des orientations politiques et sociales auxquelles elles se rattachent.

C'est à cette sorte de logique juridique formelle que se rattache, sous des appellations diverses, la doctrine de l'État de droit en Allemagne à la fin du XIXe siècle puis en France (pour une présentation de ces évolutions : S. Goyard-Fabre, *Les principes philosophiques du droit politique moderne*, PUF, coll. « Thémis », 1997, spéc. p. 167 et s.).

Cette doctrine de l'État de droit « est forgée par des juristes, avant tout pour répondre à l'exigence de fondation du droit public : machine de guerre contre l'omnipotence parlementaire, la théorie privilégie une conception purement formelle de la hiérarchie des normes, en faisant l'impasse sur les valeurs sur lesquelles elle repose » (J. Chevallier, *L'État de droit*, Paris, Montchrestien, coll. « Clefs Politique », 2e éd., 1994, p. 9).

Même si cette conception générale dont « l'objectif poursuivi est d'encadrer et de limiter la puissance de l'État par le droit », « recouvre cependant des visions assez différentes du rapport entre l'État et le droit : l'État de droit c'est, tantôt l'État qui agit au moyen du droit, en la forme juridique, tantôt l'État qui est assujetti au droit, tantôt encore l'État dont le droit comporte certains attributs intrinsèques ; ces trois versions — formelle, hiérarchique, matérielle — dessinent plusieurs figures possibles, plusieurs types de configurations de l'État de droit » (*ibid.*, p. 11).

Paradoxalement, c'est cette conception formelle qui va conduire au développement d'un droit substantiel par l'intermédiaire d'un vecteur particulièrement puissant : l'instauration des juridictions constitutionnelles. La fonction première de la juridiction constitutionnelle, dans la conception aujourd'hui devenue classique qui est celle de Kelsen, est de faire respecter cette hiérarchie formelle, particulièrement entre la loi et la constitution (*Théorie pure du droit*, trad. de la 2e éd. par C. Eisenmann, Dalloz, 1962, p. 363-364. Cf. C. Eisenmann, *La justice constitutionnelle et la Haute Cour constitutionnelle d'Autriche*, Paris, LGDJ, 1928, rééd. Économica, 1986, p. 22).

Ce qui est conçu comme un contrôle de la « validité » de la loi à la constitution va évoluer en un contrôle substantiel des actes subordonnés à la constitution. Ce mouvement s'appuie en France sur différents facteurs. D'une part, le développement d'un contrôle juridictionnel de l'administration par le juge administratif va se faire non seulement par un affinement des techniques contentieuses et l'extension des cas d'ouverture du recours pour excès de pouvoir (contrôle minimum, contrôle de proportionnalité) mais aussi par une jurisprudence soucieuse de la défense des libertés publiques, en énonçant notamment des principes généraux du droit, issus tant du corpus législatif français que du pouvoir d'interprétation du juge. Ce processus de dégagement vis-à-vis du contrôle juridictionnel formel va fortement influencer le Conseil constitutionnel qui va suivre en quelque sorte le même chemin, passant du contrôle de la compétence du législateur à celui du contenu de la loi (v. G. Vedel, Réflexions sur quelques apports de la jurisprudence du Conseil d'État à celle du Conseil constitutionnel, *Mél. R. Chapus*, Montchrestien, 1992, p. 647 et s.).

Mais d'autre part, ce chemin n'aurait pas été fait si juge administratif et juge constitutionnel n'avaient pas bénéficié des instruments tout autant conceptuels que juridiques que sont la Déclaration de 1789 et le Préambule de 1946. Là encore la jurisprudence administrative avait montré la voie en les utilisant (J. Chevallier, *L'État de droit*, p. 79-80 ; F. Burdeau, *Histoire du droit administratif*, PUF, coll. « Thémis », 1997), plus exactement en leur donnant valeur normative et donc obligatoire. Le Conseil constitutionnel, suivant le même type d'évolution, disposait déjà de ces instruments : il lui restait à leur donner leur place dans la hiérarchie des normes, ce qui fut fait dans les années 1970. En conférant clairement valeur constitutionnelle au préambule de la Constitution de 1958, lequel renvoie à la Déclaration de 1789 et au Préambule de 1946, le Conseil fait un véritable saut de qualité dans le contrôle de constitutionnalité.

Dans cette conception, la défense des droits de l'individu s'exprime directement par le contrôle de constitutionnalité.

> « L'idée selon laquelle les individus sont titulaires de droits face au pouvoir, et disposent des moyens de les faire valoir constitue bien un acquis fondamental : la hiérarchie formelle des normes devient, non plus une *fin en soi*, mais un *moyen de protection* des droits individuels » (J. Chevallier, *op. cit*, p. 58).

La nature substantielle du contrôle prend le pas sur la nature formelle, même si cette dernière demeure essentielle, le contrôle de l'incompétence négative le montre suffisamment (v. *infra*, titre III). L'utilisation de la Déclaration de 1789 en est l'illustration la plus frappante. Dans la lecture contemporaine qui en est faite, elle représente un équilibre entre les deux conceptions, formelle et matérielle, ce qui explique une part de son succès auprès du juge constitutionnel.

Enfin, ce mouvement s'appuie sur une évolution des mentalités juridiques qui deviennent très sensibles aux droits fondamentaux, sous l'influence même des cours constitutionnelles européennes et de la jurisprudence de la Cour européenne des droits de l'homme. Il y a là une sorte de convergence pour ne pas dire de concurrence ou de surenchère entre les différents organes juridictionnels dont les droits fondamentaux sont l'objet (v. *infra*, titre I). La doctrine de l'État de droit devient alors celle des libertés publiques et individuelles, celle de la défense des droits fondamentaux contre tous les pouvoirs, exécutif et législatif et dans certains systèmes (Italie, Allemagne) judiciaire.

Cette évolution a produit un véritable changement de nature du droit constitutionnel dont il est fait ainsi le constat :

« c'est l'idée de réalisation de l'État de droit qui domine le droit constitutionnel moderne : toutes les institutions (y compris le Parlement) sont soumises au respect des règles de droit et notamment à celles qui protègent les droits fondamentaux : en sorte qu'elles ne peuvent limiter ceux-ci ou leur porter atteinte qu'en utilisant les voies normatives appropriées, et donc, en fait, en obtenant les majorités exigées pour adopter telle ou telle limitation. Ainsi il apparaît que les trois objets du droit constitutionnel moderne — institutions, normes et libertés — sont étroitement liés et ne forment qu'un même ensemble » (L. Favoreu, Le droit constitutionnel, droit de la constitution et constitution du droit, *RFDC*, n° 1, 1990, p. 71 et s., spéc. p. 79).

Ainsi, selon certains, tout procède du droit constitutionnel et il est alors important et légitime de repérer l'influence du droit constitutionnel sur les différentes branches du droit (L. Favoreu, L'influence de la jurisprudence du Conseil constitutionnel sur les diverses branches du droit, *Mél. L. Hamon*, Paris, Économica, 1982, p. 235 et s. ; id., La constitutionnalisation du droit, *Mél. R. Drago*, Économica, 1996, p. 26 et s. ; id., Légalité et constitutionnalité, *Cahiers du Conseil constitutionnel*, n° 3, 1997, p. 73 et s.). De même, selon les constitutionnalistes contemporains, il importe de faire une étude aussi exhaustive que possible de la constitution, dans tous ses articles, et dans toutes ses implications.

Mais c'est oublier que tout le droit, en tout cas le droit français, ne procède pas de la constitution. Le doyen Vedel l'exprime avec clarté :

« Le droit constitutionnel n'est ni la source historique et juridique de l'ensemble du droit ni le démiurge des concepts et des méthodes de celui-ci. Tout d'abord d'un point de vue abstrait, une hiérarchie de norme n'exige des normes inférieures que la compatibilité avec les normes de rang supérieur. (...) En second lieu, le droit a existé bien avant que ne soient mis au clair la hiérarchie normative, la suprématie constitutionnelle et le juge constitutionnel. (...) Enfin et surtout, les concepts que, dans son activité de contrôle, manipule le juge constitutionnel ont, dans leur immense majorité, été formés sans référence à des concepts constitutionnels » (Aspects généraux et théoriques, *Mél. R. Drago*, Économica, 1996, p. 6).

La constitutionnalisation du droit procède donc de la hiérarchie normative, c'est-à-dire du rapport formel entre les normes de cette hiérarchie, beaucoup plus que d'une influence substantielle des normes constitutionnelles sur les normes subordonnées. Le contrôle de constitutionnalité n'a pas pour fonction de formuler du droit mais d'assurer sa cohérence.

Les paradoxes du retour au droit substantiel par la jurisprudence des cours constitutionnelles

Le premier paradoxe vient de ce que c'est à partir de cette doctrine constitutionnaliste, fondée sur des principes kelséniens, c'est-à-dire sur un normativisme rejetant toute idée de présupposés philosophiques tirés du jusnaturalisme, que les juridictions constitutionnelles vont élaborer un corpus de droits fondamentaux tiré de la constitution mais dont les fondements touchent au personnalisme, et se rattachent, sans le dire ou même le savoir, aux doctrines jusnaturalistes. Le normativisme kelsénien participe ainsi à une revalorisation du droit naturel.

Certes, ces droits fondamentaux sont largement le fruit du pouvoir d'interprétation du juge, qui puise dans un ensemble historico-juridique pour énoncer une norme générale qui s'accorde avec l'ordre juridique du moment. Mais justement, l'exercice de ce pouvoir d'interprétation laisse songeur. Quelle est la « marge de manœuvre » du juge constitutionnel en matière d'interprétation ? Quelle est sa méthode d'interprétation ? Plus généralement, comment les constitutions peuvent-elles donner lieu à interprétation ? Cette question est susceptible de réponses variées. Tantôt l'interprétation est considérée comme intrinsèque à la fonction juridictionnelle et le juge ne doit pas chercher ailleurs que dans le texte lui-même sa signification (c'est le phénomène autrichien de « pétrification » de la constitution), tantôt elle est le fruit du contexte dans lequel s'inscrit le texte constitutionnel et dont le juge doit être l'interprète en cherchant à donner une cohérence globale à l'ordre juridique (C. Grewe et H. Ruiz-Fabri, *Droits constitutionnels européens*, PUF, coll. « Droit fondamental », 1995, n° 37 ; cf. aussi R. Dworkin, *L'Empire du droit*, 1986, trad. fr., PUF, 1994, p. 204 et s.).

Le deuxième paradoxe est que la doctrine de l'État de droit occulte les valeurs sur lesquelles il est fondé pour en rester à un ensemble de mécanismes de garanties et de contrôle normatif et juridictionnel. Or, la garantie de l'État de droit passe par un processus de garantie juridictionnelle qui doit trouver des fondements non seulement dans la hiérarchie des normes, fondement formel, mais aussi dans un droit substantiel qui conduit le juge à faire des choix de politique jurisprudentielle dans lesquels les présupposés philosophiques, humanistes et sociaux ne peuvent pas être absents. L'ambivalence de la fonction de la juridiction constitutionnelle est dans cette contradiction intrinsèque entre une fonction de garantie formelle de la règle de droit qui fait toujours prévaloir la constitution sur les autres normes et une fonction de garantie de principes de fond, qui peuvent être contenus dans la constitution, mais qui fait inévitablement partie de la fonction fondamentale de pacification sociale et politique inhérente à la justice constitutionnelle.

Bien plus, la fonction du juge constitutionnel dépasse de loin la fonction « objective » donnée au juge ordinaire qui n'a qu'une fonction d'application des lois, purement déductive (J. Chevallier, *op. cit.*, p. 68 ; M. Verpeaux, La notion révolutionnaire de juridiction, *Droits*, n° 9, 1989, p. 36). Si le juge ordinaire ne doit être que la « bouche de la loi », le juge constitutionnel ne peut se limiter, du fait de la généralité intrinsèque de la norme constitutionnelle, à une application mécanique de la constitution. Son pouvoir d'interprétation est nécessairement plus étendu, avec d'autant plus d'influences et de conséquences juridiques que sa décision s'impose à l'ensemble normatif. Cette influence est d'autant plus forte que le contrôle est concentré au sein d'un organe unique, soit spécifique et placé à côté des ordres juridictionnels, soit parce qu'il les coiffe et en constitue la juridiction suprême. Mais même dans les cas de contrôle diffus, dans lesquels la loi « ne se trouve blessée que par hasard » (Tocqueville), on sait que l'effet de la décision du juge dépasse en fait le cas d'espèce pour atteindre un degré de plus grande généralité dans ses effets. C'est dire ainsi que la fonction de contrôle de constitutionnalité l'emporte quant à ses effets sur l'organe même qui l'exerce.

L'évolution de la doctrine publiciste en France

La doctrine publiciste contemporaine française est passée en trente ans d'une doctrine de la mort des constitutions à celle de la résurrection de celle-ci. Le développement de la science politique à partir des années 1950, notamment grâce à M. Duverger, et certaines orientations des publicistes eux-mêmes, comme G. Burdeau, tant dans son *Traité de science politique* que dans d'autres écrits (G. Burdeau, Une survivance, la notion de Constitution, *Études de droit public. Mél. A. Mestre*, Paris, Sirey, 1956, p. 53), ont conduit à mettre en avant les vertus de l'observation des pratiques politiques ou de la jurisprudence plutôt que l'étude des textes constitutionnels, faisant ainsi la place à un certain principe de réalité, à l'observation « sociologique » et rejetant ce qui est considéré comme de la réflexion « métaphysique » (M. Duverger, *Droit constitutionnel et institutions politiques*, Paris, PUF, coll. « Thémis », 4e éd., 1959, vol. 1, p. VII-VIII, cité par D. Turpin, *Droit constitutionnel*, Paris, PUF, coll. 1er cycle, 2e éd., 1994, p. 2 et s. qui présente ce mouvement d'évolution du droit constitutionnel et de la science politique).

Sur un autre registre qui est celui du droit administratif, la doctrine a pu faire le constat à une certaine époque, comme l'a fait le doyen G. Vedel, de la continuité du droit administratif et de la discontinuité du droit constitutionnel (G. Vedel, Discontinuité du droit constitutionnel et continuité du droit administratif : le rôle du juge, *Mél. M. Waline*, Paris, LGDJ, 1974, t. 2, p. 777) ou encore de l'autonomie du droit administratif par rapport au droit constitutionnel (c'est la conception de R. Chapus, *Droit administratif général*, Paris, Montchrestien, coll. « Domat », t. 1, 11e éd. 1997, n°s 10 et 1399), même si des tendances inverses ont vu le jour dans le même temps (G. Vedel, Les bases constitutionnelles du droit administratif, *EDCE*, 1954, p. 21 et s. Et la critique célèbre de C. Eisenmann, La théorie des « bases constitutionnelles du droit administratif », *RDP*, 1972, p. 1345).

Mais le développement, à partir des années 1970, de la jurisprudence du Conseil constitutionnel qui n'est plus seulement l' « organe régulateur de l'activité des pouvoirs publics » comme il s'était qualifié lui-même en 1962 (C. const., n° 62-20 DC, 6 novembre 1962, *Rec.*, 27. V. justement sur les prémisses de cette évolution : L. Favoreu, Le Conseil constitutionnel, régulateur de l'activité normative des pouvoirs publics, *RDP*, 1967, p. 5 et s.) mais qui énonce et formule des principes de droit constitutionnel substantiel, des droits fondés sur la reconnaissance d'un « bloc de constitutionnalité » issu de la Déclaration de 1789, du Préambule de la Constitution de 1946 et de celui de la Constitution de 1958, va produire une évolution des mentalités et des analyses politiques et juridiques dans laquelle on pourra voir un véritable renversement de perspective (P. Avril, Une revanche du droit constitutionnel, *Pouvoirs*, n° 49, 1989, p. 5 et s.).

En réalité, la continuité de la doctrine publiciste doit être soulignée, non seulement parce que le développement de la science politique n'a pas réduit la production des constitutionnalistes mais aussi parce que les auteurs les plus classiques, Duguit, Hauriou, Esmein, Carré de Malberg, Joseph-Barthélémy et Duez, Laferrière, n'ont jamais évacué, loin s'en faut, les réflexions relatives à la justice constitutionnelle de leurs propos. Au contraire, on peut être frappé par la pertinence, l'actualité des propos d'un Hauriou ou d'un Carré de Malberg sur l'importance du contrôle de constitutionnalité et la nécessité de limiter la puissance parlementaire (R. Carré de Malberg, *La loi, expression de la volonté générale*, Sirey, 1931, p. 221 et s. ; M. Hauriou, *Précis de droit constitutionnel*, Paris, Sirey, 1929, rééd. CNRS, 1965, p. 266 et s.). Le doyen Vedel a pu en faire le constat lors d'un colloque qui soulignait justement cette continuité constitutionnelle de 1789 à 1989 (G. Vedel, Rapport de synthèse, *in* Association française des constitutionnalistes, *La continuité constitutionnelle de 1789 à 1989*, Économica-PUAM, 1990, p. 271 et s. ; reproduit in *RFDC*, n° 1, 1990, p. 5 et s.).

La doctrine politiste elle-même est bien consciente de ce « retour » du droit constitutionnel et en fait l'analyse selon ses propres critères, en ne cherchant pas nécessairement une opposition doctrinale mais en proposant des clefs de lecture (B. François, Le juge, le droit et la politique : éléments d'une analyse politiste, *RFDC*, n° 1, 1990, p. 49 et s.). Ce néoconstitutionnalisme est marqué en France par les analyses de la jurisprudence du Conseil constitutionnel qui ont constitué le « facteur déclenchant » de cette tendance. En effet, les commentaires de jurisprudence sont d'abord le fait de techniciens, administrativistes pour la plupart, ou en tout cas formés à l'école la plus classique du droit administratif. C'est que la jurisprudence même du Conseil constitutionnel subit l'influence du droit et du contentieux administratifs, non seulement parce qu'elle y trouve les instruments conceptuels et les techniques contentieuses qui lui manquaient jusque-là, mais aussi par la présence au sein et autour du Conseil de spécialistes reconnus du droit administratif (ce qu'a bien montré le doyen G. Vedel : Réflexions sur quelques apports de la jurisprudence du Conseil d'État à la jurisprudence du Conseil constitutionnel, *Mél. R. Chapus*, Montchrestien, 1992, p. 647 et s. ; *id.*, Doctrine et jurisprudence constitutionnelle, *RDP*, 1989, p. 11 et s.). Les apports et l'influence entre le droit constitutionnel et le droit administratif, entre le Conseil constitutionnel et le Conseil d'État sont d'ailleurs réciproques.

V. respectivement : A. S. Ould Bouboutt, *L'apport du Conseil constitutionnel au droit administratif*, Paris, Économica, 1987 ; F. Batailler, *Le Conseil d'État juge constitutionnel*, Paris, LGDJ, 1966 ; *Conseil constitutionnel et Conseil d'État*, LGDJ-Montchrestien, 1988.

L'école d'Aix-en-Provence

A l'initiative de L. Favoreu et de L. Philip d'abord, puis de nombreux de leurs élèves par la suite, les études de droit constitutionnel vont prendre à partir des années 1970 un nouvel élan en France. C'est à une véritable prise de conscience juridique qu'invitent ces deux auteurs par la réalisation de *Grandes décisions du Conseil constitutionnel* (1re éd., Sirey, 1975, préf.

M. Waline ; 9e éd., Dalloz, 1997). Bien plus, la création d'une équipe de recherche collective (le fameux Groupe d'études et de recherches sur la justice constitutionnelle [GERJC, équipe associée au CNRS] de l'université d'Aix-Marseille III) permet de démultiplier les actions et les thèmes de recherche. La création de l'*Annuaire international de justice constitutionnelle* en 1986 puis de la *Revue française de droit constitutionnel* en 1990 parachève cette construction en montrant que l'étude du droit constitutionnel moderne est scientifique et juridique, fortement marquée par le droit comparé et susceptible de productions scientifiques autonomes par rapport aux autres branches du droit.

Objet du présent ouvrage

Ce livre se veut d'abord un ouvrage de contentieux. Il s'agit donc d'étudier et de présenter les règles contentieuses utilisées devant le Conseil constitutionnel français. On comprendra aisément que, selon cette perspective, le contentieux constitutionnel des lois tienne une place majeure. Ce n'est pas que le contentieux électoral soit sans importance, bien au contraire ; mais il fait agir le Conseil constitutionnel largement comme une juridiction « ordinaire » si l'on peut dire, à cette exception près que le contentieux du financement de la vie politique l'orientera sans aucun doute dans l'avenir vers un contrôle de fond, pour peu que le statut des partis politiques acquière un support constitutionnel. De plus, le contentieux électoral devant le Conseil ne peut être distinct de ce qui relève de la juridiction administrative et qui fait donc l'objet d'ouvrages spécialisés (J.-C. Masclet, *Droit électoral*, PUF, 1989 ; id., *Le droit des élections politiques*, PUF, 1992). De même, le contentieux des lois de finances ne sera pas distingué, sauf exception, du contentieux des lois ordinaires, mais les aspects de contrôle au fond de la loi de finances se seront pas traités ici.

Un ouvrage de contentieux pourrait se contenter d'une description des règles de la procédure devant la juridiction considérée. Outre le caractère fastidieux d'un tel exercice, ce serait surtout oublier que la procédure est guidée par des principes, comporte des garanties, façonne en quelque sorte la juridiction qui l'utilise, lui donne réellement sa dimension, sa compétence, ne serait-ce que parce que ces règles font l'objet d'interprétations par la juridiction qui les applique. Ceci est particulièrement vrai pour le Conseil constitutionnel pour lequel les règles écrites de procédure sont peu nombreuses et pas toujours explicites. L'étude de la jurisprudence du Conseil constitutionnel est essentielle pour comprendre les principes du contentieux constitutionnel français.

Mais il y a plus. Présenter la juridiction constitutionnelle française pourrait laisser penser qu'on traitera d'abord des politiques jurisprudentielles du Conseil constitutionnel, de ses orientations au fond, du droit constitutionnel matériel, substantiel, de la protection des droits fondamentaux assurée par le Conseil. Ce n'est pas l'objet de ce livre. La matière est d'ailleurs déjà largement traitée (v. par exemple : F. Luchaire, *La protection constitutionnelle des droits et des libertés*, Paris, Économica, 1987). Mais on croit aussi que l'énoncé des règles contentieuses applicables devant le Conseil constitutionnel apporte des éléments fondamentaux de jurisprudence qui font comprendre le sens de celle-ci. Plus généralement, on pense que l'action de la juridiction constitutionnelle est plus significative lorsqu'elle agit en tant que répartiteur des compétences normatives entre les différents organes de l'État, entre exécutif et législatif en particulier, que lorsqu'elle se prononce en matière de droits fondamentaux, même si le plus souvent les deux éléments sont évidemment liés. Cette fonction technique, contentieuse, nous paraît être la raison d'être de la juridiction constitutionnelle, plutôt que la défense des droits fondamentaux, aux présupposés plus fragiles et aux destinées peut-être plus redoutables que désirables. On se place ainsi dans le sens de la conception kelsénienne de l'ordre juridique et de la justice constitutionnelle. Il nous semble en tout cas que cette voie, qui a été suivie jusque-là par le Conseil constitutionnel, lui a conféré plus d'autorité qu'aucune autre. Et c'est donc ce chemin que l'on propose au lecteur de suivre.

De ce point de vue, deux éléments doivent être pris en considération. D'une part, il est nécessaire de faire appel à la théorie générale de la juridiction constitutionnelle qui permet de comprendre en quoi le contentieux constitutionnel est une partie essentielle de la juridiction constitutionnelle. C'est ce qui sera fait dans le titre premier de cet ouvrage. D'autre part, les références au droit comparé constituent le deuxième élément indispensable pour comprendre comment le Conseil constitutionnel a pu bâtir ses principes contentieux. Il y sera fait appel autant que possible, sans prétendre à l'exhaustivité dans ce domaine, chaque fois que la référence au droit comparé sera nécessaire.

Enfin, cet ouvrage s'intitule *Contentieux constitutionnel français*. On y trouvera donc les règles contentieuses relevant du Conseil constitutionnel français principalement mais aussi de façon subsidiaire ce qui fait que les autorités administratives et les juridictions ordinaires peuvent, dans certaines conditions, exercer une fonction de justice constitutionnelle, soit par leur propre compétence, soit en exécution de la jurisprudence du Conseil constitutionnel.

Le contentieux constitutionnel

Le terme de contentieux constitutionnel désigne l'ensemble des litiges portant sur une contestation de la constitutionnalité d'actes subordonnés à la Constitution ainsi que les procédés et techniques ayant pour objet de résoudre ces contestations. On présente là une définition procédurale de ce terme, considérant que le terme de contentieux constitutionnel s'applique d'une part chaque fois que la norme de référence du contrôle est la constitution, d'autre part chaque fois qu'une autorité de type juridictionnel est amenée à répondre à une question de droit en se fondant sur la constitution. Au premier rang de ces autorités se trouve le Conseil constitutionnel mais on ne peut exclure du contentieux constitutionnel les juridictions ordinaires, lorsqu'elles viennent à utiliser la constitution comme norme de référence.

Mais le terme de contentieux constitutionnel est susceptible de plusieurs acceptions. Pour D. Maus, le contentieux constitutionnel est désigné comme « l'ensemble des litiges qui peuvent naître de l'activité des institutions constitutionnelles ainsi que des procédés qui permettent de les résoudre » (La notion de contentieux constitutionnel sous la Ve République, *RPP*, 1980, p. 26 et s.). Le champ des institutions relevant du contentieux est alors envisagé très largement et couvre l'ensemble des institutions dont les rapports sont organisés par la constitution. Dans une acception plus étroite, il peut s'agir de « l'étude des décisions de la juridiction constitutionnelle » (D. Turpin, *Contentieux constitutionnel*, PUF, 2e éd., 1994, n° 1, qui ne se limite pas à cette définition étroite).

M. J. Pini utilise la notion de « contentieux de constitutionnalité » en la définissant comme « l'ensemble des litiges portant sur des questions de constitutionnalité, et au mode de règlement spécifique de ces litiges, ce dernier élément incluant, par extension, l'ensemble des voies de recours contentieux » (*Recherches sur le contentieux de constitutionnalité*, thèse, Aix-Marseille III, 1997, n° 65), l'auteur faisant la distinction entre ce qui relève de la fonction de l'organe chargé du contrôle de constitutionnalité et ce qui relève des techniques au service d'une fonction, de défense des droits fondamentaux et de garantie des compétences normatives des organes constitutionnels.

Présentation du plan de l'ouvrage

Traiter du contentieux constitutionnel français impose de présenter d'abord les principes généraux d'une telle discipline. Il s'agit en fait essentiellement de présenter d'abord ce qui forme la particularité de la justice constitutionnelle, comparativement aux autres juges et juridictions. Il nous a semblé important de tenter de présenter d'abord une théorie générale de la juridiction constitutionnelle (titre 1), soulignant ainsi les particularités des organes chargés du contrôle de constitutionnalité.

Cet exercice préalable étant réalisé, l'étude du contrôle de constitutionnalité en France sera, on l'espère, plus aisée, pour le lecteur. Elle replacera ce contrôle dans sa perspective historique (titre 2, Histoire du contrôle de constitutionnalité en France) avant de présenter d'une part le contrôle de constitutionnalité des normes (titre 3) qui forme le cœur de cet ouvrage, et d'autre part l'effectivité du contrôle de constitutionnalité (titre 4).

L'ouvrage se présente donc en quatre titres :

Titre 1 : Théorie générale de la juridiction constitutionnelle.
Titre 2 : Histoire du contrôle de constitutionnalité en France.
Titre 3 : Le Conseil constitutionnel et le contrôle de constitutionnalité des normes.
Titre 4 : L'effectivité du contrôle de constitutionnalité.

BIBLIOGRAPHIE DE L'INTRODUCTION GÉNÉRALE

Le constitutionnalisme

Ouvrages : Cabanis (D.), *Constitutionnalisme et opinion*, Presses de l'IEP de Toulouse, 1989 ; Cappelletti (M.) et Cohen (W.), *Comparative constitutional Law*, Indianapolis, Bobbs-Merrill Comp., 1979 ; Favoreu (L.), *La politique saisie par le droit*, Économica, 1988 ; Friedrich (C.), *La démocratie constitutionnelle*, Paris, PUF, 1958 ; Garcia de Enterria, *La Constituciòn como norma y el Tribunal constitucional*, Madrid, Civitas, 3e éd., 1985 ; Goyard-Fabre (S.), *Les fondements de l'ordre juridique*, partie II, chap. 1, Les voies logico-formelles : le constitutionnalisme, p. 133 et s. ; Grewe (C.) et Ruiz Fabri (H.), *Droits constitutionnels européens*, Paris, PUF, coll. « Droit fondamental », 1995, spéc. n° 23 et s. ; Hayek (F. A.), *La Constitution de la liberté*, Litec, 1994, chap. 12 : L'apport américain : le constitutionnalisme, p. 175 et s. ; Seurin (J.-L.), *Le constitutionnalisme aujourd'hui*, Économica, 1984 ; Starck (C.), *La Constitution, cadre et mesure du droit*, Économica-PUAM,

1994 ; Turpin (D.), *Contentieux constitutionnel*, Paris, PUF, coll. « Droit fondamental », 2e éd., 1994, n° 16 et s. ; id., *Droit constitutionnel*, Paris, PUF, coll. 1er cycle, 2e éd., 1994, p. 1 à 8.

Articles et contributions : Atias (C.), La civilisation du droit constitutionnel, *RFDC*, n° 7, 1991, p. 435 et s. (et la réponse de J.-Y. Chérot, Les rapports du droit civil et du droit constitutionnel, *RFDC*, n° 7, 1991, p. 439) ; Beaud (O.), V° Constitution et constitutionnalisme, *in* P. Raynaud et S. Rials, *Dictionnaire de philosophie politique*, PUF, 1996, p. 117 et s. (et bibliographie citée) ; Charlier (R.-E.), Évolution et situation présente de la notion de droit constitutionnel, *Mél. J.-J. Chevallier*, 1977, p. 31 et s. ; Favoreu (L.), L'influence du Conseil constitutionnel sur les diverses branches du droit, *Mél. L. Hamon*, Économica, 1982, p. 235 et s. ; id., Le droit constitutionnel, droit de la Constitution et constitution du droit, *RFDC*, n° 1, 1990, p. 71 et s. ; François (B.), Le juge, le droit et la politique : éléments d'une analyse politiste, *RFDC*, n° 1, 1990, p. 49 et s. ; id., Justice constitutionnelle et « démocratie constitutionnelle », *in* CURAPP, *Droit et politique*, Paris, PUF, 1993, p. 53 et s. ; id., La constitution du droit ? La doctrine constitutionnelle à la recherche d'une légitimité juridique et d'un horizon politique, *in* CURAPP, *La doctrine juridique*, PUF, 1993, p. 210 et s. ; Gaxie (D.), Jeux croisés, *in* CURAPP, *Les usages sociaux du droit*, 1989, p. 209 ; Guénaire (M.), Le constitutionnalisme, expression de la politique libérale, *Rev. de la recherche juridique. Droit prospectif*, 1987-1, p. 106 et s. ; Hamon (L.), Sur une notion en débat, *RDP*, 1984, p. 298 et s. ; id., L'affirmation, l'évolution et la signification du fait constitutionnel, *in* Académie internationale de droit constitutionnel, *Recueil des cours*, 1, *La suprématie de la Constitution*, 1987, p. 99 et s. ; Luchaire (F.), De la méthode en droit constitutionnel, *RDP*, 1981, p. 275 et s. ; Mercuzot (B.), Saisines parlementaires et constitutionnalisme, *in* CURAPP, *Droit et politique*, Paris, PUF, 1993, p. 65 et s. ; Miaille (M.), Le droit constitutionnel et les sciences sociales, *RDP*, 1984, p. 276 et s. ; Mirkine-Guetzevitch (B.), Les nouvelles tendances du droit constitutionnel, *RDP*, 1928, p. 5 et s. ; Poirmeur (Y.) et Rosenberg (D.), La doctrine constitutionnelle et le constitutionnalisme français, *in* CURAPP, *Les usages sociaux du droit*, PUF, 1989, p. 230 et s. ; Poirmeur (Y.), Thèmes et débats autour du constitutionnalisme, *in* CURAPP, *Droit et politique*, Paris, PUF, 1993, p. 13 et s. ; Rials (S.), Les incertitudes de la notion de Constitution sous la Ve République, *RDP*, 1984, p. 587 et s. ; id., Aux origines du constitutionnalisme écrit. Réflexions en marge du projet constitutionnel de la Ligue (1588), *Rev. hist. des Facultés de droit et de la science juridique*, n° 8, 1989, p. 189 ; id., Sur les origines canoniales des techniques constitutionnelles modernes, *Pouvoirs*, n° 44, 1988, p. 141 et s. ; id., Constitutionnalisme, souveraineté et représentation (La représentation : continuité ou nécessité ?), *in* Association française des constitutionnalistes, *La continuité constitutionnelle en France de 1789 à 1989*, Économica-PUAM, 1990, p. 49 et s. ; id., Entre artificialisme et idolâtrie, sur l'hésitation du constitutionnalisme, *Le débat*, n° 64, mars-avril 1991, p. 163 et s. ; Rousseau (D.), Les constitutionnalistes, les politistes et le « renouveau » de l'idée de constitution, *in* CURAPP, *Droit et politique*, Paris, PUF, 1993, p. 40 et s. ; Troper (M.), La théorie dans l'enseignement du droit constitutionnel, *RDP*, 1984, p. 263 et s. ; id., Les classifications en droit constitutionnel, *RDP*, 1989, p. 945 et s. ; id., Le constitutionnalisme entre droit et politique, *in* CURAPP, *Droit et politique*, Paris, PUF, 1993, p. 82 et s. ; id., Le concept de constitutionnalisme et la théorie moderne du droit, *in* T. Marshall (éd.), *Théorie et pratique du gouvernement constitutionnel*, Paris, éd. de l'Espace européen, 1992, p. 35 et s. ; Zoller (E.), Splendeur et misères du constitutionnalisme. Les enseignements de l'expérience américaine, *RDP*, 1994, p. 157 et s. V. aussi le n° spécial de la revue *Le Débat*, n° 64, 1991 avec les contributions de M. Guénaire, L. Favoreu, S. Rials, D. Rousseau, M. Troper.

Sur la notion de contentieux constitutionnel : Boutet (D.), *Réflexions sur l'apparition de l'État de droit en France et sa protection par le Conseil constitutionnel*, thèse, Tours, 1987 ; Maus (D.), La notion de contentieux constitutionnel sous la Ve République, *RPP*, 1980, p. 26 et s. ; Pini (J.), *Recherches sur le contentieux de constitutionnalité*, thèse, Aix-Marseille III, 1997, 453 p.

BIBLIOGRAPHIE GÉNÉRALE

I / OUVRAGES

Les ouvrages et manuels de droit constitutionnel français comportent tous une partie, un chapitre, consacrés au Conseil constitutionnel. On s'y reportera pour replacer le contentieux constitutionnel français dans les théories générales du droit constitutionnel. On signalera que les ouvrages les plus récents de droit constitutionnel mettent en place privilégiée la question du contrôle de constitutionnalité. V. en particulier Zoller (E.), *Droit constitutionnel*, PUF, coll. « Droit fondamental », 1998.

Cette bibliographie générale ne présente que les ouvrages généraux portant sur le contentieux constitutionnel français. Des bibliographies spécifiques correspondant au thème traité sont insérées en fin de chapitre.

Généralités sur le contrôle de constitutionnalité, sans prétention d'exhaustivité : Cappelletti (M.), *Le pouvoir des juges* (trad. R. David), Économica-PUAM, 1990 ; Contrôle de constitutionnalité, Documents d'études, vol. I, France et États-Unis par F. Hamon et C. Wiener, vol. II, RFA par M. Fromont, Espagne par P. Subra de Bieusses, Italie par Y. Meny, Pays socialistes européens par M. Gjidara, La Documentation française ; Favoreu (L. dir.), *Cours constitutionnelles européennes et droits fondamentaux*, Paris, Économica-PUAM, 1982 ; Favoreu (L.) et Jolowicz (J.-A.), *Le contrôle juridictionnel des lois*, Économica-PUAM, 1986 ; Favoreu (L.), *Les Cours constitutionnelles*, PUF, coll. « Que sais-je ? », 3e éd., 1996 ; Fromont (M.), *La justice constitutionnelle dans le monde*, Dalloz, coll. « Connaissance du droit », 1996 ; *Les juridictions suprêmes. Du procès à la règle*, colloque de mai 1990, Publications de l'université de Saint-Étienne, 1991 ; Marcou (J.), *Justice constitutionnelle et systèmes politiques*, PUG, 1997 ; Rousseau (D.), *La justice constitutionnelle en Europe*, Montchrestien, coll. « Clefs », 1992 ; M. Verdussen, *La justice constitutionnelle en Europe de l'Est*, Bruylant-LGDJ, 1997.

Les ouvrages sur le Conseil constitutionnel sont de quatre types.

D'une part, on trouve des ouvrages de type manuel qui cherchent à faire une présentation complète de l'institution et de sa jurisprudence : Genevois (B.), *La jurisprudence du Conseil constitutionnel. Principes directeurs*, éd. STH, 1988 ; Goguel (F.), *La jurisprudence du Conseil constitutionnel*, Paris, FNSP, 1984 ; Luchaire (F.), *Le Conseil constitutionnel*, Paris, Économica, t. I : *Organisation et attributions*, 2e éd., 1997 ; Luchaire (F.), *La protection constitutionnelle des droits et des libertés*, Économica, 1987 ; Poullain (B.), *La pratique française de la justice constitutionnelle*, Économica-PUAM, 1990 ; Rousseau (D.), *Droit du contentieux constitutionnel*, 4e éd., Montchrestien, 1995 ; Turpin (D.), *Contentieux constitutionnel*, PUF, coll. « Droit fondamental », 2e éd., 1994.

D'autre part, on trouve des ouvrages de synthèse, au format réduit, destinés à présenter l'institution et les grandes lignes de sa jurisprudence et qui constituent de très utiles initiations : Avril (P.) et Gicquel (J.), *Le Conseil constitutionnel*, Montchrestien, coll. « Clefs », 2e éd., 1993 ; Favoreu (L.) et Philip (L.), *Le Conseil constitutionnel*, PUF, coll. « Que sais-je ? », 6e éd., 1995 ; Roussillon (H.), *Le Conseil constitutionnel*, Dalloz, coll. « Connaissance du droit », 3e éd., 1996 ; Turpin (D.), *Le Conseil constitutionnel. Son rôle*, sa jurisprudence, Hachette supérieur, coll. « Les fondamentaux », 1995.

En troisième lieu, on trouve des ouvrages de commentaires de jurisprudence, plus ou moins élaborés. La source la plus complète est incontestablement : Favoreu (L.) et Philip (L.), *Les grandes décisions du Conseil constitutionnel*, Dalloz, 9e éd., 1997. Un autre ouvrage s'en rapprochait mais il n'a pas été réédité : Franck (C.), *Les grandes décisions de la jurisprudence. Droit constitutionnel*, PUF, 1978. Certains ouvrages reproduisent les décisions les plus importantes, avec ou sans commentaires, de toute façon plus succincts que les ouvrages précités : Ardant (Ph.), *Décisions du Conseil constitutionnel*, PUF, coll. « Que sais-je ? », no 2562 ; Dubourg-Lavroff (S.) et Pantelis (A.), *Les décisions essentielles du Conseil constitutionnel des origines à nos jours*, L'Harmattan, coll. « Logiques juridiques », 1994 ; Turpin (D.), *Mémento de la jurisprudence du Conseil constitutionnel*, Hachette supérieur, coll. « Les fondamentaux », 1997.

Enfin, on trouve des ouvrages traitant d'aspects particuliers du Conseil constitutionnel ou de sa jurisprudence. Parmi eux, certains ouvrages font une présentation particulière de l'institution, historique ou critique : *Le Conseil constitutionnel*, no spécial de la revue *Pouvoirs*, no 13, 3e éd., 1991 ; Favoreu (L.), *La politique saisie par le droit. Alternances, cohabitation et Conseil constitutionnel*, Économica, 1988 ; Hamon (L.), *Les juges de la loi. Naissance et rôle d'un contre-pouvoir : le Conseil constitutionnel*, Fayard, 1987 ; Rousseau (D.), *Sur le Conseil constitutionnel. La doctrine Badinter et la démocratie*, éd. Descartes et Cie, 1997.

D'autres ouvrages sont des thèses de doctorat publiées chez les éditeurs qui conservent (encore) des collections de thèse. On citera en particulier la collection « Droit public positif », dirigée par L. Favoreu aux éditions Économica et Presses universitaires d'Aix-Marseille (PUAM) qui publie de très nombreuses thèses portant sur le Conseil constitutionnel, sur d'autres juridictions constitutionnelles, mais aussi des ouvrages issus ou non de colloques et portant sur des thèmes de droit constitutionnel. La Librairie générale de droit et de jurisprudence (LGDJ) publie, dans ses différentes collections, des thèses portant sur le droit constitutionnel et sur la jurisprudence du Conseil constitutionnel.

Il n'existe pas de répertoire de contentieux constitutionnel comme il existe un *Répertoire de contentieux administratif* (Dalloz). Mais le *Jurisclasseur administratif* comprend *in fine* une rubrique « Contentieux constitutionnel » qui comporte des fascicules de contentieux constitutionnel, tenus à jour.

II / Recueils, tables et commentaires de jurisprudence

1. *Recueils de textes*

Le texte de la Constitution de 1958 et les lois organiques relatives aux pouvoirs publics font l'objet d'une publication officielle des *Journaux officiels*, brochure n° 1119, périodiquement actualisée.

On trouve aussi les mêmes textes, sans commentaires, dans le *Code administratif*, éd. Dalloz (dernière édition 1996). V. le texte de la Constitution de 1958 ainsi que celui des anciennes constitutions françaises, et de certaines constitutions étrangères *in* M. Duverger, *Constitutions et documents politiques*, PUF, coll. « Thémis », 14e éd., 1996. V. aussi S. Rials, *Textes constitutionnels français*, PUF, coll. « Que sais-je ? », n° 2022.

Ces textes font l'objet de publications avec de substantiels commentaires :

Code constitutionnel, commenté et annoté par Th. S. Renoux et M. de Villiers, Litec, 1994, suppl. 1997.

Code des procédures administratives contentieuses, commenté et annoté par C. Huglo et C. Lepage-Jessua, 2e éd., Litec, 1994 (quatrième partie consacrée au Conseil constitutionnel).

Le texte de la Constitution de 1958 a fait l'objet d'un ouvrage collectif de commentaire article par article : F. Luchaire et G. Conac (dir.), *La Constitution de la République française*, 2e éd., Économica, 1987.

V. aussi *La Constitution*, introduite et commentée par G. Carcassonne, préf. G. Vedel, Éd. du Seuil, coll. « Points Essais », 1996.

2. *Recueils de jurisprudence*

Les décisions du Conseil constitutionnel sont publiées au *Journal officiel*, ainsi que les saisines du Conseil. Chaque année, ces décisions sont rassemblées dans un *Recueil des décisions du Conseil constitutionnel*, éd. Imprimerie nationale de 1959 à 1992, éd. Dalloz depuis 1993 (un volume par an).

Des tables périodiques sont publiées par le Conseil constitutionnel :

Conseil constitutionnel. Trente ans de jurisprudence 1959-1988, Imprimerie nationale, 1989.

Jurisprudence du Conseil constitutionnel. Tables quinquennales 1989-1993, Dalloz, 1994.

Table analytique des décisions du Conseil constitutionnel. Contrôle de constitutionnalité et délimitation des compétences (1959 à 1984), Paris, Imprimerie nationale, 1984.

Contentieux de l'élection des députés et des sénateurs. Table analytique des décisions de 1958 à 1978, Paris, Imprimerie nationale, s.d.

Le doyen L. Favoreu a rassemblé en un seul volume l'ensemble des décisions du Conseil constitutionnel de 1959 à 1993. Depuis, un volume s'ajoute à ce recueil, par année civile :

Recueil de jurisprudence constitutionnelle. 1959-1993. Décisions DC-L-FNR-I du Conseil constitutionnel, réunies par L. Favoreu, Litec, 1994 ; *Année 1994*, Litec, 1995 ; *Année*

1995, Litec, 1996. Aj. un volume de ce même *Recueil* rassemblant les décisions de 1994 à 1997, Litec, 1998.

III / Revues

Les grandes revues de droit public publient régulièrement des chroniques de jurisprudence du Conseil constitutionnel. Les revues plus généralistes comportent, pour certaines, des rubriques du même type.

Actualité juridique. Droit administratif, chronique de doctrine : décisions du Conseil constitutionnel, par O. Schrameck (1995-1997), J.-E. Schœttl (depuis 1997).

Annuaire international de justice constitutionnelle (un volume par an, depuis 1985), Économica-PUAM.

Cahiers du Conseil constitutionnel, édités par le Conseil constitutionnel (semestriel, depuis janvier 1997).

Recueil Dalloz, sommaires commentés de jurisprudence du Conseil constitutionnel, par le GERJC (université d'Aix-Marseille III).

Jurisclasseur périodique, éd. générale, chronique de jurisprudence constitutionnelle par B. Mathieu et M. Verpeaux.

Justices, chronique de justice constitutionnelle par G. Drago et N. Molfessis (de 1995 à 1998).

Les Petites Affiches, chronique de jurisprudence constitutionnelle, par B. Mathieu et M. Verpeaux.

Pouvoirs, chronique constitutionnelle française, par P. Avril et J. Gicquel.

Revue administrative, chronique par le CERCOP (université de Montpellier I).

Revue du droit public et de la science politique en France et à l'étranger, chronique constitutionnelle française, par L. Favoreu et L. Philip (de 1977 à 1992), par D. Rousseau (depuis 1992).

Recueil Dalloz-Sirey, sommaires commentés : droit constitutionnel jurisprudentiel, par le Groupe d'études et de recherches sur la justice constitutionnelle (depuis 1995).

Revue française de droit administratif (depuis 1984), rubrique Droit constitutionnel et droit administratif : articles, commentaires de décisions.

Revue française de droit constitutionnel (depuis 1990), articles, chroniques (la pratique institutionnelle française, par D. Maus), jurisprudence du Conseil constitutionnel (par le GERJC), actualité constitutionnelle étrangère (Russie, CEI, pays de l'Est, par P. Gélard).

Revue générale des procédures, chronique d'actualité : droit constitutionnel processuel, par G. Drago et N. Molfessis.

Revue trimestrielle de droit civil, chronique sur les sources du droit, par R. Libchaber et N. Molfessis, qui comporte souvent des analyses de jurisprudence constitutionnelle.

On signale enfin le *Bulletin de jurisprudence constitutionnelle*, éditions du Conseil de l'Europe (trimestriel), publication de la Commission européenne pour le droit et la démocratie, qui rend compte de façon périodique de la jurisprudence des cours constitutionnelles, ainsi que de la Cour européenne des droits de l'homme et de la Cour de justice des communautés européennes. Un CD-ROM rassemble les informations de ce *Bulletin*.

IV / SITE *INTERNET*

Le Conseil constitutionnel a ouvert un site *Internet* dont l'adresse est la suivante : « http://www.conseil-constitutionnel.fr ». Ce site présente l'institution, ses missions principales, les textes la concernant, sa composition, le texte de décisions récentes, des informations d'actualité sur le Conseil constitutionnel. Il comporte aussi de très nombreuses adresses de sites : sites gouvernementaux, européens, sites de cours constitutionnelles étrangères, sites officiels, sites universitaires français et étrangers, sites juridiques thématiques, revues juridiques en ligne, sites privés, l'ensemble formant une liste d'adresses de sites *Internet* très utiles et constamment tenues à jour par le service de documentation du Conseil constitutionnel.

TITRE PREMIER

Théorie générale de la juridiction constitutionnelle

Présenter un sujet d'ordre scientifique, c'est d'abord apporter des définitions et placer ce sujet dans un contexte permettant de comprendre au mieux ses éléments constitutifs et les enjeux qu'il représente. C'est pourquoi il a semblé nécessaire d'apporter d'abord une contribution à la théorie générale de la juridiction constitutionnelle afin de replacer le contentieux constitutionnel français dans le cadre plus vaste des débats relatifs d'une part à la définition de la justice constitutionnelle, d'autre part aux fonctions de la juridiction constitutionnelle, enfin en consacrant un développement spécifique à la question toujours actuelle de la légitimité de la juridiction constitutionnelle.

Trois chapitres seront donc consacrés à ces différents thèmes :

Chapitre I : La notion de justice constitutionnelle.
Chapitre II : Les fonctions de la juridiction constitutionnelle.
Chapitre III : La légitimité de la juridiction constitutionnelle.

Chapitre premier

LA NOTION DE JUSTICE CONSTITUTIONNELLE

Assurer la suprématie de la constitution par une procédure juridictionnelle, tel est l'objet de la justice constitutionnelle. Dès lors que la constitution est reconnue comme une norme juridique à part entière et supérieure à toutes les autres normes de l'État, il est nécessaire de mettre en place un système susceptible de faire respecter cette suprématie. Deux objections viennent immédiatement à l'esprit : l'une est que cette suprématie de la constitution ne doit pas nuire à l'exercice de la démocratie, l'autre que l'existence d'un tel contrôle ne doit pas se faire au mépris de la séparation des pouvoirs. Ces deux objections peuvent être légitimement considérées comme irréductibles parce que la démocratie et la séparation des pouvoirs ne supportent pas de limitations ou de réduction de leurs composantes. En présence de telles objections, la justice constitutionnelle n'a pas sa place et il faut laisser à l'exercice de la souveraineté sa pleine mesure. L'histoire se charge alors souvent d'en montrer les limites sur le plan des libertés réelles et du bonheur commun. Cette conception peut être qualifiée de traditionnelle, en ce sens qu'elle s'appuie sur une définition classique de la démocratie représentative qui donne une suprématie juridique et politique à l'action des assemblées représentatives et à leurs actes, c'est-à-dire principalement les lois.

Il se trouve que la conjonction des doctrines allemandes et anglo-américaines de l'État de droit a conduit à dégager le concept de démocratie constitutionnelle qui présente une autre démarche intellectuelle. La démocratie s'exprime d'abord par l'acte constitutionnel à savoir que c'est la constitution qui, organisant les règles de la démocratie, lui donne son assise. Selon cette conception, la constitution, lorsqu'elle est issue d'une procédure démocratique assurant que la majorité du peuple l'a approuvée, est l'expression la plus haute de la démocratie, en ce qu'elle énonce des garanties fondamentales de la vie en société et en ce qu'elle organise des procédures permettant de faire respecter ces garanties ainsi qu'un fonctionnement démocratique des pouvoirs publics. Dans cette logique, l'existence de la justice constitutionnelle est l'un des moyens destinés à assurer cette suprématie de la constitution et par voie de conséquence les garanties qu'elle contient.

A dire vrai, l'existence d'une procédure juridictionnelle pour faire respecter la constitution n'est pas une nécessité absolue pour asseoir la démocratie constitutionnelle. De multiples systèmes et modalités permettent de faire respecter la constitution, à commencer par l'action du constituant lui-même. C'est alors dans l'exercice de la démocratie directe que le respect de la constitution est, en théorie, le mieux assuré puisque c'est le souverain qui a énoncé les règles constitutionnelles qui les modifie ou les complète, en toute légitimité. Mais on sait que la démocratie directe est un modèle et rarement une réalité. Une autre solution consiste à confier aux assemblées législatives la fonction de contrôle de la conformité à la constitution de leurs propres actes. L'histoire de la justice constitutionnelle et la simple raison montrent suffisamment l'illusion d'une telle démarche, parce que l'autocontrôle est une utopie politique lorsque les assemblées sont souveraines. La troisième solution est celle de la justice constitutionnelle, consistant à confier à un organe particulier ou à tout juge, selon les types et les modèles, le règlement des violations de la constitution.

Différentes définitions peuvent être données de la justice constitutionnelle. Elles varient selon le critère utilisé. Du point de vue organique, la justice constitutionnelle se présente comme l'institution chargée d'assurer la suprématie juridique de la constitution, soit par une juridiction spécialement compétente pour cela, soit par le système juridictionnel général dont l'une des compétences est le contrôle de constitutionnalité. Du point de vue matériel, la justice constitutionnelle est l'activité de contrôle de la conformité à la constitution des actes qui lui sont subordonnés ainsi que des actions et décisions des pouvoirs publics qui ont une dimension constitutionnelle. Selon ce critère, peu importe l'organe qui exerce ce contrôle, c'est l'acte de contrôle qui compte. Ces deux critères, organique et matériel, soulignent la grande diversité d'exercice et d'organisation de la justice constitutionnelle.

Un troisième critère de définition de la justice constitutionnelle est d'ordre fonctionnel ou procédural. On est alors en présence de l'exercice de la justice constitutionnelle chaque fois qu'il existe une procédure ou une technique assurant la garantie de la constitution. La forme de l'organe qui assure cette garantie n'est pas ici mise en avant, l'activité est toute incluse dans la procédure. Il y a dans cette définition un élément téléologique qui est la recherche de l'effectivité de la constitution. L'élément matériel est caractérisé par une activité de type juridictionnel car il s'agit de « dire la constitution » par une opération de contrôle des activités et surtout des normes subordonnées à celle-ci, c'est-à-dire principalement des lois. Mais on comprend bien que la question du type d'organe qui exerce cette activité est au second plan. Ce qui compte dans la définition de la justice constitutionnelle, c'est sa fin, c'est-à-dire l'unification d'un système juridique autour de la constitution pour assurer l'effectivité de celle-ci, c'est-à-dire des principes d'organisation politique et des droits fondamentaux substantiels qu'elle contient. Pour assurer l'effectivité de la constitution, il faut organiser une procédure de sanction réelle des violations de celle-ci, il faut donc un juge, spécifique ou de droit commun, chargé de dire le droit de la constitution et d'en assurer l'application effective par une décision aux effets obligatoires. La question est donc d'abord celle de l'organe compétent pour exercer cette fonction de vérification de l'application effective de la constitution. Que ce juge soit un juge spécialisé dans le traitement du contentieux de constitutionnalité ou un juge ordinaire dont l'une des compétences recouvre le contentieux constitutionnel n'est pas un élément décisif pour définir la justice constitutionnelle. Ce n'est que la conséquence, en terme d'organisation, d'une fonction qui est la justice constitutionnelle. Ce qui marque donc le rapprochement de ces deux termes est plutôt l'existence d'une fonction contentieuse au service du règlement des questions constitutionnelles. Ceci explique d'ailleurs que les compétences des juges constitutionnels soient si variées et que leurs différentes fonctions soient si difficiles à définir, tant leurs missions sont variables selon les constitutions, même si on tente de dégager des constantes (v. *infra*, chap. II, Les fonctions de la juridiction constitutionnelle).

Précisions terminologiques : justice, juridiction, cour constitutionnelles, cour suprême

Caractériser une notion comporte toujours une difficulté intrinsèque. Dans le domaine du contentieux constitutionnel, les positions doctrinales permettent aujourd'hui de réduire cette difficulté en posant des distinctions notionnelles assez largement admises. Les différences tiennent en fait au point de vue selon lequel sont définies ces notions de justice, de juridiction, de cour constitutionnelles et de cour suprême. Du point de vue organique, les termes de juridiction ou de cour constitutionnelles seront préférés. Dans une présentation fonctionnelle, l'accent est mis sur la notion de justice constitutionnelle. Selon une typologie devenue classique, on distingue deux modèles de justice constitutionnelle dans lesquels les mots « cour constitutionnelle » et « cour suprême » ont des significations différentes et précises. Les termes de justice, de juridiction et de cour constitutionnelles recouvrent donc des notions différentes mais non opposées.

La *justice constitutionnelle* est le plus souvent définie comme une fonction de l'État destinée à garantir le fonctionnement régulier des organes étatiques par le respect de la constitution. Ainsi Hans Kelsen en précise-t-il le sens : « la garantie juridictionnelle de la Constitution — la justice constitutionnelle — est un élément du système des mesures techniques qui ont pour but d'assurer l'exercice régulier des fonctions étatiques » (*RDP*, 1928, p. 198). Charles Eisenmann insiste sur la fonction de contrôle des normes : « la justice constitutionnelle est cette sorte de justice ou mieux de juridiction qui porte sur les lois constitutionnelles » et plus loin sur la fonction de gardien des compétences normatives : « le sens juridique de la justice constitutionnelle est de garantir la répartition de la compétence entre législation ordinaire et législation constitutionnelle, d'assurer le respect de la compétence du système de règles ou de l'organe suprêmes de l'ordre étatique » (*La justice constitutionnelle et la Haute Cour constitutionnelle d'Autriche*, LGDJ, 1928, p. 1, n° 1 et p. 20, n° 9). MM. Louis Favoreu et Michel Fromont utilisent les critères organiques et matériels : « l'expression désigne l'ensemble des institutions et techniques grâce auxquelles est assurée, sans restriction, la suprématie de la Constitution » (L. Favoreu, V° Justice constitutionnelle, *Dictionnaire constitutionnel*, PUF, 1992) ; « *a priori*, deux définitions de la justice constitutionnelle peuvent être envisagées. La première consiste à faire du juge constitutionnel le juge des pouvoirs publics constitutionnels, spécialement des pouvoirs législatif et exécutif. La seconde conception consiste à faire du juge constitutionnel le juge qui applique les règles constitutionnelles » (M. Fromont, *La justice constitutionnelle dans le monde*, Dalloz, 1996, p. 2). Un autre auteur insiste sur la compétence spécifique de la justice constitutionnelle et la légitimité conférée par son statut constitutionnel : « la justice constitutionnelle serait la justice normalement instituée par la Constitution et dont la compétence porte au moins sur le contrôle de la constitutionnalité des lois » (J. Pini, *Recherches sur le contentieux de constitutionnalité*, thèse, Aix-Marseille III, 1997, p. 53 ; v. plus généralement p. 50 à 70). Pour donner une définition, on dira que la justice constitutionnelle est l'activité de nature juridictionnelle destinée à assurer la suprématie de la constitution.

La *juridiction constitutionnelle* est une notion essentiellement organique. Selon la définition donnée par le doyen Louis Favoreu « ce terme générique désigne l'ensemble des juridictions chargées de la justice constitutionnelle : sont ainsi des juridictions constitutionnelles aussi bien, dans le système américain, les tribunaux et cours investis de cette mission (et au premier rang de ceux-ci la Cour suprême) que, dans le système européen, les cours, tribunaux et conseils constitutionnels » (V° Juridiction constitutionnelle, *Dictionnaire constitutionnel*). Eisenmann, dans sa thèse, crée la distinction entre justice constitutionnelle et juridiction constitutionnelle, considérant que la juridiction constitutionnelle est un système de « concentration de la justice constitutionnelle aux mains d'une juridiction unique » (*op. cit.*, p. 291). Il distingue bien entre contentieux constitutionnel diffus, au contrôle incident et d'espèce d'une part, et « juridiction constitutionnelle spéciale, voie d'action et autorité absolue » d'autre part (p. 104).

L'expression de *cour constitutionnelle* est employée de façon générique pour désigner les juridictions constitutionnelles du modèle kelsénien. La doctrine définit ainsi la cour constitutionnelle comme « une juridiction créée pour connaître spécialement et exclusivement du contentieux constitutionnel, située hors de l'appareil juridictionnel ordinaire et indépendante de celui-ci comme des pouvoirs publics » (L. Favoreu, *Les cours constitutionnelles*, PUF, 3e éd., 1996, p. 3 ; v. aussi id., La notion de Cour constitutionnelle, *Mél. J.-F. Aubert*, 1996, p. 15 et s.). Il s'agit donc d'une institution juridictionnelle à compétence spécialisée dans le contrôle de conformité à la constitution des actes juridiques et des actions des pouvoirs publics, sans lien nécessaire avec l'organisation juridictionnelle de l'État.

Enfin, la notion de *cour suprême* recouvre les juridictions placées au sommet d'un ordre juridictionnel considéré exerçant une suprématie juridique et organique sur les juridictions inférieures de cet ordre. L'expression est évidemment marquée par la référence à la Cour suprême des États-Unis, qui exerce une fonction de juridiction supérieure comportant une compétence de contrôle de constitutionnalité. Là encore la doctrine a cherché à donner une définition de cette notion. Ainsi trois éléments paraissent déterminants : « une Cour suprême est une juridiction supérieure unique impliquant l'existence d'un seul ordre juridique et juridictionnel ; une Cour suprême est une juridiction supérieure statuant en droit et en fait ; une Cour suprême est une juridiction supérieure pouvant, même indirectement, se prononcer sur des questions constitutionnelles » (R. Drago, La Cour de cassation, Cour suprême, in *L'image doctrinale de la Cour de cassation*, La Documentation française, 1994, p. 20 ; v. aussi A. Tunc (dir.), *La Cour judiciaire suprême. Une enquête comparative*, *RIDC*, 1978, n° spécial, 486 p.).

Du point de vue fonctionnel ou procédural, la justice constitutionnelle est tout exercice de la fonction de contrôle de conformité à la constitution d'actes juridiques ou d'actions de caractère public par une voie contentieuse, s'exprimant ou non par une autorité juridictionnelle. De ce point de vue, c'est une vision contentieuse qu'on souhaite développer et qui domine la matière. Le contentieux précède l'organe et la compétence. Mais compte tenu de l'extrême diversité d'exercice de la justice constitutionnelle, il faut tenter de l'organiser par une présentation typologique. Ainsi, il faut d'abord exposer les types et modèles de justice constitutionnelle (section 1), puis souligner les degrés d'intégration de la justice constitutionnelle dans le système juridictionnel (section 2).

SECTION 1
La justice constitutionnelle : types et modèles

Une présentation procédurale de la justice constitutionnelle conduit à faire prévaloir les types de contrôle sur toute autre clé de définition, alors que les présentations les plus classiques mettent en avant l'élément organique distinguant entre juge ordinaire et juge spécialisé, ce qui est, il est vrai, l'élément de différenciation le plus visible (I, Les types de contrôle). Mais le développement de la justice constitutionnelle est aussi le fruit de l'histoire, en ce sens que la fonction de contrôle de constitutionnalité s'est développée selon deux modèles de justice, l'un diffus dans l'organisation juridictionnelle, dont les États-Unis présentent les caractéristiques les plus marquées, l'autre concentré au sein d'une juridiction spécialement conçue pour exercer cette fonction, selon les principes posés par Hans Kelsen, modèle dont la Haute Cour constitutionnelle d'Autriche est la première application et qui s'est développé par la suite en Europe (II, Les modèles de justice constitutionnelle).

I / Les types de contrôle

Les types de contrôle exercés dans le cadre de la justice constitutionnelle peuvent être classés en trois catégories distinctes. Il faut distinguer d'une part le contrôle par voie d'action du contrôle par voie d'exception, d'autre part le contrôle *a priori* du contrôle *a posteriori*, enfin le contrôle abstrait du contrôle concret. Mais il faut souligner en préalable que ces différents types ne sont pas exclusifs les uns des autres et peuvent être combinés soit afin de privilégier un type de procédure, soit pour créer des types qualifiés de mixtes par la doctrine (v. M. Fromont, *La justice constitutionnelle dans le monde*, p. 44).

A | CONTRÔLE PAR VOIE D'ACTION ET CONTRÔLE PAR VOIE D'EXCEPTION

La distinction entre contrôle par voie d'action et contrôle par voie d'exception est classique en procédure. Elle traduit le mode de sanction exercé à l'égard de la norme attaquée devant le juge. En contentieux constitutionnel, dans le contrôle par voie d'action, le requérant défère directement au juge constitutionnel la norme dont il conteste la constitutionnalité. Le plus souvent ce type de contrôle peut être déclenché contre les lois, comme en France ou contre des engagements internationaux comme en Espagne, en France, en Hongrie ou au Portugal par exemple, mais il peut l'être aussi contre des règlements, comme en Allemagne, en Autriche ou en Espagne. C'est la norme juridique qui est attaquée en soi, sans lien nécessaire avec une situation subjective. Ceci explique que, dans de nombreuses constitutions, le déclenchement de ce recours soit le fait d'autorités publiques constitutionnelles, qui peuvent être le chef de l'État (France, Portugal) ou du gouvernement (France, Premier ministre ; Espagne, gouvernement ; Portugal, tout ministre), les présidents des assemblées parlementaires ou une minorité de celles-ci (France, Allemagne, Portugal), plus rarement un particulier (Hongrie, Autriche). Cette relative limitation des requérants est justifiée par le caractère essentiellement objectif du recours et de l'action exercée. Il ne s'agit pas de défendre une situation subjective, une atteinte inconstitutionnelle à un droit, mais de défendre l'intérêt de la constitution, c'est-à-dire au moins la compatibilité, au mieux la conformité d'une norme avec l'ordre constitutionnel. On comprend alors que le contrôle par voie d'action soit le plus souvent un contrôle abstrait, sans prise en considération d'une situation juridique subjective.

La sanction du contrôle par voie d'action est en général la déclaration d'inconstitutionnalité de la norme déférée au juge constitutionnel, mais il faut bien réaliser que cette sanction n'existe vraiment que dans les pays connaissant un système de cour constitutionnelle spécifique (v. *infra*, II, Les modèles de justice constitutionnelle). Dans ce cas, la déclaration d'inconstitutionnalité a un effet général, *erga omnes*, qui peut être *ex nunc* (abrogatif) ou *ex tunc* (rétroactif) mais qui influence l'ensemble de l'ordre juridique. Pourtant un tel type d'action n'est pas exclu devant des cours suprêmes exerçant une fonction de justice constitutionnelle, mais dans ce cas, l'action est exercée par une haute autorité de l'État, et par la voie consultative le plus souvent, comme en Finlande, de façon exceptionnelle par une compétence pouvant conduire au rejet de la norme, comme en Irlande pour le président de la République (art. 26 de la Constitution de 1937).

Le moment du contrôle peut également varier. Le contrôle par voie d'action peut être exercé avant toute entrée en vigueur de la norme, produisant ainsi un effet absolu à l'égard de la norme déclarée inconstitutionnelle qui disparaît de l'ordonnancement juridique. Mais il peut aussi être exercé une fois la norme entrée en vigueur, ce qui est d'ailleurs le cas le plus fréquent dans le modèle de la cour constitutionnelle de type européen. Cependant il ne faut pas croire que ce type d'action porte la marque de la subjectivité. Il reste un contentieux objectif, en particulier parce que les autorités qui peuvent déférer la norme au juge constitutionnel demeurent le plus souvent des autorités publiques, comme en Autriche, en Allemagne, ou en Espagne, par exemple. C'est surtout parce que l'objet de ce contrôle postérieur demeure objectif, de norme à norme, ne concerne pas seulement la défense des droits fondamentaux, mais porte souvent sur la répartition des compétences entre les organes de l'État, qu'il s'agisse d'ailleurs d'un État unitaire, avec toutes les variantes d'autonomie interne possibles (Espagne, Italie) ou d'un État fédéral (Belgique, Autriche, Allemagne).

Le contrôle par voie d'exception est exercé à l'occasion d'un procès devant un juge ordinaire. Devant ce juge est posée ou soulevée par lui une question de constitutionnalité dont dépend la solution du litige. Cette question de constitutionnalité doit être réglée avant tout règlement au fond de la question posée au juge ordinaire. Il s'agit donc de résoudre une question préjudicielle de constitutionnalité. Cette question porte évidemment sur la conformité à la constitution d'une norme subordonnée, législative ou réglementaire déjà entrée en vigueur, applicable à l'espèce en cause. Le contrôle par voie d'exception peut être exercé soit directement par le juge saisi au fond, qui règle donc à la fois la question de constitutionnalité et le litige au fond, soit par un juge constitutionnel particulier auquel est renvoyée la question de constitutionnalité. Dans le premier cas, le système juridictionnel classique intègre le règlement des problèmes de constitutionnalité, ce qui correspond à ce qu'on a coutume d'appeler le « modèle américain de justice constitutionnelle » (L. Favoreu, *AIJC*, 1988, p. 51 et s.). Dans le second cas, le juge ordinaire procède par renvoi de la question de constitutionnalité à un juge constitutionnel spécifique qui a la charge de régler le problème de conformité à la constitution, puis de renvoyer au juge ordinaire le règlement au fond du litige, ce qui représente le modèle européen de justice constitutionnelle. Le caractère commun aux deux modèles du contrôle par voie d'exception est qu'il s'exerce nécessairement *a posteriori*. Il est également plus marqué par la subjectivité car le contentieux de constitutionnalité se noue à l'occasion d'une instance particulière devant un juge ordinaire, ce qui justifie que la question puisse être soulevée par les parties. Mais le juge ordinaire ne reste pas inactif. Il peut soulever de lui-même la question (Allemagne, Espagne, Italie) ce qui peut le conduire à la formuler véritablement c'est-à-dire à fixer en quelque sorte le cadre de l'instance de constitutionnalité. Mais ce type de contrôle retrouve un caractère objectif lors du règlement de la question de constitutionnalité par le juge constitutionnel, qui peut fixer des effets plus généraux à sa décision. Même si, en principe, l'effet de la décision du juge constitutionnel n'est qu'*inter partes*, la déclaration d'inconstitutionnalité produit, de fait, un effet général sur la norme déclarée contraire à la constitution : le juge ordinaire hésitera à en faire application dans des espèces comparables à celles qui ont conduit à l'écarter pour un motif d'inconstitutionnalité, le législateur ou le gouvernement se sentiront obligés de corriger le contenu de la norme pour la rendre parfaitement conforme à la constitution. Parfois, la décision du juge constitutionnel, en Allemagne ou en Autriche par exemple, peut retarder la prise d'effet de l'inconstitutionnalité de façon à permettre de la corriger en pratique. Mais la portée du contrôle par voie d'exception concerne surtout le développement des décisions interprétatives, comme en Italie, de façon à éviter la brutalité de l'annulation de la norme, permettant de mesurer *in concreto* l'effet de la décision du juge constitutionnel à l'aune de l'espèce en cause. Les décisions interprétatives ont également une portée pédagogique dans la mesure où elles indiquent comment la norme doit être interprétée pour être conforme à la constitution.

B | CONTRÔLE *A PRIORI* ET CONTRÔLE *A POSTERIORI*

Le contrôle *a priori*, appelé également contrôle préventif, est exercé avant toute entrée en vigueur de la norme. Il trouve à s'appliquer dans le cadre du modèle européen de justice constitutionnelle, parce que le principe de séparation des pouvoirs interdit au juge ordinaire, même celui ayant une compétence de contrôle de constitutionnalité comme c'est le cas dans le modèle américain, de s'immiscer dans le processus de confection de la norme législative ou réglementaire. Il ne peut en être que le contrôleur *a posteriori*. Le contrôle *a priori* concerne principalement les lois, mais peut aussi s'exercer à l'égard des traités internationaux et des règlements administratifs. La France apparaît comme la manifestation la plus éclatante du contrôle *a priori*, qui s'exerce de façon obligatoire à l'égard des lois organiques et des règlements des assemblées parlementaires, et de façon facultative à l'égard des lois ordinaires et des engagements internationaux. Mais on le trouve aussi dans d'autres pays, où il s'ajoute au contrôle *a posteriori*. Ainsi, la Roumanie s'est largement inspirée du modèle français pour le contrôle de la loi, le Portugal ou la Hongrie connaissant des systèmes assez proches. L'Autriche exerce un contrôle préventif des projets de loi ou de règlement entrant ou non dans la compétence de la Fédération ou des *Länder*. Le Portugal connaît ce type de contrôle pour les actes législatifs des régions autonomes. Certaines constitutions prévoient un contrôle *a priori* des engagements internationaux, avant leur ratification, comme en Espagne, ce qui est la seule compétence exercée préventivement, en Hongrie, au Portugal ou en France, dont la saisine du Conseil constitutionnel a été ouverte aux parlementaires en 1992, alors que cette compétence est souvent réservée aux seules hautes autorités de l'État, chef de l'État ou de gouvernement.

La portée du contrôle *a priori* est en principe assez radicale puisque la question de constitutionnalité est vidée d'un coup par l'exercice du contrôle, avec un effet nécessairement *erga omnes* puisque la norme n'a produit aucun effet particulier. Ainsi, la sécurité juridique est nécessairement mieux assurée par le contrôle préventif puisque l'inconstitutionnalité est dénoncée avant que la norme ait pu produire tout effet. Cet effet général et le fait que le contrôle suspende l'entrée en vigueur de la norme imposent que l'exercice du contrôle préventif soit enserré dans un délai court, par exemple vingt-cinq jours pour le Portugal, un mois pour la France sauf déclaration d'urgence qui ramène ce délai à huit jours. On comprend bien la nécessité de ne pas retarder l'entrée en vigueur de la norme ainsi contrôlée, en particulier s'il s'agit d'une loi, expression de la volonté générale. Comme a pu le dire nettement le Conseil constitutionnel français « l'objet de ce contrôle est non de gêner ou de retarder l'exercice du pouvoir législatif mais d'assurer sa conformité à la Constitution » (C. const., n° 85-197 DC, 23 août 1985, *Rec.*, 70, § 20). Le contrôle *a priori* est donc tourné vers l'entrée en vigueur de la norme contrôlée, en ce sens qu'il ne cherche pas à en retarder l'application mais seulement à faire en sorte que cette application soit conforme à la constitution. En ce sens il participe à la fonction d'unification de l'ordre juridique autour de la constitution qui est l'une des fonctions de la juridiction constitutionnelle (v. *infra*, chap. II, Les fonctions de la juridiction constitutionnelle).

Le contrôle *a posteriori* s'exerce après l'entrée en vigueur de la norme. C'est donc dans son application que la norme voit sa constitutionnalité contestée. Dans ce type de contrôle, les possibilités de saisine sont en général ouvertes aux particuliers, puisque c'est le plus souvent à l'occasion d'un litige devant un juge ordinaire que la question de constitutionnalité peut être soulevée. Mais contrôle *a posteriori* et contrôle par voie d'exception ne se recouvrent pas. Le contrôle *a posteriori* peut s'exercer autant de manière directe qu'à l'occasion d'un procès. Dans le modèle européen de justice constitutionnelle, le contrôle abstrait postérieur est d'ailleurs plus répandu que le contrôle préventif. Il lui emprunte certains traits que sont le caractère objectif du contrôle et la préférence pour la saisine de la cour constitutionnelle par des organes de l'État plutôt que par des particuliers. Dans ce cas, le contrôle concerne la répartition des compétences entre les organes de l'État mais porte sur les normes émises par ces organes, comme en Allemagne, mais peut aussi être le fait d'autorités judiciaires, comme en Europe de l'Est, ou même parfois d'individus (Autriche, Allemagne), mais avec des restrictions portant sur l'intérêt à agir et le lien entre la question de constitutionnalité posée et la situation subjective du demandeur.

Le contrôle *a posteriori* ne concerne pas seulement les lois. On peut même dire que le recours direct postérieur contre la loi est peu développé. Ce sont plutôt les recours contre les décisions juridictionnelles et les actes administratifs qui constituent le contentieux constitutionnel *a posteriori* le plus développé, comme le montre l'exemple allemand, ou encore le cas espagnol où le recours contre les lois est même exclu dans le recours d'*amparo*. Certes, les recours contre d'autres normes que les lois ont une incidence sur celles-ci dans la mesure où le contentieux porte sur une atteinte commise par un texte législatif mis en œuvre dans un jugement ou un acte administratif. Mais le recours peut aussi concerner directement l'acte administratif ou juridictionnel. Il peut enfin porter sur la conformité à la constitution des engagements internationaux, en déclenchant le contrôle soit contre l'engagement lui-même, soit contre la loi qui l'introduit dans l'ordre interne. Le caractère *a posteriori* du contrôle est d'ailleurs discutable dans la mesure où l'application réelle de l'engagement international est souvent conditionnée par le vote d'une loi. Le contrôle devient alors un contrôle *a priori* de la loi d'incorporation, à l'exemple de l'Allemagne. Généralement donc, le contrôle *a posteriori* est plus marqué par le recours des particuliers quand il porte sur des jugements ou des actes administratifs, et plus marqué par des recours d'organes de l'État lorsqu'il porte sur les lois ou les traités. Il y gagne en caractère objectif, et s'y ajoutent les politiques jurisprudentielles des cours européennes, telles celles des cours allemandes ou espagnoles, qui, à propos des recours abstraits postérieurs, ont tendance à donner un caractère plus objectif à la question de constitutionnalité afin de tirer éventuellement des effets plus généraux de la décision de constitutionnalité, ceci pour éviter toute discrimination entre les situations réglées par la décision et celles, comparables, qui n'ont pas fait l'objet d'un contentieux de constitutionnalité (v. en ce sens M. Fromont, *op. cit.*, p. 43). Cette tendance à l'objectivation du contentieux constitutionnel se retrouve aussi dans la distinction entre contrôle abstrait et contrôle concret.

C | CONTRÔLE ABSTRAIT ET CONTRÔLE CONCRET

La distinction entre contrôle abstrait et contrôle concret peut être faite selon différentes entrées. La première entrée est celle de la procédure de traitement de la question de constitutionnalité. S'il s'agit d'une question posée à l'occasion d'une instance judiciaire ordinaire, elle se trouve mêlée à des considérations de fait et à une situation subjective qui imprime un caractère concret au contrôle. La résolution de la question de constitutionnalité règle par là même la situation subjective qui l'a fait naître. Si, au contraire, la procédure de résolution de la question constitutionnelle ne fait pas intervenir de situation subjective, mais se présente comme un simple conflit entre deux normes, la constitution et une norme subordonnée, ou encore se présente en un conflit entre deux ou plusieurs organes de l'État, la réponse du juge constitutionnel « vise principalement à régler une question relative au bon fonctionnement de l'État qui a été posée par une personne ayant pour mission de parler au nom de l'intérêt général » et relève donc du contrôle abstrait (M. Fromont, *op. cit.*, p. 43). Se rattache aux questions de procédure celle du moment du contrôle. Le contrôle concret est en principe un contrôle *a posteriori*, puisque c'est dans l'application pratique de la norme que la question de constitutionnalité se pose, donc logiquement après son entrée en vigueur. Le moment du contrôle a moins d'importance pour le contrôle abstrait, s'il se manifeste par une action directe devant le juge constitutionnel. Cette action peut être ouverte avant l'entrée en vigueur de la norme, comme en France, ou après celle-ci, comme en Italie ou au Portugal. Ce qui compte alors est d'assurer la sécurité juridique en limitant les effets dans le temps de la décision du juge constitutionnel.

La deuxième entrée permettant de distinguer les deux types de contrôle concerne la prise en considération des faits dans l'opération de contrôle. Dans le contrôle concret l'appréciation des faits est un élément de base du contrôle, puisqu'ils sont le point d'ancrage du contentieux. Mais la question de constitutionnalité porte sur la norme applicable au litige, et se détache assez vite du fait pour devenir celle d'un rapport de norme à norme. Même si la question de constitutionnalité porte sur la défense de droits fondamentaux pouvant toucher des situations de fait, elle produit des effets généraux de nature normative concernant l'étendue de ces droits, qui transcendent les faits de l'espèce qui en ont été l'occasion. Le contrôle abstrait est par nature plus éloigné des éléments de fait, surtout s'il est exercé *a priori*. Il fait jouer le rapport de constitutionnalité de manière pure entre la norme subordonnée et la constitution, et les seuls éléments qui ne sont pas de pur droit sont ceux touchant à la procédure d'adoption de la norme contestée. Ils relèvent rarement de situations subjectives. La question de l'appréciation des faits dans le contrôle abstrait réapparaît lorsque le juge constitutionnel envisage les éventuels effets inconstitutionnels de la norme, dans son application. L'atteinte à certaines situations individuelles par une norme inconstitutionnelle, touchant à des droits fondamentaux subjectifs, peut amener le juge à prendre en considération des éléments de fait, jugeant ainsi d'inconstitutionnalités potentielles et futures. Mais ces situations ne sont pas alors analysées par le juge en situations personnalisées, mais dans leur généralité, c'est-à-dire qu'elles ne relèvent pas d'un contentieux subjectif.

Il convient enfin de distinguer la dualité contrôle abstrait et contrôle concret de celle des contentieux objectif et subjectif. Si, comme on vient de le voir, le contrôle abstrait suppose un contentieux de nature objective, le contrôle concret ne relève pas nécessairement du contentieux subjectif. Comme l'indique justement M. J. Pini (*Recherches sur le contentieux de constitutionnalité*, thèse, préc., spéc. p. 329), « le rappel des critères animant les deux distinctions permet d'en mesurer à la fois les différences et les points de contact : celle relative à l'abstrait et au concret partageant l'exercice du contrôle, celle relative à l'objectif et au subjectif concernant les recours en conséquence du caractère des normes de référence et de la question posée au juge constitutionnel ». C'est donc au regard du type de contrôle que la distinction concret/abstrait joue, prenant en compte plus ou moins fortement les éléments de droit et de fait dans l'opération de contrôle. La distinction objectif/subjectif porte sur la nature même du contentieux, c'est-à-dire celle de la défense de la norme constitutionnelle ou celle d'un droit fondamental relatif à des situations personnelles.

II / Les modèles de justice constitutionnelle

La définition des modèles de justice constitutionnelle est aujourd'hui trop connue pour qu'on y insiste longuement. Des travaux systématiques de doctrine conduisant à des analyses complètes des deux systèmes donnent une vision claire de la distinction entres deux modèles de justice constitutionnelle. L'un, appelé modèle américain, a pour base la Cour suprême des États-Unis et le système judiciaire tel qu'il est organisé outre-Atlantique ; il se présente comme un système de contrôle diffus de constitutionnalité au sein de l'ensemble de l'appareil juridictionnel. L'autre modèle est appelé souvent modèle autrichien, parce qu'il est né en Autriche par la création de la Haute Cour constitutionnelle, ou encore modèle européen, parce qu'il s'est étendu dans l'Europe de l'Ouest puis de l'Est, sera ici appelé modèle kelsénien, parce que son inspirateur fut Hans Kelsen (1881-1973), juriste autrichien, créateur de la Haute Cour constitutionnelle d'Autriche, dont les écrits marquent profondément la doctrine contemporaine. Ce modèle juridique se présente comme un système de contrôle concentré de constitutionnalité, au sein d'une cour constitutionnelle créée spécifiquement à cette fin.

Sur ces deux modèles v. particulièrement : L. Favoreu, Modèle américain et modèle européen de justice constitutionnelle, *AIJC*, 1988, p. 51 et s. ; L. Garlicki et W. Zakrewski, La protection juridictionnelle de la Constitution dans le monde contemporain, *AIJC*, 1985, p. 17 et s. ; M. Fromont, *La justice constitutionnelle dans le monde*, Dalloz, coll. « Connaissance du droit », 1996 ; C. Grewe et H. Ruiz Fabri, *Droits constitutionnels européens*, PUF, coll. « Droit fondamental », 1995, spéc. p. 66 et s. ; D. Rousseau, *La justice constitutionnelle en Europe*, Montchrestien, coll. « Clefs », 1992, p. 13 et s. ; D. Turpin, *Contentieux constitutionnel*, PUF, coll. « Droit fondamental », 2e éd., 1994, p. 35 et s. ; A. Weber, Le contrôle juridictionnel de la constitutionnalité des lois dans les pays d'Europe occidentale,

AIJC, 1985, p. 39 et s. ; Table ronde internationale du 25 octobre 1984 : Les techniques juridictionnelles du contrôle de constitutionnalité, *AIJC*, 1985, p. 77 et s.

Pour présenter chacun de ces deux modèles, on distinguera ce qui relève de l'organisation juridictionnelle de ce qui relève des principes contentieux.

A | LE MODÈLE AMÉRICAIN DE JUSTICE CONSTITUTIONNELLE

BIBLIOGRAPHIE

Sur le système américain de justice constitutionnelle, outre les références citées *supra* et une abondante bibliographie on pourra consulter : Lerat (C.), *La Cour suprême des États-Unis, pouvoir et évolution historique*, PU de Bordeaux, 1987 ; Mc Closkey (R. G.), *La Cour suprême des États-Unis*, préf. A. Tunc, Seghers, 1965 ; La Cour suprême des États-Unis, *Pouvoirs*, n° 59, 1991 ; Toinet (M.-F.), *Le système politique des États-Unis*, PUF, coll. « Thémis », 2e éd., 1990 et bibliographie citée ; id., *La Cour suprême. Les grands arrêts*, PU de Nancy, 1989 ; id. (textes réunis par), *Et la Constitution créa l'Amérique*, PU de Nancy, 1988, spéc. : L. Philip, Contrôles de constitutionnalité français et américain ; R. Bader-Ginsburg, La légitimité démocratique du contrôle de constitutionnalité ; A. Mikva, Le contrôle de constitutionnalité : après deux siècles ; B. E. Brown, *L'État et la politique aux États-Unis*, PUF, coll. « Thémis », 1994.

1 / *L'organisation juridictionnelle*

Le modèle américain est marqué par un principe d'unité juridictionnelle, en ce sens que la fonction de justice constitutionnelle est diffuse — on emploie aussi l'expression « décentralisée » (M. Cappelletti, *Le pouvoir des juges*, Économica-PUAM, 1990, p. 195) — au sein de l'ensemble du système juridictionnel. Tout juge est susceptible d'exercer une fonction de contrôle de constitutionnalité, en particulier de déclarer une loi contraire à la constitution. La Cour suprême est la plus haute juridiction du système juridictionnel et c'est à raison de cette place qu'elle voit remonter vers elle le contentieux de constitutionnalité. Dans la Constitution des États-Unis, cette compétence de contrôle de constitutionnalité n'est pas explicitement donnée à la Cour suprême, mais on sait que, par la décision *Marbury v/ Madison* de 1803, à l'instigation du *Chief Justice* Marshall, la Cour suprême s'est reconnue compétente pour exercer cette fonction (v. B. E. Brown, *L'État et la politique aux États-Unis*, 1994, p. 305). Dans d'autres constitutions, cette fonction est parfois explicitement consacrée, comme en Inde ou au Japon. Il peut arriver aussi que la Cour suprême soit un organe ne trouvant pas son origine dans la constitution, comme au Canada, même si, en l'espèce, la Charte canadienne des droits et libertés de 1982 donne de fait compétence en dernier ressort à la Cour suprême dans ce domaine ce qui lui confère, de fait, une fonction de défense des droits fondamentaux de nature constitutionnelle (V. Mayer, La Cour suprême du Canada et le processus démocratique, *Pouvoirs*, n° 59, p. 143 et s.).

Dans le modèle américain la cohérence de la jurisprudence est assurée par cette unité d'organisation juridictionnelle qui permet à la Cour suprême de trancher *in fine* toute contradiction de jurisprudence, constitutionnelle ou non, pourvu bien sûr que le litige remonte jusqu'à elle. Bien plus, lorsque le système de la Cour suprême se conjugue avec une organisation fédérale de l'État, comme aux États-Unis, la Cour exerce une fonction de défense de la suprématie fédérale, par une tendance naturelle unificatrice qui tient autant à sa volonté de dégager des interprétations uniques de la Constitution favorisant nécessairement une conception fédérale du droit qu'à sa place de juridiction suprême du système judiciaire (v. par exemple *Mc Culloch v/ Maryland*, 1819, citée par B. E. Brown, p. 310 ; v. aussi M.-F. Toinet, D'une Constitution centralisatrice à un gouvernement centralisé : le rôle de la Cour suprême, *Et la Constitution créa l'Amérique*, préc., p. 121 et s.). Si on y ajoute la règle du *stare decisis* on comprend que le système de la Cour suprême génère une jurisprudence constitutionnelle cohérente et respectée par les autres organes de l'État.

2 / *Les principes contentieux*

Le modèle américain de justice constitutionnelle ne distingue pas le contentieux constitutionnel des autres types de contentieux. En d'autres termes, tout contentieux est susceptible d'avoir une dimension constitutionnelle et ceci devant chaque juge soumis à la Constitution. Ainsi la Constitution des États-Unis soumet à son empire tout juge, fédéral ou d'un État fédéré, en ces termes : « la présente Constitution, ainsi que les lois des États-Unis qui seront faites en conséquence et tous les traités faits sous l'autorité des États-Unis constitueront la loi suprême du pays et seront obligatoires pour tous les juges dans chaque État, et cela nonobstant des dispositions contraires insérées dans la Constitution ou dans les lois de l'un quelconque des États » (art. 6, al. 2). Cette suprématie constitutionnelle s'accompagne pour le juge d'une plénitude de juridiction, selon laquelle il ne fait pas de distinction selon la nature privée ou publique du litige.

Mais les juridictions, même la Cour suprême, ne peuvent d'elles-mêmes se saisir des questions constitutionnelles ou donner leur point de vue sur toute question de droit *(advisory opinion)*. Le requérant doit avoir un intérêt direct à la résolution de la question de constitutionnalité, même si les *class action* sont admises (et si on laisse de côté ces procédures particulières que sont l'injonction ou le jugement déclaratoire). Ce mode d'ouverture du procès constitutionnel est en cohérence avec l'unité et la plénitude de juridiction du juge du modèle américain.

Ces éléments impriment au contentieux un caractère concret (L. Favoreu, *AIJC*, 1988, p. 59) : c'est à partir d'un cas précis et d'un procès particulier que la question de constitutionnalité est soulevée. L'effet de la décision est par conséquent en principe relatif, même si la règle du *stare decisis* donne à la décision du juge valeur de précédent (cf. R. Bader Ginsburg, art. préc., spéc. p. 73). Et il ne faut pas oublier que le modèle, la Cour suprême des États-Unis, ne dispose que de peu de moyens pratiques de faire exécuter ses décisions (cf. M.-F. Toinet, Puissance et faiblesses de la Cour suprême, *Pouvoirs*, n° 59, 1991, p. 17 et s.). En définitive c'est plus l'autorité d'une Cour suprême placée au sommet de l'édifice juridictionnel de l'État qui contribue à imposer la solution du contentieux constitutionnel que l'effet proprement juridique et procédural de la décision. C'est donc souvent une conjonction d'éléments de procédure, d'organisation juridictionnelle, de traditions et de jurisprudence qui donne sa force et sa stabilité au modèle américain de justice constitutionnelle.

B | LE MODÈLE KELSÉNIEN DE JUSTICE CONSTITUTIONNELLE

Le deuxième modèle de justice constitutionnelle est le modèle kelsénien (du nom d'Hans Kelsen), appelé aussi modèle autrichien (parce que Kelsen, autrichien lui-même, l'a créé en Autriche à partir de 1919) ou européen (parce qu'il a trouvé à se développer tout particulièrement dans les pays d'Europe). Il a fait l'objet de nombreuses présentations et de réflexions théoriques importantes soit sur le plan de la comparaison avec le modèle américain, soit en fonction de ses caractéristiques propres. Ces éléments permettent de présenter de façon synthétique les caractères propres du modèle kelsénien.

BIBLIOGRAPHIE

Outre les éléments de bibliographie précités v. surtout Kelsen (H.), La garantie juridictionnelle de la Constitution (La Justice constitutionnelle), *RDP*, 1928, p. 197 et s. ; Eisenmann (C.), *La justice constitutionnelle et la Haute Cour constitutionnelle d'Autriche*, préf. H. Kelsen, Paris, 1928, rééd. Économica-PUAM, 1986, avant-propos de G. Vedel ; Favoreu (L.), La modernité des vues de Charles Eisenmann sur la justice constitutionnelle, *in* P. Amselek (dir.), *La pensée de Charles Eisenmann*, Économica-PUAM, 1986, p. 85 et s. ; id., La notion de Cour constitutionnelle, in *De la Constitution. Études en l'honneur de J.-F. Aubert*, Bâle, Helbing & Lichtenhahn, 1996, p. 15 et s. ; Rousseau (D.), *La justice constitutionnelle en Europe*, Montchrestien, coll. « Clefs », 1992, p. 20 et s. ; Zanon (N.), La polémique entre Hans Kelsen et Carl Schmitt sur la justice constitutionnelle, *AIJC*, 1989, p. 177 et s.

On citera seulement cette définition du modèle européen donnée par le doyen L. Favoreu : « Le contentieux constitutionnel, que l'on distingue du contentieux ordinaire, est du ressort exclusif d'un tribunal spécialement constitué à cet effet et qui peut statuer, sans qu'il y ait à proprement parler litiges, sur saisine directe d'autorités politiques ou juridictionnelles, voire de particuliers, par des décisions ayant effet absolu de chose jugée » (*Les cours constitutionnelles*, préc., p. 5).

1 / *L'organisation juridictionnelle*

Le modèle kelsénien se caractérise d'abord par l'existence d'une juridiction unique spécialement chargée du contrôle de constitutionnalité, placée en-dehors de la hiérarchie des juridictions dites ordinaires, ou ne dépendant pas de celle-ci. Ce particularisme se manifeste non seulement par une place particulière de la juridiction constitutionnelle dans l'organisation juridictionnelle, mais aussi par le statut très particulier des juges qui composent cette juridiction. Désignés par le pouvoir politique, autorités exécutives et/ou législatives, ces juges bénéficient d'un véritable statut constitutionnel, en ce sens qu'ils ont des garanties d'indépendance qui les mettent à l'abri des pressions de tout ordre : ainsi, par la durée souvent assez longue de leur mandat, mais qui doit permettre alternance et renouvellement dans la composition de la juridiction, par une rémunération importante, par un régime d'incompatibilités, souvent par des exigences de compétence juridique mais sans être exclusivement des juristes, les juges constitutionnels peuvent agir en toute indépendance, ce qui correspond bien au principe posé par Kelsen selon lequel, ce qui importe surtout est de garantir l'indépendance des juges une fois nommés, car il n'existe pas de système de désignation ignorant les éléments de caractère politique

(H. Kelsen, *RDP*, 1928, p. 226-227 ; L. Favoreu, La légitimité du juge constitutionnel, *RIDC*, 1994, p. 557 et s., spéc. p. 575 et s. ; id., La légitimité de la justice constitutionnelle et la composition des juridictions constitutionnelles, in *Legitimidade e Legitimição da justiça constitucional*, Coïmbra, 1995, p. 229 et s.).

La juridiction constitutionnelle du modèle kelsénien est une juridiction unique, dans la situation d'un organe de l'État, au niveau central. Certes, le cas des États fédéraux doit être distingué, dans la mesure où ils admettent l'existence de juridictions constitutionnelles au sein des États fédérés, coexistant avec une juridiction constitutionnelle de niveau fédéral, comme en Allemagne. Mais, même dans ce cas, la juridiction fédérale assure l'unité générale d'interprétation de l'ordre juridique, ayant en général un rôle décisif dans les mécanismes de répartition des compétences entre l'État fédéral et les États fédérés.

Sur un plan plus général, la juridiction constitutionnelle bénéficie d'un véritable « statut constitutionnel » (L. Favoreu, *Les cours constitutionnelles*, p. 16), organisé dans la constitution ou au moins dans un texte solennel du type de la loi organique (cf. France, Espagne), afin de ne pas soumettre cette juridiction à des pressions éventuelles du pouvoir politique menaçant son indépendance, comme cela avait pu être le cas, dans le modèle américain, à l'époque du *New Deal*. Ce statut donne évidemment une place particulière au juge constitutionnel au sein des pouvoirs publics, en tant que « pouvoir constitutionnel » (id., *Mél. J.-F. Aubert*, préc., p. 22 et s.), situé non au-dessus des trois pouvoirs, exécutif, législatif et judiciaire, mais à leurs côtés, avec la fonction de faire respecter la suprématie de la constitution, mais en étant soumis à celle-ci c'est-à-dire au pouvoir constituant.

2 / *Les principes contentieux*

Sur le plan contentieux, le juge constitutionnel du modèle kelsénien a en principe une compétence exclusive dans le contrôle de la conformité des actes normatifs à la constitution, en particulier dans le contrôle de constitutionnalité de la loi, ce qui n'est pas exclusif d'autres compétences telles que celle de Haute Cour de justice, de tribunal électoral ou de contrôle de la répartition des compétences entre les organes de l'État. Ce qui est caractéristique du modèle kelsénien est le fait que le juge constitutionnel exerce une véritable fonction de « législateur négatif », en annulant une loi contraire à la constitution, conduisant le juge à poser des normes générales, ce que Kelsen résume bien ainsi : « Annuler une loi, c'est poser une norme générale ; car l'annulation d'une loi a le même caractère de généralité que sa confection avec un signe négatif, donc elle-même une fonction législative » (*RDP*, 1928, p. 224. Cf. *Théorie pure du droit*, p. 335 ; *RFDC*, n° 1, 1990, p. 20). Compte tenu de cette compétence majeure, on comprend d'ailleurs mieux la nécessité de garantir à la juridiction un statut constitutionnel. Mais cette compétence n'est pas exclusive du contrôle par le juge constitutionnel des actes subordonnés à la loi, en particulier les règlements, ce qu'admet Kelsen (*RDP*, p. 229 et s.), la question étant de trouver alors le bon mode de répartition entre le contrôle effectué par le juge constitutionnel et le juge ordinaire, particulièrement administratif. Le type de contrôle est donc en principe un contrôle de type abstrait qui ne prend pas en considération les situations subjectives. Le contentieux est objectif et tourné vers le contrôle des normes générales.

Les modes de saisine de la juridiction donnent la préférence aux autorités politiques ou publiques, ce qui n'est pas exclusif de saisines par des particuliers (Allemagne) ou de renvoi par un juge ordinaire (Italie) à l'occasion d'un procès ordinaire. Mais dans le cas où la saisine par des particuliers ou à l'occasion d'un procès est possible, on assiste à un double phénomène, d'une part de « micro-constitutionnalité » comme en Italie ou en Allemagne (*AIJC*, 1985, p. 111 et s.), c'est-à-dire de traitement de questions mineures de constitutionnalité ou relatives à l'application de la loi (cf. L. Favoreu, *Les cours constitutionnelles*, p. 29), d'autre part à la mise en place de procédures de « filtrage » destinées à limiter les renvois au juge constitutionnel, mises en œuvre soit par le juge ordinaire, soit par le juge constitutionnel au moyen des questions de recevabilité examinées par une formation restreinte de la juridiction. Sur la question des saisines, se manifestent les particularités de chaque juridiction et du système dans lequel elle s'inscrit. La dominante est celle du contrôle par voie d'action porté directement devant le juge constitutionnel.

Les effets de la décision de la juridiction constitutionnelle sont des effets *erga omnes* dans la mesure où la déclaration d'inconstitutionnalité concerne des normes à portée générale, principalement des lois. Il s'agit d'un véritable pouvoir d'annulation de la norme, qui disparaît de l'ordonnancement juridique. La décision doit s'imposer à tous les organes de l'État, politiques, administratifs et juridictionnels. Mais cette autorité découle plus de la nature et des effets du contrôle que d'une autorité de nature organique de la juridiction comme est celle des cours suprêmes.

SECTION 2
Justice constitutionnelle et système juridictionnel

Quel que soit le modèle de justice constitutionnelle, américain ou kelsénien, la place de la juridiction constitutionnelle au sein ou à côté de l'appareil juridictionnel mérite une réflexion particulière parce que cette juridiction ne peut ignorer le pouvoir judiciaire et doit nécessairement trouver un *modus vivendi* avec lui, pour ne pas ouvrir la voie à ce qu'on pourrait appeler une « guerre des juges » (I). Ces réflexions permettent de dégager des premières appréciations sur le modèle français de justice constitutionnelle dans ses rapports avec les ordres juridictionnels (II).

I / La justice constitutionnelle : juridiction intégrée ou juridiction autonome ?

On a vu que, selon le modèle de justice constitutionnelle, le degré d'intégration dans le système juridictionnel peut être plus ou moins prononcé. Tantôt clef de voûte de l'ensemble du système juridictionnel, comme l'est le modèle de la Cour suprême, la fonction de contrôle de constitutionnalité n'est pas intrinsèquement distincte de la fonction de jugement ordinaire. Tantôt juridiction spécialisée dans un contentieux de constitutionnalité et créée à cette fin avec des compétences définies, comme dans le modèle européen, la fonction de contrôle de conformité à la constitution est alors clairement distincte de l'exercice de la fonction générale de jugement. Mais cette présentation reste claire tant qu'on se situe sur le plan fonctionnel. Du point de vue institutionnel ou organique, la distinction est moins évidente. Ainsi, par exemple en Allemagne fédérale, la Loi fondamentale consacre dans son titre IX intitulé « le pouvoir judiciaire » son premier article, l'article 92, à la définition de ce pouvoir en ces termes : « Le pouvoir judiciaire est confié aux juges ; il est exercé par la Cour constitutionnelle fédérale, par les tribunaux fédéraux prévus par la présente Loi fondamentale et par les tribunaux des *Länder* ». Étant ainsi un organe constitutionnel, selon les termes de la loi du 12 mars 1951 relative à la Cour constitutionnelle fédérale[1], cette juridiction admet son inclusion dans le pouvoir judiciaire, mais sa qualité d'organe constitutionnel la met au même rang que les plus hautes autorités de l'État fédéral (cf. K. Schlaich, *Cours constitutionnelles européennes et droits fondamentaux*, 1982, p. 108 et 116). Elle fait donc bien partie du pouvoir judiciaire en tant que juridiction mais n'est pas incluse dans la hiérarchie des différents tribunaux. Ainsi, le modèle européen ne signifie pas nécessairement que la Cour constitutionnelle est totalement coupée du système juridictionnel général.

Si on se place du point de vue procédural, la distinction entre les deux modèles de justice constitutionnelle n'est pas non plus évidente. Ainsi par exemple, le Tribunal constitutionnel portugais a bien les caractéristiques d'une Cour constitutionnelle du modèle kelsénien, alors même que l'organisation des procédures de contrôle de constitutionnalité se fait à partir d'un contrôle diffus, juxtaposé à des procédures de contrôle postérieur abstrait et de contrôle préventif, sur saisines d'autorités politiques. De même le procès constitutionnel exercé sur renvoi du juge ordinaire, tel qu'il s'exerce en Italie, crée un lien nécessaire entre les juges ordinaires et le juge constitutionnel, sur un mode qui n'est pas à proprement parler institutionnel mais qui conduit le juge ordinaire à suivre précisément les critères de recevabilité des recours dégagés par la Cour constitutionnelle dans ses ordonnances de renvoi, puis à suivre au fond la jurisprudence définie par la Cour constitutionnelle. La situation française est encore plus particulière puisque le principe d'autorité des décisions du Conseil constitutionnel à l'égard des juridictions, clairement posé par l'article 62 de la Constitution de 1958, ne trouve pas de sanction autre que celle de la collaboration, aujourd'hui active mais volontaire, des juridictions ordinaires.

Les caractéristiques contentieuses, contrôle abstrait ou concret, objectif ou subjectif, concentré ou diffus, permettent de dégager des éléments typologiques (cf. *supra*) mais sans trancher absolument pour un mode absolu d'intégration juridictionnelle ou non selon l'un ou l'autre modèle. On souscrit à la distinction majeure entre procédures abstraites et procédures

1. Loi du 12 mars 1951 : « La Cour constitutionnelle est une juridiction indépendante, autonome de tous les autres organes constitutionnels de la Fédération ». V. sur ce point : J.-C. Béguin, *Le contrôle de la constitutionnalité des lois en République fédérale d'Allemagne*, Économica, 1982, p. 24 et 31 ; P. Chenut, *La Justice constitutionnelle en Allemagne et le tribunal constitutionnel de Karlsruhe*, thèse, Paris, 1956.

concrètes relevée par M. Michel Fromont (*La justice constitutionnelle dans le monde*, 1996, p. 43), selon laquelle dans les procédures concrètes les situations subjectives et individuelles conduisent à placer la défense de l'individu en avant dans l'exercice du contrôle de constitutionnalité, alors que par les procédures abstraites sont mises en avant les intérêts de l'État et plus généralement la cohérence du système normatif et politique et la préservation de l'ordre constitutionnel, sans oublier l'existence de systèmes mixtes, comme en Grèce ou au Venezuela.

En définitive, la question des rapports entre une juridiction constitutionnelle et le système juridictionnel du pays dans lequel elle évolue est susceptible d'appréciations très variables sur le mode et les degrés d'intégration de cette juridiction constitutionnelle. Deux éléments sont pourtant révélateurs de l'autonomie réelle de la juridiction constitutionnelle à l'égard des juridictions ordinaires. D'une part, plus l'exercice du contrôle est abstrait et concerne le règlement de conflits normatifs de caractère objectif, plus l'autonomie de la juridiction constitutionnelle est préservée par une fonction générale de résolution de conflits qui donne à ce contrôle un caractère politique, au sens de Carl Schmitt (cf. O. Beaud, *La puissance de l'État*, PUF, coll. « Léviathan », 1994, p. 387 ; N. Zanon, *AIJC*, 1989, p. 177 et s.). D'autre part, plus les effets de la décision de constitutionnalité sont généraux, *erga omnes*, en se dégageant des éléments subjectifs, plus ils s'imposent logiquement à tous les organes de l'État, y compris les juges ordinaires, de façon naturelle pourrait-on dire, par la force normative de la décision elle-même, sans qu'il soit absolument nécessaire d'inscrire dans un texte solennel un principe d'autorité des décisions du juge constitutionnel. Elles s'imposent d'elles-mêmes par la force du droit constitutionnel jurisprudentiel. La question n'est plus alors tellement de savoir quel est le degré d'autonomie de la juridiction constitutionnelle à l'égard des autres organes de l'État, mais de savoir quelle est la limite de ce pouvoir du juge constitutionnel et s'il est toujours légitime et nécessaire dans un État de droit.

II / Premières réflexions sur le modèle français de justice constitutionnelle dans ses rapports avec les ordres juridictionnels

Au sein de cette typologie, où doit-on ranger le Conseil constitutionnel français ? La réponse ne devrait, en toute logique, être faite qu'en fin d'ouvrage après démonstration. Mais, après ces premiers développements, on est conduit par comparaison à s'interroger sur les caractéristiques particulières du modèle français de contrôle de constitutionnalité, dans ses rapports avec le système juridictionnel, en particulier les deux ordres juridictionnels, administratif et judiciaire. Il faut d'abord rappeler que le Conseil constitutionnel n'a pas été conçu comme une juridiction, ni au sens classique du terme, ni même au regard des éléments de définition de la juridiction constitutionnelle, tant du modèle américain que du modèle kelsénien. Institution particulière chargée initialement de veiller à la bonne répartition des compétences entre les pouvoirs publics, elle est aussi datée historiquement par la marque des idées de 1958 qui sont celles du fondateur de la Vᵉ République. Ce n'est donc que par un développement progressif, de sa jurisprudence, de ses modes de saisine — l'introduction de la saisine parlementaire à partir de 1974 —, de sa stature constitutionnelle en quelque sorte, mais aussi des pratiques des autres pouvoirs, exécutif et législatif, à son égard, des réflexions doctrinales et du développement du comparatisme, que l'institution a découvert son vrai visage de Cour constitutionnelle du modèle kelsénien. Lorsqu'il a disposé clairement de l'arsenal juridique de la Déclaration de 1789, du Préambule de la Constitution de 1946, des principes fondamentaux et généraux de valeur constitutionnelle, le Conseil constitutionnel a pu alors commencer à donner toute sa mesure en prenant sa place à l'égard des juridictions administratives et judiciaires.

Curieusement, la décision de 1975 relative à l'interruption volontaire de grossesse (C. const., nº 74-54 DC, 15 janvier 1975, *Rec.*, 19) l'a placé en interlocuteur de la Cour de cassation et du Conseil d'État, en leur renvoyant la question des rapports entre les traités internationaux et l'ordre juridique français. C'est véritablement à compter de ce moment que le Conseil constitutionnel s'est positionné vis-à-vis des ordres juridictionnels. Il est alors apparu comme une Cour constitutionnelle du modèle kelsénien, pratiquant le contrôle *a priori* et abstrait auquel il a donné toute son ampleur. C'est à partir de cette position que l'article 62 de la Constitution, qui énonce le principe d'autorité des décisions du Conseil constitutionnel à l'égard des autorités juridictionnelles, a révélé et sa puissance de principe mais ses faiblesses pratiques.

S'il est clair que le Conseil constitutionnel n'est pas une juridiction intégrée aux ordres juridictionnels, qu'il ne leur est pas organiquement supérieur, il n'est pas aisé de mesurer en pratique l'étendue exacte de l'autorité de la juridiction constitutionnelle à la française sur les juridictions ordinaires. Le présent ouvrage a l'ambition d'apporter des réponses à cette question.

BIBLIOGRAPHIE

Sur la notion même de justice constitutionnelle, tous les ouvrages traitant de la question pourraient être cités. On se limitera à citer les contributions traitant spécialement de la définition de la justice constitutionnelle : Aguila (Y.), *Le Conseil constitutionnel et la philosophie du droit*, préf. M. Long, LGDJ, coll. « Travaux et recherches » de l'université Panthéon-Assas Paris II, 1993 ; Balat (J.-C.), *La nature juridique du contrôle de constitutionnalité des lois dans le cadre de l'article 61 de la Constitution de 1958*, PUF, coll. « Travaux et recherches » de l'Université de droit, d'économie et des sciences sociales de Paris (Paris II), 1983 ; Béchillon (D. de), *Hiérarchie des normes et hiérarchie des fonctions normatives de l'État*, Économica, 1996 ; Cappelletti (M.), *Le pouvoir des juges*, trad. R. David, préf. L. Favoreu, Économica-PUAM, 1990, v. en particulier : chap. 4, Le contrôle juridictionnel des lois en droit comparé, p. 177 et s., chap. 5, Un problème majeur : contrôle juridictionnel des lois et principe de démocratie. Étude de droit comparé, p. 215 et s., chap. 6, Montesquieu abandonné ? Développement et légitimité de la « justice constitutionnelle », p. 249 et s. ; Di Manno (T.), *Le Conseil constitutionnel et les moyens soulevés d'office*, Économica-PUAM, 1994 ; la thèse de Charles Eisenmann, *La justice constitutionnelle et la Haute Cour constitutionnelle d'Autriche*, préf. H. Kelsen, Paris, 1928, rééd. Économica-PUAM, 1986, avant-propos de G. Vedel, est une contribution majeure, encore actuelle pour le lecteur français, à la théorie de la justice constitutionnelle : la première partie de la thèse (p. 2 à 107) est une présentation magistrale de la théorie moderne de la justice constitutionnelle qui comporte des développements majeurs largement influencés par la doctrine kelsénienne. On y trouve une forte critique des théories françaises en la matière (Hauriou, Gény, Duguit). Enfin quelques questions spécifiques sont présentées : la notion juridique des droits et libertés individuels, les pouvoirs de contrôle du juge à l'égard des lois, l'organisation de la justice constitutionnelle : justice et juridiction constitutionnelles. La deuxième partie de la thèse traite de la Haute Cour constitutionnelle d'Autriche.

Articles sur la justice constitutionnelle : Favoreu (L.), La modernité des vues de Charles Eisenmann sur la justice constitutionnelle, *in* P. Amselek (dir.), *La pensée de Charles Eisenmann*, Économica-PUAM, 1986, p. 85 et s. ; id., V[is] Justice constitutionnelle et Juridiction constitutionnelle, *in* O. Duhamel et Y. Mény, *Dictionnaire constitutionnel*, Paris, PUF,

1992 ; id., La justice constitutionnelle comme élément de construction de l'ordre juridique européen, *Publications de l'Institut d'Europe*, Sarrebrück, 1992, p. 31 et s. ; id., La notion de Cour constitutionnelle, in *De la Constitution. Études en l'honneur de J.-F. Aubert*, Bâle, Helbing & Lichtenhahn, 1996, p. 15 et s. ; Kelsen (H.), La garantie juridictionnelle de la Constitution (La Justice constitutionnelle), *RDP*, 1928, p. 197 et s. ; Maulin (E.), Le principe du contrôle de la constitutionnalité des lois dans la pensée de R. Carré de Malberg, *RFDC*, n° 21, 1995, p. 79 et s. ; Pantou (E.), *La notion de juridiction constitutionnelle dans la doctrine française. Essai d'analyse critique*, thèse, Paris X, 1988, 298 p. (dact.) ; Pini (J.), *Recherches sur le contentieux de constitutionnalité*, thèse, Aix-Marseille III, 1997, 453 p. (dact.) ; Zanon (N.), La polémique entre Hans Kelsen et Carl Schmitt sur la justice constitutionnelle, *AIJC*, 1989, p. 177 et s. ; Waline (M.), Éléments d'une théorie de la juridiction constitutionnelle en droit positif français, *RDP*, 1928, p. 441 et s.

Sur la distinction des contentieux : *a priori* et *a posteriori*, abstrait et concret, objectif et subjectif, on peut consulter utilement : Bon (P.), V^{is} Contrôle abstrait, Contrôle concret, Contrôle *a posteriori*, Contrôle *a priori*, Contrôle concentré, Contrôle diffus, *in* O. Duhamel et Y. Mény, *Dictionnaire constitutionnel*, Paris, PUF, 1992 ; Fromont (M.), *La justice constitutionnelle dans le monde*, Dalloz, coll. « Connaissance du droit », 1996, p. 42 et s. ; Grewe (C.) et Ruiz Fabri (H.), *Droits constitutionnels européens*, PUF, coll. « Droit fondamental », 1995, spéc. p. 79 et s. ; plus généralement : Vincent (J.), Guinchard (S.), Montagnier (G.), Varinard (A.), *La justice et ses institutions*, Dalloz, 4e éd., 1996, n° 778.

Les études de droit comparé portant sur la justice constitutionnelle et sur les cours constitutionnelles sont nombreuses. Sans prétendre à l'exhaustivité on peut citer : Bon (P.), Le Conseil constitutionnel français et le modèle des cours constitutionnelles européennes, *Revista española de derecho constitucional*, n° 32, 1991, p. 45 et s. ; Cappelletti (M.) et Cohen (W.), *Comparative constitutional Law*, Indianapolis, Bobbs-Merrill Company, 1979 ; Favoreu (L.), Le contrôle juridictionnel des lois en Europe occidentale, *RDP*, 1984, p. 1110 et s. ; id., Modèle américain et modèle européen de justice constitutionnelle, *AIJC*, 1988, p. 51 et s. ; même contribution en anglais : American and European Models of Constitutional Justice, in *Essays in Honor of John Henry Merryman*, ed. by David S. Clark, Duncker & Humboldt, 1990, p. 105 et s. ; id. (dir.), *Cours constitutionnelles européennes et droits fondamentaux*, Économica-PUAM, 1982 ; v. aussi le même thème traité à nouveau en 1991, *AIJC*, 1991, p. 69 et s. ; id., La légitimité du juge constitutionnel, *RIDC*, 1994, p. 557 et s. ; id., *Les cours constitutionnelles*, PUF, coll. « Que sais-je ? », n° 2293, 3e éd., 1996 ; Favoreu (L.) et Jolowicz (A.), *Le contrôle juridictionnel des lois. Légitimité, effectivité et développements récents*, Économica-PUAM, 1986 ; Garlicki (L.) et Zakrewski (W.), La protection juridictionnelle de la Constitution dans le monde contemporain, *AIJC*, 1985, p. 17 et s. ; Grewe (C.) et Ruiz Fabri (H.), *Droits constitutionnels européens*, préc., spéc. p. 66 et s. ; Fromont (M.), *La justice constitutionnelle dans le monde*, préc. ; id., La justice constitutionnelle en Europe, in *Présence du droit public et des droits de l'homme. Mélanges offerts à Jacques Velu*, tome 1, Bruxelles, Bruylant, 1992, p. 297 et s. ; Kelsen (H.), Le contrôle de constitutionnalité des lois. Une étude comparative des Constitutions autrichienne et américaine, *RFDC*, n° 1, 1990, p. 17 et s. ; Lambert (E.), *Le gouvernement des juges et la lutte contre la législation sociale aux États-Unis : l'expérience américaine du contrôle judiciaire de la constitutionnalité des lois*, Paris, Giard et Brière, 1921 ; Pacteau (B.), La juridiction constitutionnelle en France, *Journées de la Société de législation comparée*, vol. 10, 1988, p. 102 et s. ; Rousseau (D.), *La justice constitutionnelle en Europe*, Montchrestien, coll. « Clefs », 1992 ; Société de législation comparée, 14e Journées juridiques franco-italiennes (Milan-Bellagio, 8-10 juin 1990), *Journées de la Société de législation comparée*, vol. 12, 1990, avec les communications suivantes : 1. Les différentes modalités de contrôle de constitutionnalité des lois. Avantages et inconvénients de chaque système : Luchaire (F.), Le contrôle préalable de constitutionnalité en France, p. 11 et s. ; Zagrebelsky (G.), Le contrôle de constitutionnalité des lois en France et en Italie : confrontations de certains de leurs aspects, p. 25 et s. ; 2. Les cas et les modalités d'intervention du jugement de constitutionnalité ainsi que les effets de la décision du juge : Favoreu (L.), Les cas et les formes d'intervention des décisions du Conseil constitutionnel et leurs effets, p. 47 et s. ; Roselli (F.), Les différentes modalités de contrôle de légitimité constitutionnelle dans le système italien, p. 61 et s. ; 3. L'accès de l'individu à la justice constitutionnelle : exception d'inconstitutionnalité et recours individuel direct : Genevois (B.), L'accès de l'individu à la justice constitutionnelle : exception d'inconstitutionnalité et recours individuel direct, p. 75 et s. ; Mezzanotte (C.), L'accès des particuliers à la justice constitutionnelle : exception d'inconstitutionnalité et recours individuel direct, p. 93 et s. ; Steinberger (H.), *Modèles de juridiction constitutionnelle*, Science et technique de la démocratie, Commission européenne pour la démocratie par le droit, éd. du Conseil de l'Europe, 1994 ; Brünneck (A. von), *Verfassungsgerichtsbarkeit in den westlichen Demokratien. Ein systematischer Verfassungsvergleich*, Baden-Baden, Nomos Verlagsgesellschaft, 1992 (v. la présentation critique de l'ouvrage par O. Pfersmann, *AIJC*, 1991, p. 755 et s.) ; id., Le contrôle de constitutionnalité et le législateur dans les démocraties occidentales, *AIJC*, 1988, p. 15 et s. ; Weber (A.), Le contrôle juridictionnel de la constitutionnalité des lois dans les pays d'Europe occidentale, *AIJC*, 1985, p. 39 et s.

Chapitre II

LES FONCTIONS DE LA JURIDICTION CONSTITUTIONNELLE

Caractériser la juridiction constitutionnelle par ses fonctions revient à en donner une définition non pas en soi mais par la description et l'analyse de ses compétences générales. Différentes méthodes ont été suivies pour caractériser les fonctions de la juridiction constitutionnelle. Certains préfèrent présenter les missions générales de la justice constitutionnelle, en faisant remarquer que ces missions existent quel que soit le modèle de justice constitutionnelle. D'autres présentent la fonction de la justice constitutionnelle en termes d'influence, en décrivant un processus d'influence croissante sur l'organisation du pouvoir et sur le contenu même du droit. Enfin, un troisième discours est celui de la justice constitutionnelle exerçant une fonction de construction progressive de la démocratie constitutionnelle.

L. Favoreu indiquait ainsi en 1981 que « la justice constitutionnelle assume généralement, quelle que soit son organisation, quatre grands types de mission : tout d'abord, le contrôle de la régularité des élections et des votations politiques c'est-à-dire des élections législatives ou présidentielles ainsi que des référendums ; le respect de l'équilibre entre l'État et les collectivités composantes, mission surtout importante dans un État fédéral ou quasi fédéral mais qui — même dans un État unitaire comme la France — n'est pas inexistante ; ensuite, la garantie du bon fonctionnement des pouvoirs publics et de la répartition entre eux ; enfin, le contrôle de constitutionnalité des lois et la protection des droits fondamentaux. Ces quatre missions ne sont pas toujours réunies mais elles forment le fonds commun dans lequel puisent généralement les constituants », Rapport général introductif, *Cours constitutionnelles européennes et droits fondamentaux*, Économica-PUAM, 1982, p. 30. Plus récemment, L. Favoreu a déterminé quatre missions générales données à la *justice constitutionnelle*, définie comme « l'ensemble des institutions et techniques grâce auxquelles est assurée, sans restrictions, la suprématie de la constitution » : veiller à l'authenticité des manifestations de volonté du peuple souverain, assurer la répartition horizontale des pouvoirs entre les organes de l'État, assurer la répartition verticale des pouvoirs entre pouvoir central et pouvoirs locaux, veiller à la protection des droits et libertés fondamentaux, V° Justice constitutionnelle, *Dictionnaire constitutionnel*, Paris, PUF, 1992.

M. Fromont ne se place pas directement sur le plan des fonctions mais montre quelle influence déterminante exerce la justice constitutionnelle : influence sur les pouvoirs publics d'abord, législateur, autorités d'application des lois, pouvoir diplomatique et autorités mettant en œuvre les traités ; influence sur la formation et le contenu de la règle de droit ensuite, droit constitutionnel organique (démocratie, fédéralisme et décentralisation), droits de l'homme (principes d'interprétation, interprétation de règles substantielles telles que la liberté et l'égalité, interprétation de diverses garanties des droits), *La justice constitutionnelle dans le monde*, Dalloz, coll. « Connaissance du droit », 1996, p. 81 et s. Si M. Fromont ne parle pas de fonction de la justice constitutionnelle, c'est bien de cela qu'il s'agit en définitive car c'est par l'exercice de certaines fonctions que se mesure l'influence de celle-ci.

D. Rousseau démontre enfin la place de la justice constitutionnelle dans l'exercice de la démocratie, expliquant que le juge, et particulièrement le juge constitutionnel, est l'une des nouvelles figures de la démocratie, *Droit du contentieux constitutionnel*, Montchrestien, 4e éd., 1995, p. 397 et s.

A ces différentes classifications, qui ont toutes leurs qualités, on préférera une présentation plus globale, susceptible de regrouper certaines fonctions techniques pour les présenter sur un mode plus général applicable, nous semble-t-il, quel que soit le modèle de justice constitutionnelle. Ceci ne signifie pas que cette classification des fonctions se retrouve dans toutes les juridictions constitutionnelles mais que ces fonctions se dégagent de l'ensemble des compétences appartenant à ces juridictions. Ainsi on propose une classification des fonctions des juridictions constitutionnelles en quatre éléments : la fonction d'unification de l'ordre juridique par l'exercice du contrôle des normes subordonnées à la constitution (section 1), la fonction de protection des droits fondamentaux (section 2), la fonction d'arbitrage entre les pouvoirs publics (section 3), la fonction de contrôle de l'expression du suffrage (section 4).

SECTION 1
La fonction d'unification de l'ordre juridique par l'exercice du contrôle des normes subordonnées à la constitution

La fonction d'unification de l'ordre juridique exercée par la juridiction constitutionnelle doit se comprendre au regard de la conception normativiste du droit. Selon cette conception, les normes juridiques forment un ensemble cohérent et hiérarchisé. Cette hiérarchie conduit à une construction du droit par degrés successifs qui contribue à l'unité de l'ordre juridique. La juridiction constitutionnelle contribue plus particulièrement à cette fonction d'unification de l'ordre juridique par l'exercice du contrôle de la conformité des normes subordonnées à la constitution.

I / La hiérarchie des normes et l'unité de l'ordre juridique

Hans Kelsen a systématisé dans sa *Théorie pure du droit* (1934, trad. française de la 2e éd. par C. Eisenmann, Paris, Dalloz, 1962) une présentation dynamique de l'ordre juridique en utilisant l'image d'une pyramide. Les normes juridiques ayant des valeurs et des modes d'édiction différents, Kelsen utilise cette image pour expliquer les rapports hiérarchiques qui les lient les unes aux autres. Il explique ainsi, dans un paragraphe intitulé « La pyramide de l'ordre juridique » :

« L'ordre juridique n'est pas un système de normes juridiques placées toutes au même rang, mais un édifice à plusieurs étages superposés, une pyramide ou hiérarchie formée (pour ainsi dire) d'un certain nombre d'étages ou couches de normes juridiques. Son unité résulte de la connexion entre éléments qui découle du fait que la validité d'une norme qui est créée conformément à une autre norme repose sur celle-ci ; qu'à son tour, la création de cette dernière a été elle aussi réglée par d'autres, qui constituent à leur tour le fondement de sa validité ; et cette démarche régressive débouche finalement sur la norme fondamentale — norme supposée. La norme fondamentale hypothétique — en ce sens — est par conséquent le fondement de validité suprême, qui fonde et scelle l'unité de ce système de création » (*Théorie pure du droit*, p. 299).

Selon cette conception, chaque degré de l'ordre juridique fonde la validité de la norme qui est immédiatement inférieure, appliquant là une idée de régularité, « la régularité n'étant que le rapport de correspondance d'un degré inférieur à un degré supérieur de l'ordre juridique » (H. Kelsen, La garantie juridictionnelle de la constitution [La justice constitutionnelle], *RDP*, 1928, p. 197 et s., spéc. p. 200). Ainsi une norme juridique est valide parce qu'elle est créée selon une procédure définie par une autre norme. L'unité de l'ordre juridique est formée par l'ensemble des connexions entre les différentes normes de droit, au sein de cette hiérarchie.

Adolf Merkl ajoute un élément à cette présentation par sa théorie de la formation du droit par degrés en considérant que plus on descend les degrés de cette hiérarchie, plus la concrétisation de la norme se révèle, ainsi jusqu'aux normes individuelles (*Allgemeines Verwaltungsrecht*, 1927 ; pour une présentation de cette théorie v. R. Bonnard, *RDP*, 1928, p. 668 et s.).

Dans le système kelsénien, par une démarche « régressive », cette construction trouve sa source dans une « norme fondamentale », norme dont l'existence est supposée, qui, étant le fondement suprême de la validité de l'ensemble de l'ordre juridique, lui confère unité et cohérence (cf. *Théorie pure du droit*, p. 255 et s., id., *Théorie générale du droit et de l'État*, 1945, trad. fr., Bruylant-LGDJ, 1997, p. 178). Même si la théorie de la norme fondamentale est sans doute le maillon faible de la conception kelsénienne (v. la controverse entre P. Amselek et M. Troper, *RDP*, 1978, p. 5 et s. et p. 1523 et s.), cette présentation trouve une application particulièrement utile pour le constitutionnalisme. En effet, la constitution, définie par Kelsen autant sur le mode formel que matériel, est la norme se situant au plus haut degré de l'ordre juridique étatique qui fonde la validité des normes subordonnées. Au sens formel, la constitution est ce document solennel édicté dans des conditions particulières qui ne peut être modifié ou révisé que selon une procédure spécifique, d'une certaine difficulté (délai, majorité parlementaire renforcée, limitation de l'objet de la révision…). Au sens matériel, la constitution est la norme qui comporte les règles régissant la création des normes juridiques générales, en particulier des lois, allant parfois jusqu'à fixer le contenu futur des lois et des autres normes générales en formulant une liste de droits et libertés fondamentaux. Comment s'assurer alors que les normes subordonnées, les lois, sont bien conformes à la constitution, c'est-à-dire ont bien un contenu conforme à celle-ci et ont été édictées selon la procédure prévue par elle.

Kelsen envisage tous les cas de figure (*Théorie pure du droit*, p. 362 et s.). Ce pouvoir de contrôle peut être confié à l'organe gouvernemental, chargé d'assurer la promulgation et la publication de la loi. Le pouvoir législatif peut aussi exercer cette compétence. « En ce cas, dit-il, la décision positive de cette question est incluse dans le fait même de l'édiction d'une loi par l'organe légiférant. » Enfin, cette fonction de contrôle peut être confiée à un organe juridictionnel, soit à la plus haute juridiction, soit à tous les tribunaux, soit à une juridiction spéciale, c'est-à-dire à une cour constitutionnelle (*op. cit.*, p. 362-363). Cette juridiction peut être investie du « pouvoir d'annuler la validité de la loi reconnue inconstitutionnelle, non seulement pour un cas concret, mais pour tous les cas auxquels la loi se rapporte, autrement dit : le pouvoir d'annuler la loi comme telle » (p. 364).

En exerçant ce contrôle, la juridiction constitutionnelle, plus encore quand elle est concentrée en un seul organe, assure ce contrôle de validité des normes subordonnées à la constitution, tant sur le plan formel que matériel. Mais bien plus encore, « la garantie juridictionnelle de la constitution — la justice constitutionnelle — est un élément du système des mesures techniques qui ont pour but d'assurer l'exercice régulier des fonctions étatiques » (H. Kelsen, *RDP*, 1928, p. 198). Ainsi, la juridiction constitutionnelle établit un rapport de constitutionnalité qui est un contrôle de validité des normes subordonnées à la constitution. Sa fonction est d'assurer la hiérarchie de deux degrés de règles, législative et constitutionnelle, préservant l'unité de l'ordre juridique sous la protection de la constitution.

II / L'unification de l'ordre juridique réalisée par la juridiction constitutionnelle

En organisant un contrôle de la validité des normes au plus haut degré de la hiérarchie juridique, la juridiction constitutionnelle assure une effectivité réelle de la norme fondement, c'est-à-dire de la constitution. Lorsque Kelsen présente sa conception de la hiérarchie des normes comme permettant à la norme supérieure de fonder la validité de la norme inférieure et qu'on rapporte ce propos à la norme constitutionnelle, on voit bien que la constitution pose nécessairement les conditions d'édiction et de validité des normes subordonnées, en particulier la loi, mais aussi fonde véritablement ces normes subordonnées. Cependant, l'effectivité d'un tel système n'existe que s'il existe un moyen — procédure ou institution — de vérifier que cette édiction des normes subordonnées est bien faite en cohérence avec la norme constitutionnelle. En théorie, on peut penser que l'organe chargé de l'édiction des normes subordonnées immédiates, le législateur, peut vérifier lui-même si la loi qu'il édicte est bien conforme à la constitution. Rien ne l'interdit évidemment et l'histoire montre que cette solution a été parfois préférée, par exemple avec le Sénat impérial en France (v. *infra*, Deuxième partie, titre 1, chapitre 1, Histoire d'un débat : l'introduction en France du contrôle de constitutionnalité). Pour Kelsen, cette voie est cependant « impraticable » parce que le Parlement ne peut être obligé de façon efficace à assurer ce contrôle de constitutionnalité : « L'organe législatif se considère dans la réalité comme un créateur libre du droit et non comme un organe d'application du droit, lié par la constitution, alors qu'il l'est théoriquement, bien que dans une mesure relativement restreinte. Ce n'est donc pas sur le Parlement lui-même que l'on peut compter pour réaliser sa subordination à la constitution. C'est un organe différent de lui, indépendant de lui et par conséquent aussi de toute autre autorité étatique qu'il faut charger de l'annulation ses actes inconstitutionnels — c'est-à-dire une juridiction ou tribunal constitutionnel » (*RDP*, 1928, p. 223). Cet organe spécifique exerce une fonction de contrôle de la constitutionnalité des normes subordonnées et par là même une fonction d'interprétation de la constitution. Ayant l'exclusivité de cette interprétation, il en assure l'unité. Ainsi, la juridiction constitutionnelle, par sa fonction même, exerce cette fonction d'unification de l'ordre juridique dont la constitution est le garant. Plus exactement, en transformant en norme sanctionnée la constitution, la juridiction constitutionnelle fait de celle-ci « la règle de droit suprême, principe de toute validité juridique » (C. Eisenmann, *La justice constitutionnelle et la Haute Cour constitutionnelle d'Autriche*, LGDJ, 1928, rééd. Économica, 1986, p. 22). Et l'élève de Kelsen conclut ainsi sa démonstration :

> « A tous les étages du système juridique, le contrôle juridictionnel des actes a pour effet d'assurer la distinction et la hiérarchie de deux degrés de règles, en conférant par là même force obligatoire à celles du degré supérieur. La justice constitutionnelle ne fait que poursuivre et achever cette œuvre de hiérarchisation : elle ajoute un nouvel et ultime degré à l'édifice du droit interne, qu'elle couronne en subordonnant la légalité ordinaire, et ainsi, indirectement, toutes les règles infra-légales, à la légalité constitutionnelle. La constitution formant le suprême degré de l'ordre juridique interne et son principe, la justice constitutionnelle doit être considérée théoriquement — en fait, ce sont des hommes qui la manient, et ils jouissent d'un pouvoir discrétionnaire considérable — comme l'instrument destiné à assurer par en haut la cohérence interne du système étatique, l'accord de ses parties, en un mot son unité totale » (*op. cit.*, p. 22-23).

Sur un autre plan, et pour raisonner à partir de l'exemple du Conseil constitutionnel français, la fonction de la juridiction constitutionnelle n'est pas uniquement d'assurer l'unité de l'ordre juridique. Elle a une fonction organique que M. Cl. Goyard a ainsi clairement décrite :

« la fonction du Conseil (constitutionnel) ne peut pas se réduire à celle, aussi éminente soit cette fonction, d'une juridiction purement constitutionnelle. Il est en effet bien plus que cela ; par la force des choses il apparaît comme le régulateur des rapports entre pouvoirs constitués, entre le pouvoir exécutif et le pouvoir législatif, non pas certes un pouvoir souverain qui décide en dernier ressort mais celui qui, dans l'intervalle des consultations populaires ou des réunions du congrès du Parlement, exerce la fonction régulatrice des pouvoirs publics, conditionné par l'opposition parlementaire qui lui en fournit l'occasion », Unité du droit et justice constitutionnelle, *Mél. R. Drago*, Économica, 1996, p. 53 ; pour un point de vue critique : D.-G. Lavroff, Le Conseil constitutionnel et la norme constitutionnelle, *Mél. G. Peiser*, PU de Grenoble, 1995, p. 347 et s., spéc. p. 360 et s.

Cette fonction organique découle de cette fonction d'unification de l'ordre juridique. En contrôlant les normes issues de la constitution, la juridiction constitutionnelle contribue autant à l'unification du droit autour de la constitution qu'à celle des pouvoirs publics. Ceux-ci en effet ne peuvent agir en dehors des règles fondamentales dont les principes sont inscrits dans le texte constitutionnel tel qu'interprété par la juridiction constitutionnelle ; et les différents mécanismes de sanction, devant les juges ordinaires en particulier, jouent afin d'assurer cette unité du droit autour de la constitution. Par un raisonnement logique, chaque fois que les juges ordinaires ont à appliquer des principes fondamentaux, ils sont conduits à remonter jusqu'à la norme législative puis constitutionnelle dans laquelle ils cherchent le fondement ou même l'énoncé de ces règles. Ainsi, l'unification assurée par la juridiction constitutionnelle concerne autant le droit que les institutions qui l'utilisent ; celle-ci oriente l'ensemble du système juridique pour en faire un système dynamique, un véritable « droit vivant » susceptible de provoquer des évolutions sociales significatives. La juridiction constitutionnelle devient ainsi la conscience des pouvoirs publics, comme le Conseil d'État avait pu être défini par Georges Renard comme la conscience de l'administration.

Sur cette question v. particulièrement : L. Favoreu, Dualité ou unité d'ordre juridique : Conseil constitutionnel et Conseil d'État participent-ils de deux ordres juridiques différents ?, *Conseil constitutionnel et Conseil d'État*, Paris, LGDJ-Montchrestien, 1988, p. 145 et s. ; id., La constitutionnalisation du droit, *Mél. R. Drago*, Économica, 1996, p. 25 et s., spéc. p. 39 ; R. Chapus, *Droit administratif général*, Paris, Montchrestien, t. 1, 10e éd., n° 110 et s. ; F. Luchaire, Le Conseil d'État et la Constitution, *Rev. adm.*, 1980, p. 141 et s.

Cette fonction d'unification de l'ordre juridique s'exerce également dans le système de contrôle diffus de constitutionnalité, pour des raisons identiques. Lorsque la juridiction suprême se prononce au titre de juridiction constitutionnelle, l'effet de sa décision demeure normalement limité à l'espèce en cause et la loi ne se trouve écartée que dans la situation visée. Mais la décision produit nécessairement des effets plus généraux non seulement à l'égard des cours inférieures mais à l'égard de l'exécutif qui doit tenir compte de l'interprétation de la constitution donnée par la juridiction constitutionnelle ; c'est le cas de la Cour suprême des États-Unis lorsqu'elle applique la doctrine de la « transformation sociale » qui propose une interprétation contemporaine de la constitution.

BIBLIOGRAPHIE

Turpin (D.), *Droit constitutionnel*, Paris, PUF, coll. premier cycle, 2e éd., 1994, p. 614 et s. ; Toinet (M.-F.), *Le système politique des États-Unis*, Paris, PUF, coll. « Thémis », 2e éd., 1990 ; *La Cour suprême, les grands arrêts*, PUN, 1989 ; Brown (B. E.), *L'État et la politique aux États-Unis*, Paris, PUF, coll. « Thémis », 1994 ; sur le conflit entre la Cour suprême et le Congrès des États-Unis v. Scoffoni (G.), *RFDC*, n° 16, 1993, p. 675 et s.

Mais dans ce type d'organisation de contrôle diffus de constitutionnalité, l'unification peut n'être pas toujours utilement réalisée. Il peut donc être nécessaire d'instituer un organe spécifique destiné à assurer cette unité dans un but de sécurité juridique et d'unification de l'ordre juridique, comme cela a été le cas en Grèce[1]. Dans ce cas, la décision de l'organe juridictionnel d'unification du droit ne peut avoir qu'un effet *erga omnes*.

Assurer l'unification de l'ordre juridique par l'exercice du contrôle de conformité à la constitution des normes juridiques qui lui sont subordonnées est généralement considéré comme la fonction majeure des cours constitutionnelles. Il est vrai qu'il s'agit d'abord de la fonction la plus visible des juridictions constitutionnelles parce que son effet est immédiatement tangible, par une déclaration ou non de conformité à la constitution. C'est ensuite la fonction qui est la plus juridictionnelle puisqu'elle produit

1. Article 100 de la Constitution du 9 juin 1975 : « Est constituée une Cour spéciale supérieure à laquelle sont soumis : ... le jugement des contestations portant sur l'inconstitutionnalité de fond ou sur le sens des dispositions, d'une loi formelle, dans le cas où sur ces dispositions le Conseil d'État, la Cour de cassation ou la Cour des comptes ont émis des décisions contradictoires... Les décisions de la Cour sont irrévocables. »

une validation ou une invalidation d'une norme de droit, législative, réglementaire ou juridictionnelle selon les cas. C'est enfin la fonction qui induit des comportements juridictionnels, par des procédures, des actes de jugement, par les effets de la décision qui ont des conséquences majeures tant le plan proprement juridique que sur le plan institutionnel. Il faut donc considérer que la fonction d'unification de l'ordre juridique par l'exercice du contrôle normatif est bien la fonction majeure des cours constitutionnelles.

Section 2
La fonction de protection des droits fondamentaux

Parmi les fonctions de la juridiction constitutionnelle, celle relative à la protection des droits fondamentaux est aujourd'hui particulièrement mise en avant comme la forme la plus achevée de l'État de droit ; elle est même souvent présentée comme la fonction majeure des cours constitutionnelles. Sans aller contre de telles affirmations, il faut seulement dire que cette fonction n'est qu'une des compétences de la juridiction constitutionnelle et que les autres fonctions ne sont pas moins importantes, tant vis-à-vis des pouvoirs publics qu'à l'égard des citoyens. Ainsi, on a vu que la fonction d'unification de l'ordre juridique peut exercer une influence normative et institutionnelle majeure dans un système juridique. Ou encore, la fonction d'arbitrage entre les pouvoirs publics peut parfois mieux servir la démocratie et l'équilibre des pouvoirs que la protection des droits fondamentaux qui peut ne pas avoir d'effectivité immédiate et demeurer formelle. Enfin, les techniques de protection des droits fondamentaux participent autant à la défense de ceux-ci que le raisonnement du juge constitutionnel (v. différents points de vue en droit comparé : L. Favoreu (dir.), *Cours constitutionnelles européennes et droits fondamentaux*, préc., p. 53 et s. ; *AIJC*, 1991, p. 89 et s.).

La fonction de protection des droits fondamentaux consiste pour la juridiction constitutionnelle à vérifier l'application du droit constitutionnel substantiel à l'occasion du contrôle de constitutionnalité, en particulier du contrôle de la loi. Par droit constitutionnel substantiel on entend l'ensemble des droits et libertés individuels et collectifs garantis par la constitution. L'étude de la fonction de protection des droits fondamentaux ne suppose pas, à ce stade, de définition de ce qu'est un droit fondamental.

V. *infra*, titre 3, chapitre 2, Les normes de référence du contrôle de constitutionnalité ; sur cette notion de droit fondamental v. : V. Champeil-Desplats, La notion de droit « fondamental » et le droit constitutionnel français, *D*, 1995, chron., p. 323 ; M.-L. Pavia, Éléments de réflexion sur la notion de droit fondamental, *LPA*, n° 54, 6 mai 1994, p. 13 et s.

On doit simplement faire le constat du développement de la fonction de défense des droits fondamentaux, tels que qualifiés par la juridiction constitutionnelle. Cette évolution peut s'expliquer par plusieurs facteurs.

Le premier facteur relève de la logique de développement des institutions : au fur et à mesure du développement des jurisprudences constitutionnelles, celles-ci sont amenées à augmenter les garanties offertes ou au moins à ne pas les diminuer[1] ou encore à opérer une conciliation des droits constitutionnellement garantis avec les exigences de l'ordre public, en ne laissant au législateur que la possibilité de rendre ces droits plus effectifs et donc de pas en diminuer les effets (C. const., n° 84-181 DC, 10 et 11 octobre 1984, *Rec.*, 78 ; n° 93-325 DC, 13 août 1993, *Rec.*, 224 ; n° 94-345 DC, 29 juillet 1994, *Rec.*, 106). Sans se prononcer sur ce qu'on a pu qualifier d'exercice d'autolégitimation par la juridiction constitutionnelle (V. Champeil-Desplats, chron. préc., spéc. p. 328), il faut reconnaître qu'une juridiction ne connaît pas d'autolimitation et que sa tendance naturelle est d'augmenter la liste des garanties dont elle est susceptible d'assurer la défense.

La deuxième raison de cette évolution des cours constitutionnelles est qu'elle se situe dans un mouvement général de défense des prérogatives de la personne fortement influencé par la jurisprudence de la Cour européenne des droits de l'homme (V. Berger et L.-E. Pettiti, *Jurisprudence de la Cour européenne des droits de l'homme*, Sirey ; D. Rousseau et F. Sudre (dir.), *Conseil constitutionnel et Cour européenne des droits de l'homme*, éd. STH, 1990) et dans lequel la jurisprudence de la Cour de justice des Communautés européennes n'est pas non plus absente (CJCE, *Stauder*, 12 novembre 1969 ; *Nold*, 17 mai 1974 ; v. M.-A. Dauses, La protection des droits fondamentaux dans l'ordre juridique communautaire, *RTDE*, 1984, p. 401 et s.).

1. Ce qui peut être illustré par la jurisprudence du Conseil constitutionnel dite de l'« effet-cliquet » qui oblige le législateur à faire en sorte que l'exercice de son pouvoir de modification ou d'abrogation n'aboutisse pas « à priver de garanties légales des exigences de caractère constitutionnel » : C. const., n° 86-210 DC, 29 juillet 1986, *Rec.*, 110 ; n° 86-217 DC, 18 septembre 1986, *Rec.*, 141 ; n° 94-359 DC, 19 janvier 1995, *Rec.*, 176 ; n° 94-358 DC, 26 janvier 1995, *Rec.*, 183.

Là encore la jurisprudence constitutionnelle française apporte un élément de confirmation lorsqu'elle ajoute l'épithète « fondamental » à des droits concernant l'individu (C. const., n° 75-56 DC, 23 juillet 1975, *Rec.*, 22 : « s'agissant d'une matière aussi fondamentale que celle des droits et libertés des citoyens... » ; n° 89-259 DC, 22 janvier 1990, *Rec.*, 66 : droit d'asile ; n° 93-325 DC, 13 août 1993, *Rec.*, 87 : liberté individuelle, sûreté, liberté d'aller et venir, liberté du mariage, droit de mener une vie familiale normale). On peut même parler d'une convergence des jurisprudences constitutionnelles allant dans un même sens qui est celui d'une plus grande défense des droits qualifiés de fondamentaux (L. Favoreu, Rapport introductif, *in* Cours constitutionnelles et droits fondamentaux, nouveau bilan 1981-1991, *AIJC*, 1991, p. 70 ; v. aussi *AIJC*, 1985 ; M.-L. Pavia, art. préc.).

La troisième raison tient à la nature même du contrôle tendant à la défense des droits fondamentaux. Il s'agit d'un contrôle de type normatif, portant sur le droit substantiel. Dans cette fonction, la juridiction constitutionnelle doit nécessairement assurer l'unité d'interprétation de la norme constitutionnelle substantielle vis-à-vis des juridictions ordinaires ou subordonnées. Lorsque ces juridictions sont amenées à se prononcer sur une question de droit touchant aux droits fondamentaux, elles peuvent dégager des interprétations et des règles divergentes. Il est alors nécessaire qu'à un moment donné, si le contentieux porté devant lui en donne l'occasion, le juge constitutionnel énonce une règle ou une interprétation à portée générale qui puisse s'imposer aux juridictions subordonnées. La fonction de protection des droits fondamentaux permet ainsi de tendre vers une interprétation unifiée des normes fondamentales, au besoin s'il le faut par le bris de la jurisprudence des juridictions ordinaires. Si ce mécanisme de supériorité jurisprudentielle est évidemment plus aisé à exercer dans le modèle américain, modèle unifié de justice constitutionnelle, il n'est pas moins impératif dans le modèle européen qui reconnaît aussi la supériorité du juge constitutionnel sur les juges ordinaires soit par les textes (cf. Const. française de 1958, art. 62 ; Const. RFA, art. 92) soit parce que sa jurisprudence s'impose par les textes qu'il contrôle et qui s'imposent aux juridictions ordinaires.

Cette fonction de protection des droits fondamentaux s'exprime à deux titres : d'une part pour définir ces droits fondamentaux (I), d'autre part par les modes de protection des droits fondamentaux mis en place par les juridictions constitutionnelles (II).

I / La définition des droits fondamentaux par la juridiction constitutionnelle

A | LE PROCESSUS DE DÉFINITION DES DROITS FONDAMENTAUX PAR LA JURIDICTION CONSTITUTIONNELLE

Dans les constitutions comportant un énoncé de droits fondamentaux, ceux-ci peuvent être plus ou moins inscrits précisément ou être historiquement datés ; les cas de la Déclaration de 1789 et du Préambule de 1946 sont un bon exemple dans la mesure où l'énoncé des droits inscrits correspond à une conception historique de ces droits, dans un cas par la promotion de droits essentiellement individuels, dans l'autre par un caractère collectif plus marqué. Dans d'autres constitutions, c'est un énoncé très précis et voulu très complet qu'on peut lire.

Par exemple : Const. Luxembourg, art. 9 à 31 ; Const. Pays-Bas, art. 1er à 23 ; Const. Portugal, art. 12 à 79 ; Const. Suède. Les nouvelles constitutions de l'Europe de l'Est sont particulièrement révélatrices de ce mouvement d'inscription des droits fondamentaux de façon très complète dans le texte constitutionnel. Par exemple : Const. Bulgarie, art. 1er à 61 ; Const. Roumanie, art. 15 à 54 ; Const. Slovaquie, art. 11 à 54 ; Const. Slovénie, art. 14 à 79.

Ainsi, la constitution peut présenter différentes conceptions et expressions des droits fondamentaux. Lorsque d'abord la constitution en présente un catalogue très complet et qu'elle précise nettement qu'elle seule est compétente pour les énoncer, la compétence du juge constitutionnel se trouve *a priori* limitée à la seule interprétation littérale, inscrite dans le champ d'application du droit fondamental considéré. C'est ce qui devrait se produire en présence de ce que C. Grewe et H. Ruiz Fabri appellent la « conception positiviste » des droits fondamentaux (par exemple dans les pays du Benelux, en Grèce, Suède, Danemark, Finlande, *op. cit.*, p. 155). Cette conception « fermée » n'ouvre pas de compétence normative créatrice à la juridiction constitutionnelle.

Mais la constitution peut laisser plus largement ouvertes les voies de l'interprétation en fixant des principes au large champ d'application, comme le respect du principe d'égalité dans la Constitution belge qui donne une large compétence à la Cour d'arbitrage dans l'application de ce principe « gigogne ». Elle peut même inscrire expressément cette voie d'interprétation en posant un principe de « liste ouverte » des droits fondamentaux constitutionnels, comme au Portugal (art. 16-1 de la Constitution du 2 avril 1976[1] ; v. H. Mota, Le principe de la « liste ouverte » en matière de droits fondamentaux, in *La justice constitutionnelle au Portugal*, Économica, 1989, p. 177 et s.). La France n'est pas en reste dans cette conception puisque le Conseil constitutionnel en est venu à dégager des principes à valeur constitutionnelle par une interprétation parfois très large des textes constitutionnels ou de leurs préambules (le principe de sauvegarde de la dignité de la personne humaine en 1994, tiré du Préambule de la Constitution de 1946, déc. nº 94-343/344 DC, 27 juillet 1994, *Rec.*, 100, le droit au respect de la vie privée, déc. nº 94-352 DC, 18 janvier 1995, *Rec.*, 170, ou le principe de l'inviolabilité du domicile, tirés de la notion de liberté individuelle inscrite dans l'article 66 de la Constitution, déc. nº 83-164 DC, 29 décembre 1983, *Rec.*, 67) ou encore en utilisant le concept d'objectifs de valeur constitutionnelle (v. B. Faure, Les objectifs de valeur constitutionnelle : une nouvelle catégorie juridique ?, *RFDC*, nº 21, 1995, p. 47 et s.), ce que N. Molfessis appelle les « principes constitutionnels potentiels » (La dimension constitutionnelle des droits et libertés fondamentaux, *in* R. Cabrillac, M.-A. Frison-Roche, T. Revet (dir.), *Droits et libertés fondamentaux*, 3e éd., Paris, Dalloz, 1996, p. 59).

La question de la définition des droits fondamentaux par la juridiction constitutionnelle peut ainsi prendre différentes tournures selon que la juridiction se trouve en présence de sources constitutionnelles plus ou moins déterminées. Il faut y ajouter les influences extérieures auxquelles les juges constitutionnels sont plus que jamais sensibles. La jurisprudence de la Cour européenne des droits de l'homme en particulier trouve un vecteur puissant dans les jurisprudences constitutionnelles, à tel point qu'on peut se demander parfois si le débat sur l'intégration de la Convention européenne dans l'ordre constitutionnel est encore d'actualité tant l'influence de celle-ci est grande, explicitement ou implicitement. Ainsi, le Conseil constitutionnel utilise la jurisprudence de la Cour européenne pour s'assurer du caractère effectif de la protection des droits fondamentaux (Cour EDH, 13 juin 1979, *Marckx*, et 8 octobre 1979, *Airey* et C. const., nº 84-181 DC, 10 et 11 octobre 1984, *Rec.*, 73 et nº 86-210 DC, 29 juillet 1986, *Rec.*, 110) ou encore celle poussant le législateur à exercer pleinement ses compétences (Cour EDH, 26 avril 1979, affaire du *Sunday Times* et 2 août 1984, *Malone* et C. const., nº 85-198 DC, 13 décembre 1985, *Rec.*, 78 ; nº 86-217 DC, 18 septembre 1986, *Rec.*, 141, cités par *AIJC*, 1990, p. 130). Cette influence tient évidemment à la similitude de définition des

1. Art. 16-1 : « Les droits fondamentaux consacrés par la Constitution n'excluent aucun des autres droits provenant des lois et des règles de droit international applicables. »

droits fondamentaux (v. la comparaison entre la Convention et le bloc de constitutionnalité français, *AIJC*, 1990, p. 157 et s.). C'est ce que J.-F. Flauss appelle les « effets correcteurs » et les « effets incitatifs » de la Convention et de la jurisprudence européennes sur le juge constitutionnel français (Des incidences de la Convention européenne des droits de l'homme sur le contrôle de constitutionnalité en France, *LPA*, n° 148, 9 décembre 1988, p. 3-7). Cette influence peut jouer aussi une fonction auxiliaire auprès des cours constitutionnelles, comme devant la Cour d'arbitrage de Belgique qui a une « démarche combinatoire » dans l'utilisation des dispositions de la Convention par le biais de l'interprétation conforme. Enfin, la définition des droits fondamentaux par la juridiction constitutionnelle peut être encore plus intégratrice de la Convention, comme c'est le cas en Autriche où elle fait explicitement partie des normes de valeur constitutionnelle. La définition des droits fondamentaux par le juge constitutionnel est alors guidée largement par celle de la Cour européenne (sur ces derniers points v. F. Cocozza, Les droits fondamentaux en Europe entre justice constitutionnelle « transfrontière » de la CEDH et justice constitutionnelle nationale. Les lignes incertaines d'une relation structurée, *RFDC*, n° 28, 1996, p. 707 et s.). On peut donc être en présence de différents degrés d'intégration des normes européennes pour la définition des droits fondamentaux par le juge constitutionnel mais on doit prendre la mesure d'un mouvement convergent déjà évoqué dont la Cour européenne a pris d'ailleurs la mesure en qualifiant la Convention « d'instrument constitutionnel de l'ordre public européen » (arrêt 310 du 23 mars 1995, *Loizidou c/ Turquie*, § 75, cité par F. Cocozza, art. préc., p. 708, jurisprudence en quelque sorte annoncée par J.-F. Flauss, Les droits de l'homme, comme élément d'une Constitution et de l'ordre européen, *LPA*, n° 52, 30 avril 1993, p. 8-15).

Cependant, on doit se demander si cette tendance à la définition des droits fondamentaux au niveau constitutionnel est une absolue nécessité. C. Grewe et H. Ruiz Fabri montrent justement que le degré de codification constitutionnelle de ces droits est non seulement très variable mais que celle-ci n'est pas obligatoire pour assurer une efficacité de la protection, l'exemple de la Grande-Bretagne étant probant à cet égard (*op. cit.*, p. 144). De même, l'intégration constitutionnelle des normes internationales relatives aux droits fondamentaux n'est peut-être pas un objectif à poursuivre à tout prix, considérant qu'il vaut mieux assurer une protection effective, même si celle-ci est de niveau législatif seulement. Après tout, c'est bien sous la IIIe République que la doctrine de l'État de droit a trouvé sa consécration dans l'œuvre législative française.

En tout état de cause, qu'on se trouve en présence d'un énoncé général et abstrait des droits fondamentaux ou d'une description voulue exhaustive, l'intervention de l'interprétation du juge constitutionnel reste nécessaire, ne serait-ce que parce qu'il doit appliquer une règle constitutionnelle à un cas considéré. Le mécanisme du jugement lui-même conduit le juge à opérer un acte d'interprétation, acte créateur qui vaut aussi pour la constitution. Mais on peut faire l'évident constat que la définition des droits fondamentaux par le juge constitutionnel sera d'autant plus développée qu'ils seront moins énoncés dans le texte constitutionnel. Cette loi de développement se vérifie par l'importance du droit constitutionnel jurisprudentiel présent dans toutes les branches du droit, en Italie, en Allemagne ou en France par exemple. Ce processus de définition et d'influence des droits fondamentaux emprunte le même chemin que celui suivi par la jurisprudence ordinaire, source du droit. Il s'en différencie par le caractère englobant des droits fondamentaux, susceptible d'influencer plusieurs branches du droit par un seul principe.

B | LES EFFETS DE LA DÉFINITION DES DROITS FONDAMENTAUX PAR LA JURIDICTION CONSTITUTIONNELLE

La définition des droits fondamentaux par le juge constitutionnel produit ses effets bien au-delà de ceux de la seule jurisprudence. Le premier effet est celui de la « constitutionnalisation du droit » (L. Favoreu, La constitutionnalisation du droit, *Mél. R. Drago*, Paris, Économica, p. 25-42) c'est-à-dire la diffusion progressive des normes issues de la constitution et de la jurisprudence constitutionnelle dans l'ensemble des branches du droit, révélatrice d'un droit constitutionnel qui n'est plus seulement une règle d'organisation des pouvoirs publics mais un droit substantiel, effectif et sanctionné. Ce phénomène de constitutionnalisation peut, selon le doyen Favoreu, prendre trois formes : la « constitutionnalisation-juridicisation » de la vie et des institutions politiques en traitant les conflits qui peuvent s'y présenter sous l'angle du droit par l'intervention du juge constitutionnel ; la « constitutionnalisation-élévation » qui transfère à la matière constitutionnelle ce qui relevait autrefois de la compétence du législateur, voire du pouvoir réglementaire, par un « mouvement ascendant » ; enfin la « constitutionnalisation-transformation » qui est la modification du contenu des branches du droit par l'imprégnation des normes constitutionnelles. Si ce phénomène de constitutionnalisation est un fait, il donne lieu à des réserves, des critiques ou des oppositions portant sur les dangers d'un certain impérialisme constitutionnel.

V. les points de vue critiques à propos du Conseil constitutionnel : N. Molfessis, art. préc., p. 51 ; D.-G. Lavroff, Le Conseil constitutionnel et la norme constitutionnelle, préc., p. 347 et s. ; G. Drago, Le juridisme dans la jurisprudence du Conseil constitutionnel, *L'abus du juridisme*, Institut de France, Académie des sciences morales et politiques, 1997, p. 33 et s. ; sur une opinion plus nuancée : G. Vedel, Rapport de synthèse du colloque *La Cour de cassation et la Constitution de la République*, PUAM, 1995, p. 283 et s. Ces critiques portent aussi sur les pouvoirs du juge dans la définition des normes constitutionnelles (J. Carbonnier parle du Conseil constitutionnel comme « agent d'inflation » normative, *Droit et passion du droit sous la Ve République*, Flammarion, 1996, p. 35).

Les effets généraux de ce développement sont pour certains une « modernisation du droit » (L. Favoreu et Th. S. Renoux, Rapport général introductif au colloque *La Cour de cassation et la Constitution de la République*, précité, p. 20) du fait du renouvellement des sources du droit, pour d'autres de « modélisation » du droit (N. Molfessis) ou de « codification » du droit constitutionnel (C. Grewe et H. Ruiz Fabri, *op. cit.*, p. 142 et s.) qui peut conduire à un système « autarcique » autour de la norme constitutionnelle (id., p. 158). Cette construction progressive du droit autour de la constitution et de la jurisprudence constitutionnelle est en définitive un mouvement de redéfinition des sources du droit qui passent par le canal des droits fondamentaux constitutionnels. Il importe de comprendre maintenant par quels modes de protection la juridiction constitutionnelle défend les droits fondamentaux.

II / Les modes de protection des droits fondamentaux par la juridiction constitutionnelle

La protection des droits fondamentaux par la juridiction constitutionnelle peut utiliser des modalités très différentes selon le modèle de justice constitutionnelle. Selon que le contrôle est abstrait ou concret le mode de protection sera plus ou moins rapproché du justiciable. Mais à ces éléments de type procédural s'ajoutent ceux de la concrétisation variable des droits fondamentaux et de leur inscription dans le texte constitutionnel. De ce point de vue, selon que ces droits trouvent une expression constitutionnelle seulement, si l'on peut dire, ou principalement législative et réglementaire, leur mode de protection utilisera ou non le canal de la juridiction constitutionnelle proprement dite. Ceci laisse d'ailleurs entière la question de la fonction des juridictions ordinaires en tant qu'exécutant des normes et principes constitutionnels c'est-à-dire en tant que juges constitutionnels. Ces différents éléments montrent une relative hétérogénéité des modes de protection des droits fondamentaux.

Dans le système du contrôle abstrait de constitutionnalité, le juge constitutionnel exerce une sorte d'économie de moyens constitutionnels en formulant une appréciation *a priori*, le plus souvent préventive et en principe absolue. Le recours peut d'ailleurs s'exercer avant toute promulgation ou après celle-ci, en général dans un bref délai. L'appréciation est faite avant toute application concrète de la norme. Mais dans ce système, il n'y a pas d'autosaisine, ce sont en général les autorités publiques suprêmes qui saisissent le juge constitutionnel, chef de l'État, gouvernement ou ministre, parlementaires, présidents des assemblées, comme c'est le cas en France (art. 61), en Roumanie (art. 144, imité du modèle français) ou au Portugal (art. 278) et dans une certaine mesure en Allemagne (art. 93-I, 2°). L'efficacité recherchée du contrôle est ici générale en ce sens que l'inconstitutionnalité est dénoncée dès avant l'entrée en vigueur de la norme. Elle conclut plus souvent à une définition abstraite des droits fondamentaux qui concerne plus les autorités constituées, gouvernement ou Parlement, et donc à un mode de protection plus éloigné du justiciable par la juridiction constitutionnelle. Mais ceci n'empêche pas que ce mode soit combiné avec un mode de protection des droits fondamentaux par le juge ordinaire, qui traduit alors *in concreto* les exigences posées par le juge constitutionnel, en les prolongeant, se faisant ainsi le traducteur des exigences constitutionnelles.

Dans le système de contrôle concret du modèle européen, dans la mesure où le contentieux « remonte » vers la juridiction constitutionnelle, soit sur saisine directe (Allemagne par exemple) soit sur renvoi de tout juge ordinaire à l'occasion d'un procès (Italie, Espagne, Belgique) ou des juridictions suprêmes seulement (Autriche, Grèce), l'efficacité à l'égard du justiciable est normalement plus immédiate mais aussi moins assurée dans l'absolu, quant à la définition générale des droits fondamentaux. Cette efficacité peut surtout varier dans son étendue selon les espèces, sauf à considérer que les instances juridictionnelles ordinaires tirent elles mêmes les effets généraux d'un contentieux particulier. Dans le système de *common law* la saisine de la Cour suprême de type américain se justifie plus encore par son autorité sur l'ensemble du système juridictionnel, qui produit des effets généraux par la règle du précédent. Mais dans le contrôle concret, le mode de protection des droits fondamentaux n'est peut-être pas toujours à l'avantage du justiciable, comme on pourrait le penser logiquement. En effet, dans ce type de procédure, les juridictions constitutionnelles, quel que soit leur modèle de référence, ont très souvent mis en place des systèmes de filtrage des requêtes qui conduisent à rejeter la plupart des recours afin de décourager les requêtes à des fins dilatoires et pour éviter l'engorgement des rôles de ces cours. Les techniques du « non manifestement fondé » ou de « l'importance déterminante » de la question de constitutionnalité utilisée par la Cour italienne, de façon proche par le Tribunal constitutionnel espagnol, permettent d'évacuer nombre de contentieux, sans qu'on soit absolument persuadé que les droits fondamentaux aient reçu ainsi une protection plus efficace. Parfois, c'est le juge ordinaire qui fait office de « filtre » préalable en repoussant l'argument de constitutionnalité. Quant à caractériser ce contentieux, il est difficile de le considérer comme seulement subjectif parce qu'il ne produirait son effet qu'entre les parties, dans la mesure où le juge constitutionnel répondra certes à la question de constitutionnalité pour permette de trancher un litige particulier, mais par des arguments nécessairement généraux. Le caractère partiellement objectif de ce contentieux ne doit pas être sous-estimé (M. Fromont, *La justice constitutionnelle dans le monde*, préc., p. 59).

III / Remarques critiques sur le développement des droits fondamentaux par les juridictions constitutionnelles

Ce mouvement convergent des juridictions constitutionnelles et des cours européennes dans le sens de la défense et du développement des droits fondamentaux ne peut laisser indifférent. Il conduit le juriste à se poser la question du sens de ce développement et de ses effets futurs. On dira tout d'abord qu'on ne souscrit pas à la tendance générale qui est de voir dans ce développement des droits fondamentaux un véritable progrès de l'État de droit (D. Rousseau, *Droit du contentieux constitutionnel*, préc., p. 395). Plus exactement, on dira que ce développement peut comporter autant de dangers que de progrès. Le progrès peut être constitué par un accroissement des droits de la personne défendus devant les juridictions, y compris les plus hautes, et donc par un progrès des libertés personnelles et sociales. Mais, sur ce plan, on peut aussi se poser la question de la déstructuration sociale engendrée par une société de droit (de droits ?) dans laquelle l'individu et la défense de ses droits prime sur toute autre considération (les droits de l'enfant contre ceux des parents, les droits de la femme contre ceux de l'homme, les droits de l'employé contre ceux de l'employeur sans prise en considération de l'entreprise, etc.), c'est-à-dire d'un droit uniquement préoccupé de la sphère privée ou individuelle et dont la doctrine des droits fondamentaux relève essentiellement.

Mais le danger n'est pas moins grand de la société contentieuse (L. Cadiet, Le spectre de la société contentieuse, *Mél. G. Cornu*, PUF, 1994, p. 29 et s. ; F. Terré, État de droit ou société contentieuse ?, *L'abus du juridisme*, préc., p. 21 et s.), surtout si celle-ci peut s'exprimer au plus haut niveau juridictionnel. Par le développement continu des droits fondamentaux, à tous les étages de l'édifice juridictionnel, on en vient à la possibilité de plaider la cause des droits fondamentaux aussi bien, et avec autant de succès, devant le juge constitutionnel que devant le juge de première instance (le droit de propriété comme droit fondamental aussi bien dans l'affaire des nationalisations que dans une affaire de bornage). Tout devient ainsi objet de droit fondamental, tout droit devient fondamental puisqu'il suffit qu'un juge le déclare ainsi. On ajoutera que dans cette société contentieuse, judiciarisée, le droit devient principalement ce que dit le juge, son pouvoir d'interprétation ne connaissant que les limites que pose le droit « mou » des droits fondamentaux, ceci dit sans caractère péjoratif, puisqu'il est intrinsèquement susceptible d'interprétation dans chacune des causes soumises au juge. Mais cette tendance prend un développement particulièrement important lorsqu'elle est suscitée par une juridiction constitutionnelle. En effet, d'abord parce que dans sa liberté d'appréciation, le juge constitutionnel fait jouer son pouvoir d'interprétation de la constitution en délimitant voire en « découvrant » des droits fondamentaux au sein du texte constitutionnel. Mais aussi parce qu'en faisant ainsi jouer la suprématie de la constitution, le juge en vient à développer des droits fondamentaux touchant l'ensemble des branches du droit, c'est-à-dire un droit susceptible de « fondamentalisation », tout concept juridique pouvant trouver un droit fondamental qui en justifie et l'origine et la défense devant tout type de juridiction. Selon cette optique, tout droit devient fondamental ou a vocation à le devenir pour peu qu'un juge le déclare tel, tout droit peut trouver son origine dans la constitution, pour peu que le juge constitutionnel l'y découvre.

Ce processus de constitutionnalisation est sans doute la conséquence logique du développement et de l'ampleur pris par la jurisprudence constitutionnelle. Mais on doit y porter la plus grande attention. D'abord, parce que « le droit constitutionnel n'est ni la source historique et juridique de l'ensemble du droit ni le démiurge des concepts et des méthodes de celui-ci. La démonstration est surabondante » (G. Vedel, Aspects généraux et théoriques, Introduction, *Mél. R. Drago*, préc., 1996, p. 6). Tout le droit, à l'évidence, ne procède pas substantiellement du droit constitutionnel ou si on préfère de la constitution au sens matériel, même en se plaçant dans le sens de la théorie kelsénienne selon laquelle la constitution fixe la validité des normes subordonnées. En effet, ce n'est pas parce que la constitution fixe le domaine de compétence des autorités subordonnées, en particulier du législateur, que substantiellement le contenu des normes subordonnées est nécessairement délimité par la constitution.

C'est exactement la signification générale de la décision du Conseil constitutionnel n° 82-143 DC du 30 juillet 1982, *Blocage des prix et des revenus*, *Rec.*, 57, en abandonnant une définition matérielle de la loi. V. *GDCC*, 9e éd., 1997, p. 528.

Ceci explique aussi que le phénomène de constitutionnalisation soit susceptible de la plus grande variété d'applications pratiques (L. Favoreu, *Mél. R. Drago*, précité, p. 25 et s.) allant de principes nouveaux à caractère général posés par une décision de jurisprudence constitutionnelle et utilisés par le juge ordinaire au développement de principes constitutionnels précis qui ont pris du relief grâce à la jurisprudence constitutionnelle.

Pour l'utilisation de la jurisprudence constitutionnelle par le juge ordinaire v. par exemple le principe de sauvegarde de la dignité de la personne humaine posé dans la décision du Conseil constitutionnel n° 94-343/344 DC du 27 juillet 1994 (*Rec.*, 100) et utilisé par la juridiction administrative (CE, Ass., 27 octobre 1995, *Commune de Morsang-sur-Orge* et *Ville d'Aix-en-Provence*, *Rec.*, 372, concl. P. Frydman, affaire dite du « lancer de nains »). V. aussi à propos de l'application de l'article 8 de la Déclaration de 1789 à la notion de sanction : C. const., n° 82-155 DC, 30 décembre 1982, *Rec.*, 88 ; n° 87-237 DC, 30 décembre 1987, *Rec.*, 63 ; n° 89-268 DC, 29 décembre 1989, *Rec.*, 110 ; n° 90-285 DC, 28 décembre 1990, *Rec.*, 95 et son application aux sanctions fiscales par le Conseil d'État v. par exemple : J. Lamarque, chronique de justice fiscale, *Justices*, n° 3, 1996, p. 391 et s.

Mais aussi parce que dans cette optique de la constitutionnalisation toute juridiction a vocation à devenir non pas une juridiction constitutionnelle — ce qui correspond à une définition précise (v. *supra* chapitre 1, La notion de justice constitutionnelle) — mais une juridiction d'application de la constitution. Le débat constitutionnel n'est plus alors limité à la sphère des autorités publiques qui saisissent la juridiction constitutionnelle ou plaident devant elle, dans le système de contrôle *a priori*, mais il est présent, ou en tout cas peut l'être dans chaque procès, devant chaque juge (*La Cour de cassation et la Constitution de la République*, préc. V. aussi Cass., Ass. plén., 8 mars 1996 [deux arrêts], *RFD const.*, n° 25,

1996, p. 151, présentation L. Favoreu, rapport J.-P. Dorly ; *D*, 1996, J. 373, note R. Ghevontian).

Plus généralement, on peut dire que ce rôle de protecteur des droits fondamentaux que se donne la juridiction constitutionnelle provoque une profonde transformation de la nature même du contrôle de constitutionnalité. Dans l'esprit de la doctrine de Kelsen, le contrôle de constitutionnalité a pour fonction de faire respecter des compétences par des organes constitués et de régler en définitive des conflits de normes. C'est bien un contrôle de procédure de l'édiction de la règle de droit, de la validité de la règle de droit, de compétence entre les différents organes de l'État. Et cette fonction se manifeste tant dans le contrôle *a priori* que dans le contrôle *a posteriori*. Lorsque la juridiction constitutionnelle met l'accent sur la défense des droits fondamentaux, quelle que soient ses intentions, le contrôle de constitutionnalité change véritablement de nature. De contrôle procédural, il devient contrôle substantiel, au fond, et cette tendance prend le pas sur les autres éléments du contrôle. Il ne s'agit plus seulement alors de défendre la constitution et sa supériorité sur les autres normes, il s'agit de défendre une conception sociale, une vision du monde si l'on veut. Et le juge prend nécessairement parti car il a sa conception des droits fondamentaux, il a une politique jurisprudentielle.

On ne cherche pas ici à savoir si l'interprétation formulée par le juge est une interprétation-volonté, c'est-à-dire fruit de la volonté du juge, ou une interprétation-connaissance, c'est-à-dire un acte de connaissance cherchant à définir le « vrai » sens de la disposition interprétée. V. *infra*, chapitre III, La légitimité de la juridiction constitutionnelle.

Certes, lorsque la conception kelsénienne prédomine, le juge constitutionnel n'est pas que la bouche de la constitution, il interprète la norme fondamentale pour en appliquer la règle à l'espèce considérée, par les mécanismes de l'interprétation. Mais son interprétation trouve sa limite créatrice lorsqu'il a résolu le conflit de normes. Dans la défense des droits fondamentaux, la marge d'interprétation du juge est nécessairement plus large puisqu'il est amené à se pencher plus à fond sur le contenu de la norme et à choisir parmi des interprétations de fond souvent plus susceptibles de variétés. Cette tendance du juge constitutionnel peut être dangereuse si, par des interprétations créatrices, il s'éloigne largement de l'esprit de la constitution. Mais il faut bien dire que cette tendance est aussi l'aboutissement logique du développement du contrôle de constitutionnalité. En particulier, lorsque le juge constitutionnel est amené, comme cela a été le cas en France, à intégrer dans la constitution une déclaration des droits ou un préambule de constitution contenant des droits fondamentaux, cette tendance ne peut que s'accentuer. Comme le rappelle justement M. Troper,

« pour préserver une hiérarchie non seulement entre la constitution et la loi, mais aussi entre la constitution et la décision du juge constitutionnel, Kelsen préconise donc de limiter les possibilités de choix et par conséquent d'interdire au juge de contrôler la constitutionnalité des lois par rapport aux déclarations des droits ou aux préambules, qui sont trop vagues » (art. précité, p. 239, faisant référence en particulier à Kelsen, *RDP*, 1928, p. 239). Le devoir du juge constitutionnel est donc de trouver un équilibre satisfaisant entre l'expression procédurale de son contrôle et son expression doctrinale ou substantielle.

SECTION 3
La fonction d'arbitrage entre les pouvoirs publics

Parmi les différentes fonctions de la juridiction constitutionnelle, la fonction d'arbitrage entre les pouvoirs publics relève plus généralement de la fonction politique du juge constitutionnel. Par son statut constitutionnel il est l'un des organes de l'État et, d'une certaine façon, toutes ses compétences participent de cette fonction politique. Mais au sein de celles-ci, la fonction d'arbitrage entre les pouvoirs publics a pour but général une pacification entre ces pouvoirs, et pour but particulier le règlement des conflits juridiques nés à l'occasion de l'exercice des compétences définies par la constitution. En un sens, la juridiction constitutionnelle exerce là une compétence d'organisation des pouvoirs en fixant les limites constitutionnelles de leur compétence.

V. pour une illustration de cette compétence par le Conseil constitutionnel D. Rousseau, *Droit du contentieux constitutionnel*, préc., p. 219 et s. ; sur cette fonction politique v. *infra*, chapitre III, La légitimité de la juridiction constitutionnelle.

Cette fonction d'arbitrage s'exerce dans deux directions. D'une part, elle permet de trancher de véritables conflits de compétence au sein de l'État, qu'il s'agisse de conflits entre les différents organes constitutionnels de l'État, ou de conflits de compétence entre l'État et ses composantes territoriales (I). D'autre part, elle permet de vérifier la conformité constitutionnelle de certains actes des organes de l'État quand ceux-ci exercent des pouvoirs exceptionnels, le plus souvent en période de crise, ce qui peut conduire à l'exercice d'une pleine fonction juridictionnelle dans le cadre de ce qu'il est convenu d'appeler la justice politique (II). On remarquera que les deux éléments de cette fonction d'arbitrage peuvent se retrouver, à des degrés divers, dans les deux modèles de juridiction constitutionnelle.

V. pour une comparaison de ces compétences selon le modèle kelsénien de justice constitutionnelle et celui de la Cour suprême M. Fromont, *La justice constitutionnelle dans le monde*, préc., p. 66 et s. et p. 74 et s.

I / La résolution des conflits de compétence au sein de l'État

Cette compétence d'arbitrage trouve à s'exercer surtout dans le modèle européen de justice constitutionnelle puisque cette juridiction est alors spécialement créée pour résoudre ce type de conflits. Parmi eux, les différends qui peuvent se présenter entre les organes de l'État relèvent de la compétence du juge constitutionnel fixée par la constitution. Il ne s'agit pas d'une compétence générale sans texte mais définie par les textes constitutionnels ou éventuellement organiques. L'objet de cette compétence est en général double. Il s'agit d'abord de résoudre une contestation sur l'étendue de la compétence et des attributions d'un organe constitutionnel de l'État vis-à-vis d'un autre, chef de l'État, gouvernement, Parlement, hautes institutions judiciaires. Le plus souvent cette contestation porte sur un acte pris par une autorité et contesté par une autre. L'autre élément de cette compétence concerne les conflits entre ce qu'on peut appeler l'État central et ses composantes, attribution dont l'importance est variable selon qu'on est en présence d'un État unitaire ou fédéral.

A | LES CONFLITS DE COMPÉTENCE ENTRE LES AUTORITÉS CONSTITUTIONNELLES

Le règlement des conflits de compétence ou d'attributions entre les organes de l'État revient à la juridiction constitutionnelle pour trancher des difficultés relatives aux actes de ces autorités. Ainsi en Espagne, cette compétence prévue par l'article 161 de la Constitution est précisée par la loi organique relative au Tribunal constitutionnel (LOTC, titre IV, art. 59 à 75). Elle prévoit que dans le règlement des conflits constitutionnels, l'organe qui conteste la décision d'un autre organe constitutionnel doit lui demander d'abord l'abrogation de la décision contestée. Et ce n'est qu'en cas de refus explicite ou implicite que le Tribunal constitutionnel est saisi. Ce dernier indique l'organe compétent pour édicter l'acte et peut annuler celui-ci pour incompétence (P. Bon, Le Tribunal constitutionnel : étude d'ensemble, *in* P. Bon, F. Moderne, Y. Rodriguez, *La justice constitutionnelle en Espagne*, Économica-PUAM, 1984, p. 144). En Italie, l'article 134 de la Constitution énonce que la Cour constitutionnelle connaît des conflits d'attribution entre les pouvoirs de l'État, c'est-à-dire entre le président de la République, le gouvernement, le Parlement et l'autorité judiciaire. La Cour a même admis dans plusieurs ordonnances des années 1970 l'intervention d'autres organes comme les commissions parlementaires d'enquête (ord. n° 228 de 1975) ou d'un ministre sur délégation du président du Conseil (ord. n° 123 de 1979 ; sur ces points v. J.-C. Escarras, Éléments de référence, *La justice constitutionnelle en Italie*, *Cahiers du CDPC*, 1987, vol. 1, p. 24). C'est à la Cour constitutionnelle que revient le pouvoir d'accepter l'intervention de « l'organe intéressé » (sentence n° 420 de 1995, *AIJC*, 1995, p. 827). Mais cette compétence d'arbitrage entre les pouvoirs publics a été limitée par la Cour qui a, en 1989, refusé d'examiner un conflit d'attribution contre une loi, considérant que les garanties constitutionnelles sont assurées par le procès incident devant la Cour constitutionnelle et non par la procédure du conflit entre organes (sentence n° 406, *AIJC*, 1989, p. 550).

En France, le règlement des conflits de compétence entre les organes de l'État est organisé de façon assez particulière. On trouve dans l'article 5 de la Constitution de 1958 une fonction d'arbitrage et de gardien de la constitution donnée au président de la République[1]. Mais cette fonction, au caractère politique marqué par la pratique qui en a été faite, n'aboutit pas nécessairement à la saisine du Conseil constitutionnel par le président. Ce sont les articles 61 ou 54 de la Constitution qui permettent au président de la République de saisir le Conseil constitutionnel, pas au titre d'un règlement de conflits de compétence au sens où on l'entend ici, mais pour vérifier la constitutionnalité de la loi ou la compatibilité d'un engagement

1. Art. 5 : « Le président de la République veille au respect de la Constitution. Il assure par son arbitrage, le fonctionnement des pouvoirs publics ainsi que la continuité de l'État.

Il est le garant de l'indépendance nationale, de l'intégrité du territoire et du respect des traités. »

Sur l'article 5 v. G. Conac, commentaire *in* F. Luchaire et G. Conac, *La Constitution de la République française*, Économica, 1980, p. 129 et s. et bibl. citée. Sur la fonction de gardien de la constitution du président de la République : G. Drago, *L'exécution des décisions du Conseil constitutionnel*, Économica-PUAM, 1991, p. 48 et s.

international à l'ordre constitutionnel, c'est-à-dire pour régler un conflit de normes. Les seules procédures qui pourraient être assimilées à celle d'un règlement de conflits de compétence entre organes constitutionnels seraient celles des articles 41 et 37, alinéa 2 de la Constitution. En effet, ces deux procédures sont destinées à faire respecter le domaine de la loi et du règlement par le gouvernement et le Parlement. Mais la procédure de l'article 37, alinéa 2, ne se situe pas vraiment dans une hypothèse de conflits entre organes, mais plutôt dans un cadre de cohérence normative qui permet au gouvernement de faire vérifier par le Conseil constitutionnel l'étendue du domaine réglementaire. La procédure de l'article 41 correspond plus à une hypothèse de conflits puisque cet article est destiné à faire trancher par le Conseil constitutionnel une divergence de vues entre le gouvernement et le président d'une assemblée parlementaire à propos d'un amendement ou d'une proposition de loi dont le gouvernement considère qu'elle est du domaine réglementaire[1]. Cependant cette procédure concerne autant un conflit de normes qu'un conflit entre organes. L'effet normatif s'ajoute donc à l'effet politique.

En définitive, on peut dire que cette compétence d'arbitrage donnée à la juridiction constitutionnelle s'inscrit dans un cadre de pacification des relations entre organes constitutionnels, du point de vue de la compétence de ces organes selon les exigences de la constitution.

B | LES CONFLITS DE COMPÉTENCE ENTRE L'ÉTAT CENTRAL ET SES COMPOSANTES

Cette fonction est particulièrement développée dans les États à structure fédérale mais on la retrouve aussi dans les États unitaires, plus marquée évidemment lorsque cet État unitaire connaît une décentralisation poussée ou le développement de compétences locales allant jusqu'à la formation d'entités régionales au degré d'autonomie poussé.

Dans le cadre de l'État fédéral, la juridiction constitutionnelle exerce une compétence majeure de contrôle des compétences tant de l'État fédéral

1. Art. 41 : « S'il apparaît au cours de la procédure législative qu'une proposition ou un amendement n'est pas du domaine de la loi ou est contraire à une délégation accordée en vertu de l'article 38, le gouvernement peut opposer l'irrecevabilité.

En cas de désaccord entre le gouvernement et le président de l'assemblée intéressée, le Conseil constitutionnel, à la demande de l'un ou de l'autre, statue dans un délai de huit jours. »

Sur l'article 41 v. E. Oliva, *L'article 41 de la Constitution du 4 octobre 1958*, Économica-PUAM, 1997 ; id., l'article 41 et la défense des prérogatives non normatives du pouvoir exécutif, communication au 2e Congrès français de droit constitutionnel, Bordeaux, 1993.

que des États fédérés, cherchant ainsi à résoudre ce qu'on appelle de façon classique les conflits horizontaux (entre composantes fédérées) et verticaux (entre composante fédérée et État fédéral). Ainsi, en Autriche, la Haute Cour constitutionnelle est compétente pour trancher les conflits d'attribution, entre les *Länder* et entre la Fédération et les *Länder* (art. 138-1). S'y ajoute le contrôle de la répartition des compétences entre la Fédération et le *Land* au regard des actes législatifs et administratifs de l'un ou de l'autre, selon la répartition des compétences normatives fixée par les articles 10 à 15 de la Constitution (art. 138-2). En Allemagne, la Cour constitutionnelle tranche les conflits d'attribution de compétence entre la Fédération et les *Länder* tant sur le plan des droits et obligations des uns à l'égard des autres (art. 93-1, 3° : exécution du droit fédéral par le *Länder* et application du contrôle fédéral ; art. 93-1, 4° : autres litiges de droit public entre la Fédération et les *Länder*, entre différents *Länder* ou à l'intérieur d'un *Land*), mais plus généralement se prononce sur l'interprétation de la Loi fondamentale en cas de litiges portant sur l'étendue des droits et obligations d'un organe fédéral ou d'autres intéressés dotés de droits propres par la constitution (art. 93-1, 1°).

Dans les systèmes fédéraux ne comportant pas spécifiquement de cour constitutionnelle mais une cour suprême, cette dernière assure une fonction majeure d'équilibre entre la structure fédérale et les structures fédérées. Ainsi, aux États-Unis, la Cour suprême a développé une importante jurisprudence sur les prérogatives fédérales et ce, très tôt, puisque c'est sous l'autorité du *Chief Justice* Marshall que l'autorité de la Cour suprême s'affirma comme l'instance d'arbitrage du fédéralisme américain.

Dans une série d'arrêts, Marshall fit prévaloir la suprématie du gouvernement fédéral sur celui des États, considérant que le pouvoir fédéral émanait non des États mais du peuple lui-même. Ainsi, un État ne pouvait imposer ses activités ou ses institutions au gouvernement fédéral, par exemple dans le domaine bancaire. V. *Mac Culloch c/ Maryland*, 1819 ; v. aussi *Fletcher c/ Peck*, 1810, *Cohens c/ Virginia*, 1821, *Gibbons c/ Ogden*, 1824, citées par B. E. Brown, *L'État et la politique aux États-Unis*, PUF, coll. « Thémis », 1994, p. 310 et s. Hamilton, dans *Le Fédéraliste*, soutenait déjà cette idée, tirée de l'esprit de la Constitution (v. n° 33) et ajoutait plus loin « qu'il doit y avoir toujours un moyen constitutionnel d'assurer l'exécution des dispositions constitutionnelles. A quoi serviraient, par exemple, les restrictions apportées à l'autorité des législatures des États, s'il n'y avait pas quelque mode constitutionnel de contrainte qui les fît observer ? » (*Le Fédéraliste*, n° 80, rééd. Économica, 1988, p. 661). Ce « moyen constitutionnel », c'est justement la Cour suprême.

Dans le cadre des États unitaires à composante régionale forte, tels que l'Italie ou l'Espagne, le règlement des conflits de compétence par la juridiction constitutionnelle peut passer par le contrôle des actes de l'État sur saisine des autorités locales mais en général l'inverse est plus pratiqué, l'État exerçant ses prérogatives de saisine du juge constitutionnel pour préserver les compétences nationales. Ainsi, en Italie, le gouvernement central peut déférer à la Cour constitutionnelle une loi adoptée par un Conseil régional, s'il estime que cette loi dépasse la compétence de la région ou est en contradiction avec les intérêts nationaux ou ceux des autres régions. Après une tentative de renvoi devant le Conseil régional, et en cas d'échec de celle-ci, la Cour constitutionnelle détermine la collectivité compétente (art. 127). La Cour tente aujourd'hui d'équilibrer sa jurisprudence entre les compétences nationales et régionales qui a conduit à une diminution sensible de ce contentieux (L. Favoreu, *Les cours constitutionnelles*, préc., p. 73). Mais plus généralement, la Cour constitutionnelle connaît des conflits d'attribution entre les pouvoirs de l'État, entre l'État et les régions et entre les régions (art. 134, al. 2). Mais le contentieux le plus important demeure le contentieux par voie d'exception ouvert contre les lois et les actes ayant force de loi (décrets-délégués, décrets-lois) de l'État et de le région (art. 134, al. 1er). En Espagne, le Tribunal constitutionnel a pour mission générale de régler les conflits de compétence entre l'État et les communautés autonomes et entre ces diverses communautés (art. 161-1, c). Jusqu'en 1985, un contrôle *a priori* pouvait être exercé contre les lois, entre autres par les exécutifs et organes délibérants des communautés autonomes. Ayant été supprimé, c'est le recours *a posteriori* qui est utilisé pour faire contrôler la constitutionnalité de ces actes, et qui en constitue d'ailleurs une proportion non négligeable (L. Favoreu, *op. cit.*, p. 100).

Comment apprécier ces diverses compétences données aux cours constitutionnelles en matière de règlement des conflits de compétence entre l'État et ses composantes ? La première fonction est d'assurer l'exacte application des normes constitutionnelles en faisant en sorte que l'équilibre des pouvoirs soit conforme à la lettre et à l'esprit de la constitution. Cette fonction d'arbitrage est en quelque sorte intrinsèque en ce sens que si la justice constitutionnelle a pour fonction générale d'assurer le respect par tous de l'ordre constitutionnel, cela comporte aussi le respect des équilibres politico-constitutionnels créés par la constitution. Le problème est alors celui de la légitimité de l'intervention de la juridiction constitutionnelle qui n'est qu'un pouvoir constitué comme les autres, et non un constituant, même secondaire (v. sur ce point *infra*, chap. III, La légitimité de la juridiction constitutionnelle). Dans sa fonction de préservation des équilibres constitutionnels entre l'État central et les collectivités composantes, qu'il s'agisse des États fédéraux ou des États autonomiques, à des degrés divers, la puissance du juge constitutionnel est variable, selon évidemment les compétences qui lui sont données par la constitution, mais selon aussi sa volonté de préserver ou de faire prévaloir les intérêts nationaux sur les tendances centrifuges, comme on le voit aux États-Unis. Cette fonction d'arbitrage peut être plus ou moins développée selon son objet et sa portée (v. la classification présentée par C. Grewe et H. Ruiz Fabri, *Droits constitutionnels européens*, préc., p. 345 et s., qui proposent trois degrés de contrôle : un contrôle de droit commun, sur l'exercice des compétences des collectivités composantes comme en Italie, un contrôle renforcé par approbation préalable des actes législatifs des composantes fédérées comme en Autriche, un contrôle maximum, par des systèmes de contrainte et d'exécution fédérales comme en Allemagne fédérale). Elle est au fond d'essence politique.

II / La fonction de justice politique et le contrôle de l'exercice des pouvoirs exceptionnels

Il ne s'agit pas ici de décrire la fonction politique des juridictions constitutionnelles (v. *infra*, chap. III, La légitimité de la juridiction constitutionnelle, section 2, Contrôle de constitutionnalité et démocratie) mais de montrer en quoi l'exercice d'une fonction de contrôle, par le juge constitutionnel, des pouvoirs exceptionnels conférés par la constitution aux pouvoirs publics peut conduire à caractériser cette fonction de contrôle en exercice d'une justice politique.

Une réflexion préalable doit être faite. Pourquoi confier au juge constitutionnel cette fonction de contrôle ? Historiquement d'ailleurs, ce n'est pas aux juridictions constitutionnelles que cette fonction était dévolue mais aux assemblées parlementaires constituées pour l'occasion en Haute Cour de justice. Cette compétence devait d'ailleurs être toujours mal acceptée comme en témoigne par exemple la doctrine classique :

> « Les deux mots de "justice" et de "politique" semblent jurer d'être accouplés. Il y a une révolte instinctive de la conscience contre toute exception au droit commun, contre le fait qu'on enlève un accusé à ses juges ordinaires, pour lui faire appliquer une peine par une juridiction spéciale. Et cependant, sans attacher au consentement général et à la pratique unanime des peuples la valeur d'une présomption irréfragable de vérité, on ne peut qu'être impressionné par ce fait que toutes les constitutions des peuples civilisés défèrent à un tribunal

particulier les infractions politiques » (Joseph-Barthélémy et P. Duez, *Traité de droit constitutionnel*, 1933, rééd. Économica, 1985, p. 867).

Il faut rappeler aussi que la constatation et la répression des infractions à la constitution peuvent être confiées aux Cours suprêmes, même dans les pays où existe une juridiction constitutionnelle (M. Fromont, *op. cit.*, p. 74 qui cite les exemples de la Roumanie, du Mexique et du Brésil).

Mais il faut bien reconnaître que la définition des infractions à la constitution demeure souvent un concept très vague, à forte connotation politique ou d'opportunité et que le fait de confier une telle compétence aux assemblées parlementaires renforce ce sentiment de justice dirigée contre un homme ou une politique. L'histoire des Hautes Cours de justice en apporte d'ailleurs la confirmation ; on est bien en présence d'un tribunal politique (v. par exemple Joseph-Barthélémy et P. Duez, *op. cit.*, p. 868 et s. ; J. Foyer, V° Haute Cour de justice, *Encyclopédie Dalloz, droit pénal*, t. III, 1968, p. 1 et s. ; G. Vedel, La compétence de la Haute Cour, *Mél. Magnol*, 1948, p. 393 et s.). C'est la raison pour laquelle certaines démocraties occidentales ont placé la compétence de contrôles des infractions à la constitution parmi celles des juridictions constitutionnelles, comme l'Autriche (art. 142 et 143), ou l'Italie. Cette compétence est parfois partagée entre la juridiction constitutionnelle et les assemblées parlementaires (art. 61, Loi fondamentale : action possible contre la président de la République fédérale par le *Bundestag* ou le *Bundesrat* ; art. 18 : possibilité de déchéance des droits fondamentaux contre quiconque vient en troubler l'exercice). Peuvent aussi s'ajouter à ces compétences contre les personnes des compétences contre certaines institutions ou organismes susceptibles de nuire à l'ordre constitutionnel, tels que les partis politiques, comme au Portugal (art. 225, e) ou en Allemagne fédérale (art. 21-2), ce qui peut s'expliquer par des considérations historiques facilement compréhensibles. La difficulté dans l'exercice de ces compétences est de faire la part de la responsabilité juridique et de la responsabilité politique, d'autant plus que les pays qui ont confié des compétences de sanction des infractions à la constitution peuvent avoir dans le même temps mis en œuvre des mécanismes de contrôle politique particulièrement développés, comme en Allemagne, avec le vote de défiance constructive par exemple.

La question du contrôle de l'exercice de pouvoirs exceptionnels conférés au pouvoir exécutif se pose de manière différente, d'autant plus que ce type de prérogative n'existe pratiquement que pour la France, par l'article 16 de la Constitution de 1958[1]. On pourrait cependant renvoyer aux

1. Art. 16 : « Lorsque les institutions de la République, l'indépendance de la nation, l'intégrité de son territoire ou l'exécution de ses engagements internationaux sont menacés d'une manière grave et

pouvoirs exceptionnels exercés par le président du *Reich*, sous le régime de la Constitution de Weimar, qui lui permettait « lorsque la sûreté et l'ordre publics sont gravement troublés ou compromis dans le *Reich*, de prendre les mesures nécessaires pour leur rétablissement (art. 48, al. 2), ainsi en faisant appel à la force armée et en suspendant l'exercice de certains droits fondamentaux.

Sous la Ve République, la prérogative présidentielle de mise en œuvre de l'article 16, dont on sait que la décision qui le traduit a les caractères d'un acte de gouvernement (CE, Ass., 2 mars 1962, *Rubin de Servens*, *Rec.*, 143 ; *GAJA*, nº 96), peut être considérée comme une application de l'article 5 qui fait du président de la République le gardien de la constitution. Dans l'application de l'article 16, le Conseil constitutionnel n'a qu'une compétence consultative, qu'il n'a d'ailleurs exercée qu'une fois, à l'occasion de la rébellion des généraux en Algérie (C. const., avis, 23 avril 1961, *Rec.*, 69 ; *GDCC*, nº 10), même s'il doit être obligatoirement consulté. Cette compétence le conduit à vérifier seulement si les conditions de fond permettant la mise en œuvre de l'article 16 sont réunies. Certes, dans cette appréciation, les éléments de fait et d'opportunité sont très présents mais la constitution limite l'objet de cette consultation à la nécessité « d'assurer aux pouvoirs publics, dans les moindres délais, les moyens d'assurer leur mission » (art. 16, al. 3). C'est donc au regard du fonctionnement normal des pouvoirs publics que le Conseil doit apprécier la nécessité de mise en œuvre de ces pouvoirs exceptionnels. Ce faisant, il n'exerce pas de contrôle direct des actes du président de la République, d'autant plus que ce dernier n'est pas tenu de suivre l'avis donné par le Conseil constitutionnel. Dans cette hypothèse, la juridiction constitutionnelle n'exerce pas vraiment une fonction d'arbitrage entre les pouvoirs publics, sauf à considérer que ces pouvoirs se servent de cet avis pour s'opposer entre eux. Mais en tout état de cause, le Conseil ne pourrait, par absence de compétence donnée par la Constitution, régler ce conflit de nature politique.

immédiate et que le fonctionnement régulier des pouvoirs publics est interrompu, le président de la République prend les mesures exigées par ces circonstances, après consultation officielle du Premier ministre, des présidents des assemblées, ainsi que du Conseil constitutionnel.

Il en informe la nation par un message.

Ces mesures doivent être inspirées par la volonté d'assurer aux pouvoirs publics constitutionnels, dans les moindre délais, les moyens d'accomplir leur mission. Le Conseil constitutionnel est consulté à leur sujet.

Le Parlement se réunit de plein droit.

L'Assemblée nationale ne peut être dissoute pendant l'exercice des pouvoirs exceptionnels. »

Section 4
La fonction de contrôle de l'expression du suffrage

Historiquement le contrôle de l'expression du suffrage revient aux assemblées parlementaires, dans la conception la plus classique du parlementarisme. Il s'agit de vérifier les pouvoirs des membres de l'assemblée, c'est-à-dire de s'assurer de la régularité de la désignation ainsi faite.

V. sur ces questions : J.-P. Charnay, Naissance et développement de la « vérification des pouvoirs » dans les anciennes Assemblées françaises, *RHD*, 1962, p. 556 et s. ; A. Castaldo, *Les méthodes de travail de la Constituante*, PUF, coll. « Léviathan », 1989, p. 139 et s. ; E. Pierre, *Traité de droit politique, électoral et parlementaire*, 5e éd., 1919, n° 358 et s.

On sait qu'à la naissance du droit parlementaire moderne français, c'est justement la vérification des pouvoirs par les États généraux qui a conduit à s'affranchir de la sanction royale et à constituer l'Assemblée nationale constituante. Depuis cette époque, une constante du régime juridique des assemblées parlementaires était qu'elles étaient seules habilitées à vérifier les pouvoirs de leurs membres, manifestant ainsi leur pleine souveraineté.

Comment faut-il comprendre la notion de vérification des pouvoirs ? Prise dans une acception générale on doit la comprendre comme « l'examen de la validité et de l'étendue de la procuration reçue par un mandataire, lui permettant de traiter valablement pour le compte de son commettant » (J.-P. Charnay, art. préc., p. 556). Mais cette définition vaut en présence d'un mandat impératif. Dans le cadre du parlementarisme classique, on se rangera à la définition d'Eugène Pierre qui y voit trois questions bien distinctes : « 1° l'éligibilité du candidat proclamé ; 2° la valeur morale du scrutin ; 3° la valeur matérielle des bulletins recensés » (*op. cit.*, n° 359).

Signe de l'indépendance des assemblées parlementaires, en tant que pouvoir constitué par rapport aux autres pouvoirs, cette fonction de contrôle se retrouve dans la plupart des régimes politiques à tendance parlementaire. Cette tendance ne se modifie pas nécessairement lorsque la constitution met en place un système de justice constitutionnelle ou lorsque celle-ci s'affirme d'elle-même. C'est donc plutôt lorsque prévaut la doctrine de la démocratie constitutionnelle, garantie par le juge constitutionnel, que cette compétence peut être transmise à la juridiction constitutionnelle. Mais il faut aussi bien comprendre que la compétence de vérification des pouvoirs, qui concerne l'éligibilité de ceux qui sont membres de l'assemblée, se distingue du contentieux des candidatures qui, lui, peut relever du juge ordinaire, comme en France sous la IIIe République et dans une large mesure sous la Ve République. Si donc le contentieux de l'expression du suffrage relève du juge constitutionnel, c'est qu'il s'inscrit dans le cadre de la démocratie constitutionnelle qui donne expressément cette compétence au juge, dans le but de rendre plus objectif l'exercice d'un tel contrôle et de participer ainsi à la pacification des rapports politiques.

Le contrôle de l'expression du suffrage peut comporter différentes compétences. Il peut s'agir du contrôle de la désignation du chef de l'État (I), du contrôle des élections nationales (II), enfin du contrôle de la régularité des opérations de référendum (III).

I / Le contrôle de la désignation du chef de l'État

C'est surtout dans les régimes constitutionnels qui connaissent l'élection du chef de l'État au suffrage universel, direct et égal que le juge constitutionnel est amené à intervenir pour assurer la vérification de la régularité de l'élection. Cette compétence peut connaître toutes les variations possibles, d'une fonction de conseil, d'administration et d'organisation de l'élection, à une fonction de proclamation des résultats, en passant par une fonction contentieuse de règlement des contestations relatives aux opérations électorales. Il peut ainsi s'agir d'une compétence administrative comme celle donnée au Conseil constitutionnel français dans la préparation de l'élection présidentielle, selon le code électoral, ou encore d'une fonction consultative soit préalable aux opérations électorales (France, art. 3, III, loi du 6 novembre 1962 modifiée et art. 46, ord. 7 novembre 1958 ; v. les avis rendus par le Conseil constitutionnel, publiés pour la première fois in *Les cahiers du Conseil constitutionnel* n° 1, 1996, Dalloz, p. 18 et s.), soit d'une façon plus générale comme en Lituanie (art. 105 de la Constitution du 25 octobre 1992 : « La Cour constitutionnelle donne un avis sur la question de savoir s'il y a eu violation des lois électorales pendant les élections du président de la République »). Le plus souvent la compétence du juge constitutionnel porte sur le règlement des contestations même de l'élection comme en Autriche, en Bulgarie (art. 93, al. 6), en Croatie (art. 125), en Roumanie (art. 82 et 144), au Portugal ou en France (art. 58 : « Le Conseil constitutionnel veille à la régularité de l'élection du président de la République. Il examine les réclamations et proclame les résultats du scrutin »), compétence qui peut donc aussi être celle de la proclamation des résultats (France, Roumanie). Dans cette gamme très variée, le Conseil constitutionnel français exerce des compétences parmi les plus étendues.

Dans les régimes constitutionnels connaissant une élection du chef de l'État par les assemblées parlementaires, le juge constitutionnel n'intervient en général pas, le processus de contestation de l'élection relevant des assemblées elles-mêmes.

II / Le contrôle des élections nationales

La notion de contentieux électoral recouvre en réalité de multiples éléments. La première distinction est celle du contentieux de l'élection et du contentieux du mandat (M. Fromont, *op. cit.*, p. 67). Mais ces deux catégories se subdivisent encore d'une part en contentieux des opérations préalables à l'élection (listes, candidatures…), des inéligibilités, des opérations électorales elles-mêmes, du financement de l'élection qui entrent dans la première catégorie, et d'autre part en contentieux des incompatibilités et des immunités des parlementaires une fois élus qui entrent dans la catégorie du contentieux du mandat. Encore faut-il y ajouter la distinction des élections nationales et des élections locales qui peuvent ne pas relever des mêmes autorités de jugement.

La tendance est aujourd'hui à confier au juge constitutionnel le règlement des contentieux relatifs aux élections nationales, même si certaines cours constitutionnelles peuvent aussi exercer une compétence de contrôle des élections locales comme au Portugal (art. 225, f). Il s'agit alors pour la juridiction constitutionnelle de régler le plus souvent le contentieux né de l'élection même. C'est ainsi le cas en France (art. 59), mais aussi en Grèce (art. 58) et au Portugal (art. 225, c). On remarque aussi que cette compétence est confiée aux nouvelles cours constitutionnelles créées dans les pays de l'Est, comme en Bulgarie (art. 149-7), en Slovaquie (art. 129-2), en Croatie (art. 125), ou encore en République tchèque (art. 87-1, e). Elle l'est d'ailleurs en termes très généraux, renvoyant à une disposition législative ordinaire ou organique quand il en existe l'étendue de cette compétence. On trouve plus rarement confiée à une cour constitutionnelle une compétence de validation des mandats ou de vérification des pouvoirs qui revient traditionnellement aux assemblées parlementaires, mais certaines constitutions confient cette compétence à la juridiction constitutionnelle en appel des décisions de l'assemblée parlementaire : ainsi en République fédérale d'Allemagne, la Cour constitutionnelle examine les recours formés contre les décisions relatives à la vérification des pouvoirs et à la déchéance du mandat des députés au *Bundestag* (art. 41-2) ; ainsi encore en Slovénie, la Cour constitutionnelle examine en appel les décisions d'invalidation du mandat des députés à l'Assemblée nationale (art. 82, al. 3) ; la même compétence est confiée à la Cour constitutionnelle slovaque pour les décisions d'invalidation rendues par le Conseil national (art. 129-1). Il est plus rare enfin que soit confiée au juge constitutionnel une compétence en matière de contrôle de l'éligibilité ou des incompatibilités parlementaires, même si on la retrouve dans certaines cours comme en Grèce (art. 100, c) ou en République tchèque (art. 87-1, f), et selon des procédures spécifiques pour le Conseil constitutionnel français.

La nette tendance à retirer aux assemblées parlementaires le contentieux né des élections nationales et même parfois celui de le détention du mandat parlementaire est une manifestation du constitutionnalisme moderne qui confie au juge constitutionnel le contentieux né de l'application de la constitution. Dans la mesure où la constitution fixe souvent les règles de fonctionnement des assemblées parlementaires qui relevaient autrefois de leur seule compétence, il est logique d'en confier la garde à cette autorité extérieure qu'est une Cour constitutionnelle. Cette fonction est sans doute plus récente, parmi celles exercées par le juge constitutionnel, elle n'en est pas moins importante, soumettant ainsi les assemblées aux exigences constitutionnelles, y compris dans leur fonctionnement interne et la désignation de leurs membres.

III / Le contrôle de la régularité des opérations de référendum

La compétence des cours constitutionnelles en matière de référendum est moins répandue dans les textes constitutionnels que celle de contrôle des élections. Il faut y voir le souhait légitime des constituants de limiter le contrôle de l'expression directe de la souveraineté nationale. C'est la raison pour laquelle les constitutions qui prévoient ce contrôle en limitent souvent l'exercice à la vérification du respect de la procédure et à la confirmation des résultats (France, art. 60 ; Grèce, art. 100, b ; Roumanie, art. 144, g) ce qui peut comporter une fonction préalable de conseil dans l'organisation du référendum (cf. France, art. 46 à 51 de l'ord. 7 novembre 1958). Mais parfois la compétence est plus large, soit parce que la compétence de vérification des résultats entraîne un contrôle substantiel, soit parce que la constitution donne une compétence très générale en matière de contrôle des référendums comme en Slovaquie (art. 129, 3), en Croatie (art. 125) ou encore en Hongrie où la compétence de contrôle de constitutionnalité s'étend à « toute règle juridique dont la Cour constitutionnelle constate l'inconstitutionnalité » (art. 32, a). Il faut enfin citer le cas de l'Italie où la loi du 11 mars 1953 ajoute aux compétences de la Cour constitutionnelle celle du « jugement sur l'admissibilité de toute demande de référendum pour l'abrogation de lois », procédure d'initiative populaire prévue par la Constitution (art. 75) et dont la Cour constitutionnelle s'assure qu'elle concerne bien les lois dont l'abrogation peut être demandée, la Constitution (art. 75, al. 2) excluant la possibilité de référendum abrogatif pour, entre autres, les lois de finances, de règlement du budget, ou autorisant la ratification d'un engagement international. A cet égard, la Cour constitutionnelle a considéré que cette énumération n'est pas limitative et exerce un large contrôle de cette procédure, afin d'éviter toute dérive populiste, démagogique, nuisant au fonctionnement des institutions (par exemple, le refus par la Cour d'admettre un référendum tendant à modifier le mode de scrutin pour les élections aux assemblées parlementaires, comme comportant le risque de mettre en place un système électoral insusceptible de fonctionner, v. *AIJC*, 1995, p. 850), refusant aussi toute demande de référendum d'abrogation d'une loi ayant un rapport ou une incidence sur les lois dont l'abrogation est refusée par la Constitution (cf. *AIJC*, 1994, p. 639).

BIBLIOGRAPHIE

Sur la théorie générale de la juridiction constitutionnelle on se reportera à la bibliographie *supra*, chapitre I, La notion de juridiction constitutionnelle.

Sur les fonctions de la juridiction constitutionnelle v. particulièrement : Favoreu (L.), V° Justice constitutionnelle, *Dictionnaire constitutionnel*, Paris, PUF, 1992 ; id., Rapport général introductif, *Cours constitutionnelles européennes et droits fondamentaux*, Économica-PUAM, 1982, p. 25 et s. ; Kelsen (H.), La garantie juridictionnelle de la Constitution (La Justice constitutionnelle), *RDP*, 1928, p. 197 et s. ; Fromont (M.), *La justice constitutionnelle dans le monde*, Dalloz, coll. « Connaissance du droit », 1996, p. 81 et s. ; Goyard (Cl.), Unité du droit et justice constitutionnelle, *Mél. R. Drago*, Économica, 1996,

p. 53 ; Lavroff (D.-G.), Le Conseil constitutionnel et la norme constitutionnelle, *Mél. G. Peiser*, PUG, 1995, p. 347 et s.

Sur les droits fondamentaux, on pourra consulter entre autres : Champeil-Desplats (V.), La notion de droit « fondamental » et le droit constitutionnel français, *D*, 1995, chron., p. 323 ; Cocozza (F.), Les droits fondamentaux en Europe entre justice constitutionnelle « transfrontière » de la CEDH et justice constitutionnelle nationale. Les lignes incertaines d'une relation structurée, *RFDC*, n° 28, 1996, p. 707 et s. ; Luchaire (F.), La protection des droits fondamentaux par les juridictions constitutionnelles en Europe, *RIDC*, 1981, p. 290 et s. ; Molfessis (N.), La dimension constitutionnelle des droits et libertés fondamentaux, *in* R. Cabrillac, M.-A. Frison-Roche, T. Revet (dir.), *Droits et libertés fondamentaux*, Paris, Dalloz, 3e éd., 1996, p. 49-66 ; Pavia (M.-L.), Éléments de réflexion sur la notion de droit fondamental, *LPA*, n° 54, 6 mai 1994, p. 13 et s.

Sur la justice politique : Höffe (O.), *La justice politique*, PUF, coll. « Léviathan », 1991, 397 p. : pour une critique du positivisme juridique et politique, v. en particulier p. 351 et s. : Les stratégies de justice politique et l'État constitutionnel démocratique.

Sur l'unification du droit sous l'influence de la justice constitutionnelle : *L'unité du droit. Mélanges en hommage à Roland Drago*, Économica, 1996, spéc. : Vedel (G.), Aspects généraux et théoriques, p. 1 et s. ; Favoreu (L.), La constitutionnalisation du droit, p. 25 et s. ; Goyard (Cl.), Unité du droit et justice constitutionnelle, p. 43 et s.

Chapitre III

LA LÉGITIMITÉ DE LA JURIDICTION CONSTITUTIONNELLE

La création et le développement de la juridiction constitutionnelle ne posent pas seulement des problèmes relevant de la technique juridique ou des questions d'organisation des pouvoirs publics. L'institution du contrôle de constitutionnalité s'inscrit dans une logique dominante qui est celle du normativisme. Mais cette conception n'entraîne pas l'adhésion de toutes les parties concernées par le contrôle de constitutionnalité, en particulier par celles dont il vient mettre en cause la souveraineté, c'est-à-dire les instances législatives. Mais le constat pourrait aussi être fait pour ce qui concerne l'exécutif soumis lui aussi à l'emprise de la constitution. C'est que la juridiction constitutionnelle exerce une fonction politique au cœur des rapports entre les pouvoirs publics et plus généralement du point de vue social. C'est que pour certains il existe une véritable antinomie entre l'existence même du contrôle de constitutionnalité et les principes démocratiques.

Cette constatation n'est pas la seule. Plus généralement, la juridiction constitutionnelle se prononce à partir de la règle juridique suprême d'un ordre juridique, à savoir la constitution. Il faut se poser la question de la légitimité des sources utilisées par la juridiction constitutionnelle, qu'il s'agisse de l'interprétation faite par elle de la constitution, ou de l'utilisation éventuelle de sources supplétives. L'interprétation créatrice que développe l'instance de contrôle de constitutionnalité ne peut laisser indifférent et pose une question de légitimité du contrôle exercé qui rejaillit nécessairement sur l'instance elle-même.

La question de la légitimité de la juridiction constitutionnelle doit donc être étudiée d'une part dans les rapports entre le contrôle de constitutionnalité et les sources du droit (section 1), d'autre part au regard de l'antinomie existant entre le contrôle de constitutionnalité et les principes de la démocratie (section 2).

SECTION 1
Contrôle de constitutionnalité et sources du droit

I / Quelles sources du droit pour le contrôle de constitutionnalité ?

La question des sources du droit prend un relief accusé lorsqu'on la pose du point de vue de la juridiction constitutionnelle. C'est qu'il existe une conjonction entre le concept même de source du droit et les questions constitutionnelles, puisque la norme constitutionnelle est, en soi, une source majeure de l'ordre juridique, même si elle n'est pas bien sûr la seule. Quant à la juridiction constitutionnelle, sa place lui confère souvent aussi un rôle de créateur du droit, en fait une source du droit. La question est alors de savoir dans quelle mesure la juridiction constitutionnelle a la maîtrise de ses propres sources, quelle liberté elle possède, et selon quelles contraintes elle doit utiliser les normes de référence. C'est poser ainsi la question de la liberté d'interprétation du juge constitutionnel et de ses méthodes, puis celle de l'utilisation par celui-ci de sources supplétives au-delà de la constitution.

L'exercice du contrôle de constitutionnalité comporte plusieurs particularités significatives. En premier lieu, la norme de référence, la constitution, est par définition une norme générale, dont l'application donne lieu nécessairement à interprétation, d'autant plus quand il s'agit d'appliquer des principes fondamentaux à des cas d'espèce, comme c'est le cas dans le contrôle concret. En second lieu, l'interprétation constitutionnelle doit nécessairement être unique parce qu'elle doit s'imposer à tous, ce qui suppose, au terme de tout processus de contrôle de constitutionnalité un seul organe chargé d'assurer cette unité d'interprétation et de l'imposer aux autres parce qu'il est l'organe « autorisé » en quelque sorte.

Ceci vaut même dans le cas du contrôle *a posteriori*, soit parce que le contentieux « remonte » vers la Cour constitutionnelle, par la voie des questions préjudicielles (Italie, Espagne), soit parce que la Cour assure une unité d'interprétation (RFA, États-Unis), ce qui ne signifie pas nécessairement qu'on est en présence d'une « Cour suprême » (v. sur les critères possibles de la Cour suprême : R. Drago, La Cour de cassation, Cour suprême, in *L'image doctrinale de la Cour de cassation*, La Documentation française, 1994, p. 19 et s. ; A. Tunc (dir.), *La Cour judiciaire suprême. Une enquête comparative*, n° spécial de la *RIDC*, 1978).

Ces deux éléments conduisent à poser la question des sources du droit pour l'exercice du contrôle de constitutionnalité de façon assez particulière. La source juridique d'un tel contrôle est à l'évidence la constitution. Mais dire ceci ne règle pas la question de l'étendue de celle-ci, de son contenu, plus généralement de sa signification.

En réalité, cette question se déplace aussitôt vers celle de savoir qui est le « bon » interprète de la constitution, qui a qualité, c'est-à-dire compétence, pour fixer le contenu et l'étendue de la constitution et l'imposer obligatoirement. La réponse peut parfois être simple : le texte de la constitution peut l'apporter en désignant l'interprète. Lorsque, par exemple, la Loi fondamentale de la République fédérale d'Allemagne indique que « le Tribunal constitutionnel fédéral se prononce sur l'interprétation de la Loi fondamentale en cas de litiges sur l'étendue des droits et obligations des organes fédéraux ou d'autres intéressés dotés de droits propres par cette Loi fondamentale » (art. 93-1, 1°), la détermination de l'interprète de la constitution est par principe réglée.

Mais la constitution peut n'être pas si claire ou être muette sur l'autorité compétente pour fixer cette interprétation.

C'est le cas pour la Constitution française de 1958, dont on pourrait penser que l'article 5 qui dispose que « le président de la République veille au respect de la constitution » lui donne cette compétence d'interprétation (v. G. Drago, *L'exécution des décisions du Conseil constitutionnel*, Économica-PUAM, 1991, p. 48 et s. : le président de la République, gardien de la constitution), bien plus que le Conseil constitutionnel auquel la Constitution ne donne qu'une compétence d'attribution. La Constitution portugaise de 1976 énonce que « le Tribunal constitutionnel est le tribunal spécifiquement compétent pour administrer la justice dans les matières de nature juridico-constitutionnelle » (art. 223) et plus loin que « le Tribunal constitutionnel apprécie et déclare avec force obligatoire générale l'inconstitutionnalité de toute norme » (art. 281, 1°, a). Doit-on en conclure qu'il est seul compétent pour fixer l'interprétation de la Constitution ? Pas nécessairement.

Il revient alors aux « utilisateurs » de la constitution, c'est-à-dire aux pouvoirs publics, de faire vivre celle-ci par la pratique. Ce qui laisse entière la question de savoir si la coutume constitutionnelle est une application ou une interprétation de la constitution.

Sur cette question v. J. Laferrière, *La coutume constitutionnelle, son rôle et sa valeur en France, RDP*, 1940, p. 20 et s. cité par M. Troper, Le problème de l'interprétation et la théorie de la supralégalité constitutionnelle, *Mél. C. Eisenmann*, Paris, éd. Cujas, 1975, p. 133 et s., reproduit in *Pour une théorie juridique de l'État*, Paris, PUF, coll. « Léviathan », p. 293 et s., spéc. p. 295 ; id., Du fondement de la coutume à la coutume comme fondement, *ibid.*, p. 127 et s. ; Nécessité fait loi : réflexions sur la coutume constitutionnelle, *Mél. R.-E. Charlier*, Paris, p. 309 et s.

Ceci ne veut pas dire que tout est inscrit dans la constitution, que celle-ci peut tout prévoir, c'est-à-dire réduire voire supprimer la nécessité d'une interprétation. Celle-ci est déjà souvent nécessaire pour les parties de la constitution concernant les pouvoirs publics. Elle l'est d'autant plus pour les parties contenant des principes constitutionnels de droit substantiel touchant aux droits fondamentaux. Et on ne peut raisonnablement imaginer un texte constitutionnel contenant *a priori* l'ensemble des droits fondamentaux. C'est qu'il existe une nécessaire « flexibilité » des constitutions (G. Burdeau, F. Hamon, M. Troper, *Droit constitutionnel*, Paris, LGDJ, 24e éd., 1995, p. 65. Ces auteurs expliquent la nécessité d'une interprétation de la constitution par trois facteurs : l'indétermination du texte, « c'est-à-dire le fait d'être porteur de plusieurs sens », « la nature de la signification elle-même » c'est-à-dire l'intention des auteurs du texte, enfin « l'évolution des conceptions politiques et sociales », *ibid.*, p. 65-66).

Bien plus, cela relève d'une véritable illusion juridique qui voudrait considérer que les droits fondamentaux de nature constitutionnelle peuvent être codifiés, définis une fois pour toutes, comme si ceux-ci ne s'inscrivaient pas profondément dans une culture, une époque, une philosophie.

C'est bien ce que dit L. Hamon : « A la racine du projet ici envisagé — une grande codification exhaustive des principes de valeur constitutionnelle — il n'y a rien de moins qu'une illusion sur la capacité humaine d'inscrire réponse à tout *[sic]* dans la formulation d'une règle de droit que le juge n'aurait plus qu'à appliquer. Illusion noble et tenace par laquelle le Siècle des Lumières a anticipé sur le scientisme un peu court qui s'affirmera cent ans plus tard, et dont la reprise paraîtrait aujourd'hui anachronique. Plus profondément, ambition prométhéenne de l'homme de pouvoir tout prévoir, témoignage d'un orgueil luciférien auquel les démentis n'ont pourtant pas manqué ! » (*Les juges de la loi*, Paris, Fayard, 1987, p. 205-206).

Parfois même cette question de l'étendue de la constitution peut prendre un tour surprenant quand le juge constitutionnel en vient à intégrer d'un coup des textes dont il est seulement fait référence dans le corpus constitutionnel, comme c'est le cas en France avec la composition progressive du « bloc de constitutionnalité » par la jurisprudence du Conseil constitutionnel (L. Favoreu, Le principe de constitutionnalité. Essai de définition d'après la jurisprudence du Conseil constitutionnel, *Mél. C. Eisenmann*, Paris, éd. Cujas, 1975, p. 33 et s.).

Sur la jurisprudence du Conseil constitutionnel composant le bloc de constitutionnalité v. principalement : C. const., n° 71-44 DC, 16 juillet 1971, *Rec.*, 29 ; n° 73-51 DC, 27 décembre 1973, *Rec.*, 25 ; n° 74-54 DC, 15 janvier 1975, *Rec.*, 19. V. aussi *infra*, p. 213 et s. Cette jurisprudence ne règle pas la question de savoir si ces principes sont homogènes et si donc l'utilisation qui en est faite doit suivre une ligne d'interprétation univoque. Il est clair que la Déclaration de 1789 et le Préambule de 1946 « résultent d'une sédimentation historique et sont nés d'inspirations parfois contradictoires », L. Cohen-Tanugi, Qui a peur du Conseil constitutionnel ?, *Le débat*, n° 43, 1987, p. 54 et s., spéc. p. 60. V. aussi G. Vedel, Le Conseil constitutionnel, gardien du droit positif ou défenseur de la transcendance des droits de l'homme, *Pouvoirs*, n° 45, 1988, p. 155. C'est une technique de sédimentation de principes que suit d'ailleurs le Conseil constitutionnel à propos du droit de propriété dans la décision relative aux nationalisations : C. const., n° 81-132 DC, 16 janvier 1982, *Rec.*, 18.

C'est que le texte constitutionnel est, par nature, susceptible de développements potentiels. L'exercice de la justice constitutionnelle ne réduit pas ces développements potentiels, au contraire elle les accompagne, les accentue, les dirige même. Ceci signifie que la juridiction constitutionnelle agit d'abord dans une fonction simple d'application du droit, qui ne se distingue pas fondamentalement, dans l'opération de jugement, de celle du juge ordinaire.

Ce point de vue est aujourd'hui classique et ne fait que reprendre ce que disait H. Kelsen dans sa *Théorie pure du droit* : « Si un organe juridique doit appliquer le droit, il faut nécessairement qu'il établisse le sens des normes qu'il a mission d'appliquer, il faut nécessairement qu'il interprète ces normes. L'interprétation est donc un processus intellectuel qui accompagne nécessairement le processus d'application du droit dans sa progression d'un degré supérieur à un degré inférieur. Dans le cas auquel on songe le plus souvent lorsqu'on parle d'interprétation, celui de l'interprétation des lois, il faut que l'organe d'application du droit résolve la question de savoir quel est le contenu qu'il doit donner à la norme individuelle à déduire de la norme générale législative dans son application à une espèce concrète, — la norme individuelle se présentant comme un acte juridictionnel ou comme une décision administrative. Mais il y a aussi nécessairement lieu à interprétation de la constitution, en tant qu'il s'agit précisément de l'appliquer à un degré inférieur, soit dans la procédure législative, soit dans l'édiction d'ordonnances de nécessité ou de tous autres actes immédiats à la constitution » (*Théorie pure du droit*, trad. de la 2e éd. par C. Eisenmann, Paris, Dalloz, 1962, p. 453). V. aussi M. Troper, Kelsen, la théorie de l'interprétation et la structure de l'ordre juridique, *Rev. internationale de philosophie*, n° 138, 1981, p. 518 et s. ; id., Justice constitutionnelle et démocratie, *RFDC*, n° 1, 1990, p. 31 et s. ; id., La liberté d'interprétation du juge constitutionnel, *in* P. Amselek (dir.), *Interprétation et droit*, Bruylant-PUAM, 1995, p. 235 et s. ; Y. Aguila, *Le Conseil constitutionnel et la philosophie du droit*, Paris, LGDJ, 1993, p. 55 et s.

Mais si l'interprétation de la constitution n'est pas l'exclusivité de la juridiction constitutionnelle, celle-ci a une place particulière puisque l'interprétation de la constitution qu'elle délivre est authentique et obligatoire parce qu'un mécanisme de sanction constitué par le jugement contient cette interprétation, imposée aux organes subordonnés.

Quelle est la liberté d'interprétation que possède le juge constitutionnel ? Ceci dépend de la façon dont on comprend le terme d'interprétation. Kelsen distingue entre deux types d'interprétation : l'interprétation peut être un acte de connaissance ou un acte de volonté. L'interprétation, acte de connaissance, donne à un texte son sens « véritable », son sens « exact ». Selon cette conception, le texte n'a qu'un seul sens qu'il convient de découvrir par l'interprétation. De façon différente, l'interprétation, acte de volonté, donne à un texte le sens qui est défini par l'interprète. C'est celui qui a pour fonction d'interpréter qui donne son sens au texte.

Appliqué à la constitution et au juge constitutionnel, ceci conduit à reconnaître que, soit l'interprétation donnée par le juge est la seule vraie (interprétation-connaissance), soit que cette interprétation de la constitution est le fruit de la volonté du juge constitutionnel et qu'il est là dans l'exercice de sa fonction (interprétation-volonté).

A | LA LIBERTÉ D'INTERPRÉTATION DU JUGE CONSTITUTIONNEL

1 / *L'interprétation-connaissance*

L'interprétation-connaissance signifie en contentieux constitutionnel qu'il existe un sens « vrai », unique, des textes constitutionnels, en particulier des droits fondamentaux, le rôle du juge constitutionnel étant d'énoncer ce sens. Si ce type d'interprétation est rejeté par le positivisme, il faut en examiner la signification. Considérer qu'il n'existe qu'une « bonne » interprétation de la constitution relève d'une analyse jusnaturaliste considérant que les droits fondamentaux sont de nature transcendantale, posés une fois pour toutes, et qu'ils n'ont qu'une seule signification. Selon cette conception, la juridiction constitutionnelle est l'interprète légitime, qui met au jour des principes intemporels, agissant là comme un révélateur de ce qui est déjà posé, énonçant des données objectives (G. Vedel, Le Conseil constitutionnel, gardien du droit positif ou défenseur de la transcendance des droits de l'homme, art. préc., p. 149 et s. ; B. Genevois, La jurisprudence du Conseil constitutionnel est-elle imprévisible ?, *Pouvoirs*, n° 59, 1991, p. 129 et s., spéc. p. 134 et s.). Cette conception transcendantale de l'interprétation trouve une application remarquable dans le domaine des droits de l'homme, dans lequel le jusnaturalisme s'exprime pleinement.

Les applications pratiques de ce type d'interprétation montrent qu'elle ne peut être acceptée en soi. D'une part, parce que les différentes cours constitutionnelles qui font référence aux droits de l'homme ou aux droits fondamentaux donnent des définitions variables de ces droits. Il n'existe pas de concordance parfaite de ces définitions. Dans les constitutions où des droits fondamentaux sont énoncés, la liste de ceux-ci n'est pas identique d'une constitution à l'autre, et le contenu de ces droits ne reçoit pas la même définition selon les cours constitutionnelles. Ainsi, les droits sociaux peuvent être inscrits comme des droits fondamentaux constitutionnellement reconnus ou au contraire ne pas apparaître comme tels (pour une illustration et une analyse v. C. Grewe et H. Ruiz Fabri, *Droits constitutionnels européens*, Paris, PUF, coll. « Droit fondamental », 1995, p. 158 et s. et bibliographie p. 186-190) ou encore recevoir une protection variable selon les juridictions constitutionnelles[1].

D'autre part, l'évolution du contenu des droits fondamentaux et leur perception par les juristes et les non-juristes ne les rendent pas intangibles. Tout simplement d'abord parce que le droit évolue et que le contenu des droits fondamentaux a toujours une signification datée (les exemples du principe d'égalité, du droit de propriété ou de la libre communication des pensées et des opinions, de la Déclaration de 1789 le prouvent suffisamment. L'émergence des droits fondamentaux procède donc par ajout successif et par complément sans contradiction entre eux, cf. G. Vedel, art. précité, p. 155 qui emploie le terme de « droit naturel en développement »). Ensuite, comme le montre le doyen G. Vedel, la perception que peuvent avoir les non-juristes des droits fondamentaux est celle de droits à contenu

1. V. la VIIIe Conférence des Cours constitutionnelles européennes consacrée à la hiérarchie des normes constitutionnelles et sa fonction dans la protection des droits fondamentaux, *AIJC*, 1990, p. 15-215.

dynamique, c'est-à-dire de garanties ajoutées les unes aux autres grâce aux « conquêtes politiques et sociales » et à l'évolution de la jurisprudence.

Et le doyen Vedel de conclure : « Les Français ne croient pas à vrai dire que, dans un empyrée mystérieux, repose une révélation close, gravée une fois pour toutes sur un marbre inaltérable. Au contraire, ils ont le sentiment que le contenu de l'ensemble des droits et des libertés a été peuplé de nouveautés par l'histoire. Le vocabulaire met ceci en évidence. Les "conquêtes politiques ou sociales" évoquent l'image de terres naguère vierges, aujourd'hui défrichées, d'une frontière sans cesse repoussée plus loin » (art. préc., p. 153).

Mais dans le même temps, le sens commun comprend que ces droits, une fois acquis, ne peuvent plus être réduits, que leur inscription est devenue définitive. Il y a en quelque sorte une théorie des droits acquis constitutionnels. Les droits fondamentaux sont donc en constante évolution, mais toujours dans le sens de l'accroissement (c'est bien là le sens de la technique dite de l'« effet-cliquet », appliquée par le Conseil constitutionnel). La jurisprudence, qui procède par ajouts successifs, y contribue d'ailleurs grandement.

Dans cette volonté d'une définition unique et transcendantale des droits constitutionnels, les exigences d'une méthode d'interprétation unique peuvent conduire à la recherche de la juste interprétation historique, c'est-à-dire la recherche de l'« intention originelle » de ceux qui ont écrit le texte constitutionnel.

Cf. R. Dworkin, Controverse constitutionnelle, *Pouvoirs*, n° 59, 1991, p. 5 et s., spéc. p. 8. Pour de plus amples développements v. R. Dworkin, *L'empire du droit*, trad. de *Law's Empire* (1986) par E. Soubrenie, Paris, PUF, coll. « Recherches politiques », 1994. On pourrait y rattacher la doctrine de la « légitimité constitutionnelle » de M. Hauriou, qu'il exprime à propos de la Cour suprême dans son *Précis de droit constitutionnel*, Paris, Sirey, 1929, rééd. CNRS, 1965, p. 269 et p. 276 : « Le juge américain se place nettement au-dessus de la loi constitutionnelle et la juge, parce que, pour lui, il y a, au-dessus d'elle, un ensemble de principes supérieurs qui sont de droit naturel et qui forment une *légitimité constitutionnelle* à laquelle la constitution écrite elle-même doit se conformer. La constitution primitive est censée conforme à la légitimité, mais, si des amendements s'en écartaient par la suite, ils devraient être déclarés inconstitutionnels » (souligné dans le texte).

Dans ce cas, la question qui se pose est de savoir si on doit absolument suivre l'intention des rédacteurs du texte (si celle-ci est clairement exprimée) ou si on doit interpréter le texte au jour du jugement. Dworkin défend la théorie de l'« intégrité constitutionnelle » qui consiste à prendre en considération la chaîne des interprétations successives du texte, qui laisse une part de liberté au juge mais dans le cadre défini par les interprétations précédentes. Il y ajoute d'ailleurs la nécessité de maintenir la cohérence du droit. Enfin, faut-il considérer qu'il y a toujours « une bonne réponse », c'est-à-dire une bonne interprétation des droits fondamentaux et est-on sûr que celle donnée par la juridiction constitutionnelle est bien la « bonne » (R. Dworkin, *Prendre les droits au sérieux*, trad. fr., Paris, PUF, coll. « Léviathan », 1995, spéc. chap. 13 : Les droits peuvent-ils être sujets à controverse ?, p. 397 et s.) ?

V. aussi : No right answer ?, *in* P. Hacker et J. Raz (éd.), *Law, Morality and Society. Essays in Honour of H.L.A. Hart*, Londres, 1977 ; Y a-t-il une bonne réponse en matière d'interprétation juridique ?, *in* P. Amselek (dir.), *Interprétation et droit*, préc., p. 227 et s. ; F. Michaut, La « bonne réponse » n'est-elle qu'une illusion ?, *Droits*, n° 9, 1989, p. 69 et s. ; Ph. Raynaud, La démocratie saisie par le droit, *Le débat*, n° 87, 1995 p. 97 et s., spéc. p. 104.

Si cette réponse existe, elle doit être nécessairement juste et reconnue comme telle. Mais qui peut dire que la réponse donnée par le juge constitutionnel est bien celle qui doit être donnée ? C'est la question des « procédés de vérification » (G. Burdeau, F. Hamon, M. Troper, *Droit constitutionnel*, précité, p. 67). Soit il faut faire confiance au juge et accepter cette réponse comme bonne, soit il faut s'en remettre à un arbitre capable de dire que cette réponse est la bonne. Dans le premier cas, l'appréciation relève finalement des destinataires de la décision du juge constitutionnel qui reconnaissent que la décision rendue est juste ; dans le second cas, il faut rechercher cet arbitre dans une autre autorité constitutionnelle (par exemple le chef de l'État) ou dans le constituant lui-même qui confirme ou infirme la décision du juge constitutionnel, c'est-à-dire par le moyen de la révision constitutionnelle. On est donc conduit à dire que l'appréciation de la justesse de la décision du juge constitutionnel relève d'autorités qui lui sont extérieures, dont l'appréciation peut elle aussi être soumise à contestation. Si donc, dans l'interprétation-connaissance, il existe une « bonne » interprétation, ce n'est pas en définitive au juge constitutionnel qu'elle revient de façon incontestable. Le juge constitutionnel n'est donc pas légitime en dernier lieu pour poser une interprétation considérée comme « véritable ».

2 / *L'interprétation-volonté*

L'interprétation-volonté est celle qui est le produit de la volonté de l'interprète, c'est-à-dire du juge constitutionnel en l'espèce. L'interprétation est ici un acte de volonté et non de connaissance, et celle-ci est considérée comme authentique parce qu'elle émane de l'autorité habilitée pour la délivrer. Ce type d'interprétation est parfois appelé *réaliste* « parce qu'elle décrit non pas la manière dont le droit fonctionnerait, s'il fonctionnait de manière idéale, mais celle dont il fonctionne réellement » (G. Burdeau, F. Hamon, M. Troper, *Droit constitutionnel*, préc., p. 68).

Sur l'interprétation réaliste v. D. de Béchillon, L'ordre de la hiérarchie des normes et la théorie réaliste de l'interprétation. Réflexions critiques, *RRJ. Droit prospectif*, 1994, n° 1, p. 247 et s. et la réponse de M. Troper, Réplique à Denys de Béchillon, p. 267 et s. ; F. Michaut, *L'école de la « sociological jurisprudence » et le mouvement réaliste américain*, thèse, 1985 ; id., Le rôle créateur du juge selon l'école de la « sociological jurisprudence » et le mouvement réaliste américain, *RIDC*, 1987, p. 343.

Dans ce cas, l'interprétation peut être considérée comme « vraie », non pas en soi, mais parce qu'elle est valide, car énoncée par une autorité habilitée à délivrer celle-ci. L'interprétation dégagée par le juge constitutionnel s'impose parce qu'elle émane de l'organe compétent pour l'énoncer.

« La question que traite la théorie générale du droit n'est pas du tout de savoir s'il y a ou non un sens véritable, si ce sens peut ou non être connu et si le juge est ou non à sa recherche. La seule question pertinente pour une théorie du droit est celle de la validité et s'agissant d'interprétation, elle veut seulement examiner quels sont les critères qui permettent de dire qu'une interprétation est juridiquement valide c'est-à-dire qu'elle s'impose en droit. Or, il est clair que la validité ne dépend nullement de la vérité de l'interprétation, mais seulement des conditions de son émission et des possibilités de contestation : dès lors qu'une interprétation émane d'une autorité habilitée expressément ou non et qu'elle ne peut être contestée devant une autre autorité, elle s'impose et s'incorpore totalement au texte, qui ne peut être appliqué qu'avec le sens qui a été ainsi déterminé. Ce n'est donc pas le sens véritable qui permet de dire qu'une interprétation est vraie, c'est au contraire l'interprétation émanant d'un organe habilité qui permet de dire quel est le sens véritable » (M. Troper, La liberté d'interprétation du juge constitutionnel, in *Interprétation et Droit*, préc., p. 237).

Selon cette théorie, ce qui donne son sens et son effet à l'interprétation, c'est sa validité. Il importe donc de savoir, non pas si une interprétation est vraie, mais si elle est valide. En ce sens, l'interprétation valide de la constitution est donnée par l'exercice de la justice constitutionnelle.

B | LES CONTRAINTES QUI PÈSENT SUR LE JUGE CONSTITUTIONNEL

Mais doit-on considérer que la compétence qui revient à l'organe habilité à interpréter la constitution lui laisse toute liberté ? En d'autres termes, le juge constitutionnel n'est-il soumis qu'à sa propre volonté d'interprétation, ou est-il soumis à certaines contraintes ? La question est importante car elle comporte un sous-entendu qui est la marge de liberté que possède le juge. Peut-on dire, comme ceux qui critiquent la théorie réaliste de l'interprétation avec une certaine ironie, que la sentence rendue par le juge est le fruit de la qualité de son petit déjeuner (M. Troper, *ibid.*) ? ! Ce qui sous-entend le caractère arbitraire de l'interprétation. Or, le juge, en particulier le juge constitutionnel, est lié par un ensemble de contraintes.

Tout d'abord, la règle de droit qu'il est à même d'interpréter restreint de fait sa capacité d'interprétation au champ d'application de la règle de droit. Mais la détermination de ce champ peut parfois être soumise à l'appréciation du juge. Lorsque, par exemple, le Conseil constitutionnel fait une interprétation des articles 58 à 60 de la Constitution de 1958, lui conférant une compétence de contrôle des élections nationales et des référendums : tantôt, il interprète largement sa compétence en acceptant de contrôler les actes préparatoires aux élections législatives (C. const., 11 juin 1981, *Delmas*, *Rec.*, 97), tantôt il considère qu'il n'a pas à se prononcer sur les opérations préalables au référendum (C. const., 23 décembre 1960, *Rec.*, 67), alors que l'article 60 de la Constitution lui donne une compétence générale.

Ensuite, le juge doit nécessairement tenir compte de sa propre jurisprudence, même si c'est parfois pour la renverser. La contrainte de la jurisprudence antérieure limite le champ d'action et la liberté d'action du juge constitutionnel dont le souci est de construire un corpus jurisprudentiel qui permet de réduire peu à peu le risque de décisions aléatoires. Cette préoccupation se manifeste en particulier par la standardisation des décisions. L'utilisation des mêmes concepts, des mêmes mots, des mêmes formules, permet au juge de délivrer des règles de conduite futures aux destinataires de sa décision.

Mais on peut voir aussi dans ces concepts la manifestation d'une recherche de standards, de principes qui trouvent leur fondement dans une règle morale et dans la recherche générale de la justice et de l'équité, ce qui revient alors à une interprétation-connaissance (cf. Ph. Raynaud, La démocratie saisie par le droit, art. précité, p. 103 faisant référence à R. Dworkin, *Prendre les droits au sérieux*, préc., p. 79-87. V. aussi J.-F. Niort et G. Vannier, Sur la théorie du droit de Dworkin : de l'interprétation des principes à leur application aux cas difficiles, *Droits*, n° 19, p. 161 et s., spéc. p. 167-168). Mais sans aller jusque-là, le juge constitutionnel peut déduire de l'« esprit de la constitution » une interprétation conduisant à poser une règle de droit et une solution[1]. Plus largement

1. Expression employée par le Conseil constitutionnel dans sa décision n° 62-20 DC du 6 novembre 1962 (*Rec.*, 27) pour en déduire son incompétence à contrôler les lois référendaires.

encore, ceci lui permet d'aller jusqu'à créer une règle de droit constitutionnel, lorsque par exemple, le Conseil constitutionnel énonce que telle règle a la qualité d'un « principe fondamental reconnu par les lois de la République » (cf. M. Troper, Présentation au « Dossier R. Dworkin », *Droit et Société*, n° 1, 1985, p. 30). Ce qui renforce la signification de ce type d'interprétation, c'est que dans ce cas, le juge constitutionnel est le seul organe compétent pour créer ce type de règle.

« Ainsi, le Conseil constitutionnel est le seul à pouvoir conférer à une règle issue de la législation républicaine le caractère d'un PFRLR. Cette compétence normative est d'autant plus forte qu'il n'est pas indispensable que la "loi support" soit en vigueur pour que l'on puisse observer l'existence d'un PFRLR », A. Werner, Le Conseil constitutionnel et l'appropriation du pouvoir constituant, *Pouvoirs*, n° 67, 1993, p. 117 et s., spéc. p. 129. V. aussi J. Meunier, *Le pouvoir du Conseil constitutionnel. Essai d'analyse stratégique*, Bruylant-LGDJ, 1994.

Enfin, les contraintes institutionnelles, issues de l'équilibre constitutionnel des pouvoirs jouent évidemment un rôle important, même si elles sont qualifiées de « faibles », c'est-à-dire n'excluant pas des comportements excessifs (M. Troper, art. préc., p. 244). On doit y ajouter les contraintes d'opportunité politique, ou de préférences politiques du juge, mais on ne peut en déduire réellement des règles générales d'interprétation, tant ces critères sont datés, personnalisés et subjectifs (J. Meunier, *op. cit.*). Les exclure reviendrait cependant à une sorte d'angélisme constitutionnel et juridictionnel irréaliste.

II / Existe-t-il des sources supplétives du contrôle de constitutionnalité ?

Parmi les problèmes soulevés par la recherche des sources du droit en matière de contrôle de constitutionnalité, il faut poser la question de savoir si d'autres sources que la constitution — ou le bloc de constitutionnalité, pour reprendre l'acception large du droit constitutionnel français — peuvent être utilisées par la juridiction constitutionnelle (v. F. Moderne, Y a-t-il des sources complémentaires de la Constitution dans la jurisprudence constitutionnelle française ?, *LPA*, n° 121, 7 octobre 1992, p. 7 et s.). En effet, la fonction créatrice du juge constitutionnel ne s'exerce pas seulement en fonction d'une interprétation du texte constitutionnel, aussi large soit-elle, mais prend aussi sa source dans un mouvement général d'élaboration des droits fondamentaux, commun aux juridictions suprêmes de l'ordre interne et de l'ordre international. Cette tendance est particulièrement sensible dans le système juridique européen, celui de la Convention européenne des droits de l'homme et des libertés fondamentales, celui de l'Union européenne ainsi que dans celui de l'harmonisation des jurisprudences des Cours constitutionnelles européennes.

Sur tous ces points v. en particulier : J.-P. Jacqué, Communauté européenne et Convention européenne des droits de l'homme, *in* L.-Ed. Pettiti, E. Decaux, P.-H. Imbert, *La Convention européenne des droits de l'homme. Commentaire article par article*, Paris, Économica, 1995, p. 83-100 ; J. Rideau, La coexistence des systèmes de protection des droits fondamentaux dans la Communauté européenne et ses États membres, *AIJC*, 1991, p. 11-64 et *ibid.*, Cours constitutionnelles européennes et droits fondamentaux (nouveau bilan : 1981-1991), p. 69-357 ; J.-F. Flauss, Les droits de l'homme comme élément d'une constitution et de l'ordre européen, *LPA*, n° 52, 30 avril 1993, p. 8 et s. ; L. Favoreu (dir.), *Cours constitutionnelles européennes et droits fondamentaux*, Économica-PUAM, 1982 ; D. Rousseau et F. Sudre (dir.), *Conseil constitutionnel et Cour européenne des droits de l'homme*, éd. STH, 1990 ; plus généralement : C. Grewe et H. Ruiz Fabri, *Droits constitutionnels européens*, préc., spéc. p. 118 et s.

La première source supplétive du contrôle de constitutionnalité peut donc être trouvée dans des textes internationaux et conventions internationales qui comportent ou font référence à des droits fondamentaux, textes et conventions dont l'effet obligatoire en droit interne peut être extrêmement variable.

Mais ces sources supplétives peuvent aussi être recherchées dans des principes généraux communs au système juridique démocratique libéral et continental dans lequel évoluent ces cours constitutionnelles. C'est alors sur le mode de la convergence des concepts et des principes que se situe cette recherche. C'est dans ce deuxième mouvement que peuvent apparaître les influences du jusnaturalisme et de la supraconstitutionnalité.

A | LE DROIT INTERNATIONAL

Les sources internationales et européennes, textes ou conventions, peuvent d'abord être formellement intégrées à la constitution et servir directement de source de référence ou d'interprétation[1] en ayant une valeur

1. Comme c'est le cas par exemple dans la Constitution espagnole du 27 décembre 1978, article 10-2 : « Les normes relatives aux droits fondamentaux et aux libertés que reconnaît la Constitution seront interprétées conformément à la Déclaration universelle des droits de l'homme et aux traités et accords internationaux portant sur les mêmes matières ratifiées par l'Espagne. » Le Tribunal constitutionnel a précisé dans un arrêt n° 63/1991 du 14 février 1991 que cet article de la Constitution ne confère pas valeur

constitutionnelle et même parfois supérieure à la constitution (Constitution du Royaume des Pays-Bas du 17 février 1983, art. 90 et s. ; Constitution autrichienne, art. 50.3 ; application en fait par la Cour suprême de Norvège : v. les chroniques d'E. Smith in *AIJC* depuis 1986 et id. [dir.], *Les droits de l'homme dans le droit national en France et en Norvège*, Économica, 1990, spéc. T. Dolva, La portée des instruments internationaux de protection des droits de l'homme dans l'ordre juridique norvégien, p. 119-129). Elles peuvent aussi constituer une source de référence pour le juge constitutionnel sans nécessairement être intégrées dans le bloc de constitutionnalité (par exemple, art. 88-2 de la Constitution de la République tchèque du 16 décembre 1992 fixant les normes de référence de jugement de la Cour : « les juges à la Cour constitutionnelle, en statuant, ne sont liés que par les lois constitutionnelles mentionnées et les traités internationaux à l'article 10 » c'est-à-dire les traités ratifiés et promulgués relatifs aux droits de l'homme et aux libertés fondamentales, ayant primauté sur les lois).

En réalité, la question du caractère supplétif ou non des normes internationales pour le juge constitutionnel paraît en grande partie liée à la conception moniste ou dualiste que présentent les rapports entre l'ordre juridique interne et l'ordre juridique international. La conception dualiste étant celle d'une séparation entre les deux ordres, on pourrait penser que les droits fondamentaux inscrits dans l'ordre international n'ont pas d'influence sur l'ordre constitutionnel. A l'inverse, la conception moniste induit la supériorité de l'ordre international sur l'ordre constitutionnel et donc l'intégration des droits fondamentaux.

A cette première distinction, il faut ajouter celle du droit international conventionnel et du droit non conventionnel. Le droit international non conventionnel, c'est-à-dire la coutume et les principes généraux du droit international (par exemple la règle *Pacta sunt servanda*) peuvent être cités dans le texte constitutionnel, à titre de référence, mais sans pour autant constituer une norme de référence pour la juridiction constitutionnelle. Il s'agit plutôt alors d'un principe général d'acceptation par l'État de ces règles, comme c'est le cas en France (avec la première phrase de l'alinéa 14 du Préambule de 1946 : « La République française, fidèle à ses traditions, se conforme aux règles du droit public international », ce qui conduit le Conseil constitutionnel à ne pas remettre en cause, sous l'angle de la constitutionnalité, une règle de droit international régulièrement introduite dans l'ordre interne : C. const., n° 92-308 DC, 9 avril 1992, *Rec.*, 55, § 7. V. sur

constitutionnelle aux droits et libertés cités en référence mais oblige seulement à interpréter la Constitution en liaison avec les obligations internationales souscrites par l'Espagne, *AIJC*, 1991, p. 465-466.

ce point Th. S. Renoux et M. de Villiers, *Code constitutionnel*, Litec, 1994, p. 209-210).

Dans ce cas, les règles générales du droit international public ne peuvent servir de norme de référence explicite que si la constitution le prévoit expressément. Encore faut-il que le texte constitutionnel soit clair sur cette question. La question est donc moins de savoir si les règles du droit international général ont la primauté sur l'ordre juridique interne que de savoir à quelle type de normes s'applique cette primauté.

Mais même dans le cas où la valeur des règles du droit international non conventionnel est indiquée comme seulement supralégislative, le phénomène d'intégration par le juge national peut conduire à une réception au niveau constitutionnel comme c'est le cas avec l'article 25 de la Loi fondamentale de la RFA.

Art. 25 de la Loi fondamentale : « Les règles générales du droit international public font partie intégrante du droit fédéral. Elles priment les lois et créent directement des droits et des obligations pour les habitants du territoire fédéral. » L'interprétation dominante et autorisée de ce texte est que « le droit qui fait l'objet d'un renvoi à une autre norme juridique, ici dans la constitution, doive logiquement occuper le rang de la règle de renvoi. En conséquence les règles générales du droit international en Allemagne fédérale auraient valeur constitutionnelle », R. Herzog (président de la Cour constitutionnelle allemande), Rapport allemand à la VIIIe Conférence des Cours constitutionnelles européennes, Ankara, 7-10 mai 1990, *AIJC*, 1990, p. 22.

En ce qui concerne le droit international conventionnel, si on considère qu'il a une valeur supraconstitutionnelle ou constitutionnelle comme c'est le cas en Autriche ou aux Pays-Bas, ces règles n'ont pas une valeur supplétive ou complémentaire par rapport à la constitution, elles sont impératives et le juge constitutionnel doit les prendre en considération. Si on considère que ces règles ont une valeur supralégislative, comme le dit l'article 55 de la Constitution française de 1958, ou seulement législative (dans les pays où s'applique la doctrine dualiste : Danemark, Finlande, Norvège, Suisse, Italie, Royaume-Uni, Irlande. Cf. C. Grewe et H. Ruiz Fabri, *Droits constitutionnels européens*, préc., p. 109 et s.), elles ne devraient pas constituer des normes de référence même supplétives du juge constitutionnel.

Or, on constate qu'il existe un mouvement d'unification des jurisprudences constitutionnelles européennes, marqué fortement dans le domaine des droits fondamentaux, et qui subit l'influence et du droit conventionnel, en particulier celui de la Convention européenne des droits de l'homme et des libertés fondamentales et des Pactes des Nations Unies, et du droit non conventionnel, comme la Déclaration universelle des droits de l'homme de

1948. De ce point de vue, le caractère conventionnel ou non de la règle de droit international compte moins en définitive que les concepts de droit fondamental qu'elle contient. Ce que recherche le juge constitutionnel, c'est plus le contenu du droit à caractère fondamental que sa force impérative.

C'est en ce sens que le Conseil constitutionnel français envisage la fonction des normes internationales comme source d'interprétation des droits fondamentaux : « Bien que la Convention européenne des droits de l'homme ne fasse pas partie des normes de référence du contrôle de constitutionnalité des lois, il n'en existe pas moins des traits communs entre la jurisprudence des organes de la Convention (Commission et Cour européenne) et celle du Conseil constitutionnel. Il y a une grande parenté des techniques d'interprétation et de contrôle et plus encore un même attachement à des valeurs communes », Rapport français à la VIIIe Conférence des Cours constitutionnelles européennes, Ankara, 7-10 mai 1990, *AIJC*, 1990, p. 133 et s., spéc. p. 150. Un auteur invoque les identités « matérielle » et « fonctionnelle » de la Constitution française et de la Convention européenne des droits de l'homme, D. Rousseau, Vers un ordre juridictionnel européen des droits et libertés, in *Conseil constitutionnel et Cour européenne des droits de l'homme*, préc., p. 117 et s., spéc. p. 130 et s. V. plus généralement : J. Rideau, La coexistence des systèmes de protection des droits fondamentaux dans la Communauté européenne et ses États membres, préc. ; L. Favoreu, La protection juridictionnelle des droits de l'homme (au niveau interne et international), in *Le nouveau droit constitutionnel*, Fribourg (Suisse), 1991, p. 171 et s. ; J.-F. Flauss, Les droits de l'homme comme élément d'une constitution et de l'ordre européen, art. préc.

En réalité, le juge exprime là sa souveraineté juridique en reprenant à son compte la règle qui lui convient pour exprimer un droit fondamental. Procédant ainsi à une sorte d'« alchimie juridique », il trouve le concept avant la règle de droit. Et dans le cas où la constitution reprend en son sein le droit fondamental déjà énoncé par le droit international, le juge constitutionnel en vient à appliquer la règle de droit international, même si celle-ci n'a pas, pour lui, valeur impérative. C'est dans sa fonction même que le juge constitutionnel trouve la légitimité d'application de la règle internationale. Dans le domaine des droits fondamentaux, la règle internationale vaut donc autant comme règle d'application directe, lorsque la constitution le prévoit, que comme règle supplétive, dans tous les autres cas.

B | DES PRINCIPES GÉNÉRAUX COMMUNS ?

La question des sources supplétives du contrôle de constitutionnalité ne se limite pas au champ du droit international. Il faut également vérifier si le juge constitutionnel ne fait pas appel à des principes généraux dont il serait susceptible de se servir lorsque le texte de la constitution ne lui fournit pas de source opératoire. Que faut-il comprendre par principe général ? Il s'agit de principes que le juge tire de l'ensemble du corpus juridique national et au besoin international, sans nécessairement chercher un rattachement à un texte précis, à l'exemple de la Cour de justice des Communautés européennes qui tire des « traditions constitutionnelles communes aux États membres » des principes généraux du droit communautaire. A titre d'illustration en contentieux constitutionnel, il faut rappeler que le Conseil constitutionnel a pu être tenté d'aller dans ce sens à une certaine époque en ne rattachant pas, explicitement du moins, certains principes généraux à valeur constitutionnelle à un texte précis.

Jurisprudence dégageant le principe de continuité du service public : C. const., n° 79-105 DC, 25 juillet 1979, *Rec.*, 33 ; n° 86-217 DC, 18 septembre 1986, *Rec.*, 141 ; n° 87-230 DC, 28 juillet 1987, *Rec.*, 18, ce que le Conseil lui-même reconnaît sans rattachement à un texte, Rapport français à la VIIIe Conférence des Cours constitutionnelles européennes, préc., *AIJC*, 1990, p. 138. La continuité du service public est aussi utilisée par la Cour constitutionnelle italienne comme « principe supérieur », v. sentence n° 29/1987, B. Caravita, Principes suprêmes, principes supraconstitutionnels ou principes communs ?, 15es Journées juridiques franco-italiennes de la Société de législation comparée, Rennes, 7-10 octobre 1993, *Journées de la Société de législation comparée*, 1993, p. 443 et s., spéc. p. 445.

Mais il faut reconnaître aussi que le juge constitutionnel reste très prudent dans l'utilisation de sources qui seraient non écrites ou écrites « ailleurs » que dans la constitution, parce que l'emploi trop fréquent de sources « externes » à la constitution fait renaître immédiatement la querelle de la légitimité du juge pour énoncer de tels principes qualifiés d'« insaisissables » (D. Lochak, Le Conseil constitutionnel, protecteur des libertés ?, *Pouvoirs*, n° 13, éd. 1991, p. 43).

Pourtant, le constat doit être fait que le juge constitutionnel n'est pas seulement la « bouche de la Constitution », parce que l'interprétation qu'il en donne, en tant que norme générale, est nécessairement plus créatrice. Il utilise alors une démarche soit synthétique de différents principes pour en énoncer un nouveau[1], soit de véritable recherche parce qu'il va chercher dans les droits fondamentaux « externes » à l'ordre juridique positif des règles de jugement. Selon les Cours constitutionnelles, différentes méthodes sont ainsi utilisées pour effectuer ce travail d'interprétation. Ainsi la Cour constitutionnelle italienne utilise, selon les termes de son président,

1. Comme le principe de sauvegarde de la dignité de la personne humaine, tiré par le Conseil constitutionnel de la première phrase du Préambule de la Constitution de 1946 : C. const., n° 94-343/344 DC, 27 juillet 1994, *Rec.*, 100. Sur un autre plan, c'est la méthode employée pour reconnaître un principe fondamental reconnu par les lois de la République.

une méthode « historico-évolutive » cherchant à ne pas couper le droit de la vie réelle, en l'adaptant aux changements sociaux (Rapport italien à la VIIIe Conférence des Cours constitutionnelles européennes, La hiérarchie des normes constitutionnelles et sa fonction dans la protection des droits fondamentaux, *AIJC*, 1990, p. 161 et s. ; M.-C. Ponthoreau, *La reconnaissance des droits non écrits par les Cours constitutionnelles italienne et française. Essai sur le pouvoir créateur du juge constitutionnel*, Économica-PUAM, 1994, p. 98 et s. Sur le développement général des droits fondamentaux non écrits v. C. Grewe et H. Ruiz Fabri, *op. cit.*, nº 123), méthode qui s'ajoute à la conception dite de la « liste ouverte » des droits fondamentaux, issue de l'interprétation large de l'article 2 de la Constitution italienne[1]. Ainsi encore les Cours constitutionnelles allemande et italienne utilisent aussi une méthode « systématique » prenant en considération la cohérence générale du système juridique dans lequel s'inscrit l'action de la juridiction constitutionnelle en tentant de préserver l'unité de l'ordre juridique.

La Cour constitutionnelle allemande a exprimé cette exigence dans un arrêt célèbre du 23 octobre 1951 (*BVerfGE*, 1, 14 [32 s.]) : « Une disposition particulière de la Constitution ne peut pas être considérée isolément, ni être interprétée uniquement à partir d'elle-même. Elle forme un contexte de sens, avec les autres dispositions de la constitution, qui représente une unité interne. Il résulte du contenu d'ensemble de la Constitution certains principes et décisions fondamentales auxquels sont subordonnées chacune des dispositions constitutionnelles… Il s'ensuit que toute disposition constitutionnelle doit être interprétée de telle sorte qu'elle soit compatible avec ces principes constitutionnels élémentaires et décisions fondamentales du constituant », cité par O. Jouanjan, *Le principe d'égalité devant la loi en droit allemand*, Économica-PUAM, 1992, p. 190. La Cour italienne utilise aussi la méthode systématique, dès une décision de 1957 (sentence 121/1957, *Giuris. cost.*, 1957, p. 1092 et s.) : « … les dispositions constitutionnelles ne sont pas considérées d'une manière isolée, mais au contraire en rapport les unes avec les autres, afin d'en retirer l'esprit qui constitue la constitution et selon lequel elle doit être interprétée », cité par M.-C. Ponthoreau, *op. cit.*, p. 99, note 58. Cette conception n'est pas sans rapport avec la doctrine du « droit vivant » ; v. G. Zagrebelsky, La doctrine du droit vivant, *AIJC*, 1986, p. 55 et s.

On peut voir évidemment dans cette recherche une démarche transcendantale, plongeant ses racines dans le jusnaturalisme, mais qu'il faut plus assimiler à une « réception » d'un droit naturel préexistant par le droit positif qu'à une pure création par le juge (G. Vedel, Le Conseil constitutionnel, gardien du droit positif ou défenseur de la transcendance des droits

1. Art. 2 de la Constitution italienne du 27 décembre 1947 : « La République reconnaît et garantit les droits inviolables de l'homme, aussi bien en tant qu'individu que dans les formations sociales où s'exerce sa personnalité, et exige l'accomplissement des devoirs imprescriptibles de solidarité politique, économique et sociale. » Sur la question de la liste ouverte v. M.-C. Ponthoreau, *op. cit.*, p. 88 et s. ; id., l'article 2 de la Constitution italienne et la concrétisation de droits non écrits, *AIJC*, 1989, p. 97 et s.

de l'homme, art. préc., p. 157 ; D. Rousseau, *Droit du contentieux constitutionnel*, Paris, Montchrestien, 4e éd., 1995, p. 410-412 ; id., *La justice constitutionnelle en Europe*, Montchrestien, coll. « Clefs », 1992, p. 34 et s.). On ne peut *a priori* rejeter en tant que telle cette démarche qui est comparable à celle du juge ordinaire lorsqu'il fait par exemple appel à l'équité.

Cette recherche interne et externe va conduire le juge constitutionnel à des principes de philosophie politique qui sont ceux de la démocratie libérale, tant pour le modèle américain que pour le modèle européen, dont ce qu'on appelle les « droits fondamentaux » sont l'expression juridique. Le juge est alors amené à faire un amalgame conceptuel entre les normes internationales qui contiennent des droits fondamentaux (Déclarations universelles, Pactes internationaux, Convention européenne des droits de l'homme), d'autant plus si celles-ci sont convergentes[1], les principes politiques nationaux posant les règles fondamentales de fonctionnement de l'État et du droit[2], certaines règles comprises, par le sens commun, comme constituant les fondements tant de l'ordre juridique que de l'ordre social, à tel point que le juge constitutionnel reconnaît leur intangibilité.

Comme c'est le cas en Italie avec la sentence n° 1146/1988 qui parle de « principes suprêmes » c'est-à-dire ceux « dont la Constitution elle-même prévoit explicitement qu'ils forment une limite absolue au pouvoir de révision constitutionnelle, telle que la forme républicaine (article 139 de la Constitution), que les principes qui, tout en n'étant pas expressément mentionnés parmi ceux qui ne sont pas soumis à la procédure de révision constitutionnelle, font partie des valeurs supérieures sur lesquelles se fonde la Constitution italienne », cité par B. Caravita, art. préc., p. 444. V. aussi : R. Ricci, *Le procès constitutionnel en Italie. L'élaboration d'un droit processuel constitutionnel*, Économica-PUAM, 1996, p. 67-68 ; *AIJC*, 1990, p. 170. Moins clairement, le Conseil constitutionnel a suivi la

1. C'est cette convergence normative entre l'Union européenne et le droit de la Convention européenne des droits de l'homme qui est recherchée par l'article F du traité de Maastricht. B. Caravita dit « qu'ils représentent le précipité normatif d'une expérience et d'une réflexion communes des ordres civils et démocratiques et en constituent une première base sur laquelle les ordres peuvent se fonder », art. préc., p. 448. La Cour européenne des droits de l'homme utilise le concept de « dénominateur commun des droits nationaux » dans plusieurs arrêts : arrêt *Marckx* du 13 juin 1979 (assimilation de la filiation naturelle à la filiation légitime), arrêt *Rasmussen* du 28 novembre 1984 (action en contestation de paternité), même si le renvoi au dénominateur commun des droits nationaux n'est qu'accessoire, O. Jacot-Guillarmod, Règles, méthodes et principes d'interprétation dans la jurisprudence de la Cour européenne des droits de l'homme, *in* L.-Ed. Pettiti, E. Decaux, P.-H. Imbert, *La Convention européenne des droits de l'homme*, préc., p. 41 et s., spéc. p. 52.

2. Il faut ainsi comprendre l'article 2 de la Déclaration de 1789 : « Le but de toute association politique est la conservation des droits naturels et imprescriptibles de l'homme. Ces droits sont la liberté, la propriété, la sûreté et la résistance à l'oppression. » Sur ce point v. D. Rousseau, *op. cit.*, p. 411 ; A. Moyrand, Commentaire de l'article 2 de la Déclaration, in *La Déclaration des droits de l'homme et du citoyen*, Paris, Économica, 1993, p. 77 et s. Ainsi peut-on comprendre également l'article 1er de la Loi fondamentale de la RFA.

même voie dans sa décision n° 93-312 DC du 2 septembre 1992, *Rec.*, 76. V. *GDCC*, 9e éd., Paris, Dalloz, n° 45. Cette question se rattache évidemment à celle de la supraconstitutionnalité. V. *infra*, titre III, chapitres II et V.

Il n'est pas déplacé de parler alors de « principes suprêmes ou supérieurs », de « valeurs communes », tels que la primauté de la personne humaine, le pluralisme, la démocratie. Le caractère suprême de ces principes tient moins à leur contenu exact, qui peut être différent, dans une certaine mesure, selon les normes et leurs applications jurisprudentielles, que parce qu'ils forment la nature même de l'ordre juridique considéré, en ce sens que si on en modifiait profondément l'étendue ou le contenu, on changerait d'ordre juridique. Peu importe, à ce titre, qu'il s'agisse de l'ordre juridique national ou des ordres juridiques européens ou internationaux, justement ils se rejoignent au sein de la catégorie des droits fondamentaux. Si donc les juridictions constitutionnelles utilisent ce droit supplétif externe, il est en cohérence grandissante avec le droit national, quel que soit son fondement, dans l'ordre juridique international ou européen, ou dans des normes transcendantales tirées d'une philosophie politique.

SECTION 2
Contrôle de constitutionnalité et démocratie

La légitimation de la juridiction constitutionnelle passe nécessairement par une confrontation avec les exigences de la démocratie. D'une façon générale, cette confrontation est celle de la souveraineté et du contrôle de constitutionnalité, qui s'exprime selon une alternative simple : soit le contrôle de constitutionnalité exprime l'état contemporain de la souveraineté et il est alors légitime, soit il n'est pas admissible parce qu'il est contraire au principe même de la souveraineté.

Ce qu'exprime un peu différemment mais avec limpidité M. Troper : « On paraît être en présence d'un choix simple : ou bien l'on considère que le peuple est souverain, ce qui signifie qu'il dispose d'un pouvoir sans limite, qu'il peut exercer dans n'importe quelle forme et cela exclut évidemment tout contrôle de constitutionnalité ; ou bien on estime au contraire que le pouvoir du peuple ne doit pas pouvoir s'exercer sans limite, qu'il doit respecter au moins les formes constitutionnelles, les droits de l'homme et les libertés fondamentales, et que la justice constitutionnelle est le moyen d'assurer ce respect, mais on ne peut alors prétendre en même temps que ce peuple est souverain », Justice constitutionnelle et démocratie, *RFDC*, n° 1, 1990, p. 31.

Cette confrontation prend plusieurs formes : elle se manifeste d'une part par la confrontation entre contrôle de constitutionnalité et pouvoir législatif (I), d'autre part dans une confrontation avec le pouvoir exécutif (II), enfin par l'analyse de la fonction politique des juridictions constitutionnelles (III).

Mais il faut souligner en préalable que trois variables sont susceptibles de modifier cette confrontation, soit pour l'accentuer, soit pour en réduire les effets. Il s'agit d'abord de savoir de quel type de démocratie on parle. Pour la quasi-totalité des pays connaissant un système de justice constitutionnelle, on est en présence d'une démocratie représentative dans laquelle la doctrine de l'État de droit et de la démocratie constitutionnelle est proclamée ou au moins acceptée. Ce visage de la démocratie confère déjà une forte légitimité à la justice constitutionnelle puisqu'elle s'insère naturellement dans ces doctrines. Et la forme de justice constitutionnelle importe peu à cet égard, qu'il s'agisse d'un contrôle diffus ou d'un contrôle concentré ; c'est l'existence d'un pourvoi en inconstitutionnalité qui importe (cf. F. A. Hayek, *La Constitution de la liberté*, trad. fr., Paris, Litec, 1994, p. 177 et références citées ; C. J. Friedrich, *La démocratie constitutionnelle*, trad. fr., Paris, PUF, 1958).

La deuxième variable concerne la fonction même du juge constitutionnel et sa compétence. Selon qu'on est en présence ou non d'une clause générale de compétence donnée au juge constitutionnel, la question de sa légitimité se fera plus ou moins aiguë.

Enfin, les considérations historiques ont parfois une influence déterminante pour légitimer le contrôle de constitutionnalité, comme en Allemagne, en Italie ou en Espagne, ou pour en contester le bien-fondé, comme en Angleterre et en France avant 1946 (elles sont bien connues : la lutte contre les totalitarismes, le poids de la tradition et du système juridiques, en particulier. Ces justifications générales sont aussi présentées par la doctrine : v. par exemple L. Favoreu, La légitimité du juge constitutionnel, *RIDC*, 1994, p. 557 et s. ; M. Cappelletti, Un problème majeur : contrôle juridictionnel des lois et principe de démocratie. Étude de droit comparé, *Le pouvoir des juges*, Économica-PUAM, 1990, p. 215-248).

I / Contrôle de constitutionnalité et pouvoir législatif

La question de la compatibilité entre l'existence d'un contrôle de constitutionnalité et l'exercice du pouvoir législatif renvoie à celle de la souveraineté : la juridiction constitutionnelle dépossède-t-elle le Parlement de sa souveraineté ? Différents arguments s'opposent dans un sens ou un autre.

Le premier argument opposé à l'existence même du contrôle de constitutionnalité concerne la fonction législative dont le contrôle de constitutionnalité viendrait troubler l'exercice, en limitant les possibilités d'action du législateur et parfois en le censurant. Cet argument est évidemment fondé sur la légitimité absolue du pouvoir législatif qui ne doit en aucune manière voir sa volonté contredite par quelque autorité que ce soit. La réponse tient en plusieurs points.

A | CONTRÔLE DE CONSTITUTIONNALITÉ, SYSTÈME DÉMOCRATIQUE ET MINORITÉ PARLEMENTAIRE

On peut dire d'abord que le contrôle de constitutionnalité, dans son ensemble et pas seulement celui de la loi, préserve le fonctionnement de la démocratie en permettant à la minorité parlementaire de s'exprimer et de contester devant le juge constitutionnel une décision de la majorité parlementaire (ce que M. Troper appelle une « justification instrumentale » lorsqu'il présente l'idée selon laquelle « la justice constitutionnelle exerce une fonction nécessaire au maintien du système démocratique », art. précité, p. 33). Cette contestation potentielle est d'autant plus nécessaire que le régime constitutionnel conduit à des majorités stables et à un parlementarisme rationalisé, comme en France et en Allemagne, ayant pour conséquence un véritable « bloc gouvernement-majorité parlementaire » (L. Favoreu, De la démocratie à l'État de droit, *Le débat*, n° 64, 1991, p. 158 et s., spéc. p. 160). Dans un système de parlementarisme rationalisé, le juge constitutionnel en vient à être le défenseur de la minorité parlementaire quand celle-ci peut le saisir. C'est ainsi le cas en France depuis la loi constitutionnelle du 29 octobre 1974 qui a permis la saisine du Conseil constitutionnel par soixante députés ou soixante sénateurs. Il participe d'une certaine façon à l'équilibre des pouvoirs, peut être qualifié de « contrepoids »[1]. A cet égard, la saisine de la juridiction constitutionnelle par les parlementaires est un mécanisme de reconnaissance et de légitimation de celle-ci.

Mais la juridiction constitutionnelle n'agit pas seulement au bénéfice de la minorité parlementaire, elle exerce aussi une fonction qui peut être largement favorable à l'institution parlementaire sans considération alors de majorité ou de minorité. D'abord parce que dans un système de parlementarisme rationalisé, le contrôle de constitutionnalité devient beaucoup plus un contrôle de l'action gouvernementale, largement conductrice du processus législatif, que du Parlement en tant qu'institution autonome (v. pour le Conseil constitutionnel : B. Genevois, *Pouvoirs*, n° 49, 1989, p. 47 et s.). Une décision du juge constitutionnel a plus d'effet politique à l'égard du gouvernement qu'à l'égard du Parlement. Ensuite parce que le juge constitutionnel peut être plus un défenseur des compétences législatives — parfois contre le Parlement lui-même ! — qu'un censeur, la jurisprudence française de l'« incompétence négative » le prouve aisément.

Sur l'incompétence négative v. : F. Priet, L'incompétence négative du législateur, *RFDC*, n° 17, 1994, p. 59 et s. ; G. Schmitter, L'incompétence négative du législateur et des autorités administratives, *AIJC*, 1989, p. 137 et s. ; V° *Incompétence négative* par Th. S. Renoux, *in* O. Duhamel et Y. Mény (dir.), *Dictionnaire constitutionnel*, Paris, PUF, 1992.

Le deuxième argument en réponse est de dire que le contrôle de constitutionnalité contribue à l'équilibre entre les institutions démocratiques, pas seulement lorsqu'il assure une fonction d'arbitrage mais aussi par l'existence même du contrôle de constitutionnalité de la loi. La juridiction constitutionnelle assure un équilibre des compétences entre les différents organes de l'État, en fixant à chacun l'étendue et les limites de sa compétence constitutionnelle. C'est ce qu'exprime très clairement le Conseil constitutionnel quand il dit en 1985 que « la loi n'exprime la volonté générale que dans le respect de la Constitution » :

C. const., n° 85-197 DC, 23 août 1985, *Évolution de la Nouvelle-Calédonie*, *Rec.*, 70, § 27, qu'il faut citer : « Considérant donc que la procédure législative utilisée pour mettre en conformité avec la Constitution la disposition déclarée non conforme à celle-ci par le Conseil constitutionnel... a répondu aux exigences du contrôle de constitutionnalité dont l'un des

1. « Il y a une sorte de logique institutionnelle qui aboutit à faire naître ou se développer une institution par réaction contre la trop grande puissance d'une autre institution », L. Favoreu, La légitimité du juge constitutionnel, précité, p. 559. V. aussi D. Rousseau, *Droit du contentieux constitutionnel*, 4e éd., Paris, Montchrestien, 1995, p. 412.

buts est de permettre à la loi votée, qui n'exprime la volonté générale que dans le respect de la Constitution, d'être sans retard amendée à cette fin. » C'est ce que M. Troper présente comme une « objection procédurale », art. préc., p. 33 : « Décider qu'une loi ne peut être promulguée parce qu'elle est contraire à la Constitution, ce n'est donc pas s'opposer à la volonté générale. Ainsi, contrôler la conformité à la Constitution, c'est vérifier que la loi est bien l'expression de la volonté générale. Le contrôle de constitutionnalité n'est pas un frein, ni un correctif à la démocratie, mais son instrument nécessaire. »

D. Rousseau a une vision encore plus large de cette conception en déclarant que « le contrôle de constitutionnalité des lois est légitime parce qu'il produit une définition de la démocratie qui le légitime » (*op. cit.*, p. 416). Si la démocratie s'exprime par le respect nécessaire des droits et libertés énoncés par la constitution, l'action de la juridiction constitutionnelle participe à la construction de la démocratie, dès lors qualifiée de démocratie constitutionnelle. Le juge constitutionnel est l'un des acteurs d'un « régime d'énonciation concurrentielle des normes » (id., *ibid.*, p. 417), entre le gouvernement, le Parlement et la juridiction constitutionnelle.

A cette présentation se rattache celle de la juridiction constitutionnelle définie comme un véritable participant à la création de la norme législative. Cette conception peut prendre deux formes qui paraissent opposées mais qui en réalité se rejoignent. L'action du juge constitutionnel peut être considérée d'abord comme celle d'un co-législateur, constatation faite par M. Troper en s'appuyant sur Eisenmann : « est auteur ou co-auteur d'un acte, toute autorité qui participe de manière décisionnelle au processus d'édiction de l'acte, autrement dit toute autorité dont le consentement est indispensable à la formation de l'acte ». Ainsi, continue M. Troper, « tous ceux qui peuvent s'opposer à l'édiction de l'acte sont co-auteurs » (art. précité, p. 37-38). C'est bien le cas de la juridiction constitutionnelle lorsqu'elle rend une décision de non-conformité à la constitution. Mais on peut aller plus loin en disant que l'ensemble des contraintes posées par la juridiction constitutionnelle comme par exemple sa jurisprudence antérieure et la nécessaire prise en considération de celle-ci lors de la préparation et de la discussion d'un texte de loi font partie de cette œuvre de co-législateur (D. Rousseau, *op. cit.*, p. 418). Une expression minimale de cette position est celle de la collaboration entre la juridiction constitutionnelle et le Parlement, celle d'une « gestion participative de la production normative » (v. notre thèse *L'exécution des décisions du Conseil constitutionnel*, préc., p. 195-196 et 328), l'action du juge constitutionnel étant alors comprise comme l'un des éléments du processus de confection de la loi et non comme une action contre la loi.

La deuxième forme de participation est celle présentée par Kelsen, définissant le juge constitutionnel comme un législateur négatif, en ce sens que le pouvoir d'annulation d'une loi revient à exercer une fonction législative négative :

« Annuler une loi, c'est poser une norme générale ; car l'annulation d'une loi a le même caractère de généralité que sa confection, n'étant pour ainsi dire que la confection avec un signe négatif, donc elle-même une fonction législative. Et un tribunal qui a le pouvoir d'annuler les lois est par conséquent un organe du pouvoir législatif », H. Kelsen, La garantie juridictionnelle de la Constitution (la Justice constitutionnelle), *RDP*, 1928, p. 197 et s., spéc. p. 224-225 ; id., *Théorie pure du droit*, préc., p. 334 et s.

Même si Kelsen ne fait pas dans ce cas de distinction quant au moment où s'exerce le contrôle de constitutionnalité pour présenter sa position, il est évident que cette fonction de co-législation « positive », « négative » ou « collaborationniste » s'exerce avec plus d'efficacité et de contrainte dans le contrôle de type *a priori*. La participation au processus de confection de la loi est alors bien identifiable (v. notre thèse, *op. cit.*, p. 87 et s. ; L. Favoreu, art. préc., *RIDC*, 1994, p. 561 et s.).

On peut donc dire que sous différents aspects, l'action de la juridiction constitutionnelle se combine avec celle du pouvoir législatif, sans que la question de la conciliation avec le principe du pouvoir souverain du Parlement soit ressentie de façon négative.

B | DÉSIGNATION ET COMPOSITION DES JURIDICTIONS CONSTITUTIONNELLES AU REGARD DES PRINCIPES DE LA REPRÉSENTATION

Il s'agit là encore d'une question classique dans le discours de dénonciation de la légitimité de la juridiction constitutionnelle : les modes de désignation et de composition de ces juridictions seraient contraires à la démocratie et aux principes de la représentation. On pourrait en rester là et considérer que la juridiction constitutionnelle n'est pas légitime. On ne souscrit pas à cette appréciation car la réalité montre qu'à divers titres, les autorités politiques interviennent de façon décisive dans la désignation et la composition des juridictions constitutionnelles. On peut tout d'abord rappeler que c'est le plus souvent la constitution, issue du souverain, qui fixe cette composition et ces modes de désignation, ce qui pourrait suffire à légitimer l'institution et les personnes qui la composent. Mais il faut aussi faire remarquer, après d'autres auteurs (L. Favoreu, art. préc., p. 570 et s. ;

M. Cappelletti, *op. cit.* ; Table ronde consacrée aux juges constitutionnels, *AIJC*, 1988, p. 80-227), l'importance de l'intervention des autorités politiques dans la nomination des juges constitutionnels, qu'il s'agisse des plus autorités exécutives ou législatives comme en France et en Autriche ou du Parlement lui-même comme en Allemagne et en Italie par exemple, appliquant ou non un principe de majorité qualifiée pour la désignation ou encore un principe de proportion représentant les diverses tendances du Parlement ou certaines communautés raciales, linguistiques ou culturelles au sein de la juridiction constitutionnelle. Tout est alors question de choix politiques et de dosages savants qui appartiennent au seul monde politique. Ainsi que le dit justement L. Favoreu « ces diverses préoccupations — de nature politique ou autre — ne font que traduire le souci de rendre adaptable ou crédible la juridiction constitutionnelle chargée d'imposer son interprétation de la constitution aux gouvernants : la légitimité de la justice constitutionnelle est fonction de son acceptation par ceux qu'elle va contrôler et aussi par l'opinion » (art. préc., p. 573 ; v. aussi id., *Le débat*, nº 64, 1991, p. 160). S'ajoutent à ces éléments ceux du « bon profil » personnel des juges constitutionnels, qui renforce leur légitimité (id., *ibid.*, p. 574 qui fixe six paramètres : âge, sexe, qualification professionnelle ou universitaire, sensibilité politique, appartenance à une communauté linguistique ou religieuse ou ethnique, antécédents personnels, auxquels il faut ajouter la nécessité de combiner entre ces juges ces différents critères pour assurer pluralisme, représentativité, et complémentarité au sein de la juridiction constitutionnelle).

II / Contrôle de constitutionnalité et pouvoir exécutif

Les rapports entre le juge constitutionnel et le pouvoir exécutif sont d'une tout autre dimension que ceux existant avec le pouvoir législatif. A l'égard de l'exécutif, la question de la légitimité de la juridiction constitutionnelle est à la fois plus radicale et plus apaisée. Elle concerne d'abord le partage de légitimité dans l'interprétation de la constitution qui peut exister entre les deux autorités, et elle se vérifie lors de l'exercice même du contrôle de constitutionnalité.

A | LE PARTAGE DE LÉGITIMITÉ ENTRE L'EXÉCUTIF ET LE JUGE CONSTITUTIONNEL DANS L'INTERPRÉTATION DE LA CONSTITUTION

La recherche de l'interprète légitime de la constitution ne conduit pas nécessairement à se tourner vers la juridiction constitutionnelle. Si son pouvoir d'interpréter la constitution est intrinsèque, ceci ne veut pas nécessairement dire qu'il est exclusif. Le chef de l'Exécutif, c'est-à-dire le plus souvent le chef de l'État, peut posséder un pouvoir d'interprétation de la constitution, que celle-ci a pu explicitement lui confier. Ainsi, lorsque l'article 5 de la Constitution de 1958 énonce que « le président de la République veille au respect de la Constitution », il faut y voir une compétence présidentielle générale lui ouvrant largement les portes de l'interprétation, ce qui correspond à la prééminence de la fonction voulue et réalisée par le fondateur de la Ve République. Cette compétence générale s'accompagne souvent d'une fonction d'arbitrage entre les pouvoirs publics, ainsi que de garant de l'unité de l'État et du fonctionnement régulier des pouvoirs publics (comme en Espagne, art. 56.1, ou au Portugal, art. 123), faisant du chef de l'État le gardien de la constitution, au sens où on l'entendait sous la Constitution de Weimar (v. C. Schmitt, *Der Hüter der Verfassung*, Tübingen, 1931). Mais la portée de telles dispositions constitutionnelles à caractère général ne valent que par l'usage qu'on en fait. C'est donc dans la pratique de l'interprétation que le chef de l'État va rencontrer les autres interprètes de la constitution, et donc la juridiction constitutionnelle (v. Th. S. Renoux et M. de Villiers, *Code constitutionnel*, précité, commentaire de l'article 5, p. 242 ; R. Romi, Le président de la République, interprète de la Constitution, *RDP*, 1987, p. 1265 et s. ; Ph. Ardant, L'article 5 et la fonction présidentielle, *Pouvoirs*, n° 41, 1987, p. 37 et s.). C'est l'action du juge constitutionnel qui fixe en définitive les limites de l'interprétation générale de la constitution faite par l'exécutif. La légitimité des interprétations dégagées par le juge ou le chef d'État s'appuie pour l'un sur l'exercice même de la fonction juridictionnelle alors que pour l'autre ce pourra être la légitimité de sa désignation ou de son élection qui lui confère la puissance d'interprétation.

Cette confrontation ne concerne d'ailleurs pas que le chef de l'État mais le pouvoir exécutif dans son ensemble, c'est-à-dire aussi le gouvernement. Mais à l'égard de la juridiction constitutionnelle, cette confrontation est plus facilement marquée par un rapport de forces parce que l'action du juge constitutionnel, lorsqu'elle se manifeste par la censure d'un texte, s'oppose directement à l'action gouvernementale.

La réduction de ce conflit de légitimité passe, en toute logique constitutionnelle, par le recours au constituant. L'exécutif possède une arme redoutable à l'égard du juge constitutionnel qui est celle de la révision de la constitution. Certes, cette arme est partagée avec le pouvoir législatif et elle se détache de l'exécutif dans son accomplissement puisque le constituant n'est évidemment pas sous l'emprise de l'exécutif. Mais ce dernier peut pratiquer le bris de jurisprudence constitutionnelle par le déclenchement de cette arme absolue qu'est la révision. De ce fait, le pouvoir exécutif possède indirectement un moyen de légitimation en ouvrant les voies de la révision qui peuvent lui permettre de faire confirmer son interprétation de façon incontestable.

B | LES RAPPORTS DU POUVOIR EXÉCUTIF ET DU JUGE CONSTITUTIONNEL DANS L'EXERCICE DU CONTRÔLE DE CONSTITUTIONNALITÉ

Ces rapports se placent à deux moments du contrôle de constitutionnalité. Ils concernent d'une part la négociation constitutionnelle qui s'instaure avant la décision du juge constitutionnel, d'autre part l'action qui suit la décision de constitutionnalité pour en assurer l'exécution. L'implication du pouvoir exécutif n'est évidemment pas la même selon qu'il s'agit d'un contrôle *a priori* ou *a posteriori*. Dans le contrôle *a posteriori*, le pouvoir exécutif demeure en retrait sauf s'il existe des procédures particulières permettant à la Cour constitutionnelle d'agir envers l'administration par une procédure d'injonction comme dans le système américain. Dans le contrôle *a priori* le pouvoir exécutif est directement impliqué dans l'exercice de l'opération de contrôle de constitutionnalité.

Lorsque le juge constitutionnel est saisi d'une loi afin d'en vérifier la conformité à la constitution, le pouvoir exécutif peut être amené, comme c'est le cas en France, à assurer la défense du texte de loi directement devant la juridiction constitutionnelle. Ces contacts établis, il peut alors s'engager entre la cour et le gouvernement une véritable négociation constitutionnelle destinée à prévenir les effets d'une censure de la loi par le juge constitutionnel, en particulier au moyen de la technique des réserves d'interprétation qui peuvent être suggérées au juge constitutionnel afin d'éviter ainsi une déclaration d'inconstitutionnalité aux effets politiques toujours négatifs. On peut retrouver ici, sous une forme un peu différente, une tendance à la « contractualisation », c'est-à-dire à un accord même implicite sur la décision de constitutionnalité, comme cela se produit en Italie entre l'exécutif et le législatif (G. Zagrebelsky cité par L. Favoreu, La légitimité du juge constitutionnel, art. préc., p. 560). Mais cette influence de la juridiction constitutionnelle sur l'action gouvernementale peut jouer à toutes les étapes de la confection des textes législatifs dans lesquels le gouvernement est susceptible d'être engagé (O. Schrameck, L'influence de la jurisprudence du Conseil constitutionnel sur l'action gouvernementale, *La légitimité de la jurisprudence du Conseil constitutionnel*, colloque de Rennes des 20 et 21 septembre 1996, Économica, 1998).

Une fois la décision rendue, l'exécutif intervient à nouveau pour assurer l'exécution de la décision à divers titres. Le premier est celui de l'exercice de la compétence de promulgation du texte de loi qui vient d'être soumis au contrôle de constitutionnalité. Cette compétence appartient au chef de l'État qui agit ici comme une véritable « clé » de l'exécution. Le gouvernement doit aussi nécessairement prendre en considération la décision de la juridiction constitutionnelle dans l'exercice du pouvoir réglementaire en exécution de la loi. Mais le contrôle de constitutionnalité se rapprochera d'autant plus de l'Exécutif qu'il pourra *a posteriori* porter directement sur les actes de celui-ci, comme en Autriche, même si la réforme entrée en vigueur en 1991 en réduit quelque peu la portée, ou comme en Allemagne (art. 93, § 1, 4, a, Loi fondamentale). Il pourra même s'exercer au profit de la défense des prérogatives de l'Exécutif comme le montrent bien les procédures de contrôle des articles 37, alinéa 2 et 41 de la Constitution française (J. Boulouis, Le défenseur de l'Exécutif, *Pouvoirs*, n° 13, éd. de 1991, p. 33 et s.).

III / La fonction politique des juridictions constitutionnelles

Ce thème mériterait un livre à lui seul tant il emprunte de formes et tant il cristallise les oppositions au principe même de la justice constitutionnelle. Il est souvent résumé en une formule qui présente un faux équilibre thématique opposant la politique jurisprudentielle à la jurisprudence politique du juge constitutionnel. Derrière la formule, c'est la question de la « neutralité » de la juridiction constitutionnelle qui est posée (v. M. Troper, Justice constitutionnelle et démocratie, *RFDC*, n° 1, 1990, p. 47). On l'envisagera seulement selon deux points de vue. D'abord celui de la politique intrinsèque des juridictions constitutionnelles, c'est-à-dire de l'influence des caractères propres de ces juridictions sur leur fonction politique. Puis on évoquera la politique extrinsèque de celles-ci, à savoir leur fonction dans l'ensemble du système politique.

A | LA FONCTION POLITIQUE INTRINSÈQUE DES JURIDICTIONS CONSTITUTIONNELLES

Selon le type de juridiction constitutionnelle, les caractères propres de celle-ci exercent une influence politique. Le type même du contrôle exercé, abstrait ou concret, *a priori* ou *a posteriori* place le juge constitutionnel dans une situation politique différente.

Le contrôle abstrait, d'autant plus s'il est pratiqué *a priori* place la juridiction constitutionnelle au cœur du débat politique qui vient d'avoir lieu au Parlement mais l'intervention du juge tranche le conflit par les armes du droit, sur un plan de généralité normative qui exclut l'accusation de partialité au profit ou au détriment d'un cas d'espèce. Sauf au cas d'autosaisine, le juge constitutionnel n'intervient dans ce cas d'ailleurs que s'il est saisi. On fait appel à lui, il ne s'impose pas, il est véritablement un tiers, ou même un arbitre. Y. Aguila, traitant du Conseil constitutionnel, fait reposer ainsi son intervention sur une « légitimité procédurale » (*Le Conseil constitutionnel et la philosophie du droit*, Paris, LGDJ, 1993, p. 93), c'est-à-dire sur les règles de procédure et de composition de la juridiction qui assurent un procès équilibré (pour ne pas employer le mot « procès équitable », trop marqué par la Convention européenne des droits de l'homme). Même si les opinions peuvent varier sur la qualité procédurale du procès (v. les opinions critiques de J. Foyer et F. Terré, Le peuple, juge constitutionnel, *Le Figaro*, 30 juillet 1996 ; F. Terré, *Introduction générale au droit*, Paris, Dalloz, 3e éd., 1996, nº 98 ; id., Rapport de synthèse du colloque de Rennes de septembre 1996, *La légitimité de la jurisprudence du Conseil constitutionnel*, préc. ; v. aussi P. Thibaud, *Esprit*, octobre 1986, et l'échange avec L. Hamon, *Le débat*, nº 43, 1987, p. 70), c'est aussi de la reconnaissance de ces garanties que la décision du juge constitutionnel sera acceptée par le milieu politique. La fonction politique du contrôle abstrait est sans doute plus grande que dans le contrôle concret car l'intervention préalable peut concerner des domaines très nombreux des rapports entre les pouvoirs publics : contrôle de la régularité de la détention des mandats, contentieux de la compétence entre les pouvoirs publics, contentieux entre les collectivités composant l'État, notamment dans le cadre des États fédéraux (selon la typologie complète présentée par M. Fromont, *La justice constitutionnelle dans le monde*, Dalloz, coll. « Connaissance du droit », 1996, p. 65-80). Les questions plus techniques tenant aux degrés d'intensité du contrôle ont aussi une influence sur la fonction politique des juridictions constitutionnelles. Selon l'étendue du contrôle exercé et le choix des modes de sanction, le juge constitutionnel apparaîtra comme modéré ou engagé, laissant ou non une large marge de pouvoir discrétionnaire aux pouvoirs publics (Association française des constitutionnalistes, *Le Conseil constitutionnel et les partis politiques*, Économica-PUAM, 1988 ; B. Genevois, La jurisprudence du Conseil constitutionnel est-elle imprévisible ?, *Pouvoirs*, nº 59, 1991, p. 131 et s., M. Fromont, *op. cit.*, p. 84). Quant à l'effet de la décision rendue sur contrôle abstrait, son caractère *erga omnes* permet de mesurer l'influence de la décision sur tous les organes de l'État, effet d'autant plus obligatoire qu'il est assorti d'une sanction (ce dont témoigne imparfaitement l'article 62 de la Constitution française de 1958).

Le contrôle concret fait intervenir la juridiction constitutionnelle le plus souvent *a posteriori*, soit en étant saisie directement, soit sur renvoi des juridictions ordinaires ou sur recours de leurs décisions. Le caractère plus subjectif du contrôle fait que le juge constitutionnel tranche d'abord un cas d'espèce en répondant à une question concrète. La délimitation ainsi opérée du contentieux en limite normalement l'impact. Mais on sait aussi, comme le montrent les arrêts les plus célèbres de la Cour suprême des États-Unis ou ceux rendus par la Cour constitutionnelle allemande (v. A. Kimmel, Une crise de la Cour constitutionnelle fédérale ?, *Pouvoirs*, nº 79, 1996, p. 147 et s., par exemple l'arrêt du 16 mai 1995 sur la question des crucifix dans les écoles publiques de Bavière, *AIJC*, 1995, p. 964) que, nonobstant l'effet *inter partes* de la décision, tel arrêt d'espèce peut avoir des effets politiques majeurs, mettant en cause la légitimité de l'intervention du juge constitutionnel et pouvant donner lieu à des réactions populaires de défiance.

B | LA FONCTION POLITIQUE EXTRINSÈQUE DE LA JURIDICTION CONSTITUTIONNELLE

L'existence même de la juridiction constitutionnelle, son statut constitutionnel, sa politique jurisprudentielle peu à peu construite, en font l'un des acteurs constitutionnels et politiques majeurs. Le juge constitutionnel n'est plus un pouvoir neutre car il est mis en situation au sein des organes constitutionnels. Même si des « contraintes externes » (M. Troper, art. préc., p. 44) pèsent sur le juge de la part des autres pouvoirs (*impeachment* dans le système américain, révision constitutionnelle pouvant toucher la juridiction elle-même dans le système européen), le juge constitutionnel exerce une fonction de modérateur social, en départageant ceux qui s'opposent sur une question constitutionnelle, ou de modérateur lors des alternances politiques (L. Favoreu, *La politique saisie par le droit*, Économica, 1988). Cette fonction de médiation, qui est une promotion de la figure du juge (cf. D. Rousseau, *Droit du contentieux constitutionnel*, préc., p. 407) renforce la doctrine du juge constitutionnel « contrepoids » (L. Favoreu, *RIDC*, 1994, p. 559 ; L. Hamon, *Les juges de la loi*, préc.) ou de « contre-pouvoir », comme avait été qualifié le Conseil constitutionnel par R. Badinter, entre les institutions politiques. Il faut enfin ajouter que le mode de désignation des juges constitutionnels par des organes politiques ne retire rien à leur légitimité mais la renforce plutôt en les rattachant à des autorités investies par le suffrage populaire. Le fait que la juridiction constitutionnelle soit ensuite amenée à contrôler ces organes et parfois à les sanctionner montre la distance qui peut exister entre la légitimité du juge constitutionnel et sa place au sein des institutions politiques. Mais le débat sur la légitimité et la souveraineté du juge constitutionnel, à l'égard notamment du pouvoir législatif, est tout à fait révélateur de la crise de la démocratie représentative.

En définitive « le juge est légitime lorsqu'il remplit la fonction sociale qui lui est assignée. Sa légitimité peut alors être appelée *"fonctionnelle"*. Elle exige que le juge fasse de sa liberté d'interprétation un usage conforme aux finalités sociales de la justice constitutionnelle. Contrairement à la légitimité des élus, qui est instantanée dès lors qu'elle résulte de l'élection, la légitimité fonctionnelle s'acquiert avec le temps. Elle est historique. [...] La légitimité n'est pas à rechercher dans le mode de désignation des interprètes, mais dans la conformité de l'interprétation aux objectifs qui leur sont donnés par leur fonction sociale » (Y. Aguila, *Le Conseil constitutionnel et la philosophie du droit*, préc., p. 101).

Conclusion

A partir du moment où la juridiction constitutionnelle décide de ne pas s'engager dans la voie de la libre interprétation, comme faisant un apport supplémentaire au texte lui-même, il lui revient d'emprunter le difficile chemin du contrôle de constitutionnalité formel et organique, c'est-à-dire de considérer que sa fonction l'oblige à une auto-limitation normative. Résolvant des cas d'espèce, répondant à une question de droit qui lui est posée, quel que soit le type de saisine utilisé, le juge constitutionnel ne doit pas alors se prononcer par voie de disposition générale mais doit comprendre l'exercice de son contrôle comme un contrôle de la compétence des auteurs de l'acte législatif, comme un vérificateur des bonnes procédures constitutionnelles, en gardien de l'équilibre des pouvoirs et des compétences.

L'exemple américain nous montre cependant que le juge constitutionnel, lorsqu'il exerce la fonction de cour suprême, de cour supérieure, ne peut résister à la tendance de guider la main des autres acteurs juridictionnels. L'interprétation créatrice du juge constitutionnel ne connaît alors d'autre limite que celle que les juges du moment veulent bien lui donner.

Dans le système européen de justice constitutionnelle, le juge constitutionnel est limité par sa compétence spécialisée, même si, en soi, sa capacité d'interprétation n'est pas bridée. Mais la recherche de l'équilibre des pouvoirs et des compétences, même si elle n'est pas exempte d'idéal de justice sociale et de défense des libertés, place le débat constitutionnel au plan des institutions plus qu'au plan du droit substantiel.

Cette voie doit être conservée pour deux raisons au moins. D'une part parce qu'elle pose un cadre d'action limité à une institution placée dans un cadre temporel spécifique, à une époque donnée, inscrite dans un ordre juridique auquel elle donne cohérence mais qui n'est pas pérenne. Poser des normes générales s'inscrit toujours dans un cadre temporel. Lorsque ce cadre évolue, on ne doit pas considérer que les normes posées par la juridiction constitutionnelle ont acquis nécessairement un caractère intangible. D'autre part, parce que dans les régimes de démocratie libérale qui possèdent une justice constitutionnelle, le dernier mot juridique et politique doit revenir au souverain, c'est-à-dire au peuple ou à ses représentants légitimement élus ou désignés. La définition des fondements juridiques de l'ordre social ne peut pas, selon cette conception, appartenir à un aréopage, aussi prestigieux et sage soit-il, sans une usurpation de légitimité. Selon ce modèle, si la justice constitutionnelle ne se divise pas, la démocratie non plus. Le souverain est un, c'est le peuple.

BIBLIOGRAPHIE

Ouvrages : Burdeau (G.), Hamon (F.), Troper (M.), *Droit constitutionnel*, Paris, LGDJ, 24e éd., 1995, spéc. p. 71 et s. ; Dworkin (R.), *Prendre les droits au sérieux*, Paris, PUF, coll. « Léviathan », 1995, spéc. p. 397 et s. ; Favoreu (L.) (éd.), *Le Conseil constitutionnel et les partis politiques*, Économica-PUAM, 1988 ; Favoreu (L.) et Jolowicz (J.-A.) (éd.), *Le contrôle juridictionnel des lois. Légitimité, effectivité et développements récents*, Économica-PUAM, 1986 ; Hamon (L.), *Les juges de la loi*, Paris, Fayard, 1987, chap. IX, L'irréductible liberté d'appréciation, p. 203 et s. ; Jan (P.) et Roy (J.-Ph.) (dir.), *Le Conseil constitutionnel vu du Parlement*, Éd. Ellipses, 1997 (préf. du doyen G. Vedel) ; Meunier (J.), *Le pouvoir du Conseil constitutionnel. Essai d'analyse stratégique*, Bruylant-LGDJ, 1994.

Articles : Aguila (Y.), *Le Conseil constitutionnel et la philosophie du droit*, Paris, LGDJ, 1993, spéc. p. 79 et s. ; Béchillon (D. de), L'ordre de la hiérarchie des normes et la théorie réaliste de l'interprétation. Réflexions critiques, *RRJ. Droit prospectif*, 1994, n° 1, p. 247 et s. et la réponse de M. Troper, Réplique à Denys de Béchillon, p. 267 et s. ; Cappelletti (M.), Un problème majeur : contrôle juridictionnel des lois et principe de démocratie. Étude de droit comparé, in *Le pouvoir des juges*, Économica-PUAM, 1990, p. 215 et s. ; Chantebout (B.), Contrôle de constitutionnalité et démocratie, *Mél. M. Chaker*, n° spécial de la *Revue tunisienne de droit*, p. 171 et s. ; Chiroux (R.), Faut-il réformer le Conseil ?, *Pouvoirs*, n° 13 ; Cohen-Tanugi (L.), Qui a peur du Conseil constitutionnel ?, *Le débat*, n° 43, 1987, p. 54 et s. ; Duprat (J.-P.), La Constitution de la Ve République et les exigences de la démocratie, *LPA*, n° 65, 29 mai 1992, p. 4 et s. et n° 66, 1er juin 1992, p. 4 et s. ; Émeri (C.), Gouvernement des juges ou veto des sages ? *RDP*, 1991, p. 335 ; Errera (R.), Sur une révolution silencieuse : à propos du juge de la loi, *Commentaire*, n° 35, 1986 ; Favoreu (L.), Actualité et légitimité du contrôle juridictionnel des lois en Europe occidentale, *RDP*, 1984, p. 1185 et s. ; id., De la démocratie à l'État de droit, *Le débat*, n° 64, 1991, p. 158 et s. ; id., La légitimité du juge constitutionnel, *RIDC*, 1994, p. 557 et s. ; id., La légitimité du Conseil constitutionnel tient à ce qu'il n'a pas le dernier mot, *Le Figaro*, 27 août 1993 ; Flauss (J.-F.), Les droits de l'homme comme élément d'une constitution et de l'ordre européen, *LPA*, n° 52, 30 avril 1993, p. 8 et s. ; Foyer (J.) et Terré (F.), Le peuple, juge constitutionnel, *Le Figaro*, 30 juillet 1996 et la réponse de D. Maus, Le Conseil constitutionnel, arbitre légitime, *Le Figaro*, 3 septembre 1996 ; François (B.), Le juge, le droit et la politique, *RFDC*, n° 1, 1990, p. 49 et s. ; id., Justice constitutionnelle et démocratie constitutionnelle, *in* J. Chevallier (dir.), *Droit et politique*, Paris, PUF, 1993, p. 53 et s. ; id., La constitution du droit ? La doctrine constitutionnelle à la recherche d'une légitimité juridique et d'un horizon politique, *in* CURAPP, *La doctrine juridique*, PUF, 1993, p. 210 et s. ; Genevois (B.), L'influence du Conseil constitutionnel, *Pouvoirs*, n° 49, 1989, p. 47 et s. ; id., La jurisprudence du Conseil constitutionnel est-elle imprévisible ?, *Pouvoirs*, n° 59, 1991, p. 129 et s. ; Goyard (C.), État de droit et démocratie, *Mél. R. Chapus*, Paris, Montchrestien, 1992, p. 299 et s. ; Grosser (A.), Cours constitutionnelles et valeurs de référence, *Pouvoirs*, n° 13 ; Guénaire (M.), La Constitution ou la fin de la politique, *Le débat*, n° 64, 1991, p. 149 et s. ; Hamon (L.) et Thibaud (P.), Le Conseil constitutionnel et la démocratie (débat entre les deux intervenants), *Le débat*, n° 43, 1987, p. 69 et s. ; Kortmann (C.), Souveraineté et contrôle de constitutionnalité, *Rev. adm.*, 1994, p. 574 et s. ; Leader (S.), Le juge, la politique et la neutralité, *Droit et Société*, n° 2, janvier 1986, p. 32 ; Michaut (F.), La « bonne réponse » n'est-elle qu'une illusion ?, *Droits*, n° 9, 1989, p. 69 et s. ; Moderne (F.), Y a-t-il des sources complémentaires de la Constitution dans la jurisprudence constitutionnelle française ?, *LPA*, n° 121, 7 octobre 1992, p. 7 et s. ; Poullain (B.), Remarques sur le modèle français de contrôle de constitutionnalité des lois, *Pouvoirs*, n° 13 ; Raynaud (Ph.), La démocratie saisie par le droit, *Le débat*, n° 87, 1995, p. 97 et s. ; Rousseau (D.), La Constitution ou la politique autrement, *Le débat*, n° 64, 1991, p. 183 et s. ; id., *La justice constitutionnelle en Europe*, Paris, Montchrestien, coll. « Clefs Politique », 1992, p. 34-50 ; Scoffoni (G.), Le Congrès des États-Unis et la remise en cause des interprétations constitutionnelles de la Cour suprême.

Sur la conciliation entre justice constitutionnelle et théorie démocratique, *RFDC*, n° 16, 1993, p. 675 et s. ; Thibaud (P.), État de droit ou démocratie sous tutelle ?, *Esprit*, octobre 1986 ; Troper (M.), Le problème de l'interprétation et la théorie de la supralégalité constitutionnelle, *Mél. C. Eisenmann*, Paris, éd. Cujas, 1975, p. 133 et s. ; id., Le droit, la raison et la politique, *Le débat*, n° 64, 1991, p. 189 et s. ; id., La liberté d'interprétation du juge constitutionnel, *in* P. Amselek (dir.), *Interprétation et droit*, Bruylant-PUAM, 1995, p. 235 et s. ; Turpin (D.), Le juge est-il représentatif ? Réponse : oui, *Commentaire*, n° 58, 1992, p. 385 ; Vedel (G.), Le précédent judiciaire en droit public français, *Journées de la Société de législation comparée*, 1984, p. 287 ; id., Le Conseil constitutionnel, gardien du droit positif ou défenseur de la transcendance des droits de l'homme, *Pouvoirs*, n° 45, 1988, p. 145 et s. ; Werner (A.), Le Conseil constitutionnel et l'appropriation du pouvoir constituant, *Pouvoirs*, n° 67, 1993, p. 117 et s.

Sur la question particulière de la légitimité du Conseil constitutionnel v. Drago (G.), François (B.) et Molfessis (N.) (dir.), *La légitimité de la jurisprudence du Conseil constitutionnel*, actes du colloque de Rennes des 20 et 21 septembre 1996, Économica, 1998, avec les contributions de : Vedel (G.), Jestaz (P.), Moderne (F.), Molfessis (N.), Revet (T.) et François (B.) sur le thème : les sources d'élaboration et d'inspiration de la jurisprudence du Conseil constitutionnel ; Gaudemet (Y.), Schrameck (O.), Stone (A.), Di Manno (T.), Capron (Y.) et Rouhette (G.) sur le thème : la reconnaissance de la jurisprudence du Conseil constitutionnel ; Malaurie (Ph.), Poirmeur (Y.), Redor (M.-J.), Rousseau (D.), Robert (J.-H.) sur le thème : la nécessité de la jurisprudence du Conseil constitutionnel ; rapports généraux : Favoreu (L.) et Terré (F.).

TITRE II

Histoire du contrôle de constitutionnalité en France

L'étude du contrôle de constitutionnalité en France, centrée sur le contentieux constitutionnel, ne peut se limiter à l'examen du droit positif. L'histoire est l'une des clefs d'explication du développement contemporain du modèle français de justice constitutionnelle.

L'histoire du contrôle de constitutionnalité en France est d'abord l'histoire d'un refus : refus d'un tel contrôle, lorsque le légicentrisme et la souveraineté parlementaire l'emportent sur toute autre considération constitutionnelle. Pourtant, à différentes reprises, des essais de juridiction constitutionnelle seront tentés, avec plus ou moins de succès. C'est dire que l'idée d'un contrôle de constitutionnalité n'est absente ni des débats politiques, ni des débats juridiques, même à l'époque révolutionnaire.

A l'époque contemporaine, les débats politiques et juridiques se font plus vifs, plus argumentés aussi. La Constitution de 1946 sera l'occasion de créer une première institution chargée d'un contrôle de la loi, paradoxe d'un régime d'assemblée créé par la Constitution de la IVe République.

Deux chapitres sont consacrés à ces questions :

Chapitre I : Histoire d'un débat : l'introduction en France du contrôle de constitutionnalité.

Chapitre II : Le Comité constitutionnel de la Constitution de 1946.

Chapitre premier

HISTOIRE D'UN DÉBAT : L'INTRODUCTION EN FRANCE DU CONTRÔLE DE CONSTITUTIONNALITÉ

L'introduction en 1946 et 1958 du contrôle de constitutionnalité en France ne paraît être une innovation que pour ceux qui ne connaissent pas l'histoire constitutionnelle. L'étude tant des textes constitutionnels que de la doctrine et des débats parlementaires montre clairement que la question de l'introduction d'un contrôle de constitutionnalité est un débat continu, dont les éléments comprennent déjà les principaux thèmes favorables ou défavorables aux différents systèmes de contrôle de constitutionnalité. Il est donc nécessaire de prendre la mesure de ce débat historiquement daté car, s'il n'explique pas tout de l'institution et du développement d'un contrôle de constitutionnalité « à la française », il en est le terreau, et donc, d'une certaine façon, le fondement. En effet, un discours trop simplificateur a parfois présenté l'institution du contrôle de constitutionnalité comme une véritable révolution juridique et politique à l'époque contemporaine. On verra qu'en réalité les réflexions doctrinales analysant l'étendue du pouvoir législatif en ont fixé les limites, en particulier par l'exercice du contrôle juridictionnel des lois, quelle que soit sa forme. La loi est donc, même dans la doctrine publiciste française classique, susceptible de limitations. Ce constat conduit nécessairement à la justification d'un contrôle de la constitutionnalité des lois.

V. *supra* ; D. Rousseau, *Droit du contentieux constitutionnel*, 4e éd., Paris, Montchrestien, 1995, p. 12 et 13 ; L. Favoreu, La loi, in *La continuité constitutionnelle en France de 1789 à 1989*, Paris, Économica-PUAM, 1990, p. 79 et s. ; M.-J. Redor, *De l'État légal à l'État de droit. L'évolution des conceptions de la doctrine publiciste française 1879-1914*, Paris, Économica-PUAM, 1992.

Il faut distinguer deux périodes : la première période commence avec le projet de Sieyes qui veut créer un « jury constitutionnaire », lors des travaux préparatoires de la Constitution de l'an III, puis continue avec les essais de contrôle parlementaire de la constitutionnalité des lois par les sénats du Ier et IIe Empire (section 1) ; l'autre période est celle de la IIIe République qui voit se manifester des partisans et des opposants à l'instauration d'un contrôle juridictionnel des lois tant dans les débats politiques que juridiques (section 2).

SECTION 1
Les essais de juridiction constitutionnelle avant la IIIe République : un contrôle politique et parlementaire

Le débat relatif au contrôle de constitutionnalité avant le XXe siècle porte d'abord sur les limites du système représentatif et est donc avant tout un débat relatif aux pouvoirs de contrôle sur les assemblées parlementaires. Dans les premiers débats révolutionnaires, la question d'un contrôle des assemblées par un organe extérieur n'est pas évoquée car la souveraineté parlementaire prend le pas sur toute autre considération. Même si la loi peut être une source possible d'oppression, ce que la Déclaration de 1789 énonce déjà, par exemple dans ses articles 5, 6, 8 ou 16, elle est « l'expression de la volonté générale » et donc de la légitimité. La question du contrôle des représentants ne vient véritablement au jour qu'après la Terreur qui démontre les faiblesses du système représentatif, lorsque la préparation de la Constitution de l'An III traite de la forme et des compétences du pouvoir exécutif, et des différents types de contrôle qui doivent s'exercer pour assurer un équilibre entre l'Exécutif et le Législatif. La séparation en deux du Corps législatif et le principe même du Directoire organisent cette division du pouvoir qui appelle assez naturellement un arbitrage et donc un arbitre. C'est ce que proposera Sieyès sous une forme toute particulière avec l'institution du jury constitutionnaire.

Mais ce modèle, une fois rejeté, il fallait nécessairement trouver un moyen d'assurer la suprématie de la constitution, gage autant de stabilité politique que juridique, tout en ne bridant l'Exécutif dominant. Le système du Sénat conservateur conviendra au régime impérial.

Ce qui rassemble ces deux essais de contrôle de constitutionnalité est que, dans les deux cas, c'est une assemblée, soit constituée à cette fin soit selon une compétence spécialisée, qui exerce la fonction de contrôle de constitutionnalité. On peut qualifier ces premières tentatives de contrôle politique et parlementaire, au sens général de ces termes.

I / Le jury constitutionnaire de Sieyès

La préparation de la Constitution qui allait devenir celle de l'An III fut principalement confiée à une commission de onze parlementaires issus de la Convention thermidorienne, dans laquelle on trouvait dans sa première composition Sieyès. Mais obligé par la loi de choisir entre sa participation à la Commission des onze et le Comité de salut public, il choisit ce dernier ce qui le mit partiellement à l'écart des travaux préparatoires (v. P. Bastid, *Sieyès et sa pensée*, Paris, 1939, p. 168 et s.). Consulté cependant au nom de la Commission par Daunou, l'un des Onze, Sieyès reste vague sur ses intentions. Ce n'est que le 2 thermidor qu'il prononce un long discours qui est une critique en règle du système proposé par la Commission des onze, discours dont il développera encore des éléments le 18 thermidor. Le système proposé par la Commission des onze prévoit une division du travail législatif entre le Conseil des Cinq-Cents qui propose les lois et le Conseil des Anciens qui les approuve, le Directoire étant chargé de leur exécution.

Sieyès fait un long discours doctrinal sur les principes de la représentation et du gouvernement (le discours sera imprimé sur l'ordre de la Convention) dans lequel il propose une architecture des rapports Exécutif-Législatif qui passe par une « décomposition » du travail législatif entre une assemblée appelée Tribunat (appellation qu'on retrouvera en l'An VIII), un gouvernement de sept membres, chacune de ces deux institutions ayant « mission spéciale de veiller aux besoins du peuple, et de proposer à la législature toute loi, règlement ou mesure qu'il jugera utile », le gouvernement ayant spécialement la fonction d'exécution des lois (intervention du 2 thermidor, *Moniteur universel*, t. XXV, p. 297). S'y ajoute donc une Législature « avec mission spéciale de juger et prononcer sur les propositions du Tribunat et sur celles du gouvernement ».

Enfin cette construction est parfaite avec l'institution d'un « *jury de constitution*, ou pour franciser un peu plus le mot de juré, une *jurie constitutionnaire*. C'est un véritable corps de représentants que je demande, avec mission spéciale de juger les réclamations contre toute atteinte qui serait portée à la constitution » (*Moniteur*, p. 293). Le jury constitutionnaire est en effet une assemblée de cent huit membres, pris par tiers dans les assemblées parlementaires des régimes précédents, Constituante, Législative et Convention, puis parmi les Anciens et les Cinq-Cents arrivés en fin de mandat. « L'idée était que ces hommes qui avaient pratiqué un régime et fabriqué des lois étaient les plus qualifiés pour défendre et améliorer le premier, et combler les lacunes des autres » (M. Deslandres, *Histoire constitutionnelle de la France de 1789 à 1870*, Sirey, 1933, t. 1, p. 341). Sieyès prévoit de confier trois fonctions à ce jury de constitution. Il serait d'abord un véritable protecteur de la constitution en vérifiant la constitutionnalité des actes des deux Conseils, des assemblées primaires et électorales sur saisine de la minorité opposante de ces corps — « véritable reconnaissance d'un droit de l'opposition » (M. Morabito et D. Bourmaud, *Histoire constitutionnelle et politique de la France 1789-1958*, Montchrestien, 1991, p. 127) —, et même du tribunal de cassation ou des citoyens directement. La sanction est la nullité de l'acte déféré et la possibilité de déférer les auteurs de ces actes à un tribunal si leur responsabilité pénale venait à être engagée. La deuxième fonction du jury constitutionnaire lui donnerait une véritable capacité de perfectionnement de la constitution en consignant sur un registre les vœux formés par ses membres. A partir de l'année 1800 puis de dix ans en dix ans, ces vœux seraient transmis aux conseils puis aux assemblées primaires qui devraient en vérifier le bien-fondé avant de les transmettre au Conseil des Anciens chargé d'adopter ou de refuser ces réformes sans pouvoir les modifier. Enfin, le jury constitutionnaire serait chargé de se prononcer selon les règles de l'équité naturelle chaque fois qu'un tribunal ne trouverait pas la solution d'un litige dans la loi apportant ainsi « un supplément de juridiction naturelle aux vides de la juridiction positive ».

Ajoutées aux autres propositions, celle du jury constitutionnaire est une véritable admonestation faite par Sieyès aux parlementaires : « Voulez-vous donner une sauvegarde à la constitution, un frein salutaire qui contienne chaque action représentative dans les bornes de sa procuration spéciale, établissez une *jurie constitutionnaire* » (*Moniteur*, p. 294). Mais il y a trop de choses dans ces propositions et celle du jury constitutionnaire en fait à la fois le défenseur de la minorité parlementaire, une sorte de pré-constituant et un jury d'équité qui devait sans doute rappeler un peu trop celle des Parlements d'Ancien régime. Dans cet ensemble, il manque une définition précise du pouvoir exécutif ce que Thibaudeau relèvera immédiatement en indiquant que les Onze y ont suppléé « en ordonnant au pouvoir exécutif de ne pas exécuter les lois dans la création desquelles on n'aurait pas suivi les formes constitutionnelles » (*Moniteur*, p. 297). Lors de la discussion générale les opinions sont partagées : Berlier et Larevellière-Lépeaux n'acceptent que la fonction de contrôle des actes des assemblées (*Moniteur*, p. 475 et 489), Eschassériaux refuse la fonction d'équité (p. 481) considérée comme inutile en législation et dangereuse en politique. « Le meilleur tribunal d'équité est le sentiment profond des droits de l'homme, que l'éducation doit graver dans tous les cœurs républicains » (p. 484). Louvet et surtout Thibaudeau et Lesage mettent à bas le projet considérant que « ce pouvoir monstrueux serait tout dans l'État, et qu'en voulant donner un gardien aux pouvoirs publics on leur donnerait un maître qui les enchaînerait pour les garder plus facilement ». Ainsi donc conclut Thibaudeau « les gardiens les plus sûrs et les plus naturels de toute constitution sont les corps dépositaires des pouvoirs, ensuite tous les citoyens » (p. 488). En définitive, c'est à l'unanimité que le projet de Sieyès fut repoussé par l'assemblée. Celui-ci subissait là un échec auquel il s'attendait sans doute mais qui devait en faire un opposant résolu du régime en refusant par exemple la fonction de directeur à laquelle il avait été élu.

En définitive, la proposition de Sieyès était sans doute prématurée et avait servi de repoussoir à l'assemblée mais l'idée était lancée et elle allait être réutilisée par la suite en combinant la fonction de contrôle de constitutionnalité avec la fonction parlementaire dans le Sénat de l'An VIII et dans celui du IInd Empire.

II / Les sénats du Ier et du IInd Empire

A | LE SÉNAT CONSERVATEUR DE LA CONSTITUTION DE L'AN VIII

En matière de contrôle de constitutionnalité, Sieyès trouvera une sorte de revanche dans l'institution du Sénat conservateur de la Constitution de l'An VIII, même si son projet initial fut retouché par Bonaparte. Composé, à terme, de quatre-vingts membres nommés à vie et inamovibles, inéligibles à toute autre fonction publique (art. 18 de la Constitution du 22 Frimaire An VIII), le Sénat conservateur « maintient ou annule tous les actes qui lui sont déférés comme inconstitutionnels par le Tribunat ou par le gouvernement : les listes d'éligibles sont comprises parmi ces actes » (art. 21). Apparemment indépendant, à en croire le statut constitutionnel de ses membres, le Sénat « absorbait » (Joseph-Barthélémy et P. Duez, *op. cit.*, p. 204) les personnages encombrants du régime auxquels Bonaparte ne souhaitait pas confier de haute fonction publique.

La physionomie constitutionnelle de l'institution ne cessa d'ailleurs d'évoluer pour en faire un instrument docile dans la main du Premier consul que le Sénat proclame d'ailleurs Consul à vie (Sénatus-consulte du 14 thermidor An X) puis qui voit immédiatement après ses prérogatives augmentées (fixation de la Constitution des colonies, précision de « tout ce qui n'a pas été prévu par la Constitution, et qui est nécessaire à sa marche », explication des « articles de la Constitution qui donnent lieu à différentes interprétations » (Sénatus-consulte organique du 16 thermidor An X, art. 54) en même temps que le Premier Consul peut en nommer directement les membres parmi les « citoyens distingués par leurs services et leurs talents », leur permettant également d'être consuls, ministres, membres de la Légion d'honneur, inspecteurs de l'Instruction publique, employés pour des missions extraordinaires et temporaires (art. 63 et 64). A partir du moment où les honneurs du régime leur sont accessibles, les sénateurs perdent évidemment les garanties d'indépendance que nécessitait leur fonction de gardien de la Constitution. La meilleure preuve en fut le décret du 3 avril 1814 par lequel le Sénat prononça la déchéance de Napoléon, lorsqu'il était devenu évident que le Sénat ne pouvait plus rien tirer du régime impérial et devait donner des gages au régime suivant.

Mais au-delà de la déviation statutaire, c'est le mode de saisine du Sénat conservateur qui condamne le système. Saisi seulement par le Tribunat et le gouvernement des actes inconstitutionnels, le Sénat vit la timide opposition du Tribunat brisée progressivement par Napoléon jusqu'à sa disparition en 1807 ce qui supprimait de fait l'un des saisissants. Quant à la saisine gouvernementale « le recours en inconstitutionnalité manié par le gouvernement lui-même était évidemment une illusoire garantie dans ce régime césarien » (Joseph-Barthélémy et P. Duez, *op. cit.*, p. 206). La généralité de sa compétence et l'absence de sanction véritablement organisée n'étaient pas faites pour améliorer sa crédibilité dans un régime autoritaire dominé par l'Exécutif.

B | LE SÉNAT DE LA CONSTITUTION DE 1852

Dans sa déclaration du 14 janvier 1852 qui précède la Constitution, Louis-Napoléon Bonaparte présente les traits principaux de cette nouvelle Constitution dont il déclare qu'elle est largement empruntée à celle de l'An VIII. La mise en place du Sénat, ses compétences, mais surtout l'esprit qui préside à sa création est ainsi expliquée par cette déclaration liminaire :

> « Une autre assemblée prend le nom de Sénat. Elle sera composée des éléments qui, dans tous le pays, créent les influences légitimes : le nom illustre, la fortune, le talent et les services rendus.
>
> Le Sénat n'est plus, comme la chambre des pairs, le pâle reflet de la chambre des députés, répétant, à quelques jours d'intervalle, les mêmes discussions sur un autre ton. Il est le dépositaire du pacte fondamental et des libertés compatibles avec la Constitution ; c'est uniquement sous le rapport des grands principes sur lesquels repose notre société, qu'il examine toutes les lois et qu'il en propose de nouvelles au Pouvoir exécutif. Il intervient, soit pour résoudre toute difficulté grave qui pourrait s'élever pendant l'absence du Corps législatif, soit pour expliquer le texte de la Constitution et assurer ce qui est nécessaire à sa marche. Il a le droit d'annuler tout acte arbitraire et illégal, et, jouissant ainsi de cette considération qui s'attache à un corps exclusivement occupé de l'examen de grands intérêts ou de l'application de grands principes, il remplit dans l'État le rôle indépendant, salutaire, conservateur, des anciens parlements » (cité par L. Duguit, H. Monnier, R. Bonnard, *Les Constitutions et les principales lois politiques de la France depuis 1789*, 7e éd. par G. Berlia, LGDJ, 1952, p. 248).

Du point de vue statutaire, le Sénat est clairement dans la main de l'Exécutif. Outre les membres de droit, cardinaux, maréchaux, amiraux, les autres membres sont désignés exclusivement par le chef de l'État (art. 20). C'est lui qui nomme le président et les vice présidents du Sénat (art. 23), qui convoque et proroge les sessions, en fixe la durée, sessions qui ne sont pas publiques (art. 24). Enfin, le chef de l'État peut augmenter le nombre de sénateurs, fixé initialement à quatre-vingts, jusqu'au nombre de cent cinquante, ce qui permet à l'évidence de renverser les tendances et les majorités au sein de l'assemblée. Si on y ajoute que les nominations sont à vie et inamovibles (art. 21), gratuites mais que la Constitution prévoit que le chef de l'État peut accorder une dotation personnelle à chaque sénateur (art. 22), on comprend aisément que l'Exécutif a mis en place une assemblée docile même si ses compétences sont mieux assises en matière de contrôle de constitutionnalité que celles du Sénat de l'An VIII.

En effet, selon l'article 25 de la Constitution, « le Sénat est le gardien du pacte fondamental et des libertés publiques. Aucune loi ne peut être promulguée avant de lui avoir été soumise ». Il exerce donc en principe un contrôle systématique de constitutionnalité. Mais l'article 26 précise, et donc limite, cette compétence en indiquant que le Sénat s'oppose à la promulgation des lois qui porteraient atteinte à la Constitution, à la religion, à la morale, à la liberté des cultes, à la liberté individuelle, à l'égalité des citoyens devant la loi, à l'inviolabilité de la propriété, au principe de l'inamovibilité de la magistrature ainsi que celles qui pourraient compromettre la défense nationale. Enfin, comme sous l'An VIII, le Sénat fixe la Constitution des colonies, peut compléter la Constitution et en donner une interprétation lorsqu'elle est susceptible de plusieurs sens. Il peut aussi proposer des modifications à la Constitution (art. 31). Quoi qu'il en soit, ces compétences sont soumises au pouvoir exécutif qui les sanctionne et les promulgue par sénatus-consulte. Là encore le contrôle par l'Exécutif laisse peu de perspectives libres à l'action du Sénat, mais en fait une sorte de collaborateur des projets de révision de l'Exécutif.

L'exercice du contrôle de constitutionnalité donne une large compétence de principe au Sénat puisqu'il « maintient ou annule tous les actes qui lui sont déférés comme inconstitutionnels par le gouvernement, ou dénoncés, pour la même cause, par les pétitions des citoyens » (art. 29). Mais, outre le caractère assez vague du terme « acte » qui laisse ouverte la question des lois, le fait de contrôler des actes déférés par le gouvernement, alors que le chef de l'État a l'initiative exclusive des lois (art. 9), c'était de fait, juger les actes de celui-ci et donc s'opposer clairement à sa volonté, ce qui, compte tenu du statut constitutionnel des sénateurs, était illusoire. Le Sénat de 1852 ne sera donc pas plus indépendant que celui de l'An VIII.

En définitive, ces différents essais de contrôle parlementaire de constitutionnalité disqualifièrent ce système, trop soumis au pouvoir exécutif ou dépendant de considérations statutaires. C'est qu'on se plaçait soit dans un modèle constitutionnel dans lequel l'omnipotence des assemblées parlementaires et la théorie de la représentation conduisait au rejet du principe même du contrôle, soit que les régimes autoritaires dominés par l'Exécutif ne pouvaient admettre un contrôle de constitutionnalité réel, à partir d'une Constitution faite à leur seule mesure. La réflexion constitutionnelle devait utiliser d'autres principes et d'autres temps pour faire admettre le contrôle de constitutionnalité.

Pourtant, sous la Restauration et la Monarchie de Juillet, les tribunaux ordinaires ne restaient pas inertes à l'égard de la Constitution, en acceptant par exemple d'exercer un véritable contrôle de constitutionnalité des actes réglementaires (cf. J.-L. Mestre, L'inconstitutionnalité des actes réglementaires de 1814 à 1851, *in* F. Burdeau (textes réunis par), *Administration et droit*, LGDJ, 1995 ; v. également la très éclairante thèse de G. Bigot, *L'autorité judiciaire et le contentieux de l'administration. Vicissitudes d'une ambition. 1800-1872*, thèse, Rennes I, 1997, 826 p., v. spéc. p. 319 et s.

SECTION 2
Le débat sur l'introduction en France du contrôle de constitutionnalité sous la IIIe République : vers le contrôle juridictionnel

Le débat qui prend forme sous la IIIe République concerne le contrôle de constitutionnalité de la loi. On ne pense pas à donner à un possible juge constitutionnel les attributions conférées aux Chambres tant en matière de contrôle des élections ou de mandat parlementaire qu'en matière de conflit de compétence entre les organes de l'État ou de contrôle des actes de l'Exécutif, puisque soit les assemblées exercent ce contrôle soit il existe une institution spécifique, la Haute Cour. Au début du siècle, le modèle européen de justice constitutionnelle n'a pas encore pris corps. Le seul débat est donc celui du contrôle de la loi et il s'exprime de façon très différente selon qu'il est porté par les politiques ou par les juristes. Le débat juridique est principalement centré sur la mise en place d'un système d'exception d'inconstitutionnalité, parce que le système par voie d'action est considéré comme irréalisable, même s'il n'est pas rejeté *a priori*. Le débat politique est d'une tout autre nature parce qu'il s'exprime dans les assemblées parlementaires par le canal de propositions de révision constitutionnelle, c'est-à-dire d'une modification des lois constitutionnelles de 1875.

I / Le débat politique

Le débat politique relatif au contrôle de constitutionnalité sous la IIIe République est d'abord un débat visant à la révision constitutionnelle des lois de 1875. Il s'inscrit dans un mouvement qu'on qualifiera bien plus tard de réforme de l'État avec André Tardieu, mais qui n'est pas à l'origine réellement pensé et organisé. Il s'agit en réalité de propositions provenant de parlementaires principalement conservateurs, qui veulent prendre les républicains radicaux, ceux par exemple du « Bloc républicain », au mot de leur républicanisme, en demandant la consécration de la Déclaration des droits de l'homme de 1789 comme un texte de valeur constitutionnelle (v. par exemple la proposition de Fernand de Ramel, député royaliste du Gard, *JO*, Déb. parl., Ch. dép., 1901, p. 992, cité par J.-P. Machelon, *Rev. adm.*, 1995, p. 634). Ainsi deux propositions formulées en 1903 — sous le ministère Combes —, l'une par Charles Benoist (proposition du 28 janvier 1903, *JO*, Doc. parl., Ch. dép., session ord., 1903, n° 712, p. 99) et l'autre par Jules Roche (proposition du 28 février 1903, *JO*, Doc. parl., Ch. dép., session ord., 1903, n° 711, p. 97) tendent toutes les deux à ajouter la déclaration aux lois constitutionnelles de 1875, même si elles prévoient un système différent de contrôle, l'une préférant la mise en place d'une Cour juridictionnelle spéciale (prop. Benoist), l'autre proposant de confier ce contrôle à la Cour de cassation toutes chambres réunies. En 1907, la même proposition sera reprise à l'identique par plusieurs députés, parmi lesquels on retrouve Charles Benoist (proposition du 7 mai 1907, *JO*, Doc. parl., annexe n° 931, p. 1027, cité par M. Verpeaux, Le contrôle de la loi par la voie de l'exception dans les propositions parlementaires sous la IIIe République, *RFDC*, n° 4, 1990, p. 688 et s.). Aucune de ces propositions ne viendra en discussion et leur rejet à ce stade ne permet pas de savoir réellement quelle aurait été la nature de la discussion parlementaire. Fernand Engerand, député conservateur du Calvados (de 1902 à 1936), hostile au régime parlementaire et favorable à l'élection du président de la République au suffrage universel, fera en 1909 (*JO*, Doc. parl., Ch. dép., 1909, n° 2940, p. 252 ; v. aussi *RDP*, 1910, p. 132) puis 1911 (*JO*, Doc. parl., Ch. dép., 1911, n° 667, p. 46, cité par J.-P. Machelon, *Rev. adm.*, 1995, p. 634) la même proposition de constitutionnaliser la Déclaration de 1789. En 1925, il reprendra encore la proposition Benoist, sans plus de succès. Enfin, sur un registre différent, le député Bonnet proposera en 1924 une résolution demandant la révision de la Constitution sur plusieurs points, en proposant entre autres la création d'une Cour suprême chargée du contrôle de constitutionnalité des lois, sans plus de succès mais dans un but progressiste de réforme de l'État (*JO*, Doc. parl., Ch. dép., session ord., 1924, n° 6928, cité par Joseph-Barthélémy et P. Duez, *Traité*, précité, p. 221).

Comment expliquer ce refus de principe d'inscrire la Déclaration de 1789 dans la Constitution et cette opposition à ce qui en est la conséquence, c'est-à-dire la mise en place d'un organe spécifique chargé d'assurer la primauté de cette Déclaration ? Plusieurs explications peuvent être avancées. La première tient à l'absence d'unité formelle des lois constitutionnelles de 1875 et au caractère en définitive peu solennel de celles-ci (cf. M. Morabito et D. Bourmaud, *Histoire constitutionnelle et politique de la France [1789-1958]*, p. 323). Pourquoi alors solenniser ce qu'on a voulu comme une simple règle d'organisation des pouvoirs publics, ne contenant pas de règles de droit substantiel ? Les auteurs classiques, tels Esmein (*Éléments...*, 7e éd., t. 1, p. 553) et Carré de Malberg (*Contribution...*, t. 2, p. 580 et s.), ne reconnaissent d'ailleurs pas de valeur constitutionnelle à la Déclaration, mais y voient une simple « déclaration de principes » qui laisse entière la question de la législation relative aux droits individuels qu'elle a pu implicitement consacrer (Carré de Malberg).

Une deuxième explication tient au caractère inconditionné de la puissance législative, pour reprendre la terminologie de Carré de Malberg, en matière de droits individuels des citoyens. Les Chambres détiennent la compétence en cette matière, ce qu'elles utiliseront d'ailleurs pour bâtir en particulier l'œuvre républicaine de laïcité (loi de 1901 sur les associations, loi de séparation...), même si l'analyse contemporaine de cette période est plus contrastée sur le plan du respect des « libertés républicaines » (v. J.-P. Machelon, *La République contre les libertés ?*, Paris, FNSP, 1976). C'est bien d'ailleurs ce que souhaitaient les auteurs des propositions précitées en déclarant : « Aujourd'hui, le Parlement peut ce qu'il veut partout : il ne pourra plus que quelque part, et sous conditions. L'absolutisme de l'État sera supprimé et le Français enfin libre » (prop. de 1903, p. 99, cité par M. Verpeaux, art. préc., p. 692). Mettre en place le contrôle de constitutionnalité revient à réduire la compétence naturelle du Parlement en matière de libertés publiques et individuelles ce qu'il ne peut évidemment accepter. Comme le disent justement Joseph-Barthélémy et P. Duez (*Traité...*, p. 221) « les Chambres ne sont guère disposées à aller à Versailles pour placer leur œuvre législative sous le contrôle d'un juge ». Le droit substantiel des libertés ne se trouve pas dans la Constitution mais dans la loi, ce qui est l'expression même du légicentrisme qui dominera jusqu'en 1958. Ainsi donc, créer un système de contestation de la loi, quel qu'il soit, c'est mettre en cause le principe même de la représentation, ce qui explique le rejet de ces projets, de quelque origine qu'ils viennent.

Enfin, une troisième explication, mais qui n'est peut-être pas la plus décisive, même si c'est celle qui a des implications pratiques, est qu'on ne voit pas comment organiser en pratique un tel contrôle conçu comme un contrôle par voie d'action. On oscille entre un contrôle par un organe spécial mais qui porte en lui-même sa condamnation car il serait considéré tout de suite comme un corps politique sans légitimité, et un organe juridictionnel comme la Cour de cassation mais « aurait-elle eu le prestige suffisant pour pouvoir annuler les lois inconstitutionnelles ? » (Joseph-Barthélémy et P. Duez, *Traité*..., p. 220). Faisant l'analyse des raisons du rejet de ces propositions G. Burdeau, en les comparant à l'exemple américain dans lequel la Cour suprême s'inscrit dans un mécanisme de freins et de contrepoids, ajoute un élément d'explication convaincant : « le contrôle (à l'américaine) apparaît ainsi comme une pièce du mécanisme gouvernemental et non comme une compétence juridictionnelle normale. Ni la situation politique, ni le prestige des juges ne leur permet, en France, de s'associer à l'activité gouvernementale » (*Traité de science politique*, Paris, LGDJ, 2e éd., 1969, t. IV, no 182, p. 414).

Ainsi le débat politique, si tant est qu'il ait eu vraiment lieu, rejette le modèle d'un contrôle par une institution spéciale, exerçant par voie d'action, en se fondant sur des principes de droit constitutionnel substantiel. Le légicentrisme dominait l'ordre juridique de sa toute-puissance. Le débat juridique prendra une autre tournure, plus réaliste, en centrant la réflexion sur le contrôle par voie d'exception.

II / Le débat juridique

Le débat juridique s'exprime au sein de la doctrine de droit public la plus prestigieuse à partir du début du XXe siècle et aucun de ceux qui sont aujourd'hui des auteurs classiques du droit public n'a manqué de prendre position sur le sujet de l'instauration du contrôle de constitutionnalité. Ce débat juridique prend d'ailleurs parfois le relais du débat politique et parlementaire, comme en témoigne une enquête du journal *Le Temps*, parue entre la mi-novembre et la fin décembre 1925, et qui publia les points de vue d'éminents représentants de la doctrine (H. Berthélémy, L. Duguit, A. Mestre, L. Rolland, M. Hauriou), à la suite de l'affaire Ratier, affaire politico-judiciaire dans laquelle l'inconstitutionnalité des pouvoirs d'une commission d'enquête parlementaire avait été soulevée devant le juge pénal.

Sur l'affaire Ratier v. C. Courvoisier, 1925, une année folle pour l'exception d'inconstitutionnalité ; à propos d'un jugement du tribunal correctionnel de la Seine, in *Justice et République(s)*, colloque de Lille, septembre 1992, Ester, coll. « L'espace juridique », Hellemes, 1993, p. 259, cité par J.-P. Machelon, Parlementarisme absolu, État de droit relatif, *Rev. adm.*, 1995, p. 630 note 13.

Ce débat juridique porte principalement sur la possibilité pour le juge ordinaire, administratif ou judiciaire, d'exercer un contrôle de la constitutionnalité des lois. Aucun auteur ne propose d'instituer une cour spéciale chargée de cette seule fonction. L'idée en est repoussée pour différents motifs, soit parce qu'une révision constitutionnelle sur ce thème est irréaliste (Joseph-Barthélémy et P. Duez, *Traité de droit constitutionnel*, Paris, Dalloz, 1933, rééd. Économica, préface F. Goguel, 1985, p. 221), soit parce que cela « porterait ombrage au législateur » (M. Hauriou, *Précis de droit constitutionnel*, Paris, Sirey, 1929, rééd. CNRS, 1965, p. 271). Il est d'ailleurs intéressant de remarquer le décalage entre les réflexions de la doctrine, centrée sur le contrôle par voie d'exception et les propositions parlementaires qui souhaitent l'institution d'une juridiction spécialisée.

Au sein de la doctrine, partisans et opposants à la mise en place du contrôle de constitutionnalité s'opposent par des arguments de nature diverse ; diversité qu'on retrouve d'ailleurs en partie lorsque vient en discussion la question de l'organisation pratique d'un tel contrôle.

Les premiers types d'arguments relèvent de la logique juridique et peuvent être qualifiés de pré-normativistes. Dès 1912, Barthélémy et Jèze, dans leur consultation relative à une loi roumaine de 1911, pouvaient affirmer que « le pouvoir et le devoir des tribunaux d'écarter les lois inconstitutionnelles à l'occasion d'un procès porté devant eux n'ont pas besoin d'être consacrés par un texte exprès ; au contraire, il faudrait un texte formel pour enlever aux juges le pouvoir de vérifier la constitutionnalité des lois » et ces auteurs y voit une « conséquence logique, naturelle, de la fonction juridictionnelle » (*RDP*, 1912, p. 142-143). H. Berthélémy aboutit aux mêmes conclusions logiques, par analogie avec le contrôle exercé par les tribunaux sur les règlements : « Nous savons qu'en France l'administration est séparée de la justice. Les tribunaux ne peuvent ni faire, ni modifier, ni annuler les règlements. On leur reconnaît cependant le droit d'en refuser l'application lorsqu'ils estiment qu'ils sont illégaux. De même qu'on est d'accord pour dire que la justice n'empiète pas sur le rôle de l'administration lorsqu'elle refuse de sanctionner un règlement illégal, on doit l'être pour affirmer qu'elle n'empiétera pas sur le pouvoir législatif, si elle refuse de sanctionner une loi inconstitutionnelle. Nous sommes amenés ainsi par la logique même à reconnaître aux tribunaux le pouvoir de contrôler le caractère constitutionnel des lois, à la condition bien entendu qu'on les invite à le faire, et seulement à l'occasion d'un litige porté devant eux » (*RPP*, 1925, t. CXXV, p. 355 et s., spéc. p. 358-359). P. Duez argumente à partir des notions de loi et de constitution et présente un point de vue qu'on peut qualifier de quasi-normativiste en considérant qu'il n'y a entre la loi et la constitution aucune différence de nature mais qu'une « différenciation hiérarchique ».

L'argumentation de P. Duez mérite d'être reproduite : « On a vu clair dans cette question (celle de la "vraie nature juridique de la loi constitutionnelle et de la loi ordinaire et des rapports de hiérarchie existant entre ces deux catégories de règles législatives") quand, sous l'influence de l'esprit réaliste d'analyse, on a banni de la technique juridique toutes ces fictions qui obscurcissaient la notion de loi et celle de constitution. Les juristes ont, avec raison, abandonné au verbiage politico-électoral les vieilles données de loi, expression de la souveraineté nationale et de constitution, traduction du contrat social. Loi et constitution ont même nature juridique : elles posent ou organisent toutes deux d'une manière générale, abstraite, impersonnelle, des règles de droit. Il n'existe entre elles qu'une différenciation hiérarchique : la règle constitutionnelle, placée à l'échelon législatif supérieur, bride la loi ordinaire, comme cette dernière limite d'ailleurs le règlement, variété inférieure d'acte législatif. Dans ses éléments juridiques, le contrôle de la constitutionnalité des lois apparaît ainsi du même ordre que le contrôle de la légalité des règlements. » Et Duez en arrive d'abord à cette conclusion que « le juge a le pouvoir d'appliquer et d'interpréter la constitution comme il a le pouvoir d'appliquer et d'interpréter la loi, parce que la constitution n'est qu'une variété de loi » (Le contrôle juridictionnel des lois en France. Comment il convient de poser la question, *Mél. M. Hauriou*, Sirey, 1929, p. 213 et s., spéc. p. 225. On retrouve quasiment le même argumentaire dans le *Traité de droit constitutionnel* de Joseph-Barthélémy et P. Duez, p. 223).

La conclusion de Duez, après réfutation des arguments de texte, est que « la *logique juridique*, dans le silence des textes, conduit rationnellement au contrôle juridictionnel de la constitutionnalité des lois, sous la forme de l'exception d'inconstitutionnalité » (art. préc., p. 235, souligné dans le texte).

M. Hauriou arrive à la même conclusion en considérant que « la déclaration d'inconstitutionnalité d'une loi n'est pas d'une autre sorte que la déclaration d'illégalité d'un règlement administratif » (*Précis de droit constitutionnel*, p. 269) mais il se place sur le plan de la théorie des conflits de lois, considérant que le contrôle de constitutionnalité « c'est interpréter à la fois la loi constitutionnelle et la loi ordinaire, voir si elles sont conciliables ou non et, si elles ne sont pas conciliables, sacrifier celle qui est d'un rang inférieur » (*op. cit.*, p. 269).

Raisonnement déjà fait par Hauriou dès 1913 dans sa note sous l'arrêt du Conseil d'État, 1er mars 1912, *Tichit*, *S*, 1913.III.137, texte cité par M.-J. Redor, *op. cit.*, p. 219. L. Duguit présentait aussi le même type de raisonnement, *in* De la responsabilité pouvant naître à l'occasion de la loi, *RDP*, 1910, p. 637 et s., spéc. p. 648.

Berthélémy admet aussi la doctrine des conflits de lois mais considère qu'elle trouve son application dans des conflits de droit substantiel « lorsque les constitutions contiennent des déclarations de droits, ou même seulement une garantie de droits dits fondamentaux », faisant référence aux États-Unis, à la Norvège, à la Roumanie (art. préc., p. 35). Marcel Waline voit, lui, dans la fonction de tribunal des conflits, une juridiction constitutionnelle non contentieuse (Éléments d'une théorie de la juridiction constitutionnelle en droit positif français, *RDP*, 1928, p. 441 et s., spéc. p. 456). Cette doctrine se rattache pour partie à celle de la caducité des lois antérieures à l'ordre juridique issu d'une nouvelle constitution. A la limite, ce n'est pas à proprement parler un contrôle de constitutionnalité (P. Duez, *Mél. M. Hauriou*, p. 240. V. aussi l'analyse contemporaine de J. Trémeau, La caducité des lois incompatibles avec la constitution, *AIJC*, 1990, p. 219 et s., spéc. p. 246-247).

Le débat porte aussi sur les textes permettant ou interdisant le contrôle de constitutionnalité des lois par le juge ordinaire. Trois textes de l'époque révolutionnaire font ainsi l'objet d'interprétations opposées : la loi des 16 et 24 août 1790, titre II, article 10[1], la Constitution du 3 septembre 1791, titre III, chapitre V, article 3[2], l'article 127 § 1 du Code pénal[3]. Pour certains auteurs, ces textes empêchent les juges d'exercer un quelconque contrôle de la loi parce qu'ils vont plus loin que leur intention originale qui était de briser à l'avance une possible résistance judiciaire, comme elle avait pu exister avec les parlements de l'ancien régime.

F. Larnaude : « Ce qui a été pourchassé, en quelque sorte exclu, anathémisé par les hommes de la Révolution comme par les grands législateurs du Consulat et de l'Empire, les plus grands que la France ait connus, c'est l'immixtion, sous quelque déguisement qu'elle se

1. « Les tribunaux ne pourront prendre directement ou indirectement aucune part à l'exercice du pouvoir législatif, ni empêcher ou suspendre l'exécution des décrets du Corps législatif sanctionnés par le Roi, à peine de forfaiture. »

2. « Les tribunaux ne peuvent s'immiscer dans l'exercice du pouvoir législatif ou suspendre l'exécution des lois. »

3. « Seront coupables de forfaiture et punis de la dégradation civique : 1° les juges, les procureurs généraux de la République ou leurs substituts, les officiers de police, qui se seront immiscés dans l'exercice du pouvoir législatif, soit par des règlements contenant des dispositions législatives, soit en arrêtant ou en suspendant l'exécution d'une ou plusieurs lois, soit en délibérant sur le point de savoir si les lois seront publiées ou exécutées. »

dissimule, qu'elle se camoufle, comme on dirait dans le langage des tranchées, du judiciaire dans le législatif » (*RPP*, 10 février 1926, t. CXXVI, p. 181 et s., spéc. p. 191).

Pour d'autres, il faut faire une lecture actuelle de ces textes et ceux-ci ne peuvent empêcher l'exercice de la fonction contentieuse du juge, y compris à l'égard des lois inconstitutionnelles.

P. Duez : « Nous ne sommes plus à l'époque révolutionnaire et nous estimons que les textes précités, à les supposer toujours en vigueur, ne sont plus susceptibles de former un sérieux obstacle au contrôle juridictionnel de la constitutionnalité des lois. Les raisons politiques qui motivaient l'interprétation rigoureuse de ces textes ont, depuis longtemps, disparu. Il suffirait donc d'assigner aux anciennes prohibitions révolutionnaires une portée plus discrète, en limitant leur champ d'application aux arrêts de règlement et aux pratiques analogues au refus d'enregistrement par les parlements, des ordonnances de l'ancien régime » (*Mél. M. Hauriou*, p. 233). Et Hauriou tient le même raisonnement : « Ces textes sont aujourd'hui périmés ; ils tendaient à réprimer une opposition politique des tribunaux que ceux-ci, entraînés par la tradition, auraient pu tenter par des moyens politiques ; ils ne sauraient être invoqués pour empêcher le libre exercice de la fonction contentieuse du juge moderne » (*Précis de droit constitutionnel*, p. 282). Joseph-Barthélémy et P. Duez vont dans le même sens et proposent de donner à ces textes « une portée plus discrète », suggérant aux tribunaux de faire « un travail d'assouplissement analogue à celui qui a été effectué par le Tribunal des conflits sur l'article 13 de la même loi (des 16 et 24 août 1790) consacrant la séparation des autorités administrative et judiciaire » (*Traité de droit constitutionnel*, p. 224).

Carré de Malberg se place également du point de vue textuel mais des seules lois constitutionnelles de 1875 pour conclure à l'impossibilité d'exercer un tel contrôle. Se basant sur l'article 8, alinéa premier, de la loi constitutionnelle du 25 février 1875 fixant la procédure de révision de la Constitution[1], le maître de Strasbourg énonce que le droit d'interpréter la Constitution et d'apprécier la constitutionnalité de la loi n'appartient qu'aux chambres parce que « le parlement seul est appelé à juger si un projet législatif soumis à ses délibérations porte en lui une modification de la Constitution ». En conséquence, « l'interprétation de la Constitution, d'après l'article 8, n'appartient et n'incombe qu'au parlement. c'est de lui seul que relève la solution des difficultés qui peuvent surgir sur les limites du pouvoir législatif. En d'autres termes, c'est lui qui se trouve érigé en juge de la constitutionnalité de ses lois » (R. Carré de Malberg, La constitutionnalité des lois et la Constitution de 1875, *RPP*, 10 septembre 1927, t. CXXXII, p. 339 et s., spéc. p. 345).

En toute logique, Carré de Malberg en tire la conclusion que seule une révision constitutionnelle touchant l'article 8 de la loi du 25 février 1875

1. « Les chambres auront le droit, par délibérations séparées prise dans chacune à la majorité absolue des voix, soit spontanément, soit sur la demande du président de la République, de déclarer qu'il y a lieu de réviser les lois constitutionnelles. »

pourrait permettre l'introduction d'un système de contrôle de constitutionnalité hors du parlement. Plus généralement, l'auteur analyse l'esprit des lois constitutionnelles de la IIIe République dans lesquelles il reconnaît la toute puissance du parlement auquel appartient en définitive la distinction de ce qui est législatif et de ce qui est constitutionnel, c'est-à-dire qu'il y voit la disparition de la distinction de l'organe législatif et de l'organe constituant. Son ultime réflexion est que ceux qui souhaitent l'institution d'un contrôle juridictionnel de la constitutionnalité des lois « ne pourront obtenir satisfaction qu'au prix d'une réforme complète de notre droit public organique et parlementaire » (art. préc., p. 351).

Un dernier débat porte sur la signification du principe de séparation des pouvoirs. Pour une partie de la doctrine, ce principe interdit toute possibilité de contrôle du pouvoir législatif par le pouvoir judiciaire (A. Esmein, E. Raiga, F. Larnaude, cités par M.-J. Redor, *op. cit.*, p. 218). Pour d'autres, ce principe n'empêche pas l'exercice d'un tel contrôle pourvu qu'on en détache la signification de son origine révolutionnaire (M.-J. Redor, *op. cit.*, p. 218-219). Hauriou va plus loin dans l'analyse lorsqu'il dit que le régime administratif français, issu du principe de séparation des autorités administrative et judiciaire, enferme le juge dans les contentieux particuliers, dans la relativité de la chose jugée, dans une fonction uniquement contentieuse qui évite les dérives de la création de règles générales et donc d'un possible gouvernement des juges ; le caractère *a posteriori* du contrôle exercé par le juge évite ainsi tout contrôle anticipé des lois ; « enfin, par elle-même, la dualité des juridictions (judiciaire et administrative) est une garantie de modération et de pondération dans leur interprétation des principes constitutionnels. Souvent, la Cour de cassation et le Conseil d'État auraient à se prononcer sur les mêmes cas d'inconstitutionnalité : ils auraient le souci légitime de mettre d'accord leurs jurisprudences et cet accord se réaliserait dans le juste milieu le plus raisonnable » (M. Hauriou, *Précis de droit constitutionnel*, p. 281).

Ce bel unanimisme se manifeste aujourd'hui, quasiment dans les mêmes termes, pour ce qui est des rapports entre le Conseil constitutionnel et le Conseil d'État ainsi que la Cour de cassation (v. *Conseil constitutionnel et Conseil d'État*, Paris, LGDJ-Montchrestien, 1988, avant-propos par les présidents des deux juridictions, p. 29 et s. ; *La Cour de cassation et la Constitution de la République*, PUAM, 1995).

Quoi qu'il en soit, les auteurs de cette époque admettent facilement que le juge ordinaire ait compétence pour exercer un contrôle de l'existence de la loi, c'est-à-dire ait le pouvoir de vérifier si la loi a été votée dans les formes légales et constitutionnelles (G. Jèze, *RDP*, 1904, p. 113 ;

H. Berthélémy, *RPP*, précitée, p. 358-359 ; P. Duez, *Mél. M. Hauriou*, p. 236 et 238 ; M. Hauriou, *Précis de droit constitutionnel*, p. 282-283 ; notes ss. CE, précitées ; Joseph-Barthélémy et P. Duez, *Traité de droit constitutionnel*, p. 221 et s.). Ce contrôle ne reçoit pas la qualification de contrôle de constitutionnalité, parce qu'il s'agit d'une application stricte de la Constitution par le juge, dans les éléments extrinsèques de la loi (P. Duez, art. préc., p. 236), alors que le contrôle de constitutionnalité porte sur le fait de savoir si « une loi votée très régulièrement selon les formes constitutionnelles contient au fond des dispositions contraires aux principes constitutionnels » (M. Hauriou, *Précis de droit constitutionnel*, p. 283). Il dit plus loin : « le contrôle de constitutionnalité est une affaire de fond du droit, comme d'ailleurs le contrôle de légalité des règlements administratifs ».

En réalité, c'est cette distinction entre le contrôle formel et le contrôle matériel qui retient les auteurs et les amène à conclure à l'inefficacité de l'introduction du contrôle de constitutionnalité par voie d'exception. Dans la mesure où la constitution ne contient pas de principes de fond, le contrôle de constitutionnalité ne trouve pas vraiment matière à s'exercer, sauf à considérer, comme Hauriou, Jeze et Berthélémy, et même Duguit, qu'il existe des principes supérieurs (comme la séparation des pouvoirs, la continuité des services publics, l'obéissance hiérarchique des fonctionnaires, selon Hauriou) qui s'imposent au législateur, et que la Déclaration de 1789 subsiste à titre coutumier, ou à titre de « constitution sociale » pour employer le mot d'Hauriou (*Précis de droit constitutionnel*, p. 624 et s.).

V. sur ces points M.-J. Redor, *op. cit.*, p. 224-225 ; J.-P. Machelon, art. préc., p. 631-632 et les références citées. V. aussi : P. Reynaud, Des droits de l'homme à l'État de droit : les droits de l'homme et leurs garanties chez les théoriciens français classiques de droit public, *Droits*, n° 2, 1985 ; E. Pisier, Léon Duguit et le contrôle de constitutionnalité des lois : paradoxes pour paradoxes, *Mél. M. Duverger*, Paris, PUF, 1988, p. 189 et s. ; J. Chevallier, *L'État de droit*, Paris, Montchrestien, coll. « Clefs Politique », 2e éd., 1994, p. 31 et s.

L'analyse contemporaine, à laquelle on souscrit, voit « dans cette évolution (du contrôle formel vers le contrôle matériel) l'une des manifestations les plus sensibles du passage de l'État légal à l'État de droit. Les conceptions de l'État légal impliquaient en effet l'infaillibilité du législateur, et faisaient de la loi la garantie suprême. Avec l'État de droit, au contraire, le législateur désormais critiqué doit obéir au droit au même titre que le pouvoir exécutif ; la loi n'est plus la norme fondamentale, elle doit se soumettre à son tour à des considérations supérieures tirées de la constitution » (M.-J. Redor, *op. cit.*, p. 225).

On le voit, le débat juridique sous la IIIe République contient tous les ingrédients du débat contemporain sur le contrôle de constitutionnalité des lois, ses avantages et ses inconvénients. La doctrine fait une place importante à cette question qui n'est plus « une amusette pour jurisconsultes » selon le mot célèbre d'Hauriou (*Précis de droit constitutionnel*, p. 288), alors même que le monde politique rejette sans ambiguïté toute réforme en ce sens. Si cette doctrine utilise des présupposés disparates, allant du jusnaturalisme à un pré-positivisme, il est significatif de relever qu'à cette époque se lève une génération qui est celle de Charles Eisenmann dont la thèse consacrée à *La justice constitutionnelle et la Haute Cour constitutionnelle d'Autriche* (Paris, LGDJ, 1928, rééd. Économica-PUAM, 1986, avec un avant-propos de G. Vedel) apporte les vues nouvelles du kelsénisme sur la justice constitutionnelle et qui contient une critique forte des idées d'Hauriou, Duguit et Gény sur ce sujet, par une défense du positivisme juridique (*op. cit.*, p. 24 à 92).

On est aujourd'hui frappé par la « modernité » des conceptions alors présentées par le jeune auteur (cf. L. Favoreu, La modernité des vues de Charles Eisenmann sur la justice constitutionnelle, *in* P. Amselek [dir.], *La pensée de Charles Eisenmann*, Économica-PUAM, 1986, p. 85 et s., reproduit aussi en annexe à la réédition de la thèse de C. Eisenmann, p. 367 et s.) ; c'est que les idées de Kelsen ont triomphé en France. Les obstacles politiques, bien perçus par les auteurs classiques, sont aujourd'hui tombés. Mais les vues de la doctrine classique, par leur variété et leur qualité, apportent encore aujourd'hui des éléments essentiels de réflexion sur le contrôle de constitutionnalité, en particulier par voie d'exception. Leur propos n'a pas vieilli et il ouvrira encore de nombreuses voies de recherche lorsque les débats doctrinaux et politiques reprendront sur la mise en place ou non d'un système de question préjudicielle de constitutionnalité.

BIBLIOGRAPHIE

Sur le jury constitutionnaire : *Moniteur universel*, t. XXV, p. 291 et s. ; Bastid (P.), *Sieyès et sa pensée*, Paris, 1939, nouvelle éd., Hachette, 1970 ; Genève, Slatkine Reprints, 1978 ; id., *Les discours de Sieyès dans les débats constitutionnels de l'an III (2 et 18 thermidor)*, Paris, Hachette, 1939 ; Bredin (J.-D.), *Sieyès. La clé de la Révolution française*, Paris, de Fallois, 1988, p. 366 et s. ; Church (C.), Du nouveau sur les origines de la Constitution de 1795, *RHD*, 1974, p. 594 et s. ; Clavreul (C.), *L'influence de la théorie d'Emmanuel Sieyès sur les origines de la représentation en droit public*, thèse, Paris I, 1982 ; Deslandres (M.), *Histoire constitutionnelle de la France de 1789 à 1870*, Sirey, 1933, t. 1, p. 341 et s. ; Joseph-Barthélémy et P. Duez, *Traité de droit constitutionnel*, Paris, 1933, rééd.

Économica, 1985, p. 203 ; Nicolle (B.), *Aux origines du contrôle de constitutionnalité : la jurie constitutionnaire de Sieyès (1795)*, Mémoire DEA, Paris X, 1990, 461 p. (dact.) ; Morabito (M.) et Bourmaud (D.), *Histoire constitutionnelle et politique de la France 1789-1958*, Montchrestien, 1991, p. 127 ; Stern (A.), Sieyès et la Constitution de l'an III, in *La Révolution française*, t. XXXIX, juillet-décembre 1900, p. 375 et s.

Pour la Constitution de 1793 v. Levinet (M.), Le problème du contrôle de la loi lors de l'élaboration de la Constitution de 1793, *RDP*, 1989, p. 697 et s.

Sur le Sénat du Consulat et du Ier Empire : Joseph-Barthélémy et Duez (P.), *Traité de droit constitutionnel*, p. 203-206 ; Trouillard, *Le Sénat conservateur du Consulat et du Ier Empire*, thèse, Rennes, 1911 ; Théry, *Les attributions du Sénat du Ier Empire concernant la justice et les droits individuels*, thèse, Paris, 1922 ; Gobert (A.), *L'opposition des assemblées pendant le Consulat*, thèse, Paris, 1925.

Sur le Sénat du IInd Empire : Ashworth (A.), Le contrôle de la constitutionnalité des lois par le Sénat du IInd Empire, *RD publ*, 1994, p. 45 et s. ; Joseph-Barthélémy et Duez (P.), *Traité de droit constitutionnel*, p. 206 ; Berton (H.), *L'évolution constitutionnelle du IInd Empire*, thèse, Paris, 1900 ; Perceau (H.), *Le Sénat du IInd Empire*, thèse, Paris, 1909.

Les réflexions doctrinales concernant l'introduction d'un système de contrôle de constitutionnalité en France à l'époque de la IIIe République sont assez nombreuses, et deviennent particulièrement significatives à partir des années 1920. On peut citer, dans l'ordre chronologique : Jèze (G.), Du contrôle des délibérations des assemblées délibérantes, *Revue générale d'administration*, 1895, II, p. 411 et s. ; Berthélémy (H.), Des garanties judiciaires qui existent dans certains pays au profit des particuliers contre les actes du pouvoir législatif, *Bull. de la Société de Législation comparée*, 1902, p. 175 et s. et discussion p. 240 et s. ; Hauriou (M.), notes ss. CE, 7 août 1909, *Winkell*, *S*, 1909.III.145 ; 1er mars 1912, *Tichit*, *S*, 1913.III.137 ; 28 juin 1918, *Heyriès*, *S*, 1922.III.41 ; Duguit (L.), De la responsabilité pouvant naître à l'occasion d'une loi, *RD publ*, 1910, p. 637 et s. ; *Traité de droit constitutionnel*, Paris, de Boccard, 2e éd., t. 3, 1923 ; Angleys (A.), *Des garanties contre l'arbitraire du pouvoir législatif par l'intervention de l'autorité judiciaire*, thèse, Grenoble, 1910 ; Berthélémy (H.) et Jèze (G.), Pouvoir et devoir des tribunaux en général et des tribunaux roumains en particulier de vérifier la constitutionnalité des lois à l'occasion des procès portés devant eux, *RD publ*, 1912, p. 138 et s. et opinions Esmein (A.) et Larnaude (F.), p. 305 et s. ; Desfougere, *Le contrôle juridictionnel de la constitutionnalité des lois*, 1913 ; Ho Hio Ky, *Le contrôle de la constitutionnalité des lois en France*, thèse, Paris, 1926 ; Lambert (E.), *Le gouvernement des juges et la lutte contre la législation sociale aux États-Unis*, Giard, 1921 ; Leblanc (J.), *Du pouvoir des tribunaux d'apprécier en France la constitutionnalité des lois*, Paris, PUF, 1924 ; Jèze (G.), *RD publ*, 1924, p. 399 et s. ; Berthélémy (H.), Les limites du pouvoir législatif, *RPP*, 1925, t. CXXV, p. 355 et s. ; Larnaude (F.), L'inconstitutionnalité des lois et le droit public français, *RPP*, 10 février 1926, t. CXXVI, p. 181 et s. ; Berthélémy (H.), Le contrôle judiciaire de la constitutionnalité des lois, in *Séances et travaux de l'Académie des Sciences morales et politiques*, 1926, 2e semestre, p. 55 et s. ; Laroque (P.), Le contrôle de la constitutionnalité des lois en France, *RD publ*, 1926, p. 722 et s. ; Carré de Malberg (R.), La constitutionnalité des lois et la Constitution de 1875, *RPP*, 10 septembre 1927, t. CXXXII, p. 339 et s. ; note sur la question de la sanction juridictionnelle des principes constitutionnels, *Annuaire de l'Institut international de droit public*, 1929 ; Blondel (A.), *Le contrôle juridictionnel de la constitutionnalité des lois*, thèse, Aix-en-Provence, Imp. Roubaud, 1927 ; Kelsen (H.), La garantie juridictionnelle de la

Constitution (la justice constitutionnelle), *RD publ*, 1928, p. 197 et s. ; Waline (M.), Éléments d'une théorie de la juridiction constitutionnelle en droit positif français, *RD publ*, 1928, p. 441 et s. ; Duez (P.), Le contrôle juridictionnel des lois en France. Comment il convient de poser la question, *Mél. M. Hauriou*, Sirey, 1929, p. 213 et s. ; Hauriou (M.), *Précis de droit constitutionnel*, Paris, Sirey, 1929, rééd. CNRS, 1965, p. 266 et s. ; Maury (J.), Les droits individuels et la loi : l'exception d'inconstitutionnalité, in *Les garanties de la liberté individuelle*, Paris, Sirey, 1933, p. 149 et s. V. particulièrement les références bibliographiques citées dans la thèse de Redor (M.-J.) (citée *infra*) p. 33 et s.

Sur l'analyse contemporaine de ce débat : G. Bigot, *L'autorité judiciaire et le contentieux de l'administration. Vicissitudes d'une ambition. 1800-1872*, thèse, Rennes I, 1997, 826 p., spéc. p. 319 et s. ; Burdeau (G.), *Traité de science politique*, t. IV ; Hamon (L.), *Les juges de la loi*, Paris, Fayard, 1987, p. 48 et s. ; Heymann-Doat (A.), Le juge et les libertés (colloque G. Jèze), *Revue d'histoire des Facultés de droit et de la science juridique*, n° 12, 1991, p. 33 ; Leca (A.), Les grandes étapes du contrôle de la constitutionnalité des lois dans la pensée politique européenne d'Aristote à Kelsen, *Rev. de la recherche juridique. Droit prospectif*, 1987-3, p. 957 ; Machelon (J.-P.), *La République contre les libertés ?*, Paris, FNSP, 1976 ; Parlementarisme absolu, État de droit relatif. A propos du contrôle de la constitutionnalité des lois en France sous la IIIe République (positions et controverses), *Rev. adm.*, 1995, p. 628 et s. ; Maulin (E.), Le principe du contrôle de la constitutionnalité des lois dans la pensée de R. Carré de Malberg, *RFDC*, n° 21, 1995, p. 79 et s. ; Mestre (J.-L.), La Cour de cassation et le contrôle de la constitutionnalité. Données historiques, in *La Cour de cassation et la Constitution de la République*, PUAM, 1995, p. 35 et s. (sur la période 1790-1851 essentiellement) ; Pacteau (B.), Le contrôle sur les lois au nom des libertés (exigence et conséquence de la Déclaration de 1789), *LPA*, 25 août 1989, p. 41 et s. ; Pisier (E.), Léon Duguit et le contrôle de la constitutionnalité des lois : paradoxes pour paradoxes, *Mél. M. Duverger*, Paris, PUF, 1988, p. 189 et s. ; Redor (M.-J.), *De l'État légal à l'État de droit. L'évolution des conceptions de la doctrine publiciste française 1879-1914*, Économica-PUAM, 1992, spéc. p. 173 et s. et 216 et s. ; Rousseau (D.), La question du contrôle de la constitutionnalité des lois sous la IIIe République, *Revue belge de droit constitutionnel*, 1994, 3-4, p. 311 et s. ; Vedel (G.), Rapport de synthèse, in *La continuité constitutionnelle en France de 1789 à 1989*, Économica-PUAM, 1990, p. 171 et s. (publié aussi in *RFD const*, n° 1, 1990, p. 5 et s.) ; Verpeaux (M.), Le contrôle de la loi par voie de l'exception dans les propositions parlementaires sous la IIIe République, *RFD const*, n° 4, 1990, p. 688 et s.

Chapitre II

LE COMITÉ CONSTITUTIONNEL DE LA CONSTITUTION DE 1946

Le retour à la légalité républicaine à partir de 1944 et l'installation progressive d'institutions représentatives permettent la préparation d'une nouvelle constitution à laquelle les Français aspirent massivement comme en témoignent les résultats du référendum d'octobre 1945 qui souhaitent à 96 % que la nouvelle assemblée élue soit bien constituante. C'est donc au sein de cette nouvelle Assemblée constituante chargée d'élaborer un projet de constitution qui doit être soumis à l'approbation du peuple français que sera discutée la question du contrôle de constitutionnalité.

Il faut d'emblée faire remarquer que le contrôle de constitutionnalité est un sujet qui fait pleinement partie de la discussion constitutionnelle de l'époque. S'il n'est pas un sujet majeur, il tient sa place dans le débat politico-juridique. En cela, on peut d'ailleurs souligner la continuité des éléments de ce débat avec celui qui avait eu lieu sous la IIIe République. En effet, le thème du contrôle judiciaire de constitutionnalité exercé par une Cour suprême est récurrent dans le discours de la droite traditionnelle (v. *supra* chapitre I. V. aussi J. Lemasurier, *La Constitution de 1946 et le contrôle juridictionnel du législateur*, préf. M. Prélot, Paris, LGDJ, 1954, p. 16 et s.). Il est repris en 1945, par ce qui peut se reconstituer comme partis de droite, tels l'Union républicaine ou encore les Indépendants dont certains membres constitueront un peu plus tard le parti Républicain de la liberté (PRL). Mais il est certain que les idées de la droite sont largement discréditées par l'amalgame qui est en fait avec celles du régime de Vichy.

Le débat à la première Constituante

Pourtant dès la première Assemblée constituante, lorsque la question du contrôle de constitutionnalité est évoquée en décembre 1945 par le président de la Commission de la Constitution André Philip, un parlementaire de l'Union républicaine, Joseph Denais, soutient l'idée de création d'une Cour judiciaire suprême chargée du contrôle de la constitutionnalité des lois, mais le projet est repoussé à une très forte majorité (v. J. Lemasurier, *op. cit.*, p. 28). Pourtant la discussion ne se limite pas à la droite. Tous les partis prennent position sur le sujet, à partir d'une proposition d'A. Philip qui, sur un mode limité, verrait bien un contrôle de constitutionnalité exercé par référendum déclenché par le président de la République après avis d'une commission juridique élue au début de chaque législature. Des représentants du Mouvement républicain populaire (MRP) comme François de Menthon s'y rallient aisément tandis que Pierre Cot et les communistes préféreraient un contrôle exercé par l'Assemblée elle-même. Mais si un accord semble se faire en commission et sur le principe du contrôle de constitutionnalité et sur son exercice par voie de référendum, la discussion en séance plénière le 18 avril 1946 se conclut sur le rejet du principe même du contrôle de constitutionnalité (*JO*, ANC, Déb., 2e séance du 18 avril 1946, p. 2014 et s.). C'est que ce débat a mis au jour les divergences de principe entre d'une part le MRP auquel se joint pour l'occasion le PRL, et d'autre part les socialistes et les communistes qui sont sur ce point du même avis. Sous ce débat, se profilent toutes les ambiguïtés du projet de Constitution d'avril 1946 : l'omnipotence de l'Assemblée, les réticences à l'égard d'un référendum déclenché par le président de la République qui ressemble trop à une technique plébiscitaire, le champ du contrôle de constitutionnalité que socialistes et communistes ne veulent pas voir se fonder sur la Déclaration des droits qui vient d'être adoptée, bref la nature du régime ne supporte pas le contrôle de constitutionnalité. On sait que le 5 mai 1946, le projet de Constitution fut rejeté par référendum, ce qui obligeait le gouvernement provisoire à réunir une deuxième Constituante mais qui signifiait aussi le rejet d'un régime d'Assemblée, ce qui allait inévitablement influencer les débats sur le contrôle de constitutionnalité. Sur le plan politique, cette opposition tant sur le principe que sur les modalités du contrôle de constitutionnalité laisseront des traces qui influeront non seulement sur l'organisation et les compétences du Comité constitutionnel du projet élaboré par la deuxième Constituante mais révèlent déjà fortement les oppositions politiques à venir.

Sur ces débats v. J. Lemasurier, *op. cit.*, p. 27 et s. ; L. Hamon, *Les juges de la loi. Naissance et rôle d'un contre-pouvoir : le Conseil constitutionnel*, Fayard, 1987, p. 123-132 ; G. Berlia, Le projet de Constitution du 19 avril 1946, *RDP*, 1946, p. 209 ; R. Pelloux, La Constitution du 19 avril 1946, *D*, 1946, chron., p. 45 ; *Séances de la Commission de la Constitution. Comptes rendus analytiques. Assemblée nationale constituante élue le 21 octobre 1945*, Imprimerie de l'ANC, s.d.

Le débat à la deuxième Constituante

La deuxième Constituante se réunit à partir de juin 1946 selon une répartition politique qui donne un avantage certain aux tendances représentées par le MRP. Ce recentrage modifie les données politiques et juridiques du débat constitutionnel. Justement, les oppositions qui s'étaient manifestées à propos des principes et des modalités du contrôle de constitutionnalité permettent au MRP sorti vainqueur du rejet du projet d'avril 1946 de proposer à nouveau un système de contrôle de constitutionnalité, d'autant plus que le rapporteur général de la Commission de la Constitution, Paul Coste-Floret, est lui-même MRP. Une proposition, déposée par Jacques Bardoux, défend toujours l'idée du contrôle par une Cour suprême (*JO*, ANC, 2 juin 1946, annexe au PV du 26 juin 1946, II, n° 35, p. 27). Mais, en réalité, le débat prend une tournure différente dans la mesure où le rejet du projet d'avril 1946 avait pour claire conséquence pour les constituants la nécessité d'assurer la séparation des pouvoirs, la création d'une seconde chambre, le droit de dissolution accordé au chef de l'État. L'équilibre résultant du contrôle de constitutionnalité était alors moins nécessaire. S'y ajoute la prise de position du président de la commission, toujours A. Philip, contre le gouvernement des juges qui aurait pour effet d'aboutir à « renforcer la puissance des forces de la réaction et à ralentir toute évolution progressiste » (*Séances de la Commission de la Constitution. Comptes rendus analytiques*, séance du 11 juillet 1946, imprimerie de l'ANC, s.d., p. 102). Il propose donc de limiter le contrôle de constitutionnalité « à tout ce qui a trait à l'organisation des pouvoirs publics ». Même si le MRP est réservé sur cette limitation, il s'y rallie. Le vote en Commission admet donc le principe du contrôle de constitutionnalité, en limite le champ à l'organisation des pouvoirs publics, et en revient à un contrôle exercé en dernier lieu par référendum, reprenant là une proposition de loi constitutionnelle du MRP (*JO*, ANC, annexe au PV du 4 juillet 1946, n° II, 68). La discussion en séance publique permet de retrouver le clivage entre les partisans du contrôle judiciaire de constitutionnalité et les opposants à tout contrôle (*JO*, ANC, séance du 17 septembre 1946,

p. 3764 et s. ; v. sur ce débat : L. Hamon, *op. cit.*, p. 132 et s. ; J. Lemasurier, *op. cit.*). L'accord se fait en définitive, avec même l'accord des communistes, sur un texte prévoyant la création d'un Comité constitutionnel présidé par le président de la République et chargé d'examiner si les lois votées par l'Assemblée nationale supposent une révision de la Constitution. Il ne peut statuer que sur les demandes de révision de la Constitution concernant l'organisation des pouvoirs publics, à l'exclusion des dispositions du Préambule. Sa composition et ses compétences sont fixées dans le titre XI de la Constitution du 27 octobre 1946, aux articles 91 à 93.

Sur le seconde Constituante v. les ouvrages cités *supra* et aussi *Séances de la Commission de la Constitution. Comptes rendus analytiques. Assemblée nationale constituante élue le 2 juin 1946*, Imprimerie de l'ANC, s.d.

SECTION 1
Organisation

Le Comité constitutionnel créé par la Constitution de 1946 est un organisme de treize membres dont la composition est largement déterminée par les assemblées parlementaires. S'il est présidé par le président de la République et comprend aussi comme membres de droit le président de l'Assemblée nationale et le président du Conseil de la République, il comprend surtout sept membres élus au début de chaque session annuelle à la représentation proportionnelle des groupes par l'Assemblée nationale et trois par le Conseil de la République dans les mêmes conditions, élus certes en dehors de leurs membres, mais qui sont nécessairement le reflet de la composition politique des assemblées. La désignation a donc un caractère politique marqué, renforcé par le fait que cette désignation a lieu chaque année. Les candidatures sont proposées par les groupes parlementaires et examinées dans chaque assemblée par la Commission du suffrage universel, en application de leurs résolutions respectives (*JO*, 1946, AN, Déb., séance du 27 décembre 1946, p. 377 ; *JO*, 1947, Conseil Rép., Déb., séance du 28 janvier 1947, p. 24). La Commission examine les titres des candidats, en dresse la liste et la soumet à chaque assemblée. La liste est publiée au *Journal officiel*, si elle n'a pas donné lieu à une opposition significative de chacune des assemblées. En pratique, ce sont donc les groupes parlementaires qui fixent les listes de candidats, proportionnellement à leurs effectifs.

La Constitution ni aucun autre texte ne fixe de conditions particulières à la désignation des membres du Comité constitutionnel, à la différence de ce qui se pratique alors dans d'autres pays tels que l'Allemagne où la loi du 12 mars 1951 fixe des conditions d'âge, de compétence et d'expérience dans le domaine juridique ou judiciaire. En France, rien de tout cela, la désignation est laissée à l'entière appréciation des assemblées. En fait, les désignations seront de bonne tenue puisqu'on y trouvera des membres du Conseil d'État, des professeurs des Facultés de droit, des membres de l'Institut, des représentants des professions judiciaires. Durant la première législature, les mêmes membres furent d'ailleurs constamment réélus (v. composition J. Lemasurier, *op. cit.*, p. 144 et s.), alors que la volonté du constituant (intervention de Guy Mollet) avait justement été d'éviter un mandat quinquennal de fait. En 1950, le régime d'incompatibilité des parlementaires sera précisé en excluant tout autre mandat, et donc logiquement celui de membre du Comité constitutionnel (ce qui obligea Marcel Prélot élu député à quitter le Comité). Les membres du Comité ne sont tenus à aucun serment et ne sont pas rémunérés.

Cette organisation et surtout ce mode de désignation n'était pas fait pour donner du prestige à l'institution, mais devait marquer que le Comité constitutionnel était bien sous la coupe du Parlement. Comme le dit Mlle Lemasurier « l'élection annuelle du Comité confère au Parlement un véritable droit de contrôle indirect sur l'activité de cet organisme, dont elle condamne toute velléité d'indépendance, les commissaires étant en quelque sorte responsables devant le Parlement qui peut ne pas les réélire » (*op. cit.*, p. 150). On ne saurait mieux dire.

SECTION 2
Compétences

Selon l'article 91 de la Constitution, « le Comité constitutionnel examine si les lois votées par l'Assemblée nationale supposent une révision de la constitution ». Cette formulation assez curieuse laisse entendre que l'Assemblée nationale n'outrepasse pas ses pouvoirs en votant une loi contraire à la Constitution. Le Comité constitutionnel exerce alors une compétence de vérification de la constitutionnalité de la loi plus qu'un véritable contrôle, qui revient à s'assurer que la procédure suivie par l'Assemblée nécessite une révision de la Constitution. Ainsi qu'avait pu le dire justement André Philip lors des débats à la seconde Constituante, le contrôle exercé est en fait un contrôle de la constitutionnalité de la révision, destiné à vérifier que, l'Assemblée n'a pas voté selon la procédure de la loi ordinaire une loi en réalité constitutionnelle (v. en ce sens les réflexions de G. Vedel, *Cours de droit constitutionnel*, 1949-1950, précité, p. 827 ; F. Gény, *JCP*, 1947.I.613).

Cette analyse est reprise et développée presque quarante ans plus tard par le Doyen Vedel dans l'avant-propos à la réédition de la thèse de Charles Eisenmann en 1986 (Économica-PUAM) en ces termes : « Souvent le contrôle de constitutionnalité des lois est, naïvement ou savamment, présenté comme aboutissant à faire prévaloir la volonté du juge contre la volonté générale et, à la limite, comme faisant échec à la démocratie. Mais il ne pourrait en être ainsi que si le juge constitutionnel pouvait imposer un droit supra-constitutionnel. Dans la réalité, il ne peut que se borner à dénoncer une incompétence : ce n'est pas une condamnation de fond qu'il prononce en déclarant une loi contraire à la Constitution. Ce n'est jamais qu'une condamnation de procédure : le contenu de la loi se serait imposé à lui s'il avait fait l'objet d'une révision constitutionnelle. Autrement dit, le refus d'enregistrement qu'à l'instar des Parlements de l'ancienne France la Cour constitutionnelle oppose au pouvoir législatif peut toujours être brisé par ce "lit de justice" qu'est la révision constitutionnelle » (p. VIII). Tout est dit !

Ainsi, ce type de contrôle permet, plus que formellement, de sauvegarder la souveraineté de l'Assemblée et ne conduit qu'en dernier lieu à la révision de la Constitution, comme par regret.

La procédure de saisine du Comité constitutionnel, par sa complexité, révèle encore les ambiguïtés de ce contrôle. La saisine est possible une fois la loi votée et dans le délai de promulgation de celle-ci. Elle résulte, selon l'article 92 de la Constitution, d'une demande conjointe émanant du président de la République et du président du Conseil de la République, le Conseil ayant donné son accord à cette saisine à la majorité absolue des membres le composant. Le déclenchement de cette procédure appartient donc en pratique au Conseil de la République, auquel peuvent difficilement s'opposer le président de la République ou celui de la Haute Assemblée. On retrouve là le rôle traditionnel de la Chambre haute dans la défense de la Constitution, mais en l'espèce très diminué (cf. *supra* chapitre I ; v. en ce sens F. Luchaire, *Le Conseil constitutionnel*, Économica, 1980, p. 13).

L'intervention du Comité constitutionnel est limitée et tardive. Il « examine la loi, s'efforce de provoquer un accord entre l'Assemblée nationale et le Conseil de la République et, s'il n'y parvient pas, statue dans les cinq jours de sa saisine. Ce délai est ramené à deux jours en cas d'urgence » (Const., art. 92, al. 2). Si le Comité estime que la loi implique une révision de la Constitution, celle-ci est renvoyée à l'Assemblée nationale pour une nouvelle délibération. Si le Parlement maintient son premier vote, la loi ne peut être promulguée qu'après la révision de la Constitution, dans les formes prévues à l'article 90 de la Constitution (cf. Const., art. 93). Si la loi est jugée conforme à la Constitution par le Comité, elle est promulguée dans le délai prévu par la Constitution (dix jours ou cinq jours en cas d'urgence, Const. art. 36), celui-ci étant prolongé de la durée des délais prévus à l'article 92 (cf. art. 93, al. 2 et 3).

Le contrôle opéré par le Comité ne l'est qu'au regard des titres Ier à X de la Constitution, c'est-à-dire seulement des règles d'organisation des pouvoirs publics, à l'exception du Préambule de la Constitution, ce qui a pour effet de renforcer le caractère procédural du contrôle et d'interdire toute appréciation portant sur les droits fondamentaux. Ceci signifie qu'une violation de ces droits par le législateur ne peut pas être sanctionnée.

Le système mis en place par la Constitution est donc avant tout une procédure de conciliation et d'arbitrage entre les deux assemblées (G. Vedel, *Manuel élémentaire de droit constitutionnel*, préc.) dont la révision constitutionnelle est une conclusion non souhaitée. Mais la conséquence plus générale, soulignée encore par le Doyen Vedel (*Cours*, p. 832), est l'interdiction de fait de toute procédure d'exception d'inconstitutionnalité en présence d'une procédure constitutionnellement organisée, ce qui d'ailleurs était bien le souhait du constituant de 1946 (v. pourtant une défense du contrôle par le juge ordinaire : M. Mignon, Le contrôle juridictionnel des lois, *D*, 1952, chron., p. 45 et s.).

En pratique enfin, le Comité n'eut à intervenir qu'une seule fois, par une délibération du 18 juin 1948, portant sur les prérogatives du Conseil de la République à l'égard de l'Assemblée nationale dans la procédure d'urgence. La Constitution prévoyait qu'en cas d'urgence dans l'examen de la loi, le Conseil de la République devait statuer dans le délai prévu pour les débats à l'Assemblée par le Règlement de celle-ci (Const., art. 20). Or ce Règlement ne prévoyait aucun délai, ne permettant pas d'assurer ainsi le respect de l'obligation posée dans la Constitution. Dans sa délibération (*RDP*, 1949, p. 206), le Comité constitutionnel demande aux deux assemblées de compléter leurs Règlements respectifs pour lever ces incertitudes et donne mandat au président de la République pour trouver une solution aux difficultés d'interprétation qui pourraient survenir, au besoin en demandant une nouvelle délibération de la loi, selon les pouvoirs qui lui sont donnés par l'article 36 de la Constitution. La solution fut trouvée, après que le président de la République eut transmis par message la délibération du Comité aux chambres, dans une modification du Règlement de l'Assemblée nationale qui mit fin au conflit en précisant les délais d'examen. Le texte de loi qui avait été l'occasion du conflit fut soumis à une nouvelle délibération par le président de la République dans un large esprit de conciliation entre les deux assemblées.

Mais cette unique délibération ne saurait masquer le manque d'efficacité pratique du système instauré en 1946. Pourtant, l'étude de la pratique des rapports entre le président de la République et les Chambres sous la IVe République montre que les conflits étaient plus fréquents qu'on ne peut le penser et que les présidents de la République successifs, Vincent Auriol particulièrement, ont souvent été tentés de s'appuyer sur le Conseil de la République pour saisir le Comité constitutionnel et lui faire trancher un conflit entre lui et l'Assemblée nationale. Le Comité aurait alors pu jouer un rôle d'arbitre non négligeable. Les mœurs politiques de l'époque ne lui en ont pas laissé la possibilité.

Sur la délibération du Comité constitutionnel du 18 juin 1948 et plus généralement les rapports entre le président de la République et les Assemblées v. A. Soulier, La délibération du Comité constitutionnel du 18 juin 1948 *RDP*, 1949, p. 195 et s. ; J. Lemasurier, *op. cit.*, p. 221 et s. ; J. Lyon, *Nouveaux suppléments* au *Traité de droit politique, électoral et parlementaire* d'Eugène Pierre, La documentation française, 1990, t. II, p. 14 ; J.-Y. Plouvin, Le droit présidentiel de demander une nouvelle délibération de la loi, *RDP*, 1980, p. 1563.

Conclusion

L'appréciation qu'on doit porter sur le Comité constitutionnel est en première analyse négative, tout simplement parce qu'il n'a jamais réellement rempli la fonction qui lui était donnée par la Constitution de 1946. A l'exception de l'épisode de 1948 qui n'avait d'ailleurs pas permis de mener la procédure constitutionnelle à son terme, le Comité constitutionnel n'a eu aucune influence sur le fonctionnement constitutionnel des pouvoirs publics ou sur le droit de la IVe République.

On pourrait en rester là et rejeter l'institution aux oubliettes de l'histoire. On pense cependant que le Comité constitutionnel a exercé, dans le domaine du contrôle de constitutionnalité en France, une fonction de révélateur et de précurseur. De révélateur parce qu'il a montré, malgré ses insuffisances, dont le déséquilibre voulu des institutions au profit de l'Assemblée est d'abord responsable, que l'on pouvait mettre en place un organisme chargé du contrôle de constitutionnalité sans nuire aux institutions républicaines. Dans la psychologie constitutionnelle et républicaine, si l'on peut dire, le fait n'est pas sans importance car il a créé une sorte de précédent qui servira de tremplin à la création du Conseil constitutionnel de la Ve République, sur le mode du contrepoint. Le Comité constitutionnel a aussi joué un rôle précurseur parce qu'il a posé les principes du contrôle de conformité à la Constitution des actes subordonnés en tirant toutes les conséquences logiques de l'exercice de ce contrôle, c'est-à-dire la nécessité de la révision constitutionnelle en cas de contrariété entre la loi et la Constitution. Certes, la procédure ménageait toutes les susceptibilités, de l'Exécutif et surtout du Législatif, mais elle devait appliquer, si elle avait fonctionné, la doctrine kelsénienne de la révision constitutionnelle, qui conclut à la nécessité du vote de la loi selon la procédure de la révision constitutionnelle si le Parlement souhaite l'adopter en contradiction avec la Constitution en vigueur (cf. *RDP*, 1928, spéc. p. 206. V. aussi C. Eisenmann, thèse préc., p. 17). En ce sens, le processus de contrôle de constitutionnalité était plus avancé qu'il ne le serait pour le Conseil constitutionnel dans les intentions du constituant de la Ve République et dans ses premières années de fonctionnement. Mais il était aussi cantonné dans les éléments substantiels du contrôle puisqu'il ne pouvait se prononcer au regard du Préambule de la Constitution de 1946, c'est-à-dire en utilisant les droits fondamentaux si caractéristiques de l'esprit des textes de la IVe République. Le Comité constitutionnel était en quelque sorte un régulateur impuissant de l'activité normative des pouvoirs publics. Emporté dans la tourmente du régime, il aura ouvert la voie à l'institution d'un organisme régulateur plus efficace. Ce mérite lui donne en définitive quelque crédit.

BIBLIOGRAPHIE

Sur un plan général on pourra consulter sur la IVe République les bibliographies des ouvrages d'histoire constitutionnelle et politique. V. par exemple : Avril (P.) et Vincent (G.), *La IVe République : Histoire et société*, M. A. éd., 1988 ; Chapsal (J.), *La vie politique en France de 1940 à 1958*, PUF, 1984 ; Chevallier (J.-J.), *Histoire des institutions et des régimes politiques de la France de 1789 à nos jours*, Dalloz, 6e éd., 1981 ; Elgey (G.), *La République des illusions (1945-1951)*, Fayard, 1965 ; id., *La République des contradictions (1951-1954)*, Fayard, 1968 ; Fauvet (J.), *La IVe République*, Fayard, 1959 ; Goguel (F.), *Le régime politique français*, Le Seuil, 1955 ; Julliard (J.), *La IVe République (1947-1958)*, éd. Pluriel, 1980 ; Morabito (M.) et Bourmaud (D.), *Histoire constitutionnelle et politique de la France (1789-1958)*, Montchrestien, 1991, p. 444 et s. ; *Pouvoirs*, n° 76, 1996, n° spécial : *La IVe République* ; Siegfried (A.), *De la IIIe à la IVe République*, Grasset, 1956.

Sur l'analyse juridique des institutions : Burdeau (G.), Le régime des pouvoirs publics dans la Constitution du 27 octobre 1946, *RDP*, 1946, p. 545 et s. ; Gény (F.), De l'inconstitutionnalité des lois ou des autres actes de l'autorité publique et des sanctions qu'elle comporte dans le droit nouveau de la Quatrième République française, *JCP*, 1947.I.613 ; Georgel (J.), *Critiques et réformes des Constitutions de la République. De la Quatrième à la Sixième ?*, Paris, éd. Celse, 2 t., 1959 et 1960, avec une bibliographie très étendue sur la préparation de la Constitution de 1946, sur celle-ci, sur le fonctionnement des institutions p. 327 et s. ; v. aussi de nombreux articles à la *Revue politique et parlementaire* en 1945 et 1946 (E. Giraux, G. Scelle, B. Mirkine-Guetzevitch...).

Sur le Comité constitutionnel, outre la bibliographie citée dans le corps du texte et les ouvrages généraux de droit constitutionnel et d'institutions politiques v. particulièrement : la thèse de Mlle J. Lemasurier, *La Constitution de 1946 et le contrôle juridictionnel du législateur*, préf. M. Prélot, Paris, LGDJ, 1954 en particulier la bibliographie très complète sur les projets constitutionnels de 1945-1946, les points de vue des différentes forces politiques de l'époque, la Constitution de 1946, p. 251 et s. ; Hamon (L.), *Les juges de la loi. Naissance et rôle d'un contre-pouvoir : le Conseil constitutionnel*, Fayard, 1987, p. 123-135 ; Luchaire (F.), *Le Conseil constitutionnel*, Économica, 1980, spéc. p. 12 à 14 ; Soulier (A.), La délibération du Comité constitutionnel du 18 juin 1948, *RDP*, 1949, p. 195 et s. ; Vedel (G.), *Cours de droit constitutionnel*, licence, 1re année, 1949-1950, Les Cours de droit, p. 825 et s. ; id., *Manuel élémentaire de droit constitutionnel*, Sirey, 1949 (rééd., 1984).

TITRE III

Le Conseil constitutionnel et le contrôle de constitutionnalité des normes

Le contentieux constitutionnel des normes est le cœur de la fonction de contrôle de constitutionnalité exercée par le Conseil constitutionnel. Avant d'en étudier les éléments, il faut présenter le Conseil en tant qu'organe constitutionnel puis énoncer quelles sont les normes de référence du contrôle de constitutionnalité. C'est l'objet des deux premiers chapitres.

Puis un chapitre s'attachera à présenter les différents types de contrôle des normes, avant de traiter plus spécifiquement, en deux autres chapitres, du contrôle de la constitutionnalité des lois et des relations entre le contrôle de constitutionnalité et les normes supranationales.

Ainsi, ce titre présentera les chapitres suivants :

Chapitre I : Présentation du Conseil constitutionnel.
Chapitre II : Les normes de référence du contrôle de constitutionnalité.
Chapitre III : Les différents types de contrôle des normes.
Chapitre IV : Le contrôle de constitutionnalité des lois.
Chapitre V : Contrôle de constitutionnalité et normes supranationales.

Chapitre premier

PRÉSENTATION DU CONSEIL CONSTITUTIONNEL

Introduction : la création du Conseil constitutionnel

Il en est souvent ainsi des institutions devenues prestigieuses : leur création se fait dans l'indifférence ou la discrétion. On a vu (cf. *supra*, titre II, chap. II, Le Comité constitutionnel de la Constitution de 1946) que l'instauration en 1946 d'un embryon de contrôle de constitutionnalité avait produit deux effets opposés : d'une part, la disparition de fait de toute possibilité de contrôle de constitutionnalité par voie d'exception puisque le Comité constitutionnel occupait en quelque sorte le « créneau », d'autre part, l'ouverture, certes bien imparfaite, d'une voie de contrôle des actes du Parlement jusque-là fermée pour des raisons de principe. Cette ouverture allait jouer, quoi qu'on en dise, un rôle non négligeable dans la réflexion et l'action constitutionnelles de l'été 1958 qui allait conduire à la Constitution de la Ve République. Pour élargir la « brèche » ainsi ouverte en 1946, le fonctionnement même des institutions de la IVe République et les dérives parlementaires provoquèrent une réaction prévisible lors de la préparation des textes constitutionnels de 1958.

C'est dans cet esprit que les groupes de travail réunis pendant l'été 1958 furent conduits à proposer un ensemble de mécanismes de rationalisation du parlementarisme destinés à rénover le fonctionnement de l'institution parlementaire et à lui redonner l'équilibre que le régime précédent avait refusé. A ce titre les réflexions du groupe de travail présidé par Michel Debré évoquent d'abord la création d'un « Comité constitutionnel » juge de l'éligibilité des membres du Parlement et de la régularité de leur élection, afin de retirer aux seules Assemblées le règlement de ces contentieux qu'elles détenaient jusque-là, conformément à une pratique constante

(v. *supra*, titre I, chap. II, Les fonctions de la juridiction constitutionnelle, section 4, La fonction de contrôle de l'expression du suffrage).

On connaît maintenant les différents états des projets de Constitution établis à compter de la loi constitutionnelle du 3 juin 1958 jusqu'au texte définitif de la Constitution du 4 octobre 1958, grâce à l'important travail effectué par le Comité national chargé de la publication des travaux préparatoires des institutions de la Ve République, institué par le décret du 8 juin 1984 (*JO*, 9 juin 1984). Ainsi, pour la période considérée, sont publiés trois volumes intitulés *Documents pour servir à l'histoire de l'élaboration de la Constitution du 4 octobre 1958*, La Documentation française, 1987, 1988, 1991 (ci-après désignés *Documents...*). Ces ouvrages reproduisent, à partir d'archives publiques et privées (M. Debré, F. Luchaire...), les comptes rendus du groupe de travail, des conseils interministériels, ainsi que les versions successives du projet de Constitution. Ils forment aujourd'hui une source indispensable à une étude de la confection de la Constitution de la Ve République. Il faut y ajouter les *Travaux préparatoires de la Constitution. Avis et débats du Comité consultatif constitutionnel*, La Documentation française, 1960 (ci-après désignés *CCC*), qui correspondent aux travaux du Comité consultatif constitutionnel créé par la loi constitutionnelle du 3 juin 1958, et comportant, entre autres, des parlementaires désignés par les deux Chambres (cf. Décret n° 58-599 du 16 juillet 1958, *JO*, 17 juillet 1958 ; *Documents...*, t. II, p. 7). Mais ce texte qui constitue un compte rendu analytique des travaux du Comité n'est pas toujours fidèle aux propos des membres (v. les réserves exprimées par M. Waline, *RDP*, 1960, p. 83). C'est la raison pour laquelle les *Documents...*, t. II, ont publié le compte rendu sténographique des travaux, plus fidèle dans l'ensemble, malgré certaines réserves (v. la présentation de F. Luchaire, *Documents...*, t. II, p. VII). On pourra enfin se reporter pour certains documents à l'ouvrage de D. Maus, *Les grands textes de la pratique institutionnelle de la Ve République*, La Documentation française, coll. « Retour aux textes », 7e éd., 1996, 412 p., par exemple pour y trouver le discours de présentation du projet de Constitution par Michel Debré devant le Conseil d'État le 27 août 1958.

V. sur l'analyse du processus de création de la Constitution de la Ve République : P. Avril, *Le régime politique de la Ve République*, LGDJ, 4e éd., 1979 ; id., *La Ve République. Histoire politique et constitutionnelle*, PUF, 2e éd., 1994 ; B. François, *La Cinquième République dans son droit. La production d'un corps de connaissances spécialisées sur la politique et les institutions*, thèse Science politique, Paris I, 1992 ; id., *Naissance d'une Constitution. La Cinquième République 1958-1962*, Presses de Sciences Po, 1996, 263 p. ; J.-L. Debré, *Les idées constitutionnelles du général de Gaulle*, LGDJ, 1975 ; id., *La Constitution de la Cinquième République*, PUF, 1975 ; J.-M. Denquin, *La genèse de la Ve République*, 1988 ; B. Gaïti, *De la Quatrième à la Cinquième République*, thèse Science politique, Paris I, 1992 ; G. Mollet, *Quinze ans après : la Constitution de 1958*, Albin Michel, 1973 ; le colloque tenu lors du trentième anniversaire de la Constitution de 1958 : D. Maus, L. Favoreu, J.-L. Parodi, *L'écriture de la Constitution de 1958*, Économica-PUAM, 1992, 852 p. ; F. Rouvillois, *Les origines de la Ve République*, PUF, coll. « Que sais-je ? », n° 3305, 1998 ; N. Wahl, Aux origines de la nouvelle Constitution, *RFSP*, 1959, p. 167 et s. ; sur une tentative de modélisation de la Constitution de 1958 v. G. Drago, Le modèle constitutionnel gaullien, *Espoir. Revue de la Fondation et de l'Institut Charles de Gaulle*, n° 108, septembre 1996, p. 22 et s.

La discussion et les différentes navettes entre le groupe de travail et les conseils interministériels font peu évoluer l'institution qu'on qualifie d'« organisme juridictionnel » (Groupe de travail, réunion du 1er juillet 1958, *Documents...*, t. I, p. 324), pour lequel la qualification de « Conseil constitutionnel » apparaît le 7 juillet 1958 (Comité interministériel, 7 juillet 1958, *Documents...*, t. I, p. 363), dont les attributions, la composition et le régime des incompatibilités de ses membres sont peu à peu précisés ce qui donne lieu à des discussions sur le principe même du contrôle de constitutionnalité et qui permet au garde des Sceaux M. Debré de prendre position en déclarant « qu'aucun organe de l'État ne doit se considérer comme souverain et que par conséquent des lois contraires à la Constitution doivent pouvoir être censurées » (Groupe de travail, 8 juillet 1958, *Documents...*, t. I, p. 382). Les grandes lignes de l'institution sont fixées dans l'avant-projet de Constitution du 15 juillet 1958 (*Documents...*, t. I, p. 437) et aboutissent au texte du 29 juillet soumis au Comité consultatif constitutionnel (art. 51 à 60 du projet, *Documents...*, t. I, p. 511) qui comporte quasiment les attributions qui seront celles du Conseil constitutionnel de 1958.

L'exposé des motifs de l'avant-projet de Constitution comporte deux versions dont les textes apportent un éclairage utile sur les considérations qui ont conduit les auteurs de l'avant-projet à créer un Conseil constitutionnel. Le texte rédigé par Jérôme Solal-Céligny (membre du groupe de travail) rappelle que « la nécessité d'un organisme impartial, chargé de veiller à l'application de la Constitution, avait déjà été ressentie par les constituants de 1946, qui avaient créé un Comité constitutionnel. Le présent titre à accroître les attributions de cet organisme, qui reçoit l'appellation de Conseil constitutionnel » (*Documents...*, t. I, p. 525). Cette présentation fait une part à la continuité constitutionnelle mais montre aussi la volonté d'en renforcer le « poids » constitutionnel. Le texte définitif de l'avant-projet énonce que « pour assurer son respect, la Constitution crée un Conseil constitutionnel ». Rappelant sa composition, le texte indique qu'il est compétent pour veiller à la régularité des élections du président de la République, des députés et des sénateurs en concluant « ainsi disparaîtront les débats d'invalidation dont le Parlement a trop souffert ». Enfin le texte de l'exposé des motifs indique que « le Conseil constitutionnel a la responsabilité de contrôler l'application de la Constitution : il doit veiller à ce que les textes votés par le Parlement soient conformes aux règles constitutionnelles. Ce contrôle s'appliquera notamment aux lois organiques et aux règlements des Assemblées, c'est-à-dire aux textes qui sont destinés à instituer les mesures d'application directe de la Constitution » (*Documents...*, t. I, p. 520). Il faut signaler enfin une intéressante note rédigée par François Luchaire sur l'avant-projet de Constitution, observations assez critiques et justifiées sur l'ensemble du texte, qui comporte des remarques parfois prophétiques sur certaines difficultés de fonctionnement futures du Conseil (par exemple entre le Conseil constitutionnel et le Conseil d'État sur le contrôle de la répartition du domaine législatif et réglementaire), et soutient la nécessité d'un statut constitutionnel des partis politiques dont l'application devrait se faire sous le contrôle du Conseil constitutionnel, ce qui avait été envisagé à un certain stade de la rédaction du projet de Constitution. Il signale enfin la nécessité d'un organisme provisoire de contrôle de constitutionnalité, notamment pour assurer le contrôle de la régularité des premières élections à la présidence de la République ainsi qu'aux assemblées parlementaires, ce qui deviendra la Commission constitutionnelle provisoire (note Luchaire, *Documents...*, t. I, p. 529 et s.).

Enfin, les discussions du Comité consultatif constitutionnel apportent peu d'éléments supplémentaires, autre que rédactionnels, sur les attributions et l'organisation du Conseil constitutionnel. Marcel Waline demande au garde des Sceaux si l'absence de tout recours contre les décisions du Conseil exclut même le recours pour excès de pouvoir devant le Conseil d'État, ce que confirme Michel Debré. Le débat porte également sur les conséquences des décisions du Conseil, en particulier en ce qui concerne une déclaration partielle d'inconstitutionnalité, sur la promulgation du texte de loi et une éventuelle deuxième délibération. Le garde des Sceaux indique que les deux options doivent rester ouvertes, ce que confirmera par la suite l'ordonnance portant loi organique sur le Conseil constitutionnel (ord. n° 58-1067 du 7 novembre 1958, art. 23). La seule discussion un peu vive porte sur une éventuelle saisine du Conseil par une minorité de membres des assemblées, qui sera proposée par le Comité consultatif constitutionnel (*Documents...*, t. II, p. 599) mais qui ne sera pas conservé dans le projet de Constitution adopté par le Conseil interministériel du 19 août 1958 (*Documents...*, t. II, p. 652).

Les délibérations de la Commission spéciale du Conseil d'État améliorèrent encore le texte du projet de Constitution. L'assemblée générale du Conseil d'État fut ouverte sous la présidence du garde des Sceaux. A cette occasion Michel Debré prononça une allocution demeurée justement célèbre (*Documents...*, t. III, p. 255 et s. ; reproduite dans la *RFSP*, 1959) parce qu'elle est l'exposé magistral de l'esprit et des institutions de la Ve République. Sur le Conseil constitutionnel, on a là rassemblées les principales caractéristiques de l'institution :

« La création du "Conseil constitutionnel" manifeste la volonté de subordonner la loi, c'est-à-dire la décision du Parlement, à la règle supérieure édictée par la Constitution. Il n'est ni dans l'esprit du régime parlementaire ni dans la tradition française de donner à la justice, c'est-à-dire à chaque justiciable, le droit d'examiner la valeur de la loi. Le projet a donc imaginé une institution particulière que peuvent seules saisir quatre autorités : le président de la République, le Premier ministre, les deux présidents d'Assemblée. A ce Conseil d'autres attributions ont été données, notamment l'examen du règlement des Assemblées et le jugement des élections contestées, afin de faire disparaître le scandale des invalidations partisanes. L'existence de ce Conseil, l'autorité qui doit être la sienne, représentent une grande et nécessaire innovation. La Constitution crée ainsi une arme contre la déviation du régime parlementaire » (*Documents...*, t. III, p. 260).

Les débats de l'Assemblée générale du Conseil d'État sont d'une relative technicité, envisageant chaque article du projet sous tous ses aspects. Pour ce qui est du Conseil constitutionnel, on voit à nouveau apparaître un certain nombre de questions déjà soulevées lors des stades rédactionnels précédents. On peut signaler un intéressant débat relatif aux questions préjudicielles de constitutionnalité dont pourrait être saisi le Conseil constitutionnel (proposition de M. Lefas) mais dont l'idée fut rejetée par l'Assemblée générale (v. *Documents...*, t. III, p. 372 et s.), le texte proposé par la Haute Assemblée précisant justement que le Conseil constitutionnel pouvait être saisi des lois « avant leur promulgation » ce qui excluait de fait toute saisine *a posteriori* (avis du Conseil d'État du 28 août 1958, *Documents...*, t. III, p. 481).

L'appréciation qu'on peut porter sur ces différentes phases de création de la Constitution, et plus particulièrement du Conseil constitutionnel est d'abord celle de la grande qualité juridique du travail accompli. A tous les stades de rédaction, le projet initial est incontestablement amélioré parce que les vraies difficultés ou les imprécisions sont levées. La deuxième remarque porte sur l'objectif recherché par la création du Conseil constitutionnel. Si l'intention initiale est certainement d'éviter les dérives parlementaires dans le domaine du contrôle des élections, l'évolution du projet de Constitution montre que le contrôle normatif prend peu à peu une grande importance, certes dans la fonction de vérification des domaines de la loi et du règlement mais aussi dans celle du contrôle substantiel de la loi. La troisième remarque concerne le caractère prémonitoire de certaines interventions qui préparent les évolutions futures ou envisagées du Conseil : saisine parlementaire, incompatibilités, question préjudicielle de constitutionnalité. La conclusion qu'il faut en tirer est que l'institution contient, en germes certes mais bien présentes, les évolutions à venir et qu'on pressent déjà la place majeure que le Conseil constitutionnel occupera dans les rouages politiques, institutionnels et juridiques de la Ve République.

SECTION 1
Composition

La composition ainsi que le mode de désignation des membres du Conseil constitutionnel sont fixés par l'article 56 de la Constitution ainsi rédigé :

« Le Conseil constitutionnel comprend neuf membres, dont le mandat dure neuf ans et n'est pas renouvelable. Le Conseil constitutionnel se renouvelle par tiers tous les trois ans. Trois des membres sont nommés par le président de la République, trois par le président de l'Assemblée nationale, trois par le président du Sénat.

En sus des neuf membres prévus ci-dessus, font de droit partie à vie du Conseil constitutionnel les anciens présidents de la République.

Le président est nommé par le président de la République. Il a voix prépondérante en cas de partage. »

L'article 1er de l'ordonnance n° 58-1067 du 7 novembre 1958 reprend ces dispositions et précise que le président du Conseil constitutionnel « est choisi parmi les membres du Conseil, nommés ou de droit ».

Il est donc nécessaire de distinguer entre les membres nommés (§ 1) et les membres de droit (§ 2), de présenter ensuite le statut particulier du président du Conseil constitutionnel (§ 3).

I / Les membres nommés

A | DÉSIGNATION

Les membres nommés le sont pour un mandat de neuf ans non renouvelable. Les nominations sont faites par les plus hautes autorités de l'État : président de la République, président du Sénat et président de l'Assemblée nationale. On peut s'interroger sur l'absence du Premier ministre au sein de ces autorités de nomination alors qu'il figure, avec les trois autres, parmi les autorités qui peuvent saisir le Conseil constitutionnel. L'explication se trouve sans doute à la fois dans la plus grande légitimité démocratique des premiers, plus proches ou directement issus du suffrage universel, ainsi que dans une raison pratique qui est la nécessité des désignations ternaires et également réparties. Le rythme de renouvellement fait intervenir les nominations tous les trois ans, une au titre de chaque autorité.

Le premier Conseil constitutionnel comprenait trois membres désignés pour trois ans, trois membres désignés pour six ans, trois membres désignés pour neuf ans. Le président de la République, le président de l'Assemblée nationale, le président du Sénat ont alors désigné un membre de chaque série (cf. ord. 7 novembre 1958, art. 2).

L'ordonnance de 1958 (art. 3) indique qu'avant d'entrer en fonctions, les membres nommés (ce qui exclut les membres de droit, modification introduite par l'ordonnance n° 59-223 du 4 février 1959) prêtent serment devant le président de la République. Ils jurent « de bien et fidèlement remplir leurs fonctions, de les exercer en toute impartialité dans le respect de la Constitution, de garder le secret des délibérations et des votes et de ne prendre aucune position publique, de ne donner aucune consultation sur les questions relevant de la compétence du Conseil » (art. 3, ord. 7 novembre 1958). Acte est dressé de la prestation de serment.

En mars 1998, la composition du Conseil constitutionnel est la suivante : Roland Dumas, président ; Georges Abadie, Michel Ameller, Jean-Claude Colliard, Yves Guéna, Alain Lancelot, Pierre Mazeaud, Noëlle Lenoir, Simone Veil. V. *infra*, le tableau complet des membres du Conseil constitutionnel depuis 1959.

La compétence de désignation est, pour le président de la République, une prérogative exercée sans contreseing, c'est-à-dire, en toute liberté. Quelle est la nature juridique de la décision de nomination ? Elle s'apparente à un acte de Gouvernement, dans la mesure où on ne voit pas quel type de recours pourrait être exercé contre cette décision. Certes, conformément aux principes généraux du droit, le recours pour excès de pouvoir pourrait en principe être admis, mais on ne voit pas sur quel élément de légalité il pourrait être fondé, d'autant plus que, selon un certain parallélisme des procédures, le Conseil constitutionnel, qui a compétence pour se prononcer sur la démission d'office d'un de ses membres (art. 10, ord. 1958), devrait être seul compétent pour statuer sur les décisions de nomination (en ce sens F. Luchaire, *Le Conseil constitutionnel*, 2e éd., 1997, t. 1, p. 68). Contre la décision du président de la République nommant un membre en contradiction avec les prescriptions constitutionnelles ou organiques, seule la haute trahison pourrait être évoquée, en application de l'article 68 de la Constitution, ce qui est assez improbable.

Aucune condition n'est exigée pour être nommé au Conseil constitutionnel : ni âge minimum, ni compétence particulière, ni exercice d'une fonction publique ou juridictionnelle, seule la jouissance des droits civils et politiques est exigée par l'article 10 de l'ordonnance organique du

7 novembre 1958, ce qui est normalement demandé pour l'accès à un corps de la fonction publique. Cependant un régime d'incompatibilités et d'inéligibilités a été peu à peu mis en place (v. *infra*).

L'appréciation qu'on peut porter sur une telle liberté dans la nomination et dans la stature des membres du Conseil constitutionnel est contrastée. Du point de vue des nominations, une telle liberté renforce évidemment le caractère de celles-ci. Les autorités de nomination peuvent avoir une tendance naturelle à privilégier les critères politiques ou de préférences personnelles sur les critères de compétence lors de leur choix. La pratique montre que les nominations faites pour le Conseil constitutionnel français ne sont pas plus politiques que pour d'autres juridictions constitutionnelles, ou, en tout cas, que le critère politique est croisé avec celui de la compétence (avocats, professeurs de droit, magistrats), de l'âge, de l'expérience des affaires de l'État ou de la Nation (hauts magistrats, hauts fonctionnaires, préfet, diplomates, anciens ministres, parlementaires y compris des présidents d'assemblée, fonctionnaires des assemblées parlementaires...). Il est clair que le processus de nomination est toujours un processus politique, que celui-ci soit organisé explicitement comme cela est le cas en Allemagne, en Italie ou en Suisse par exemple, selon le principe de *Parteinproporz*, ou que la pratique des nominations conduise à respecter certains équilibres combinant différents critères, politiques, culturels, religieux, raciaux, géographiques, linguistiques, etc. Il faut simplement évoquer le fait que le mode de désignation des membres du Conseil constitutionnel a servi de modèle pour la désignation des membres du Conseil supérieur de l'audiovisuel, autorité administrative indépendante (en ce sens H. Roussillon, *Le Conseil constitutionnel*, Dalloz, coll. « Connaissance du droit », 3e éd., 1996, p. 9).

Peut-on tirer de ces différents éléments des conclusions générales sur la politisation de l'institution ? Y aurait-il un Conseil « de gauche » auquel se substituerait, au gré des nominations de 1998, un Conseil « de droite » ? Rien ne permet de l'affirmer, sauf à considérer objectivement des évolutions majeures dans les décisions jurisprudentielles. Or, tant dans le contentieux électoral que dans le contentieux des normes, de telles évolutions ne sont pas perceptibles. On remarque plutôt le développement d'une jurisprudence mesurée à l'aune des réserves d'interprétation (v. le constat précis fait dans la thèse d'A. Viala, *Les réserves d'interprétation dans la jurisprudence du Conseil constitutionnel*, thèse, Montpellier I, 1998). Si les membres du Conseil ont un « devoir d'ingratitude » (R. Badinter) à l'égard de ceux qui les ont nommés, cette attitude doit tenir autant à l'indépendance d'esprit de chacun des membres qu'à leur statut.

C'est déjà ce que relevait Kelsen dans son article célèbre sur la garantie juridictionnelle de la constitution (*RDP*, 1928, spéc. p. 227).

A cet égard, l'entière liberté des autorités de nomination en France n'a pas conduit à des disproportions manifestes entre les membres qu'on pourrait qualifier de « techniciens », compte tenu de leurs compétences principalement juridiques et les « politiques », marqués par une carrière et l'exercice de responsabilités en ce domaine. Tout au plus, peut-on souhaiter que la place faite à des juristes reconnus et expérimentés soit significative, compte tenu de la complexité grandissante de la jurisprudence du Conseil constitutionnel et des questions qu'il est amené à traiter, ce qui est l'une des conséquences de la « constitutionnalisation » du droit. Cette exigence est même renforcée depuis que le Conseil utilise fréquemment la technique des réserves d'interprétation qui s'adressent aux autorités d'exécution de la décision, administration et juge ordinaire. Enfin, le renforcement des compétences juridiques des membres du Conseil constitutionnel limiterait sans doute le poids du « service juridique » du Conseil et des collaborateurs officiels et officieux des membres du Conseil dont l'influence est certaine.

V. sur cette question et sur les critères généraux concernant les qualités requises des membres des juridictions constitutionnelles : L. Favoreu, La légitimité du juge constitutionnel, *RIDC*, 1994, n° 2, p. 557 et s., spéc. p. 570 et s. Six critères sont dégagés par l'auteur : l'âge, le sexe, la qualification professionnelle ou universitaire, l'appartenance à une communauté linguistique ou religieuse ou ethnique, les antécédents des juges au sein du régime politique. Pour l'auteur trois objectifs généraux doivent être recherchés dans la composition de la juridiction constitutionnelle : le pluralisme, la représentativité, la complémentarité. De ce point de vue, les compositions successives du Conseil constitutionnel nous paraissent répondre à ces exigences. Celle du pluralisme pourrait ne pas être respectée en cas d'absence prolongée d'alternance politique. Les faits montrent plutôt l'accélération de ce phénomène d'alternance, et donc de possible variété dans le « profil » des membres du Conseil.

L'ordonnance organique du 7 novembre 1958 précise plusieurs règles relatives au remplacement des membres du Conseil constitutionnel. D'une part, il est pourvu au remplacement des membres du Conseil constitutionnel huit jours au moins avant l'expiration de leurs fonctions (art. 8). D'autre part, un membre peut démissionner par une lettre adressée au Conseil. La nomination du remplaçant doit intervenir au plus tard dans le mois suivant la démission, celle-ci prenant effet dès la nomination du remplaçant (art. 9). Enfin, les membres du Conseil désignés en remplacement de ceux dont les fonctions ont pris fin avant leur terme normal achèvent le mandat de ceux qu'ils remplacent. A l'expiration de ce mandat, ils peuvent être nommés comme membre s'ils ont occupé ces fonctions de remplacement pendant moins de trois ans (art. 12). Ce fut le cas pour R. Cassin, R. Lecourt, ou

L. Joxe (qui a pu ainsi siéger douze ans ! ; sur une critique de cette disposition, qui crée une « fausse harmonie du renouvellement » v. B. Poullain, *La pratique française de la justice constitutionnelle*, Économica-PUAM, 1990, p. 31).

B | STATUT

Contrairement à d'autres cours constitutionnelles, les membres du Conseil constitutionnel ne bénéficient pas d'un statut constitutionnel, signe de reconnaissance, selon la doctrine, de ce type de juridictions. La Constitution de 1958 ne fixe qu'un régime d'incompatibilité qui, à l'origine, était assez libéral et qui a été renforcé depuis la loi organique n° 95-63 du 19 janvier 1995 (*JO*, p. 1041), faisant en cela application des propositions du Comité consultatif pour la révision de la Constitution, réuni en 1993 et présidé par le doyen Vedel (*Propositions pour une révision de la Constitution. 15 février 1993*, La Documentation française, 1993, p. 77) qui demandait que la fonction de membre du Conseil constitutionnel soit incompatible avec tout mandat public électif. Si l'article 57 de la Constitution qui énonce que

> « les fonctions de membre du Conseil constitutionnel sont incompatibles avec celles de ministre ou de membre du Parlement. Les autres incompatibilités sont fixées par une loi organique »,

la loi organique de 1995 modifie l'article 4 de l'ordonnance du 7 novembre 1958 fixant l'étendue et le régime de ces incompatibilités en interdisant l'exercice du toute fonction ministérielle, de membre du Conseil économique et social et plus généralement « avec l'exercice de tout mandat électoral » (dispositions reprises à l'article LO 152 du Code électoral), l'exercice d'un mandat local ayant fait l'objet de critiques sévères (cf. Y. Mény, Le Conseil constitutionnel en campagne, *Le Monde*, 25 février 1989). Les personnes qui exercent ce type de mandat et qui sont nommées au Conseil constitutionnel sont réputées avoir opté pour ces dernières fonctions s'ils n'ont exprimé une volonté contraire dans les huit jours suivant la publication de leur nomination (cf. art. 4). Inversement, les membres du Conseil nommés aux fonctions décrites ci-dessus sont remplacés dans leurs fonctions (la loi du 19 janvier 1995, art. 7, II et III, prévoyant un régime transitoire permettant aux membres du Conseil présents en 1995 de continuer à exercer leur mandat jusqu'au terme de ceux-ci).

La loi de 1995 a aligné le régime des incompatibilités professionnelles des membres du Conseil constitutionnel sur celles applicables aux parlementaires, c'est-à-dire relativement à des restrictions dans l'accès ou l'exercice de fonctions de direction ou de conseil dans des entreprises liées ou contrôlées par l'État ou une collectivité publique. Mais certaines activités demeurent compatibles avec la fonction de membre du Conseil constitutionnel : les professions libérales soumises à un statut législatif ou réglementaire ou dont le titre est protégé, par exemple les avocats ; les professeurs d'université peuvent également continuer à exercer leurs fonctions à condition d'observer une réserve bien compréhensible tant sur les activités du Conseil que sur les questions constitutionnelles.

L'ordonnance du 7 novembre 1958 précise enfin que pendant la durée de leurs fonctions, les membres du Conseil constitutionnel ne peuvent être nommés à aucun emploi public ni, s'ils sont fonctionnaires publics, recevoir une promotion au choix (art. 5). Mais une nomination ou une promotion dans un ordre national ou ministériel conférant une décoration est possible, ce qui ne devrait pas être admis.

La loi de 1995 ayant un caractère organique, elle a été automatiquement soumise au Conseil constitutionnel qui a vérifié sa conformité à la Constitution. Dans sa décision n° 94-354 DC du 11 janvier 1995 (*Rec.*, 163) le Conseil a considéré d'abord les dispositions de la loi comme ayant un caractère organique, précisant ensuite qu'il revient au seul Conseil constitutionnel d'apprécier si l'un de ses membres exerce une fonction incompatible avec son mandat au Conseil, le déclarant alors démissionnaire d'office en application de l'article 10 de l'ordonnance du 7 novembre 1958 (n° 94-354 DC, § 13). Dans cette décision, le Conseil pose ainsi les premiers éléments d'un statut organique des membres du Conseil constitutionnel, qui laisse au seul Conseil le soin d'apprécier les incompatibilités de ses propres membres. On peut évidemment s'interroger sur l'objectivité de cette autoévaluation mais, à la vérité, on ne voit pas quelle instance pourrait l'apprécier. On ajoutera que le Conseil, précisant au fil de ses décisions l'étendue et les limites des incompatibilités parlementaires, en vient nécessairement à préciser les incompatibilités concernant ses propres membres.

Si le régime des incompatibilités est renforcé s'agissant des membres du Conseil constitutionnel, il ne faudrait pas que l'exercice de cette fonction conduise à n'y nommer, en raison même de ces incompatibilités, que de brillants retraités. La fonction de juge constitutionnel doit être ancrée dans la vie active et au cœur des préoccupations sociales du moment. On doit donc limiter ce régime d'incompatibilité à ce qui est strictement nécessaire pour assurer l'indépendance des membres du Conseil et éviter toute pression liée à l'octroi d'un avantage (en ce sens F. Luchaire, *op. cit.*, p. 80).

Enfin, les membres du Conseil constitutionnel ne sont pas inéligibles. Ils peuvent se présenter au suffrage des électeurs, sans restrictions de mandat électif. Mais ils doivent demander leur mise en congé pour la durée de la campagne électorale, mise en congé qui est de droit (art. 4 du décret de 1959). Le grief selon lequel un membre de droit du Conseil n'aurait pas en temps utile demandé sa mise en congé ne saurait être utilement invoqué à l'appui de conclusions tendant à l'annulation d'une élection (C. const., n° 84-983, 7 novembre 1984, *AN, Puy-de-Dôme, 2e circ. [Allain]*, *Rec.*, 117). S'il est élu, le membre du Conseil est remplacé dans ses fonctions, compte tenu des incompatibilités soulignées plus haut (art. 4 de l'ordonnance de 1958, rédaction issue de la loi de 1995), mais l'ordonnance organique ne prévoit pas de délai ce qui est regrettable.

Aux règles relatives aux incompatibilités s'ajoutent les règles générales concernant les « obligations des membres du Conseil constitutionnel » définies par le décret n° 59-1292 du 13 novembre 1959, texte pris en application de l'article 7 de l'ordonnance du 7 novembre 1958 qui en fixe le cadre en ces termes :

> « Un décret pris en conseil des ministres, sur proposition du Conseil constitutionnel, définit les obligations imposées aux membres du Conseil, afin de garantir l'indépendance et la dignité de leurs fonctions. Ces obligations doivent notamment comprendre l'interdiction pour les membres du Conseil constitutionnel, pendant la durée de leurs fonctions, de ne prendre aucune position publique sur les questions ayant fait, ou susceptibles de faire l'objet de décisions de la part du Conseil, ou de consulter sur les mêmes questions. »

Ainsi, le décret du 13 novembre 1959 précise que les membres du Conseil doivent avoir pour obligation générale de s'abstenir de tout ce qui pourrait compromettre l'indépendance et la dignité de leurs fonctions (art. 1er). En particulier, cela leur interdit de prendre une position publique ou de consulter sur les questions relatives à une décision rendue par le Conseil constitutionnel, d'occuper au sein d'un parti ou groupement politique tout poste de responsabilité ou de direction et d'y exercer toute activité inconciliable avec les obligations générales des membres du Conseil, de laisser mentionner leur qualité de membre dans tout document susceptible d'être publié et relatif à toute activité publique ou privée (cf. art. 2). Sur ces questions, les membres sont tenus d'informer le président du Conseil constitutionnel des changements qui pourraient intervenir dans leurs activités extérieures au Conseil (art. 3). Si un membre a manqué à ses obligations, le Conseil en apprécie les éléments (art. 5), et peut, au besoin, constater la démission d'office de celui-ci, en application de l'article 10 de l'ordonnance du 7 novembre 1958 (art. 7). Ce vote a lieu au scrutin secret à la majorité simple des membres composant le Conseil (ce qui exclut la voix prépondérante du président), y compris ses membres de droit (art. 6 du décret). Dans ce cas, le Conseil notifie immédiatement sa décision au président de la République ainsi qu'à l'autorité qui doit pourvoir au remplacement de l'intéressé (art. 8). Il faut ajouter que les règles de la démission d'office sont également applicables lorsqu'une incapacité physique permanente frappe un membre du Conseil et l'empêche définitivement d'exercer sa fonction (art. 11, ord. 1958).

Les membres du Conseil constitutionnel reçoivent une indemnité égale au traitement afférent à la deuxième catégorie d'emploi de l'État classé hors échelle, c'est-à-dire l'équivalent de ce que reçoit un président de Section au Conseil d'État. Cette indemnité est réduite de moitié si le membre du Conseil continue d'exercer une activité compatible avec sa fonction (art. 6, ord. 1958).

La question d'un véritable statut protecteur des membres du Conseil constitutionnel reste posée. Si, depuis 1995, le régime des incompatibilités est renforcé, aucun statut ne vient protéger le membre du Conseil dans l'exercice de ses fonctions, contre une récusation par exemple, ni ne prévoit, en dehors de l'article 10 de l'ordonnance de 1958, de mise en cause de la responsabilité juridique des membres du Conseil. La difficulté rencontrée en 1998 par le président Roland Dumas, mis en cause d'une part dans une procédure judiciaire, et d'autre part lié personnellement à une personne concernée par un contentieux électoral devant le Conseil constitutionnel et qui l'a conduit à se déporter dans l'appréciation de cette affaire, montrent la limite des dispositions protectrices des textes relatifs au Conseil (problème identique rencontré en 1967 par G. Palewski et F. Luchaire, cf. F. Luchaire, *Le Conseil constitutionnel, op. cit.*, p. 92 et sans doute pour R. Badinter en 1993, cf. D. Turpin, *Contentieux constitutionnel*, p. 321).

Sans doute pourrait-on s'inspirer des dispositions concernant les magistrats judiciaires, tant pour les critères de la récusation (cf. art. L. 731-1 du Code de l'organisation judiciaire) que pour le régime général de responsabilité des magistrats (art. 11-1 de l'ordonnance n° 58-1270 du 2 décembre 1958, ajouté par la loi organique n° 79-43 du 18 janvier 1979 ; cf. aussi art. L. 781-1 du Code org. jud.) qui prévoit qu'ils ne sont responsables que de leurs fautes personnelles, la responsabilité de l'État étant engagée chaque fois que la faute personnelle peut être rattachée au service, l'État pouvant exercer une action récursoire contre le magistrat. A moins qu'on ne s'inspire des « privilèges de juridiction » offerts aux magistrats judiciaires et administratifs, de la Cour des comptes ou aux préfets, qui étaient prévus par les articles 679 et suivants du Code de procédure pénale, avant leur abrogation par la loi n° 93-2 du 4 janvier 1993, et qui prévoyaient le « dépaysement » de l'affaire au profit d'une autre juridiction que celle où exerçait le magistrat. L'abrogation de ces dispositions conduit aujourd'hui à utiliser la procédure prévue à l'article 665 du même code qui organise le renvoi d'un tribunal à un autre « dans l'intérêt d'une bonne administration de la justice ». L'article 665 du Code de procédure pénale ne dresse plus la liste des personnalités concernées, mais la circulaire du 1er mars 1993 indique que cela peut concerner « une personne exerçant une fonction publique » et que la notion de « bonne administration de la justice peut aussi recouvrir, bien entendu, d'autres considérations qui ne sont pas liées aux personnes en cause ». Il paraît donc possible d'utiliser cette procédure pour un membre du Conseil constitutionnel. En toute hypothèse, il semble important de prévoir un régime juridique plus précis, assurant la protection juridique des membres du Conseil constitutionnel dans l'exercice de leurs fonctions, en complétant l'ordonnance organique du 7 novembre 1958.

II / Les membres de droit

En plus des neuf membres nommés, sont membres de droit à vie du Conseil constitutionnel les anciens présidents de la République (art. 56, al. 2 de la Constitution). Cette bizarrerie constitutionnelle aurait été inscrite dans la Constitution pour permettre, paraît-il, à René Coty de continuer à exercer une fonction publique après son départ de la présidence de la République.

L'attitude des anciens présidents de la République a été très variable dans l'exercice de cette fonction. René Coty a siégé au Conseil jusqu'à son décès, Vincent Auriol a siégé jusqu'en 1960 puis s'en est abstenu, protestant ainsi contre un refus d'étendre les compétences du Conseil, mais est venu siéger en 1962 pour s'opposer clairement au projet d'élection au suffrage universel direct du président de la République. Charles de Gaulle n'est jamais venu siéger et n'a même jamais été convoqué. François Mitterrand n'a pas siégé au Conseil après 1995.

Le cas de Valéry Giscard d'Estaing est particulier dans la mesure où il est redevenu parlementaire après avoir quitté la fonction présidentielle. De fait, il n'a jamais siégé au Conseil, mais a fait savoir qu'il pourrait y venir « pour s'opposer aux textes mettant en cause les institutions de la République et notamment celles qui concernent son unité » (cf. *Le Monde*, 12 novembre 1982, à propos de la loi relative à la décentralisation dans les DOM). Mais c'est surtout au regard du régime des incompatibilités que sa situation a été examinée. L'élection de M. Giscard d'Estaing à l'Assemblée nationale ayant été contestée, le Conseil constitutionnel a été amené à vérifier le régime des incompatibilités des membres de droit du Conseil. Dans la décision *Allain* du 7 novembre 1984 (nº 84-983, *AN, Puy-de-Dôme, 2e circ.*, préc.), le Conseil a rappelé d'abord que la qualité de membre de droit ne saurait, en l'absence de disposition expresse en ce sens, priver celui-ci du droit normalement reconnu à tout citoyen d'être candidat à tout mandat électif (§ 4). Il énonce ensuite que les membres de droit sont soumis aux mêmes obligations que les autres membres, sous la seule réserve de la dispense de serment. Parmi ces obligations, l'article 4 de l'ordonnance de 1958 prévoit que les fonctions de membre du Conseil constitutionnel sont incompatibles avec celles de membre du Parlement. En conséquence, le Conseil conclut que « l'élection au Parlement d'un membre de droit du Conseil constitutionnel fait obstacle à ce que celui-ci siège au sein de ce Conseil » (§ 4). Le Conseil d'État a conclu dans le même sens et dans les mêmes termes en ce qui concerne l'élection de M. Giscard d'Estaing au Parlement européen (CE, Ass., 20 octobre 1989, *Sitbon*, *Rec.*, 206).

L'existence de ces membres de droit du Conseil constitutionnel que sont les anciens présidents de la République est marquée par son époque, c'est-à-dire les débuts de la Ve République. Ainsi que le soulignait le Comité pour la révision de la Constitution, présidé par le doyen Vedel en 1993, le développement institutionnel et jurisprudentiel du Conseil constitutionnel dans le sens de la juridictionnalisation devrait impliquer la disparition de cette disposition de la Constitution de 1958 (*op. cit.*, p. 38). On se range à cette proposition, le mélange des genres ne fait pas de bons juges.

III / Le président du Conseil constitutionnel

L'article 56, al. 3 de la Constitution précise que le président du Conseil constitutionnel est nommé par le président de la République. Il a voix prépondérante en cas de partage. Et l'article 1er de l'ordonnance de 1958 indique que le président est choisi parmi les membres du Conseil, nommés ou de droit. Son statut n'est pas réellement différent de celui des autres membres du Conseil. Il perçoit une indemnité plus importante (cf. art. 6, ord. 1958), bénéficie d'avantages matériels de fonction, et d'un rang protocolaire plus élevé. Le fait qu'il puisse être désigné parmi les membres de droit — ce qui n'a jamais été le cas — ne paraît pas une bonne chose dans la mesure où cela risquerait de figer pour longtemps la présidence du Conseil constitutionnel. Les présidents successifs du Conseil constitutionnel ont toujours été choisis parmi les membres nommés par le président de la République.

Les présidents du Conseil constitutionnel : Léon Noël (1959-1965) ; Gaston Palewski (1965-1974) ; Roger Frey (1974-1983) ; Daniel Mayer (1983-1986) ; Robert Badinter (1986-1995) ; Roland Dumas (depuis 1995).

La question de savoir si la nomination du président intervient pour la durée de son mandat ou pourrait être remise en cause tous les trois ans, lorsque le président de la République nomme un nouveau membre, est importante. La pratique inaugurée par le président Daniel Mayer en 1986, qui démissionna de sa fonction de président du Conseil constitutionnel, tout en restant simple membre jusqu'à la fin de son mandat, pour permettre à Robert Badinter, nommé membre du Conseil, d'être nommé président de la Haute instance par le président de la République, tendrait à pencher pour une présidence remise en cause tous les trois ans. Mais on ne souscrit pas à la conclusion tirée par Maurice Duverger (Une fraude à la Constitution ?, *Le Monde*, 22 février 1986 et la réponse de François Luchaire, *Le Monde*, 25 février 1986) qui serait que le président nouvellement nommé dans ce cas de figure ne pourrait que terminer le mandat de président de la personne qu'il remplace. Il nous semble que, nommée pour neuf ans, elle peut exercer son mandat de président pour cette durée, sauf à considérer, ainsi qu'on l'a dit plus haut, que le mandat est remis en jeu tous les trois ans. L'inconvénient dans ce cas est que le président du Conseil serait tenté de solliciter le renouvellement de son mandat de président. L'esprit des textes, constitutionnel et organique, ne va pas dans ce sens.

Comme pour les membres du Conseil constitutionnel, le président ne se trouve pas protégé par un statut particulier et sa mise en cause ne peut être faite que par le seul Conseil, par la procédure de démission d'office prévue à l'article 10 de l'ordonnance de 1958. La mise en cause judiciaire du président Dumas en 1998 pourrait conduire à donner une réalité à ces questions jusque-là théoriques.

Les prérogatives du président du Conseil constitutionnel concernent surtout le fonctionnement du Conseil. Sur le plan administratif, le président est ordonnateur des dépenses (art. 16, ord. 1958), il nomme un trésorier responsable devant lui (décret n° 59-1293 du 13 novembre 1959, art. 4), il propose le secrétaire général du Conseil à la nomination du président de la République (Décret, 1959, art. 1er), il a autorité sur les services du Conseil, il peut recruter le personnel nécessaire au fonctionnement du Conseil (Décret, 1959, art. 5). Sur le plan du fonctionnement juridictionnel, le président du Conseil constitutionnel convoque les membres (ord. 1958, art. 13), préside les séances du Conseil, désigne les rapporteurs, compétence étendue par la pratique à tous les types de contentieux alors qu'elle n'est explicitement prévue que pour le contentieux électoral (ord. 1958, art. 37). Il a enfin voix prépondérante en cas de partage (art. 56 Const., al. 3). Si le président est empêché, il est remplacé par le membre le plus âgé (ord. 1958, art. 13).

Il faut ajouter que le président peut recruter des chargés de mission, placés auprès de lui et susceptibles de le seconder, soit pour des fonctions générales de conseil sur le plan juridique, soit pour des fonctions déterminées, par exemple dans le domaine des relations internationales de l'institution.

Tableau 1. — *Liste des membres du Conseil constitutionnel depuis 1959*

Nom	*Formation/Profession*	*Mandat*	*Nomination par*
Charles Le Coq de Kerland	Licence en droit/Avocat	mars 59-mars 65	G. Monnerville
Georges Pompidou	ENS, Agrég. lettres/ Professeur, Maître des requêtes au Conseil d'État	mars 59-avril 62	C. de Gaulle
Jean Gilbert-Jules	Licence en droit, DES/Avocat	mars 59-mars 68	G. Monnerville
Jean Michard-Pelissier	Docteur en droit, Sc. Po/Avocat	mars 59-mars 68	J. Chaban-Delmas
Léon Noël	Docteur en droit/ Conseiller d'État, diplomate	mars 59-mars 65	C. de Gaulle

Nom	*Formation/Profession*	*Mandat*	*Nomination par*
Louis Pasteur Vallery Radot	Docteur en médecine/ Professseur de médecine	mars 59-mars 65	J. Chaban-Delmas
Maurice Delépine	Licence en droit/Avocat, Conseiller d'État	mars 59-juin 60	G. Monnerville
Maurice Patin	Docteur en droit/Magistrat	mars 59-mars 62	C. de Gaulle
Victor Chatenay	Licence en droit/Chef d'entreprise	mars 59-mars 62	J. Chaban-Delmas
René Cassin	Docteur en droit, Agrég. droit/Avocat, Prof. de droit, Vice-Pdt Conseil d'État	juin 60-mars 71	G. Monnerville
Edmond Michelet	Études secondaires/Courtier	mars 62-mars 67	J. Chaban-Delmas
Marcel Waline	Docteur en droit, Agrég. droit/Prof. droit	mars 62-mars 71	C. de Gaulle
Bernard Chenot	Licence droit, Sc. Po/Conseiller d'État	avril 62-août 64	C. de Gaulle
André Deschamps	St Cyr/Conseiller d'État	septembre 64-mars 68	C. de Gaulle
François Luchaire	Docteur en droit, Agrég. droit/Prof. droit	mars 65-mars 74	G. Monnerville
Gaston Palewski	Licence lettres, Sc. Po/Diplomate	mars 65-mars 74	C. de Gaulle
Henri Monnet	Licence droit, Sc. Po/Chef d'entreprise	mars 65-mars 74	J. Chaban-Delmas
Jules Antonini	Licence en droit, École Polytechnique/Adm. sociétés	avril 67-mars 71	J. Chaban-Delmas
Georges-Léon Dubois	Docteur en droit/Magistrat	mars 68-mars 77	G. Monnerville

Nom	*Formation/Profession*	*Mandat*	*Nomination par*
Jean Sainteny	Études secondaires/Banque	mars 68-mars 77	C. de Gaulle
Pierre Chatenet	Licence droit, Sc. Po/Conseiller d'État	mars 68-mars 77	J. Chaban-Delmas
François Goguel	Docteur en droit, Sc. Po/Sec. gén. Sénat	mars 71-mars 80	G. Pompidou
Henri Rey	Études secondaires/Adm. sociétés	mars 71-octobre 77	A. Peretti
Paul Coste-Floret	Docteur en droit, Agrég. droit/Prof. droit	mars 71-septembre 79	A. Poher
Gaston Monnerville	Docteur en droit/Avocat, Pdt du Sénat	mars 74-mars 83	A. Poher
René Brouillet	ENS, Sc. Po/C. des comptes, Diplomate	mars 74-mars 83	E. Faure
Roger Frey	Sc. Po	mars 74-mars 83	G. Pompidou
Achille Peretti	Licence droit, DES droit/Avocat, Préfet	mars 77-avril 83	E. Faure
André Segalat	Licence droit, Sc. Po/Conseiller d'État, Sec. gén. gouvernement	mars 77-mars 86	V. Giscard d'Estaing
Louis Gros	Licence en droit/Avocat	mars 77-octobre 84	A. Poher
Louis Joxe	Agrég hist. géo./Professeur, Diplomate	octobre 77-mars 89	E. Faure
Robert Lecourt	Docteur droit/Avocat, Juge, Pdt CJCE	septembre 79-mars 89	A. Poher
Georges Vedel	Docteur en droit, Agrég. droit/Prof. droit	mars 80-mars 89	V. Giscard d'Estaing
Daniel Mayer	Études primaires/Journaliste	mars 83-mars 92	F. Mitterrand

Nom	*Formation/Profession*	*Mandat*	*Nomination par*
Léon Jozeau-Marigné	Docteur en droit/Avoué	mars 83-mars 92	A. Poher
Pierre Marcilhacy	Licence en droit/Avocat CE et C. cass.	mars 83-juillet 87	L. Mermaz
Paul Legatte	Lic. droit, DES droit/ Conseiller d'État	avril 83-mars 86	L. Mermaz
Maurice-René Simonnet	Docteur en droit, Agrég. droit/Prof. droit	octobre 84-août 88	A. Poher
Robert Badinter	Docteur en droit, Agrég. droit/Avocat, Professeur de droit	mars 86-mars 95	F. Mitterrand
Robert Fabre	Diplôme de pharmacien/Pharmacien	mars 86-mars 95	L. Mermaz
Francis Mollet-Viéville	Licence en droit, DES droit/Avocat	juillet 87-mars 92	J. Chaban-Delmas
Jacques Latscha	Docteur droit, Agrég. droit/Prof. droit, Adm. sociétés	août 88-mars 95	A. Poher
Jacques Robert	Docteur en droit, Agrég. droit/Prof. droit	mars 89-…	L. Fabius
Jean Cabannes	DES droit/Magistrat	mars 89-février 98	A. Poher
Maurice Faure	Docteur droit, Agrég. hist. géo./Prof.	mars 89-…	F. Mitterrand
Georges Abadie	Licence droit, Sc. Po/Préfet	mars 92-…	F. Mitterrand
Marcel Rudloff	Licence droit et lettres/Avocat	mars 92-mars 96	A. Poher
Noëlle Lenoir	DES droit, Sc. Po/Maître requêtes CE	mars 92-…	H. Emmanuelli
Roland Dumas	Licence en droit/Avocat	mars 95-…	F. Mitterrand

Nom	*Formation/Profession*	*Mandat*	*Nomination par*
Étienne Dailly	ENSTP Paris/Adm. sociétés	mars 95-décembre 96	R. Monory
Michel Ameller	Docteur droit, Sc. Po/Sec gén. Ass. nat.	mars 95-…	Ph. Séguin
Alain Lancelot	Docteur lettres et Sc. Po/Prof. IEP Paris	mars 96-…	R. Monory
Yves Guéna	ENA/Conseiller d'État	janvier 97-…	R. Monory
Simone Veil	Magistrat	février 98-…	R. Monory
Pierre Mazeaud	Doct. droit/Magistrat/ Conseiller d'État	février 98-…	J. Chirac
Jean-Claude Colliard	Docteur en droit/ Professeur de droit	février 98-…	L. Fabius

SECTION 2
Organisation et fonctionnement

L'examen de l'organisation et du fonctionnement du Conseil constitutionnel relève de deux textes différents. L'ordonnance du 7 novembre 1958 contient un titre II (art. 13 à 16) qui concerne le fonctionnement du Conseil. Ce texte renvoie à un décret pour l'organisation du secrétariat général du Conseil constitutionnel (art. 15). Il s'agit du décret n° 59-1293 du 13 novembre 1959 qui, en six courts articles, précise le mode de nomination du secrétaire général et le fonctionnement du secrétariat général (v. ces textes reproduits en Annexe I, p. 507 et s.).

I / Un fonctionnement collégial

Le Conseil constitutionnel est une institution de la République dont les structures, l'organisation, le personnel sont peu importants en volume et souples en organisation. Si le président conduit l'institution et y met sa marque personnelle (v. par exemple sur la présidence de R. Badinter : D. Rousseau, *Sur le Conseil constitutionnel. La doctrine Badinter et la démocratie*, éd. Descartes et Cie, 1997), le Conseil est aussi façonné par les personnalités qui le composent, tant par les conseillers que par le personnel administratif au premier rang desquels il faut compter le secrétaire général du Conseil constitutionnel lui-même. Choisi au moins autant pour ses compétences juridiques que pour ses compétences administratives et de gestion, il est nécessairement proche du président du Conseil constitutionnel, car nommé par le président de la République sur sa proposition (art. 1er, décret n° 59-1293 du 13 novembre 1959). Il est l'interlocuteur privilégié du président et des autres membres du Conseil qui trouvent en lui une aide précieuse et une expérience de juriste confirmé, à tel point qu'on le surnomme parfois avec malice le « dixième membre » du Conseil constitutionnel, comme si son influence allait bien au-delà de ses fonctions administratives. Il est vrai qu'il est l'un des rouages essentiels de toutes les étapes de la procédure devant le Conseil, de l'enregistrement des requêtes à la rédaction du compte rendu de la séance de délibéré. C'est aussi lui qui assure le lien avec le secrétaire général du Gouvernement, les assemblées parlementaires, les ministères concernés par le texte soumis au contrôle du Conseil (v. O. Schrameck, L'influence de la jurisprudence du Conseil constitutionnel sur l'action gouvernementale, *in* G. Drago, B. François, N. Molfessis, *La légitimité de la jurisprudence du Conseil constitutionnel*, colloque de Rennes, Économica, 1998 ; id., Le secrétariat général du Conseil constitutionnel, *RFDA*, 1994, p. 1210 et s. ; id., Les aspects procéduraux des saisines, in *Vingt ans de saisine parlementaire du Conseil constitutionnel*, Économica-PUAM, 1995, p. 81 et s.). Enfin, l'existence même d'un secrétariat général commun permet de centraliser autour du secrétaire général le débat interne au Conseil sur chaque requête et d'assurer un véritable « rôle auxiliaire d'instruction » (O. Schrameck, art. préc., 1995, p. 84).

Plus généralement, c'est le fonctionnement « juridictionnel » du Conseil qui se veut collégial pour ne pas dire consensuel. Les membres du Conseil, lorsqu'ils en viennent à parler du fonctionnement interne de l'institution et dans les limites admises par le secret des délibérations et leur obligation de discrétion, expliquent toujours que, dans la délibération du Conseil, est recherchée l'unanimité, le consensus sur la décision plutôt que l'affrontement et les oppositions. A ce titre certainement, la fonction du président du Conseil constitutionnel joue un rôle important. La fonction et la personnalité du rapporteur, également, dont le profile de juriste plus ou moins accompli influence certainement le sens de la décision (v. par exemple les propos du doyen G. Vedel, La manière dont les saisines sont perçues par les membres du Conseil constitutionnel et prises en compte dans les discussions, *Vingt ans de saisine parlementaire du Conseil constitutionnel*, préc., p. 57 et s.). On ne pourrait évidemment parler avec certitude de cette question des oppositions internes qu'en ayant participé de l'intérieur à l'institution mais il semble, de l'extérieur, que les débats internes, et les oppositions éventuelles, empruntent les chemins subtils de l'argumentation juridique, des réserves d'interprétation là où la censure était prévisible, des discussions avec le secrétaire général du Conseil qui peut suggérer une rédaction (F. Luchaire, *Le Conseil constitutionnel*, 2e éd., t. 1, 1997, p. 99) ou avec le secrétariat général du Gouvernement qui peut suggérer une solution juridique, en montrant aussi les conséquences politiques, économiques ou sociales d'une décision de non conformité à la Constitution. Chaque membre du Conseil fait ensuite son « contrôle de proportionnalité mental », pèse les arguments, bref fait le travail de l'interprète de la règle et donc celui du juge. La négociation constitutionnelle est sans doute autant interne qu'externe au Conseil.

V. *infra*, chapitre IV, Le contrôle de la constitutionnalité des lois, p. 273 et s. ; pour un essai d'analyse sur ce thème : J. Meunier, *Le pouvoir du Conseil constitutionnel. Essai d'analyse stratégique*, Bruylant-LGDJ, 1994 ; A. Stone, *The Birth of Judicial Politics in France. The Constitutional Council in Comparative Perspective*, Oxford University Press, 1992.

II / Les services du Conseil constitutionnel

Les services du Conseil constitutionnel sont placés sous l'autorité directe du secrétaire général du Conseil, lui-même placé sous l'autorité du président (art. 2, décret n° 59-1293 de 1959). C'est donc en pratique le secrétaire général qui assure le fonctionnement quotidien de l'institution. Il reçoit délégation du président pour signer tous les actes et décisions de nature administrative (art. 2, al. 2). D'une façon générale, le secrétaire général « prend les mesures nécessaires à la préparation et à l'organisation des travaux du Conseil » (art. 3).

Pour le fonctionnement du Conseil, quatre services doivent être distingués (sur ces points v. surtout O. Schrameck, art. préc., 1994, spéc. p. 1212 et s. ; F. Luchaire, *op. cit.*, p. 99 et s. ; v. aussi P. Giro, *AIJC*, 1992, p. 255 et s.). Un « service juridique » (curieuse appellation au sein d'une juridiction dont la fonction même est de dire le droit !), composé d'un chef de service et de chargés de mission qui préparent les dossiers destinés aux membres du Conseil, rédigent le compte rendu sommaire des travaux exigé par le décret de 1959 (art. 3). C'est ce service qui participe aussi à la veille constitutionnelle facilitant ainsi le travail d'appréciation des questions de constitutionnalité par le Conseil. Depuis 1993, on trouve au sein du service juridique une fonction de greffe qui assure aussi un certain nombre d'opérations préparatoires dans le domaine électoral.

Un « service de la bibliothèque, de la documentation et de l'informatique » gère le fonds documentaire du Conseil constitutionnel, qui, au-delà des besoins propres du Conseil, est ouvert aux chercheurs et permet des comparaisons de jurisprudence avec d'autres cours constitutionnelles. Ce service prépare également les dossiers destinés à la presse chaque fois que cela est nécessaire. Enfin, il gère par informatique les contentieux massifs, tel le contentieux électoral. C'est également ce service qui gère le site *Internet* du Conseil constitutionnel.

Un « service de presse et de relations extérieures » est chargé des relations avec les autres cours constitutionnelles et d'une façon générale de tout ce qui a trait aux relations internationales de l'institution.

Enfin, un « service administratif et financier » assure la gestion pratique du Conseil. On y trouve en particulier un trésorier, fonction prévue par le décret de 1959 (art. 4, al. 2). Un conseiller-maître à la Cour des comptes assure les fonctions de conseiller financier du Conseil constitutionnel.

Viennent en soutien de ces différents services des chauffeurs et personnels de secrétariat répartis selon les besoins. L'ensemble des services du Conseil constitutionnel représente une quarantaine de personnes, ce qui est peu en comparaison des autres cours constitutionnelles européennes.

SECTION 3
Généralités sur les compétences du Conseil constitutionnel

I / Compétence en matière de fonctionnement des institutions

Les attributions du Conseil constitutionnel en matière de fonctionnement des institutions comprennent trois éléments. D'une part, cela concerne le contrôle du mandat des parlementaires (A), d'autre part le Conseil est compétent lorsque le président de la République veut utiliser les pouvoirs qui lui sont conférés par l'article 16 de la Constitution (B), enfin le Conseil possède des attributions relatives à l'exercice par le président de la République de sa fonction (C).

A | CONTRÔLE DU MANDAT DES PARLEMENTAIRES

Le contrôle du mandat des parlementaires ne relève pas du contentieux électoral. Il relève plutôt de la situation du parlementaire à l'égard du mandat qu'il exerce ou est susceptible d'exercer. Il s'agit pour le Conseil constitutionnel de contrôler les inéligibilités et les incompatibilités qui peuvent être la conséquence de la situation personnelle des parlementaires. Les sources d'un tel contentieux se trouvent d'abord dans la Constitution (art. 25) qui renvoie à une loi organique pour la fixation des règles relatives aux inéligibilités et incompatibilités. Fixées à l'origine dans l'ordonnance portant loi organique du 24 octobre 1958, elles sont aujourd'hui intégrées au Code électoral, aux articles LO 128 à 136 pour les inéligibilités et LO 137 à 153 pour les incompatibilités des députés, et LO 296, 297 et 325, ces deux dernières dispositions renvoyant aux dispositions applicables aux députés et leur appliquant donc le même régime. L'utilisation de ces textes n'est pas aisée, d'autant plus qu'ils se combinent avec d'autres dispositions organiques (par exemple la loi du 10 mai 1990 relative au financement des campagnes électorales). La codification de nombreuses dispositions de valeur juridique différente (loi organique, loi ordinaire, dispositions réglementaires) rend l'ensemble difficile à appréhender (v. cependant le remarquable *Code électoral* établi par B. Maligner, Dalloz, 1998).

1 / *Le régime d'inéligibilité*

L'appréciation de l'inéligibilité peut être faite soit au jour de l'élection, soit en cours de mandat (art. LO 136). La déchéance du mandat parlementaire est constatée par le Conseil constitutionnel, à la requête du bureau de l'Assemblée nationale ou du Sénat, selon que le parlementaire relève de l'une ou l'autre assemblée, par le garde des Sceaux, ministre de la Justice, ou en cas de condamnation postérieure à l'élection, par le ministère public près la juridiction qui a prononcé la condamnation (art. LO 136, al. 2). Les motifs entraînant la déchéance sont très variés : privation des droits électoraux, condamnation devenue définitive en matière pénale, ou condamnation judiciaire excluant toute possibilité d'éligibilité (art. LO 130). Enfin, le cas des faillites personnelles prononcées par jugement emporte l'incapacité d'exercer une fonction publique élective (L. 25 janvier 1985, art. 194), mais la question se posait de savoir si cette incapacité était de plein droit ou devait résulter d'une décision. Dans sa décision du 5 septembre 1996, *Bernard Tapie* (n° 96-10 D, *Rec.*, 111), le Conseil a considéré qu'il était compétent pour se prononcer sur la déchéance de plein droit du mandat de ce député, à partir du moment où la notification de cette incapacité avait été faite à la personne en cause, en l'espèce par le garde des Sceaux.

Les cas d'inéligibilité ont augmenté sensiblement du fait de la législation relative aux comptes de campagne, résultant des lois organiques du 11 mars 1988, 10 mai 1990 et 19 janvier 1995. L'inéligibilité peut résulter de l'absence du dépôt du compte de campagne ou de son dépôt hors délai (art. LO 128 et art. L. 52-12, Code électoral), elle peut aussi résulter du rejet du compte si celui-ci ne correspond pas aux exigences posées par le Code électoral (exemple : le compte n'est pas présenté par un expert-comptable), elle peut enfin résulter du dépassement du plafond autorisé des dépenses électorales, point sur lequel le Conseil constitutionnel possède une relative marge d'appréciation, renforcée par une loi du 10 avril 1996. La décision rendue par le Conseil constitutionnel est une décision d'inéligibilité pour une durée d'un an, à compter de la décision du Conseil (art. LO 128, dans la rédaction issue de la loi organique du 19 janvier 1995). Il faut signaler que ces cas d'inéligibilité s'appliquent au candidat élu ou non élu (v. commentaire B. Maligner sous art. LO 128).

Sur le régime juridique du financement des campagnes électorales v. E.-P. Guiselin, *Le régime juridique du financement de la vie politique*, thèse, Rennes I, 1995 ; Y.-M. Doublet, La législation de 1995 sur le financement de la vie politique, *RFDC*, n° 22, 1995, p. 411 et s. ; sur le contentieux du financement de la vie politique, tant devant le Conseil constitutionnel que devant les juridictions administratives v. les chroniques régulières très complètes de B. Bhasin et Y.-M. Doublet, in *RFDC*.

2 / *Le régime d'incompatibilité*

Le régime d'incompatibilité concerne l'exercice par le parlementaire d'activités incompatibles avec sa fonction. La définition des activités incompatibles résulte des dispositions organiques du Code électoral (art. LO 137 et s.). Il s'agit d'éviter que le parlementaire cumule sa fonction élective avec un ensemble de fonctions y compris électives ou de décision. Ainsi, on ne peut être à la fois député et ministre (art. 23, Constitution), député et sénateur (art. LO 137), député et magistrat judiciaire, administratif ou des chambres régionales des comptes, parlementaire et exercer plus d'une fonction parmi certaines fonctions électives (Parlement européen, conseiller régional, conseiller général, maire d'une commune de plus de 20 000 habitants…). Ainsi encore, l'exercice de fonctions publiques non électives est incompatible avec le mandat de député, à l'exception des professeurs de l'enseignement supérieur et des ministres du culte dans le régime d'Alsace-Moselle. Ainsi enfin, sont incompatibles avec un mandat parlementaire les fonctions de direction dans un établissement public national, ou de dirigeant dans un entreprise bénéficiant d'avantages accordés par l'État ou une collectivité publique ou encore dans celles faisant un appel public à l'épargne. Des dispositions restrictives d'exercice concernent les professions libérales soumises à un statut législatif ou réglementaire sont également édictées par le Code électoral (art. LO 146-1 et LO 149).

La loi organique du 19 janvier 1995 prévoit que tout parlementaire doit déposer, dans les deux mois suivant son élection, sur le bureau des assemblées une déclaration certifiée sur l'honneur exacte et sincère comportant la liste des activités professionnelles ou d'intérêt général, même non rémunérées, qu'il envisage de conserver ou attestant qu'il n'en exerce aucune (art. LO 151, al. 3). Toute modification en cours de mandat doit faire l'objet d'une même déclaration. Le bureau de chaque assemblée examine les activités déclarées et leur compatibilité avec le mandat parlementaire.

En cas de doute ou de contestation, le bureau de l'assemblée considérée, le garde des Sceaux ou le parlementaire lui-même, à l'exclusion de toute autre personne (C. const., nº 87-6 I, 24 novembre 1987, *Rec.*, 56), saisit le Conseil constitutionnel « qui apprécie souverainement si le député [ou le sénateur] se trouve dans un cas d'incompatibilité (art. LO 151, al. 4). Si cette incompatibilité est confirmée par le Conseil, le parlementaire doit régulariser sa situation dans les quinze jours de la notification de la décision du Conseil. A défaut, le Conseil le déclare démissionnaire d'office de son mandat (cf. art. LO 151, al. 5). En cas de défaut de respect des obligations des articles LO 149 et 150 du Code électoral (interdiction pour les avocats parlementaires de plaider contre l'État, ou dans les affaires de délits ou crimes contre la nation, l'État ou la paix publique, interdiction de mentionner sa qualité de parlementaire dans toute publicité), le Conseil constitutionnel, saisi par le bureau de l'assemblée intéressée ou par le garde des Sceaux déclare le parlementaire démissionnaire d'office (art. LO 151, al. 6). Cette décision n'entraîne cependant pas l'inéligibilité. En toute hypothèse, le Conseil constitutionnel interprète restrictivement les textes relatifs aux cas d'incompatibilité (nº 77-5 I, 18 octobre 1977, *Rec.*, 81).

Sur les incompatibilités parlementaires v. entre autres : F. Ancel, *Les incompatibilités parlementaires sous la Ve République*, PUF, 1975 ; P. Augé, L'incompatibilité entre le mandat parlementaire et l'exercice de fonctions de direction et d'administration, *LPA*, nº 66, 31 mai 1996, p. 15 et s. ; P. Avril et J. Gicquel, *Droit parlementaire*, Montchrestien, 2e éd., 1996, spéc. p. 35 et s. ; F. Luchaire, *Le Conseil constitutionnel*, *op. cit.*, nº 475 et s.

B | ATTRIBUTIONS DU CONSEIL CONSTITUTIONNEL EN MATIÈRE D'APPLICATION DE L'ARTICLE 16 DE LA CONSTITUTION

Incontestablement, la compétence du Conseil constitutionnel en matière d'application de l'article 16 de la Constitution à l'initiative du président de la République est une compétence consultative qui diffère un peu de l'ensemble des compétences de nature décisionnelle de la Haute institution. Fruit de négociations entre le Comité consultatif constitutionnel de 1958 et le Gouvernement, l'article 16 est ainsi rédigé :

« Lorsque les institutions de la République, l'indépendance de la nation, l'intégrité de son territoire ou l'exécution de ses engagements internationaux sont menacées d'une manière grave et immédiate et que le fonctionnement régulier des pouvoirs publics constitutionnels est interrompu, le président de la République prend les mesures exigées par ces circonstances, après consultation officielle du Premier ministre, des présidents des assemblées ainsi que du Conseil constitutionnel.

Il en informe la nation par un message.

Ces mesures doivent être inspirées par la volonté d'assurer aux pouvoirs publics constitutionnels, dans les moindres délais, les moyens d'accomplir leur mission. Le Conseil constitutionnel est consulté à leur sujet. »

On sait que la décision du président de la République de recourir à l'article 16 est qualifiée d'acte de Gouvernement par le Conseil d'État (CE, Ass., 2 mars 1962, *Rubin de Servens*, *Rec.*, 143 ; *GAJA*, 11e éd., Dalloz, 1996, nº 96). Mais cette compétence, taillée à la mesure de l'inspirateur de la Constitution de la Ve République, n'empêche pas que des consultations obligatoires soient organisées par la Constitution. Dans ce cadre, le Conseil constitutionnel est consulté à deux moments. D'une part, il est consulté par le président de la République dès que ce dernier a pris la décision de faire application de l'article 16. D'autre part, la Constitution prévoit que le Conseil est consulté sur chacune des mesures que le président se propose de prendre dans le cadre de l'article 16.

L'ordonnance portant loi organique sur le Conseil constitutionnel du 7 novembre 1958 précise les conditions d'application de l'article 16 de la Constitution en ce qui concerne le Conseil. L'article 52 de l'ordonnance énonce que lorsqu'il est consulté sur le principe même de la mise en application, il se réunit immédiatement (sauf cas de force majeure prévue par l'article 14 de l'ordonnance). Il émet un avis sur la réunion des conditions exigées par l'article 16, avis qui est motivé et publié (art. 53, ord. 1958). Ces conditions sont celles énoncées au premier alinéa de l'article 16, c'est-à-dire l'existence d'une menace grave et immédiate et l'interruption du fonctionnement régulier des pouvoirs publics constitutionnels. Le président de la République a l'obligation de solliciter cet avis mais il ne s'impose pas juridiquement à lui ; il pourrait donc ne pas le suivre. Mais cet avis étant motivé et publié, le président pourrait-il vraiment se placer en gardien concurrent de la Constitution ? On ne le pense pas, car l'avis du Conseil a justement pour objet de vérifier si les conditions fixées par la Constitution existent bien, ce n'est pas un avis en pure opportunité, même si on convient aisément que, dans l'appréciation du Conseil, la vérification des conditions posées par l'article 16 peuvent donner lieu à des interprétations fort divergentes. En toute hypothèse, lorsque le président de la République a utilisé l'article 16, cette procédure a été strictement respectée, la décision du président du 23 avril 1961 (*Rec.*, 73) faisant référence à l'avis du Conseil constitutionnel qui énonce les conditions qui permettent, selon lui, l'application de l'article 16 (rébellion des généraux en Algérie).

L'article 54 de l'ordonnance de 1958 précise ensuite que le président de la République avise le Conseil constitutionnel des mesures qu'il se propose de prendre et ajoute que le Conseil lui donne son avis sans délai. L'objet de ces mesures d'application est fixé par l'article 16 : assurer aux pouvoirs publics constitutionnels, dans les moindres délais, les moyens d'accomplir leur mission. M. Luchaire (*op. cit.*, n° 446 et s.) considère que l'avis du Conseil recouvre trois éléments. Cet avis concerne d'abord la compétence du président de la République pour prendre ces mesures. En effet, celles-ci, dispensées du contreseing ministériel, peuvent toucher directement des compétences gouvernementales ou relever de celles du Parlement. Le deuxième élément concerne l'objet des mesures. « Exigées par les circonstances », selon les termes de l'article 16, elles laissent au président de très larges pouvoirs, dont il a d'ailleurs usé en 1961 (la durée d'application de l'article 16 a couvert la période 23 avril-29 septembre 1961) dans de nombreux domaines : prolongation de la durée de la garde à vue, institution d'un haut tribunal militaire, secret des correspondances, sanctions dans la fonction publique, etc. Dans l'appréciation des circonstances, l'avis du Conseil est difficile à donner, compte tenu de la nature de la mesure et de son impact. C'est à l'exercice d'un contrôle de proportionnalité qu'invite le président Luchaire (*op. cit.*, n° 449). Enfin, le dernier élément est le contrôle du but des mesures envisagées : assurer aux pouvoirs publics constitutionnels les moyens d'accomplir leur mission. Là encore, tout est question d'appréciation par le président et par le Conseil.

Il faut ajouter que les avis du Conseil constitutionnel rendus sur ces mesures d'application n'ont pas à être publiés et ne l'ont d'ailleurs pas été car seulement destinés au chef de l'État, ce qu'explique le *Recueil des décisions du Conseil constitutionnel 1961* (p. 69), alors que les décisions du président de la République le sont (v. *Rec.*, 74 et s.). Enfin, la décision de mettre fin à l'application de l'article 16 relève de la seule compétence du président de la République. En droit, la question essentielle est d'ailleurs plutôt celle de la durée adéquate de mise en application de l'article 16, sur laquelle le Conseil constitutionnel n'a pas de prise directe. Mais il peut, au fur et à mesure qu'on s'éloigne dans le temps des événements qui ont conduit à cette décision et des dangers pour les institutions, émettre un avis négatif sur telle ou telle mesure d'application, avis destiné au seul président de la République et qui serait l'indication de l'absence de nécessité de maintenir cette situation juridique. Suivant alors cet avis négatif, le président de la République se devrait de mettre fin à l'application de l'article 16 de la Constitution.

C | ATTRIBUTIONS DU CONSEIL CONSTITUTIONNEL RELATIVES A L'EXERCICE DE SA FONCTION PAR LE PRÉSIDENT DE LA RÉPUBLIQUE

La Constitution de 1958 n'a pas donné de compétence générale au Conseil constitutionnel pour contrôler la façon dont le président de la République exerce ses fonctions. Contrairement à d'autres pays, par exemple l'Italie, le juge constitutionnel français n'exerce pas la compétence de Haute Cour de justice. Les articles 67 et 68 de la Constitution de la Ve République instituent une Haute Cour de justice dont les compétences sont limitées, depuis la réforme constitutionnelle de 1993 (loi constitutionnelle n° 93-953 du 27 juillet 1993 ajoutant les articles 68-1 à 68-3 à la Constitution), aux actes de haute trahison accomplis par le président de la République dans l'exercice de ses fonctions. Composée de parlementaires élus par les deux assemblées en nombre égal, la Haute Cour est un organisme aux compétences autant politiques que juridiques, qui n'a d'ailleurs jamais fonctionné à propos du président de la République.

Le Conseil constitutionnel n'est donc pas juge des actes du président de la République. On peut même dire que le président, qui, de par l'article 5 de la Constitution veille au respect de celle-ci, est un concurrent du Conseil dans la fonction du gardien de la Constitution. Mais il n'a de liberté absolue pour en être le gardien que pour ce qui concerne ses prérogatives propres, dispensées du contreseing. Dans d'autres attributions de gardien de la Constitution, le président est un gardien subordonné, soit au Gouvernement dont il doit recueillir l'accord ou la proposition (par exemple en matière d'initiative d'un référendum, art. 11), soit au Conseil constitutionnel lorsqu'il le saisit pour lui demander de contrôler la conformité d'une loi ou la compatibilité d'un traité à la Constitution (art. 61 ou 54 ; sur cette fonction de gardien de la Constitution v. G. Drago, *L'exécution des décisions du Conseil constitutionnel*, Économica-PUAM, 1991, spéc. p. 48 et s.).

En fait, le contrôle du Conseil constitutionnel concerne les cas d'empêchement du président de la République d'exercer son mandat (art. 7) ou celui de vacance de la présidence de la République, par exemple en cas de décès en fonction du président comme cela a été le cas en 1974, lors du décès de Georges Pompidou. L'article 7 de la Constitution distingue le « cas de vacance de la présidence de la République pour quelque cause que ce soit » de celui de « l'empêchement constaté par le Conseil constitutionnel ». L'interprétation littérale des textes ne donne compétence au Conseil que pour le cas d'empêchement, ce que confirme l'article 31 de l'ordonnance de 1958 qui précise cette compétence en ces termes :

> « Lorsqu'il est saisi par le gouvernement, dans le cas prévu à l'article 7 de la Constitution pour constater l'empêchement du président de la République, le Conseil constitutionnel statue à la majorité absolue des membres le composant »,

reprenant d'ailleurs les termes de l'article 7 de la Constitution. C'est donc sur la seule saisine du gouvernement que l'empêchement du président de la République peut être constaté. Le Conseil peut déclarer l'empêchement temporaire ou définitif (art. 7, al. 5) ce dernier cas ouvrant alors le délai pour l'élection d'un nouveau président.

En cas de vacance, par exemple lors de la démission du général de Gaulle ou du décès de Georges Pompidou, le Conseil a publié à chaque fois une « déclaration » prenant acte de cette vacance, et constatant que les conditions étaient réunies pour l'exercice provisoire des fonctions présidentielles par le président du Sénat et que le délai fixé par la Constitution pour l'élection d'un nouveau président de la République était ouvert (déclaration du 28 avril 1969, *Rec.*, 65 et déclaration du 3 avril 1974, *Rec.*, 33). Cette déclaration n'est, à dire vrai, pas prévue par les textes, le Conseil ayant dans ce cas entendu largement sa compétence, pour des raisons pratiques que l'on peut comprendre, ne serait-ce que pour commencer à faire courir le délai permettant d'organiser les élections à la présidence de la République (sur les circonstances de cette déclaration du Conseil en 1969, v. F. Luchaire, *op. cit.*, n° 428). Mais on pourrait aussi considérer qu'en cas de vacance, le président du Sénat, à qui revient l'intérim de la fonction de président de la République, soit investi immédiatement.

II / Compétence en matière électorale et de référendum

On a regroupé ici plusieurs compétences du Conseil constitutionnel concernant deux types de processus de consultation du peuple souverain. D'une part, la compétence du Conseil relative aux deux consultations électorales nationales que sont les élections à la présidence de la République et les élections parlementaires (A), d'autre part la compétence du Conseil relative aux opérations de référendum (B). Rappelons simplement que le

Conseil constitutionnel n'est compétent ni pour le contentieux des élections au Parlement européen, qui relève du Conseil d'État, ni pour celui des élections locales qui relève des tribunaux administratifs et en appel du Conseil d'État (élections municipales et cantonales) ou du Conseil d'État (élections régionales).

A | CONTRÔLE DES ÉLECTIONS NATIONALES

La compétence du Conseil constitutionnel recouvre les élections à la présidence de la République et les élections aux assemblées parlementaires.

1 / *Élection du président de la République*

Les règles juridiques applicables à l'élection du président de la République sont réparties dans des textes assez disparates, de valeur juridique différente, plusieurs fois modifiés et dans lesquels il faut rechercher les compétences du Conseil constitutionnel. A cette diversité des textes s'ajoutent les modifications essentielles introduites par la réforme constitutionnelle de 1962 (loi n° 62-1292 du 6 novembre 1962) instaurant l'élection du président de la République au suffrage universel direct.

En ce qui concerne les compétences du Conseil constitutionnel, l'article 58 de la Constitution dispose :

> « Le Conseil constitutionnel veille à la régularité de l'élection du président de la République.
> Il examine les réclamations et proclame les résultats du scrutin. »

Et l'article 30 de l'ordonnance du 7 novembre 1958 précise :

> « Les attributions du Conseil constitutionnel en matière d'élection à la présidence de la République sont déterminées par la loi organique relative à cette élection. »

L'ordonnance n° 58-1064 du 7 novembre 1958 portant loi organique relative à l'élection du président de la République a été remplacée par la loi référendaire du 6 novembre 1962, elle-même modifiée à plusieurs reprises. Ces modifications touchent diverses modalités de l'élection : conditions de présentation des candidats à l'élection (lois organiques n° 76-528 du 18 juin 1976 ; n° 88-35 et 88-36 du 13 janvier 1988 ; n° 95-62 du 19 janvier 1995) ; dépenses électorales, frais de campagne et situation patrimoniale des candidats (lois organiques n° 88-226 du 11 mars 1988 ; n° 90-383 du

10 mai 1990 ; n° 95-72 du 20 janvier 1995), vote des Français de l'étranger (loi organique n° 76-97 du 31 janvier 1976). Pour partie, ces modifications successives sont dues aux observations précises et argumentées du Conseil constitutionnel faites à la suite des élections présidentielles. Le Conseil exerce ici, à son initiative, une fonction juridique prospective de conseil en relevant les défauts dans le déroulement du processus électoral.

A ces textes, s'ajoute le décret n° 64-231 du 14 mars 1964 portant règlement d'administration publique pour l'application de la loi du 6 novembre 1962, qui précise les modalités particulières d'élection du président de la République. Ce texte a été lui-même modifié, en application des réformes constitutionnelles et organiques successives. La régularité de ce texte a paru longtemps douteuse dans la mesure où il fixe la procédure permettant de saisir le Conseil constitutionnel des contestations relatives à l'élection. Or on sait que l'article 63 de la Constitution renvoie à la seule loi organique la détermination de la procédure suivie devant le Conseil et la fixation des délais pour le saisir de contestation. Mais le Conseil a considéré, bien tardivement d'ailleurs, que le décret de 1964, ayant été pris en application de la loi de 1962 adoptée par le peuple souverain, « le Gouvernement s'est vu conférer les pouvoirs les plus larges pour prendre l'ensemble des mesures nécessaires pour en assurer l'application » (C. const., 9 avril 1995, *Gisèle Néron*, *Rec.*, 53 ; sur ce point v. F. Luchaire, *op. cit.*, n° 319).

La compétence du Conseil constitutionnel est assez diversifiée : le Conseil peut intervenir à titre consultatif pour l'organisation des élections, à titre « d'organisme quasi administratif » pour établir la liste des candidats, à titre juridictionnel pour régler plusieurs types de contentieux. Pour des raisons de clarté de l'exposé, ces compétences seront évoquées, de façon synthétique, dans l'ordre de déroulement des opérations électorales.

Contentieux de l'établissement de la liste des candidats

Le Conseil constitutionnel intervient au début du processus électoral pour fixer la liste des candidats (art. 3-I, loi du 6 novembre 1962). Durant cette phase, le Conseil exerce une compétence de vérification. D'abord, il doit contrôler les présentations des candidats qui lui sont adressées par au moins 500 élus locaux et nationaux, répartis sur l'ensemble du territoire. Il doit ensuite s'assurer du consentement des candidats eux-mêmes, qui doit être clairement exprimé. Enfin, le Conseil doit constater le dépôt d'un pli scellé comportant une déclaration de la situation patrimoniale de chaque candidat ainsi que l'engagement de celui-ci de déposer, en cas d'élection, une nouvelle déclaration de son patrimoine à l'expiration de ses fonctions (art. 3-I).

Le droit de réclamation contre la liste des candidats est ouvert à toute personne ayant fait l'objet de présentation (art. 7, décret de 1964). La réclamation doit parvenir avant l'expiration du jour suivant la publication au *Journal officiel* de la liste des candidats, le Conseil statuant alors sans délai.

Ce contentieux est peu abondant et les décisions du Conseil montrent que les requêtes sont peu fondées ou hors délai (v. sur le contentieux de l'éligibilité : C. const., 17 mai 1969, *Ducatel c/ Krivine*, *Rec.*, 78 ; *GDCC*, 9e éd., 1997, n° 17). Il a d'ailleurs précisé le sens de ce droit de réclamation qui « a pour seul objet de permettre aux demandeurs qui s'y croient fondés de contester la régularité de la décision prise au regard des conditions énoncées ci-dessus » (C. const., 9 avril 1995, *Dominique Lebel*, *Rec.*, 47).

En réalité, l'essentiel du travail du Conseil constitutionnel ne relève pas du contentieux mais de sa compétence de vérification des présentations, afin d'éviter tout contentieux ultérieur, en particulier la contestation de l'élection elle-même fondée sur la contestation de la liste de présentation des candidats.

Empêchement ou décès d'un candidat

Le Conseil bénéficie là d'une compétence ajoutée par la loi constitutionnelle n° 76-527 du 18 juin 1976, inscrite dans l'article 7 de la Constitution. Cette disposition lui permet de reporter l'élection

> « si, dans les sept jours précédant la date limite du dépôt de présentation des candidatures, une des personnes ayant, moins de trente jours avant cette date, annoncé publiquement sa décision d'être candidate décède ou se trouve empêchée » (art. 7, Const.).

La loi constitutionnelle de 1976 prévoit d'autres cas. Si, avant le premier tour de l'élection, l'un des candidats décède ou est empêché, le report de l'élection est de droit (art. 7, al. 7). Si l'empêchement ou le décès touche l'un des deux candidats restant après le premier tour, le Conseil doit déclarer qu'il faut procéder de nouveau à l'ensemble du processus électoral (art. 7, al. 8). On le voit, dans le premier cas, tant que la liste des candidats n'est pas définitivement fixée, le Conseil a la possibilité de reporter l'élection en cas de décès ou d'empêchement d'un candidat potentiel. Dans le second cas, si l'un des candidats officiels se trouve empêché ou décède, le Conseil a une compétence liée : il doit reporter l'élection ou faire procéder à nouveau à l'ensemble des opérations électorales.

Contrôle de la campagne électorale

Cette compétence de contrôle est partagée avec la Commission nationale de contrôle de la campagne électorale à l'élection du président de la République dont le rôle est de veiller à ce que « tous les candidats bénéficient de la part de l'État des mêmes facilités pour la campagne » (art. 10, décret de 1964) et avec le Conseil supérieur de l'audiovisuel (CSA), pour les aspects de campagne radiodiffusée et télévisée. Ce contrôle de la campagne électorale n'est pas facile à partager, compte tenu de la concurrence de compétence entre le Conseil, la Commission nationale de contrôle et le CSA, notamment en ce qui concerne les prérogatives de surveillance des élections confiées aux délégués respectifs de ces institutions. Mais la question est plutôt de savoir devant quelle autorité pourrait être contestée une décision soit de la Commission nationale de contrôle, soit du CSA, puisque le Conseil d'État a rejeté sa propre compétence à propos d'un recours dirigé, à l'époque, contre une décision de la Haute autorité de la communication audiovisuelle (CE, Ass., 23 novembre 1984, *Tête*, *Rec.*, 386 ; *AJDA*, 1985, p. 216). Le Conseil constitutionnel répond partiellement à cette question en déclinant sa compétence pour se prononcer sur la constitutionnalité du décret de 1964 créant la Commission nationale de contrôle (C. const., 5 avril 1995, *Jacques Bidalou*, *Rec.*, 32).

En toute hypothèse, les compétences de chacun des organismes mériteraient d'être clarifiées et précisées, comme le déclare d'ailleurs le Conseil dans ses observations consécutives à l'élection présidentielle de 1995 (*Rec.*, 139).

Contrôle des aspects financiers de la campagne

Organisé par les lois de 1988, 1990 et 1995, le contrôle des comptes de la campagne aux élections présidentielles est assuré par le Conseil constitutionnel qui peut nommer des délégués chargés de l'instruction sur les comptes de campagne (v. décision du 12 juillet 1995, *Rec.*, 66). L'objet du contrôle du compte est de vérifier sa sincérité afin de procéder ou non au remboursement par l'État des dépenses engagées par les candidats pour l'élection, remboursement fixé forfaitairement, les dépenses faisant l'objet elles-mêmes d'un plafonnement (90 millions pour les candidats du premier tour, 120 millions pour ceux du second tour, loi du 19 janvier 1995). Les candidats doivent adresser leur compte de campagne au Conseil constitutionnel dans les deux mois suivant l'élection. Pour l'appréciation des contributions privées versées au candidat, le Conseil bénéficie du concours de la Commission nationale des comptes de campagne et des financements politiques (art. 9-2, décret de 1964).

Le Conseil constitutionnel n'a pas de délai pour se prononcer sur ces comptes. Ainsi, en 1995, le Conseil a rendu ses décisions entre le 28 septembre et le 11 octobre 1995 (*Rec.*, 105 à 138), alors que la proclamation des résultats de l'élection avait eu lieu le 12 mai 1995. La décision du Conseil arrête le compte du candidat en Francs et procède, s'il y a lieu, au remboursement forfaitaire de la somme avancée par le candidat, c'est-à-dire 20 % du plafond pour les candidats qui ont obtenu moins de 5 % des suffrages exprimés et 25 % pour ceux qui ont obtenu plus de 5 %. Mais le remboursement ne peut couvrir que les dépenses engagées personnellement par le candidat et apportées à son mandataire financier. Mais le Conseil peut aussi rejeter le compte si celui-ci est jugé non sincère (ce fut le cas de celui d'un candidat en 1995, v. décision *Jacques Cheminade*, *Rec.*, 118).

Dans cette fonction de contrôle, le Conseil constitutionnel éprouve des difficultés à apprécier la réalité des recettes et des dépenses des candidats, comme en témoignent ses observations consécutives aux élections présidentielles de 1995 (v. *Rec.*, 142 et s.). S'il s'efforce au « strict respect du contradictoire pour la mise en œuvre du contrôle » (obs. préc., p. 145), il lui est difficile de concilier un contrôle exact et complet des comptes de campagne et d'y porter une appréciation qui ne conduise pas par exemple à rejeter le compte du candidat lorsque les irrégularités sont mineures, avec tous les effets financiers que cela comporte pour le candidat (intérêts en cas de remboursement tardif, ou absence de remboursement, mesure disproportionnée par rapport aux irrégularités commises). En ce sens, le Conseil constitutionnel a fait des propositions de modifications législatives afin, pour l'avenir, de « rendre un tel contrôle encore plus efficace par l'aménagement de ses règles, l'ajustement de sa procédure et l'adaptation de ses sanctions » (obs. préc., p. 147).

Réclamations consécutives aux opérations de vote

L'article 58, alinéa 2, de la Constitution énonce que le Conseil constitutionnel

« examine les réclamations et proclame les résultats du scrutin »,

et la loi organique du 6 novembre 1962 précise que

« le Conseil constitutionnel veille à la régularité des opérations et examine les réclamations dans les mêmes conditions que celles fixées pour les opérations de référendum par les articles 48, 49, 50 de l'ordonnance n° 58-1067 du 7 novembre 1958 » et que « le Conseil arrête et proclame les résultats de l'élection » (art. 3-III).

Enfin, l'article 50 de l'ordonnance de 1958 précise :

« Le Conseil examine et tranche définitivement toutes les réclamations. »

La contestation peut être exercée par tout électeur, soit en faisant porter au procès-verbal des opérations de vote sa réclamation, le représentant de l'État dans le département pouvant également déférer directement au Conseil constitutionnel les opérations d'une circonscription de vote dans laquelle la réglementation n'aurait pas été observée, soit par tout candidat qui peut dans un délai de 48 heures suivant la clôture du scrutin déférer l'ensemble des opérations électorales.

Le Conseil constitutionnel peut soit maintenir les opérations, soit en rectifier certains éléments, soit prononcer leur annulation totale ou partielle. Il n'a jamais jusqu'à maintenant annuler d'élection présidentielle, considérant que les irrégularités constatées n'avaient pas d'incidence décisive sur la sincérité du scrutin. En pratique, la décision souligne les irrégularités, opère les rectifications de vote si nécessaire, énonce les résultats du scrutin en voix et proclame, après le second tour, le candidat élu. La décision, publiée au *Journal officiel*, est insusceptible de recours.

2 / *Élections parlementaires*

Il faut d'abord rappeler que le fait de confier le contentieux des élections parlementaires à une institution extérieure aux assemblées parlementaires comme le Conseil constitutionnel constitue l'une des innovations de la Constitution de la Ve République. Dans les régimes antérieurs, les assemblées étaient souveraines pour statuer sur les réclamations relatives à l'élection de leurs membres (v. surtout E. Pierre, *Traité de droit politique, électoral et parlementaire*, Librairies-Imprimeries réunies et *Supplément*, 1919).

Le contentieux des élections parlementaires relève d'une fonction contentieuse très spécifique du Conseil constitutionnel. A lui seul il justifie que des ouvrages particuliers lui soient consacrés.

V. J.-P. Camby, *Le Conseil constitutionnel, juge électoral*, Sirey, 1996 ; B. Maligner, Contentieux des élections parlementaires, *Jurisclasseur administratif*, 1994, fasc. n° 1467 et 1470 ; J.-C. Masclet, *Droit électoral*, PUF, coll. « Droit fondamental », 1989 ; id ; *Le droit des élections politiques*, PUF, coll. « Que sais-je ? », n° 2643, 1992 ; L. Philip, *Le contentieux des élections aux assemblées parlementaires françaises*, LGDJ, 1961.

La compétence du Conseil constitutionnel est fixée par l'article 59 de la Constitution qui dispose :

« Le Conseil constitutionnel statue, en cas de contestation, sur la régularité de l'élection des députés et des sénateurs. »

A la différence des autres compétences contentieuses étudiées jusqu'ici, le Conseil ne possède ici qu'une compétence purement contentieuse, excluant toute compétence consultative ou administrative. Cette limitation de compétence au seul contentieux des élections, sur contestation postérieure à l'élection, confère à cette compétence du Conseil des caractéristiques particulières.

Ainsi que l'explique très justement le président Luchaire :

« en devenant juge, non de toutes les élections, mais seulement de celles qui sont contestées, le Conseil constitutionnel s'est rapproché du juge administratif : un requérant tente de prouver que la proclamation d'une élection est irrégulière ; le contrôle devient alors une procédure permettant à un candidat de faire valoir son intérêt auquel s'oppose naturellement celui de l'élu.

D'un contentieux en principe objectif et établi dans l'intérêt général on passe ainsi à un contentieux beaucoup plus subjectif dans lequel l'intérêt général n'est pas nécessairement oublié mais vient souvent en second lieu car il s'estompe derrière le conflit opposant les candidats » (*Le Conseil constitutionnel*, *op. cit.*, n° 416).

On ne présentera donc ici ce contentieux que dans ses grandes lignes, renvoyant aux ouvrages et aux chroniques spécialisés le détail de ce contentieux particulier qui fait du Conseil constitutionnel un juge (presque) comme les autres.

En plus de l'article 59 de la Constitution, on trouve l'ordonnance du 7 novembre 1958 consacre le chapitre VI de son titre II au contentieux de l'élection des députés et des sénateurs (art. 32 à 45), le Code électoral qui reprend et complète certaines dispositions de l'ordonnance, auquel il faut ajouter un Règlement applicable à la procédure suivie devant le Conseil constitutionnel dans ce contentieux (adopté initialement le 31 mai 1959 et modifié plusieurs fois depuis cette date), en application de l'article 56 de l'ordonnance de 1958.

Le contentieux de l'élection des députés et des sénateurs peut être regroupé en deux types différents : d'une part, le contentieux de l'éligibilité et des opérations préalables à l'élection, d'autre part, le contentieux même de l'élection.

Contentieux de l'éligibilité et des opérations préalables à l'élection

Les opérations électorales comportent plusieurs phases successives dans lesquelles l'intervention du Conseil peut être plus ou moins importante.

Le contrôle des listes électorales ne relève pas du Conseil constitutionnel. Les demandes d'inscription sont traitées par le tribunal d'instance, compétent pour juger les réclamations relatives à la révision de la liste électorale. En droit strict, le Conseil constitutionnel n'est pas compétent pour apprécier la régularité des inscriptions sur ces listes électorales, mais en tant que juge de l'élection il peut être amené à examiner des manœuvres frauduleuses sur les listes électorales, si celles-ci sont constitutives d'une manœuvre susceptible de porter atteinte à la sincérité du scrutin (v. par exemple C. const., n° 97/2113/2119/2146/2234/2235/2242/2243 du 20 février 1998, *AN, Paris, 2ᵉ circ. (élection de Jean Tibéri)*, *JO*, 21 février 1998, p. 2755).

Une deuxième phase concerne ensuite le contrôle de l'enregistrement des candidatures (art. L. 154 et s. du Code électoral). La candidature doit être déposée à la préfecture. Si le candidat ne remplit pas les conditions du Code électoral, le préfet saisit dans les 24 heures le tribunal administratif, qui doit statuer dans les trois jours. La décision du tribunal ne peut être contestée que devant le Conseil constitutionnel, saisi de l'élection (art. LO 160). Ce contrôle de la déclaration de candidature fait aussi du Conseil le juge de l'éligibilité du candidat en application de l'article 45 de l'ordonnance du 7 novembre 1958.

Surveillance des opérations électorales

Le Conseil n'a pas compétence pour surveiller les opérations électorales, contrairement à ce qu'il fait par exemple pour les élections à la présidence de la République. Mais la compétence donnée au Conseil constitutionnel par les lois de 1990, de 1993 et 1995 en matière de financement des campagnes électorales, lui permet de se prononcer sur l'éligibilité d'un candidat, au vu de son compte de campagne, lorsque le Conseil est saisi par la Commission nationale des comptes de campagne et des financements politiques. Le Conseil peut prononcer l'inéligibilité du candidat, limitée à un an, soit pour défaut de dépôt du compte de campagne, pour rejet du compte, auquel cas l'inéligibilité doit nécessairement être prononcée, soit en cas de dépassement du plafond de dépenses autorisé, pour lequel le Conseil dispose d'un pouvoir d'appréciation (augmenté par la loi n° 96-300 du 10 avril 1996, lorsque le candidat établit qu'il est de bonne foi, art. L. 118-3, Code électoral).

Contentieux de l'élection

Dans l'exercice de la compétence qui lui est donnée par l'article 59 de la Constitution, le Conseil constitutionnel ne peut statuer que s'il est saisi d'une contestation de l'élection. La requête d'un candidat (non élu par hypothèse !) est donc nécessaire pour exercer sa compétence. Mais la question s'est d'abord posée de savoir si le Conseil possédait une compétence plus générale portant sur les textes organisant les élections parlementaires. Saisi d'une requête relative au décret portant convocation du corps électoral pour les élections législatives, après une décision d'incompétence rendue par le Conseil d'État sur le même objet (CE, 3 juin 1981, *Delmas*, *Rec.*, 244), le Conseil constitutionnel a considéré que la requête mettant en cause l'ensemble des opérations électorales, il était nécessaire qu'il statue sur celle-ci « en vue de l'accomplissement de la mission qui lui est confiée par l'article 59 de la Constitution » (C. const., 11 juin 1981, *Delmas*, *Rec.*, 97 ; v. aussi 4 juin 1988, *Rec.*, 77 et 13 juillet 1988, *Rec.*, 92), évitant là un déni de justice et acceptant le principe d'un contrôle sur les actes réglementaires préalables à l'élection. Cette compétence reste cependant limitée aux cas où les actes en question peuvent mettre en cause « la régularité de l'ensemble des opérations électorales » (décision *Delmas*, préc.) ou encore où l'irrecevabilité du recours

> « risquerait de compromettre gravement l'efficacité du contrôle par le Conseil constitutionnel de l'élection des députés ou des sénateurs, vicierait le déroulement général des opérations électorales et, ainsi, pourrait porter atteinte au fonctionnement normal des pouvoirs publics » (C. const., 16 et 20 avril 1982, *Bernard*, *Rec.*, 109 ; dans le même sens : 8 juin 1985, *Bayeurte*, *Rec.*, 213 ; 20 mars 1997, *Mme Richard*, *Rec.*, 43).

Mais cette compétence est partagée avec le Conseil d'État qui se reconnaît aussi compétent pour juger de contestations formées contre les actes concourant à l'organisation des élections législatives (CE, Ass., 12 mars 1993, *Union nationale écologiste et Parti pour la défense des animaux*, *Rec.*, 67 ; Sect., 26 mars 1993, *Parti des travailleurs*, *Rec.*, 87 ; Sect., 23 avril 1997, *Mme Richard*, *RFDA*, 1997, p. 692, concl. J.-C. Bonichot). Ainsi, la concurrence des compétences entre Conseil constitutionnel et Conseil d'État est destinée à éviter tout déni de justice, le Conseil constitutionnel statuant sur les actes à portée générale, le Conseil d'État statuant sur les autres actes relatifs aux élections parlementaires, opérant là une « concurrence maîtrisée » (R. Ghevontian, *RFDA*, 1997, p. 698 et s.).

L'article 33 de l'ordonnance de 1958 énonce que

« l'élection d'un député ou d'un sénateur peut être contestée devant le Conseil constitutionnel durant les dix jours qui suivent la proclamation des résultats du scrutin ».

La contestation peut être faite par toute personne inscrite sur les listes électorales de la circonscription où a eu lieu l'élection ainsi que par tout candidat (art. 33, al. 2). Il s'agit de contester une élection précise et non pas l'ensemble d'un processus électoral.

La procédure est proche du contentieux administratif. Le Conseil constitutionnel est saisi par une requête contenant le nom du requérant, le nom des élus dont l'élection est contestée, les moyens d'annulation invoqués (art. 35, ord. 1958). Le Conseil peut procéder à des enquêtes, décider de mesures d'instruction. La procédure est principalement écrite et si les séances ne sont publiques, les personnes requérantes ou leurs représentants peuvent demander à être entendues, modification introduite par le Conseil en 1995 (décision du 28 juin 1995, *Rec.*, 283) sous la poussée des exigences de la Convention européenne des droits de l'homme et du respect du principe du contradictoire.

Pour statuer, le Conseil constitutionnel, une fois saisi, forme en son sein trois sections composées de trois membres désignés par le sort auxquels s'ajoutent dix rapporteurs adjoints répartis dans les sections, choisis parmi les maîtres des requêtes du Conseil d'État et les conseillers référendaires de la Cour des comptes. Ces rapporteurs adjoints n'ont pas voix délibérative (art. 36, ord. 1958). Ces sections sont chargées de l'instruction de l'affaire qui sont ensuite portées devant le Conseil, qui rend la décision au fond, mais qui peut aussi rejeter, sans instruction contradictoire préalable, les requêtes irrecevables ou ne contenant que des griefs qui manifestement ne peuvent avoir une influence sur les résultats de l'élection.

La décision peut procéder à l'annulation de l'élection sur des moyens assez largement entendus, l'article 44 de l'ordonnance de 1958 précisant que

« pour le jugement des affaires qui lui sont soumises, le Conseil constitutionnel a compétence pour connaître de toute question et exception posées à l'occasion de la requête. En ce cas, sa décision n'a d'effet juridique qu'en ce qui concerne l'élection dont il est saisi ».

La décision peut soit annuler l'élection, soit réformer la proclamation faite, en proclamant un autre candidat régulièrement élu. Les décisions en matière électorale ne sont pas susceptibles de recours, comme le précise le Règlement en matière électorale : « conformément à l'article 62 de la Constitution, les décisions du Conseil constitutionnel ne peuvent faire l'objet d'aucun recours » art. 20, Règlement de procédure).

La seule possibilité, introduite dans le Règlement de procédure en 1987 (décision du 24 novembre 1987, *Rec.*, 77, suite à l'admission jurisprudentielle d'une telle demande : décision n° 87-1026, 23 octobre 1987, *Rec.*, 55), est la rectification d'office de la décision par le Conseil, si celle-ci est entachée d'une erreur matérielle (art. 21). Toute partie intéressée peut également saisir le Conseil d'une demande en rectification d'erreur matérielle, dans un délai de vingt jours à compter de la notification de la décision (art. 22, règlement).

Sur ce sujet v. J.-E. Gicquel, Du recours en rectification d'erreur matérielle devant le Conseil constitutionnel, *LPA*, n° 9, 20 janvier 1995, p. 9 et s. Dans la décision n° 97-2296 du 19 mars 1998 (*JO*, 25 mars 1998, p. 4473) le Conseil a précisé l'objet d'une rectification d'erreur matérielle : « un recours en rectification d'erreur matérielle ne saurait avoir pour objet de contester l'appréciation des faits en cause, leur qualification juridique, le fondement légal de la solution et les conditions de forme et de procédure selon lesquelles est intervenue la décision du Conseil constitutionnel ».

Conclusion

La compétence uniquement contentieuse du Conseil constitutionnel conduit, avec un certain paradoxe, à rapprocher le Conseil d'une juridiction ordinaire plutôt qu'à renforcer sa spécificité en tant que juridiction constitutionnelle. Dans le cadre du contentieux électoral, le Conseil a fait preuve de ses qualités de juge, assises sur des règles contentieuses claires et assez complètes, qu'il s'agisse de celles contenues dans l'ordonnance de 1958 ou dans le Règlement de procédure relatif à ce contentieux, ce qui montre que l'institution peut se plier à des règles procédurales strictes et conformes à ce qu'on attend d'un organisme juridictionnel. On doit enfin faire remarquer que le contentieux électoral étant d'un certain volume en nombre, même s'il intervient à échéance en principe fixe, n'a pas conduit à la paralysie du fonctionnement de l'institution, qui a réussi à conduire dans le même temps des contentieux de type normatif (par exemple en 1997-1998). C'est dire que le Conseil constitutionnel, parvenu à maturité dans son fonctionnement, possède une heureuse capacité d'adaptation à des situations et à des calendriers politiques dont il n'a pas la maîtrise. Sur le plan purement contentieux, le contentieux des élections parlementaires agit parfois comme une sorte de laboratoire des procédures ensuite étendues au contentieux normatif. Pourtant, ce « banc d'essai » contentieux connaît nécessairement la limite qui est celle de la nature profondément différente de ces deux types de contentieux.

B | CONTRÔLE DES OPÉRATIONS DE RÉFÉRENDUM

L'article 60 de la Constitution énonce :

> « Le Conseil constitutionnel veille à la régularité des opérations de référendum et en proclame les résultats. »

Cette compétence générale ne concerne que les référendums prévus par la Constitution (art. 11 et 89 ; pour une réflexion sur les autres types de référendums v. F. Luchaire, *op. cit.*, n° 304 et s.) et est précisée par les articles 46 à 51 de l'ordonnance du 7 novembre 1958 et complétée par un Règlement spécifique applicable à la procédure suivie devant le Conseil constitutionnel pour les réclamations relatives aux opérations de référendum (adopté par une décision du 5 octobre 1988, *Rec.*, 278, en application de l'article 56 de l'ordonnance de 1958).

En matière de contrôle des opérations de référendum, le Conseil possède, comme en matière d'élection à la présidence de la République, des compétences consultatives, administratives et de contrôle ainsi que des compétences de nature juridictionnelle.

Ainsi, le Conseil est consulté par le Gouvernement sur l'organisation des opérations de référendum et est avisé de toute mesure prise à ce sujet (art. 46, ord. 1958), ce qui a toujours été fait. En particulier, le Conseil est consulté sur les textes organisant la consultation, ce qui le met d'ailleurs en concurrence avec le Conseil d'État, également consulté. Il peut également présenter des observations concernant la liste des organisations habilitées à user des moyens de propagande (art. 47).

Mais le Conseil a toujours refusé de contrôler les opérations préalables au référendum, considérant que son intervention à titre juridictionnel n'était prévue par les textes qu'après le déroulement du scrutin et donc après les opérations électorales (C. const., 23 décembre 1960, *Regroupement national*, *Rec.*, 67 ; *GDCC*, n° 8). Ainsi le Conseil refuse de se prononcer sur la légalité des textes préparatoires aux opérations de référendum (C. const., 25 octobre 1988, *Diémert et Bannel*, *Rec.*, 191) ou déclare la requête irrecevable, considérant qu'il n'est compétent que pour se prononcer à l'issue du scrutin (C. const., 5 septembre 1992, *Lederman*, *Rec.*, 85).

Le Conseil d'État peut être amené à se prononcer au contentieux sur les textes organisant le scrutin (CE, Ass., 19 octobre 1962, *Brocas*, *Rec.*, 553 ; Ass., 28 octobre 1988, *Centre national des indépendants et paysans*, *Rec.*, 385), mais il considère que la légalité d'arrêtés relatifs à l'organisation d'un référendum n'est plus susceptible d'être discutée devant lui après la proclamation des résultats du scrutin par le Conseil constitutionnel (CE, 10 mai 1989, *Front calédonien*, *Rec.*, 123). On ajoute que le Conseil d'État a profité de la contestation d'un décret organisant une consultation par référendum (celui du 20 septembre 1992 relatif à la ratification du traité de Maastricht) pour affirmer la compétence de principe du président de la République pour tous les décrets délibérés en Conseil des ministres (CE, Ass., 10 septembre 1992, *Meyet*, *Rec.*, 327, concl. D. Kessler).

Dans le déroulement du scrutin le Conseil constitutionnel exerce une fonction générale de surveillance. A ce titre, il peut déléguer des magistrats de l'ordre judiciaire ou administratif, avec l'accord des ministres compétents, pour suivre sur place les opérations de référendum (art. 48, ord. 1958).

En ce qui concerne les résultats du scrutin, le Conseil assure la surveillance du recensement général (art. 49), récoltant les résultats locaux assurés au plan local par des commissions de recensement.

Enfin, le Conseil

« examine et tranche définitivement toutes les réclamations » (art. 50).

Cette compétence générale s'exerce sur saisine soit d'un électeur, si la réclamation de celui-ci est portée au procès-verbal des opérations de vote, soit du représentant de l'État dans le département dans les 48 heures suivant la clôture du scrutin, soit encore par le ministre des Affaires étrangères pour les Français de l'étranger (Règlement de procédure du 5 octobre 1998).

En dernier lieu, le Conseil proclame les résultats du référendum (v. par exemple : proclamation du 23 septembre 1992, *Rec.*, 91, annulant les opérations électorales dans plusieurs bureaux de vote mais considérant aussi que ces irrégularités « sont sans influence sur l'issue du scrutin »). Il est fait mention de cette proclamation dans le décret portant promulgation de la loi adoptée par le peuple (art. 51, ord. 1958). Dans le cas où il constate des irrégularités dans le déroulement des opérations, il revient au Conseil d'apprécier si, eu égard à la nature et à la gravité de ces irrégularités, il y a lieu de maintenir les opérations ou de prononcer leur annulation partielle ou totale (cf. art. 50).

A titre d'observation terminale sur le caractère juridictionnel de sa mission, on rappellera que le Conseil constitutionnel ne s'est pas reconnu compétent pour se prononcer sur la conformité d'une loi référendaire à la Constitution (n° 62-20 DC du 6 novembre 1962, *Rec.*, 27 ; n° 92-313 DC, 23 septembre 1992, *Rec.*, 94).

III / Compétence en matière de contrôle normatif (renvoi)

La compétence majeure du Conseil constitutionnel est celle concernant les normes juridiques. Il faut encore distinguer ici entre trois grands types de contrôle. D'abord, le Conseil exerce une fonction de contrôle du respect des compétences législatives et réglementaires, en vertu de l'article 37, alinéa 2 de la Constitution. Ensuite, il exerce un contrôle de constitutionnalité de différentes normes juridiques : règlement des assemblées parlementaires, lois organiques et ordinaires, en vertu de la compétence qui lui est donnée par l'article 61 de la Constitution. Enfin, il exerce un contrôle de l'entrée dans l'ordre juridique français des engagements internationaux, en vertu de l'article 54 de la Constitution. L'étude de ces compétences fait l'objet des autres chapitres de ce titre III.

SECTION 4
Les sources directes du contentieux constitutionnel

Par sources directes du contentieux constitutionnel on entend l'ensemble des textes et des pratiques contentieuses qui forment le corpus des règles juridiques applicables devant le Conseil constitutionnel. Comme on l'a déjà vu, ces règles sont de valeur juridique fort diverse. Ceci tient d'ailleurs autant à la variété des compétences du Conseil et des procédures qu'il utilise qu'à l'histoire même du développement de l'institution qui a conduit des autorités normatives différentes à intervenir pour préciser ou élargir ses compétences. Il faut ajouter que, au-delà des textes, la jurisprudence même du Conseil constitutionnel est une source auxiliaire du contentieux constitutionnel.

Les textes relatifs au Conseil constitutionnel sont reproduits *in extenso* en annexe 1, p. 507 et s.

I / La Constitution

La Constitution du 4 octobre 1958 est la première source directe du contentieux devant le Conseil constitutionnel. Elle consacre son titre VII au Conseil constitutionnel. Sans revenir sur les conditions de conception et de rédaction de cette partie de la Constitution (v. *supra*), on peut dire que, comparativement à d'autres constitutions qui consacrent parfois d'assez longs développements à leur Cour constitutionnelle, la Constitution française brille par sa concision ; en huit brefs articles, l'essentiel est dit.

Les articles 56 et 57 sont relatifs à la composition du Conseil et au régime d'incompatibilité qui concerne ses membres ; les articles 58 à 60 traitent de compétences en matière d'élections à la présidence de la République, au Parlement, et du contrôle des opérations de référendum ; les articles 61 et 62 fixent la compétence du Conseil en matière de contrôle des règlements des assemblées parlementaires et des lois ainsi qu'ils fixent un principe d'autorité des décisions du Conseil ; l'article 46 pose le principe du contrôle obligatoire des lois organiques ; enfin l'article 63 renvoie à une loi organique la détermination des autres règles concernant tant le fonctionnement, l'organisation du Conseil que la procédure qui est suivie devant lui.

Il faut y ajouter les articles 37, alinéa 2, et 41 qui précisent les compétences du Conseil en matière de contrôle des compétences législatives et réglementaires ; l'article 54 qui énonce le principe d'un contrôle des engagements internationaux par le Conseil.

Enfin, l'article 7 pose les règles générales de compétence du Conseil lors du processus d'élection à la présidence de la République et l'article 16 donne une compétence consultative au Conseil lors de la mise en application de cet article de la Constitution.

II / L'ordonnance du 7 novembre 1958

L'article 63 de la Constitution renvoyant à une loi organique la fixation d'autres règles concernant le Conseil constitutionnel ; c'est l'ordonnance n° 58-1067 du 7 novembre 1958 portant loi organique sur le Conseil qui les précise. Organisée en trois titres (organisation, fonctionnement, dispositions diverses et transitoires) elle comporte des éléments essentiels du contentieux constitutionnel. Rédigée par les professeurs Jean Foyer (futur garde des Sceaux du général de Gaulle) et François Luchaire (futur membre du Conseil constitutionnel), elle a été discutée au sein du groupe de travail constitué sous la direction de Michel Debré, puis soumise à la délibération du Gouvernement et à celle du Conseil d'État.

Sur le plan contentieux et procédural, c'est le titre II de l'ordonnance qui couvre les principales dispositions : chapitre Ier, Dispositions communes (art. 13 à 16) ; chapitre II, Des déclarations de conformité à la Constitution (art. 17 à 23) ; chapitre III, De l'examen des textes de forme législative (art. 24 à 26) ; chapitre IV, De l'examen des fins de non-recevoir (art. 27 à 29) ; chapitre V, De l'exercice des attributions du Conseil constitutionnel en matière d'élection à la présidence de la République (art. 30 et 31) ; chapitre VI, Du contentieux de l'élection des députés et des sénateurs (art. 32 à 45) ; chapitre VII, De la surveillance des opérations de référendum et de la proclamation des résultats (art. 46 à 51) ; chapitre VIII, De la consultation du Conseil constitutionnel dans des circonstances exceptionnelles (art. 52 à 54).

Incontestablement l'ordonnance du 7 novembre 1958 est l'une des sources majeures du contentieux constitutionnel. Elle renvoie à des textes réglementaires et à des règlements fixés par le Conseil certaines précisions d'organisation, de fonctionnement et de procédure.

III / Les décrets de 1959 et les Règlements de procédure

L'article 7 de l'ordonnance de 1958 précise qu'un décret pris en conseil des ministres, sur proposition du Conseil constitutionnel, définit les obligations imposées aux membres du Conseil, afin de garantir l'indépendance et la dignité de leurs fonctions. Et la suite du même article 7 précise encore les grandes lignes de ces obligations :

« Ces obligations doivent notamment comprendre l'interdiction pour les membres du Conseil constitutionnel, pendant la durée de leurs fonctions, de ne prendre aucune position publique sur les questions ayant fait, ou susceptibles de faire l'objet de décisions de la part du Conseil constitutionnel, ou de consulter sur les mêmes questions. »

Le décret n° 59-1292 du 13 novembre 1959 fixe donc les obligations des membres du Conseil constitutionnel (v. *supra*).

Un autre décret, n° 59-1293 du 13 novembre 1959 est relatif à l'organisation du secrétariat général du Conseil constitutionnel.

Enfin, l'article 56 de l'ordonnance prévoit que

« le Conseil constitutionnel complétera par son règlement intérieur les règles de procédure édictées par le titre II de la présente ordonnance. Il précisera notamment les conditions dans lesquelles auront lieu les enquêtes et mesures d'instruction prévues aux articles 42 et 43 sous la direction d'un rapporteur ».

Ainsi, le Conseil a élaboré deux Règlements de procédure. L'un est applicable à la procédure suivie devant lui pour le contentieux de l'élection des députés et des sénateurs, l'autre, beaucoup plus court, concerne la procédure suivie devant le Conseil pour les réclamations relatives aux opérations de référendum (v. ces textes en Annexe 1, p. 507 et s.). Aucun règlement n'a, pour le moment, été élaboré pour les autres contentieux (v. *infra*, chap. IV, section 1, VI, Pour un règlement de procédure constitutionnel en contentieux des lois).

En ce qui concerne le contentieux électoral, il faut ajouter les importantes dispositions contenues dans le Code électoral qui précisent la compétence du Conseil constitutionnel, et les dispositions de la loi référendaire n° 62-1292 du 6 novembre 1962 ainsi que celles du décret n° 64-231 du 14 mars 1964, relatives à l'élection à la présidence de la République.

IV / Les « conventions » du contentieux constitutionnel

Devant l'insuffisance de règles précises de procédure inscrites dans les textes, les usages et la pratique ont rempli une fonction de complément des règles du contentieux constitutionnel. Ces « conventions contentieuses » se sont particulièrement développées à partir de la réforme constitutionnelle de 1974 ouvrant la possibilité de saisine du Conseil par les parlementaires (sur ces « conventions » v. surtout *infra*, chap. IV, Le contrôle de la constitutionnalité des lois).

BIBLIOGRAPHIE

Sur les modes de composition des juridictions constitutionnelles : Van De Casteele (A.), Mémoire DEA droit public, Rennes I, 1997.

Pour une étude comparative de la composition des juridictions constitutionnelles v. « Les juges constitutionnels », 5e table ronde internationale, Aix-en-Provence, 20 octobre 1988, spéc. l'analyse de la situation française par Favoreu (L.), avec différents tableaux concernant l'évolution de la moyenne d'âge, les compétences juridiques, la durée des mandats des membres du Conseil constitutionnel, *AIJC*, 1998, p. 80 et s., spéc. p. 141 et s. ; id., La légitimité du juge constitutionnel, *RIDC*, 1994, p. 557 et s. Sur une analyse de la composition du Conseil v. aussi : Rousseau (D.), *Droit du contentieux constitutionnel*, 4e éd., Montchrestien, 1995, p. 37 et s. (avec un tableau de la composition du Conseil) ; Vedel (G.), Réflexions sur les singularités de la procédure devant le Conseil constitutionnel, *Nouveaux juges, nouveaux pouvoirs ? Mélanges en l'honneur de Roger Perrot*, Dalloz, 1996, p. 537 et s., spéc. p. 539-541 ; l'article d'humeur de Eisenmann (C.), Palindromes ou stupeur ?, *Le Monde*, 5 mars 1959, à propos des premières nominations au Conseil constitutionnel.

Pour des éléments de réflexion de nature extra-juridique sur l'institution Conseil constitutionnel : Cohen-Tanugi (L.), Qui a peur du Conseil constitutionnel ?, *Le débat*, n° 43, 1987, p. 54 et s. ; Drago (G.), François (B.) et Molfessis (N.) (dir.), *La légitimité de la jurisprudence du Conseil constitutionnel*, actes du colloque de Rennes des 20 et 21 septembre 1996, Économica, 1998 ; Dyens (S.) et Sales (E.), Le Conseil constitutionnel est-il herculéen ?, *Rev. adm.*, 1996, p. 275 et s. et p. 390 et s. ; Favoreu (L.), De la démocratie à l'État de droit, *Le débat*, n° 64, 1991, p. 158 et s. ; François (B.), Justice constitutionnelle et « démocratie constitutionnelle », *in* J. Chevallier (dir.), *Droit et politique*, Paris, PUF, 1993, p. 53 et s. ; François (B.), La constitution du droit ? La doctrine constitutionnelle à la recherche d'une légitimité juridique et d'un horizon politique, *in* CURAPP, *La doctrine juridique*, PUF, 1993, p. 210 et s. ; Genevois (B.), L'influence du Conseil constitutionnel, *Pouvoirs*, n° 49, 1989, p. 47 et s. ; id., La jurisprudence du Conseil constitutionnel est-elle imprévisible ?, *Pouvoirs*, n° 59, 1991, p. 129 et s. ; Meunier (J.), *Le pouvoir du Conseil constitutionnel. Essai d'analyse stratégique*, Bruylant-LGDJ, 1994 ; Raynaud (Ph.), La démocratie saisie par le droit, *Le débat*, n° 87, 1995, p. 97 et s. ; Rousseau (D.), La Constitution ou la politique autrement, *Le débat*, n° 64, 1991, p. 183 et s. ; Vedel (G.), Neuf ans au Conseil constitutionnel. Entretien, *Le débat*, n° 55, 1989, p. 48 et s. V. aussi les deux articles de Favoreu (L.) et Terré (F.), Quelle place pour le Conseil constitutionnel ?, *La vie judiciaire*, n° 2648, 12 janvier 1997, prolongeant les débats du colloque de Rennes, préc.

Sur les membres de droit : Rosenberg (D.), Les anciens présidents de la République, membres de droit du Conseil constitutionnel : l'impossible retraite, *RDP*, 1985, p. 1263 et s. ; Le Bos-Le Pourhiet (A.-M.), Les membres de droit du Conseil constitutionnel, *Rev. adm.*, 1986, p. 455 et s.

Sur le président du Conseil constitutionnel : Boudant (J.), Le président du Conseil constitutionnel, *RDP*, 1987, p. 589 et s.

Sur le secrétaire général du Conseil constitutionnel : Schrameck (O.), L'influence de la jurisprudence du Conseil constitutionnel sur l'action gouvernementale, *in* G. Drago, B. François, N. Molfessis, *La légitimité de la jurisprudence du Conseil constitutionnel*, colloque de Rennes, Économica, 1998 ; id., Le secrétariat général du Conseil constitutionnel, *RFDA*, 1994, p. 1210 et s. ; id., Les aspects procéduraux des saisines, in *Vingt ans de saisine parlementaire du Conseil constitutionnel*, Économica-PUAM, 1995, p. 81 et s. ; Giro (P.), Les méthodes de travail des juridictions constitutionnelles. France, *AIJC*, 1992, p. 249 et s.

Sur le contentieux des élections à la présidence de la République : Cuillandre (F.), L'intervention du Conseil constitutionnel à l'occasion de l'élection présidentielle de 1995, *RDP*, 1996, p. 463 et s. ; Doublet (Y.-M.), Le Conseil constitutionnel et les comptes de campagne des candidats à l'élection présidentielle des 23 avril et 7 mai 1995, *Pouvoirs*, n° 77, 1996, p. 207 et s. ; Etien (R.), Le Conseil constitutionnel et les élections présidentielles, *Rev. adm.*, 1988, p. 229 et s. ; Genevois (B.), Le Conseil constitutionnel et les élections présidentielles de 1988, *RDP*, 1989, p. 18 et s. ; Maligner (B.), *Jurisclasseur administratif*, 1994, fasc. n° 1473 ; id., Les aspects contentieux de la proclamation des résultats de l'élection présidentielle de 1988, *LPA*, n° 81, 6 juillet 1988, p. 4 et s. ; id., Élire un président, *Pouvoirs*, n° 14, 1980 ; Schrameck (O.), Le Conseil constitutionnel et l'élection présidentielle de 1995, *AJDA*, 1996, p. 3 et s. ; Zarka (J.-C.), Les comptes de campagne et le Conseil constitutionnel, *Rev. adm.*, n° 289, p. 114.

Sur le contentieux des élections parlementaires : Camby (J.-P.), *Le Conseil constitutionnel, juge électoral*, Sirey, 1996 ; Charnay (J.-P.), *Le contrôle de la régularité des élections parlementaires*, LGDJ, 1964 ; Maligner (B.), *Code électoral*, 9e éd., Dalloz, 1998 ; id., Contentieux des élections parlementaires, *Jurisclasseur administratif*, 1994, fasc. n° 1467 et 1470 ; Masclet (J.-C.), *Droit électoral*, PUF, coll. « Droit fondamental », 1989 ; id ; *Le droit des élections politiques*, PUF, coll. « Que sais-je ? », n° 2643, 1992 ; Philip (L.), *Le contentieux des élections aux assemblées parlementaires françaises*, LGDJ, 1961 ; Vincent (J.-Y.) et Villiers (M. de), *Code électoral*, 3e éd., Litec, 1995.

Articles : Devès (C.), Le Conseil constitutionnel et les élections parlementaires, *Annales Fac. droit Clermont-Ferrand*, 1978, p. 97 ; Ghevontian (R.), Un labyrinthe juridique : le contentieux des actes préparatoires en matière d'élections politiques, *RFDA*, 1994, p. 793 et s.

Sur le contrôle du référendum : Maligner (B.), *Jurisclasseur administratif*, 1994, fasc. n° 1476 ; Sempé (F.), Derniers développements à propos du contrôle des actes préalables au référendum, *LPA*, 31 mai 1989, p. 24 et s. ; Conac (G.) et Maus (D.), *Le référendum, quel avenir ?*, journée d'études du 23 avril 1989, éd. STH, 1990, avec en particulier la contribution de B. Genevois, Le Conseil constitutionnel et le référendum, p. 95 et s. ; Hamon (F.), *Le référendum. Étude comparative*, LGDJ, coll. « Systèmes », 2e éd., 1997 ; Mercuzot (B.), La souveraineté de l'expression référendaire : un principe nécessaire au droit constitutionnel, *RDP*, 1995, p. 661 et s. ; Malézieux (A.), *Référendum et contrôle de constitutionnalité*, mémoire DEA, Rennes I, 1996.

Chapitre II

LES NORMES DE RÉFÉRENCE DU CONTRÔLE DE CONSTITUTIONNALITÉ

Les normes de référence du contrôle de constitutionnalité sont les règles juridiques qui permettent l'exercice de ce contrôle. On peut en identifier deux types. Un premier type de règles pose les principes et les modalités de l'exercice du contrôle. Elles déterminent la compétence du Conseil constitutionnel, les modalités du contrôle, les principes du contentieux. Elles sont des normes de référence parce qu'elles fixent le cadre constitutionnel de l'exercice du contrôle de constitutionnalité. Mais elles sont d'abord des règles de compétence du Conseil en tant qu'organe constitutionnel, sources directes des règles contentieuses. Elles font l'objet d'une présentation spécifique qui montre que ces normes de référence du contentieux ne sont pas uniquement tirées de la Constitution (v. aussi *supra*, chap. I, Présentation du Conseil constitutionnel, section 4, Les sources directes du contentieux constitutionnel).

On entend par normes de référence, dans le cadre du présent chapitre, les règles juridiques de valeur constitutionnelle qui forment le droit substantiel sur lequel se fonde le Conseil constitutionnel pour exercer le contrôle de constitutionnalité.

A dire vrai, cette distinction entre deux types de règles revient à celle existant entre sources formelles et sources matérielles. Elle est nécessaire dans un but de clarification des sources mais elle pourrait être contestée, compte tenu des fondements du contrôle de constitutionnalité. En effet, si on considère que l'exercice de la justice constitutionnelle correspond au contrôle des compétences étatiques, étant en définitive plus un contrôle des bonnes procédures d'édiction de la norme plus qu'un contrôle « de fond », pour se situer dans le sens de la pensée kelsénienne, les normes de référence du contrôle sont autant, sinon plus, les règles d'organisation des pouvoirs publics, celles déterminant la compétence des autorités constitutionnelles, les règles de procédure d'édiction des normes, de la loi en particulier, que les règles de droit substantiel, exprimant des droits fondamentaux de valeur constitutionnelle. C'est dire que dans l'exercice du contrôle de constitutionnalité, le juge fait référence aux deux types de règles.

Il faut ajouter à cela une constatation se rapportant plus directement au Conseil constitutionnel et à l'évolution de sa jurisprudence. On sait que, dans l'esprit des rédacteurs de la Constitution de 1958 comme dans les premières décisions du Conseil constitutionnel, l'institution avait pour objectif d'être un « organe régulateur de l'activité normative des pouvoirs publics » (C. const., n° 62-20 DC, 6 novembre 1962, *Rec.*, 27 ; cf. L. Favoreu, Le Conseil constitutionnel régulateur de l'activité normative des pouvoirs publics, *RDP*, 1967, p. 7 et s.). Or l'évolution de la jurisprudence du Conseil constitutionnel est allée sans cesse dans le sens d'une prééminence du contrôle substantiel sur le contrôle de la compétence, du contrôle matériel sur le contrôle formel. Ceci ne signifie pas que le contrôle de la compétence est écarté au profit d'un contrôle qui ne mettrait en avant que les droits fondamentaux de nature constitutionnelle, toute la jurisprudence de l'incompétence négative et de la réserve de loi indique le contraire. Mais cela signifie que, dans l'exercice du contrôle de la compétence des organes constitutionnels, les motifs de droit substantiel ont pris le pas sur les motifs de nature procédurale, sans pour autant les écarter totalement.

Ainsi, la présentation des normes de référence du contrôle de constitutionnalité doit aujourd'hui montrer cette dynamique de construction d'un droit constitutionnel substantiel. On le fera en présentant d'abord la formation progressive de ce qu'il est convenu d'appeler aujourd'hui le « bloc de constitutionnalité » (section 1), puis en expliquant ensuite l'agencement interne de ces normes de référence (section 2).

SECTION 1
La formation progressive du « bloc de constitutionnalité »

En posant dans sa généralité le principe d'un contrôle de la « conformité à la Constitution » (art. 46 pour les lois organiques et art. 61 pour les lois ordinaires et les règlements des assemblées parlementaires) la Constitution ouvrait la voie à une définition large des normes de référence. A la différence de la Constitution de 1946 qui avait enfermé le Comité constitutionnel dans le cadre strict du texte constitutionnel en excluant le Préambule des normes de référence (art. 92 de la Constitution de 1946), la Constitution de la Ve République ne réduisait pas le contenu des normes de référence aux seules dispositions fixant l'organisation des pouvoirs publics.

La rédaction même de la Constitution allait donner la possibilité au Conseil constitutionnel de constituer un corpus de normes constitutionnelles de référence bien au-delà du strict texte de la Constitution. Le Préambule de 1958 montrait le chemin en plaçant celle-ci dans une filiation de textes majeurs qui allait servir de base à la composition du « bloc de constitutionnalité » en énonçant que

> « le peuple français proclame solennellement son attachement aux droits de l'homme et aux principes de la souveraineté nationale tels qu'ils ont été définis par la Déclaration de 1789, confirmée et complétée par le préambule de la Constitution de 1946 ».

Opérant ainsi son rattachement à des sources majeures de droit substantiel, la Constitution soulignait la continuité constitutionnelle républicaine dans laquelle elle se plaçait, permettant, le moment venu, au Conseil constitutionnel d'utiliser des principes déjà formulés pour les appliquer et les adapter aux situations contemporaines. Ainsi, le Conseil n'avait pas à formuler des normes de référence à partir de règles parcellaires, comme cela a pu être le cas pour la Cour d'arbitrage de Belgique, limitée dans ses sources à quelques principes majeurs. Ainsi encore, le Conseil ne se trouvait pas dans la situation du Tribunal constitutionnel portugais, pour lequel le principe dit de la « liste ouverte » des droits constitutionnellement garantis ouvrait de larges perspectives de définition même des normes de référence (cf. art. 16-1, Constitution de 1976).

Le Conseil profitait aussi d'un terreau fortement établi par le Conseil d'État qui avait, dès avant 1958, mis en forme, précisé, limité, l'étendue et le contenu des principes de 1789 et de 1946 dans une jurisprudence mesurée (v. en particulier F. Batailler, *Le Conseil d'État juge constitutionnel*, LGDJ, 1966). Les instruments étaient là, il suffisait donc de s'en servir.

Aussi, dès que l'occasion lui en a été donnée, le Conseil constitutionnel a énoncé que les normes de référence contenaient non seulement le texte propre de la Constitution mais aussi la Déclaration de 1789 et le Préambule de 1946, conformément à ce qu'énonce le Préambule de 1958.

Sur cette démarche v. par exemple les réflexions d'un ancien membre du Conseil F. Goguel, in *Le Conseil constitutionnel et les partis politiques*, Économica-PUAM, 1988, spéc. p. 85. Sur le rapport entre le Préambule de 1958 et les droits fondamentaux v. B. Genevois, Le Préambule et les droits fondamentaux, *in* D. Maus, L. Favoreu et J.-L. Parodi (dir.), *L'écriture de la Constitution de 1958*, Économica-PUAM, 1992, p. 483 et s.

La démarche allait se faire en trois étapes. La première étape est formée par la décision n° 70-39 DC du 19 juin 1970, *Ressources propres des Communautés européennes* (*Rec.*, 15) dans laquelle le Conseil, saisi sur le fondement de l'article 54, de la compatibilité de certaines dispositions des traités communautaires avec la Constitution, emploie dans les visas de sa décision la formule « vu la Constitution et notamment son Préambule et ses articles 53, 54 et 62 », ce qui était marquer clairement la distinction entre le texte même de la Constitution et les références contenues dans son Préambule.

Un an plus tard, le Conseil allait confirmer et la valeur juridique du Préambule de 1958 et celle des textes auxquels il fait référence dans la célèbre décision n° 71-44 DC du 16 juillet 1971, *Liberté d'association* (*Rec.*, 29), dans laquelle il contrôle alors la conformité d'une loi aux dispositions du Préambule et en utilise clairement le contenu puisqu'il fait référence aux « principes fondamentaux reconnus par les lois de la République » au nombre desquels « il y a lieu de ranger le principe de la liberté d'association » (rappelons que ce principe avait déjà été qualifié ainsi par le Conseil d'État dans l'arrêt d'Assemblée du 11 juillet 1956, *Amicale des Annamites de Paris*, *Rec.*, 317). Cette audace était double. D'une part, le Conseil allait ainsi marquer que toutes les dispositions du Préambule de 1958, c'est-à-dire la Déclaration de 1789 et le Préambule de 1946, faisaient partie intégrante des normes de référence du contrôle de constitutionnalité. D'autre part, l'espèce lui en donnait l'occasion, le Conseil allait utiliser parmi ces normes l'une des plus « incertaines » (*GDCC*, 9e éd., p. 259), à savoir les principes fondamentaux reconnus par les lois de la République, formule énigmatique dont on sait qu'elle avait été le fruit d'une négociation politique en 1946 afin de ne pas inscrire explicitement le principe de la liberté d'enseignement.

Enfin, le Conseil allait confirmer l'étendue des normes de référence en y incluant tout aussi clairement la Déclaration de 1789 à l'occasion de la décision n° 73-51 DC du 27 décembre 1973, *Taxation d'office* (*Rec.*, 25 ; préparée par la décision n° 73-80 L, 28 novembre 1973, *Rec.*, 45) dans laquelle il énonce qu'une disposition de la loi de finances pour 1974 « tend à instituer une discrimination entre les citoyens » et « qu'ainsi ladite disposition porte atteinte au principe de l'égalité devant la loi contenu dans la Déclaration des droits de l'homme de 1789 et solennellement réaffirmé par le Préambule de la Constitution ».

Ces trois étapes jurisprudentielles forment ainsi l'ossature des normes de référence du contrôle de constitutionnalité. A partir de ces éléments, a commencé à se construire ce que le doyen Louis Favoreu a appelé le « bloc de constitutionnalité » (Le principe de constitutionnalité. Essai de définition d'après la jurisprudence du Conseil constitutionnel, *Mél. C. Eisenmann*, éd. Cujas, 1975, p. 33 et s.).

Selon M. Favoreu, on appelle « bloc de constitutionnalité »

« l'ensemble des principes et règles à valeur constitutionnelle dont le respect s'impose au pouvoir législatif comme au pouvoir exécutif, et d'une manière générale à toutes les autorités administratives et juridictionnelles ainsi, bien sûr, qu'aux particuliers » (V° Bloc de constitutionnalité, *Dictionnaire constitutionnel*, PUF, 1992, p. 87). La paternité de l'expression revient bien au doyen Favoreu qui l'a conçue à partir de la notion de « bloc de légalité » largement inspirée par la pensée de Charles Eisenmann (même si elle est employée auparavant une fois par MM. Émeri et Seurin, *RDP*, 1970, p. 678). L'expression est tellement entrée dans le langage des constitutionnalistes et même de toute personne se référant au concept qu'elle sera employée ici sans guillemets, car faisant partie du langage commun, preuve de son succès. Pour un point de vue critique sur ce concept v. C. Denizeau, *Existe-t-il un bloc de constitutionnalité ?*, Travaux et recherches de l'Université Panthéon Assas Paris II, LGDJ, 1997, 152 p.

Il s'agit donc de l'ensemble des normes juridiques inscrites dans le texte de la Constitution, dans le Préambule de la Constitution de 1946, dans la Déclaration de 1789, ainsi que des autres principes dégagés de la jurisprudence même du Conseil constitutionnel et auxquels il a donné clairement valeur constitutionnelle. On présentera d'abord le contenu du bloc de constitutionnalité (I), puis on précisera qu'existent également certaines normes dérivées du bloc de constitutionnalité qui sont aussi des normes de référence du contrôle exercé par le Conseil constitutionnel (II).

Précisons qu'il ne s'agit pas dans ce chapitre de dresser la liste des décisions du Conseil constitutionnel qui font application des différentes normes constitutionnelles, un ouvrage spécifique serait nécessaire (v. en particulier F. Luchaire, *La protection constitutionnelle des droits et libertés*, Économica, 1987 ; L. Favoreu et L. Philip, *Les grandes décisions du Conseil constitutionnel*, 9e éd., Dalloz, 1997), mais qu'il s'agit d'identifier les normes de référence du contrôle de constitutionnalité et leur agencement interne.

I / Le contenu du bloc de constitutionnalité

A | LA CONSTITUTION

L'intégralité du texte de la Constitution du 4 octobre 1958 forme une norme de référence du contrôle de constitutionnalité. C'est d'abord à ce texte que se réfère le Conseil constitutionnel lorsqu'il exerce le contrôle de conformité des normes subordonnées. Mais ce principe étant posé, il convient immédiatement de remarquer que certaines parties de la Constitution forment une base de référence au contrôle, de façon assez évidente, alors que d'autres règles contenues dans la Constitution portent peu sur l'exercice du contrôle. C'est que, selon la distinction classique, la Constitution de 1958, comme les autres, contient des éléments « programmatiques » (M. Duverger) susceptibles de former aisément des normes de droit constitutionnel substantiel, des droits fondamentaux servant au contrôle de fond de constitutionnalité et contient aussi des éléments « procéduraux », qui s'adressent aux pouvoirs publics constitutionnels pour déterminer leurs compétences, fixer leurs rapports respectifs, définir les procédures de formation des normes, à commencer par celles du pouvoir législatif et du pouvoir réglementaire. Il y a donc toujours deux Constitutions en une : une « programmatique » et une « procédurale ».

La Constitution de 1958 n'échappe pas à cette règle. La majeure partie des règles qu'elle contient concerne les pouvoirs publics constitutionnels pour déterminer leurs compétences et leurs rapports. Ainsi, la Constitution traite tour à tour des différents pouvoirs, président de la République (titre II), Gouvernement (titre III), Parlement (titre IV), de l'autorité judiciaire (titre VIII), ainsi que des relations entre eux (exemple du titre V : Des rapports du Parlement avec le Gouvernement).

A l'inverse, on peut dresser aisément la liste des articles traitant explicitement des droits fondamentaux de valeur constitutionnelle : souveraineté nationale (art. 3), caractère démocratique et indivisible de la République (art. 1er et 2), égalité devant la loi (art. 1er), respect de toutes les croyances (art. 1er), principes d'égalité, d'universalité et de secret du suffrage (art. 3), liberté de formation et d'activité des partis et groupements politiques (art. 4), inamovibilité et indépendance des magistrats du siège (art. 64), liberté individuelle et interdiction de toute détention arbitraire (art. 66), droit au maintien du statut personnel pour les citoyens n'ayant pas le statut civil de droit commun (art. 75).

Mais s'en tenir à cette seule distinction entre éléments institutionnels et droits fondamentaux au sein de la Constitution relève d'une présentation réductrice. La jurisprudence du Conseil constitutionnel montre justement que la défense de certaines prérogatives des organes constitutionnels est au cœur de la défense des droits fondamentaux.

Lorsque, par exemple, le Conseil utilise le principe de libre administration des collectivités territoriales (art. 72), il se fait le défenseur des libertés locales contre le pouvoir réglementaire et au profit des administrés c'est-à-dire des citoyens (n° 82-137 DC, 25 février 1982, *Rec.*, 38).

Lorsque le Conseil exerce le contrôle de la compétence du législateur au regard des compétences qui lui sont données par l'article 34 de la Constitution, il défend les prérogatives mêmes du Parlement contre les atteintes qu'il organise et admet parfois lui-même, préservant ainsi les compétences de la loi à l'égard du pouvoir réglementaire moins facilement susceptible de contrôle immédiat (par exemple : n° 83-162 DC, 19 et 20 juillet 1983, *Rec.*, 49).

Enfin, autre exemple, lorsque le Conseil rappelle le principe de la nécessaire continuité de l'État, de la vie nationale (n° 79-111 DC, 30 décembre 1979, *Rec.*, 39) ou celle des services publics (n° 79-105 DC, 25 juillet 1979, *Rec.*, 33), il défend aussi le citoyen en préservant les fonctions de l'État.

L'intégration de l'ensemble de la Constitution dans le bloc de constitutionnalité ne pose donc pas de véritable problème. Bien différente est la question de l'intégration éventuelle des engagements internationaux dans les normes de référence du contrôle de constitutionnalité. Cette question fait l'objet d'un traitement spécifique, compte tenu de sa complexité (v. *infra*, chap. V, Contrôle de constitutionnalité et normes supranationales).

B | LE PRÉAMBULE DE 1946

En proclamant l'attachement du peuple français aux « droits de l'homme et aux principes de la souveraineté nationale » tels que définis par la Déclaration de 1789 « confirmée et complétée par le Préambule de la Constitution de 1946 » (Préambule de 1958, al. 1er), la Constitution établit une filiation avec ces textes antérieurs et les intègre en tant que source de l'ordre juridique de la Ve République.

La question a pu être posée de savoir si les seules dispositions du Préambule clairement intégrées à la Constitution de 1958 étaient seulement celles relatives aux droits de l'homme et aux principes de la souveraineté nationale, selon une lecture assez littérale du texte (cf. F. Luchaire, *Le Conseil constitutionnel*, 2e éd., Économica, 1997, no 166 ; R. Pelloux, *Mél. Basdevant*, Pédone, 1960, p. 389).

En réalité, la jurisprudence du Conseil a très tôt répondu par la négative en faisant référence dans sa décision de 1971 (no 71-44 DC, préc.) à l'un des principes fondamentaux reconnus par les lois de la République, la liberté d'association, qui ne relève pas, à l'évidence, de l'exercice de la souveraineté nationale. Quant à la référence aux droits de l'homme faite dans le Préambule de 1958, elle est tellement générale qu'elle englobe la totalité des droits inscrits tant dans le Préambule de 1946 que dans la Déclaration de 1789.

1 / *Le contenu du Préambule*

Le contenu du Préambule de 1946 est fortement marqué par les conceptions philosophiques et sociales de l'après-guerre, celles d'un renouveau des droits et libertés et de la création de droits nouveaux, à caractère social, que l'on veut énoncer solennellement, sans d'ailleurs leur reconnaître une valeur explicitement constitutionnelle.

Ainsi, on y trouve affirmés l'égalité de l'homme et de la femme (al. 3), le droit d'asile (al. 4), le droit à l'emploi (al. 5), le droit de grève (al. 7), le droit d'adhérer à un syndicat et le principe de la représentation syndicale (al. 6 et 8), les principes et conditions des nationalisations (al. 9), les droits au développement de l'individu et de la famille, leur protection en matière de santé, de sécurité matérielle et de protection sociale minimum (al. 10 et 11), les principes d'égalité et de solidarité devant les charges résultant de calamités nationales (al. 12), la garantie d'un égal accès à l'instruction et à la culture et le devoir pour l'État d'organiser un enseignement à tous les degrés (al. 13), enfin plusieurs alinéas correspondant aux obligations internationales de la France, tant sur le plan des relations extérieures que dans les relations avec les pays associés et les anciennes colonies (al. 14 à 18).

Il est évident que le Préambule est un texte de compromis qui ne rejette pas les principes de 1789 mais qui est fortement daté et marqué par le processus constitutionnel de 1946 qui avait conduit le peuple français à rejeter un précédent projet constitutionnel en avril 1946, comportant une Déclaration des droits beaucoup plus radicale et à vocation plus générale encore (pour une analyse du Préambule de 1946 v. CURAPP, *Le Préambule de 1946. Antinomies juridiques et contradictions politiques*, PUF, 1996).

La référence au Préambule par le Conseil constitutionnel, à partir de 1970-1971, montre que le Conseil en a fait une utilisation mesurée, le conciliant avec les textes de 1789 (par exemple pour ce qui est du droit de propriété et du principe des nationalisations : n° 81-132 DC, 16 janvier 1982, *Rec.*, 18) ainsi qu'avec le texte même de la Constitution.

Pour une liste de l'utilisation des alinéas du Préambule par le Conseil constitutionnel, v. F. Luchaire, *Le Conseil constitutionnel, op. cit.*, n° 166 ; *GDCC*, 9e éd., p. 326.

2 / *Les principes fondamentaux reconnus par les lois de la République*

Le Préambule de 1946 fait référence aux droits et libertés de l'homme et du citoyen « consacrés par la Déclaration de 1789 et les principes fondamentaux reconnus par les lois de la République ». On sait que cette catégorie de principes a donné lieu pendant un temps à des interprétations divergentes, à des critiques parfois assez dures (« principes à tout faire » selon la qualification un temps employée par L. Favoreu, *RDP*, 1979 « principes à géométrie variable, au contenu élastique et aux effets aléatoires » selon D. Loschak, *Pouvoirs*, n° 13, 1980, p. 35 et s., spéc. p. 37) et que la clarification de leur définition est venue tant de la doctrine que de la jurisprudence même du Conseil constitutionnel.

V. en particulier : L. Favoreu, Les principes fondamentaux reconnus par les lois de la République, *in* B. Mathieu et M. Verpeaux (dir.), *La République en droit français*, Économica, 1996, p. 231 et s. ; J. Rivero, Les principes fondamentaux reconnus par les lois de la République, *D*, 1972, chron., p. 265 et s. ; M. Verpeaux, Les principes fondamentaux reconnus par les lois de la République ou les principes énoncés dans les lois de la République ?, *LPA*, n° 84, 14 juillet 1993, p. 9 et s. et n° 85, 16 juillet 1993, p. 6 et s. ; v. aussi les références citées *infra* dans la bibliographie. Pour la jurisprudence du Conseil constitutionnel, la décision n° 71-44 DC, préc., ouvre la liste des utilisations des principes fondamentaux reconnus par les lois de la République.

On peut aujourd'hui clairement les définir en reprenant la formulation proposée par le doyen Favoreu. Ce sont « des normes de valeur constitutionnelle dont l'existence est constatée par le Conseil constitutionnel, à partir de textes législatifs pris sous les trois premières Républiques » (contribution préc., p. 232). On est donc en présence d'un principe fondamental reconnu par les lois de la République quand un certain nombre de conditions cumulatives sont remplies.

Il doit d'abord s'agir de lois adoptées sous un régime républicain, strictement entendu, c'est-à-dire excluant tout autre régime constitutionnel (en particulier le régime impérial).

Il doit ensuite s'agir de lois adoptées avant l'entrée en vigueur de la Constitution du 27 octobre 1946, considérant que le concept de principe fondamental reconnu par les lois de la République, lorsqu'il a été inscrit dans le Préambule de 1946, ne concernait pas des lois futures (v. *infra*, section 2, I, L'évolution des normes de référence, pour une critique de ce critère).

Le troisième critère qui permet de reconnaître un principe fondamental reconnu par les lois de la République est que la législation considérée doit être constante, c'est-à-dire qu'elle ne doit pas avoir connu de loi contraire rompant la continuité de ce principe législatif. Si une seule loi vient contrer ce principe, interrompant cette tradition législative, le principe ne peut être reconnu (n° 88-244 DC, préc., § 12 ; n° 89-254 DC, 4 juillet 1989, *Rec.*, 41). De plus le contenu doit être clairement et complètement inscrit dans la loi et non dans une disposition législative qui ne fait que renvoyer à une disposition réglementaire la fixation de sa définition (n° 96-386 DC, 30 décembre 1996, *Rec.*, 154). Il faut ajouter que la reconnaissance d'un principe fondamental au sein d'une loi n'imprime pas le caractère de principe fondamental reconnu par les lois de la République à l'ensemble du texte mais seulement à la disposition qui contient le principe.

Enfin, une seule loi devrait suffire pour qu'un principe fondamental soit reconnu (cf. n° 77-87 DC, 23 novembre 1977, *Rec.*, 42, à propos de la liberté d'enseignement tiré d'un article de la loi de finances du 31 mars 1931), ce qui pose le problème de la cohérence avec les autres principes, en particulier celui de la constance dans la législation.

Quant au contenu du principe fondamental, à son champ d'application, il semble nécessaire qu'il présente un certain degré de généralité pour être reconnu (*contra* n° 94-343/344 DC, 27 juillet 1994, *Rec.*, 100).

Enfin, il est évident que le Conseil constitutionnel est seul compétent, en tant que juge, pour énoncer un principe fondamental reconnu par les lois de la République, parce qu'il est sous la Ve République le seul organe constitutionnellement compétent pour énoncer des normes de valeur constitutionnelle par la voie juridictionnelle. On doit donc considérer avec réserve le « principe fondamental reconnu par les lois de la République » énoncé par le Conseil d'État selon lequel l'État doit refuser l'extradition d'un étranger lorsqu'elle est demandée dans un but politique (CE, Ass., 3 juillet 1996, *Moussa Koné*, *RFDA*, 1996, p. 870, concl. J.-M. Delarue et notes L. Favoreu, P. Gaïa, H. Labayle, commentaire P. Delvolvé ; *LPA*, n° 156, 27 décembre 1996, note G. Guiheux).

La liste des principes fondamentaux reconnus par les lois de la République peut être aujourd'hui facilement dressée, même si certains principes ne sont pas unanimement reconnus, en tant que norme de valeur constitutionnelle (cf. B. Genevois, *RFDA*, 1987, p. 292 pour les principes relatifs à la juridiction administrative) :

— liberté d'association (n° 71-44 DC, 16 juillet 1971, préc.) ;
— droits de la défense (n° 76-70 DC, 2 décembre 1976, *Rec.*, 39) ;
— liberté individuelle (n° 77-75 DC, 12 janvier 1977, *Rec.*, 33) ;
— liberté d'enseignement (n° 77-87 DC, 23 novembre 1977, *Rec.*, 42) ;
— liberté de conscience (n° 77-87, préc.) ;
— indépendance de la juridiction administrative (n° 80-119 DC, 22 juillet 1980, *Rec.*, 49) ;
— indépendance des professeurs d'université (83-165 DC, 20 janvier 1984, *Rec.*, 30) ;
— compétence de la juridiction administrative en matière de contentieux des actes de puissance publique (n° 86-224 DC, 23 janvier 1987, *Rec.*, 8) ;
— compétence de l'autorité judiciaire en matière d'atteintes à la propriété immobilière privée (n° 89-256 DC, 25 juillet 1989, *Rec.*, 53).

La difficulté pour le Conseil constitutionnel consiste à « découvrir » un principe fondamental reconnu par les lois de la République sans d'abord céder à la tentation des saisissants qui souhaiteraient le voir en reconnaître beaucoup plus. Mais la difficulté consiste aussi à reconnaître un principe sans que celui-ci vienne contredire une norme de valeur constitutionnelle déjà existante, en considérant les différences conceptuelles considérables qui existent entre les normes issues de la Déclaration de 1789, celles tirées du Préambule de 1946 et les normes incluses dans la Constitution de 1958. Les possibilités de contradiction sont suffisamment importantes pour comprendre la prudence extrême du Conseil dans l'énoncé de nouveaux principes fondamentaux reconnus par les lois de la République (v. sur ces possibles contradictions D. Rousseau, Le Conseil constitutionnel et le Préambule de 1946, *Rev. adm.*, 1997, p. 160 et s.).

3 / *Les principes particulièrement nécessaires à notre temps*

Le concept de « principe particulièrement nécessaire à notre temps » est directement tiré du Préambule de 1946 qui l'emploie. Après avoir rappelé sa filiation avec 1789 et les principes fondamentaux reconnus par les lois de la République, le texte du Préambule de 1946 énonce :

> « Il [le peuple français] proclame, en outre, comme particulièrement nécessaires à notre temps, les principes politiques, économiques et sociaux ci-après » (suit le reste du Préambule).

Les principes particulièrement nécessaires à notre temps sont donc les principes explicitement énoncés dans le Préambule de 1946. Ils sont souvent qualifiés de « droits-créances » en ce sens qu'ils créent des droits dont le citoyen peut réclamer à l'État le respect sinon la réalisation. Ils présentent un caractère social plus marqué que ceux de la Déclaration de 1789 bien qu'il ne faille pas exagérer cette différence. En réalité, les principes particulièrement nécessaires à notre temps sont ceux du contenu même du Préambule (v. énoncé *supra*) mais on les identifie plus particulièrement en les distinguant des principes précédemment énoncés en 1789, c'est-à-dire en soulignant leur caractère social. Ainsi, en est-il pour l'égalité entre les hommes et les femmes (al. 3), pour les principes de non-discrimination dans le travail (al. 5), de liberté syndicale (al. 6), pour le droit de grève (al. 7), pour le principe de participation des travailleurs (al. 8), les principes de nationalisation (al. 9), ou encore la protection de la santé et les conditions nécessaires au développement de la famille (al. 11 et 10), et l'organisation de l'enseignement par l'État (al. 13). On peut aussi distinguer dans ces principes ceux qui ont un caractère plus politique, le principe du droit d'asile (al. 4), l'engagement de se conformer aux règles du droit international (al. 14), l'acceptation de limites apportées à la souveraineté par des engagements internationaux, sous réserve de réciprocité (al. 15), principes qui concernent surtout les relations internationales de la France (sur cette distinction entre principes politiques et principes économiques et sociaux v. T. S. Renoux et M. de Villiers, *Code constitutionnel*, Litec, 1994, p. 135 et s.).

Le Conseil constitutionnel fait de ces principes un emploi mesuré, en ce sens qu'il leur reconnaît bien valeur constitutionnelle mais que leur utilisation jurisprudentielle n'en donne pas une interprétation extensive, mais centrée sur la loi à laquelle le Conseil applique le principe. Là encore, l'ajustement de ces principes avec les autres droits constitutionnels pose des problèmes de conciliation (v. *infra*).

C | LA DÉCLARATION DE 1789

La Déclaration des droits de l'homme et du citoyen du 26 août 1789 constitue le troisième élément du bloc de constitutionnalité après le texte même de la Constitution de 1958 et le Préambule de la Constitution de 1946. La question de la valeur juridique de la Déclaration, sujet récurrent sous les Républiques précédentes et dans la doctrine classique, a été réglée d'un coup par la décision du Conseil du 27 décembre 1973 *Taxation d'office* (n° 73-51 DC, *Rec.*, 25) qui déclare contraire à la Constitution une disposition d'une loi de finances qui

> « porte atteinte au principe de l'égalité devant la loi contenu dans la Déclaration des droits de l'homme de 1789 et solennellement réaffirmé par le Préambule de la Constitution » (§ 2).

L'intégration de la Déclaration de 1789 dans les normes de référence du contrôle de constitutionnalité a permis au Conseil de développer une jurisprudence très abondante et très riche en contenu, faisant une application particulièrement variée de certains principes : principe d'égalité (art. 6 ; cf. F. Mélin-Soucramanien, *Le principe d'égalité dans la jurisprudence du Conseil constitutionnel*, préf. G. Vedel, Économica-PUAM, 1997), de la légalité des délits et des peines, de la non-rétroactivité (art. 7 et 8), égalité devant l'impôt et les charges publiques (art. 13 et 14), droit de propriété (art. 17). C'est l'ensemble de la Déclaration qui a valeur constitutionnelle, contrairement à ce qu'on avait pu croire un moment (cf. L. Philip, La valeur juridique de la Déclaration des droits de l'homme et du citoyen du 26 août 1789, selon la jurisprudence du Conseil constitutionnel, *Mél. P. Kayser*, t. II, PUAM, 1979, p. 317 et s.).

II / Les normes dérivées

Outre les textes clairement intégrés au bloc de constitutionnalité déjà cités, d'autres textes ont été utilisés par le Conseil constitutionnel pour l'exercice du contrôle de constitutionnalité. En particulier, certaines lois organiques ont servi au Conseil pour contrôler la constitutionnalité de certaines dispositions infraconstitutionnelles. Ce recours à des normes non incluses clairement dans la Constitution pose un problème de principe : le contrôle de conformité peut-il être exercé sur le fondement de règles infraconstitutionnelles ? La réponse tient en deux points.

Il faut d'abord dire que certains des textes soumis au contrôle du Conseil, tels que les règlements des assemblées, sont l'application de dispositions organiques, relatives au fonctionnement des assemblées parlementaires, et que la cohérence de la hiérarchie des normes impose la conformité de ces règlements aux règles plus générales qui en fixent les éléments fondamentaux, même s'il s'agit de règles qui ne sont pas formellement contenues dans la Constitution. Le Conseil reprend d'ailleurs de façon explicite ce raisonnement (n° 92-314 DC, 17 décembre 1992, *Rec.*, 126 ; n° 92-315 DC, 12 janvier 1993, *Rec.*, 9, v. *infra*).

La deuxième réponse est de dire que la Constitution indique fréquemment le renvoi à des dispositions organiques pour l'application de règles constitutionnelles (art. 6, 23, 25, 47, 47-1, 63, 64, 65, 68-2, 88-3 de la Constitution) et que c'est dans ces lois organiques que se trouvent les éléments permettant le contrôle concret de constitutionnalité. De plus, comme l'indique justement le doyen G. Vedel,

> « la méconnaissance par une loi ordinaire ou par un règlement d'Assemblée des dispositions d'une loi organique aurait un effet équivalent à celui de l'abrogation ou de la modification au moins partielle de la loi organique selon une procédure qui ne serait pas celle de l'article 46. C'est en raison de cette violation « médiate » de l'article 46 de la Constitution que le Conseil constitutionnel censure la loi ordinaire contraire à la loi organique » (La place de la Déclaration de 1789 dans le « bloc de constitutionnalité », *La Déclaration des droits de l'homme et du citoyen et la jurisprudence*, PUF, 1989, p. 35 et s., spéc. p. 50).

L'intégration de certaines lois organiques dans le bloc de constitutionnalité relève donc plus d'une nécessité que d'une extension incontrôlée. Enfin, il faut ajouter que ces lois organiques doivent faire l'objet d'un contrôle systématique de constitutionnalité (art. 46 et 61 de la Constitution) avant leur promulgation, ce qui constitue, en principe, une certaine garantie de cohérence avec l'ordre constitutionnel. Ce propos doit cependant être nuancé par le fait que de nombreuses lois organiques ont été édictées par le Gouvernement dans la période de mise en place des institutions, ceci en vertu de l'article 92 de la Constitution, et donc avant que le Conseil constitutionnel puisse exercer un contrôle sur celles-ci. Mais, pour la plupart, ces lois organiques ont été modifiées depuis, et donc soumises au contrôle de constitutionnalité. Le Conseil est même allé assez loin dans le contrôle des dispositions organiques, y compris celles édictées dans la période d'application de l'article 92, en énonçant que ces lois organiques

« ne s'imposent à une assemblée parlementaire lorsqu'elle modifie ou complète son règlement qu'autant qu'elles sont conformes à la Constitution » (n° 96-381 DC et n° 96-382 DC, 14 octobre 1996, *Rec.*, 117 et 120)

ce qui signifie que le Conseil peut « neutraliser » (E. Oliva, *RFDC*, n° 29, 1997, p. 94 et s.) certaines dispositions organiques déjà entrées en vigueur s'il estime celles-ci non conformes à la Constitution, c'est-à-dire peut les écarter *a posteriori* en considération de leur absence de conformité. Par cette dernière jurisprudence, le Conseil resserre son contrôle sur les lois organiques susceptibles de servir de référence complémentaire au contrôle de constitutionnalité, dans un but de cohérence globale des normes de référence.

Les normes dérivées du bloc de constitutionnalité peuvent être classées en deux catégories : d'une part celles relatives au contrôle des règlements des assemblées parlementaires (A), d'autre part celle relative aux lois de finances (B).

A | LES LOIS ORGANIQUES ET LES ORDONNANCES DE L'ARTICLE 92 DE LA CONSTITUTION

Les normes de référence pour le contrôle des règlements des assemblées parlementaires sont les dispositions constitutionnelles relatives aux assemblées parlementaires, à leur fonctionnement, et aux rapports entre le Gouvernement et le Parlement (art. 24 à 51). Il faut souligner l'importance et le fort contenu de ces dispositions constitutionnelles, ce qui correspond à la volonté du constituant de 1958 de maintenir les assemblées parlementaires dans un cadre précis. Mais la Constitution renvoie à plusieurs reprises à des lois organiques la fixation de nombreuses règles de fonctionnement des assemblées (art. 25 : pouvoirs des assemblées, nombre des membres les composant, indemnité, conditions d'éligibilité, régimes d'inéligibilité et d'incompatibilité), de vote des lois de finances (art. 47), de vote des lois de financement de la sécurité sociale (art. 47-1), de fonctionnement de la Haute Cour de justice (art. 67), de la Cour de justice de la République (art. 68-2).

Afin d'assurer un contrôle complet de conformité à la Constitution des règlements des assemblées parlementaires, contrôle obligatoire en vertu de l'article 61 de la Constitution, le Conseil constitutionnel est amené, dès le premier contrôle du règlement de l'Assemblée nationale, à considérer que les normes de référence du contrôle sont la Constitution et les lois organiques, en particulier l'ordonnance n° 58-998 du 24 octobre 1958 relative aux conditions d'éligibilité et aux incompatibilités parlementaires (n° 59-2, 17, 18 et 24 juin 1959, *Rec.*, 58). Ce principe d'un contrôle au regard des dispositions organiques sera ensuite appliqué pour le contrôle des modifications des règlements des assemblées en ces termes :

« la conformité à la Constitution des règlements des assemblées parlementaires doit s'apprécier tant au regard de la Constitution elle-même que des lois organiques prévues par elle ainsi que des mesures législatives nécessaires à la mise en place des institutions, prises en vertu de l'alinéa 1er de l'article 92 de la Constitution (n° 66-28 DC, 8 juillet 1966, *Rec.*, 15 : en l'espèce ord. n° 58-1100 du 17 novembre 1958 relative au fonctionnement des assemblées parlementaires ; même application : n° 69-37 DC, 20 novembre 1969, *Rec.*, 15).

Dans une autre espèce, le Conseil allait préciser que lorsqu'une disposition organique avait l'objet d'une modification par une loi ordinaire non soumise au contrôle de constitutionnalité,

« la conformité d'une disposition d'un règlement à une loi qui n'a pas été soumise à l'examen du Conseil constitutionnel n'implique pas que cette disposition soit conforme à la Constitution et qu'il y a lieu pour le Conseil d'apprécier cette disposition du règlement au regard de la Constitution elle-même » (n° 77-86 DC, 3 novembre 1997, *Rec.*, 18).

Enfin, le Conseil allait donner une cohérence globale aux normes de référence du contrôle des règlements des assemblées parlementaires en considérant que

« en raison des exigences propres à la hiérarchie des normes juridiques dans l'ordre interne, la conformité à la Constitution des règlements des assemblées parlementaires doit s'apprécier tant au regard de la Constitution elle-même que des lois organiques prévues par celle-ci ainsi que des mesures législatives prises, en vertu du premier alinéa de l'article 92 de la Constitution, pour la mise en place des institutions » (n° 92-309 DC, 9 juin 1992, *Rec.*, 66 ; dans le même sens : n° 92-314 DC et n° 92-315 DC, préc. ; n° 94-338 DC, 10 mars 1994, *Rec.*, 71 ; n° 94-339 DC, 31 mai 1994, *Rec.*, 80), le Conseil précisant que « toutefois ces dernières (modifications législatives) ne s'imposent à une assemblée parlementaire lorsqu'elle modifie ou complète son règlement qu'autant qu'elles sont conformes à la Constitution » (n° 96-381 DC et n° 96-382 DC, préc.).

B | L'ORDONNANCE DU 2 JANVIER 1959

L'ordonnance portant loi organique relative aux lois de finances n° 59-2 du 2 janvier 1959 bénéficie d'un traitement particulier par le Conseil constitutionnel en ce sens qu'elle a été véritablement constitutionnalisée. Certes, cette ordonnance organique trouve son fondement dans la Constitution puisque l'article 34 énonce que

« les lois de finances déterminent les ressources et les charges de l'État dans les conditions et sous les réserves prévues par une loi organique ».

Dans une de ses premières décisions, le Conseil l'a utilisée pour le contrôle d'une loi ordinaire (n° 60-8 DC, 11 août 1960, *Rec.*, 25). Depuis, le Conseil exerce le contrôle des dispositions financières et particulièrement des lois de finances au regard de l'ordonnance du 2 janvier 1959, allant même jusqu'à déclarer contraire à la Constitution l'ensemble d'une loi de finances pour non-respect de la procédure d'adoption des lois de finances prévue par cette ordonnance (en particulier l'art. 40 sur l'ordre d'adoption des deux parties de la loi de finances : n° 79-110 DC, 24 décembre 1979, *Rec.*, 36).

Faisant fréquemment référence à l'ordonnance de 1959, le Conseil en a tiré des conclusions très générales, allant jusqu'à considérer que

« le constituant a habilité la loi organique à fixer des modalités procédurales d'examen et de vote des lois de finances qui peuvent, le cas échéant, apporter des tempéraments aux règles de droit commun de la procédure législative, dès lors qu'il n'est pas porté atteinte à leur substance » (n° 92-309 DC, préc., § 6).

Ainsi, on est en présence d'une extension notable des normes de référence du contrôle de constitutionnalité portant sur les dispositions législatives à caractère financier, avec une véritable « constitutionnalisation du droit budgétaire français » (L. Philip, *Mél. P.-M. Gaudemet*, Économica, 1984, p. 49 ; id., *Les fondements constitutionnels des finances publiques*, Économica, 1995).

SECTION 2
L'agencement des normes de référence

La détermination des normes de référence montre quelle est en définitive leur diversité, fruit d'une adaptation du Conseil constitutionnel aux besoins du contrôle. Mais il ressort de cette diversité de normes d'origines historiques bien différentes, de rédaction disparate, d'objet bien distinct, de niveau des plus variables dans la hiérarchie des normes, une impression de *patchwork* constitutionnel dont l'assemblage est malaisé. Cette difficulté est augmentée d'une part par le fait que la jurisprudence fait nécessairement évoluer le contenu de ces normes de référence, par touches successives (I), d'autre part par la difficile question de la conciliation entre ces normes de référence et d'une éventuelle hiérarchie entre elles (II).

I / L'évolution des normes de référence

La jurisprudence étant essentiellement évolutive, celle du Conseil constitutionnel n'échappe pas à cette règle intrinsèque à toute construction jurisprudentielle. Cette évolution peut être caractérisée de plusieurs façons.

Le Conseil, bien conscient de cette difficulté de comparaison entre les différentes normes de référence du contrôle de constitutionnalité, a parfois procédé à des démonstrations magistrales destinées à introduire de la cohérence entre des normes d'époque différente portant sur le même objet.

Ainsi en a-t-il été en matière de droit de propriété à propos d'opérations de nationalisations. Dans la décision n° 81-132 DC du 16 janvier 1982, *Nationalisations (1re saisine)* (*Rec.*, 18), le Conseil procède à une démonstration montrant la cohérence existant entre la Déclaration de 1789 et le Préambule de 1946, en rappelant que les droits énoncés en 1789 ont fait l'objet d'une approbation directe par référendum par le peuple souverain en 1946 et en 1958, leur conférant une pleine et identique valeur constitutionnelle, tout en considérant en l'espèce que les conditions d'exercice du droit de propriété avaient connu

> « une évolution caractérisée à la fois par une notable extension de son champ d'application à des domaines individuels nouveaux et par des limitations exigées par l'intérêt général » (§ 16).

Les droits ainsi reconnus sont replacés dans un contexte contemporain, et même plus largement dans une perspective de philosophie politique et sociale (v. le commentaire de L. Favoreu et L. Philip, *GDCC*, 9e éd., p. 472 et s.).

A | INTERPRÉTATIVISME, INTÉGRITÉ CONSTITUTIONNELLE : QUELLE INTERPRÉTATION DES TEXTES PAR LE CONSEIL CONSTITUTIONNEL ?

Plus généralement, l'agencement entre les normes de référence pose des problèmes de nature différente. La première question est celle de l'étendue du pouvoir d'interprétation du juge constitutionnel. Il s'agit ainsi de savoir quelles sont les marges de liberté dans l'interprétation des textes constitutionnels par le juge, en particulier quelle est la « lecture » faite par la juridiction constitutionnelle de textes aux origines historiques différentes. Le juge doit-il rechercher l'intention des « pères fondateurs » du texte (les auteurs de la Déclaration de 1789 ou du Préambule de 1946 par exemple), par une analyse littérale de chaque membre de phrase, et même de chaque mot du texte ? Ou doit-il faire une lecture « interprétativiste » du texte, actualisée, avec les yeux du juge d'aujourd'hui, en ramenant ces textes datés aux préoccupations contemporaines. Ce débat n'est pas purement académique dans la mesure où les conclusions du juge sur l'interprétation datée ou actualisée des textes constitutionnels peut avoir des incidences pratiques considérables sur la fonction de jugement (l'exemple de la décision du Conseil constitutionnel de 1982 sur les nationalisations le montre aisément).

Ce débat touche toute Cour chargée du contrôle de constitutionnalité (par exemple la Cour suprême des États-Unis ; v. par exemple R. Dworkin, Controverse constitutionnelle, *Pouvoirs*, n° 59, 1991, p. 5 et s. ; id., *L'Empire du droit*, 1986, trad. française, PUF, 1994 ; sur certains éléments de ce débat v. S. Goyard-Fabre, *Les fondements de l'ordre juridique*, PUF, 1992, spéc. p. 230 et s.). La distinction est celle de la recherche de « l'intention originelle » (R. Dworkin), c'est-à-dire d'une attitude du juge constitutionnel qui ne consiste qu'à rechercher et respecter l'intention des auteurs de la Constitution. Une autre attitude est celle de « l'intégrité constitutionnelle » que R. Dworkin présente ainsi :

> « Cette méthode insiste donc sur le fait que chacun des articles ou principes abstraits doit être interprété et appliqué de façon à former un tout cohérent sur le plan des principes avec les interprétations acceptées pour d'autres parties de la Constitution et avec les principes de morale politique qui apportent la meilleure justification fondamentale possible de l'ensemble de la structure constitutionnelle » (*Pouvoirs*, art. préc., p. 9, cf. *L'Empire du droit*, préc., p. 204 et s.).

Ces différentes conceptions se rapportent aussi à des conceptions différentes du pouvoir d'interprétation du juge constitutionnel, considéré tantôt comme la marge d'initiative pour appliquer la Constitution au cas d'espèce qui lui est soumis, tantôt comme un exercice quasi mécanique d'interprétation qui laisse peu de place à la liberté du juge (sur ces variétés du pouvoir d'interprétation du juge constitutionnel v. *supra*, titre I, chap. III, La légitimité de la juridiction constitutionnelle).

Se rattache encore à cette problématique, la question de l'utilisation des droits fondamentaux par la juridiction constitutionnelle. Ces droits constituent-ils des droits intangibles, intemporels, dans une conception jusnaturaliste qui défend l'universalité de ces droits, ou sont-ils datés, marqués par une époque, une philosophie datée (celle de 1789 et/ou de 1946 ?), dont il faut tenir compte en la rapportant à la date du jugement de constitutionnalité (sur la fonction de protection des droits fondamentaux par le juge constitutionnel v. *supra*, titre I, chap. II, Les fonctions de la juridiction constitutionnelle) ?

Il nous semble que le Conseil constitutionnel n'a pas vraiment choisi de se rattacher à tel mode d'interprétation ou à telle « lecture » datée ou actualisée des textes constitutionnels. Son attitude varie selon les textes à appliquer. La lecture de la Déclaration de 1789 nous paraît être une lecture actualisée, proche de la méthode de l'intégrité constitutionnelle, par exemple lorsqu'il tire les grands principes du droit de la communication audiovisuelle de l'article 11 de la Déclaration relatif à la libre communication des pensées et des opinions (cf. n° 84-181 DC, 10 et 11 octobre 1984, *Rec.*, 73) ou encore dans la décision de 1982 relative aux nationalisations. De façon différente, le Conseil présente une lecture plus datée du Préambule de 1946, considérant que les droits sociaux qu'il contient sont plus directement applicables aux situations sociales présentes. Pourtant, il s'échappe d'une lecture littérale du Préambule lorsqu'il tire le principe de la dignité de la personne humaine du début de celui-ci (n° 94-343/344 DC, 27 juillet 1994, *Rec.*, 100). Finalement, le Conseil cherche à conserver une cohérence globale aux normes de référence contenues dans des textes bien différents mais qu'il lie par le ciment de l'interprétation, avec le pragmatisme des évolutions jurisprudentielles. Mais il nous paraîtrait essentiel aujourd'hui que le Conseil prenne mieux conscience qu'une politique jurisprudentielle ne peut pas se construire sans que des principes d'interprétation guident son action, afin surtout d'éviter les contradictions de jugement et donc de normes.

B | L'ÉVOLUTION DES PRINCIPES FONDAMENTAUX RECONNUS PAR LES LOIS DE LA RÉPUBLIQUE

Les principes fondamentaux reconnus par les lois de la République constituent-ils une catégorie figée en 1946 ? Faut-il considérer que des principes constitutionnels soumis à l'interprétation du juge ne peuvent pas bénéficier du pouvoir créateur du juge ? La question peut être posée à propos des principes fondamentaux reconnus par les lois de la République dans la mesure où la continuité républicaine ouvre la porte à une évolution de ces principes par l'utilisation de la définition du champ d'application de la loi par les constitutions républicaines depuis la IIIe République.

Certes, le Conseil constitutionnel a écarté assez explicitement toute assimilation entre principe fondamental reconnu par les lois de la République et tradition républicaine en déclarant que

> « la tradition républicaine ne saurait être utilement invoquée pour soutenir qu'un texte législatif qui la contredit serait contraire à la Constitution qu'autant que cette tradition aurait donné naissance à un principe fondamental reconnu par les lois de la République » (n° 88-244 DC, 20 juillet 1988, *Rec.*, 119, § 11).

On peut cependant se poser la question de savoir si le concept de principe fondamental reconnu par les lois de la République est un concept définitivement « fermé », s'il n'est pas susceptible d'évolution. Certes le Constituant de 1946 a eu une vision nécessairement rétrospective de ces principes. On admet que c'est en tout cas l'expression du droit positif, tel que le Conseil constitutionnel le modèle au fil de sa jurisprudence. On pense cependant que le concept même de principe fondamental reconnu par les lois de la République ne saurait être enfermé dans un laps de temps qui serait clos par l'énoncé du concept dans le Préambule de 1946. La législation comme la Constitution sont « vivantes » (au sens où la doctrine italienne parle du « droit vivant ») et on ne voit pas pourquoi le Conseil constitutionnel, qui procède bien à une lecture actualisée de la Déclaration de 1789, ne pourrait pas procéder à la formulation actuelle d'un principe fondamental à la lumière de la législation des trois premières Républiques mais en montrant aussi la continuité avec la IVe et la Ve Républiques. Certes, en cette matière mouvante, le Conseil montre le chemin par une jurisprudence prudente et mesurée qui ne cède pas aux tentations offertes par des saisines qui voient de nombreux principes fondamentaux dans la succession des lois républicaines. Mais on pense que le cadre de la législation républicaine, en particulier le champ de compétence donné au législateur, aujourd'hui dans l'article 34 de la Constitution, autrefois dans la loi du 17 août 1948 ou dans celle du 11 juillet 1953, permettent de limiter le champ de la recherche de principes fondamentaux reconnus par les lois de la République dans cette compétence définie par la « tradition constitutionnelle républicaine » qui réserve à la loi un certain nombre de matières, fixant ainsi par avance le champ du possible au Conseil constitutionnel pour définir un principe fondamental reconnu par les lois de la République. Bien entendu, les autres critères de reconnaissance devraient être conservés. Serait ainsi apportée la preuve d'une remarquable continuité constitutionnelle, d'une Constitution vivante puisant ses racines dans la législation d'hier.

S'y rajoute un argument de texte, défendu par M. Luchaire (*Cours constitutionnelles et droits fondamentaux*, Économica-PUAM, 1982, p. 72), selon lequel on pourrait considérer que le Préambule de 1958, en incorporant celui de 1946, a en quelque sorte incorporé les lois de la IVe République parmi celles pouvant contenir des principes fondamentaux de valeur constitutionnelle.

Sur la notion de tradition républicaine : Joseph-Barthélémy et P. Duez, *Traité de droit constitutionnel*, 1933, rééd. Économica, 1985, p. 777 ; B. Stirn, La tradition républicaine dans la jurisprudence du Conseil d'État, in *La République en droit français*, *op. cit.*, p. 213 et s. ; J. Trémeau, *La réserve de loi. Compétence législative et Constitution*, Économica-PUAM, 1997, spéc. p. 210 et s. ; O. Rudelle, La tradition républicaine, *Pouvoirs* n° 42, 1987, La tradition politique, p. 31 et s. ; C. Vimbert, *La tradition républicaine en droit public français*, LGDJ, 1992. Sur le lien entre tradition constitutionnelle républicaine et principes fondamentaux reconnus par les lois de la République v. G. Drago, Chronique de justice constitutionnelle, *Justices*, n° 5, 1997, p. 241 ; v. dans le même sens H. Roussillon, *Le Conseil constitutionnel*, Dalloz, coll. « Connaissance du droit », 3e éd. 1996, p. 50.

II / L'existence d'une hiérarchie au sein du « bloc de constitutionnalité »

L'agencement entre les normes de référence du contrôle de constitutionnalité pose le problème des rapports juridiques entre ces normes. Une appréciation rapide conduirait à dire que les normes formant le bloc de constitutionnalité ont toutes la même valeur et que la distinction qu'il faut établir entre elles est seulement de nature matérielle : certaines normes posent des principes généraux (par exemple les principes de liberté et d'égalité, dans la Déclaration de 1789) tandis que d'autres ont un champ d'application plus restreint (par exemple la protection de la santé ou la détermination collective des conditions de travail, dans le Préambule de 1946).

La réalité de la jurisprudence du Conseil constitutionnel montre que des conflits peuvent se produire entre les normes du bloc de constitutionnalité et qu'il est nécessaire d'opérer une conciliation entre elles. La difficulté tient à ce que le Conseil ne souhaite pas instaurer une hiérarchie entre les normes constitutionnelles, qui en viendrait à considérer que certaines normes sont de « premier rang », et prendraient en quelque sorte le pas sur celles de « second rang ». Cette difficulté est bien réelle et les saisissants du Conseil ne manquent pas de souligner les contradictions qui peuvent exister entre les normes constitutionnelles pour en tirer argument au profit de telle ou telle norme dont ils défendent la primauté. L'exercice est difficile et le Conseil s'en tire par deux méthodes qui ne sont d'ailleurs pas sans lien entre elles : la conciliation et la définition d'objectifs de valeur constitutionnelle.

A | LA CONCILIATION ENTRE LES NORMES CONSTITUTIONNELLES, LES OBJECTIFS DE VALEUR CONSTITUTIONNELLE ET LE PROBLÈME DE LA SUPRACONSTITUTIONNALITÉ

La réponse à la question de la conciliation entre principes constitutionnels tient à une analyse plus concrète de cette conciliation ou de la prééminence entre principes constitutionnels.

D'une part, il faut souligner que cette pesée est le fait du juge constitutionnel qui l'apprécie en fonction de considérations d'espèce qui tiennent au texte de loi qui lui est soumis et donc à la façon dont le législateur a illustré dans son texte tel ou tel principe constitutionnel. Ce caractère *in concreto* de la conciliation est essentiel. Il ne constitue pas un critère mais une indication sur l'utilisation de ceux-ci et montre l'importance du rôle du Conseil constitutionnel.

D'autre part, puisque cette conciliation est opérée en fonction de considérations d'espèce, la prééminence d'un principe sur un autre dépendra essentiellement de l'atteinte portée par le texte de loi en cause à l'un des principes constitutionnels, en faisant prévaloir un autre principe. Parfois cette appréciation portée par la Conseil constitutionnel conduit au constat que le conflit n'est qu'illusion car il y a, selon le juge, compatibilité des principes entre eux. Le doyen Vedel démontre ainsi, avec des exemples tirés de la jurisprudence du Conseil, trois types de solutions qui effacent les antagonismes : parce que les principes prétendument antagonistes ont des champs d'application différents, parce qu'il y a possibilité d'application cumulative, parce que « le conflit de normes peut être évité par une « actualisation » du contenu de la plus ancienne » (G. Vedel, La place de la Déclaration de 1789 dans le « bloc de constitutionnalité », art. préc., p. 57 et 58). Le Conseil applique alors des règles classiques relatives aux conflits de lois.

Mais, en-dehors de ces cas, la question reste posée des critères de conciliation. M. Genevois en propose trois : le degré de précision des principes considérés, le degré d'attachement de l'opinion dominante à leur égard, l'étendue du contrôle que le juge peut exercer (La marque des idées et principes de 1789 dans la jurisprudence du Conseil d'État et du Conseil constitutionnel, *EDCE*, n° 40, 1988, p. 181).

L'examen de la jurisprudence du Conseil constitutionnel fait apparaître une méthode générale de conciliation, de type contentieux, plus que des critères généraux d'application. Le Conseil applique ici un raisonnement qui fait appel au principe de proportionnalité. Plus précisément, le moyen de permettre une conciliation entre des principes constitutionnels dont les contenus peuvent être antagonistes est de faire appel à la notion d'objectif de valeur constitutionnelle qui, pour M. Genevois,

« apparaît comme un corollaire nécessaire à la mise en œuvre d'un droit constitutionnellement reconnu. Au titre de la recherche d'une plus grande effectivité des droits fondamentaux, c'est en fait une habilitation qui est donnée au législateur pour leur apporter certaines limitations afin de les concilier entre eux » (B. Genevois, *La jurisprudence du Conseil constitutionnel. Principes directeurs*, éd. STH, 1988, n° 342). Ainsi, « le contenu de cette notion implique un recours à la conciliation et par voie de conséquence à la proportionnalité. Il appartient au législateur de réaliser ce délicat équilibre nécessaire à la vie sociale, sous le contrôle du juge » (X. Philippe, *Le contrôle de proportionnalité dans les jurisprudences constitutionnelle et administrative françaises* Économica-PUAM, 1990, p. 118).

Le législateur est donc le premier à opérer cette conciliation, le faisant sous le contrôle du juge constitutionnel, exprimant là son « pouvoir discrétionnaire » (v. A. Bockel, Le pouvoir discrétionnaire du législateur, *Mél. L. Hamon*, Économica, 1982, p. 43 et s.).

Comment alors opérer cette conciliation entre principes constitutionnels, au regard de ce pouvoir discrétionnaire du législateur ? Comment, pour le Conseil constitutionnel, contrôler le pouvoir discrétionnaire du législateur, sachant qu'il a rappelé à plusieurs reprises que

« l'article 61 de la Constitution ne confère pas au Conseil constitutionnel un pouvoir général d'appréciation et de décision identique à celui du Parlement, mais lui donne seulement compétence pour se prononcer sur la conformité à la Constitution des lois déférées à son examen » (n° 75-54 DC, 15 janvier 1975, *Rec.*, 19 ; n° 80-127 DC, 19 et 20 janvier 1981, *Rec.*, 15 ; n° 86-218 DC, 18 novembre 1986, *Rec.*, 167).

Le contentieux administratif peut ici servir de référence utile et d'analogie. Selon Roger Bonnard trois éléments de l'acte sont les révélateurs de l'exercice du pouvoir discrétionnaire : les motifs, l'objet et le but de l'acte. Les motifs sont les antécédents de l'acte c'est-à-dire les éléments matériels et juridiques qui le conditionnent. L'objet est le résultat de la décision prise en considération des motifs. Le but est le résultat de la décision prise en considération des motifs (R. Bonnard, Le pouvoir discrétionnaire des autorités administratives et le recours pour excès de pouvoir, *RDP*, 1923, p. 362 et s., spéc. p. 367 et s.).

Si l'on rapporte maintenant ces éléments au contentieux constitutionnel des lois, les motifs sont constitués par les choix politiques ou techniques qui ont conduit le législateur à voter un texte de loi, l'objet est le contenu du texte de loi, les principes qui en constituent l'armature et la substance même, le but est le résultat que se propose d'atteindre l'objet de la loi.

Il y a donc une certaine difficulté à élaborer des critères généraux de conciliation. L'examen de la jurisprudence du Conseil constitutionnel montre que celle-ci, opérée *in concreto*, peut varier dans ses critères, selon les principes à concilier. Les considérations d'espèce sont toujours déterminantes. Mais cet exercice de conciliation entre principes constitutionnels utilise des critères différents selon que cette conciliation s'opère au regard des motifs, de l'objet ou du but du texte de loi.

Il faut souligner encore qu'il revient d'abord au législateur d'opérer cette conciliation et que le Conseil n'intervient que pour s'assurer que la conciliation est réelle. Cette compétence de conciliation du législateur découle de l'article 34 de la Constitution qui dispose que « la loi fixe les règles… les garanties fondamentales accordées aux citoyens pour l'exercice des libertés publiques ». En raison de ce texte, le Conseil constitutionnel a clairement énoncé que

« dans le cadre de cette mission, il appartient au législateur d'opérer la conciliation nécessaire entre le respect des libertés et la sauvegarde de l'ordre public sans lequel l'exercice des libertés ne saurait être assuré » (n° 85-187 DC, 25 janvier 1985, *Rec.*, 44).

La conciliation opérée au regard des motifs du texte de loi est la moins contrôlée puisqu'on touche ici au domaine dans lequel le législateur a le plus de liberté d'action. Ainsi, la conciliation est admise par le Conseil mais à raison de « contraintes techniques » propres à l'exercice d'une liberté :

En l'espèce la liberté de communication audiovisuelle : n° 82-141 DC, 27 juillet 1982 *Rec.*, 49 ; n° 86-217 DC, 18 septembre 1986, *Rec.*, 143 : « il appartient au législateur de concilier, en l'état des techniques et de leur maîtrise, l'exercice de la liberté de communication telle qu'elle résulte de l'article 11 de la Déclaration des droits de l'homme, avec, d'une part, les contraintes techniques inhérentes aux moyens de la communication audiovisuelle et, d'autre part, les objectifs de valeur constitutionnelle que sont la sauvegarde de l'ordre public, le respect de la liberté d'autrui et la préservation du caractère pluraliste des courants d'expression socioculturels » (§ 8).

Autre exemple : la limite de la conciliation opérée en matière de nationalisations entre la nécessité de celles-ci, découlant de l'article 17 de la Déclaration de 1789 et du Préambule de la Constitution de 1946, et le droit de propriété et la liberté d'entreprendre n'est appréciée par le Conseil qu'au regard du contrôle de l'erreur manifeste (n° 81-132 DC, 16 janvier 1982, *Rec.*, 22, § 20). C'est donc un contrôle limité de la conciliation qu'opère le Conseil quand il la rapporte aux motifs du texte de loi.

La conciliation opérée au regard de l'objet du texte de loi trouve de nombreux exemples de conciliation entre le principe d'égalité et d'autres considérations, notamment l'intérêt général. Le considérant standard est ainsi rédigé :

« Considérant que le principe d'égalité ne s'oppose ni à ce que le législateur règle de façon différente des situations différentes, ni à ce qu'il déroge à l'égalité pour des raisons d'intérêt général pourvu que, dans l'un et l'autre cas, la différence de traitement qui en résulte soit en rapport avec l'objet de la loi qui l'établit » (n° 83-162 DC, 19 et 20 juillet 1983, *Rec.*, 63, § 81 ; n° 86-220 DC, 22 décembre 1986, *Rec.*, 174 ; n° 87-232 DC, 7 janvier 1988, *Rec.*, 20, § 10 ; n° 89-254 DC, 4 juillet 1989, *Rec.*, 45, § 18 ; n° 89-266 DC, 9 janvier 1990, *Rec.*, 16, § 5 ; n° 89-267 DC, 22 janvier 1990, *Rec.*, 29, § 12 ; n° 90-280 DC, 6 décembre 1990, *Rec.*, 88, § 15 et 17 ; n° 90-283 DC, 8 janvier 1991, *Rec.*, 11, § 34 ; n° 96-380 DC, 23 juillet 1996, *Rec.*, 107, § 8).

Il ne s'agit pas exactement de conciliation entre principes constitutionnels dans la mesure où les raisons d'intérêt général invoquées ne sont pas définies comme ayant valeur constitutionnelle. On est plutôt en présence de la reprise de la conception du principe d'égalité dégagée par le Conseil d'État. Mais le raisonnement du Conseil constitutionnel fait bien appel à un mécanisme de conciliation.

Enfin, la conciliation opérée au regard du but du texte de loi fait évidemment référence à un raisonnement finaliste (X. Philippe, *op. cit.*, p. 248). Au regard des fins poursuivies par le législateur dans son texte de loi, le Conseil analyse la conciliation faite entre un principe constitutionnel et un objectif de valeur constitutionnelle.

Par exemple en matière de communication audiovisuelle : n° 82-141 DC et n° 86-217 DC, préc. ; n° 88-248 DC, 17 janvier 1989, *Rec.*, 25, § 26. La décision n° 80-127 DC des 19 et 20 janvier 1981 employait les termes de « fins d'intérêt général ayant valeur constitutionnelle ».

Mais souvent le Conseil ne fait référence qu'à des objectifs d'intérêt général, pour justifier une conciliation entre principes constitutionnels. Ainsi, il est fait référence aux notions de « sauvegarde (ou de protection) des intérêts nationaux » (n° 88-232 DC ; n° 89-254 DC, *Rec.*, 43, § 6), à la notion de « besoins essentiels du pays » (n° 79-105 DC, 25 juillet 1979) ou encore à un objectif précis de la loi (tel que la lutte contre la consommation excessive d'alcool ou la maîtrise des dépenses de santé : n° 90-283 DC, préc. ; n° 90-287 DC du 16 janvier 1991, *Rec.*, 24, § 28) ou au contraire à un but d'intérêt général sans autre précision (n° 88-244 DC, 20 juillet 1988, *Rec.*, 124). Ou encore la référence faite à « la sauvegarde de l'ordre public » (n° 85-187 DC, 25 janvier 1985, *Rec.*, 44, § 3).

Cette utilisation de principes généraux se trouve depuis quelque temps systématisée par le concept d'objectifs de valeur constitutionnelle (cf. B. Faure, Les objectifs de valeur constitutionnelle : une nouvelle catégorie constitutionnelle ?, *RFDC*, n° 31, 1995, p. 47 et s.).

Ainsi la « sauvegarde de l'ordre public » constitue un objectif de valeur constitutionnelle qui permet au législateur d'édicter des règles spécifiques de police des étrangers ainsi que des sanctions pénales appropriées, mais ce qui ne libère pas le législateur du respect des autres règles et principes de valeur constitutionnelle (n° 89-261 DC, 28 juillet 1989, *Rec.*, 81, § 12).

Le raisonnement du Conseil est susceptible de variations. La prévention d'atteintes à l'ordre public et la recherche des auteurs d'infractions, sont nécessaires à la sauvegarde de principes et droits de valeur constitutionnelle. Il appartient au législateur d'assurer la conciliation entre ces objectifs de valeur constitutionnelle et l'exercice des libertés publiques constitutionnellement garanties, au nombre desquelles figurent la liberté individuelle et la liberté d'aller et venir (cf. n° 94-352 DC, 18 janvier 1995, *Rec.*, 170).

Dans un autre domaine, le Conseil rappelle que la sauvegarde de la dignité de la personne humaine contre toute forme de dégradation est un principe à valeur constitutionnelle. Combinant ce principe avec le 11e alinéa du Préambule de 1946 (droit à des conditions convenables d'existence), le Conseil en déduit qu'il résulte de ces principes que la possibilité pour toute personne de disposer d'un logement décent est un objectif de valeur constitutionnelle, dont les modalités relèvent du législateur et du Gouvernement, conformément à leurs compétences respectives (cf. n° 94-359 DC, 19 janvier 1995, *Rec.*, 176).

L'originalité de l'utilisation du concept d'objectif de valeur constitutionnelle consiste à opérer une conciliation entre des normes constitutionnelles dont l'effet est la création d'un principe constitutionnel nouveau élargissant le champ d'application des droits constitutionnels originaires.

Du point de vue de leur contenu et de leur fonction dans le contrôle de constitutionnalité, on souscrit à l'appréciation de B. Faure (art. préc., p. 77) pour qui

« les objectifs de valeur constitutionnelle se ramènent donc à un procédé juridique posant en termes d'exigence de rang constitutionnel une éthique sociale limitative des libertés individuelles sous le contrôle directif du Conseil constitutionnel ».

On le voit, il est difficile de systématiser une méthode de conciliation de principes constitutionnels et de dégager des critères utilisables dans tous les cas. On peut parler de faisceau d'indices de nature différente, utilisés de façon préférentielle selon que la conciliation se fait au regard des motifs, de l'objet ou des buts recherchés par le législateur.

Ainsi, M. Rousseau, parle d'une « multitude d'éléments de nature différente et dont l'importance varie selon les affaires : la qualité et le contenu de l'argumentation des auteurs de la saisine et des "défenseurs" de la loi, les motifs plus ou moins politiques de la saisine, sa propre jurisprudence qui lui impose une certaine cohérence, celle des autres juridictions françaises ou/et étrangères, les circonstances politiques générales et particulières à l'affaire, le travail critique de la doctrine, l'anticipation des réactions de ses différents partenaires à son arbitrage, la complexité ou la spécificité de l'objet traité par la loi, l'évolution de la société, de son organisation, de ses techniques mais aussi de ses mœurs, l'intérêt que l'opinion manifeste pour la protection de telle ou telle liberté et l'évolution de cette même opinion dans son attachement aux différents droits... » (*Droit du contentieux constitutionnel*, Montchrestien, 4e éd. 1995, p. 118).

En définitive, plutôt qu'une méthode de conciliation, ne s'agit-il pas en réalité de la recherche de critères concrets permettant de faire prévaloir un principe constitutionnel sur un autre et de justifier cette prééminence ? On en revient alors insensiblement à la notion de hiérarchie entre principes constitutionnels. Et le critère d'ordre général introuvable réapparaît sous l'angle purement contentieux des questions de constitutionnalité soulevées d'office par le Conseil constitutionnel, ainsi que le doyen Vedel l'a souligné (art. préc., p. 61 et s.). En soulevant d'office une question de constitutionnalité, le Conseil constitutionnel soulignerait la primauté de certains principes constitutionnels qu'on ne pourrait en aucun cas transgresser.

« Ainsi, sans leur assigner un rang "supra-constitutionnel", le Conseil constitutionnel paraît faire des libertés et des droits fondamentaux une catégorie de règles dont l'importance politico-juridique est telle que le juge constitutionnel, saisi d'une loi qui les méconnaît, doit, d'office, s'il est nécessaire, prononcer la censure de celle-ci. (...) Il s'agirait en effet d'une primauté consacrée par le juge, vérifiée par l'appel au grief d'office, des libertés et des droits fondamentaux sur les autres dispositions de valeur constitutionnelle » (G. Vedel, art. préc., p. 63).

On en vient ainsi à la notion d'un « ordre public constitutionnel », notion difficile à utiliser dans la mesure où justement le contentieux constitutionnel est d'ordre public par nature (v. *infra*, chap. III, Le contrôle de la constitutionnalité des lois ; v. aussi G. Drago, Le contentieux constitutionnel des lois, contentieux d'ordre public par nature, *Mél. R. Drago*, Économica, 1996, p. 9 et s.).

Mais la primauté de certains principes constitutionnels sur d'autres, révélée par l'appel au grief de constitutionnalité soulevé d'office ne paraît pas vraiment décisive. Les questions de constitutionnalité soulevées d'office doivent être appréciées non en fonction d'une primauté de l'argument de constitutionnalité ainsi soulevé sur d'autres principes constitutionnels mais est d'abord le moyen utilisé par le Conseil constitutionnel pour évoquer une question de constitutionnalité non vue par les saisissants. Cette attitude se justifie par le fait que le Conseil s'estime saisi de l'ensemble de la loi qui lui est déférée et qu'en contentieux constitutionnel tout est d'ordre public.

En fonction de ces considérations, il nous semble que, même dans une attitude pragmatique qui est celle de tout juge, le Conseil constitutionnel n'a pas à faire un choix entre ce qu'il doit soulever d'office, parce que la violation de la Constitution est trop grave, et ce qu'il peut laisser dans l'ombre de la Constitution. Il a au contraire l'obligation d'examiner toutes les questions de constitutionnalité, du fait de sa plénitude de compétence, et parce que l'atteinte portée par la loi au bloc de constitutionnalité est toujours aussi grave, quel que soit le principe constitutionnel en cause. On ne peut accepter, par principe, que le Conseil laisse de côté des questions de constitutionnalité, seraient-elles, selon lui, subsidiaires. Existe-t-il d'ailleurs des questions de constitutionnalité « subsidiaires » ?

Certes, le Conseil, lors de l'examen d'une loi, peut ne pas avoir décelé toutes les atteintes à la Constitution. Il existe alors deux possibilités de revenir sur l'examen d'une loi déjà soumise au Conseil constitutionnel. Le premier consiste à faire jouer la jurisprudence issue de la décision *État d'urgence en Nouvelle-Calédonie* qui permet de réexaminer une loi déjà promulguée à l'occasion d'une loi nouvelle qui la modifie, la complète ou affecte son domaine (n° 85-187 DC, 25 janvier 1985, *Rec.*, 43). L'autre possibilité est de caractère prospectif. C'est l'exception d'inconstitutionnalité qui permettrait de faire ressortir les inconstitutionnalités de la loi qui n'auraient pas été vues lors de l'examen avant promulgation, en les décelant au moment de l'application de la loi (v. *infra*, titre IV, chap. II, Le contrôle de constitutionnalité de la loi promulguée).

BIBLIOGRAPHIE

Articles généraux : Le contrôle de constitutionnalité des normes juridiques par le Conseil constitutionnel, Rapport français à la VIIe conférence des Cours constitutionnelles, *RFDA*, 1987, p. 850 ; Normes de valeur constitutionnelle et degré de protection des droits fondamentaux, Rapport français à la VIIIe conférence des Cours constitutionnelles, *RFDA*, 1990, p. 317 et s. ; Auby (J.-M.), Sur l'étude de la hiérarchie des normes en droit public. Éléments de problématique, *Mél. R. Pelloux*, L'Hermès, 1980, p. 21 ; Costa (J.-P.), Principes fondamentaux, principes généraux, principes à valeur constitutionnelle, in *Conseil constitutionnel et Conseil d'État*, LGDJ-Montchrestien, 1988, p. 133 et s. ; Favoreu (L.), Le principe de constitutionnalité. Essai de définition d'après la jurisprudence du Conseil constitutionnel, *Mél. C. Eisenmann*, éd. Cujas, 1975, p. 33 et s. ; Genevois (B.), Normes de référence du contrôle de constitutionnalité et respect de la hiérarchie en leur sein, *Mél. G. Braibant*, Dalloz, 1996, p. 323 et s. ; Lavroff (D.-G.), Le Conseil constitutionnel et la norme constitutionnelle, *Mél. G. Peiser*, PUG, 1995, p. 356 et s. ; Pelloux (R.), Quelques réflexions sur le Préambule de la Constitution française de 1958, *Mél. Basdevant*, Pédone, 1960, p. 340 et s. ; Pfersmann (O.), Carré de Malberg et la « hiérarchie des normes », *RFDC*, n° 31, 1997, p. 481 et s. ; Rials (S.), Les incertitudes de la notion de Constitution sous la Ve République, *RDP*, 1984, p. 587 et s. ; Rivero (J.), Les garanties constitutionnelles des droits de l'homme en droit français, *RIDC*, 1977, p. 9 et s. ; Vedel (G.), Le Conseil constitutionnel, gardien du droit positif ou défenseur de la transcendance des droits de l'homme, *Pouvoirs*, n° 45, 1988, p. 149 et s.

Sur la question de l'intégration des textes supranationaux au bloc de constitutionnalité : Picard (E.), Vers l'extension du bloc de constitutionnalité au droit communautaire ?, *RFDA*, 1993, p. 47 et s. ; Rousseau (D.), Vers l'intégration de la Convention européenne des droits de l'homme au bloc de constitutionnalité, in *Conseil constitutionnel et Cour européenne des droits de l'homme*, éd. STH, 1990, p. 117 et s. ; v. surtout les références citées *infra*, chapitre V, Contrôle de constitutionnalité et normes supranationales.

Sur le bloc de constitutionnalité : Denizeau (C.), *Existe-t-il un bloc de constitutionnalité ?*, Travaux et recherches de l'Université Panthéon Assas Paris II, LGDJ, 1997, 152 p. ; Blanquer (J.-M.), Bloc de constitutionnalité ou ordre constitutionnel ?, *Libertés. Mél. Jacques Robert*, Montchrestien, 1998, p. 227 et s. ; Favoreu (L.), Le principe de constitutionnalité. Essai de définition d'après la jurisprudence du Conseil constitutionnel, *Mél. C. Eisenmann*, préc. ; id., V° Bloc de constitutionnalité, *Dictionnaire constitutionnel*, PUF, 1992, p. 87 et s. ; Favoreu (L.) et Rubio Llorente (F.), *El bloque de constitucionalidad*, Madrid, 1991, p. 45 et s. ; Fernandez (T. R.), *El bloque de constitucionalidad*, Madrid, éd. Civitas, 1985 ; sur une tentative parlementaire de délimiter le bloc de constitutionnalité dans la Constitution v. Porcher (M.), proposition de loi constitutionnelle tendant à définir constitutionnellement le bloc de constitutionnalité, *Doc. AN*, X[e] législature, n° 1982, 10 mars 1995.

Sur la Déclaration de 1789 : Baecque (A. de), Schmale (W.), Vovelle (M.), *L'an 1 des droits de l'homme*, CNRS, 1988 (textes des différentes Déclarations en 1789 présentés et analysés) ; Conac (G.), Debene (M.), Teboul (G.) (dir.), *La Déclaration des droits de l'homme et du citoyen de 1789. Histoire, analyse et commentaires*, Économica, 1993 ; *La Déclaration des droits de l'homme et du citoyen et la jurisprudence*, colloque des 25 et 26 mai 1989 au Conseil constitutionnel, PUF, 1989, avec d'importantes contributions : Troper (M.), La Déclaration des droits de l'homme et du citoyen en 1789 ; Vedel (G.), La place de la Déclaration des droits de l'homme et du citoyen dans le « bloc de constitutionnalité » ; Rivero (J.), La jurisprudence du Conseil constitutionnel et le principe de liberté proclamé par la Déclaration de 1789 ; Braibant (G.), Le principe d'égalité dans la jurisprudence du Conseil constitutionnel et du Conseil d'État ; Favoreu (L.), La jurisprudence du Conseil constitutionnel et le droit de propriété proclamé par la Déclaration de 1789 ; Delmas-Marty (M.), La jurisprudence du Conseil constitutionnel et les principes fondamentaux du droit pénal proclamés par la Déclaration de 1789 ; Chapus (R.), Les fondements de l'organisation de l'État définis par la Déclaration de 1789 et leurs prolongements dans la jurisprudence du Conseil constitutionnel et du Conseil d'État ; Luchaire (F.), La lecture actualisée de la Déclaration de 1789 ; Fauré (C.), *Les déclarations des droits de l'homme de 1789 (textes réunis et présentés par)*, Payot, 1988 (présentation et analyse des différents projets de Déclaration en 1789) ; Gondouin (G.), *Le Conseil constitutionnel et la Déclaration des droits de l'homme et du citoyen du 26 août 1789. Contribution à l'étude du contrôle de constitutionnalité des lois*, thèse, Grenoble II, 1989 ; Morange (J.), *La Déclaration des droits de l'homme et du citoyen*, PUF, coll. « Que sais-je ? », n° 2048 ; Rials (S.), *La Déclaration des droits de l'homme et du citoyen*, Hachette, coll. « Pluriel », 1989 (une analyse magistrale de la Déclaration).

Articles : Bacot (G.), Déclaration de 1789 et Constitution de 1958, *RDP*, 1989, p. 685 et s. ; Favoreu (L.), Les normes de référence, *in* Ass. française des constitutionnalistes, *Le Conseil constitutionnel et les partis politiques*, Économica-PUAM, 1988, p. 69 et s. ; Genevois (B.), La marque des idées et principes de 1789 dans la jurisprudence du Conseil d'État et du Conseil constitutionnel, *EDCE*, n° 40, 1988, p. 181 et s. ; Philip (L.), La valeur juridique de la Déclaration des droits de l'homme et du citoyen du 26 août 1789, selon la jurisprudence du Conseil constitutionnel, *Mélanges P. Kayser*, PUAM, 1979, t. II, p. 317 et s.

Sur le Préambule de 1958 (y compris le Préambule de 1946, les principes fondamentaux reconnus par les lois de la République et les principes particulièrement nécessaires à notre temps) : Champeil-Desplats (V.), *Les principes fondamentaux reconnus par les lois de la République. Principes constitutionnels et justification dans les discours juridiques*, thèse Paris X, 1997, 432 p. ; Clapié (M.), *De la consécration des principes politiques, économiques et sociaux particulièrement nécessaires à notre temps*, thèse, Montpellier I, 1992 ; Molfessis (N.), *Le Conseil constitutionnel et le droit privé*, LGDJ, 1997, n° 556 et s. (sur les principes fondamentaux reconnus par les lois de la République) ; Pierre-Duplessix (I.), *Les principes particulièrement nécessaires à notre temps dans la jurisprudence du Conseil constitutionnel*, mémoire DEA, Rennes I, 1997 ; Saïd (E.), *Les principes fondamentaux reconnus par les lois de la République dans la jurisprudence du Conseil constitutionnel*, mémoire DEA, Rennes I, 1992, 161 p.

Articles et contributions : Antonmattei (P.-H.), Le Préambule de 1946 et la Cour de cassation, *Rev. adm.*, 1997, p. 290 et s. ; Bouvier (V.), Le Conseil constitutionnel et la coutume. Sur les principes fondamentaux reconnus par les lois de la République, *Droits*, n° 3, 1986, p. 87 et s. ; Clapié (M.), Le Conseil d'État et le Préambule de la Constitution de 1946,

Rev. adm., 1997, p. 278 et s. ; CURAPP (ouv. collectif), *Le Préambule de la Constitution de 1946. Antinomies juridiques et contradictions politiques*, PUF, 1996 ; Debene (M.), Le Conseil constitutionnel et les principes particulièrement nécessaires à notre temps, *AJDA*, 1978, p. 577 ; Deswarte (M.-P.), Droits sociaux et État de droit, *RDP*, 1995, p. 951 et s. ; Deves (C.), Le Conseil constitutionnel et la République sociale, *Le quotidien juridique*, n° 120, 29 octobre 1988, p. 3 et s. ; Favoreu (L.), Les principes fondamentaux reconnus par les lois de la République, *in* B. Mathieu et M. Verpeaux (dir.), *La République en droit français*, Économica, 1996, p. 231 et s. ; id., V° Principes fondamentaux reconnus par les lois de la République, *Dictionnaire constitutionnel*, PUF, 1992, p. 825 ; V° Principes politiques, économiques et sociaux particulièrement nécessaires à notre temps, *Dictionnaire constitutionnel*, préc., p. 829 ; Flauss (J.-F.), Les principes fondamentaux reconnus par les lois de la République dans la jurisprudence du Conseil constitutionnel : sept ans après, *Rev. adm. de l'Est de la France*, n° 12, p. 5 et s. ; id., Les droits sociaux dans la jurisprudence du Conseil constitutionnel, *Droit social*, 1982, p. 645 et s. ; Genevois (B.), Le Préambule et les droits fondamentaux, *in* D. Maus, L. Favoreu, J.-L. Parodi, *L'écriture de la Constitution de 1958*, Économica-PUAM, 1992, p. 483 et s. ; id., Une catégorie de principes de valeur constitutionnelle : les principes fondamentaux reconnus par les lois de la République, *Les règles et les principes non écrits en droit public*, colloque des 28 et 29 mai 1998 (dact.) ; Georgel (J.), Aspects du Préambule de la Constitution du 4 octobre 1958, *RDP*, 1960, p. 85 et s. ; Luchaire (F.) et Teitgen (P.-H.), Commentaire du Préambule de la Constitution de 1958, *in* F. Luchaire et G. Conac (dir.), *La Constitution de la République française. Analyses et commentaires*, Économica, 2e éd., 1987, p. 87 et s. ; Mathieu (B.) et Verpeaux (M.), La reconnaissance et l'utilisation des principes fondamentaux reconnus par les lois de la République par le juge, *D*, 1997, chron., p. 219 et s. ; Mignon (M.), La valeur juridique du Préambule de la Constitution selon la doctrine et la jurisprudence, *D*, 1951, chron., p. 127 et s. ; Pelloux (R.), Le Préambule de la Constitution du 27 octobre 1946, *RDP*, 1947, p. 345 et s. ; id., La valeur juridique du Préambule de la Constitution de 1946, *La vie judiciaire*, n° 341, 1952, p. 1 ; Philip (L.), La valeur juridique du Préambule de la Constitution de 1946 selon la jurisprudence du Conseil constitutionnel, *Mél. R. Pelloux*, L'Hermès, 1980, p. 265 et s. ; Prétot (X.), Les bases constitutionnelles du droit social, *Droit social*, 1991, p. 187 et s. ; Rivero (J.), Les principes fondamentaux reconnus par les lois de la République, une nouvelle catégorie constitutionnelle ?, *D*, 1972, chron., p. 265 et s. ; Rivero (J.) et Vedel (G.), Les problèmes économiques et sociaux de la Constitution du 27 octobre 1946, coll. « Droit social », n° 31, 1947, reproduit in *Pages de doctrine*, LGDJ, 1980 ; Terneyre (P.), Droit constitutionnel social. Inventaire en guise d'ouverture, *RFDC*, n° 2, 1990, p. 339 et s. ; id., Le Conseil d'État et la valeur juridique des droits sociaux proclamés dans le Préambule de la Constitution du 27 octobre 1946, *RFDC*, n° 6, 1991, p. 322 et s. ; id., La Constitution devant le progrès économique et social, *LPA*, n° 155, 27 décembre 1991, p. 4 et s. ; La Cour de cassation et le Préambule de 1946, in *La Cour de cassation et la Constitution de la République*, colloque des 9 et 10 décembre 1994, PUAM, 1995, avec les contributions de : Teyssié (B.) et Kuhnmunch (O.), Les principes constitutionnels du droit du travail ; Colcombet (F.), Les principes constitutionnels du droit de la famille ; Choucroy (C.), Les principes constitutionnels de la liberté de religion ; Rousseau (D.), Le Conseil constitutionnel et le Préambule de 1946, *Rev. adm.*, 1997, p. 160 et s. ; Verpeaux (M.), Les principes fondamentaux reconnus par les lois de la République ou les principes énoncés dans les lois de la République ?, *LPA*, n° 84, 14 juillet 1993, p. 9 et s. et n° 85, 16 juillet 1993, p. 6 et s. ;

Zarka (J.-C.), Les principes fondamentaux reconnus par les lois de La République, *La vie judiciaire*, 16 février 1997.

Sur la conciliation entre principes constitutionnels, la question de la hiérarchie entre les normes constitutionnelles, les objectifs de valeur constitutionnelle : Ass. internationale de méthodologie juridique, *Le recours aux objectifs de la loi dans son application*, Bruxelles, éd. Story Scientia, 1992 ; Auby (J.-B.), Le recours aux objectifs des textes dans leur application en droit public, *RDP*, 1988, p. 673 et s. ; Auby (J.-M.), *Mél. R. Pelloux*, 1980, préc. ; Faure (B.), Les objectifs de valeur constitutionnelle : une nouvelle catégorie constitutionnelle ? *RFDC*, n° 21, 1995, p. 47 et s. ; Drago (G.), La conciliation entre principes constitutionnels, *D*, 1991, chron., p. 265 et s. ; Genevois (B.), *Mél. G. Braibant*, 1996, préc. ; Terneyre (P.), Point de vue français sur la hiérarchie des droits fondamentaux, *Études de droit constitutionnel franco-portugais*, Économica-PUAM, 1992, p. 35 et s. ; Turpin (D.), Le traitement des antinomies des droits de l'homme par le Conseil constitutionnel, *Droits*, n° 2, 1985, p. 85 et s.

Sur la supraconstitutionnalité : *La supraconstitutionnalité*, 15e Journées juridiques franco-italiennes, Rennes, octobre 1993, *Journées de la Société de législation comparée*, *RIDC*, n° spécial, vol. 15, p. 313 avec les contributions de : Drago (G.), La supraconstitutionnalité. Présentation et problématique générale ; Baldassarre (A.), Aspects théoriques et historiques de la supraconstitutionnalité ; Troper (M.), La notion de principes supraconstitutionnels ; Luciani (M.), Supraconstitutionnalité et droit européen ; Dhommeaux (J.), Convention européenne des droits de l'homme et supraconstitutionnalité ; Delcourt (C.), Le Barbier (M.), Manson (F.-O.), Mehdi (R.), Droit communautaire et supraconstitutionnalité ; Caravita (B.), Principes suprêmes, principes supraconstitutionnels ou principes communs ? ; Zagrebelsky (G.), La supraconstitutionnalité en tant que présupposition historico-culturelle de la Constitution ; Favoreu (L.), Supraconstitutionnalité et jurisprudence de la juridiction constitutionnelle en droit privé et en droit public français. V. aussi le débat entre Favoreu (L.) et Vedel (G.) sur le thème : souveraineté et supraconstitutionnalité, *Pouvoirs*, n° 67, 1993, p. 71 et s. Autres articles : Arné (S.), Existe-t-il des normes supraconstitutionnelles ?, *RDP*, 1993, p. 459 et s. ; Gondouin (G.), Des mystères de la supra-constitutionnalité à la logique fédéraliste. Réflexions sur la jurisprudence du Conseil constitutionnel, *Mél. G. Peiser*, PUG, 1995, p. 295 et s. ; Mathieu (B.), La supra-constitutionnalité existe-t-elle ?, *LPA*, n° 29, 8 mars 1995, p. 12 et s. ; Jouanjan (O.), La forme républicaine du Gouvernement, norme supraconstitutionnelle ?, *in* Mathieu (B.) et Verpeaux (M.), *La République en droit français*, Économica, 1996, p. 267 et s. ; Rials (S.), Supraconstitutionnalité et systématicité du droit, *APD*, t. 31, 1986, p. 57 et s. ; Troper (M.), Le problème de l'interprétation et la théorie de la supralégalité constitutionnelle, *Mél. C. Eisenmann*, éd. Cujas, 1975, p. 133 et s.

Chapitre III

LES DIFFÉRENTS TYPES DE CONTRÔLE DES NORMES

Section 1
Le contrôle du respect des compétences législatives et réglementaires

La question du respect des compétences entre le pouvoir législatif et le pouvoir réglementaire a été considérée au début de la Ve République comme l'innovation majeure tant sur le plan de l'organisation des pouvoirs que sur le plan normatif, même si, sous la IVe République, une loi du 17 août 1948 ou encore une loi du 11 juillet 1953 prévoyaient déjà une répartition des compétences entre la loi et le règlement. Sa traduction dans les articles 34 et 37 de la Constitution en sont l'expression constitutionnelle. La création du Conseil constitutionnel traduisait dans les institutions le souhait de voir respectée cette répartition des compétences. Tirant de « l'esprit de la Constitution » la qualification « d'organe régulateur de l'activité normative des pouvoirs publics » (C. const., n° 62-20 DC, 6 nov. 1962, *Rec.*, 27 ; L. Favoreu, Le Conseil constitutionnel régulateur de l'activité normative des pouvoirs publics, *RDP*, 1967, p. 5), le Conseil constitutionnel a longtemps considéré que cette compétence constituait son attribution principale.

La réalité, à commencer par la jurisprudence même du Conseil, conduit aujourd'hui à modifier cette présentation. Le contrôle de constitutionnalité des lois, exercé principalement par l'article 61 de la Constitution, est devenu la compétence majeure du Conseil constitutionnel. Le contrôle de la répartition des compétences entre pouvoir législatif et pouvoir réglementaire est sans doute passé au second plan, mais on ne doit pas pour autant en sous-estimer l'importance. Cependant, il faut souligner qu'une jurisprudence du Conseil constitutionnel est venue fortement restreindre l'utilité du recours aux procédures des articles 37, alinéa 2 et 41 de la Constitution dans la mesure où il a indiqué que

« l'une et l'autre de ces procédures ont un caractère facultatif ; qu'il apparaît ainsi que, par les articles 34 et 37, alinéa 1er, la Constitution n'a pas entendu frapper d'inconstitutionnalité une disposition de nature réglementaire contenue dans une loi, mais a voulu, à côté du domaine réservé à la loi, reconnaître à l'autorité réglementaire un domaine propre et conférer au Gouvernement, par la mise en œuvre des procédures spécifiques des articles 37, alinéa 2 et 41, le pouvoir d'en assurer la protection contre d'éventuels empiétements de la loi » (C. const., n° 82-143 DC, 30 juillet 1982, *Rec.*, 57).

Du simple point de vue des procédures de contrôle de constitutionnalité, ce contrôle de la compétence ne pose pas de problème contentieux particulier. Seront cependant évoquées les questions relatives au champ d'application de ce contrôle dans la mesure où elles ont une incidence sur la procédure (sur la jurisprudence du Conseil constitutionnel relative à la répartition des compétences entre la loi et le règlement, v. Th. S. Renoux et M. de Villiers, *Code constitutionnel*, Litec, 1994, tableau p. 335 et s.). Ce contrôle s'exerce selon deux procédures constitutionnelles spécifiques prévues par les articles 37, alinéa 2 (§ 1) et 41 (§ 2) de la Constitution, procédures auxquelles il faut ajouter le contrôle de l'article 61 dans certaines conditions (§ 3).

I / La délégalisation (article 37, alinéa 2 de la Constitution)

Après avoir fixé dans l'article 34 le domaine de la loi, le constituant a déclaré dans l'article 37, alinéa 1er, que « les matières autres que celles qui sont du domaine de la loi ont un caractère réglementaire ».

Le deuxième alinéa de l'article 37 fixe la procédure dite de « délégalisation », c'est-à-dire la reconnaissance du caractère réglementaire d'une disposition d'une loi, à la demande du Gouvernement, en ces termes :

« Les textes de forme législative intervenus en ces matières peuvent être modifiés par décrets pris après avis du Conseil d'État. Ceux de ces textes qui interviendraient après l'entrée en vigueur de la présente Constitution ne pourront être modifiés par décret que si le Conseil constitutionnel a déclaré qu'ils ont un caractère réglementaire en vertu de l'alinéa précédent. »

L'article 37, alinéa 2, énonce deux règles. D'une part, il permet au Gouvernement de modifier directement par voie réglementaire les textes « de forme législative » pris avant l'entrée en vigueur de la Constitution du 4 octobre 1958 dans la mesure où ces textes entrent dans la compétence réglementaire déduite *a contrario* de l'article 34 de la Constitution. Dans cette situation c'est par un décret en Conseil d'État que cette délégalisation sera opérée. Le Conseil d'État exerce là une fonction de conseil du Gouvernement dans une matière constitutionnelle à propos de laquelle il se doit de porter attention à la jurisprudence du Conseil constitutionnel portant sur le même objet afin d'éviter toute contrariété.

D'autre part, la deuxième phrase de l'article 37, alinéa 2, énonce la procédure selon laquelle les textes de forme législative promulgués depuis l'entrée en vigueur de la Constitution de la Ve République peuvent être modifiés par le Gouvernement après une décision du Conseil constitutionnel déclarant qu'ils ont un caractère réglementaire.

Le sens d'un tel type de contrôle par le Conseil constitutionnel doit être souligné. Il ne s'agit pas d'un contrôle de constitutionnalité, au sens de contrôle de conformité de la loi à la Constitution, fondé sur la violation de l'un des droits fondamentaux à caractère constitutionnel. Le Conseil a lui-même rappelé que

« lorsqu'il est saisi dans les conditions prévues à l'article 37, alinéa 2, de la Constitution, il appartient seulement au Conseil constitutionnel d'apprécier si les dispositions qui lui sont soumises relèvent du domaine législatif ou du domaine réglementaire » (C. const., n° 95-177 L, 8 juin 1995, *Rec.*, 211).

Il faut aussi rappeler que le Conseil constitutionnel lui-même a réduit l'importance de la répartition des compétences entre le pouvoir législatif et le pouvoir réglementaire en faisant des procédures de défense du domaine réglementaire des procédures à caractère seulement facultatif (C. const., n° 82-143 DC, 30 juillet 1982, préc.). Le nombre de décisions rendues au titre de l'article 37, alinéa 2, est actuellement de près de 180.

Seront examinés le champ d'application de l'article 37, alinéa 2 (A), les relations entre le Conseil constitutionnel et le Conseil d'État dans cette procédure (B), la procédure même de l'article 37, alinéa 2 (C).

A | CHAMP D'APPLICATION DE LA PROCÉDURE DE DÉLÉGALISATION

La définition du champ d'application de la procédure de l'article 37, alinéa 2, revient à rechercher ce que signifie l'expression « textes de forme législative » employée par cet article. Si on comprend aisément que cela concerne les lois ordinaires votées dans les conditions prévues aux articles 39 et suivants de la Constitution, la jurisprudence du Conseil constitutionnel a eu une conception particulièrement extensive de la catégorie des « textes de forme législative ». Ainsi, dès sa première décision rendue selon la procédure de l'article 37, alinéa 2, le Conseil a inclus dans cette catégorie les ordonnances nécessaires à la mise en place des institutions de la Ve République prévues par l'article 92 de la Constitution (C. const., n° 59-1 L, 27 novembre 1959, *Rec.*, 67) suivi en cela par le Conseil d'État (CE, Ass., 13 juillet 1962, *Conseil national de l'Ordre des médecins*, *Rec.*, 479). De même toutes les catégories d'ordonnances peuvent faire l'objet d'une procédure de délégalisation, si elles ont été ratifiées par le législateur. Sont ainsi concernées les ordonnances prises en vertu d'une loi d'habilitation prévues par l'article 38 de la Constitution (C. const., n° 72-73 L, 29 février 1972, *Rec.*, 31 ; n° 72-74 L, 8 novembre 1972, *Rec.*, 34).

La question de la nature de la ratification a été analysée de façon assez large par le Conseil puisque celui-ci considère que cette ratification « peut résulter d'une manifestation de volonté implicitement mais clairement exprimée par le Parlement » (n° 72-73 L, préc.) ou encore que celle-ci peut « résulter d'une loi qui, sans avoir cette ratification pour objet direct, l'implique nécessairement » (n° 86-224 DC, 23 janvier 1987, *Rec.*, 8, § 24). Les textes réglementaires ayant fait l'objet d'une validation législative peuvent être soumis à la procédure de délégalisation (n° 85-140 L, 24 juillet 1985, *Rec.*, 113).

En ce qui concerne la qualification de « texte de forme législative » à appliquer, le Conseil a pu en tirer la conclusion que la « forme législative » était acquise à compter de la date de l'ordonnance même et non de celle de sa ratification (n° 66-36 L, 10 mars 1966, *Rec.*, 23).

Sont exclues de la procédure de délégalisation les mesures prises en vertu de l'article 16 de la Constitution, ainsi que les lois référendaires (n° 62-20 DC, 6 novembre 1962, *Rec.*, 27) mais les ordonnances ayant fait l'objet d'une ratification ultérieure peuvent l'être (n° 82-125 L, 23 juin 1982, *Rec.*, 101).

B | COMPARAISONS ENTRE LA POSITION DU CONSEIL CONSTITUTIONNEL ET CELLE DU CONSEIL D'ÉTAT EN MATIÈRE DE RÉPARTITION DES COMPÉTENCES LÉGISLATIVES ET RÉGLEMENTAIRES

D'une façon générale, la jurisprudence du Conseil d'État relative à la répartition des compétences législatives et réglementaires cherche à être en cohérence avec celle du Conseil constitutionnel (L. Fougère, L'application des articles 34 et 37 par le Conseil d'État, *in* L. Favoreu (dir.), *Le domaine de la loi et du règlement*, PUAM, 1978, p. 141 et s., spéc. p. 143). La prise en considération des décisions du Conseil constitutionnel par les formations administratives du Conseil d'État, pour autant qu'on puisse la connaître puisque ces avis sont destinés au Gouvernement et rarement publiés, est une réalité dont témoigne le rapport annuel du Conseil d'État (*EDCE*, 1987, p. 55 ; 1993, p. 136, p. 144 et s. ; 1994, p. 158, p. 163 et s.) et les membres du Conseil d'État (D. Labetoulle, Les méthodes de travail au Conseil d'État et au Conseil constitutionnel, in *Conseil constitutionnel et Conseil d'État*, LGDJ-Montchrestien, 1988, p. 266). Le Conseil d'État fait simplement remarquer par exemple dans l'un de ses rapports que l'équilibre entre les articles 34 et 37 est souvent rompu au profit du législateur (*EDCE*, 1993, p. 136).

La circulaire du 30 janvier 1997 relative aux règles d'élaboration, de signature et de publication des textes au *Journal officiel* et à la mise en œuvre de procédures particulières incombant au Premier ministre (*JO*, 1er février 1997, p. 1720) souligne les défauts du non-respect strict de cette répartition des compétences en amont, c'est-à-dire lors de la préparation du projet de loi :

> « Au surplus, la présence de dispositions réglementaires dans une loi est source de rigidité inutile. Leur modification imposera en effet de ressaisir le Parlement, sauf à utiliser la procédure, elle-même assez lourde, du déclassement par le Conseil constitutionnel. Il y a donc lieu de suivre l'avis du Conseil d'État lorsque celui-ci écarte d'un projet une disposition de nature réglementaire » (§ 2.1.1.2).

On remarque ici une conception particulièrement impérative du respect des domaines de compétence législative et réglementaire, largement orienté par le Conseil d'État dans sa fonction administrative, pour ne pas dire une certaine réticence à recourir à la procédure de l'article 37, alinéa 2 de la Constitution, c'est-à-dire à faire appel au Conseil constitutionnel. Faut-il y voir le souhait de la Haute juridiction administrative de conserver pleinement sa fonction de conseil du Gouvernement, y compris dans la délimitation des domaines de la loi et du règlement, le renvoi au Conseil constitutionnel n'étant fait qu'en ultime recours, ce que confirmerait la position du Gouvernement en matière de codification (v. *infra*, la circulaire du 30 mai 1996) ?

En tout état de cause, les cas de divergence entre le Conseil constitutionnel et le Conseil d'État restent limités, l'harmonie étant plutôt recherchée par les deux institutions (L. Favoreu, Rapport introductif, in *Le domaine de la loi et du règlement*, préc., p. 32).

C | RÔLE DE LA COMMISSION SUPÉRIEURE DE CODIFICATION EN MATIÈRE DE DÉLÉGALISATION

Le développement récent de la codification fait resurgir les problèmes de répartition des compétences législatives et réglementaires que les codifications des années précédentes avaient déjà mises en lumière (B. Genevois, *La jurisprudence du Conseil constitutionnel. Principes directeurs*, éd. STH, 1988, p. 82 ; M. Guillaume, L'influence des articles 34 et 37 sur le travail législatif et réglementaire, *Le domaine de la loi et du règlement*, préc., p. 189).

L'amplification du processus de codification devrait entraîner une utilisation renouvelée de la procédure de délégalisation, dans la mesure où la codification permet une refonte de lois disparates par une redistribution entre une partie législative et une partie réglementaire des codes. A cette occasion, des demandes de déclassement sont formulées (n° 94-176 L, 10 mars 1994, *Rec.*, 67). La Commission supérieure de codification a pu indiquer selon quels critères elle suscitait ces délégalisations :

> « cette technique n'a fait l'objet que d'une utilisation modérée dans le double souci de ne pas porter par trop atteinte à des législations homogènes et de ne pas revenir sur des choix opérés par le législateur dans la période récente. Elle est fréquemment utilisée pour la désignation des autorités titulaires du pouvoir réglementaire et la fixation des montants financiers lorsque le principe d'une mesure est fixée par le législateur » (*Cinquième Rapport annuel de la Commission supérieure de codification*, 1994, Direction des Journaux officiels, p. 7).

La circulaire du Premier ministre du 30 mai 1996 (*JO*, 5 juin 1996, p. 8263) relative à la codification des textes législatifs et réglementaires fixe des principes d'intervention du législateur destinés à faciliter les délégalisations en les intégrant au processus de codification :

« Le principe de la codification à droit constant n'interdit pas, à titre exceptionnel, lorsqu'ils sont indispensables, les déclassements de dispositions législatives ou reclassements de dispositions réglementaires. Pour le reclassement en partie législative, la loi de codification suffira. Il en va autrement des déclassements en partie réglementaire de dispositions inscrites dans la loi. Jusqu'en 1989, la codification par voie réglementaire imposait de procéder au déclassement par le seul moyen de l'article 37-2 de la Constitution qui comporte un examen du Conseil constitutionnel pour les textes postérieurs à la Constitution de 1958. Depuis que les parties législatives sont soumises à l'approbation du Parlement, il est également possible de confier aux lois qui les adoptent le soin d'abroger elles-mêmes les textes à déclasser avec effet à la publication de la partie réglementaire du code, ce qui permet de les reprendre directement dans celles-ci » (§ 2.1.4, *Déclassements et reclassements*).

Là encore, on remarque une certaine réticence des autorités gouvernementales à utiliser la procédure de délégalisation et donc à recourir au Conseil constitutionnel (v. les réflexions en ce sens du vice-président de la Commission supérieure de codification G. Braibant, *LPA*, n° 140, 21 novembre 1997, p. 5 et s.). Le processus de codification remplace ainsi la délégalisation, ce qui est contraire tant à la lettre qu'à l'esprit de l'article 37 de la Constitution (v. C. Crisnaire, *Délégalisation et codification*, mémoire DEA, Rennes I, 1998).

D | PROCÉDURE DE DÉLÉGALISATION

La Constitution ne fixe pas les règles de la procédure de délégalisation. Seuls les articles 24 à 26 de l'ordonnance n° 58-1067 du 7 novembre 1958 portant loi organique relative au Conseil constitutionnel énoncent quelques règles de procédure. Selon l'article 24, le Conseil est saisi par le Premier ministre, ce qui exclut toute saisine par un ministre à son initiative (F. Luchaire, *Le Conseil constitutionnel*, Économica, 2e éd., 1997, t. 1, p. 262). C'est donc le Secrétariat général du Gouvernement qui draine l'ensemble des demandes de délégalisation. On ne peut parler de débat contradictoire sur le caractère réglementaire ou non de la disposition dont est saisi le Conseil, puisque les assemblées parlementaires peuvent ne pas même savoir qu'une loi est en cours de délégalisation (J. Foyer, L'application des articles 34 et 37 par l'Assemblée nationale, in *Le domaine de la loi et du règlement*, préc., p. 121 ; F. Luchaire, *op. cit.*, p. 262). La raison est que « la saisine pose une question de droit à l'état pur, détachée de toute situation conflictuelle, et dont la solution n'est liée à aucun contexte particulier » (D. Labetoulle, rapport préc., p. 259). Le président du Conseil constitutionnel a pu déclarer lui-même que la mission du Conseil, dans le cadre de l'article 37, est « de procéder, en dehors de tout différend sur la compétence respective des deux pouvoirs [législatif et réglementaire], à un examen purement objectif du cas qui lui est soumis et de déterminer le caractère qu'il convient de reconnaître au texte qui a fait l'objet de cet examen » (cité par J. Foyer, intervention préc., p. 121).

Le Premier ministre n'est tenu par aucun délai pour saisir le Conseil constitutionnel. Celui-ci peut donc être amené à se prononcer sur un texte récent ou remontant au début de la Ve République.

Selon l'article 25 de l'ordonnance de 1958, le Conseil constitutionnel doit se prononcer dans un délai d'un mois, ce délai étant réduit à huit jours quand le Gouvernement déclare l'urgence.

Le président du Conseil constitutionnel désigne un rapporteur qui instruit l'affaire librement. Il reçoit du Secrétariat général du Gouvernement un mémoire présentant les motifs de la demande de délégalisation. Le plus souvent, le Gouvernement fait connaître au Conseil constitutionnel le contenu du décret qui pourrait faire suite à la décision de délégalisation du Conseil, ce qui peut permettre à ce dernier de prévenir tout empiétement futur du texte réglementaire sur le domaine législatif (F. Luchaire, *Le Conseil constitutionnel*, *op. cit.*, p. 263).

La décision du Conseil constate,

« par une déclaration motivée, le caractère législatif ou réglementaire des dispositions qui lui ont été soumises » (ord. du 7 novembre 1958, art. 26).

Elle indique clairement dans le dispositif les parties du texte de loi qui ont un caractère réglementaire et qui peuvent dès lors donner lieu à une modification par voie réglementaire. On peut classer les décisions de délégalisation dans les cas de contrôle *a posteriori*. En définitive, la décision de délégalisation conduit à déclasser une *matière*, c'est-à-dire un domaine, dont la traduction est la décision du Conseil concernant un *texte*. A titre d'illustration, on signalera la décision relative à l'article 2 de la loi du 6 février 1992 relative à l'administration territoriale de la République (C. const., n° 97-180 L, 21 janvier 1997, *Rec.*, 29) qui fait basculer dans le domaine réglementaire les principes de la déconcentration administrative, décision passée inaperçue et dont les effets pratiques sont considérables, ce qui montre l'importance du processus de délégalisation sur l'action gouvernementale.

La décision du Conseil constitutionnel a autorité de chose jugée, tant en ce qui concerne le dispositif que les motifs qui en sont le soutien nécessaire (n° 62-18 L, 16 janvier 1962, *Rec.*, 31). Il s'ensuit qu'une demande ultérieure portant sur des dispositions sur lesquelles le Conseil s'est déjà prononcé est considérée comme sans objet (n° 79-109 L, 13 septembre 1979, *Rec.*, 47 ; cf. n° 69-56 L, 9 juillet 1969, *Rec.*, 31). Sur le plan procédural, la décision est notifiée au Premier ministre. Les textes n'indiquent pas dans quel délai la décision doit être publiée, mais en pratique, la publication est faite au *Journal officiel* dans les jours qui suivent la date de la décision.

E | EFFETS DE LA DÉLÉGALISATION SUR LES TEXTES RÉGLEMENTAIRES

Il est difficile de mesurer précisément les suites des décisions de délégalisation. Cela tient aux raisons qui ont conduit le Gouvernement à solliciter une décision du Conseil constitutionnel. Parfois, il peut s'agir pour le Gouvernement de « tester » le Conseil sur le caractère législatif ou réglementaire de telle disposition contenue dans une loi. N'est-ce pas le cas par exemple pour les dispositions de l'ordonnance du 2 novembre 1945 relatives aux conditions d'entrée et de séjour des étrangers en France qui déterminent les autorités compétentes dans certaines procédures relevant de cette ordonnance et qui a conduit le Conseil à leur reconnaître un caractère réglementaire, facilitant ainsi leur modification (C. const., n° 96-179 L, 14 octobre 1996, *Rec.*, 115) ? Selon le résultat de la décision du Conseil, la modification sera introduite avec plus ou moins de caractère politique, selon qu'elle est législative ou réglementaire. Dans d'autres cas, il s'agit de motifs techniques, tenant par exemple au processus de codification (v. *supra*). En tout état de cause, il est aujourd'hui difficile d'évaluer les effets des décisions de délégalisation. Les seuls effets réellement repérables apparaissent soit dans la jurisprudence du Conseil d'État, vérifiant le respect des domaines législatif et réglementaire au contentieux, soit dans les avis des formations administratives du Conseil d'État pour autant qu'on en connaisse la teneur.

II / La fin de non-recevoir (article 41 de la Constitution)

La procédure de l'article 41 de la Constitution est l'une des autres procédures destinées à faire respecter le domaine de la loi et du règlement. Selon cet article,

> « s'il apparaît au cours de la procédure législative qu'une proposition ou un amendement n'est pas du domaine de la loi ou est contraire à une délégation accordée en vertu de l'article 38, le Gouvernement peut opposer l'irrecevabilité.
>
> En cas de désaccord entre le Gouvernement et le président de l'assemblée intéressée, le Conseil constitutionnel, à la demande de l'un ou de l'autre, statue dans un délai de huit jours ».

Il faut ajouter au texte de la Constitution celui des articles 27 à 29 de l'ordonnance du 7 novembre 1958, et ceux des Règlements des assemblées parlementaires (*Règl. AN*, art. 93 ; *Règl. Sénat*, art. 45, al. 5 et 6).

Cette procédure a pour objet de faire trancher un conflit entre le Gouvernement et le Parlement au cours même de la procédure parlementaire. C'est en ce sens qu'un auteur qualifie ce contrôle de « contrôle de la loi proposée » (F. Luchaire, *op. cit.*, p. 253 et s.). Mais il s'agit bien là de « l'exercice par le Conseil constitutionnel d'une juridiction contentieuse » (M. de Villiers et Th. S. Renoux, *Code constitutionnel*, préc., p. 1035).

Seront présentés d'une part le champ d'application du contrôle (A), d'autre part la procédure (B).

A | CHAMP D'APPLICATION DES FINS DE NON-RECEVOIR

On a parfois pu se demander quel était le sens de ce contrôle qualifié par l'ordonnance du 7 novembre 1958 « d'examen des fins de non-recevoir », dans la mesure où certaines décisions pouvaient faire penser que cette procédure permettait non seulement de faire respecter les domaines législatif et réglementaire mais aussi les domaines législatif et constituant (n° 61-4 FNR, 18 octobre 1961, *Rec.*, 50 ; n° 66-7 FNR, 21 décembre 1966, *Rec.*, 37). Le Conseil constitutionnel a, dans une décision rendue dans le cadre de l'article 41, levé toute ambiguïté sur la fonction de ce contrôle en déclarant que

« il résulte du rapprochement de ces dispositions [les articles 37, 41 et 61 de la Constitution] que, lorsqu'il est saisi, en application de l'article 41 de la Constitution, d'une proposition ou d'un amendement auquel le Gouvernement a opposé l'irrecevabilité prévue audit article, le Conseil constitutionnel ne peut statuer que sur la seule question de savoir si ladite proposition ou ledit amendement est du domaine de la loi ou a un caractère réglementaire ; qu'il ne saurait donc, à aucun titre, se prononcer sur la conformité de ces textes à la Constitution, conformité qui ne pourrait faire l'objet de son appréciation que s'il en était saisi dans les conditions prévues à l'article 61 de la Constitution » (nº 79-10 FNR, 26 avril 1979, *Rec.*, 55).

L'objet du contrôle est donc le seul contrôle de la répartition des compétences entre le pouvoir législatif et le pouvoir réglementaire mais il permet de défendre tant le domaine législatif — par exemple si une proposition de loi souhaite reprendre un texte réglementaire soit pour en modifier le contenu soit pour l'abroger (nº 59-1 FNR, 27 nov. 1959, *Rec.*, 71) — que le domaine réglementaire, pour la défense duquel la procédure de l'article 41 a principalement été utilisée.

En pratique, si on ne dénombre que onze décisions rendues au titre de cette procédure (v. liste, *GDCC*, 9e éd., p. 79), une étude exhaustive du recours à l'article 41 a montré que c'est plus de deux cents fois que cette procédure a été utilisée sans que cela aboutisse nécessairement à une décision du Conseil constitutionnel (E. Oliva, *L'article 41 de la Constitution du 4 octobre 1958. Initiative législative et Constitution*, Économica-PUAM, 1997). Il ne faut donc pas dire que cette procédure est aujourd'hui tombée en désuétude, elle n'est simplement pas menée jusqu'à son terme, c'est-à-dire jusqu'à la saisine du Conseil constitutionnel. En réalité, l'absence d'aboutissement de la procédure de l'article 41 tient plus à ce qu'on appelle le fait majoritaire, c'est-à-dire la cohérence des majorités gouvernementales et parlementaires, ce qui conduit le Gouvernement à accepter plus facilement des violations de frontière entre les compétences législatives et réglementaires (D. Turpin, *Contentieux constitutionnel*, 2e éd. PUF, 1994, p. 365). Il faut y ajouter la jurisprudence du Conseil dite *Blocage des prix et des revenus* de 1982 qui ne condamne pas expressément les empiétements du législateur sur le domaine réglementaire, considérant que les procédures des articles 41 et 37, alinéa 2, ont un caractère facultatif et donc que « la Constitution n'a pas entendu frapper d'inconstitutionnalité une disposition de nature réglementaire contenue dans une loi » (nº 82-143 DC, 30 juillet 1982, préc.).

La procédure de l'article 41 est donc une procédure facultative à l'initiative du seul Gouvernement. Le fait de ne pas opposer cette irrecevabilité n'est donc pas une cause d'inconstitutionnalité (nº 86-224 DC, 23 janvier 1987, préc., § 14). Elle concerne les seuls amendements parlementaires ou les propositions de lois (C. const., 14 septembre 1961, *Rec.*, 55). En ce qui concerne les amendements, le Conseil ne peut être saisi de la conformité de la procédure restreignant le droit d'amendement en application de l'article 41 que si la question de la recevabilité de celui-ci a été soulevée devant l'assemblée parlementaire concernée (nº 93-329 DC, 13 janvier 1994, *Rec.*, 9, § 18).

Il revient donc au Parlement de traiter d'abord cette question d'irrecevabilité au regard de l'article 41 avant de la faire éventuellement trancher, en cas de désaccord, par le Conseil constitutionnel. Cette procédure demeure donc d'esprit parlementaire.

B | PROCÉDURE D'EXAMEN DES FINS DE NON-RECEVOIR

La procédure se déroule en trois temps. L'irrecevabilité doit d'abord être soulevée par le seul Gouvernement, à son initiative. Cette procédure « de conception potestative » (J.-L. Pezant, Les dispositions instituant un système de délimitation des compétences législatives et réglementaires, in *L'écriture de la Constitution de 1958*, Économica-PUAM, 1992, p. 563) nécessite une intervention explicite du Gouvernement. Les irrecevabilités soulevées par les parlementaires ne relèvent pas de l'article 41 et ont en général une autre cause qui est une inconstitutionnalité de fond et non pas seulement procédurale (*Règl. AN*, art. 91, al. 4, *Règl. Sénat*, art. 44, al. 1). L'irrecevabilité soulevée par le Gouvernement peut l'être à tout moment de la discussion, même après l'acceptation de sous-amendements (nº 61-4 FNR, 18 oct. 1961, *Rec.*, 50), mais pas après l'adoption du texte en première lecture qui n'est plus alors un amendement ou une proposition au sens de l'article 41.

Le deuxième temps revient au président de l'assemblée parlementaire devant laquelle le Gouvernement a soulevé l'irrecevabilité. Il s'agit bien d'une prérogative du président en titre de l'assemblée car si l'irrecevabilité est soulevée alors que la séance est présidée par un vice-président, ce dernier doit suspendre la séance afin que le président puisse lui-même statuer (*Règl. AN*, art. 93, al. 3). Le président peut consulter le bureau de l'Assemblée (*Règl. AN*, art. 93, al. 1er). Si le président de l'Assemblée confirme l'irrecevabilité, celle-ci est d'application immédiate et l'amendement ou la proposition ne peuvent plus être discutés. Si le président estime que le texte ne contrevient pas à la répartition des compétences législative et réglementaire, son désaccord avec le Gouvernement provoque la suspension immédiate de la discussion (ord. du 7 nov. 1958, art. 27) et la saisine du Conseil constitutionnel, soit par le président de l'assemblée, soit par le Premier ministre (art. 41, al. 2 de la Constitution ; *Règl. AN*, art. 93, al. 4 ; *Règl. Sénat*, art. 45, al. 6 ; cf. n° 62-18 DC, 10 juillet 1962, *Rec.*, 17). L'autorité qui saisit le Conseil doit en aviser l'autre autorité qui a aussi compétence pour saisir le Conseil en vertu de l'article 41 (ord. 1958, art. 27, al. 2). En réalité, seuls les présidents des assemblées parlementaires ont exercé cette saisine, ce qui est logique puisque ce sont eux qui contestent cette irrecevabilité. Sur les onze saisines du Conseil, celle-ci a été exercée sept fois par le président du Sénat et quatre fois par le président de l'Assemblée nationale. Un débat contradictoire peut exister sous forme d'observations écrites (F. Luchaire, *op. cit.*, p. 255).

Dans un troisième temps, le Conseil constitutionnel statue dans le délai de huit jours par une déclaration motivée (Const. 1958, art. 41, al. 2 ; ord. du 7 novembre 1958, art. 28). Cette décision est notifiée au président de l'assemblée intéressée et au Premier ministre (ord. 1958, art. 29). Elle est publiée au *Journal officiel*.

La décision confirme ou infirme le caractère irrecevable de la proposition ou de l'amendement. Dans le premier cas, la discussion ne peut reprendre sur ce texte. Dans le second cas, la discussion peut reprendre normalement.

Enfin, selon l'article 62 de la Constitution, la décision du Conseil constitutionnel possède la même autorité à l'égard de tous les pouvoirs publics que les décisions rendues selon les autres chefs de compétence du Conseil.

III / L'incompétence négative (article 61 de la Constitution)

La procédure de l'article 61 de la Constitution a aujourd'hui pour objet principal la défense des droits fondamentaux énoncés dans le bloc de constitutionnalité. Mais la défense de la Constitution passe aussi par le respect des compétences du Parlement et du Gouvernement. A ce titre, les articles 37, alinéa 2, et 41 de la Constitution ne sont pas les seuls articles relatifs à cette répartition des compétences. Il faut également citer l'article 21 qui confie au Premier ministre l'exercice du pouvoir réglementaire sous réserve des compétences dévolues au président de la République par l'article 13.

La jurisprudence du Conseil constitutionnel permet maintenant de savoir dans quelles limites le contrôle de constitutionnalité exercé en vertu de l'article 61 de la Constitution permet de faire respecter les compétences législatives et réglementaires.

D'abord, le Conseil a bien marqué que la procédure de l'article 61 ne pouvait, à elle seule, servir à faire respecter ces deux domaines, parce que la Constitution a justement prévu à cette fin les procédures spécifiques des articles 37, alinéa 2, et 41 (n° 82-143 DC, 30 juillet 1982, préc.). Ainsi toute saisine faite en vertu de l'article 61 et tendant à se prévaloir de ce que le législateur est intervenu dans le domaine réglementaire pour soutenir que la disposition ainsi critiquée serait contraire à la Constitution est ici inopérante (n° 82-143 DC, préc. ; n° 82-163 DC, 19 juillet 1983, *Rec.*, 49 ; n° 83-167 DC, 19 janvier 1984, *Rec.*, 23), alors qu'on avait pu croire dans un premier temps que cet argument pouvait être présenté dans le cadre du contrôle de l'article 61 (n° 60-8 DC, 11 août 1960, *Rec.*, 25).

Ensuite, la jurisprudence du Conseil a permis de préserver la compétence du pouvoir législatif en protégeant le domaine défini par l'article 34 de la Constitution des abandons que le législateur pouvait consentir au profit du pouvoir réglementaire. Cette jurisprudence dite de « l'incompétence négative » (F. Priet, L'incompétence négative du législateur, *RFDC*, 1994, p. 59 ; G. Schmitter, *L'incompétence négative dans la jurisprudence du Conseil constitutionnel*, mémoire DEA, Aix-Marseille III, 1989 ; id., L'incompétence négative du législateur et des autorités administratives, *AIJC*, 1989, p. 137), qui conduit à sanctionner pour inconstitutionnalité la violation par le législateur de sa propre compétence a été énoncée pour la première fois à propos du contrôle de lois organiques (n° 67-31 DC, 26 janvier 1967, *Rec.*, 19). Appliquée ensuite très largement au contrôle des lois ordinaires, elle conduit à préserver la compétence du législateur dans différentes situations. Ainsi, le législateur ne saurait s'autolimiter c'est-à-dire restreindre sa compétence en s'interdisant de modifier une loi (n° 83-160 DC, 19 juillet 1983, *Rec.*, 43 ; n° 83-164 DC, 29 décembre 1983, *Rec.*, 67), ou de compléter ou abroger des dispositions législatives pourvu qu'il ne prive pas de garanties légales des principes à valeur constitutionnelle (n° 94-348 DC, 3 août 1994, *Rec.*, 117 ; cf. n° 84-185 DC, 18 janvier 1985, *Rec.*, 36). Les cas de sanction pour inconstitutionnalité totale de la loi demeurent rares (n° 93-322 DC, 28 juillet 1993, *Rec.*, 204) mais les déclarations d'inconstitutionnalité partielle de dispositions législatives constituent une part importante de la jurisprudence du Conseil, dans les domaines les plus variés (v. *Conseil constitutionnel, Tables 1958-1988*, p. 84 et s. ; *Tables 1989-1993*, p. 70 et s.).

Plus généralement, la jurisprudence de l'incompétence négative s'inscrit dans une logique de préservation des compétences du pouvoir législatif qui tend à réserver un domaine précis, un champ de compétence du législateur et à sanctionner par la voie juridictionnelle tout abandon de compétence par celui-ci ou toute immixtion du pouvoir réglementaire dans le domaine législatif. C'est ce qu'on appelle la « réserve de loi » (sur cette notion v. surtout J. Trémeau, *La réserve de loi. Compétence législative et Constitution*, Économica-PUAM, 1997).

Il faut évoquer cependant une jurisprudence plus nuancée dans les pouvoirs qui peuvent être conférés par la loi à certaines autorités administratives, en particulier celles qualifiées « autorités administratives indépendantes ». Dans un premier temps, la jurisprudence avait accepté une dérogation assez générale au principe de compétence du pouvoir réglementaire au profit de ces autorités afin de leur permettre de fixer des normes générales d'application de la loi fixant leur compétence propre (n° 86-217 DC, 18 septembre 1986, *Rec.*, 141 ; n° 88-248 DC, 17 janvier 1989, *Rec.*, 18). Dans un second temps, le Conseil constitutionnel a considéré que cette habilitation ne devait concerner que des mesures de portée limitée tant par leur champ d'application que par leur contenu (n° 89-260 DC, 28 juillet 1989, *Rec.*, 71 ; n° 89-269 DC, 22 janvier 1990, *Rec.*, 33).

Dans tous les cas, la procédure applicable pour ce contrôle est celle prévue pour le contrôle des lois organiques et ordinaires (v. *infra*).

IV / La signification du contrôle des compétences législatives et réglementaires

La signification du contrôle de la compétence législative et de la compétence réglementaire doit être recherchée dans une conception matérielle du domaine de la loi. Ce contrôle est bien conforme en tout cas à l'esprit initial de la Ve République et au rôle dévolu au Conseil constitutionnel dans l'esprit des rédacteurs de la Constitution. Mais on doit remarquer que l'utilisation des procédures de l'article 37, alinéa 2 et de l'article 41 de la Constitution ne donnent plus aujourd'hui toute la mesure qu'en espéraient les auteurs de la Constitution. Certes, comme on l'a vu, elles sont encore utilisées, mais sans grande conviction constitutionnelle, si l'on ose dire. C'est aussi que, dans ces deux procédures, le Gouvernement est la partie active, qui a l'initiative, alors que le Parlement représente plutôt la partie passive, qui subit cette procédure plus qu'il n'en est l'initiateur. Le fait par exemple que la procédure de l'article 41 n'aille plus jusqu'au conflit Parlement-Gouvernement en est un signe.

Ce qui frappe surtout est le développement important du contrôle de l'incompétence négative qui tend à préserver, contre toute attente initiale des auteurs de la Constitution, le domaine législatif des tentations du pouvoir réglementaire, comme des tentations d'abandon par le pouvoir législatif lui-même. En définitive, ces procédures permettent de rétablir un équilibre normatif entre le pouvoir législatif et le pouvoir réglementaire, c'est-à-dire à rééquilibrer les pouvoirs dans la Constitution. On ne saurait s'en plaindre.

SECTION 2
Le contrôle des actes des assemblées parlementaires

Le contrôle des actes des assemblées parlementaires regroupe des actes parlementaires bien différents. Il s'agit d'abord du contrôle des Règlements des assemblées parlementaires (I), ensuite du contrôle des lois organiques (II) et des lois ordinaires (III), ce type étant ici cité seulement pour mémoire puisqu'il fait l'objet d'un chapitre spécifique (v. *infra*, chap. IV, Le contrôle de la constitutionnalité des lois). Enfin, la question se pose aujourd'hui du contrôle des lois constitutionnelles (IV).

I / Le contrôle des règlements des assemblées parlementaires

A | OBJET DU CONTRÔLE

Le contrôle de la constitutionnalité des Règlements des assemblées parlementaires est inscrit dans la Constitution, à l'alinéa premier de l'article 61 qui dispose que

« les Règlements des assemblées parlementaires, avant leur mise en application, doivent être soumis au Conseil constitutionnel, qui se prononce sur leur conformité à la Constitution ».

Ce contrôle, introduit en 1958, a longtemps été considéré comme portant atteinte à l'autonomie des assemblées parlementaires, voire même à la séparation des pouvoirs. La justification d'un tel contrôle a été exposée en 1959 par Michel Debré :

« Tout ce qui intéresse la procédure législative, tout ce qui intéresse les rapports des assemblées entre elles, tout ce qui intéresse les rapports de l'Assemblée et du Gouvernement constitue des dispositions qui dépassent le caractère réglementaire au sens strict : elles sont d'inspiration constitutionnelle, elles touchent au mécanisme des institutions » (cité par P. Avril et J. Gicquel, *Droit parlementaire*, Montchrestien, 2e éd., 1996, p. 9).

Cette conception explique sans doute que de nombreuses règles de procédure que l'on trouvait habituellement dans les Règlements des assemblées parlementaires se trouvent incluses dans la Constitution de 1958, notamment dans les titres IV et V, échappant donc à la souveraineté de chacune des assemblées et correspondant à une véritable « constitutionnalisation des règles de procédure » (D. Turpin, *Droit constitutionnel*, 2e éd., PUF, 1994, p. 423).

C'est aussi ce « saut de qualité normatif » qui justifie qu'un contrôle de constitutionnalité soit exercé par le Conseil constitutionnel sur ce qui demeure formellement en tant que Règlement des assemblées. Le Conseil a d'ailleurs tranché clairement la question de la valeur normative des Règlements des assemblées en leur déniant valeur constitutionnelle (n° 78-97 DC, 27 juillet 1978, *Rec.*, 31). On est donc en présence d'un véritable et plein contrôle de constitutionnalité, même s'il s'exerce dans le domaine de la procédure et des règles de fonctionnement interne des assemblées. Pour qualifier ce contrôle on dira, avec un auteur, que c'est un contrôle « systématique, préventif et motivé » (C.-L. Vier, Le contrôle du Conseil constitutionnel sur les Règlements des assemblées, *RDP*, 1972, p. 165).

Le contrôle porte sur les Règlements de l'Assemblée nationale et du Sénat. Par une décision de 1963 (n° 63-24 DC, 20 déc. 1963, *Rec.*, 16), le Conseil constitutionnel s'est reconnu compétent pour contrôler la constitutionnalité du Règlement du Congrès, ce qui correspond à une interprétation large de sa compétence, la Constitution évoquant « les Règlements des assemblées » et l'ordonnance organique ne parlant que du Règlement de « l'une ou l'autre assemblée ». En revanche, demeurent exclues du contrôle les règles d'organisation du Conseil économique et social.

Celles du Sénat de la Communauté, prévu par les articles 80 et 83 de la Constitution, n'ont pas fait l'objet de contrôle, cette assemblée n'ayant jamais été constituée et le titre XII de la Constitution n'ayant jamais reçu d'application. La loi constitutionnelle n° 95-880 du 4 août 1995 a d'ailleurs abrogé ces dispositions.

Le contrôle porte uniquement sur les *Règlements*, au sens étroit du terme, c'est-à-dire ce qui s'analyse comme « une résolution votée par la seule assemblée concernée et qui regroupe l'ensemble des prescriptions relatives à l'organisation de ses travaux, à la composition de ses organes, à leurs attributions » (V° Règlement des assemblées, *Dictionnaire constitutionnel*, PUF, 1992). Sont donc exclues du contrôle les autres mesures ou décisions internes des assemblées, comme par exemple l'Instruction générale du Bureau de l'Assemblée nationale.

Le contrôle porte autant sur le Règlement initial que sur ses modifications, même mineures (ord. du 7 novembre 1958, art. 17, al. 2).

B | PROCÉDURE

L'article 17, alinéa 2, de l'ordonnance du 7 novembre 1958 précise quelle est l'autorité qui doit saisir le Conseil :

« Les Règlements et les modifications aux Règlements adoptés par l'une ou l'autre assemblée sont transmis au Conseil constitutionnel par le président de l'assemblée. »

La saisine n'est donc pas automatique, elle nécessite un acte de transmission du président de l'assemblée mais si « celui-ci ne peut s'abstenir de le faire, il a quand même un certain pouvoir discrétionnaire quant au moment choisi pour déclencher le contrôle » (*GDCC*, 9e éd., p. 41). En tout état de cause, la saisine doit être rapide car tout retard dans l'exercice de celle-ci se répercute sur la mise en application du Règlement.

L'article 61 de la Constitution précise bien que le Règlement ou sa modification sont soumis « avant leur mise en application » au Conseil constitutionnel « qui se prononce sur leur conformité à la Constitution ». Il s'agit donc d'un contrôle préventif, *a priori*, et d'un contrôle vérifiant la conformité du Règlement à la Constitution, sans restriction. Le Conseil ne se reconnaît pas compétent pour donner un avis préalable sur des modifications éventuelles des Règlements des assemblées parlementaires (C. const., 16 avril 1986, *Rec.*, 41).

La jurisprudence du Conseil est venue préciser que le Règlement qui lui est soumis doit avoir été voté dans sa version définitive. Ainsi, saisi d'une résolution portant sur une partie du Règlement initial de l'Assemblée nationale, avant son vote définitif, le Conseil a rendu une décision de non-lieu à statuer, considérant que

> « eu égard aux termes de l'article 61 susvisé de la Constitution, il n'y a pas lieu pour lui de se prononcer sur la conformité à la Constitution de ladite résolution, indépendamment de l'ensemble des dispositions du Règlement définitif de l'Assemblée nationale » (n° 59-1 DC, 14 mai 1959, *Rec.*, 1958-1959, p. 57).

Selon l'article 61, alinéa 3 de la Constitution, le Conseil doit rendre sa décision dans le délai d'un mois. En cas d'urgence, et à la demande du Gouvernement, ce délai peut être ramené à huit jours. En réalité, le Gouvernement n'intervient pas dans cette procédure et n'a donc, en principe, aucune raison ni de demander au Conseil de statuer en urgence ni de présenter un mémoire devant lui comme cela se pratique pour le contentieux des lois, mais rien, en droit, ne l'interdit.

L'appréciation de la conformité à la Constitution est faite sur le rapport d'un conseiller désigné par le président du Conseil constitutionnel (ord. 7 novembre 1958, art. 19). La décision rendue par le Conseil est motivée et publiée au *Journal officiel* (art. 20).

La conformité à la Constitution des Règlements des assemblées parlementaires s'apprécie tant au regard de la Constitution que des lois organiques prévues par elle ainsi que des mesures législatives nécessaires à la mise en place des institutions prévues par l'article 92 de la Constitution. En particulier, entre dans cette catégorie l'ordonnance n° 58-1100 du 17 novembre 1958 relative au fonctionnement des assemblées parlementaires (n° 66-28 DC, 8 juillet 1966, *Rec.*, 15 ; n° 69-37 DC, 20 novembre 1969, *Rec.*, 15). Les modifications ou adjonctions apportées par la loi à ladite ordonnance, postérieurement au 4 février 1959 (fin de la période d'utilisation de l'article 92 de la Constitution), s'imposent également à une assemblée parlementaire lorsqu'elle modifie ou complète son Règlement (n° 91-301 DC, 15 janvier 1992, *Rec.*, 9 ; n° 92-314 DC, 17 décembre 1992, *Rec.*, 126 ; n° 94-338 DC, 10 mars 1994, *Rec.*, 71).

La conformité d'une disposition d'un Règlement d'une assemblée parlementaire à une loi qui n'a pas été soumise à l'examen du Conseil constitutionnel n'implique pas que cette disposition soit conforme à la Constitution. Il y a donc lieu, pour le Conseil constitutionnel, d'apprécier cette disposition du règlement au regard de la Constitution elle-même (n° 77-86 DC, 3 novembre 1977, *Rec.*, 18). En cette matière donc, aucune théorie comparable à celle de l'écran législatif ne peut jouer.

La décision déclarant le Règlement conforme à la Constitution peut comporter des réserves d'interprétation indiquant comment doit être appliquée la disposition du Règlement pour être conforme à la Constitution. Pour le Règlement de l'Assemblée nationale, dans sa dixième édition (mars 1994), huit articles ont fait l'objet de réserves d'interprétation ; celles-ci sont expressément mentionnées dans le Règlement en notes de bas de page. Il s'agit d'ailleurs de l'un des exemples les plus fidèles d'exécution des décisions du Conseil constitutionnel, paradoxe qui n'est qu'apparent.

C | EFFETS DE LA DÉCISION DU CONSEIL CONSTITUTIONNEL

Lorsque la décision est une décision de conformité à la Constitution, sa publication met fin à la suspension de mise en application du Règlement (ord. 7 novembre 1958, art. 21). Celui-ci peut donc entrer en application et être publié par les soins de l'assemblée intéressée. Si le Conseil déclare que le Règlement qui lui a été transmis contient une disposition contraire à la Constitution, celle-ci ne peut être mise en application par l'assemblée qui l'a votée (art. 23, al. 2). Dans ce dernier cas, l'assemblée parlementaire n'est pas tenue par un délai pour reprendre la disposition invalidée par le Conseil. Dans la plupart des cas, l'assemblée modifie le Règlement dans le sens voulu par le Conseil, parce qu'elle n'a d'ailleurs pas d'autre possibilité, puisque le nouveau texte sera nécessairement soumis au Conseil pour un nouvel examen. Mais, n'étant tenue par aucun délai pour modifier son texte, l'assemblée peut aussi abandonner cette modification. Enfin, l'assemblée parlementaire peut retarder la mise en conformité de son Règlement avec la décision du Conseil. Ce fut notamment le cas pour le Règlement du Sénat qui, invalidé (n° 59-3 DC, 24 et 25 juin 1959, *Rec.*, 58), ne fut repris par le Sénat qu'un an et demi plus tard, marquant par là sa mauvaise humeur à se voir contrôlé alors que jusqu'en 1958, les assemblées parlementaires étaient le seul juge de la validité de leur Règlement (n° 60-9 DC, 18 novembre 1960, *Rec.*, 17).

On est donc là en présence d'un mécanisme dit *à double détente*, c'est-à-dire qui prévoit un double contrôle de conformité lorsque la première décision du Conseil constitutionnel est une décision de non-conformité partielle ou totale à la Constitution. Dans ce cas, le Conseil est saisi à nouveau, puisque l'article 17, alinéa 2, de l'ordonnance de 1958 prévoit que le contrôle du Conseil s'exerce à l'égard du Règlement et de ses modifications.

II / Le contrôle des lois organiques

A | OBJET DU CONTRÔLE

Le contrôle des lois organiques est un contrôle obligatoire de constitutionnalité défini par l'article 61, alinéa 1er de la Constitution. L'article 46 de la Constitution reprend cette règle en déclarant que

« les lois organiques ne peuvent être promulguées qu'après déclaration par le Conseil constitutionnel de leur conformité à la Constitution ».

Les lois organiques ne font l'objet que d'une définition formelle. Ce sont celles qualifiées ainsi par la Constitution et auxquelles renvoient un certain nombre d'articles (art. 6, 13, 23, 25, 27, 34, 47, 57, 63, 64, 65, 67, 68-2, 71, 82, 83, 84, 88-3, 93). Le Conseil constitutionnel veille cependant à un respect strict du champ d'application des lois organiques en énonçant clairement que « une loi organique ne peut intervenir que dans les domaines et pour les objets limitativement énumérés par la Constitution » (n° 87-234 DC, 7 janvier 1988, *Rec.*, 26). Enfin, l'expression « lois organiques relatives au Sénat » employée dans l'article 46 de la Constitution, signifie pour le Conseil que

« il faut entendre les dispositions législatives qui ont pour objet, dans les domaines réservés aux lois organiques, de poser, de modifier ou d'abroger des règles concernant le Sénat ou qui, sans se donner cet objet à titre principal, n'ont pas moins pour effet de poser, de modifier ou d'abroger des règles le concernant ; qu'en revanche, si une loi organique ne présente pas ces caractères, la seule circonstance que son application affecterait indirectement la situation du Sénat ou de ses membres ne saurait la faire regarder comme relative au Sénat » (n° 85-195 DC, 10 juillet 1985, *Rec.*, 20).

Le contrôle prévu aux articles 46 et 61 de la Constitution porte sur la conformité à la Constitution des lois organiques. Ce contrôle porte autant sur la compétence du législateur organique, la procédure suivie que les principes constitutionnels relatifs aux droits et libertés. Ce sont donc tous les éléments du bloc de constitutionnalité qui servent de normes de référence au contrôle des lois organiques.

Les ordonnances portant loi organique prises en vertu de l'article 92 de la Constitution n'entrent pas, en principe, dans le champ d'application du contrôle exercé par le Conseil, pour deux raisons. La première raison tient au fait que ces ordonnances ont été édictées au moment où le Conseil constitutionnel n'était pas encore en place et où la Commission constitutionnelle provisoire n'avait pas dans ses attributions le contrôle de celles-ci. La deuxième raison résulte de la jurisprudence même du Conseil constitutionnel qui indique, à propos d'une modification d'une ordonnance portant loi organique, que « la conformité à la Constitution ne peut (en) être contestée » (n° 60-6 DC, 15 janvier 1960, *Rec.*, 21) afin de respecter l'habilitation donnée directement par la nation pour l'édiction de ces ordonnances, ce qui leur donnerait une légitimité renforcée. Les premiers commentaires de cette décision (v. les références et l'analyse faites dans *Les grandes décisions du Conseil constitutionnel*, préc., 9e éd., p. 206) en avaient tiré la conclusion que toute modification d'une ordonnance organique devait s'inscrire dans le strict cadre initial fixé par celle-ci, sous le contrôle du Conseil constitutionnel. La pratique ultérieure a montré que les modifications des ordonnances portant loi organique ne s'étaient pas limitées au cadre initial et que le Conseil a accepté des modifications de grande ampleur et même des abrogations, en les déclarant conformes à la Constitution (n° 75-61 DC, 28 janvier 1976, *Rec.*, 25). Enfin, on peut penser que les ordonnances portant loi organique peuvent faire l'objet du contrôle des lois promulguées inauguré par la décision du 25 janvier 1985, *État d'urgence en Nouvelle-Calédonie* (n° 85-187 DC, 25 janvier 1985, *Rec.*, 43 ; cf. titre IV, chap. II, Le contrôle de la loi promulguée [l'exception d'inconstitutionnalité]).

Le Conseil constitutionnel a d'abord exercé un contrôle restreint des lois organiques, vérifiant seulement qu'elles ont été édictées d'une part « dans la forme exigée » par la disposition constitutionnelle qui réclame une loi organique, et d'autre part « dans le respect de la procédure prévue à l'article 46 de la Constitution » (n° 60-6 DC, préc.), jurisprudence faisant une interprétation assez littérale de la Constitution.

Mais la jurisprudence ultérieure ne s'est pas limitée à ce contrôle formel. Le Conseil vérifie aujourd'hui que la loi organique entre bien dans le champ des matières réservées à la loi organique par la constitution, par une jurisprudence spécifique. Le Conseil ne sanctionne pas la présence dans une loi organique de dispositions relevant de la loi ordinaire : il se limite à déclarer le caractère organique ou ordinaire des dispositions (n° 75-63 DC, 28 janvier 1976, *Rec.*, 27 ; n° 87-228 DC, 28 juin 1987, *Rec.*, 38 ; n° 88-242 DC, 10 mars 1988, *Rec.*, 36 ; n° 95-364 DC, 8 février 1995, *Rec.*, 202) avec un effet sur les possibilités de saisine, puisqu'il admet dans ce cas les saisines parlementaires (exemple : n° 92-305 DC, 21 février 1992, *Rec.*, 27, § 3) et qu'il exerce dans la même décision son contrôle de conformité sur les dispositions ayant le caractère de loi ordinaire (§ 38, *Rec.*, 34).

Mais il sanctionne par une déclaration d'inconstitutionnalité toute disposition d'une loi ordinaire entrant dans le champ d'application d'une loi organique (n° 84-177 DC, 30 août 1984, *Rec.*, 66 ; n° 84-178 DC, 30 août 1984, *Rec.*, 69 ; n° 86-217 DC, 18 septembre 1986, *Rec.*, 141). De même le législateur organique ne peut intervenir là où une loi constitutionnelle est nécessaire, c'est-à-dire pour modifier la Constitution (n° 77-80/81 DC, 5 juillet 1977, *Rec.*, 24 ; n° 87-234 DC, 7 janvier 1988, *Rec.*, 26).

Le Conseil exerce enfin un contrôle de la loi organique au regard des règles constitutionnelles de protection des droits et libertés (n° 70-40 DC, 9 juillet 1970, *Rec.*, 25). A ce titre, il vérifie que le législateur organique, dans l'exercice de son pouvoir de modification et d'abrogation, ne prive pas de garanties légales des principes constitutionnels (n° 92-305 DC, préc.)

L'examen auquel procède le Conseil constitutionnel prend en considération l'ensemble des techniques de contrôle qu'il utilise pour le contrôle de la loi ordinaire. En particulier, la saisine obligatoire du Conseil constitutionnel le conduit nécessairement à être saisi de l'ensemble de la loi organique ce qui l'oblige à exercer un contrôle très complet sur toutes les dispositions de la loi, notamment en ce qui concerne les moyens et les conclusions soulevées d'office (v. par exemple : n° 67-31 DC, 26 janvier 1967, *Rec.*, 19 ; n° 70-40 DC, 9 juillet 1970, *Rec.*, 25). Le caractère d'ordre public du contentieux constitutionnel des lois est ici particulièrement mis en lumière.

Si on peut considérer que le contrôle de procédure reste principalement un contrôle assez formel, le contrôle au fond s'exerce nécessairement de façon approfondie, compte tenu des nécessités d'examen d'office résultant de la saisine obligatoire du Conseil constitutionnel en matière de loi organique.

B | PROCÉDURE

La saisine du Conseil constitutionnel suspend le délai de promulgation (art. 61, al. 4 de la Constitution). Le Conseil dispose d'un délai d'un mois à compter de la saisine pour statuer. A la demande du Gouvernement, s'il y a urgence, ce délai est ramené à huit jours (art. 61, al. 3).

La saisine obligatoire du Conseil constitutionnel est effectuée par le Premier ministre. Elle n'est cependant pas automatique et doit faire l'objet d'un acte de transmission, assuré en pratique par le Secrétariat général du Gouvernement (Circulaire du 30 janvier 1997 relative aux règles d'élaboration, de signature et de publication des textes au *Journal officiel* et à la mise en œuvre de procédures particulières incombant au Premier ministre, publié en annexe au *JO*, 1er février 1997, nº 2.2) sous forme de simple lettre (ord. du 7 novembre 1958, art. 17). Il est arrivé par deux fois que le garde des Sceaux saisisse le Conseil par délégation du Premier ministre (nº 67-33 DC et nº 67-34 DC, 12 juillet 1967, *Rec.*, 21 et 22), mais d'une part il s'agissait de lois organiques portant statut de la magistrature et d'autre part cette délégation non prévue par les textes n'a pas connue d'autre illustration.

La saisine obligatoire du Conseil constitutionnel et l'obligation qui en résulte pour le Conseil d'examiner l'intégralité du texte ne conduisent pas nécessairement à la présentation d'un argumentaire par le Premier ministre. Le cas échéant, la lettre de transmission indique s'il y a urgence (ord. 1958, art. 17). La saisine du Conseil constitutionnel est « l'accomplissement d'une mission imposée par la Constitution » (T. Di Manno, *Le Conseil constitutionnel et les moyens et conclusions soulevés d'office*, Économica-PUAM, 1994, p. 19) assimilable à une compétence liée, sans nécessité d'argumentaire justificatif.

La compétence de transmission donnée au Premier ministre exclut l'utilisation de toute autre procédure, en particulier la saisine par les parlementaires prévue par l'article 61, alinéa 2 de la Constitution. Mais une saisine parlementaire serait admissible à l'égard d'une loi organique, pour ce qui concerne les parties de la loi ayant le caractère de loi ordinaire, c'est-à-dire ne relevant pas du *domaine* de la loi organique (n° 92-305 DC, préc. ; cf. *supra*).

La décision du Conseil constitutionnel déclare la loi organique conforme à la Constitution dans sa totalité ou seulement en partie. Elle est motivée et publiée au *Journal officiel* (ord. du 7 novembre 1958, art. 20). La décision examine la constitutionnalité de la loi organique au regard de la compétence du législateur organique telle que l'exige la Constitution, au regard des règles spécifiques de procédure posées par l'article 46 de la Constitution ce qui peut, en soi, entraîner la censure de la loi organique dans sa totalité (n° 89-263 DC, 11 janvier 1990, *Rec.*, 18, en l'espèce après déclaration d'inséparabilité), enfin au regard des règles constitutionnelles relatives à la protection des droits et libertés. Là encore, c'est l'ensemble du bloc de constitutionnalité qui sert de norme de référence au contrôle exercé.

La déclaration de conformité de la loi organique à la Constitution fait à nouveau courir le délai de promulgation (ord. 1958, art. 21). La promulgation faite par le président de la République, la loi organique est publiée au *Journal officiel.*

C | EFFETS DU CONTRÔLE

Lorsque la décision du Conseil constitutionnel comporte une déclaration d'inconstitutionnalité, la procédure de contrôle des lois organiques est nécessairement une procédure « à double détente », comme pour les Règlements des assemblées parlementaires, c'est-à-dire que la loi organique revient obligatoirement devant le Conseil pour un nouvel examen. Comme le disent justement MM. Favoreu et Philip (*Les grandes décisions du Conseil constitutionnel*, 9e éd., préc., p. 43)

> « on constate alors que la vérification de conformité à double détente est, sinon imposée, du moins étroitement liée à la saisine obligatoire : en effet, on observe que le même mécanisme se déclenche lorsque les dispositions d'une loi organique sont déclarées non conformes ; il y a alors, après la première décision de non-conformité, une seconde décision de "deuxième examen", dans laquelle il est expressément fait référence à la première (v. décisions 31 DC et 33 DC des 26 janv. et 12 juill. 1967, *Rec.*, 19 et 21) ».

Ce raisonnement vaut aussi pour le contrôle des Règlements des assemblées parlementaires puisqu'il s'agit dans les deux cas d'un contrôle obligatoire de constitutionnalité (v. *supra*).

III / Le contrôle des lois ordinaires (renvoi)

Ce point est étudié *infra* au chapitre IV, Le contrôle de la constitutionnalité des lois.

IV / Vers un contrôle des lois constitutionnelles ?

Le Conseil constitutionnel a été confronté à la question du contrôle des lois issues d'une révision constitutionnelle lors du processus de ratification du traité de Maastricht en 1992.

Le Conseil constitutionnel ayant subordonné l'autorisationn de ratifier le traité de Maastricht à une révision constitutionnelle (n° 92-308 DC, 9 avril 1992, *Maastricht I*, *Rec.*, 55), le Congrès du Parlement vota la loi n° 92-554 du 25 juin 1992 destinée à ajouter certains articles à la Constitution afin de la rendre compatible avec les engagements du traité. C'est cette loi constitutionnelle que des sénateurs déférèrent au Conseil en vertu de l'article 54 de la Constitution, nouvellement adopté, qui leur en ouvrait la possibilité. Le Conseil se trouvait donc devant la difficulté de confronter la loi constitutionnelle aux dispositions de la Constitution, même révisée. Les sénateurs considéraient que le traité de Maastricht demeurait en contradiction avec certaines parties de la Constitution, nonobstant la révision qui venait d'être faite. En particulier, ils contestaient la compatibilité du traité avec l'article 3 de la Constitution et l'article 3 de la Déclaration de 1789 (principe de la souveraineté nationale), avec l'article 24 (représentation des collectivités territoriales au Sénat), avec l'article 20 (« le Gouvernement détermine et conduit la politique de la nation »).

Le Conseil donne à la question du contrôle de la constitutionnalité des lois de révision constitutionnelle une réponse importante mais qui ne lève pas toutes les ambiguïtés sur ce contrôle potentiel, dans sa décision n° 92-312 DC, 2 septembre 1992, *Maastricht II* (*Rec.*, 76, § 19) :

> « Considérant que sous réserve, d'une part, des limitations touchant aux périodes au cours desquelles une révision de la Constitution ne peut pas être engagée ou poursuivie qui résultent des articles 7, 16, et 89, alinéa 4, du texte constitutionnel et d'autre part, du respect des prescriptions du cinquième alinéa de l'article 89 en vertu desquelles "la forme républicaine du Gouvernement ne peut faire l'objet d'une révision", le pouvoir constituant

est souverain ; qu'il lui est loisible d'abroger, de modifier ou de compléter des dispositions de valeur constitutionnelle dans la forme qu'il estime appropriée ; qu'ainsi, rien ne s'oppose à ce qu'il introduise dans le texte de la Constitution des dispositions nouvelles qui, dans le cas qu'elles visent, dérogent à une règle ou à un principe de valeur constitutionnelle ; que cette dérogation peut être aussi bien expresse qu'implicite. »

Le Conseil rappelle que le pouvoir constituant est et demeure souverain mais il introduit immédiatement certaines limitations à l'exercice de ce pouvoir, ce qui introduit le doute dans l'esprit de l'exégète de la décision du Conseil. Mais ces limites tiennent à des précisions incluses dans la Constitution qui indiquent qu'à certaines périodes (mise en œuvre de l'article 16, élections présidentielles, atteinte à l'intégrité du territoire), la Constitution ne peut faire l'objet d'une révision.

Mais cette limitation portée au pouvoir de révision constitutionnelle ne répond pas vraiment aux saisissants qui défendaient l'idée d'une limite matérielle de la fonction constituante, qui ne pourrait pas toucher à certains principes fondamentaux tels que celui de la souveraineté nationale, à leurs yeux atteinte par le traité de Maastricht. Seule la référence fait par le Conseil à l'interdiction de modifier la forme républicaine du Gouvernement constitue une limite matérielle mais elle provient directement du texte constitutionnel (art. 89, al. 5).

L'interprétation de la décision est généralement celle d'une admission des recours formés contre les lois de révision constitutionnelle votés par le seul Congrès et non par la voie du référendum, conformément d'ailleurs à la jurisprudence du Conseil constitutionnel (n° 92-313 DC, 23 septembre 1992, *Rec.*, 84 ; cf. n° 62-20 DC, 6 novembre 1962, *Rec.*, 27) pour la seule vérification de la procédure d'édiction de la loi constitutionnelle et éventuellement aux règles constitutionnelles interdisant la révision soit pour des raisons de fond, ou de période particulière (cf. en ce sens *GDCC*, 9ᵉ éd., p. 828).

La décision n° 92-312 DC du 2 septembre 1992 *Maastricht II* est assez décevante dans la mesure où elle se limite à une interprétation assez littérale de la Constitution, sans se prononcer sur l'importante question des limites matérielles à l'exercice de la fonction constituante.

V. sur cette question en particulier : M.-F. Rigaux, *La théorie des limites matérielles à l'exercice de la fonction constituante*, Bruxelles, éd. F. Larcier, 1985 ; C. Klein, *Théorie et pratique du pouvoir constituant*, PUF, 1996, spéc. p. 123 et s. V. aussi : R. Badinter, Le Conseil constitutionnel et le pouvoir constituant, *Libertés. Mél. Jacques Robert*, Montchrestien, 1998, p. 217 et s.

Sans entrer plus avant dans cet important débat, il nous semble que le juge constitutionnel se trouve devant une alternative. Soit il se limite à un contrôle de nature uniquement procédurale, vérifiant seulement si la loi de révision constitutionnelle a bien été adoptée selon les prescriptions formelles de la Constitution, exerçant là une fonction minimale de contrôle. Soit il admet que le contrôle de la loi constitutionnelle comporte des éléments de contrôle substantiel, au regard du contenu de la Constitution et de l'esprit de celle-ci et la dérive est évidemment alors celle d'une hiérarchie entre les normes constitutionnelles, c'est-à-dire celle de la supra-constitutionnalité. Ce qui frappe surtout est que le débat sur ce point est considérablement embryonnaire en France alors que dans d'autres pays dotés d'un contrôle de constitutionnalité, tels que l'Italie ou l'Allemagne, la question a déjà donné lieu à des décisions de jurisprudence acceptant, dans certaines limites précises, le contrôle des lois constitutionnelles.

Enfin, la décision ne conduit pas clairement à poser les éléments d'une distinction claire entre les lois constitutionnelles issues du pouvoir constituant dérivé et les pouvoirs du constituant originaire. Le débat relatif au traité d'Amsterdam contribuera-t-il à éclairer ces questions ?

BIBLIOGRAPHIE

V. les références citées *infra*, chap. IV, Le contrôle de la constitutionnalité des lois.

Chapitre IV

LE CONTRÔLE DE CONSTITUTIONNALITÉ DES LOIS

La procédure la plus élaborée de contrôle de constitutionnalité est, sans conteste, celle du contrôle de la constitutionnalité des lois. Malgré la faiblesse des sources textuelles concernant tout particulièrement le contrôle de la loi, la jurisprudence du Conseil constitutionnel et la pratique contentieuse ont comblé ce que les textes n'avaient pas précisé ou de façon insuffisante. Le contrôle de la loi ordinaire est donc au centre de l'étude de la procédure contentieuse constitutionnelle.

Le principe du contrôle de la loi ordinaire est posé par l'article 61 de la Constitution qui déclare :

> « aux mêmes fins [le contrôle de conformité à la Constitution], les lois peuvent être déférées au Conseil constitutionnel, avant leur promulgation, par le président de la République, le Premier ministre, le président de l'Assemblée nationale, le président du Sénat ou soixante députés ou soixante sénateurs ».

Les caractères généraux du contrôle de constitutionnalité des lois doivent être rappelés car ils impriment une marque particulière à la procédure utilisée en ce domaine.

Le contrôle de la loi ordinaire est d'abord un contrôle facultatif, à la différence du contrôle des lois organiques. C'est à l'initiative des seules autorités habilitées à le saisir que le Conseil constitutionnel peut exercer sa compétence. Ce caractère facultatif du contrôle de constitutionnalité des lois montre bien que dans l'exercice du droit de saisine, les motivations politiques sont toujours présentes car ce sont elles qui motivent la saisine autant que les contestations d'ordre juridique.

Le contrôle exercé est ensuite un contrôle *a priori*, avant toute promulgation mais une fois la loi définitivement votée. Cette caractéristique a pour conséquence de permettre au contrôle de constitutionnalité de s'exercer avant que la loi ait produit tout effet dans son application. Dans le contrôle *a priori* la saisine est indispensable puisque le Conseil ne peut s'autosaisir ; elle seule permet de déclencher le contrôle. Elle est donc le premier élément indispensable du contrôle.

Le contrôle de constitutionnalité des lois est enfin un contrôle abstrait. Exercé sur la loi avant son entrée en vigueur, il pose les questions de constitutionnalité dans leur généralité, sans lien avec un contentieux concret devant un juge ordinaire, les questions de fait sont absentes du contentieux des lois. Tout au plus, l'examen de constitutionnalité de la procédure législative peut-il constituer l'élément concret de ce type de contrôle. Plus largement le contentieux des lois est abstrait parce qu'il ne cherche pas à trancher un conflit subjectif entre deux prétentions opposées. Il a pour but de confronter l'ensemble de la loi aux exigences de la Constitution, sans même la nécessité d'un argumentaire développé (n° 96-386 DC, 30 décembre 1996, *Rec.*, 154, et notre commentaire, *Justices*, n° 5, 1997, p. 239).

Mais le contrôle de constitutionnalité de la loi ordinaire ne s'exerce pas sans contraintes ni limites et la procédure qui en permet l'exercice l'illustre bien. En effet, le Conseil constitutionnel a souligné que si « la loi n'exprime la volonté générale que dans le respect de la Constitution » (n° 85-197 DC, 23 août 1985, *Rec.*, 70), « il ne bénéficie pas d'un pouvoir identique au Parlement et donc qu'il ne lui appartient pas de substituer son appréciation à celle du législateur » (n° 75-54 DC, 15 janvier 1975, *Rec.*, 19 ; n° 80-127 DC, 19 et 20 janvier 1981, *Rec.*, 15 ; n° 86-218 DC, 18 novembre 1986, *Rec.*, 167 ; n° 90-280 DC, 6 décembre 1990, *Rec.*, 84). Ainsi donc, « il ne lui appartient pas de se prononcer sur l'opportunité de dispositions législatives » (n° 89-261 DC, 28 juillet 1989, *Rec.*, 81).

Rien ne saurait donc mieux définir les modalités et l'objet de ce contrôle que ce Considérant de la décision n° 85-197 DC du 23 août 1985 qui dispose que

> « le contrôle de constitutionnalité établi par la Constitution du 4 octobre 1958 s'exerce à titre préventif après le vote de la loi et avant sa promulgation ; que le Conseil constitutionnel doit se prononcer dans le délai d'un mois à compter du jour où il est saisi et, s'il y a urgence, dans un délai de huit jours ; qu'ainsi l'objet de ce contrôle est non de gêner ou de retarder l'exercice du pouvoir législatif mais d'assurer sa conformité à la Constitution » (§ 20).

Le contrôle de constitutionnalité est d'abord un contrôle finalisé, qui tend vers une fin essentielle : la promulgation de la loi. Il faut bien comprendre que cet objectif est majeur dans l'exercice du contrôle de constitutionnalité des lois.

SECTION 1
La procédure contentieuse

I / Le précontentieux constitutionnel

La procédure de contrôle de constitutionnalité des lois est ouverte par la saisine du Conseil constitutionnel. Mais cette saisine fait suite généralement à une phase invisible de préparation du contentieux. Dans la préparation du projet de loi par le Gouvernement, le souci de respecter les exigences constitutionnelles est une nécessité plusieurs fois rappelée par les chefs de Gouvernement.

Ainsi lors de la mise en place de leur Gouvernement, les Premiers ministres rappellent souvent, par une circulaire générale adressée aux ministres, les exigences constitutionnelles qui doivent être intégrés au travail gouvernemental.

V. par exemple la circulaire du Premier ministre du 25 mai 1988, relative aux méthodes de travail du Gouvernement (*JO*, 27 mai 1988, p. 7381). La circulaire du Premier ministre du 6 juin 1997 relative à l'organisation du travail gouvernemental (*JO*, 7 juin 1997, p. 9170) précise avec autorité cette exigence de veille constitutionnelle :

« Dans l'élaboration des projets de loi, vous veillerez au strict respect de la Constitution et de la jurisprudence du Conseil constitutionnel. Je vous demande à cette fin : de faire étudier attentivement par vos services les questions de constitutionnalité que pourrait soulever un texte en cours d'élaboration et de saisir le secrétariat général du Gouvernement suffisamment à l'avance pour lui permettre de se livrer également à cette étude ; (...) de tenir informé le secrétariat général du Gouvernement des amendements présentés au cours des débats parlementaires et susceptibles de poser des questions de constitutionnalité, afin d'organiser, en tant que de besoin, des réunions interministérielles destinées à prévenir tout risque contentieux. »

En premier lieu, l'examen obligatoire du projet de loi par le Conseil d'État (art. 39, al. 2 de la Constitution) est fait d'abord au regard des exigences constitutionnelles (v. par exemple *EDCE*, 1987, p. 55).

Surtout, comme on vient de le voir, le Secrétariat général du Gouvernement exerce une « veille constitutionnelle » lors de la préparation et de la discussion des projets de lois devant les assemblées parlementaires. Cette phase souterraine est importante puisque, s'il y a saisine du Conseil constitutionnel, le Secrétariat général du Gouvernement aura à intervenir en défense devant le Conseil, au nom du Gouvernement.

Enfin, l'ensemble du travail parlementaire peut constituer un précontentieux constitutionnel qui oriente déjà le débat qui aura lieu devant le Conseil. Les travaux en commission, les débats parlementaires, les questions préalables, les exceptions d'irrecevabilité, l'annonce d'une saisine du Conseil constitutionnel lors des débats mêmes sont une amorce du contentieux constitutionnel, sans effet juridique certes, mais constituant une alerte qui prépare le contentieux et la saisine. De même les débats dans la presse, les travaux et réunions internes des groupes parlementaires qui conduisent le plus souvent les saisines participent à cette liaison du contentieux. Ces éléments doivent être gardés à l'esprit lors de la procédure proprement dite devant le Conseil car celui-ci peut y faire référence pour fonder en partie sa décision (sur ces points v. notre thèse, *L'exécution des décisions du Conseil constitutionnel. L'effectivité du contrôle de constitutionnalité des lois*, Économica-PUAM, 1991, p. 191 et s. et p. 200 et s.).

La procédure contentieuse sera présentée en traitant d'abord de l'acte déféré au contrôle du Conseil constitutionnel (II), puis des saisissants et de la saisine (III), ensuite de l'instruction (IV) et du délibéré (V). On présentera enfin quelques réflexions générales sur la nécessité d'un règlement de procédure en contentieux constitutionnel des lois (VI).

II / L'acte déféré au contrôle

Les lois ordinaires qui peuvent être déférées au Conseil constitutionnel afin qu'il exerce le contrôle de leur conformité à la Constitution sont les lois adoptées définitivement par le Parlement, ce que la jurisprudence du Conseil constitutionnel a bien marqué :

« il résulte de l'article 61 de la Constitution que ne peuvent être déférés au Conseil constitutionnel que les textes qui, à la date à laquelle une des autorités habilitées ou des parlementaires prennent l'initiative de saisir le Conseil, ont le caractère de lois, c'est-à-dire ceux qui, au terme de la procédure législative, ont été définitivement adoptés dans l'ensemble de leurs dispositions ; qu'est exclue en revanche, toute contestation d'une disposition qui ne figure pas dans la loi soumise à l'examen du Conseil constitutionnel » (nº 89-268 DC, 29 décembre 1989, *Rec.*, 110 ; cf. nº 76-69 DC, 8 novembre 1976, *Rec.*, 37).

Ainsi, une disposition qui ne figure pas dans le texte définitif de la loi soumise au Conseil ne peut faire l'objet d'un contrôle par celui-ci (nº 81-132 DC, 16 janvier 1982, *Rec.*, 18, § 43).

Les lois déférées sont les lois ordinaires, c'est-à-dire celles auxquelles la Constitution ne confère pas la qualité de lois organiques. Toutes les lois ordinaires peuvent être déférées au Conseil, qu'il s'agisse de lois de finances, de lois de règlement, de lois de ratification d'un traité ou d'un engagement international, de lois de programme, de lois d'habilitation ou de ratification d'ordonnances prises en vertu de l'article 38 de la Constitution, de lois portant diverses dispositions d'ordre social ou financier.

Les lois référendaires ne peuvent faire l'objet d'un contrôle de constitutionnalité car elles « constituent l'expression directe de la souveraineté nationale » (nº 62-20 DC, 6 novembre 1962, *Rec.*, 27 ; nº 92-313 DC, 23 septembre 1992, *Rec.*, 94). Le Conseil constitutionnel se déclare alors incompétent pour en vérifier la conformité à la Constitution.

Le Conseil exerce son contrôle de conformité sur les dispositions de loi organique relevant du domaine de la loi ordinaire en distinguant dans sa décision ce qui relève de la loi organique et de la loi ordinaire (nº 75-63 DC, 28 janvier 1976, *Rec.*, 27 ; nº 87-228 DC, 28 juin 1987, *Rec.*, 38 ; nº 88-242 DC, 10 mars 1988, *Rec.*, 36). Dans ce dernier cas, il admet les saisines parlementaires (nº 92-305 DC, 21 février 1992, *Rec.*, 27).

Le caractère *a priori* du contrôle de constitutionnalité des lois se manifeste par la nécessité de saisir le Conseil de la loi avant sa promulgation. Ainsi, le Conseil n'a pas compétence pour se prononcer sous forme d'avis sur une loi déjà promulguée (nº 80-113 L, 14 mai 1980, *Rec.*, 61).

En principe donc, le Conseil n'a pas compétence pour contrôler la conformité à la Constitution d'une loi déjà promulguée. La jurisprudence a été dans un premier temps très claire sur ce point (nº 78-96 DC, 27 juillet 1978, *Rec.*, 29) :

« la conformité à la Constitution de lois [déjà promulguées] ne peut être mise en cause, même par voie d'exception, devant le Conseil constitutionnel dont la compétence est limitée par l'article 61 de la Constitution à l'examen des lois avant leur promulgation ».

La jurisprudence a ensuite évolué en déclarant que la conformité à la Constitution de dispositions contenues dans des articles d'une loi promulguée qui ne sont en rien modifiées par la loi soumise à l'examen du Conseil constitutionnel ne saurait être remise en cause (nº 84-173 DC, 26 juillet 1984, *Rec.*, 63), ce qui signifie *a contrario* que ces dispositions auraient pu être utilement critiquées si elles avaient modifié la loi nouvelle.

Une évolution significative apparaît en 1985 par la décision dans laquelle le Conseil déclare que

« si la régularité au regard de la Constitution des termes d'une loi promulguée peut être utilement contestée à l'occasion de l'examen de dispositions législatives qui la modifient, la complètent ou affectent son domaine, il ne saurait en être de même lorsqu'il s'agit de la simple mise en application d'une telle loi » (n° 85-187 DC, 25 janvier 1985, *État d'urgence en Nouvelle Calédonie*, *Rec.*, 43).

Ceci ne signifie pas pour autant qu'une loi déjà promulguée peut être contestée directement devant le Conseil constitutionnel mais que la loi nouvelle qui modifie, complète ou affecte le domaine de la loi déjà promulguée pourra être critiquée, au motif de l'inconstitutionnalité de la loi ancienne. Même si le Conseil, dans une décision ultérieure (n° 89-256 DC, 25 juillet 1989, *Rec.*, 53), a été amené à examiner directement dans sa décision des dispositions d'une loi déjà promulguée à l'occasion d'une loi nouvelle en portant modification, il n'a pas admis expressément un contrôle direct des lois promulguées ce qui irait au-delà de la compétence qui lui est donnée par la Constitution.

V. pour les applications de la jurisprudence issue de la décision n° 85-187 DC : n° 89-256 DC, 25 juillet 1989, préc. ; n° 91-299 DC, 2 août 1991, *Rec.*, 124 ; n° 94-350 DC, 20 décembre 1994, *Rec.*, 134 ; n° 96-377 DC, 16 juillet 1996, *Rec.*, 87. V. sur l'application de la jurisprudence *État d'urgence en Nouvelle-Calédonie* : *GDCC*, 9e éd., n° 37 ; N. Molfessis, *Justices*, n° 5, 1997, p. 224 et s. Plus généralement sur le contrôle de la loi, promulguée v. *infra*, titre IV, chap. II, Le contrôle de constitutionnalité de la loi promulguée (l'exception d'inconstitutionnalité).

III / Les saisissants et la saisine

A | LES SAISISSANTS

Les saisissants du Conseil constitutionnel sont limitativement énumérés par l'article 61, alinéa 2 de la Constitution. Il s'agit du président de la République, du Premier ministre, du président de l'Assemblée nationale, du président du Sénat, de soixante députés ou de soixante sénateurs. La saisine par les parlementaires a été ajoutée par la loi constitutionnelle n° 74-904 du 29 octobre 1974.

La saisine par le président de la République est dispensée du contreseing. Le président de la République n'a, jusqu'à maintenant, pas exercé son droit de saisine du Conseil constitutionnel au titre de l'article 61 de la Constitution, ce qui se comprend assez bien d'un point de vue politique, car une décision du Conseil rejetant son recours aurait le plus fâcheux effet ; plus utilement le président peut, notamment en période de « cohabitation », suggérer à la minorité parlementaire d'exercer cette fonction de contestation. D'un point de vue strictement juridique, on comprend moins cette réserve dans l'exercice du droit de saisine dans la mesure où l'article 5 de la Constitution indique que « le président de la République veille au respect de la Constitution ». Mais ici la fonction d'arbitrage politique l'emporte, dans la pratique, sur la stricte compétence constitutionnelle.

La saisine du Conseil constitutionnel par le Premier ministre reste exceptionnelle à propos des lois ordinaires (sur la saisine obligatoire du Conseil par le Premier ministre à propos des lois organiques v. *supra*, chap. III) puisque depuis 1959 elle n'a été exercée qu'à peine plus de dix fois. Ceci tient au phénomène du fait majoritaire et de la maîtrise de l'ordre du jour parlementaire par le Gouvernement. En effet, les textes de lois votés par le Parlement sont très largement le fruit du travail gouvernemental dont le Premier ministre assure la direction et la cohérence. Les rares cas où le Premier ministre a saisi le Conseil tiennent soit à un désaccord final avec le Parlement que le Premier ministre a cherché à faire trancher par le Conseil constitutionnel, soit à un engagement du Premier ministre à l'égard de sa propre majorité, à propos de textes sur lesquels les parlementaires de la majorité gouvernementale avaient des réticences politiques ou juridiques, la saisine du Conseil permettant alors de faire vérifier la conformité à la Constitution d'un texte voulu par le Gouvernement et sur lequel les parlementaires émettaient des objections notamment constitutionnelles.

Ce fut notamment le cas dans le domaine des libertés publiques : saisine par M. Rocard de la loi relative au contrôle de l'immigration et décision n° 89-261 DC du 28 juillet 1989 (*Rec.*, 81) ; saisine par E. Cresson à propos des « zones de transit » et décision n° 92-307 DC du 25 février 1992 (*Rec.*, 48). Ce fut aussi le cas dans le domaine sensible de la transparence de la vie politique : saisines par E. Balladur à propos de la loi relative aux marchés publics et délégations de service public et décision n° 95-361 DC du 2 février 1995 (*Rec.*, 198) et à propos de la loi relative à la déclaration de patrimoine des membres du Gouvernement et des titulaires de certaines fonctions et décision n° 95-362 DC du 2 février 1995 (*Rec.*, 200).

Dans tous ces cas, la saisine du Conseil permet au Gouvernement de justifier *a posteriori* l'action législative entreprise si la décision déclare la loi conforme à la Constitution. La saisine du Premier ministre se fait par simple lettre, sans argumentaire, et fait seulement référence à la compétence qui lui est donnée par l'article 61, alinéa 2 de la Constitution (sur les modalités pratiques de la saisine v. *infra*).

Les présidents des Assemblées parlementaires exercent leur droit de saisine, mais pour des raisons différentes. Le président de l'Assemblée nationale, issu de la majorité parlementaire, n'a habituellement pas de raison de saisir le Conseil pour contester une décision dont l'assemblée qu'il préside est l'auteur de façon souvent prédominante. Il l'a fait pourtant à trois reprises, deux fois à propos de la procédure d'adoption de lois de finances (n° 76-74 DC, 28 décembre 1976, *Rec.*, 45 ; n° 79-110 DC, 24 décembre 1979, *Rec.*, 36), et une fois pour des motifs de fond à propos des lois dites « Bioéthique » (n° 94-343/344 DC, 27 juillet 1994, *Rec.*, 100) pour faire lever toute ambiguïté constitutionnelle dans le but, selon ses termes, de faire en sorte que « puisse être consacrée par les voies les plus appropriées la valeur de référence des règles principales » contenues dans ces lois « afin que leur conformité à la Constitution ne puisse être affectée d'aucune incertitude ».

La saisine par le président du Sénat est plus fréquente car l'institution qu'il préside se trouve souvent être dans une fonction d'opposition au Gouvernement du fait des alternances politiques pour lesquelles le Sénat n'est pas soumis au même rythme de renouvellement. Ce fut notamment le cas jusqu'en 1974, période pendant laquelle les présidents du Sénat, G. Monnerville notamment, n'ont pas manqué une occasion de saisir le Conseil, ainsi qu'entre 1981 et 1993, période pendant laquelle le président A. Poher a joué un rôle d'opposant, même s'il était moins systématique. Il arrive aussi que le président du Sénat saisisse le Conseil en plus d'autres sénateurs, lors de saisines parlementaires (v. par exemple n° 91-290 DC, 9 mai 1991, *Rec.*, 50). Habituellement, le président du Sénat ne motive pas sa saisine, qui se présente sous forme d'une simple lettre.

Il faut noter que les saisines du président du Sénat ont permis, par l'importance des lois soumises à contrôle et des questions de constitutionnalité évoquées, des avancées significatives de la protection constitutionnelle et de la fonction du Conseil constitutionnel (n° 71-44 DC, 16 juillet 1971, *Liberté d'association*, *Rec.*, 29 ; n° 73-51 DC, 27 décembre 1973, *Taxation d'office*, *Rec.*, 25).

La saisine par les parlementaires a été introduite dans la Constitution par la loi constitutionnelle n° 74-904 du 29 octobre 1974. Il s'agit bien de soixante députés *ou* de soixante sénateurs et non de soixante parlementaires. Cette répartition, issue d'un amendement parlementaire lors de la discussion du projet de loi constitutionnelle, permet de respecter la logique du bicaméralisme dans la saisine, même si le chiffre de soixante, par son importance, peut empêcher un groupe parlementaire représentant une tendance politique de saisir le Conseil, comme cela a failli être le cas en

1993. L'idée qui fondait largement la réforme de 1974 était de permettre à l'opposition parlementaire de saisir le Conseil constitutionnel, donnant ainsi une sorte de statut constitutionnel à la minorité parlementaire en lui donnant les armes du contentieux constitutionnel. En fait, ce droit de saisine peut aussi être exercé par une minorité de la majorité politique parlementaire, opposée à tel projet de loi contraire à certaines convictions. Ce fut le cas à propos de la loi libéralisant l'interruption volontaire de grossesse (n° 74-54 DC, 15 janvier 1975, *Rec.*, 19) ou encore à propos des lois « Bioéthique » (n° 94-343/344 DC, préc.). Ainsi, le nombre des saisissants fixé à soixante par assemblée pourrait-il être abaissé au nombre minimal nécessaire pour constituer un groupe parlementaire (vingt à l'Assemblée nationale, quinze au Sénat). De cette façon, les possibilités de saisine seraient certes facilitées mais aussi rendues cohérentes avec la réalité de la formation des groupes politiques dans les assemblées parlementaires. On peut aussi penser que le chiffre de soixante députés ou soixante sénateurs oblige à rassembler un nombre significatif de parlementaires et empêche par là toute saisine dilatoire.

Sur l'ensemble de cette question v. H. Roussillon, *Le Conseil constitutionnel*, 2e éd., Dalloz, coll. « Connaissance du droit », 1994, p. 24 et s. Sur les saisines parlementaires v. plus généralement : Dix ans de saisine parlementaire, Table ronde du 29 octobre 1984, Aix-en-Provence, *AIJC*, 1985, Économica-PUAM, 1987, p. 125 ; Association française des constitutionnalistes, *Vingt ans de saisine parlementaire du Conseil constitutionnel*, Journée d'études du 16 mars 1994, Économica-PUAM, 1995 ; B. Mercuzot, *Les saisines parlementaires du Conseil constitutionnel dans le contrôle de constitutionnalité des lois. Stratégies politiques et État de droit*, thèse, Dijon, 1991 ; id., Saisine parlementaire et constitutionnalisme, *in* CURAPP, *Droit et politique*, PUF, 1993, p. 65 et s.

Une saisine signée de moins de soixante députés ou soixante sénateurs est jugée irrecevable, alors que la loi a déjà été déférée par plus de soixante députés et que la saisine porte sur des dispositions différentes de celles critiquées par la première saisine (n° 77-89 DC, 30 décembre 1977, *Rec.*, 46 ; n° 81-133 DC, 30 décembre 1981, *Rec.*, 41). Mais est recevable et examinée une saisine de moins de soixante députés ou soixante sénateurs s'ajoutant à une première saisine, portant sur des dispositions déjà critiquées dans la première saisine, et développant de nouveaux moyens (n° 89-268 DC, 29 décembre 1989, *Rec.*, 110).

Comme le disent justement MM. Renoux et de Villiers (*Code constitutionnel,* Litec, 1994, p. 457),

« sauf à être revêtues des soixante signatures exigées, sont irrecevables de *nouvelles conclusions* (visant des dispositions législatives non critiquées dans la requête initiale) mais non de *nouveaux moyens* (invoquant la violation de dispositions constitutionnelles autres que celles initialement visées) ».

Lorsque le Conseil constitutionnel est saisi de plusieurs requêtes régulières émanant de saisissants différents, concernant la même loi, il opère une jonction des saisines pour statuer par une seule décision (n° 78-101 DC, 17 janvier 1979, *Rec.*, 23 : jonction de deux requêtes de députés portant sur la même loi ; n° 94-343/344 DC, préc. : jonction de la saisine de 68 députés avec celle du président de l'Assemblée nationale). Lorsque deux textes déférés portent sur des domaines proches, le Conseil peut également opérer une jonction (cf. n° 94-343/344 DC, préc. ; n° 94-353/356 DC, 11 janvier 1995, *Rec.*, 166).

L'article 61 de la Constitution désigne limitativement les autorités habilitées à saisir le Conseil constitutionnel d'un texte de loi avant sa promulgation, ce qui interdit cette saisine à toute autre personne. Toute saisine individuelle par un simple citoyen est jugée irrecevable en contentieux constitutionnel des lois (n° 82-146 DC, 18 novembre 1982, *Rec.*, 66 ; n° 84-178 DC, 30 juillet 1984, *Rec.*, 69).

Même si dans certains cas, le Conseil a interprété de façon extensive sa compétence en déclarant recevable une requête individuelle, il est vrai dans le domaine particulier des actes préparatoires à une élection nationale (C. const., 11 juin 1981, *Delmas*, *Rec.*, 97 : admission de la contestation du décret portant convocation du corps électoral, après une décision d'incompétence rendue par le Conseil d'État, afin d'éviter un déni de justice ; jurisprudence d'abord confirmée : C. const., 4 juin 1988, *Rec.*, 77, puis en retrait : C. const., 20 mars 1997, *Mme Richard* et CE, Sect., 23 avril 1997, *Mme Richard*, *RDP*, 1997, p. 1209 et s., obs. J.-P. Camby ; *RFDA*, 1997, p. 692, concl. J.-C. Bonichot, obs. R. Ghevontian), on ne voit pas comment il pourrait accepter une requête individuelle en contentieux des lois, dans la mesure où les requérants sont clairement et limitativement définis par la Constitution elle-même (sur cette extension des compétences et de la recevabilité des requêtes v. L. Favoreu et L. Philip, *Les grandes décisions du Conseil constitutionnel*, 9e éd., Dalloz, 1997, p. 162 et s. ; B. Genevois, *RFDA*, 1988, p. 887 et s. ; L. Favoreu, *RDP*, 1989, p. 420 et s. ; D. Rousseau, *Droit du contentieux constitutionnel*, 4e éd., Montchrestien, 1995, p. 156).

La notion d'intérêt à agir ne trouve pas d'application en contentieux constitutionnel des lois dans la mesure où la qualité des saisissants est suffisante pour déclencher une saisine du Conseil constitutionnel. L'intérêt à agir est celui de la défense de la Constitution et il est suffisant, ce qui souligne le caractère spécifique de ce contentieux (G. Drago, Le contentieux constitutionnel des lois, contentieux d'ordre public par nature, in *L'unité du droit, Mélanges offerts à Roland Drago*, Économica, 1996, p. 9).

Le mécanisme des saisines ne prévoit pas de possibilité de représentation par un avocat, comme cela avait été tenté en 1976 (n° 76-67 DC, 15 juillet 1976, *Rec.*, 35 ; v. sur ce point Th. S. Renoux, *AIJC*, 1985,

p. 157). Cependant, on sait que, parfois, des avocats aux Conseils ont pu présenter des argumentaires à l'appui de parlementaires requérants, voire à l'appui de « saisines sauvages » (v. *infra*), par exemple dans le contentieux sur la loi relative aux entreprises de presse (n° 84-181 DC, 10 et 11 octobre 1984, *Rec.*, 73). Une modification importante du règlement applicable à la procédure suivie devant le Conseil constitutionnel pour le contentieux de l'élection des députés et des sénateurs a eu lieu en 1995 (C. const., 28 juin 1995, *Rec.*, 283), prévoyant que les personnes désignées par le requérant ou le défendeur peuvent demander à être entendues par le Conseil. Depuis le début de l'année 1996, des avocats ont ainsi plaidé devant le Conseil constitutionnel, mais uniquement donc en matière de contentieux électoral, ce qui reste assez spécifique. Il faut y voir la volonté du Conseil de se conformer aux exigences du procès équitable, au sens de l'article 6 de la Convention européenne des droits de l'homme.

La question d'un possible désistement de l'action de parlementaires saisissants devant le Conseil constitutionnel n'a, pendant longtemps, pas été évoquée. Mais le Conseil a eu à résoudre une telle question en 1996, lorsque certains parlementaires souhaitèrent se désister de leur action contre une loi de finances rectificative donnant la possibilité à certains anciens combattants de la guerre d'Espagne (1936-1939) d'obtenir la carte de combattant. Ces parlementaires de la majorité agissaient ainsi à l'encontre du Gouvernement qu'en toute logique ils auraient dû soutenir. Les groupes parlementaires exercèrent donc une forte pression politique sur ces parlementaires afin de les amener à « retirer » leur signature de la saisine, ce que firent certains, indiquant par exemple qu'il avaient saisi le Conseil « par erreur » *(sic !)*. Le Conseil devait donc se prononcer sur le fait de savoir si la requête demeurait recevable, compte tenu d'un nombre de signatures devenu, par suite de ce « retrait » inférieur au minimum de soixante exigé par la Constitution.

Dans sa décision du 30 décembre 1996 (n° 96-386 DC, *Rec.*, 154), le Conseil constitutionnel refuse tout désistement en soulignant le caractère nécessairement indivisible de la saisine, l'intérêt à agir étant la seule défense de la Constitution, ce qui justifie que le Conseil exerce son contrôle sur l'ensemble de la loi soumise à son examen :

« Considérant toutefois qu'en vertu des dispositions précitées de la Constitution [art. 61] et de l'ordonnance du 7 novembre 1958 susvisée [art. 18], la saisine du Conseil constitutionnel par les membres du Parlement résulte indivisiblement d'une ou plusieurs lettres signées par au moins soixante députés ou soixante sénateurs ; que l'effet de cette saisine est de mettre en œuvre, avant la clôture de la procédure législative, la vérification par le Conseil constitutionnel de toutes les dispositions de la loi déférée y compris de celles qui n'ont fait l'objet d'aucune critique de la part des auteurs de la saisine ; qu'aucune disposition de la Constitution non plus que de la loi organique relative au Conseil constitutionnel ne permet aux autorités ou parlementaires habilités à déférer une loi au Conseil constitutionnel de le dessaisir en faisant obstacle à la mise en œuvre du contrôle de constitutionnalité engagé ; que dès lors, hormis les cas d'erreur matérielle, de fraude ou de vice du consentement, le Conseil constitutionnel ne saurait prendre en compte des déclarations exprimées en ce sens » (n° 96-386 DC, § 4 ; v. notre commentaire, *Justices*, n° 5, 1997, spéc. p. 237 et s.).

On ne peut pas vraiment utiliser la notion de parties à propos des requérants en contentieux constitutionnel des lois, ce qui supposerait l'existence de prétentions opposées défendues par une partie contre une autre. Cette terminologie est même récusée par l'un des acteurs de la procédure de contrôle de constitutionnalité des lois qui est le secrétaire général du Gouvernement (v. lettre de M. R. Denoix de Saint Marc, alors secrétaire général du gouvernement, citée par O. Gohin, *La contradiction dans la procédure administrative contentieuse*, LGDJ, 1988, p. 425).

En effet, même si l'instruction des saisines laisse la place à une part de contradiction, la saisine a pour objet de faire vérifier la constitutionnalité de la loi, sans qu'à la base de la saisine il y ait la contestation d'une prétention adverse. Le contentieux une fois déclenché par la saisine, il se détache des saisissants, de par son caractère de contentieux objectif destiné à trancher des questions de droit constitutionnel et aucunement des questions de fait. La défense par une partie de ses prétentions n'a pas alors vraiment de sens, l'application stricte du principe du contradictoire étant moins nécessaire même si elle est souhaitable (v. les réflexions de D. Labetoulle, Les méthodes de travail au Conseil d'État et au Conseil constitutionnel, in *Conseil constitutionnel et Conseil d'État*, colloque préc., p. 252).

B | LA SAISINE

La présentation de la saisine n'obéit à aucun formalisme prédéterminé. En ce qui concerne les quatre Hautes autorités de l'État citées à l'article 61 de la Constitution, la saisine se fait par simple lettre adressée au président et aux membres du Conseil constitutionnel, ou à son secrétaire général. En ce qui concerne les saisines parlementaires, l'article 18 de l'ordonnance du 7 novembre 1958, modifié en conséquence par une loi organique jugée conforme à la Constitution (n° 74-52 DC, 23 déc. 1974, *Rec.*, 19) dispose que

« lorsqu'une loi est déférée au Conseil constitutionnel à l'initiative de parlementaires, le Conseil est saisi par une ou plusieurs lettres comportant au total les signatures d'au moins soixante députés ou soixante sénateurs ».

Le Conseil peut donc être saisi par une seule lettre ou plusieurs, l'important étant que l'ensemble des lettres portant sur le même objet aboutisse à un total de soixante signatures de députés ou soixante signatures de sénateurs, une saisine de députés n'empêchant d'ailleurs pas une saisine de sénateurs. La pratique actuelle est celle des saisines collectives suivies des signatures.

Le plus souvent donc, la saisine se présente sous forme de trois documents distincts : une lettre de saisine adressée soit au président du Conseil constitutionnel et aux conseillers, soit au secrétaire général, signée généralement par le président du groupe parlementaire saisissant ou par le parlementaire à l'origine de la saisine ; un mémoire ampliatif sans exigence formelle particulière mais souvent inspiré de ce qui se fait devant les juridictions administratives ; la liste des signataires comportant nom, circonscription de rattachement et signature (Th. S. Renoux, *AIJC*, 1985, p. 139).

Les saisines une fois reçues au Conseil constitutionnel font l'objet d'une vérification formelle c'est-à-dire que le secrétariat général vérifie le nombre et l'authenticité des signatures en les comparant au registre des signatures déposé au Conseil en début de législature et tenu constamment à jour (O. Schrameck, Les aspects procéduraux des saisines, in *Vingt ans de saisine parlementaire du Conseil constitutionnel, op. cit.*, p. 83). A ce propos, le Conseil a précisé qu'en vertu de l'article 18 de l'ordonnance du 7 novembre 1958

« il incombe aux auteurs des saisines de permettre, par une signature manuscrite, l'authentification des requêtes qu'ils entendent adresser au Conseil constitutionnel » (n° 96-386 DC, 30 décembre 1996, *Rec.*, 154).

L'article 18, alinéa 2 de l'ordonnance de 1958 indique d'autre part que

« le Conseil constitutionnel, saisi conformément aux articles 54 ou 61 (alinéa 2) de la Constitution, avise immédiatement le président de la République, le Premier ministre et les présidents de l'Assemblée nationale et du Sénat. Ces derniers en informent les membres des assemblées ».

Il s'agit là d'informer autant les autres saisissants possibles du Conseil que les plus hautes autorités de l'État de la saisine qui vient d'être déposée. Ainsi, cette information officielle peut permettre à certains groupes parlementaires non saisissants de faire valoir d'autres arguments ou de susciter des arguments en réponse à la saisine devant le Conseil, comme cela s'est fait par exemple à propos de la loi de nationalisation en 1982 (n° 81-132 DC, 16 janvier 1982, *Rec.*, 18 ; n° 82-139 DC, 11 février 1982, *Rec.*, 31. V.

l'ensemble des documents *in* L. Favoreu (Textes et documents réunis et présentés par), *Nationalisations et Constitution*, Économica-PUAM, 1982).

La saisine est évidemment transmise immédiatement à tous les membres du Conseil constitutionnel.

Aucune disposition constitutionnelle ou organique n'impose que la saisine soit motivée. Le Conseil prend parfois acte de cette absence de motivation des saisines dans sa décision par la formule « considérant que les auteurs de la saisine n'ont développé à l'appui de celle-ci aucun moyen particulier » (n° 86-211 DC, 26 août 1986, *Rec.*, 120), ceci pour bien signifier aussi que la discussion constitutionnelle provient de conclusions soulevées d'office par le Conseil (v. *infra*). Une saisine ne comportant aucun moyen particulier est donc recevable (n° 86-211 DC, préc. ; cf. n° 71-44 DC, 16 juillet 1971, préc. ; n° 73-51 DC, 27 décembre 1973, préc. ; n° 82-147 DC, 2 décembre 1982, *Rec.*, 70 ; n° 83-168 DC, 20 janvier 1984, *Rec.*, 38 ; n° 86-211 DC, 26 août 1986, *Rec.*, 120 ; 89-271 DC, 11 juin 1990, *Rec.*, 21 ; n° 95-360 DC, 2 février 1995, *Rec.*, 195). Les quatre Hautes autorités compétentes pour saisir le Conseil motivent d'ailleurs rarement leur saisine (par exemple pour des saisines faites par le Premier ministre pour des lois ordinaires : n° 95-361 DC et n° 95-362 DC, 2 février 1995, *Rec.*, 198 et 200).

C'est dans le mémoire ampliatif que les arguments contestant la constitutionnalité de la loi déférée sont développés. Sans nécessité formelle imposée par un texte, leur présentation varie mais elle comprend généralement d'abord les arguments de forme, de procédure, relatifs à la compétence du Parlement, puis les arguments portant sur la violation de droits fondamentaux de valeur constitutionnelle, portant sur tel ou tel article de la loi déférée.

La saisine peut être suivie de mémoires complémentaires, sans condition de délai mais qui ne peuvent qu'apporter des arguments supplémentaires à la saisine initiale et non contester de nouveaux articles de la loi. De la même façon, un député signataire de la première saisine ne peut mettre en cause postérieurement par une lettre séparée d'autres dispositions de la loi déférée sous sa seule signature. Cette lettre est déclarée irrecevable (n° 81-133 DC, 30 décembre 1981, *Rec.*, 41).

Les saisines sont publiées au *Journal officiel*, avec la décision du Conseil constitutionnel, une fois la décision rendue, ceci depuis 1983, à l'initiative du président du Conseil constitutionnel D. Mayer. Elles étaient placées autrefois dans la rubrique « Informations parlementaires » mais depuis 1994 elles sont placées à la suite de la décision du Conseil, dans une rubrique spécifique « Conseil constitutionnel ». Depuis la fin de l'année 1994, les observations en réponse du Gouvernement, rédigées par le

Secrétariat général du Gouvernement, ont été également publiées et le sont maintenant systématiquement avec les saisines. La dernière évolution de cette pratique est la publication de la décision du Conseil, des saisines et des observations du Gouvernement immédiatement à la suite de la loi qui a été déférée au Conseil, ce qui a été réalisé pour la première fois pour la loi de finances pour 1996, la loi de finances rectificative pour 1995 et la loi autorisant le Gouvernement, par application de l'article 38 de la Constitution, à réformer la protection sociale (respectivement n° 95-369 DC, 28 décembre 1995, *Rec.*, 257 ; n° 95-371 DC, 29 décembre 1995, *Rec.*, 265 ; n° 95-370 DC, 30 décembre 1995, *Rec.*, 269). La pratique ultérieure confirme ce changement (n° 96-372 DC, 6 février 1996, *Rec.*, 40).

On peut se demander si cette modification qui fait entrer les décisions du Conseil constitutionnel dans la rubrique « Lois » du *Journal officiel* n'est pas une manifestation formelle mais significative de l'inclusion de la décision du Conseil dans le processus législatif, ce qui avait déjà été remarqué (Y. Gaudemet, Le Conseil constitutionnel et le Conseil d'État dans le processus législatif, préc., p. 87 et s.). La publication des saisines au *Journal officiel* a un effet politique certain puisque les saisissants peuvent y développer toute sorte d'arguments contestant la loi soumise au Conseil et montrer ainsi leur détermination. Avant même leur publication en même temps que la décision, rien n'en interdit la publication d'extraits ou de résumés dans la presse, à l'initiative des seuls saisissants (O. Schrameck, intervention préc., p. 83).

Le contenu de la saisine ne limite pas l'étendue du contrôle exercé par le Conseil constitutionnel. Le Conseil examine les dispositions dont la constitutionnalité est contestée par les auteurs de la saisine et se réserve la possibilité de soulever d'office la non conformité à la Constitution des autres dispositions de la loi soumise à son examen (n° 60-8 DC, 11 août 1960, *Rec.*, 25, jurisprudence constante) et d'en tirer toutes les conséquences de droit (n° 92-307 DC, 25 février 1992, *Rec.*, 48). Sur l'étendue du contrôle exercé par le Conseil, v. *infra*.

La saisine du Conseil constitutionnel suspend le délai de promulgation (art. 61, al. 4 de la Constitution). Ce délai est décompté à partir de la date de la saisine. Mais à côté de ce simple aspect de procédure, la saisine a pour fonction d'ouvrir réellement le débat constitutionnel c'est-à-dire de permettre au contrôle du Conseil de s'exercer dans toute son ampleur, bien au-delà même du contenu de la saisine. La saisine permet donc l'exercice du contrôle de constitutionnalité et c'est bien là son effet principal.

Le Conseil constitutionnel doit être saisi avant la promulgation de la loi (art. 61 de la Constitution) et après le vote définitif de la loi. En conséquence, une saisine datée antérieurement au vote définitif de la loi est déclarée irrecevable par le Conseil (n° 76-69 DC, 8 novembre 1976, *Rec.*, 37).

Théoriquement, les saisissants peuvent utiliser tout le délai offert au président de la République, c'est-à-dire quinze jours (art. 10 de la Constitution) pour saisir le Conseil. Mais le président pourrait ne pas vérifier s'il y a un projet de saisine et promulguer la loi immédiatement après son vote. En réalité, la pratique est celle d'une information immédiate du Conseil constitutionnel par les saisissants dès qu'une saisine est envisagée. Le secrétariat général du Conseil informe alors le secrétariat général du Gouvernement, chargé des formalités de la promulgation, qui en bloque la procédure. Ces informations se font par téléphone, sans aucune formalité.

Pourtant, le Conseil constitutionnel a eu à se prononcer sur une saisine parlementaire déposée après la signature du décret de promulgation par le président de la République, dans l'espèce suivante. La loi portant réforme du service national avait été définitivement adoptée le 21 octobre 1997. Le 28 octobre, après recueil des contreseings exigés par l'article 19 de la Constitution, le président de la République signait le décret de promulgation, authentifiant ainsi la loi et la rendant parfaite au sens juridique du terme. Cette opération interdisait nécessairement toute saisine du Conseil constitutionnel, puisque, aux termes de l'article 61 de la Constitution, celle-ci doit intervenir avant la promulgation. Or, le 29 octobre, plus de soixante sénateurs déposaient une saisine au Conseil constitutionnel. En toute logique, le Conseil constitutionnel rendit alors une décision d'incompétence, considérant que

« une loi promulguée, même non encore publiée, ne peut être déférée au Conseil constitutionnel en application des dispositions [des articles 10 et 61 de la Constitution] » (n° 97-392 DC, 7 novembre 1997).

Il y a là incontestablement une lacune dans la Constitution qui aurait dû prévoir un délai minimum pendant lequel la promulgation ne pourrait être faite (v. intervention de J. Fournier, alors secrétaire général du Gouvernement au colloque *Le Secrétariat général du Gouvernement*, Économica, 1986, p. 42 ; Th. S. Renoux, *AIJC*, 1985, préc., p. 155 ; v. aussi les réflexions du secrétaire général du Conseil constitutionnel J.-E. Schoettl, à propos de la décision n° 97-392 DC, *AJDA*, 1997, p. 974 et s. ; v. aussi P. Jan, *LPA*, n° 153, 22 décembre 1997, p. 13 et s.). Mais on peut se demander également si une saisine éventuelle peut seule bloquer l'exercice de cette compétence majeure du président de la République qu'est la promulgation.

Si, dans ce délai de quinze jours, qui est un maximum, le Conseil constitutionnel n'a pas été saisi, l'obligation de promulgation reprend ses droits et la loi doit être promulguée par le président de la République. En réalité, on vient de le voir, les choses ne se présentent pas de cette façon puisque l'information réciproque permet en principe, à chaque partenaire du Conseil constitutionnel de connaître les intentions de l'autre.

Mais on ne peut connaître à l'avance la date de la décision du Conseil constitutionnel qui doit statuer dans un délai d'un mois à compter de la saisine (art. 61, al. 3 de la Constitution), même si le secrétariat général du Conseil informe peu avant le prononcé de la décision le secrétariat général du Gouvernement afin de permettre la reprise des opérations de promulgation. Ainsi, les saisissants parlementaires par exemple, pourraient saisir le Conseil de nouveaux mémoires à l'extrême fin du délai donné au Conseil pour statuer, ce qui est arrivé (en 1977 et 1979 par exemple. V. obs. Th. S. Renoux, *AIJC*, 1985, p. 155). C'est pourquoi il est parfois proposé d'instituer un délai extrême pour effectuer la saisine du Conseil, de l'ordre d'une semaine après le vote définitif de la loi (Th. S. Renoux, art. préc.).

Le court délai de saisine du Conseil constitutionnel est l'une des manifestations du caractère *a priori* du contrôle de constitutionnalité des lois. L'objet de ce contrôle est donc bien, comme le rappelle le Conseil lui-même, « non de gêner ou de retarder l'exercice du pouvoir législatif mais d'assurer sa conformité à la Constitution » (n° 85-197 DC, préc.). En ce sens, la saisine doit intervenir le plus tôt possible après le vote de la loi afin de retarder le moins possible l'entrée en vigueur de la loi, si celle-ci est déclarée conforme à la Constitution par le Conseil constitutionnel.

Irrecevabilités en matière financière

Les irrecevabilités de dispositions financières en matière législative posent des problèmes spécifiques de procédure. Il est nécessaire d'abord de rappeler que la Constitution prévoit un mécanisme particulier de recevabilité de propositions ou d'amendements parlementaires lorsque ceux-ci ont une incidence financière. Ainsi l'article 40 de la Constitution énonce que

> « les propositions et amendements formulés par les membres du Parlement ne sont pas recevables lorsque leur adoption aurait pour conséquence soit une diminution des ressources publiques, soit la création ou l'aggravation d'une charge publique ».

Cette disposition constitutionnelle, reprise à l'article 42 de l'ordonnance n° 59-2 du 2 janvier 1959 portant loi organique relative aux lois de finances, fait l'objet d'un contrôle au fond particulièrement rigoureux. Il est exercé d'abord par les assemblées parlementaires elles-mêmes, selon les principes propres à leur Règlement. Il est ensuite exercé par le Conseil constitutionnel statuant ici en quelque sorte comme « « juge d'appel » de la pratique parlementaire » (Th. S. Renoux et M. de Villiers, *Code constitutionnel*, préc., p. 380) ce dernier énonçant que

« si la mise en œuvre de [l'article 40] est assurée, au cours de la procédure législative, dans les conditions prévues par les Règlements des deux assemblées du Parlement, il est de la mission du Conseil constitutionnel de statuer sur le point de savoir si, au cours de l'élaboration de la loi, il a été fait de l'article susrappelé une application conforme à la lettre et à l'esprit de cette disposition » (n° 75-57 DC, 23 juillet 1975, *Rec.*, 24).

On rappelle seulement que le champ d'application de ce contrôle par le Conseil est compris très largement puisqu'il s'étend à tous les textes soumis à délibération parlementaire (n° 59-3 DC, 24 et 25 juin 1959, *Rec.*, 61), à condition qu'il ait été soumis à débat parlementaire (n° 93-329 DC, 13 janvier 1994, *Rec.*, 9), et que l'irrecevabilité de l'article 40 a été qualifiée par le Conseil d'« irrecevabilité absolue » (n° 78-94 DC, 14 juin 1978, *Rec.*, 15) réclamant un « examen systématique » de recevabilité (n° 91-292 DC, 23 mai 1991, *Rec.*, 64).

Du point de vue procédural, le contrôle du Conseil constitutionnel s'exerce par le biais de la procédure de l'article 61 de la Constitution, c'est-à-dire seulement s'il est saisi de la loi définitivement adoptée. Le contrôle de l'article 40 de la Constitution ne peut être exercé par le Conseil que si l'exception d'irrecevabilité a été soulevée devant le Parlement (n° 77-82 DC, 20 juillet 1977, *Rec.*, 37 ; n° 83-164 DC, 29 décembre 1983, *Rec.*, 67 ; n° 94-345 DC, 27 juillet 1994, *Rec.*, 106). Les dispositions irrecevables peuvent faire l'objet d'une déclaration d'inséparabilité et donc entacher le texte d'une inconstitutionnalité totale (n° 77-91 DC, 18 janvier 1978, *Rec.*, 19).

Les effets d'une déclaration d'irrecevabilité au regard de l'article 40 de la Constitution sont équivalents à ceux d'une déclaration d'inconstitutionnalité, c'est-à-dire que la disposition législative ne peut être promulguée.

IV / L'instruction

A | RÔLE DU RAPPORTEUR

Dès que la saisine est enregistrée et que les vérifications formelles indispensables ont été effectuées, le président du Conseil constitutionnel désigne sans délai un rapporteur, en application de l'article 19 de l'ordonnance du 7 novembre 1958 qui dispose que

« l'appréciation de la conformité à la Constitution est faite sur le rapport d'un membre du Conseil dans les délais fixés par le troisième alinéa de l'article 61 de la Constitution ».

Le secrétaire général du Conseil constitutionnel Olivier Schrameck a pu préciser que

« il arrive même qu'en cas de saisine très probable, ce rapporteur ait été désigné à l'avance, ne serait-ce que pour organiser la répartition du travail à la suite d'une session parlementaire entre les différents membres du Conseil constitutionnel » (intervention préc., in *Vingt ans de saisine parlementaire du Conseil constitutionnel*, p. 83-84).

Il s'agit là d'une prérogative du président du Conseil qui, en principe, ne se désigne jamais lui-même comme rapporteur (*contra* : pour la décision n° 97-394 DC, 31 décembre 1997, relative au traité d'Amsterdam). Le nom de ce rapporteur doit rester secret car il ne doit pas être l'objet de pressions ou de sollicitations diverses mais doit préparer le travail du Conseil en toute sérénité. On verra les limites de cette règle (v. *infra*).

La fonction du rapporteur est de conduire l'instruction et de préparer un projet de décision assorti d'un rapport, qui sera ensuite soumis à la délibération et à la décision du Conseil. Dans cette fonction, qu'il exerce avec une assez grande liberté, il bénéficie de l'aide du secrétariat général du Conseil constitutionnel qui a un véritable « rôle auxiliaire d'instruction » (O. Schrameck, intervention préc., p. 84), notamment par le rassemblement d'une documentation la plus complète possible mais aussi par des réunions de travail à l'initiative du rapporteur. Le rapporteur peut prendre aussi tous les contacts qu'il souhaite, de façon informelle, afin d'éclairer sa réflexion. On remarque là fortement l'imprécision de la procédure d'instruction mais aussi sa souplesse (v. le témoignage du doyen G. Vedel, ancien membre du Conseil constitutionnel, sur le travail du rapporteur : La manière dont les saisines sont perçues par les membres du Conseil constitutionnel et prises en considération dans le débat au sein du Conseil, in *Vingt ans de saisine parlementaire du Conseil constitutionnel*, *op. cit.*, p. 57 et s.).

B | INSTRUCTION ET RESPECT DU PRINCIPE DU CONTRADICTOIRE

Compte tenu de l'absence de codification de la procédure devant le Conseil constitutionnel dans le contentieux constitutionnel des lois, c'est au fur et à mesure du développement du contentieux que des réunions ont été organisées entre ceux qui interviennent à divers titres dans ce contentieux et que des mémoires écrits ont été échangés. On rappelle que la procédure devant le Conseil dans ce type de contentieux ne peut être qualifiée de contradictoire au sens des principes généraux de procédure (art. 16 du Nouveau Code de proc. civ.). En effet, on ne peut parler de parties dans ce type de contentieux puisqu'il n'y a pas de prétentions opposées à l'origine de l'instance mais une contestation de la constitutionnalité d'une norme législative objective. En présence de ce contentieux objectif par nature, la contradiction prend une forme originale par l'échange d'arguments pour ou contre la constitutionnalité de la loi, défendus par des institutions ou des personnes qui n'en sont pas, pour une part, les auteurs (sur le caractère contradictoire de la procédure v. en particulier Th. S. Renoux, *AIJC*, 1985, p. 156-157) et dont l'intérêt à agir ne comprend pas d'éléments subjectifs.

Une deuxième remarque concerne le délai dans lequel est inscrit cette « procédure contradictoire ». Le délai maximum est celui d'un mois, prescrit par le troisième alinéa de l'article 61 de la Constitution, délai qui peut même être restreint à huit jours si le Gouvernement demande au Conseil de statuer en urgence (art. 61, al. 3), ce qui est extrêmement court, s'agissant d'un contentieux majeur sur le plan juridique et qui peut être très important en volume de texte à examiner si on songe en particulier aux lois de finances, votées en fin d'année civile et examinées nécessairement par le Conseil avant le début de l'exercice budgétaire ultérieur qui commence le premier janvier suivant. Dans tous les cas, le délai est toujours très bref et c'est en pratique à la diligence des intervenants, en particulier du Secrétariat général du Gouvernement que revient, avec le Secrétariat général du Conseil constitutionnel, le respect de ce délai constitutionnel.

La troisième remarque concerne les caractéristiques de la procédure. Elle est écrite et orale, non publique et contradictoire par la pratique et non par les textes. Elle est donc souple et non codifiée ce qui comporte des avantages et des inconvénients. Les avantages sont soulignés par l'un de ceux qui fut un acteur de cette procédure, le doyen G. Vedel qui déclare :

« personnellement j'ai pensé que l'absence de procédure qui finalement caractérise le cours des examens des saisines devant le Conseil constitutionnel, ouvre une liberté et une contradiction dans l'instruction qu'aucune disposition n'ouvrirait au même degré. Du moment que rien n'est permis, mais que rien n'est défendu, tout est permis. Et pratiquement — s'agissant naturellement non pas de questions de fait, où le contradictoire juridictionnel bien organisé est nécessaire, mais de questions de droit — je n'ai pas relevé de cas où une contradiction organisée autrement aurait abouti à des résultats différents ; mais enfin c'est une question d'appréciation » (intervention préc., p. 61). V. aussi l'essai de justification de ces particularités procédurales par le doyen Vedel : Réflexions sur les singularités de la procédure devant le Conseil constitutionnel, *Mél. R. Perrot*, Dalloz, 1996, p. 537 et s.

L'inconvénient réside principalement dans l'absence de véritable contradiction, au sens juridique du terme, dans le débat constitutionnel qui s'instaure même si celle-ci est peu à peu mise en place. Mais il faut aussi rappeler que les parlementaires ne veulent pas vraiment se soumettre à un tel débat formalisé et que le Gouvernement estime de son côté qu'il n'y a pas vraiment de contentieux et en tout cas pas de parties, au sens classique de ces termes.

Il nous semble cependant aujourd'hui nécessaire de faire prévaloir les garanties minimales d'une procédure organisée en faisant en sorte de la codifier, même sommairement. Les textes le permettent et le prévoient puisque l'article 56 de l'ordonnance du 7 novembre 1958 indique que

« le Conseil constitutionnel complétera par son Règlement intérieur les règles de procédure édictées par le titre II de la présente ordonnance »,

ce qui recouvre la procédure de contrôle de la conformité des lois à la Constitution. Il revient à la sagesse des membres du Conseil constitutionnel de franchir ce pas vers une plus grande juridictionnalisation de la procédure sous de meilleures garanties générales, ce qui ne ferait que renforcer ce caractère juridictionnel dont il se réclame si fortement (v. *infra*, VI).

Quoi qu'il en soit, les intervenants devant le Conseil constitutionnel ne sont pas, à proprement parler, des parties qui défendent leurs intérêts. Ainsi, les saisissants n'ont pas, par définition, voté la loi puisqu'ils en contestent la constitutionnalité devant le Conseil. Leur saisine peut ne pas développer d'argumentaire et se présenter comme une simple soumission de la loi à la sagesse du Conseil, donc sans véritable contestation. Pourtant ce sont eux qui déclenchent le contentieux par leur saisine, sans laquelle le Conseil ne peut statuer puisqu'il ne peut s'autosaisir.

Ainsi, le « défendeur » de la loi, si l'on peut dire, n'est pas la majorité parlementaire qui l'a votée mais le Secrétariat général du Gouvernement qui est placé sous l'autorité du Premier ministre. Certes, la loi est, dans la plupart des cas, le fruit du travail gouvernemental qui conduit à présenter un projet de loi aux assemblées parlementaires. Mais l'auteur de la loi est bien le Parlement or c'est le seul à ne pas être représenté lors des éléments contradictoires de la procédure. C'est bien le Secrétariat général du Gouvernement qui est chargé de répondre à la saisine avec la collaboration des représentants des ministères concernés par le texte de loi. A aucun moment les parlementaires ne sont entendus par le Conseil, ce qu'ils refusent d'ailleurs malgré la proposition faite par le président Badinter en 1986 aux présidents des Assemblées parlementaires, ceux-ci estimant que la représentation nationale n'a pas à s'expliquer et à justifier ses choix devant le Conseil constitutionnel, au regard du principe de séparation des pouvoirs.

Il s'ensuit que les réunions qui se déroulent soit au Conseil constitutionnel, soit au Secrétariat général du Gouvernement ne peuvent donner lieu ni même constituer une amorce de débat contradictoire au sens des principes généraux de procédure. Elles ont pour objet un échange d'informations et sont l'occasion, pour celles qui sont présidées par le rapporteur devant le Conseil, de poser des questions pour éclairer sa réflexion mais pas directement celle de la juridiction constitutionnelle puisqu'elle n'est pas complètement présente.

Deux types de réunions ont lieu : d'une part, au Secrétariat général du Gouvernement à l'Hôtel Matignon, d'autre part au Conseil constitutionnel. Ces réunions ne font appel à aucun formalisme particulier.

La ou les réunions au Secrétariat général du Gouvernement rassemblent des membres de ce Secrétariat, en général principalement le conseiller technique auprès du secrétaire général du Gouvernement ou le directeur au sein de cet organisme, chargé des questions constitutionnelles, parfois le secrétaire général du Gouvernement lui-même et des représentants des ministères concernés par le texte de loi. Des conseillers du Premier ministre peuvent aussi être présents. Elles ont pour objet de préparer l'argumentaire en réponse à la saisine au nom du Gouvernement. Ces séances de travail peuvent préparer également la réunion devant le conseiller-rapporteur du Conseil constitutionnel ou y faire suite pour développer ou reprendre une argumentation. Là encore, rien n'est codifié et c'est à la diligence du Secrétariat général du Gouvernement qu'il revient d'en fixer le nombre, l'objet et les participants.

La réunion présidée par le conseiller du Conseil constitutionnel, rapporteur, a lieu au Conseil, rue de Montpensier. Elle rassemble, d'une part, sous l'autorité du rapporteur, des collaborateurs du service juridique du Conseil et le secrétaire général du Conseil, d'autre part des représentants du Secrétariat général du Gouvernement dont le conseiller technique chargé des questions constitutionnelles, et des représentants des ministères. Ces derniers peuvent être des membres du cabinet des ministres concernés accompagnés de membres de l'administration. Aucune règle n'est fixée à ce sujet.

« L'objet de la réunion est d'une part d'obtenir des éléments d'information qui n'apparaîtraient pas à travers les travaux parlementaires et qui expliqueraient la conception et la rédaction des dispositions législatives soumises au Conseil constitutionnel et d'autre part d'entreprendre un questionnement juridique qui peut se traduire par un premier échange d'argumentations » (O. Schrameck, contribution préc., p. 85).

Cette réunion non publique, sous la direction du conseiller-rapporteur, permet ainsi d'évoquer de nombreux éléments de constitutionnalité soulevés par la saisine mais aussi d'autres questions à l'initiative du rapporteur. Elle est souvent précédée de communications téléphoniques entre le secrétariat général du Gouvernement et le secrétariat général du Conseil constitutionnel afin de la préparer dans les meilleures conditions (sur cette question v. surtout O. Schrameck, L'influence de la jurisprudence du Conseil constitutionnel sur l'action gouvernementale, *in* G. Drago, B. François, N. Molfessis (dir.), *La légitimité de la jurisprudence du Conseil constitutionnel*, Économica, 1998).

Il est important de souligner que c'est au cours de cette réunion qu'un premier débat contradictoire a lieu, par échange d'arguments de constitutionnalité à propos des dispositions de la loi contestées par la saisine et c'est le moment où peuvent apparaître de nouvelles questions, par exemple au sujet d'articles de la loi non contestés. Enfin, c'est l'occasion d'un débat de fond sur la constitutionnalité qui prend parfois la forme d'une véritable « négociation » (G. Drago, thèse, préc., p. 206 et s.), tendant à réduire les inconstitutionnalités potentielles en conformités à la Constitution sous réserve d'interprétation. La connaissance de la jurisprudence du Conseil constitutionnel, la qualité des représentants du Gouvernement, les préoccupations du rapporteur et son degré de formation juridique peuvent orienter le débat vers une qualité juridique certaine ou au contraire le limiter aux questions essentielles. Ce débat oriente largement le contenu des mémoires rédigés par le Secrétariat général du Gouvernement.

Les réunions sont suivies de mémoires écrits, rédigés par le Secrétariat général du Gouvernement qui sont pour une part la traduction des discussions qui ont lieu lors des réunions précitées et qui peuvent aussi évoquer d'autres points.

Le Secrétariat général du Gouvernement rédige deux documents : l'un est un véritable mémoire en réplique à la saisine, l'autre, qui n'est pas systématique, peut développer, sous forme de fiches techniques, d'autres arguments non évoqués par la saisine mais soulevés par le seul rapporteur ou donner au Conseil des éléments de fait ou des informations demandées par le rapporteur. Le premier mémoire est communiqué aux saisissants mais pas le second qui pourrait fournir une argumentation supplémentaire de contestation. Le Secrétariat général du Gouvernement intitule ses mémoires « observations » ce qui montre bien l'ambiguïté de la procédure au regard du principe du contradictoire.

Les saisissants peuvent répondre aux observations du Secrétariat général du Gouvernement par un mémoire en réplique réfutant ces observations, voire même en présentant des moyens nouveaux (O. Schrameck cite l'exemple de l'examen de la loi de finances pour 1994, contribution préc., p. 86), ce qui reste exceptionnel mais qui montre encore que le cadre de l'instance n'est pas limité par la saisine initiale.

Enfin, le Secrétariat général du Gouvernement peut remettre au Conseil constitutionnel d'ultimes observations dans une courte note, répondant au mémoire en réplique des saisissants et qui leur est communiquée autant que possible.

On peut appeler « saisines sauvages » les textes, mémoires, consultations, argumentaires provenant de toutes sortes de personnes, institutions, groupes de pression représentant des intérêts favorables ou opposés à la loi ou simplement cherchant à éclairer le Conseil sur tel ou tel point de la loi ou de la saisine et qui sont déposés au Conseil constitutionnel de façon informelle, parfois sous le timbre d'un avocat aux Conseils. Ces « saisines sauvages » sont transmises aux membres du Conseil constitutionnel mais ne sont pas intégrées au débat contentieux, car elles n'ont pas le caractère d'interventions au sens procédural du terme (v. à ce sujet les réflexions d'O. Schrameck, p. 87). Ces contributions sont le fruit logique de l'absence de procédure organisée et de la définition claire de la notion de parties. Elle démontre aussi le caractère objectif du contentieux et aussi la marque particulière du contrôle de constitutionnalité de la loi qui est toujours politique et d'intérêt public.

Le Secrétariat général du Conseil constitutionnel joue un rôle majeur dans le déroulement de cette procédure puisque c'est lui qui rassemble les argumentaires, exerce une fonction d'intermédiaire entre le rapporteur et les autres intervenants, est à la disposition du rapporteur pour lui apporter tous les éléments d'information qu'il peut demander ou dont il peut avoir besoin. A cette fin, il exerce, dès le début de la procédure et sans doute dès la phase de pré-contentieux constitutionnel, une « veille constitutionnelle » (v. *supra*) qui lui permet de rassembler un dossier très complet sur le contentieux qui va s'ouvrir ou qui est ouvert : l'ensemble des travaux parlementaires, rapports, annexes, débats ; dossier de presse, textes législatifs et réglementaires en rapport avec le sujet ; jurisprudence du Conseil constitutionnel, des autres Cours constitutionnelles, des Hautes juridictions nationales, des Cours européennes ; tous autres documents utiles. Cette documentation est fournie principalement au rapporteur mais n'entre pas dans le cadre du débat contentieux et n'est donc pas communiquée aux différents intervenants.

Enfin, on soulignera le rôle prépondérant du secrétaire général du Conseil constitutionnel qui non seulement coordonne cette action mais est un proche collaborateur des membres du Conseil constitutionnel, particulièrement du président, et qui exerce une fonction de conseil tenant à sa grande compétence juridique qui va bien au-delà d'un simple rôle de gestion et de coordination (O. Schrameck, Le secrétariat général du Conseil constitutionnel, *RFDA*, 1994, p. 1210 et s).

C | DÉLAI POUR STATUER

Ainsi que l'indique le troisième alinéa de l'article 61 de la Constitution,

« le Conseil constitutionnel doit statuer dans le délai d'un mois. Toutefois, à la demande du gouvernement, s'il y a urgence, ce délai est ramené à huit jours ».

En dehors de ce texte, aucune précision de délai n'est intervenue. Ceci signifie que le Conseil constitutionnel est libre dans ce délai d'organiser la procédure d'instruction. En pratique, la collaboration et l'information entre le Secrétariat général du Conseil constitutionnel et le Secrétariat général du Gouvernement sont constantes.

« En fonction des besoins du Gouvernement et des impératifs propres au Conseil constitutionnel, on se met en général d'accord pour une date de décision convenant aux uns et aux autres », pouvait ainsi déclarer J. Fournier alors secrétaire général du Gouvernement (*Le Secrétariat général du Gouvernement*, colloque préc., p. 97).

Le recours à la procédure d'urgence reste exceptionnel et il semble bien que ce soit là une prérogative gouvernementale qui s'impose au Conseil constitutionnel, par l'emploi de l'indicatif dans le texte constitutionnel. Des auteurs pensent au contraire que la condition d'urgence citée dans l'article 61 laisse au Conseil constitutionnel l'appréciation et la vérification de celle-ci, ce à quoi s'ajoute le fait que le Conseil a toujours interprété souverainement les textes le régissant (L. Favoreu et L. Philip, *Les grandes décisions du Conseil constitutionnel*, 9e éd., 1997, préc., p. 465-466).

V / Le délibéré

Avant la séance de jugement, le rapporteur, aidé s'il le souhaite du secrétariat général du Conseil, rédige un projet de décision précédé d'un rapport présentant l'affaire. Le rapporteur peut choisir de présenter aussi des variantes de sa décision et même un deuxième projet de décision (P. Giro, Les méthodes de travail des juridictions constitutionnelles. France, *AIJC*, 1992, p. 249 et s., spéc. p. 263). Ce projet est diffusé par le secrétariat général quelques jours avant la délibération à tous les membres du Conseil. Enfin, la veille de la délibération est préparé un dossier de séance destiné aux membres du Conseil comportant le projet de décision et le texte de la loi déférée.

La séance de jugement a lieu sur convocation du président du Conseil constitutionnel ou si celui-ci est empêché sur convocation du plus âgé des membres du Conseil (ord. 7 novembre 1958, art. 13). La décision est rendue par sept conseillers au moins, « sauf cas de force majeure dûment constatée au procès-verbal » (ord., art. 14). Les mêmes conseillers doivent participer à la même séance de jugement, en vertu d'un principe général de procédure.

Au moment même de la délibération se trouvent, en plus bien sûr des conseillers et du président du Conseil, le secrétaire général du Conseil, et éventuellement des chargés de mission et des membres du service juridique du Conseil, placés en retrait et chargés de la rédaction du procès-verbal. Les délibérations sont secrètes et les membres du Conseil constitutionnel sont tenus, par serment, de respecter ce secret (ord., art. 3).

L'appréciation de la conformité de la loi à la Constitution est faite sur le rapport d'un membre du Conseil (ord., art. 19). Chaque conseiller doit se prononcer explicitement, les décisions sont prises à la majorité simple, la voix du président du Conseil étant prépondérante en cas de partage. La délibération est donc marquée par un principe de collégialité.

La décision doit être motivée (ord., art. 20). La réponse apportée par la décision prend en considération les éléments de la saisine, c'est-à-dire la contestation de la loi sur le plan de la constitutionnalité. La question de savoir s'il doit être répondu à tous les arguments de la saisine relève d'un problème plus général qui est celui des pouvoirs du Conseil dans l'appréciation des questions de constitutionnalité (v. *infra*, section 2). En tout état de cause le Conseil peut soulever d'office un certain nombre de moyens ou de conclusions et donc être amené à examiner des points non évoqués dans la saisine.

Le délibéré étant terminé, le secrétaire général établit le texte définitif de la décision par une mise en forme conforme aux délibérations. Il établit un compte rendu sommaire des travaux du Conseil (art. 3 du décret n° 59-1293 du 13 novembre 1959) qui reste confidentiel.

VI / Pour un règlement de procédure en contentieux constitutionnel des lois

On a vu (*supra*, IV, L'instruction, B / Instruction et principe du contradictoire) les conditions et les limites du respect du principe du contradictoire dans le contentieux constitutionnel des lois. On veut ici tenter de montrer que l'état actuel du déroulement de la procédure n'est pas satisfaisant et que s'impose la nécessité d'une mise en forme minimale de la procédure devant le Conseil constitutionnel, dans le contentieux des lois, à l'image de ce qui existe, toute proportion gardée, dans le contentieux électoral dont les caractéristiques sont particulières. Mais, on sait que l'article 56 de l'ordonnance du 7 novembre 1958 sur le Conseil constitutionnel, permet au Conseil de compléter les principes inscrits dans la Constitution et dans cette ordonnance par un règlement spécifique à chaque type de contentieux.

A dire vrai, la nécessité de formaliser cette contradiction et la procédure elle-même, se heurte à des objections fortes et soutenues d'ailleurs de façon presque convaincante par un ancien membre du Conseil, le doyen Georges

Vedel, dont l'autorité du propos et la maîtrise du droit incitent le contradicteur à la prudence sinon à la modestie. Dans plusieurs contributions très argumentées (Réflexions sur les singularités de la procédure devant le Conseil constitutionnel, *Mél. R. Perrot*, Dalloz, 1996, p. 537 et s. ; Excès de pouvoir législatif et excès de pouvoir administratif, *Les cahiers du Conseil constitutionnel*, n° 1, 1996, p. 57 et s. et n° 2, 1997, p. 77 et s.), le doyen Vedel soutient que ce qui peut apparaître comme des défauts ou des manques dans le déroulement de la procédure devant le Conseil constitue plutôt des avantages, certes perfectibles, mais qui ne compromettent en rien la qualité du jugement constitutionnel. Ainsi conclut-il l'un de ses propos :

« Au total, ce resserrement du Conseil sur lui-même, les effets combinés d'une procédure enfermée dans des délais très stricts et d'une grande liberté dans le travail d'information contradictoire, cette apparente rusticité des mécanismes aboutissent à des décisions promptement rendues, substantiellement motivées sans raccourcis sibyllins ni dissertations excessives, procédant le plus souvent d'un assentiment très large ou même unanime et, en dépit du renouvellement triennal par tiers, à une jurisprudence remarquablement fidèle à elle-même » (art. préc., *Mél. Perrot*, p. 551).

On ne partage pas cette opinion et on pense que la contradiction gagnerait à être mieux organisée, plus ouverte, ceci dit sans tomber dans l'excès d'un débat entièrement public (par exemple retransmis à la télévision comme le souhaiteraient certains !) mais plus soucieux d'être exemplaire dans le respect des principes de procédure dont le Conseil constitutionnel ne manque pas, dans ses décisions, de rappeler les exigences aux juridictions ordinaires.

L'absence de véritable contradiction procédurale organisée en contentieux constitutionnel des lois ne nous semble pas saine en définitive, ceci dans la mesure où la contradiction, telle qu'elle existe actuellement, concerne trop peu de « partenaires » du Conseil et parce que ceux-ci sont trop proches les uns des autres, à tous points de vue, pour conserver au contentieux constitutionnel des lois son caractère purement objectif, au sens juridique du terme seulement. Les membres du service juridique du Conseil, le secrétaire général lui-même, les représentants du secrétariat général du Gouvernement, les membres mêmes du Conseil souvent, sont issus de milieux juridiques et juridictionnels, particulièrement de la juridiction administrative, qui ne font pas douter, qu'on nous comprenne bien, de leur objectivité juridique et de leurs compétences — bien au contraire on retrouve souvent dans ces fonctions les meilleurs représentants de ces corps prestigieux — mais font évoluer le débat constitutionnel dans un cercle trop restreint, qui se connaît trop pour ne pas se comprendre à demi-mot, à demi-considérant, et qui laisse l'observateur de la procédure perplexe sur le degré de désinvestissement, involontaire et de fait, des parlementaires qui sont à l'origine de la saisine et donc du contentieux.

On peut évidemment voir dans ce état de fait un avantage, qui est de ne pas perdre de temps en discussions stériles et de centrer ainsi le débat sur l'essentiel des questions de constitutionnalité. Certes, mais il se trouve que ceux qui le conduisent ne bénéficient quand même pas de la même légitimité pour le faire que les parlementaires. Leur légitimité « technique » est-elle suffisante pour qu'ils traitent, entre eux, de ces questions, dans une contradiction certes organisée, voulue et améliorée au fil des espèces, mais dont chacun s'accorde à dire qu'elle ne peut être exemplaire, au regard des principes de procédure, tant français qu'européens ? Ce cercle trop restreint des contradicteurs laisse l'impression d'un débat un peu confisqué, confidentiel, alors que les effets de la décision du Conseil constitutionnel sont voulus, par l'article 62 de la Constitution, majeurs, généraux, et imposés à l'ensemble du corps social et des institutions publiques.

On ne peut donc se satisfaire de ce décalage important entre les enjeux majeurs, autant politiques que juridiques d'ailleurs, entre le faible niveau de contradiction et de légitimité des contradicteurs (ceci dit encore une fois sans aucun jugement de valeur) et le très fort niveau juridique de la décision du Conseil, son impact normatif, sa capacité de création de normes juridiques de valeur constitutionnelle, par des interprétations audacieuses de la Constitution.

Que faire alors ? La première solution avait été tentée par le président Badinter lorsqu'il avait pris ses fonctions de président du Conseil constitutionnel en 1986. Il proposait de développer la contradiction en permettant aux parlementaires de venir devant le Conseil exposer plus précisément leurs griefs. La proposition avait été rejetée par les présidents des Assemblées, considérant que la représentation nationale n'avait pas à justifier ses choix et les motifs de la saisine au-delà de la saisine elle-même. On le comprend bien mais alors pourquoi accepter même de saisir le Conseil, puisque c'est reconnaître ainsi sa puissance de juridiction ? Il faut donc revenir sur cette position et accepter une contradiction plus large, qui se développe par écrit certes, mais qui pourrait exister aussi par oral, d'autant plus que le Conseil constitutionnel met en avant de façon considérable aujourd'hui la technique des réserves d'interprétation, fruit de la négociation constitutionnelle. Cette défense des parlementaires devrait concerner, à égalité, majorité et opposition, et être fortement encadrée en temps, en volume, en délai, sous peine de reproduire devant le Conseil le même débat que devant le Parlement. A ce titre d'ailleurs, le recours aux questions préalables ou aux exceptions d'irrecevabilités devrait permettre déjà une préparation du débat constitutionnel beaucoup plus approfondie que cela n'est actuellement. La suite du contentieux y gagnerait en clarté et pourrait permettre de corriger *in vivo* le texte de loi, pendant son élaboration.

La deuxième solution pourrait être de créer une fonction de « procureur de la Constitution », chargé de la défense de celle-ci, au titre de ministère public, ce qui est aisé à concevoir dans ce contentieux des lois, par nature objectif. Son rôle serait de défendre, non la loi, pour laquelle la fonction du secrétariat général du Gouvernement pourrait être conservée à côté des parlementaires, mais la Constitution, c'est-à-dire d'examiner et de présenter les questions de constitutionnalité, en toute objectivité, sans intérêt ni technique, ni politique à défendre. Son statut devrait être comparable à celui des membres du Conseil constitutionnel, lui garantissant indépendance et impartialité. Il pourrait être nommé sur proposition d'un collège rassemblant les Hautes juridictions françaises auxquelles s'ajouteraient, pour éviter tout effet de corporatisme juridictionnel, des juristes confirmés en nombre égal (avocats, avoués, professeurs de droit...).

Enfin, il paraît aujourd'hui nécessaire, nonobstant les arguments justifiés du doyen Georges Vedel (art. préc.), de prévoir un Règlement de procédure, aussi simple soit-il, pour le contentieux constitutionnel des lois. Comme on l'a déjà dit, les textes le permettent, y invitent même. L'objectivité, la transparence du débat constitutionnel y gagnera, le respect des exigences de procédure, respectées par les autres cours constitutionnelles, s'imposeront ainsi, par la volonté du Conseil constitutionnel lui-même, sans qu'une Cour européenne vienne lui en rappeler les principes. Il est temps de le faire, en formalisant d'abord ce qui n'est pour le moment que pratique bien assise, en posant des règles du contradictoire et de la défense ensuite qu'il revient au Conseil d'organiser.

Pour un point de vue critique sur la procédure devant le Conseil constitutionnel : F. Terré, *Introduction générale au droit*, 3e éd., Dalloz, 1996, nº 98 ; id., Rapport général, *in* G. Drago, B. François, N. Molfessis (dir.), *La légitimité de la jurisprudence du Conseil constitutionnel*, colloque de Rennes, Économica, 1998.

SECTION 2
Les cas d'ouverture du contrôle de constitutionnalité

Les textes constitutionnels n'apportent pas de précision concernant l'étendue du contrôle exercé par le Conseil constitutionnel. Ils se bornent à déclarer qu'en ce qui concerne les textes soumis au Conseil, celui-ci « se prononce sur leur conformité à la Constitution » (Const. 1958, art. 61, al. 1er). C'est donc au fil des décisions du Conseil et de la formation d'une jurisprudence que le rapport de conformité de la loi à la Constitution s'est précisé pour atteindre aujourd'hui une précision qui n'a rien à envier à celle de la jurisprudence administrative.

Plus précisément, le Conseil a voulu montrer que l'étendue de son contrôle doit se comprendre compte tenu des particularités du contrôle de constitutionnalité des lois. On a vu *(supra)* ce que peuvent avoir de spécifique la notion de parties ou les éléments de procédure. C'est que l'objet du contrôle de constitutionnalité des lois est « non de gêner ou retarder l'exercice du pouvoir législatif mais d'assurer sa conformité à la Constitution » (n° 86-197 DC, préc.) et que « l'article 61 de la Constitution ne confère pas au Conseil constitutionnel un pouvoir général d'appréciation et de décision identique au Parlement » (n° 74-54 DC, préc. ; n° 80-127 DC, préc. ; n° 84-176 DC, 25 juillet 1984, *Rec.*, 55 ; n° 90-280 DC, 6 décembre 1990, *Rec.*, 84). Mais il appartient néanmoins au Conseil de rechercher si les modifications introduites par la loi ne sont pas manifestement inappropriées aux objectifs que s'est assignés le législateur (n° 96-372 DC, 6 février 1996, *Rec.*, 40, § 3). En conséquence, « il ne lui appartient pas de se prononcer sur l'opportunité de dispositions législatives » (n° 89-261 DC, 28 juillet 1989, *Rec.*, 81). L'étendue du contrôle exercé par le Conseil constitutionnel doit donc respecter le « pouvoir discrétionnaire du législateur » (A. Bockel, Le pouvoir discrétionnaire du législateur, *Mél. L. Hamon*, Économica, 1982, p. 43).

La présentation de l'étendue du contrôle de constitutionnalité des lois peut être faite en exposant les différents cas d'ouverture du contrôle, à la façon de ce qui est fait à propos du recours pour excès de pouvoir devant le juge administratif, c'est-à-dire en quatre cas : incompétence (I), vice de forme et de procédure (II), détournement de pouvoir et de procédure (III), violation substantielle de la constitution (IV).

I / L'incompétence

Le Conseil constitutionnel sanctionne le vice d'incompétence de deux manières. D'une part, il contrôle les « incompétences positives » c'est-à-dire les cas où le législateur est allé au-delà de la compétence qui lui est donnée par la Constitution. Il ne s'agit plus tellement d'ailleurs de celle donnée par l'article 34 de la Constitution — et limitativement énumérée — depuis que par la décision n° 82-143 DC du 30 juillet 1982 *Blocage des prix et des revenus* (*Rec.*, 57) le Conseil a considéré que

« la Constitution n'a pas entendu frapper d'inconstitutionnalité une disposition de nature réglementaire contenue dans une loi »,

signifiant par là que le législateur peut élargir le domaine de la loi vers le domaine réglementaire sans pour cela violer la Constitution, ce qui modifie profondément la définition matérielle de la loi.

Il s'agit plutôt des cas où le législateur ordinaire intervient dans le domaine du législateur organique, ou des cas où une modification d'une loi adoptée par référendum intervient par la voie parlementaire, ce qu'il ne sanctionne d'ailleurs pas (n° 89-265 DC, 9 janvier 1990, *Rec.*, 12).

D'autre part, le Conseil constitutionnel sanctionne les « incompétences négatives » c'est-à-dire le fait pour le législateur de ne pas exercer pleinement la compétence qui lui est donnée par l'article 34 de la Constitution, pour s'en décharger au profit du pouvoir réglementaire ou d'autorités administratives.

Le doyen Louis Favoreu définit l'incompétence négative comme « le cas où le législateur méconnaît sa propre compétence en ne prenant pas toutes les mesures qu'il lui revenait de prendre » (Le droit constitutionnel jurisprudentiel, *RDP*, 1986, p. 419. Jurisprudence appliquant le contrôle de l'incompétence négative : n° 83-168 DC, 20 janvier 1984, préc. ; n° 93-322 DC, 28 juillet 1993, *Rec.*, 204 (catégories d'établissement public) ; n° 87-233 DC, 5 janvier 1988, *Rec.*, 9 (élections) ; n° 85-198 DC, 13 décembre 1985, *Rec.*, 78 (servitudes administratives) ; n° 86-217 DC, 18 septembre 1986, *Rec.*, 141 ; n° 93-333 DC, 21 janvier 1994, *Rec.*, 32 (liberté de communication audiovisuelle) ; n° 94-358 DC, 26 janvier 1995, *Rec.*, 183 (libre administration des collectivités territoriales).

Plus généralement, le vice d'incompétence en contentieux constitutionnel des lois est un vice majeur. En effet, la déclaration d'inconstitutionnalité de la loi est en définitive une déclaration d'incompétence du législateur puisque dire de la loi qu'elle est inconstitutionnelle, c'est dire qu'elle aurait dû être édictée par le constituant. Cette doctrine — classique aujourd'hui — a pour origine les réflexions de Hans Kelsen qui, le premier, a su décrire et systématiser ce type de contrôle (La garantie juridictionnelle de la constitution (la justice constitutionnelle), *RDP*, 1928, p. 197 et s.). A sa suite Charles Eisenmann a pu préciser dans sa thèse la nature de la question de constitutionnalité (*La justice constitutionnelle et la Haute Cour constitutionnelle d'Autriche*, LGDJ, 1928) en déclarant :

« La question en son fond reste de procédure : prononcer l'inconstitutionnalité matérielle d'une norme légale, c'est dire que, dérogeant par son objet ou son contenu à la constitution, cette norme aurait dû être posée en la forme constitutionnelle ».

Plus récemment un auteur a su exprimer le sens du contrôle de constitutionnalité en tant que contrôle de compétence :

« Dire d'un acte pris par un organe étatique qu'il viole la Constitution, c'est dire qu'il déroge à la répartition des compétences prévue par elle. C'est dire par là que cet organe excède ses compétences car une telle dérogation ne serait possible qu'en empruntant la voie constitutionnelle, celle de la révision. Le contrôle de constitutionnalité, contrôle de conformité à la Constitution, s'entendra donc comme la garantie de la répartition des compétences entre la Constitution et les actes juridiques qui lui sont subordonnés. La question de droit posée à la juridiction constitutionnelle s'analyse dès lors comme une question de compétence : *elle se prononce sur la répartition des compétences entre la Constitution et les actes juridiques qui lui sont subordonnés, par une décision prise avec l'autorité de la chose jugée* » (V. Bouvier, La notion de juridiction constitutionnelle, *Droits*, n° 9, 1989, La fonction de juger, p. 119 et s., spéc., p. 122-123, souligné par l'auteur).

II / Le vice de forme et le vice de procédure

Le contrôle des vices de procédure doit faire l'objet d'une appréciation particulière parce qu'il faut garder d'abord en mémoire que le contrôle des actes parlementaires par une autorité extérieure est nouveau dans le système constitutionnel français et donc qu'il lui a été nécessaire de se faire accepter, ensuite parce que les règlements des assemblées parlementaires ne sont pas, pour le Conseil constitutionnel, une norme de référence du contrôle de constitutionnalité. Le Conseil n'est donc amené à contrôler dans la procédure législative que ce qui relève des règles de procédure fixées par la Constitution et elle seule.

L'appréciation du contrôle des vices de procédure doit donc intégrer ces éléments ce qui conduit à dire que le Conseil exerce là un contrôle souple, respectueux du fonctionnement interne des assemblées parlementaires, sanctionnant le Parlement lorsque la violation de la procédure est seulement « substantielle », ne censurant pas lorsque la violation ne l'est pas (n° 88-248 DC, 17 janvier 1989, *Rec.*, 18 ; n ° 89-263 DC, 11 janvier 1990, *Rec.*, 18, application positive ; n° 93-329 DC, 13 janvier 1994, *Rec.*, 9 ; n° 93-334 DC, 20 janvier 1994, *Rec.*, 27).

En tout état de cause, le contrôle porte sur tous les aspects de la procédure législative, le Conseil précisant qu'il convient « d'examiner si la loi a été adoptée dans le respect des règles de valeur constitutionnelle relatives à la procédure législative » (n° 75-57 DC, 23 juillet 1975, *Rec.*, 24), qu'il s'agisse des consultations préalables à la discussion parlementaire en vertu par exemple des articles 39, 70 ou 74 de la Constitution (n° 80-122 DC, 22 juillet 1980, *Rec.*, 49 ; n° 86-207 DC, 25 et 26 juin 1986, *Rec.*, 61), du respect du droit d'amendement et des limites à l'exercice de ce droit (n° 87-225 DC, 23 janvier 1987, *Rec.*, 13 ; n° 88-249 DC, 12 janvier 1989, *Rec.*, 7 ; n° 89-256 DC, 25 juillet 1989, *Rec.*, 53 ; n° 93-329 DC, 13 janvier 1994, *Rec.*, 9), ou encore en matière de procédure d'adoption des lois de finances (n° 79-110 DC, 24 décembre 1979, *Rec.*, 36 : en l'espèce déclaration d'inconstitutionnalité totale de la loi de finances pour un motif de procédure).

Sur l'ensemble de la question v. Ph. Terneyre, La procédure législative ordinaire dans la jurisprudence du Conseil constitutionnel, *RDP*, 1985, p. 691 et s.

III / Le détournement de pouvoir et de procédure

L'appréciation du détournement de pouvoir et du détournement de procédure par le Conseil constitutionnel doit prendre en considération le fait que le contrôle de constitutionnalité exercé par le Conseil n'est pas un contrôle complet au sens où on l'entend en contentieux administratif. Le Conseil a souvent rappelé qu'il « ne dispose pas d'un pouvoir général d'appréciation et de décision identique à celui du Parlement » (n° 75-54 DC, préc.) et que « il ne lui appartient pas de se prononcer sur l'opportunité de dispositions législatives (n° 89-261 DC, 28 juillet 1989, *Rec.*, 81). Ceci signifie que le contrôle de constitutionnalité « interne » — pour utiliser la terminologie du contentieux administratif — est exercé par la juridiction constitutionnelle avec une certaine autolimitation.

Cette constatation peut être justement faite à propos du contrôle du détournement de pouvoir. Celui-ci peut être défini comme le contrôle du but poursuivi par le législateur lorsqu'il vote une loi. Or le contrôle exercé par le Conseil, tel que la Constitution l'organise, ne peut aller jusqu'à ce qui serait un contrôle du bien-fondé de telle ou telle loi, des options politiques ou économiques qu'elle contient, ce qui explique que le contrôle des motifs exercé par le Conseil soit uniquement un contrôle restreint.

Ainsi, le contrôle du détournement de pouvoir, souvent allégué par les saisissants (v. par exemple la saisine relative à la loi sur les entreprises de presse, *JO*, 13 octobre 1984, p. 3211-3212, non retenue par la décision n° 84-181 DC des 10 et 11 octobre 1984, *Rec.*, 73), n'est pas, à ce jour, retenu par le Conseil constitutionnel (n° 84-179 DC, 12 septembre 1984, *Rec.*, 73 ; n° 85-204 DC, 16 janvier 1986, *Rec.*, 18, sol. impl. ; n° 86-218 DC, 18 novembre 1986, *Rec.*, 167 ; n° 89-261 DC, préc.). Mais certains raisonnements suivis par le Conseil peuvent être assimilés au contrôle du détournement de pouvoir lorsqu'il déclare par exemple que le législateur ne peut remettre en cause des situations existantes intéressant une liberté publique que dans deux hypothèses :

> « celle où ces situations auraient été illégalement acquises ; celle où leur remise en cause serait réellement nécessaire pour assurer la réalisation de l'objectif constitutionnel poursuivi » (n° 84-181 DC),

ce qui signifie que si ces buts n'étaient pas poursuivis, le Conseil sanctionnerait les dispositions législatives sur le fondement du détournement de pouvoir.

Le contrôle du détournement de procédure, c'est-à-dire de l'utilisation de la procédure législative dans un but autre que celui pour lequel elle est instituée, pourrait être plus facile à mettre en œuvre pour le Conseil constitutionnel dans la mesure où il touche moins aux questions d'opportunité de l'action du législateur et où il peut aussi être plus aisé à prouver. Ainsi, lorsqu'il contrôle l'utilisation faite par le gouvernement de la procédure de l'article 38 de la Constitution afin de légiférer par ordonnances (n° 86-208 DC, 1er et 2 juillet 1986, *Rec.*, 78), il conclut à l'absence du détournement de procédure allégué par la saisine qui serait, selon elle, d'éviter ainsi l'exercice du contrôle de constitutionnalité mais il pose les règles générales qui conditionnent la constitutionnalité des lois d'habilitation. Mais il faut bien reconnaître que jusqu'ici le Conseil n'a pas sanctionné directement une disposition législative pour détournement de procédure (nº 85-197 DC, préc.) : détournement de procédure soutenu dans la saisine à propos d'une demande de nouvelle délibération de la loi faite par le président de la République.

Plus généralement, on peut dire encore que le Conseil ne cherche pas à exercer un contrôle poussé de la procédure législative, alors même que le contrôle du détournement de procédure lui en donnerait les moyens.

V. par exemple le détournement de procédure allégué par la saisine à propos d'une utilisation de l'article 45 de la Constitution : nº 92-317 DC, 21 janvier 1993, *Rec.*, 27, § 8 et 9. Ou encore le détournement de procédure d'adoption des lois de finances allégué par la saisine à propos de la loi relevant le taux normal de la TVA, analysé et rejeté par le Conseil : nº 95-365 DC, 27 juillet 1995, *Rec.*, 214. V. aussi les réflexions générales de D. Rousseau, *Droit du contentieux constitutionnel*, préc., p. 127.

IV / La violation de la Constitution

Par le terme de violation de la Constitution, on entend l'ensemble des inconstitutionnalités sanctionnées au regard des droits fondamentaux et libertés protégés par les normes constitutionnelles, c'est-à-dire par l'ensemble du bloc de constitutionnalité (v. *supra*, chap. II, Les normes de référence du contrôle de constitutionnalité). Au sens large, toute inconstitutionnalité est évidemment une violation de la Constitution ; ainsi une inconstitutionnalité relative à la procédure législative est, en un sens, une violation de la Constitution. Mais il faut comprendre ici le terme de violation de la Constitution comme la violation des règles de fond, du droit substantiel, qui concerne les droits fondamentaux et libertés de valeur constitutionnelle. C'est donc surtout dans les éléments du bloc de constitutionnalité qui contiennent ces droits et libertés que l'on trouve les normes de référence de ce contrôle au fond : Déclaration de 1789, Préambule de 1946, mais aussi par exemple articles 66 ou 72 de la Constitution.

Sur la jurisprudence du Conseil constitutionnel relative aux droits et libertés constitutionnellement protégés v. particulièrement : F. Luchaire, *La protection constitutionnelle des droits et libertés*, Économica, 1987 ; N. Molfessis, La dimension constitutionnelle des droits et libertés fondamentaux, *Droits et libertés fondamentaux*, Dalloz, 3e éd., 1996, p. 49 et s.

L'appréciation portée par le Conseil constitutionnel est le fruit du double travail d'interprétation qui est celui de tout juge, interprétation de la Constitution et interprétation de la loi en cause et dont le résultat est l'existence ou non d'un rapport de conformité entre la loi et la Constitution. Ainsi le Conseil constitutionnel exerce un double contrôle. Comme le dit justement D. Rousseau (*Droit du contentieux constitutionnel*, préc., p. 125), d'une part le Conseil recherche « l'erreur commise sur la signification des principes constitutionnels », d'autre part il « s'assure que le législateur n'a pas commis une erreur d'appréciation des faits et des circonstances sur lesquels il a fondé sa loi ».

A | LE CONTRÔLE DES MOTIFS

L'étendue du contrôle exercé par le Conseil constitutionnel trouve sa limite dans le contrôle des motifs qui ont conduit le législateur à voter la loi. Il faut bien rappeler ici que l'article 61 de la Constitution qui ouvre l'exercice du contrôle de la constitutionnalité de loi « ne confère pas au Conseil constitutionnel un pouvoir général d'appréciation et de décision identique à celui du Parlement » (n° 74-54 DC, préc.) et donc que l'étendue de son contrôle doit trouver en lui-même ses propres limites. C'est donc au fur et à mesure du développement de sa jurisprudence que le Conseil a élaboré un véritable contrôle des motifs par l'emploi de techniques de contrôle empruntées au contentieux administratif.

Ainsi un auteur a pu déceler dans l'exercice du contrôle concernant les libertés les plus essentielles dites « de premier rang » un contrôle « particulièrement strict » dit contrôle normal (B. Genevois, *La jurisprudence du Conseil constitutionnel. Principes directeurs*, éd. STH, 1988, n° 477). Par conséquent, chaque fois qu'une liberté essentielle est mise en cause par la loi (exemple : égalité, liberté d'aller et venir, sûreté...), le contrôle du Conseil s'exercerait de façon approfondie. Mais sans nécessairement le qualifier, on peut voir dans ce contrôle l'exercice du rapport de conformité dont l'étendue relève de la seule appréciation du juge.

L'exercice d'un contrôle restreint est plus clairement identifiable car le Conseil pratique alors une autolimitation de son contrôle en ne déclarant la disposition législative inconstitutionnelle que s'il relève une « erreur manifeste d'appréciation ».

« Dans le contentieux constitutionnel, il s'agit d'une erreur flagrante d'appréciation commise par le législateur sur les faits ou les motifs qui sont à la base de ses lois et qui, de ce chef, entraîne leur annulation » (A. Roux, V° Erreur manifeste d'appréciation, in *Dictionnaire constitutionnel*, préc.).

Notion directement tirée du contentieux administratif (cf. CE, 13 novembre 1953, *Denizet*, *Rec.*, 489 ; 15 février 1961, *Lagrange*, *Rec.*, 121 ; 8 juin 1978, *Lebon*, *Rec.*, 245), l'erreur manifeste trouve une application en contentieux constitutionnel des lois en tant qu'exercice d'un rapport de conformité entre la loi et la Constitution en l'appliquant précisément au texte en cause, pour aller jusqu'au contrôle des circonstances — on pourrait dire « des faits » si on souhaitait une analogie parfaite avec le contentieux administratif — qui ont été celles de la décision du législateur.

Apparu pour la première fois dans la décision n° 81-127 DC des 19 et 20 janvier 1981 (*Rec.*, 15), le contrôle de l'erreur manifeste prend toute sa signification dans la décision relative aux nationalisations (n° 81-132 DC, préc.) :

> « l'appréciation portée par le législateur sur la nécessité des nationalisations (...) ne saurait, en l'absence d'erreur manifeste, être récusée... ».

Il s'exerce aujourd'hui dans l'ensemble des domaines du contentieux constitutionnel des lois : droit fiscal (n° 83-164 DC, préc.), droit pénal (n° 84-176 DC, 25 juillet 1984, *Rec.*, 55), fonction publique (n° 84-179 DC, 12 septembre 1984, *Rec.*, 73), droit électoral par exemple (n° 85-196 DC, 8 août 1985, *Rec.*, 63). Le contrôle de l'erreur manifeste, en se développant, a évolué vers un contrôle de proportionnalité qui emploie le vocabulaire le plus varié : recherche des « atteintes excessives » à un droit constitutionnellement protégé (n° 93-325 DC, 13 août 1993, *Rec.*, 224), recherche des « disproportions manifestes » entre une règle législative et un principe constitutionnel (n° 93-334 DC, 20 janvier 1994, *Rec.*, 27 ; n° 94-341 DC, 6 juillet 1994, *Rec.*, 88), « modalités (non) manifestement inappropriées à l'objectif poursuivi par le législateur » (n° 90-280 DC, 6 décembre 1990, *Rec.*, 84 ; n° 93-331 DC, 13 janvier 1994, *Rec.*, 17), « dispositions qui dépassent manifestement les limites que le respect de la Constitution impose au législateur » (n° 88-244 DC, 20 juillet 1988, *Rec.*, 119). Avec ce type de contrôle, le Conseil possède là un instrument redoutable de contrôle qui, utilisant le registre d'un véritable examen clinique de la loi, conduit à un contrôle serré des options prises par le législateur, ce qui n'est pas sans provoquer des réactions critiques sur l'existence d'un contrôle de l'opportunité des décisions du législateur par le Conseil constitutionnel

* Sur ces points v. P. Delvolvé, Existe-t-il un contrôle de l'opportunité ?, contribution au colloque de 1988, *Conseil constitutionnel et Conseil d'État*, préc., p. 269 ; V. Goesel-Le Bihan, Réflexion iconoclaste sur le contrôle de proportionnalité exercé par le Conseil constitutionnel, *RFDC*, n° 30, 1997, p. 227 ; L. Habib, L'erreur manifeste d'appréciation dans la jurisprudence du Conseil constitutionnel, *RDP*, 1986, p. 695 ; X. Philippe, *Le contrôle de*

proportionnalité dans les jurisprudences constitutionnelle et administrative, Économica, 1991 ; D. Rousseau, *op. cit.*, p. 134 ; A. Roux, art. préc. ; D. Turpin, *op. cit*, p. 142 ; G. Xynopoulos, *Le contrôle de proportionnalité dans le contentieux de la constitutionnalité et de la légalité en France, Allemagne et Angleterre*, LGDJ, 1995.

B | EXAMEN INTÉGRAL DE LA LOI DÉFÉRÉE

Au-delà des cas d'ouverture du contrôle de constitutionnalité de la loi, la question se pose de savoir si le Conseil est saisi de la loi qui lui est déférée dans son intégralité ou s'il doit se limiter à ce qui est contesté dans la saisine. Un argument de texte milite pour l'exercice d'un contrôle intégral. En effet, l'article 61 de la Constitution précise que les lois organiques doivent être soumises au Conseil constitutionnel qui se prononce sur leur conformité à la Constitution et il indique ensuite que « aux mêmes fins » les lois ordinaires peuvent lui être déférées, c'est-à-dire aux fins d'exercice du contrôle de constitutionnalité. Or on sait que le contrôle des lois organiques s'exerce sur l'intégralité de la loi (v. *supra*). On pourrait donc tirer de la recherche des « mêmes fins » à propos de la loi ordinaire l'exercice d'un contrôle intégral de celle-ci.

Un autre argument relève de la logique même des textes. L'article 62 de la Constitution précise que « une *disposition* déclarée inconstitutionnelle ne peut être promulguée », ce qui signifie que seule une partie de la loi soumise au Conseil peut être déclarée inconstitutionnelle. De même l'article 22 de l'ordonnance du 7 novembre 1958 énonce que

> « dans le cas où le Conseil constitutionnel déclare que la loi dont il est saisi contient une disposition contraire à la Constitution et inséparable de l'*ensemble de cette loi, celle-ci* ne peut être promulguée »,

ce qui, logiquement, conduit à penser que le Conseil a examiné l'ensemble de la loi sur le plan de la constitutionnalité et ce qui amène MM. Favoreu et Philip à la conclusion que

> « pris à la lettre, cet article signifie que le Conseil constitutionnel est nécessairement saisi de l'ensemble de la loi et non de la seule disposition contestée ; il en résulte qu'il peut toujours soulever d'office la question de la constitutionnalité d'un article qui n'est pas contesté par les requérants » (*GDCC*, 9e éd., p. 299).

A vrai dire, la question de l'examen complet de la loi ordinaire est liée aux questions relatives à la nature de la saisine et à celles de la nature du contrôle exercé. On sait que la saisine du Conseil constitutionnel peut ne pas être motivée ce qui ne la rend pas irrecevable (v. *supra* et la jurisprudence citée). Elle a donc pour objet principal de déclencher le contrôle de constitutionnalité mais n'affecte en rien l'étendue du contrôle exercé dont le Conseil constitutionnel a seul la maîtrise.

La jurisprudence du Conseil constitutionnel a été essentiellement évolutive sur la question de l'examen intégral de la loi, faisant d'ailleurs l'objet de commentaires doctrinaux divergents sinon opposés à propos des mêmes décisions. Il faut dire tout d'abord que le Conseil exerce, par le contrôle de constitutionnalité, une plénitude de compétence qui lui permet de faire varier le contrôle à son gré, « la difficulté pour lui (étant) de traduire dans sa décision la réalité de l'examen auquel il a procédé » (B. Genevois, intervention orale au colloque *Conseil constitutionnel et Conseil d'État*, préc., p. 123).

D'une façon générale, le Conseil examine tous les articles contestés dans la saisine, reprenant généralement chacun des moyens invoqués pour y répondre (*contra* : n° 75-60 DC, 30 décembre 1975, *Rec.*, 28, moyen non examiné par le Conseil ; n° 87-226 DC, 2 juin 1987, *Rec.*, 34, la réponse à un seul moyen, qui conduit à l'inconstitutionnalité de la disposition critiquée suffit à écarter les autres, méthode significative d'une « économie de moyens », dans tous les sens du terme !). Mais le Conseil peut aussi soulever d'office des moyens non évoqués par la saisine, ainsi que développer des conclusions nouvelles à propos de dispositions de la loi non contestées par les saisissants. Ces possibilités apparaissent très tôt dans les décisions du Conseil constitutionnel puisque dès la décision n° 60-8 DC du 11 août 1960 (*Rec.*, 25) le Conseil, saisi par le Premier ministre du texte de la loi mais en limitant sa contestation à deux articles seulement, conclut sa décision en déclarant :

> « Considérant qu'en l'espèce, il n'y a lieu pour le Conseil constitutionnel de soulever aucune question de conformité à la Constitution en ce qui concerne les autres dispositions de la loi dont il est saisi par le Premier ministre aux fins d'examen de ses articles 17 et 18. »

Ce dernier considérant — appelé en doctrine « considérant-balai » — montrerait la maîtrise que le Conseil constitutionnel a de l'étendue de son contrôle, c'est-à-dire qu'il le ferait porter sur les dispositions contestées mais qu'il pourrait aussi examiner l'intégralité du texte qui lui est déféré (v. en ce sens B. Genevois, *La jurisprudence du Conseil constitutionnel*, préc., p. 47 ; *S*, 1961, *J*, p. 167, note L. Philip ; *contra* : M. Waline, note *RDP*, 1960, p. 1020 qui voit au contraire dans ce considérant la limitation de l'examen par le Conseil aux seules dispositions contestées). C'est sans doute ce que le Conseil a voulu dire dans la décision n° 92-307 DC du 25 février 1992 (*Rec.*, 48) dans laquelle il précise que si la lettre de saisine, en l'espèce du Premier ministre, a demandé au Conseil de se prononcer sur la constitutionnalité d'un article de la loi déférée,

> « cette précision n'affecte pas la *possibilité* pour le Conseil constitutionnel de faire porter son contrôle sur les autres dispositions de la loi et d'en tirer toutes conséquences de droit »,

formule qui est déjà en retrait par rapport à celle énoncée dans la décision n° 89-271 DC du 11 janvier 1990 (*Rec.*, 21) qui indiquait, sur une saisine du Premier ministre ne développant aucun moyen, que

> « il appartient toutefois au Conseil constitutionnel de relever d'office toute disposition de la loi déférée qui méconnaît des règles ou principes de valeur constitutionnelle ».

Quoi qu'il en soit, la jurisprudence du Conseil montre que celui-ci ne se limite pas à l'examen des articles contestés par la saisine et qu'il étend son contrôle bien au-delà, parfois même à l'intégralité de la loi (n° 73-51 DC, préc. ; n° 82-146 DC, 18 novembre 1982, *Rec.*, 66 ; n° 81-127 DC, préc. ; n° 84-182 DC, 18 janvier 1985, *Rec.*, 27).

Mais la question de principe d'un examen de la totalité de la loi par le Conseil constitutionnel n'est pas aujourd'hui clairement tranchée. Si le Conseil est bien saisi de la loi dans son entier, on ne peut pas tirer de sa jurisprudence un principe général conduisant à dire que toutes les lois soumises au Conseil ont fait l'objet d'un examen de constitutionnalité de toutes leurs dispositions. L'absence, dans certaines décisions, d'indications sur la constitutionnalité de la loi dans son ensemble, dans le dispositif de la décision (n° 87-237 DC, 30 décembre 1987, *Rec.*, 63 ; n° 87-239 DC, 30 décembre 1987, *Rec.*, 69 ; n° 94-347 DC, 3 août 1994, *Rec.*, 113 ; n° 94-351 DC, 29 décembre 1994, *Rec.*, 140 ; n° 94-352 DC, 18 janvier 1995, *Rec.*, 170) ne permet pas de tirer de conclusion, dans un sens ou dans un autre, sur le plan de la constitutionnalité du reste de la loi.

Bien plus parfois, le Conseil constitutionnel ne fait, dans sa décision, que se prononcer sur les articles contestés dans la saisine et conclut par un considérant selon lequel

> « il n'y a lieu pour le Conseil constitutionnel de soulever d'office aucune question de conformité à la Constitution »,

sans préciser si cela concerne les seules dispositions évoquées dans la décision ou l'ensemble de la loi soumise à contrôle (n° 94-357 DC, 25 janvier 1995, *Rec.*, 179), ce qui laisse ouverte la question et de l'examen des autres dispositions de la loi et de leur conformité à la Constitution.

La question de l'étendue du contrôle exercé par le Conseil constitutionnel reste, selon nous, une question ouverte, particulièrement en ce qui concerne l'étendue des déclarations de conformité à la Constitution. Certes, on n'en est plus à la simple constatation d'un « brevet de conformité » (L. Favoreu, L'effectivité des décisions de justice en droit public interne, *L'effectivité des décisions de justice, Travaux de l'Association Henri Capitant*, t. XXXVI, Économica, 1987, p. 615) décerné à la loi par l'effet du contrôle de constitutionnalité mais on ne peut pas encore discerner avec exactitude l'étendue du contrôle exercé. Plus exactement, on remarque que la variété des considérants de fin de décision et celle des dispositifs est le signe de la variété même du contrôle du Conseil. Il faut voir là sans doute le souhait pour le Conseil de ne pas se lier à l'avenir par des déclarations de conformité trop générales alors que la loi, dans son application, pourrait révéler des éléments d'inconstitutionnalité non décelés au moment du contrôle *a priori*.

Sans doute aussi le Conseil songe-t-il à une possible mise en place dans le futur d'un système de question préjudicielle de constitutionnalité devant les tribunaux ordinaires, improprement appelé « exception d'inconstitutionnalité » (Th. S. Renoux, L'exception, telle est la question, *RFDC*, nº 4, 1990, p. 651 et s. ; v. *infra*, titre IV, chap. II, Le contrôle de constitutionnalité de loi promulguée) qui, permettant au Conseil constitutionnel d'exercer un contrôle *a posteriori*, lui donnerait l'occasion de vérifier la constitutionnalité des dispositions de la loi qui auraient pu échapper à sa vigilance lors du contrôle *a priori*.

Enfin, le Conseil est toujours soumis au respect d'un délai court pour se prononcer, selon le troisième alinéa de l'article 61 de la Constitution : un mois et, à la demande du gouvernement s'il y a urgence, huit jours. L'examen de la loi, même complet, auquel il se livre peut, malgré la compétence de ses membres et des services du Conseil, laisser échapper des questions de constitutionnalité. La décision doit nécessairement en tenir compte.

En tout état de cause, il est aujourd'hui certain que le Conseil constitutionnel est saisi de l'ensemble de la loi qui lui est déférée par la saisine. Il fait ensuite varier son contrôle, selon sa liberté d'appréciation et de jugement, d'un contrôle allant de l'examen de l'intégralité de la loi à celui se limitant aux seules dispositions critiquées sans se prononcer sur la conformité à la Constitution du reste de la loi. Ce qui demeure ouvert est la question de la nature exacte du contrôle exercé. A notre sens il s'agit d'un contrôle contentieux par nature d'ordre public qui oblige le Conseil constitutionnel à se prononcer sur l'ensemble de la loi soumise à son contrôle et à déclarer ce qui est conforme et ce qui ne l'est pas (v. *infra*).

Sur ces questions v. G. Drago, Le contentieux constitutionnel des lois, contentieux d'ordre public par nature, in *L'unité du droit, Mélanges en l'honneur du professeur Roland Drago*, Économica, 1996 ; G. Drago et N. Molfessis, chronique de justice constitutionnelle, *Justices*, n° 1, 1995, p. 194 et s., spéc. p. 210 et s. ; id., *ibid.* n° 3, 1996, p. 308 et s.

V / Les techniques de contrôle

Les techniques de contrôle employées par le Conseil constitutionnel lui permettent justement de faire varier l'étendue du contrôle de constitutionnalité et donc de faire apparaître dans les motifs et le dispositif de sa décision la réalité du contrôle opéré. Ces techniques contentieuses ne sont pas totalement nouvelles. Pour une part, elles sont empruntées au contentieux administratif français et font appel à un principe d'économie des moyens contentieux mis en œuvre pour limiter le contrôle à ce qui est nécessaire sur le plan de la constitutionnalité. Pour une autre part, le Conseil a emprunté des techniques de contrôle aux juridictions constitutionnelles européennes, allemande et autrichienne en particulier, afin de rendre plus efficace l'exercice du contrôle de conformité à la Constitution. Ces techniques sont les moyens et conclusions soulevés d'office (A), les moyens inopérants et les moyens manquant en fait (B), les techniques de « l'effet cliquet » (C) et de contrôle à double détente (D).

A | MOYENS ET CONCLUSIONS SOULEVÉS D'OFFICE

Bibliographie : Di Manno (T.), *Le Conseil constitutionnel et les moyens et conclusions soulevés d'office*, Économica-PUAM, 1994 ; Renoux (Th. S.), V° Moyens et conclusions soulevés d'office, *Dictionnaire constitutionnel*, préc.

La première technique de contrôle employée par le Conseil, déjà partiellement évoquée, est celle des moyens et conclusions soulevés d'office. Empruntées au contentieux administratif, ces deux techniques doivent être bien distinguées.

En contentieux constitutionnel des lois, les moyens soulevés d'office sont les moyens soulevés par le Conseil constitutionnel à propos de dispositions de la loi critiquées par la saisine, moyens qui n'ont pas été invoqués par celle-ci. Il s'agit là d'une véritable « substitution de motifs »

(L. Favoreu, *RDP*, 1989, p. 427), le Conseil substituant les moyens d'inconstitutionnalité qu'il a décelés à ceux des requérants.

Les conclusions soulevées d'office sont les questions de constitutionnalité soulevées par le Conseil à propos de dispositions de la loi qui n'ont pas été critiquées dans la saisine.

Dans le premier cas, le Conseil substitue un motif d'inconstitutionnalité à un autre à propos de dispositions de la loi faisant déjà l'objet d'une contestation par la saisine. Dans le second cas, il opère un élargissement de l'objet de l'instance à des dispositions de la loi qui n'ont pas été évoquées par les saisissants. Le « champ d'application du contrôle » (T. Di Manno, *op. cit.*, p. 11) s'en trouve élargi d'autant, constituant une libération du cadre de l'instance par rapport à son objet initial (cf. G. Drago, *L'exécution des décisions du Conseil constitutionnel*, *op. cit.*, p. 189). Dans les deux cas, la technique du « relevé d'office » permet au Conseil d'exercer librement son pouvoir d'interprétation puisqu'il détermine, au sein du bloc de constitutionnalité, la ou les normes de référence qui fondent le contrôle des dispositions faisant l'objet du relevé d'office.

La possibilité, pour le Conseil constitutionnel, de soulever d'office des moyens, n'a pas de base textuelle précise. Cette technique contentieuse se déduit des caractères mêmes du contrôle exercé. Le contrôle préventif et abstrait pratiqué en France conduit à privilégier les moyens de pur droit et à placer ce contentieux sous le vocable de l'ordre public (cf. Th. S. Renoux, Dictionnaire constitutionnel, préc.).

La conséquence pour le Conseil est que non seulement il n'est pas tenu par le champ de contestation ouvert par la saisine mais qu'il peut soulever d'autres moyens que ceux évoqués par les saisissants, au titre de sa plénitude de compétence et de l'examen complet de la loi qu'il opère. Les moyens soulevés d'office sont donc la conséquence contentieuse logique d'une compétence d'ordre public qui découle des caractéristiques spécifiques du contentieux constitutionnel des lois.

La formulation de cette possibilité de soulever d'office des moyens ou des conclusions pour le Conseil constitutionnel se manifeste par le fameux « considérant-balai », dernier considérant de la décision du Conseil ainsi rédigé :

> « Considérant qu'en l'espèce il n'y a lieu pour le Conseil constitutionnel de soulever d'office aucune question de conformité à la Constitution en ce qui concerne les autres dispositions de la loi soumise à son examen. »

Ce considérant, fixé à cette formulation depuis une décision de 1977 (n° 77-89 DC, 30 décembre 1977, *Rec.*, 46) montre la liberté du Conseil pour soulever moyens et/ou conclusions d'office.

Lorsque le Conseil soulève un moyen d'office, il peut employer une « formule-indice » (T. Di Manno, *op. cit.*, p. 100), empruntée à la juridiction administrative ainsi énoncée : « sans qu'il soit besoin d'examiner les moyens invoqués » (cf. n° 84-169 DC, 28 février 1984, *Rec.*, 43 ; n° 89-268 DC, 22 janvier 1990, *Rec.*, 110), ceci avec quelques variantes possibles. Mais la présence d'une telle formule n'est pas une obligation et le Conseil s'en dispense souvent.

L'utilisation de moyens soulevés d'office ne conduit pas nécessairement à une déclaration d'inconstitutionnalité. En effet, le Conseil peut soulever d'office une question de constitutionnalité pour faire ressortir la conformité à la Constitution d'une disposition législative ou en donner une interprétation conforme à la Constitution afin d'en préciser les effets (n° 92-316 DC, 20 janvier 1993, *Rec.*, 14). Quoi qu'il en soit, l'utilisation des moyens soulevés d'office par le Conseil reste encore discrète puisqu'un recensement permet de relever à peine plus d'une trentaine de cas d'utilisation (cf. sur ces questions T. Di Manno, *op. cit.*, p. 101 et annexe, p. 184 avec un tableau complet des moyens soulevés d'office).

L'examen d'office d'une disposition législative sans que celle-ci ait été contestée par la saisine est la manifestation la plus éclatante de la plénitude de compétence du Conseil constitutionnel et de la maîtrise qu'il exerce du champ d'application du contrôle de constitutionnalité. Si cette utilisation n'est pas très fréquente, moins de quarante fois (T. Di Manno, *op. cit.*, p. 105), leur repérage est en général plus aisé puisque le Conseil n'évoque pas, par définition, dans sa décision les arguments des saisissants. Le « considérant-balai » est dans ce cas rédigé un peu différemment, sans que ce soit une règle absolue :

> « Considérant qu'en l'espèce il n'y a lieu pour le Conseil constitutionnel de soulever d'office *aucune autre question* de conformité à la Constitution de la loi soumise à son examen. »

Pour les mêmes motifs que pour les moyens soulevés d'office, les conclusions soulevées d'office ne conduisent pas nécessairement à une déclaration d'inconstitutionnalité mais peuvent servir à dégager des interprétations de la loi conformes à la Constitution afin d'éviter la censure constitutionnelle (n° 92-316 DC, 25 février 1992, *Rec.*, 48).

B | MOYENS MANQUANT EN FAIT ET MOYENS INOPÉRANTS

Lors de l'examen de la loi déférée au Conseil constitutionnel, celui-ci est amené à examiner l'ensemble des moyens développés dans la saisine. A cette occasion, il peut utiliser certaines techniques contentieuses empruntées à la juridiction administrative et qui lui permettent de rejeter les arguments soulevés par les saisissants sans véritable fondement. Deux techniques contentieuses sont utilisées : les moyens manquant en fait et les moyens inopérants (G. Drago, *op. cit.*, p. 168-169).

Le *moyen manquant en fait* est le moyen développé dans la saisine à propos d'une disposition de la loi, moyen qui propose une interprétation de la loi qui devrait conduire à son inconstitutionnalité mais qui est erronée, parce que la question de constitutionnalité ne se pose pas. Le Conseil utilise alors une formule dans sa décision en déclarant que « le moyen manque en fait ». Ainsi par exemple en droit pénal, une saisine critiquait la prolongation d'un délai dont les saisissants croyaient à tort qu'il s'agissait de celui de la garde à vue. Le Conseil rejette le moyen en ces termes :

> « Considérant que contrairement à ce que soutiennent les auteurs de la saisine, le délai dont l'article 3-IV prévoit ainsi la prolongation n'est pas le délai de garde à vue mais celui à l'expiration duquel la personne mise en garde à vue peut demander à s'entretenir avec un avocat ; qu'ainsi le moyen invoqué manque en fait » (n° 93-326 DC, 11 août 1993, *Rec.*, 217).

Le moyen manquant en fait est donc celui qui ne pose pas de problème de constitutionnalité, soit parce que la question de constitutionnalité est sans objet, soit parce que le contenu de la disposition de loi critiquée n'a pas le contenu que lui prête la saisine (n° 94-346 DC, 21 juillet 1994, *Rec.*, 96).

Les *moyens inopérants* ont une nature différente. Il s'agit là de moyens soulevés par la saisine qui donnent un sens à la loi différent de celui issu de la volonté du législateur. Il s'agit d'un moyen faisant une fausse interprétation de la loi. Bien connus en contentieux administratif (J.-M. Auby et R. Drago, *Traité des recours en matière administrative*, Litec, 1992, n° 326 ; J.-M. Auby, Les moyens inopérants dans la jurisprudence administrative, *AJDA*, 1966, p. 5), définis comme les moyens « insusceptibles d'exercer une influence sur la solution du litige » (R. Chapus, *Droit du contentieux administratif*, Montchrestien, 6e éd., 1996, n° 703), les moyens inopérants sont considérés comme des moyens inutiles dans le débat constitutionnel. Ainsi, par exemple, le fait de critiquer l'absence de consultation d'une assemblée territoriale d'un territoire d'Outre-Mer est sans incidence sur la constitutionnalité d'une loi touchant aux pouvoirs de l'État en matière de contrôle en mer (n° 94-342 DC, 7 juillet 1994, *Rec.*, 92). Ou encore le fait d'invoquer l'atteinte à la liberté d'entreprendre à propos de la loi relative à la protection sociale complémentaire est inopérant « compte tenu de l'objet et de la nature des institutions de retraite supplémentaire » (n° 94-348 DC, 3 août 1994, *Rec.*, 117). Les formules utilisées par le Conseil constitutionnel sont variables : « Considérant que, si le grief ainsi fait aux dispositions précitées n'est pas inexact dans son principe, il est inopérant » (n° 83-162 DC, 19 et 20 juillet 1983, *Rec.*, 49) ; « le moyen invoqué, qui tend à conférer aux dispositions critiquées une portée qu'elles n'ont pas, doit être écarté » (n° 86-217 DC, 18 septembre 1986, *Rec.*, 141).

L'utilisation par le Conseil constitutionnel de la technique des moyens inopérants doit être bien distinguée des déclarations d'inopérance qu'il opère au titre de réserves d'interprétation.

C | « EFFET CLIQUET »

Parmi les techniques de contrôle utilisées par le Conseil constitutionnel, la technique dite de « l'effet-cliquet » tient une place à part. C'est à la fois une technique contentieuse mais aux effets tellement généraux qu'elle en devient aussi un type de décisions rendues par le Conseil, décisions de « refus d'abrogation » (G. Drago, *op. cit.*, p. 172) par lesquelles le Conseil refuse l'abrogation par le législateur de dispositions législatives. « L'effet cliquet » (l'expression est de G. Pépy, *AJDA*, 1986, p. 527 et s., spéc. p. 534) consiste, pour le Conseil constitutionnel, à déclarer inconstitutionnelle une disposition législative nouvelle au motif qu'elle ne maintient pas les garanties issues de règles constitutionnelles qui existaient dans le texte ancien que la loi nouvelle est censée modifier ou remplacer. On parle d'« effet-cliquet » parce que le Conseil constitutionnel n'admet des modifications à ces garanties constitutionnelles que dans le sens d'une plus grande protection. Le législateur ne peut donc les modifier que pour accroître les droits et libertés constitutionnellement protégés et non pour les restreindre. Ainsi, la « roue » des garanties constitutionnelles comporte un « cliquet » qui l'empêche de revenir en arrière. Ces garanties doivent toujours aller dans le sens d'un renforcement. Le seul aménagement possible de cette conception réside dans la réalisation d'un objectif constitutionnel poursuivi par le législateur qui peut conduire à la remise en cause de situations existantes intéressant une liberté publique. C'est ce que dit le Conseil en déclarant que

« s'il est loisible au législateur, lorsqu'il organise l'exercice d'une liberté publique en usant des pouvoirs que lui confère l'article 34 de la Constitution, d'adopter pour l'avenir, s'il l'estime nécessaire, des règles plus rigoureuses que celles qui étaient auparavant en vigueur, il ne peut, s'agissant de situations existantes intéressant une liberté publique, les remettre en cause que dans deux hypothèses : celle où ces situations auraient été illégalement acquises ; celle où leur remise en cause serait réellement nécessaire pour assurer la réalisation de l'objectif constitutionnel poursuivi » (nº 84-181 DC, 10 et 11 octobre 1984, *Rec.*, 78).

La mise en place de « l'effet-cliquet » s'est faite en plusieurs temps. Le raisonnement du Conseil constitutionnel peut être décomposé en trois phases : les lois ordinaires ont toutes la même valeur juridique ; il s'ensuit qu'aucune règle constitutionnelle ne s'oppose à ce qu'une loi abroge la loi antérieure ; ce pouvoir d'abrogation n'est contrôlé par le Conseil que si cette abrogation a pour effet de porter atteinte à l'exercice d'un droit ou d'une liberté ayant valeur constitutionnelle.

Pour mettre en application ces principes, le Conseil a d'abord tenu à rappeler que

« le législateur ne peut lui-même se lier ; qu'une loi peut toujours et sans condition, fût-ce implicitement, abroger ou modifier une loi antérieure ou y déroger » (nº 82-142 DC, 27 juillet 1982, *Rec.*, 52).

Le Conseil considère en effet que le pouvoir discrétionnaire du législateur comporte une compétence large de modification et d'abrogation, compétence de principe sur laquelle il n'exerce pas de contrôle.

Mais ceci ne signifie pas que cette compétence n'est pas encadrée par des garanties constitutionnelles. Le Conseil est amené à imposer le respect par le législateur de garanties constitutionnelles concrétisées par une loi. C'est ainsi qu'il peut refuser l'abrogation de dispositions législatives comportant des garanties conformes aux exigences constitutionnelles si la loi nouvelle ne les remplace pas des garanties équivalentes ou ne les conserve pas telles quelles (nº 83-165 DC, 20 janvier 1984, *Rec.*, 30 : liberté d'expression des enseignants-chercheurs et principe constitutionnel d'indépendance des professeurs d'université). Le Conseil a été encore plus précis sur l'étendue du pouvoir d'abrogation du législateur en

« considérant que les lois ordinaires ayant toutes la même valeur juridique, aucune règle ou principe de valeur constitutionnelle ne s'oppose à ce qu'une loi abroge des dispositions législatives antérieures ; qu'il n'en serait autrement que si cette abrogation avait pour effet de porter atteinte à l'exercice d'un droit ou d'une liberté ayant valeur constitutionnelle » (nº 84-185 DC, 18 janvier 1985, *Rec.*, 36).

En conséquence, la loi ne peut réglementer l'exercice d'une liberté fondamentale qu'en vue de rendre plus effectif cet exercice ou de le concilier avec celui d'autres règles ou principes de valeur constitutionnelle (n° 84-181 DC, préc.).

La conclusion de telles règles a trouvé une illustration dans un Considérant de principe énoncé en 1986 (n° 86-210 DC et n° 86-217 DC, préc.) :

« Considérant qu'il est à tout moment loisible au législateur, statuant dans le domaine qui lui est réservé par l'article 34 de la Constitution, de modifier des textes antérieurs ou d'abroger ceux-ci en leur substituant, le cas échéant, d'autres dispositions ; qu'il ne lui est pas moins loisible d'adopter, pour la réalisation ou la conciliation d'objectifs de nature constitutionnelle, des modalités nouvelles dont il lui appartient d'apprécier l'opportunité et qui peuvent comporter la modification ou la suppression de dispositions législatives qu'il estime excessives ou inutiles ; que cependant, l'exercice de ce pouvoir ne saurait aboutir à priver de garanties légales des exigences de caractère constitutionnel. »

La jurisprudence ultérieure a repris ces principes, souvent dans un énoncé plus simplifié et plus concis, mais en conservant cette exigence d'un maintien d'une expression législative des garanties constitutionnelles existantes dans la législation nouvelle (v. par exemple : n° 94-359 DC, 19 janvier 1995, *Rec.*, 176 ; n° 94-358 DC, 26 janvier 1995, *Rec.*, 183).

La conséquence de la jurisprudence dite de « l'effet-cliquet » permet d'assurer une continuité de la protection constitutionnelle des droits et libertés et leur inscription dans les lois successives sans rupture ou amoindrissement. Mais on peut se poser la question d'une dérive de « constitutionnalisation » de certaines lois qui deviendraient « intouchables » à raison de l'expression de règles constitutionnelles qu'elles contiennent (v. *GDCC*, 9e éd., p. 580).

D | CONTRÔLE A DOUBLE DÉTENTE

On appelle contrôle à double détente — appelé parfois deuxième examen (v. par exemple *Rec.*, 1958-1959, p. 63) — le contrôle exercé par le Conseil constitutionnel à deux reprises à propos d'une même loi. Le contrôle s'exerce de la façon suivante. Le Conseil est saisi d'un texte de loi sur lequel il se prononce soit en déclarant la loi partiellement inconstitutionnelle, soit en la déclarant totalement inconstitutionnelle. Cette décision peut comporter des directives adressées principalement au législateur qui indiquent les modifications qui doivent être apportées à la loi pour la rendre conforme à la Constitution. Ce texte de loi fait l'objet d'un retour devant le Parlement, soit à l'occasion d'une nouvelle délibération demandée par le président de la République, soit à l'initiative du gouvernement. Ce texte de loi est à nouveau déféré au Conseil constitutionnel qui se prononce sur sa conformité à la Constitution, en vérifiant particulièrement l'exécution dans la loi des directives énoncées dans sa première décision.

Ce schéma en trois phases distinctes peut connaître des variantes. La première décision peut être une décision de conformité comprenant des réserves d'interprétation qui conduisent le Gouvernement à présenter un nouveau projet de loi devant le Parlement afin d'appliquer les réserves d'interprétation du Conseil. Il n'y a pas là d'obligation formelle pour le Gouvernement mais une nécessité logique de conformité constitutionnelle. La deuxième variante peut consister en ce que la reprise du texte de loi après invalidation par le Conseil constitutionnel soit faite par un projet de loi nouveau, distinct du premier texte, qui peut comporter des éléments nouveaux. Dans ce cas, la décision du Conseil ne limitera évidemment pas à la vérification de la prise en compte des indications données dans la première décision de constitutionnalité.

Le contrôle obligatoire de constitutionnalité relatif aux lois organiques et aux Règlements des assemblées parlementaires est nécessairement un contrôle à double détente puisque ces lois et règlements doivent être soumis au Conseil dans leur version initiale comme dans leurs modifications (art. 46 et 61 de la Constitution ; ord. du 7 novembre 1958, art. 17). Ainsi, lorsqu'une décision du Conseil invalide des dispositions d'une loi organique ou d'un Règlement d'assemblée, ces textes doivent impérativement être modifiés dans le sens souhaité par le Conseil puisqu'ils doivent faire l'objet d'un deuxième examen obligatoire. La double détente est ici automatique. Plusieurs décisions du Conseil constitutionnel, portant notamment sur les Règlements des assemblées parlementaires, illustrent le mécanisme du contrôle à double détente (n° 59-2 DC, 17, 18 et 24 juin 1959, *Rec.*, 58 et n° 59-4 DC, 24 juillet 1959, *Rec.*, 63 ; n° 59-3 DC, 24 et 25 juin 1959, *Rec.*, 61 et n° 60-9 DC, 18 novembre 1960, *Rec.*, 17 ; n° 63-25 DC, 21 janvier 1964, *Rec.*, 23 et n° 64-26 DC, 15 octobre 1964, *Rec.*, 25 ; n° 69-37 DC, 20 novembre 1969, *Rec.*, 15 et n° 69-38 DC, 15 janvier 1970, *Rec.*, 21 ; v. *GDCC*, 9e éd., p. 43).

E | CONTRIBUTION A UNE THÉORIE DES MOYENS D'ORDRE PUBLIC EN CONTENTIEUX CONSTITUTIONNEL DES LOIS

L'étendue du contrôle exercé par le Conseil constitutionnel sur la loi conduit à s'interroger légitimement sur la nature réelle de ce contrôle. Le contrôle de la loi peut-il être toujours qualifié de contrôle d'ordre public (v. en ce sens notre contribution : Le contentieux constitutionnel des lois, contentieux d'ordre public par nature, *Mél. Roland Drago*, Économica, 1996, p. 9 et s., spéc. p. 18 et s.) ? On le pense, compte tenu d'abord du fait que la saisine, en se détachant des saisissants et même du contenu de leur demande, dont on sait (v. *supra*) qu'elle peut n'être pas motivée, ouvre un contentieux objectif, la fonction de la saisine étant, selon les propres termes du Conseil constitutionnel,

« de mettre en œuvre, avant la clôture de la procédure législative, la vérification par le Conseil constitutionnel de toutes les dispositions de la loi déférée y compris de celles qui n'ont fait l'objet d'aucune critique de la part des auteurs de la saisine » (n° 96-386 DC, préc., § 4).

Ensuite, l'intérêt des saisissants, quel que soit d'ailleurs leur statut parmi ceux qui ont compétence pour saisir le Conseil, n'est pas un intérêt personnel, un intérêt subjectif. Leur seul intérêt est la défense de la Constitution, il n'est pas vraiment l'objet du recours, il n'est que la condition de celui-ci. Peu importe, en définitive, le contenu de la saisine, et les arguments invoqués, le Conseil est saisi de l'ensemble de la loi, et il lui appartient d'en vérifier la conformité à la Constitution.

Mais justement, là est la difficulté. Le Conseil doit-il contrôler obligatoirement tous les articles de la loi ou a-t-il seulement la possibilité de soulever d'office ce qui lui paraît devoir être contrôlé et éventuellement censuré ? Bref, peut-il statuer *ultra petita* ? L'enjeu, pour le Conseil, est faire coïncider le plus exactement possible la réalité du contrôle exercé et son résultat dans la décision rendue (cf. B. Genevois, in *Conseil constitutionnel et Conseil d'État*, colloque préc., p. 123), ce qu'essaie de réaliser le dispositif des décisions du Conseil, lorsqu'il ne fait qu'énoncer les dispositions censurées sans déclarer explicitement le reste de la loi conforme à la Constitution.

Faut-il en conclure que le Conseil constitutionnel est parfois amené à ne pas se prononcer sur des dispositions de loi dont il est nécessairement saisi ? Faut-il encore considérer qu'il peut faire un choix dans la loi entre ce qu'il considère « fortement » inconstitutionnel dont il déclare toujours l'inconstitutionnalité et ce qu'il apprécie comme « faiblement » inconstitutionnel et qu'il laisse sous silence ? Autrement dit, du point de vue des normes constitutionnelles, faut-il considérer que certaines normes constitutionnelles ont une « valeur » moindre que d'autres, les premières supportant l'inconstitutionnalité quand elle est « faible », les secondes étant insusceptibles de toute atteinte à leur constitutionnalité, aussi « faible » soit-elle ?

La question se déplace et devient celle d'une hiérarchie entre les droits de valeur constitutionnelle et de la supraconstitutionnalité. V. *supra*, chapitre III, Les normes de référence du contrôle de constitutionnalité, et la bibliographie citée.

On ne peut ici évoquer l'ensemble des problèmes soulevés par ces questions essentielles pour qualifier la nature du contrôle, qui ont fait l'objet de débats et de contributions nombreuses (v. bibliographie citée en chap. III, *supra* ; v. en particulier T. Di Manno, *Le Conseil constitutionnel et les moyens et conclusions soulevés d'office*, *op. cit.* ; G. Drago, art. préc. ; G. Vedel, Excès de pouvoir législatif et excès de pouvoir administratif, art. préc.).

On voudrait seulement proposer quelques principes orientant une théorie des moyens d'ordre public dans le contentieux constitutionnel des lois. La première exigence, pour le Conseil constitutionnel, nous semble le devoir qui lui revient de soulever toutes les questions de constitutionnalité concernant la loi soumise à son examen, en allant au-delà, si nécessaire, des moyens énoncés dans la saisine. On peut dire aujourd'hui que le Conseil répond à cette première exigence.

La deuxième exigence nous paraît être celle de ne pas laisser sous silence quelque inconstitutionnalité que ce soit, lorsqu'elle est repérée par le Conseil. Il convient alors d'opérer une conciliation entre les principes constitutionnels auxquels tout le contenu de la loi est comparé, en évitant toute contradiction entre ces principes, dans leur contenu, dans leurs effets, en les rapportant *in concreto*, à l'objet de la loi en cause, ce qui permet d'en mettre en avant certains et de placer les autres principes constitutionnels en retrait mais de ne pas les laisser dans l'ombre du contrôle (v. notre article : la conciliation entre principes constitutionnels, *D*, 1991, chron., p. 265 et s.).

La troisième nécessité pour le Conseil constitutionnel est de déclarer dans le dispositif de la décision rendue ce qui est conforme à la Constitution et ce qui ne l'est pas, de façon à renseigner clairement les destinataires de la décision. La pratique actuelle consistant à ne déclarer que ce qui est contraire à la Constitution et à ne pas se prononcer sur le reste de loi ne nous paraît pas acceptable, même si on en comprend bien la raison qui est, pour le Conseil, de considérer que son contrôle n'est pas infaillible, compte tenu en particulier du court délai dans lequel il est enfermé pour statuer (un mois et parfois huit jours en cas d'urgence). C'est que le contrôle de constitutionnalité de la loi est tout orienté vers la promulgation de la loi, ainsi que le Conseil aime à le rappeler (nº 85-197 DC, préc.). C'est-à-dire que la promulgation authentifie le processus législatif, y compris le contrôle de la loi, et qu'il ne peut, en droit, couvrir une inconstitutionnalité, même implicitement, parce que le contrôle *a priori* est lui-même orienté vers l'entrée en vigueur de la loi, pour la purifier des inconstitutionnalités et non pour laisser demeurer des incertitudes, d'autant plus graves qu'elles sont susceptibles de se répercuter sur les textes d'application de la loi en cause.

Enfin, si l'ensemble du contrôle de constitutionnalité de la loi est ainsi d'ordre public, si tout moyen est nécessairement d'ordre public, le juge ordinaire doit être en mesure, en application de l'article 62 de la Constitution qui lui impose le respect strict des décisions du Conseil constitutionnel, d'écarter une disposition de loi contraire à la Constitution, venant là parfaire ce que le contrôle *a priori* n'a pu complètement contrôler. A notre sens, point n'est besoin pour ce faire d'une réforme constitutionnelle ou organique. L'exigence générale du respect de la Constitution le permet autant que celui des décisions du Conseil constitutionnel (v. *infra*, titre IV, chap. II, Le contrôle de constitutionnalité de la loi promulguée).

BIBLIOGRAPHIE

La bibliographie concernant le contrôle de la constitutionnalité des lois couvre l'ensemble des ouvrages consacrés au Conseil constitutionnel, puisque c'est le cœur du contrôle exercé par le Conseil. On renvoie donc en particulier à : Genevois (B.), *La jurisprudence du Conseil constitutionnel. Principes directeurs*, *op. cit.* ; Luchaire (F.), *Le Conseil constitutionnel*, t. 1, Économica, 2e éd., 1997 ; Poullain (B.), *La pratique française de la justice constitutionnelle*, *op. cit.* ; Rousseau (D.), *Droit du contentieux constitutionnel*, *op. cit.* ; Turpin (D.), *Contentieux constitutionnel*, *op. cit.* ; on renvoie aux bibliographies des chapitres précédents.

Plus particulièrement, sur les différents éléments du contrôle de constitutionnalité, on pourra consulter : Blanquer (J.-M.), *Les méthodes du juge constitutionnel*, thèse, Paris II, 1993 ; Favoreu (L.) et Jolowicz (J.-A.) (éd.), *Le contrôle juridictionnel des lois. Légitimité, effectivité et développements récents*, Économica-PUAM, 1986 ; Di Manno (T.), *Le Conseil constitutionnel et les moyens et conclusions soulevés d'office*, Économica-PUAM, 1994 ; id., *Le juge constitutionnel et la technique des décisions « interprétatives » en France et en Italie*, Économica-PUAM, 1997 ; Drago (G.), *L'exécution des décisions du Conseil constitutionnel. L'effectivité du contrôle de constitutionnalité des lois*, Économica-PUAM, 1991 ; id., Procédures du contrôle de constitutionnalité, *Jurisclasseur administratif* , fasc. nº 1414,

1995 ; Jan (P.) et Roy (J.-P.) (dir.), *Le Conseil constitutionnel vu du Parlement*, préf. G. Vedel, éd. Éllipses, 1997 ; Pugeault (S.), *Le Conseil constitutionnel et les principes-normes du contrôle de constitutionnalité des lois ordinaires*, thèse 3e cycle, Reims, 1984 ; Schmitter (G.), L'incompétence négative dans la jurisprudence du Conseil constitutionnel, mémoire DEA, Aix-Marseille III, 1989.

Articles : Priet (F.), L'incompétence négative du législateur, *RFDC*, n° 17, 1994, p. 59 et s.

Sur les saisines parlementaires : Dix ans de saisine parlementaire, Table ronde du 29 octobre 1984, Aix-en-Provence, *AIJC*, 1985, Économica-PUAM, 1987, p. 125 ; Association française des constitutionnalistes, *Vingt ans de saisine parlementaire du Conseil constitutionnel*, Journée d'études du 16 mars 1994, Économica-PUAM, 1995 ; Jan (P.), *La saisine du Conseil constitutionnel* thèse, Tours, 1997 (avec des éléments statistiques) ; Mercuzot (B.), *Les saisines parlementaires du Conseil constitutionnel dans le contrôle de constitutionnalité des lois. Stratégies politiques et État de droit*, thèse, Dijon, 1991 ; id., Saisine parlementaire et constitutionnalisme, *in* CURAPP, *Droit et politique*, PUF, 1993, p. 65 et s.

Sur les cas d'ouverture : S. Sarano, *Les cas d'ouverture des recours devant le Conseil constitutionnel*, mémoire DEA, Aix-Marseille III, 1990.

Sur le contrôle de proportionnalité : Goesel-Le Bihan (V.), Réflexion iconoclaste sur le contrôle de proportionnalité exercé par le Conseil constitutionnel, *RFDC*, n° 30, 1997, p. 227 et s. ; Philippe (X.), *Le contrôle de proportionnalité dans les jurisprudences constitutionnelle et administrative français*, Économica-PUAM, 1990 ; Xynopoulos (G.), *Le contrôle de proportionnalité dans la constitutionnalité et de la légalité en France, Allemagne et Angleterre*, LGDJ, 1995.

Sur la politique jurisprudentielle du Conseil constitutionnel, on peut consulter, entre autres : Meunier (J.), *Le pouvoir du Conseil constitutionnel. Essai d'analyse stratégique*, Bruylant-LGDJ, 1994 ; Pactet (P.), A propos de la marge de liberté du Conseil constitutionnel, *Libertés. Mél. Jacques Robert*, Montchrestien, 1998, p. 279 et s. ; Rousseau (D.), Les grandes avancées de la jurisprudence du Conseil constitutionnel, *Mél. J. Robert*, préc., p. 297 et s.

Chapitre V

CONTRÔLE DE CONSTITUTIONNALITÉ ET NORMES SUPRANATIONALES

Le caractère national de la Constitution implique nécessairement une certaine imperméabilité au droit supranational, c'est-à-dire une résistance à l'introduction des normes internationales en droit interne. On entend par droit supranational toute norme juridique issue ou non d'une convention internationale et surtout formée dans un cadre dépassant celui du seul État-nation. En créant un ordre juridique national, la Constitution règle les éléments de sa propre suprématie dans un territoire donné, à l'égard d'une population déterminée mais aussi sur toutes les normes qui lui sont subordonnées, passées, présentes et futures. Elle n'ignore pas le droit supranational mais la place et la reconnaissance qu'elle lui donne peuvent considérablement varier selon les Constitutions. Dans la conception dite dualiste les normes supranationales constituent un ordre juridique séparé de l'ordre national et la réception des normes supranationales impose donc une conversion de celles-ci en normes internes, selon les règles constitutionnelles propres à l'ordre juridique national. Dans la conception dite moniste les normes supranationales se superposent aux normes nationales, formant ainsi un ensemble unique qui ne nécessite pas de réception formelle ou de conversion de la norme supranationale en norme interne ; l'intégration se fait d'elle-même puisqu'en définitive l'ordre juridique est unitaire. Mais ces systèmes n'impliquent pas nécessairement une place déterminée des normes supranationales dans l'ordre interne. Ils ne postulent aucunement une valeur constitutionnelle ou supraconstitutionnelle dans le système moniste, ni nécessairement une valeur infraconstitutionnelle dans le système dualiste. Ce qui frappe justement l'esprit à l'examen des constitutions européennes c'est la très grande diversité de la place des normes supranationales dans la hiérarchie des normes des différents ordres juridiques nationaux.

Sur tous ces points et une étude comparative européenne v. C. Grewe et H. Ruiz Fabri, *Droits constitutionnels européens*, PUF, 1995, p. 101 et s. ; J. Rideau, Constitution et droit international dans les États membres des Communautés européennes. Réflexions générales et situation française, *RFDC*, n° 2, 1990, p. 259 et s. ; id., Situation dans les États membres autres que la France, *RFDC*, n° 3, 1990, p. 425 et s.

Les textes constitutionnels français révèlent la relative ambiguïté des rapports entre le droit national et les normes internationales. La France se situe dans une perspective moniste lorsqu'elle indique dans le quatorzième alinéa du Préambule de la Constitution de 1946 que « fidèle à ses traditions, elle se conforme aux règles du droit public international ». Il faut y ajouter la disposition, déjà plus restrictive, du quinzième alinéa du même Préambule selon laquelle « sous réserve de réciprocité, la France consent aux limitations de souveraineté nécessaires à l'organisation et à la défense de la paix ». La Constitution de 1958, qui intègre le Préambule de 1946, précise en outre dans trois titres distincts les relations entre l'ordre juridique français et l'ordre international ou communautaire. Le titre XIV traite dans l'unique article 88 des accords d'association entre la France et d'autres pays. Le titre VI concerne les traités et les accords internationaux. On y trouve déterminées les compétences du président de la République en matière de négociation et de conclusion de traités (art. 52), celles du Parlement en ce qui concerne certains types de traités (art. 53), les principes définissant les relations de la France avec d'autres pays européens en matière de droit d'asile (art. 53-1), disposition introduite par la révision constitutionnelle du 25 novembre 1993 (loi constitutionnelle n° 93-1256, *JO*, p. 16296), à la suite de la décision du Conseil constitutionnel n° 93-325 DC du 13 août 1993 (*Rec.*, 224) déclarant contraires à la Constitution certaines dispositions votées par le Parlement en matière de droit d'asile et faisant application des principes de l'accord de Schengen. Le titre VI comprend aussi la définition de la compétence du Conseil constitutionnel en matière d'introduction dans l'ordre juridique national des engagements internationaux, en indiquant que si le Conseil déclare que l'engagement international dont il est saisi « comporte une clause contraire à la Constitution, l'autorisation de ratifier ou d'approuver l'engagement international en cause ne peut intervenir qu'après la révision de la Constitution » ; enfin l'article 55 précisant que « les traités ou accords régulièrement ratifiés ou approuvés ont, dès leur publication, une autorité supérieure à celle des lois, sous réserve, pour chaque accord ou traité, de son application par l'autre partie ». Cette dernière règle fixe la valeur juridique dans la hiérarchie interne des normes juridiques, des normes internationales. Il faut y ajouter en dernier lieu le titre XV de la Constitution, introduit par la révision constitutionnelle du 25 juin 1992 (loi constitutionnelle n° 92-554, *JO*, 26 juin 1992, p. 8406), à la suite de la décision du Conseil constitutionnel n° 92-308 DC du 9 avril 1992 (*Rec.*, 55) nécessitant une révision de la Constitution pour la rendre compatible avec les dispositions du traité de Maastricht. Ce titre XV inscrit clairement le principe de la participation de la France aux institutions communautaires (art. 88-1) et le consentement de la nation aux différents transferts de compétence nécessités par le traité de Maastricht (art. 88-2 : union économique et monétaire, règles relatives au franchissement des frontières extérieures des États membres). Il admet en outre, sous quelques réserves, le vote des citoyens de l'Union européenne aux élections municipales françaises (art. 88-3) et organise enfin un dispositif d'information des assemblées parlementaires françaises concernant les propositions d'actes communautaires (art. 88-4).

Le simple énoncé de ces règles ne suffit pas à expliquer les rapports entre la Constitution de 1958 et les normes supranationales. Il est en effet nécessaire de préciser ces rapports selon la nature de la norme supranationale et de comprendre quelle fonction le contrôle de constitutionnalité exerce à propos de chaque type de normes (section 1).

Mais l'étude de ces rapports de normes n'épuise pas le sujet car il faut ensuite présenter l'exercice concret, du point de vue contentieux, du contrôle de constitutionnalité des engagements internationaux (section 2).

Si cette étude est d'abord de contentieux constitutionnel français, elle ne peut laisser de côté les aspects de droit comparé qui illustrent nécessairement les rapports du droit national et des normes supranationales. C'est donc dans cet esprit que ces réflexions seront présentées.

SECTION 1
Les rapports entre la Constitution et les normes supranationales

Les relations existant entre la Constitution et les normes supranationales recouvrent des domaines assez différents. On envisagera d'abord ici cette question dans sa généralité, sans nécessairement s'attacher dans un premier temps aux rapports entre la Constitution française et ces normes, parce que la question se pose sur le plan général des rapports entre les ordres juridiques. Mais il est clair que ce sont les rapports entre l'ordre juridique français et l'ordre juridique international qui constitueront le cœur des développements de cette section.

Il faut ensuite présenter ces rapports entre différents ordres juridiques en distinguant nécessairement les rapports qu'entretiennent d'une part la Constitution et l'ordre juridique des Communautés européennes d'une part (I), la Convention européenne des droits de l'homme (II), les autres normes internationales (III).

I / Constitution et normes communautaires

Les rapports entre le droit communautaire et les constitutions nationales sont sans doute les plus difficiles à présenter du fait de la puissance intégratrice du droit communautaire dont les mécanismes touchent volontairement le cœur de l'ordre juridique national. A cet égard, plus le droit communautaire étend ses compétences sur ce qui relevait traditionnellement du droit national, plus les fondements de ce droit se trouvent mis en cause, c'est-à-dire plus la constitution se trouve en porte-à-faux vis-à-vis du droit communautaire. Mais cette atteinte n'a été que progressive, au fur et à mesure de l'extension des compétences communautaires. C'est la raison pour laquelle la constitution, norme fondamentale de l'ordre juridique interne, n'a longtemps pas été mise en avant en tant qu'obstacle à la réception du droit communautaire. Le développement du constitutionnalisme, des jurisprudences constitutionnelles, et en même temps celui d'un droit communautaire aux compétences toujours élargies, ont produit un effet de résistance du droit national exprimé par le droit constitutionnel et la jurisprudence des cours constitutionnelles.

Pour présenter les rapports entre la constitution et les normes communautaires, il est nécessaire de rappeler d'abord les éléments du principe de primauté du droit communautaire et la réception qui en est faite par le droit constitutionnel (A), de montrer ensuite quelles sont les manifestations de résistance du droit national (B), enfin de tenter de proposer différentes voies possibles de résolution de ces conflits (C), étant entendu que dans cette présentation on traitera, comme on l'a déjà dit, principalement des rapports entre le droit communautaire et le droit constitutionnel français, mais que des illustrations par des problématiques proches faisant appel au droit comparé seront également nécessaires.

A | PRINCIPE DE PRIMAUTÉ DU DROIT COMMUNAUTAIRE ET RÉCEPTION PAR LE DROIT CONSTITUTIONNEL

1 / *Primauté, effet direct, applicabilité directe du droit communautaire et prise en considération des droits fondamentaux par l'ordre juridique communautaire*

Les traités créant les Communautés européennes et aujourd'hui l'Union européenne sont, dans une analyse classique, des engagements internationaux liant les États signataires. En mettant en place une Cour de justice des Communautés européennes (CJCE), les traités lui ont donné non seulement une fonction de contrôle de l'application du droit communautaire, mais aussi une fonction majeure d'interprétation de ce droit qu'elle exerce avec exclusivité, ce dont l'article 164 du traité instituant la Communauté européenne (CE) témoigne en déclarant que « la Cour de justice assure le respect du droit dans l'interprétation et l'application du présent traité ». Cette fonction, devenue majeure dans l'ordre juridique communautaire, a permis à la Cour de justice d'affirmer de façon progressive mais certaine la « spécificité » du droit communautaire, soulignant ainsi les particularités de l'ordre juridique communautaire par rapport aux normes du droit international général.

Les décisions de la Cour de justice sont parmi les plus significatives et les plus connues. Ainsi, il faut citer : CJCE, 5 février 1963, *Van Gend en Loos*, aff. 26/62, *Rec.*, 3, dans laquelle la Cour énonce que « la Communauté constitue un nouvel ordre juridique de droit international au profit duquel les États ont limité, bien que dans des domaines restreints, leurs droits souverains et dont les sujets sont non seulement les États membres, mais également leurs ressortissants ». De façon encore plus significative : CJCE, 15 juillet 1964, *Costa c/ ENEL*, aff. 6/64, *Rec.*, 1141 : « à la différence des traités internationaux ordinaires, le traité de la CEE a institué un ordre juridique propre intégré au système juridique des États membres lors de l'entrée en vigueur du traité et qui s'impose à leurs juridictions ; qu'en effet, en instituant une Communauté de durée illimitée, dotée d'attributions propres, de la personnalité, de la capacité juridique, d'une capacité de représentation internationale, et plus précisément de pouvoirs réels issus d'une limitation de compétence ou d'un transfert d'attributions des États à la Communauté, ceux-ci ont limité, bien, que dans des domaines restreints, leurs droits souverains et créé ainsi un corps de droit applicable à leurs ressortissants et à eux-mêmes ».

Les conséquences de l'affirmation d'un ordre juridique propre, spécifique et intégré à celui des États membres sont majeures et multiples. Le droit communautaire produit un effet direct certes sur les États mais aussi et peut-être surtout sur leurs ressortissants. Cet effet lui donne une puissance d'intégration dans les droits nationaux en permettant aux nationaux des États membres d'invoquer, dans un certain nombre de cas, les dispositions communautaires devant leur propre juge national, leur faisant alors jouer un effet horizontal.

Cet « effet direct horizontal » (D. Simon, *Le système juridique communautaire*, PUF, coll. « Droit fondamental », 1997, p. 246 ; cf. R. Kovar, *J. class. Europe*, fasc. 432, § 22) joue lorsque les traités constitutifs font, dans leurs dispositions, les particuliers destinataires des obligations inscrites, directement ou indirectement (règles de concurrence, de libre circulation, de non-discrimination). S'y ajoute l'applicabilité directe des règlements communautaires (art. 189 CE) confortée par la Cour de justice lorsqu'elle déclare que le règlement « en raison de sa nature même et de sa fonction dans le système des sources du droit communautaire (…) produit des effets immédiats et est, comme tel, apte à conférer aux particuliers des droits que les juridictions nationales ont l'obligation de protéger » (CJCE, 14 décembre 1971, *Politi*, aff. 43/71, *Rec.*, 1039), et l'effet direct des directives, à propos desquelles la Cour a fait une interprétation particulièrement extensive de l'article 189 CE en indiquant que « l'effet utile d'un tel acte (la directive) se trouverait affaibli si les justiciables étaient empêchés de s'en prévaloir en justice et les juridictions nationales empêchées de la prendre en considération en tant qu'élément du droit communautaire » (CJCE, 4 décembre 1974, *Van Duyn*, aff. 41/74, *Rec.*, 1337). Plus précisément encore, la Cour de justice a défini le principe d'applicabilité directe qui « signifie que les règles du droit communautaire doivent déployer la plénitude de leurs effets d'une manière uniforme dans tous les États membres, à partir de leur entrée en vigueur et pendant toute la durée de leur validité ; qu'ainsi, ces dispositions sont une source immédiate de droits et d'obligations pour tous ceux qu'elles concernent, qu'il s'agisse des États membres ou des particuliers qui sont parties à des rapports juridiques relevant du droit communautaire ; que cet effet concerne également tout juge qui, saisi dans le cadre de sa compétence, a, en tant qu'organe de l'État, pour mission de protéger les droits conférés aux particuliers par le droit communautaire » (CJCE, 9 mars 1978, *Administration des finances de l'État c/ SA Simmenthal*, aff. 106/77, *Rec.*, 629).

Mais la Cour de justice ne s'est pas limitée à poser le principe de l'effet direct du droit communautaire. Elle y a ajouté le principe de primauté, à l'égard des ordres juridiques nationaux, tiré de la même spécificité de ce droit, qui le distingue du droit international général, parce que le droit communautaire possède des effets institutionnels et procéduraux dont la Cour de justice est l'instrument le plus puissant. Celle-ci a ainsi précisé ce principe de primauté de la façon la plus claire et la plus impérative qui soit à l'égard des droits nationaux. Ainsi la Cour déclare que

« issu d'une source autonome le droit né du traité ne pourrait donc, en raison de sa nature spécifique originale, se voir judiciairement opposer un texte interne quel qu'il soit sans perdre son caractère communautaire et sans que soit mise en cause la base juridique de la Communauté elle-même » (CJCE, 15 juillet 1964, *Costa c/ ENEL*, préc.).

Ce principe de primauté a été constamment réaffirmé et décliné par la Cour de justice à l'égard de toute norme de droit national, y compris constitutionnelle, qui ne doit en aucun cas s'opposer à une norme communautaire. Ainsi dans plusieurs arrêts célèbres, la Cour de justice déclare que

« l'invocation d'atteintes portées, soit aux droits fondamentaux tels qu'ils sont formulés par la Constitution d'un État membre, soit aux principes d'une structure constitutionnelle nationale ne saurait affecter la validité d'un acte de la Communauté ou son effet sur le territoire de cet État » (CJCE, 17 décembre 1970, *Internationale Handelsgesellschaft*, aff. 11/70, *Rec.*, 1125), ou encore de façon plus péremptoire que « serait (...) incompatible avec les exigences inhérentes à la nature même du droit communautaire toute disposition d'un ordre juridique national ou toute pratique législative, administrative ou judiciaire, qui aurait pour effet de diminuer l'efficacité du droit communautaire par le fait de refuser au juge compétent pour appliquer ce droit le pouvoir de faire tout ce qui est nécessaire pour écarter les dispositions législatives nationales formant éventuellement obstacle à la pleine efficacité des normes communautaires » (CJCE, 9 mars 1978, *Simmenthal*, préc.). L'une des conséquences de ces affirmations est l'émergence d'un principe général de contrôle de conformité des actes des États membres, affirmé par la CJCE (23 avril 1986, *Parti écologiste « Les Verts »*, aff. 294/83, *Rec.*, 1339) : « La Communauté économique européenne est une Communauté de droit en ce sens que, ni ses États membres, ni ses institutions n'échappent au contrôle de la conformité de leurs actes à la charte constitutionnelle de base qu'est le traité » ; v. sur la notion de « Communauté de droit » D. Simon, *op. cit.*, p. 50 et s. On sait que cette logique conduit la CJCE à un encadrement de plus en plus étroit des législations nationales de façon à assurer au principe de primauté la plus grande effectivité, par exemple par la mise en cause de la responsabilité de l'État membre pour non-respect du droit communautaire (CJCE, 19 novembre 1991, *Francovich* et *Bonifaci*, aff. C-6/90 et C-9/90, *Rec.*, I-5357) ; v. par exemple sur cette extension J. Dutheil de la Rochère, La jurisprudence de la Cour de justice des Communautés européennes et la souveraineté des États, *La Constitution et l'Europe*, Montchrestien, 1992, p. 233 et s., spéc. p. 247 et s.

A l'action de la Cour de justice se sont ajoutés des textes communautaires, à la portée normative diverse, mais dont l'objet est de préciser que parmi les objectifs de la Communauté européenne, le respect des droits fondamentaux tels qu'exprimés par les constitutions nationales est énoncé en tant qu'objectif majeur de la construction européenne.

Il faut citer la Déclaration commune du Parlement européen, du Conseil et de la Commission sur les droits fondamentaux du 5 avril 1977 : « L'Assemblée, le Conseil et la Commission soulignent l'importance primordiale qu'ils attachent au respect des droits fondamentaux tels qu'ils résultent notamment des Constitutions des États membres ainsi que de la Convention européenne de sauvegarde des droits de l'homme et des libertés fondamentales. Dans l'exercice de leurs pouvoirs et en poursuivant les objectifs des Communautés européennes, ils respectent et continueront à respecter ces droits. » Autres textes communautaires : Déclaration commune du Parlement européen, du Conseil, des représentants des États membres réunis au sein du Conseil et de la Commission contre le racisme et la xénophobie du 11 juin 1986 ; Résolution du Conseil et des représentants des États membres, réunis au sein du Conseil, relative à la lutte contre le racisme et la xénophobie, du 29 mai 1990, ainsi que celle du 28 novembre 1991 sur les droits de l'homme, la démocratie et le développement, ou encore celle du Conseil européen du 11 décembre 1993.

L'attachement aux droits fondamentaux, déjà évoqué dans l'Acte unique de 1986, se trouve clairement énoncé dans l'article F § 2 du traité sur l'Union de 1992 : « L'Union respecte les droits fondamentaux tels qu'ils sont garantis par la Convention européenne de sauvegarde des droits de l'homme et des libertés fondamentales signée à Rome le 4 novembre 1950, et tels qu'ils résultent des traditions constitutionnelles communes aux États membres, en tant que principes généraux du droit communautaire. »

Enfin le traité d'Amsterdam de juin 1997 prévoit un nouvel article F § 1 (art. 6, § 1 dans la rédaction définitive des traités) selon lequel « l'Union est fondée sur les principes de la liberté, de la démocratie, du respect des droits de l'homme et des libertés fondamentales, ainsi que de l'État de droit, principes qui sont communs aux États membres ». Cette formulation est essentielle dans la mesure où elle fait du respect des droits de l'homme et des libertés fondamentales l'un des fondements de l'Union européenne ce qui dépasse de très loin les intentions initiales des Communautés européennes. S'y ajoutent d'une part l'article L (art. 46 nouveau), dans la rédaction issue du traité d'Amsterdam, faisant de la Cour de justice l'organe de contrôle compétent en matière de respect des droits fondamentaux par les institutions communautaires, à l'exception de la politique étrangère et de sécurité commune, d'autre part l'article O (art. 49 nouveau) qui indique que le respect des principes de l'article F § 1 est une condition de l'adhésion de nouveaux États, enfin un nouvel article 7 prévoyant une procédure de sanction à l'égard des États ne respectant pas ces principes, allant jusqu'à la suspension du droit de vote au Conseil (pour un tableau comparatif des textes du traité sur l'Union européenne issu de 1992 et du texte du même traité modifié par le traité d'Amsterdam v. Rapport d'information de la Délégation de l'Assemblée nationale pour l'Union européenne, n° 336, 17 octobre 1997, par H. Nallet ; v. aussi J.-V. Louis, Le traité d'Amsterdam. Une occasion perdue ?, *Rev. du Marché unique européen*, 2/1997, p. 5 et s.).

Quant à la Cour de justice, on sait qu'elle a consacré, selon ses propres termes, la protection des droits fondamentaux en tant que principes généraux du droit communautaire, en s'inspirant des traditions constitutionnelles communes aux États membres et des instruments internationaux concernant la protection des droits de l'homme auxquels les États membres ont coopéré ou adhéré, en tout premier lieu la Convention européenne des droits de l'homme.

La première décision significative de la Cour de justice date de 1969 (CJCE, 12 novembre 1969, *Stauder*, aff. 29/69, *Rec.*, 419) et a été reprise et précisée peu après (CJCE, 17 décembre 1970, *Internationale Handelsgesellschaft*, préc.) dans laquelle la Cour déclare que « le respect des droits fondamentaux fait partie intégrante des principes généraux du droit dont la Cour de justice assure le respect ; que la sauvegarde de ces droits, tout en s'inspirant des traditions constitutionnelles communes aux États membres, doit être assurée dans le cadre de la structure et des objectifs de la Communauté ». Élargissant ensuite les bases de référence quant à la protection des droits fondamentaux, la Cour, tout en reconnaissant qu'elle était « tenue de s'inspirer des traditions constitutionnelles communes aux États membres et [qu'elle] ne saurait dès lors admettre des mesures incompatibles avec les droits fondamentaux reconnus et garantis par les constitutions de ces États », avait précisé que « les instruments internationaux concernant la protection des droits de l'homme auxquels les États membres ont coopéré ou adhéré peuvent également fournir des indications dont il convient de tenir compte dans le cadre du droit communautaire (CJCE, 14 mai 1974, *Nold*, aff. 4/73, *Rec.*, 491).

Mais si la Cour de justice a pu faire de nombreuses fois référence à ces instruments internationaux, à la Convention européenne des droits de l'homme en particulier, dans des situations juridiques variées, ceci n'a pas eu pour conséquence d'incorporer ces instruments dans l'ordre juridique communautaire, même si la Cour de justice reconnaît à la Convention européenne des droits de l'homme une « signification particulière » (CJCE, 21 septembre 1989, *Hoechst*, aff. 48/67, *Rec.*, 2859 ; 18 juin 1991, *ERT*, aff. C-260/89, *Rec.*, I-2925) ou encore qu'un principe, en l'espèce celui de la liberté d'association

« consacré par l'article 11 de la Convention européenne de sauvegarde des droits de l'homme et des libertés fondamentales et résultant des traditions constitutionnelles communes aux États membres, fait partie des droits fondamentaux qui, selon la jurisprudence constante de la Cour, par ailleurs réaffirmée par le préambule de l'Acte unique européen et par l'article F § 2, du traité sur l'Union européenne, sont protégés par l'ordre juridique communautaire » (CJCE, 15 décembre 1995, *Bosman*, aff. C-415/93, *Rec.*, I-4921).

Ces principes jurisprudentiels connaissent cependant des limites quant au champ d'application de la protection par les droits fondamentaux. La Cour de justice a bien marqué que ces principes généraux, au sens du droit communautaire, s'imposaient bien aux États membres lorsqu'ils agissent dans le champ de compétence du droit communautaire (CJCE, 13 juillet 1989, *Wachauf*, aff. 5/88, *Rec.*, 2609), allant même jusqu'à considérer que

« dès lors qu'une réglementation entre dans le champ d'application du droit communautaire, la Cour, saisie à titre préjudiciel, doit fournir tous les éléments d'interprétation nécessaires à l'appréciation par la juridiction nationale de la conformité de cette réglementation avec les droits fondamentaux dont la Cour assure le respect, tels qu'ils résultent, en particulier, de la Convention européenne des droits de l'homme » (CJCE, 18 juin 1991, *ERT*, préc. ; 4 octobre 1991, *Grogan*, aff. C-159/90, *Rec.*, I-4685 ; 24 mars 1994, *Bostock*, aff. C-2/92, *Rec.*, I-955).

Mais la Cour a aussi souligné qu'elle n'a pas compétence pour vérifier l'applicabilité de la Convention européenne des droits de l'homme à une loi ou une réglementation nationale « qui ne se situe pas dans le cadre du droit communautaire » (CJCE, 11 juillet 1985, *Cinéthèque et autres*, aff. jointes 60/84 et 61/84, *Rec.*, 2605 ; 30 septembre 1987, *Demirel*, aff. 12/86, *Rec.*, 3719).

Il faut conclure de cet ensemble de décisions que la Cour de justice des Communautés européennes ne fait application d'instruments internationaux de protection des droits fondamentaux, au premier rang desquels il faut compter la Convention européenne des droits de l'homme, que par le biais des principes généraux du droit communautaire dont elle assure l'entière interprétation, sinon la définition. D'ailleurs l'article 6 § 2 du traité sur l'Union européenne ne dit pas autre chose (cf. *supra*), « c'est-à-dire se contente d'incorporer avec valeur conventionnelle les principes consacrés par la jurisprudence de la Cour » (D. Simon, *Le système juridique communautaire*, préc., n° 251).

Les enjeux de la question des droits fondamentaux sont ceux, pour l'Union européenne, de la définition d'une liste de droits qui seraient intégrés aux textes communautaires, mais on ne semble pas s'orienter dans cette direction, compte tenu de la rédaction très vague du traité d'Amsterdam sur ce point. L'autre possibilité, évoquée depuis longtemps, est celle de l'adhésion de la Communauté européenne (et non de l'Union qui ne possède pas la personnalité juridique) à la Convention européenne des droits de l'homme. Si le Parlement européen est favorable aux deux positions, ce dont témoigne une résolution (18 janvier 1994, *JOCE* n° C 44 du 14 février 1994) et le projet de Constitution européenne du 10 février 1994 (*JOCE* n° C 61 du 28 février 1994), le Conseil de l'Union avait, lui, décidé de saisir la Cour de justice pour obtenir d'elle un avis sur la compatibilité entre la Convention européenne des droits de l'homme et le traité instituant la Communauté européenne et l'éventualité d'une adhésion de la Communauté à la Convention. L'avis rendu par la Cour de justice le 28 mars 1996 (avis 2/94, *Rec.*, I-1763 ; *RTDE*, 1996, p. 625 et note P. Wachsmann, p. 466 et s. ; J.-F. Renucci, *D*, 1996, *J*, 449 ; D. Simon, *Europe*, juin 1996, chron. n° 6, p. 1 et s. ; v. aussi R. Mehdi, *Justices*, n° 6, 1997, p. 29 et s., spéc. p. 57 et s., et dans la même livraison de *Justices* l'article de J. Rideau et J.-F. Renucci, p. 95 et s., spéc. p. 114 et s.) se place sur le plan de la compétence générale de la Communauté européenne. La Cour de justice rappelle d'abord l'importance des droits fondamentaux dans l'ordre juridique communautaire, faisant référence aux principes et aux décisions rappelés plus haut. Mais elle conclut cependant son avis en déclarant que « en l'état actuel du droit communautaire, la Communauté n'a pas compétence pour adhérer à la Convention » (§ 36).

Le raisonnement de la Cour mérite d'être rapporté : « Si le respect des droits de l'homme constitue donc une condition de la légalité des actes communautaires, force est toutefois de constater que l'adhésion à la Convention entraînerait un changement substantiel du régime communautaire actuel de la protection des droits de l'homme, en ce qu'elle comporterait l'insertion de la Communauté dans un système institutionnel international distinct ainsi que l'intégration de l'ensemble des dispositions de la Convention dans l'ordre juridique communautaire (§ 35). Une telle modification du régime de la protection des droits de l'homme dans la Communauté, dont les implications institutionnelles seraient également fondamentales tant pour la Communauté que pour les États membres, revêtirait une envergure constitutionnelle et dépasserait donc par sa nature les limites de l'article 235 [pouvoirs implicites donnés aux institutions communautaires afin d'atteindre l'un des objectifs fixés par les traités]. Elle ne saurait être réalisée que par la voie d'une modification du traité » (§ 35).

Il est donc clair que pour la Cour de justice, l'adhésion de la Communauté à la Convention conduirait à un véritable changement de nature de l'objet de la Communauté européenne en intégrant les dispositions de la Convention européenne des droits de l'homme. Et la conséquence d'une telle adhésion serait évidemment la soumission du droit et des institutions communautaires au droit de la Convention, à commencer par la Cour de justice qui se trouverait ainsi dans la dépendance de la Cour de Strasbourg.

L'avis 2/94 du 28 mars 1996 rendu par la Cour de justice focalise en quelque sorte la question des droits fondamentaux autour de celle de la compétence de la Communauté européenne. En se limitant à une définition de la compétence qui est celle d'une seule compétence d'attribution, la Cour s'interdit et interdit par là même aux institutions communautaires de se saisir des droits fondamentaux en tant que compétence communautaire sans une modification explicite des traités qui, soit présenterait une liste de droits fondamentaux protégés par l'ordre juridique communautaire, en une déclaration solennelle, soit rattacherait cet ordre juridique à un autre comprenant des droits fondamentaux, et il est logique de penser d'abord à celui mis en œuvre par la Convention européenne des droits de l'homme. La conception développée par la Cour de justice a fait l'objet de critiques assez vives, considérant que les droits fondamentaux devraient constituer non seulement une compétence mais *l'objet* de la Communauté, ou autrement dit un principe de répartition des compétences communautaires, à caractère « transversal » (v. en ce sens D. Simon, *Europe*, juin 1996, p. 3 ; R. Mehdi, *Justices*, n° 6, 1997, p. 58), parce que « les raisons d'être de la Communauté impliquent sa soumission aux droits de l'homme » (P. Wachsmann, *RTDE*, 1996, p. 481). Certes, on sait que la Cour de justice a intégré le respect des droits fondamentaux mais par le biais des principes généraux du droit communautaire, c'est-à-dire par ses propres canons, et non par ce qui pourrait être imposé de l'extérieur, tant sur le plan des procédures que sur le plan conceptuel. Mais la « spécificité », la « primauté » de l'ordre juridique communautaire peuvent-elles supporter la greffe juridique que constituerait l'importation de normes relatives aux droits fondamentaux qui ne passeraient pas par la mécanique communautaire des institutions, leur conférant ainsi leur légitimité communautaire, mais qui s'imposeraient quand même ?

Cette présentation du droit communautaire et cette évolution jusqu'à l'avis de la Cour de justice du 28 mars 1996 sont un préalable indispensable pour comprendre les relations conflictuelles qui peuvent exister entre le droit communautaire et les constitutions nationales. En effet c'est par la question des droits fondamentaux que le droit communautaire en vient à se heurter aux constitutions nationales. Lorsque la Communauté européenne veut se saisir d'une compétence en matière de droits fondamentaux, serait-ce par le canal de la Convention européenne des droits de l'homme, elle touche immédiatement à la question des rapports avec les constitutions nationales. Bien plus, ce qui explique les résistances nationales, sur lesquelles on va revenir (v. *infra*), ce n'est pas seulement un conflit entre deux ordres juridiques, c'est que ce conflit touche le cœur du droit, les principes de l'ordre juridique que veulent exprimer les droits fondamentaux. Le conflit est autant dans une possible hiérarchie entre les ordres juridiques que dans les éléments substantiels du droit. Il se traduit aussi par la différence existant entre le principe de spécialité qui est la règle pour les organisations internationales, qui peut donc ne pas comprendre dans les compétences de ces organisations les droits fondamentaux, et la « plénitude des compétences étatiques » (C. Grewe et H. Ruiz Fabri, *op. cit.*, p. 125) qui comprend nécessairement la défense des droits fondamentaux, selon le constitutionnalisme contemporain. A cet égard, la difficulté intrinsèque du droit communautaire est son mécanisme d'intégration qui touche le droit national infraconstitutionnel, le transforme, s'y substitue, s'impose, en ignorant en quelque sorte la constitution nationale. Il importe donc de comprendre maintenant quelle réception du droit communautaire est faite par le droit constitutionnel français, c'est-à-dire comment il a intégré les difficultés qui viennent d'être évoquées.

2 / *Réception du droit communautaire par le droit constitutionnel français*

La Constitution de 1958 indique clairement quelle est la place des normes internationales dans la hiérarchie des règles juridiques françaises en énonçant dans l'article 55 de la Constitution que « les traités ou accords régulièrement ratifiés ou approuvés ont, dès leur publication, une autorité supérieure à celle des lois, sous réserve, pour chaque accord ou traité, de son application par l'autre partie ». Les engagements internationaux ont donc une valeur supralégislative et infraconstitutionnelle et sont soumis, pour être applicables en France, à une condition de réciprocité. A cet égard, les traités communautaires ne bénéficient pas d'un traitement constitutionnel particulier qui les mettraient au même niveau que la Constitution, sous la réserve des dispositions du titre XV de la Constitution (art. 88-1 à 88-4) qui inscrit dans la Constitution le principe d'une participation de la République aux institutions communautaires et qui consent, entre autres, certains abandons de souveraineté mais dans des domaines limités seulement.

Cette reconnaissance constitutionnelle de l'ordre juridique communautaire est loin d'être générale, à quoi il faut ajouter que le droit communautaire lui-même ne cherche pas à s'imposer directement à la Constitution mais au droit infraconstitutionnel par ses propres mécanismes d'intégration. Ce processus d'intégration du droit communautaire dans le droit national infraconstitutionnel se fait d'ailleurs directement, sans nécessité d'une réception au sens juridique du terme (sur la contestation de l'emploi du mot « réception » à propos de la pénétration du droit communautaire dans le droit interne v. D. Simon, *op. cit.*, p. 241). C'est que le principe même de l'intégration transcende la Constitution en tant qu'instrument de souveraineté. Cependant il faut bien parler de réception en ce qui concerne la prise en considération du droit communautaire par la Constitution française, réception qui passe par la procédure particulière de l'article 54 de la Constitution, qui conduit à une nécessaire modification de la Constitution si celle-ci est en contradiction avec la norme communautaire (ou internationale) qu'on souhaite intégrer à l'ensemble des normes constituant l'ordre juridique français.

A l'égard des normes communautaires, la jurisprudence du Conseil constitutionnel a apporté des éléments de réponse nets sur le contrôle éventuel des traités communautaires régulièrement introduits dans l'ordre interne. Dès une décision du 19 juin 1970 (n° 70-39 DC, *Traité des*

Communautés européennes, *Rec.*, 15 ; confirmée par la décision nº 76-71 DC, 30 décembre 1976, *Assemblée des Communautés européennes*, *Rec.*, 15), le Conseil énonce que les traités de Paris et de Rome « ont été régulièrement ratifiés et publiés et sont, dès lors, entrés dans le champ d'application de l'article 55 de la Constitution », ce qui signifie dans une première analyse qu'ils ont bien une autorité supérieure à celle des lois, mais surtout dans une seconde analyse que le Conseil considère que dès lors que ces traités ont été régulièrement introduits dans l'ordre interne, ils ne sauraient faire l'objet d'un contrôle de constitutionnalité. Ainsi les traités constitutifs bénéficient d'une présomption de constitutionnalité, véritable « immunité constitutionnelle » pour certains (D. Simon, *op. cit.*, p. 290) ou d'un « acquis constitutionnel par définition des normes originaires » (M. Darmon, Juridictions constitutionnelles et droit communautaire, *RTDE*, 1988, p. 217 et s., spéc. p. 229). La même présomption de constitutionnalité s'applique au droit communautaire dérivé, selon la jurisprudence du Conseil constitutionnel (nº 77-89 DC, 30 décembre 1977, *Rec.*, 46 et nº 77-90 DC, 30 décembre 1977, *Rec.*, 44) qui indique que

> « les répercussions de la répartition des compétences ainsi opérée entre les institutions communautaires et les autorités nationales au regard tant des conditions d'exercice de la souveraineté nationale que du jeu des règles de l'article 34 de la Constitution relatives au domaine de la loi ne sont que la conséquence d'engagements internationaux souscrits par la France qui sont entrés dans le champ de l'article 55 de la Constitution » (nº 77-90 DC, § 4).

Cette « immunité » constitutionnelle des traités et des décisions communautaires dérivées est-elle absolue ? La jurisprudence citée du Conseil constitutionnel le laisse penser mais les procédures du contrôle de constitutionnalité ouvrent pourtant certaines voies d'action et de contestation des normes communautaires. En effet, le contrôle *a priori* des lois exercé selon l'article 61 de la Constitution met en principe le Conseil constitutionnel en mesure de revenir sur des textes communautaires à l'occasion du contrôle de la loi française d'application de cette norme communautaire. En exerçant le contrôle de constitutionnalité d'une loi d'application d'une directive communautaire, le Conseil a pu ainsi être amené à examiner si des directives communautaires, telles que transposées dans une loi d'application, étaient bien conformes à la Constitution (C. const., nº 78-100 DC, 29 décembre 1978, *Rec.*, 38 ; nº 80-126 DC, 30 décembre 1980, *Rec.*, 53). Il s'agit bien d'un contrôle postérieur du droit communautaire, dans lequel le Conseil, en vérifiant la régularité de la procédure d'incorporation du droit communautaire dans l'ordre interne, est susceptible de contrôler en réalité la validité constitutionnelle du texte communautaire. Il faut y ajouter la possible utilisation par le Conseil constitutionnel des principes issus de sa décision *État d'urgence en Nouvelle-Calédonie* (n° 85-187 DC, 25 janvier 1985, *Rec.*, 43) dans laquelle il a admis que

« si la régularité au regard de la Constitution des termes d'une loi promulguée peut être utilement contestée à l'occasion de l'examen de dispositions législatives qui la modifient, la complètent ou affectent son domaine, il ne saurait en être de même lorsqu'il s'agit de la simple mise en application d'une telle loi » (§ 10 ; sur cette décision v. *infra*, titre IV, chap. II, Le contrôle de constitutionnalité de la loi promulguée),

cette jurisprudence signifiant ici la possibilité de remettre en cause la constitutionnalité d'une loi d'application d'un texte communautaire à l'occasion de l'examen d'une loi postérieure portant sur le même domaine. Mais cette possibilité nous semble difficile à réaliser dans la mesure où le moment du contrôle est bien tardif par rapport à la norme qui serait censée être contrôlée. Même dans le cas des deux décisions précitées de 1978 (n° 78-100 DC) et 1980 (n° 80-126 DC) dans lesquelles le Conseil a examiné au fond des arguments de compatibilité entre la loi, qui n'est que l'application d'une disposition communautaire, et la Constitution, il a en définitive rejeté ces arguments. On peut aussi penser que le Conseil a évalué à leur juste mesure les conséquences d'une déclaration d'inconstitutionnalité qui toucherait en fait directement les dispositions communautaires, c'est-à-dire qui remettrait en cause l'engagement de la France dans le processus communautaire et donc ses obligations internationales. Il faut y ajouter le fait que si ce contrôle était réellement exercé au fond dans tous ses éléments, il emporterait nécessairement appréciation des textes communautaires, ce qui irait à l'encontre du monopole d'interprétation du droit communautaire qui appartient à la seule Cour de justice des Communautés européennes en fonction des articles 164 et 177 du traité CE. La prudence du Conseil constitutionnel français n'est-elle pas due ainsi à la volonté de ne pas entrer dans la logique du renvoi pour interprétation vers la Cour de justice qui marquerait, de droit et de fait, sa soumission au droit communautaire comme celle du droit constitutionnel français ? Même si un contrôle *a posteriori* de la loi était un jour organisé par une réforme constitutionnelle (v. *infra*, titre IV, chap. II), ce contrôle devrait prendre en considération les spécificités de l'intégration nationale du droit communautaire et en dissocier le processus d'examen de constitutionnalité des autres engagements internationaux.

V. en ce sens : R. Abraham, *Droit international, droit communautaire et droit français*, Hachette sup., coll. « PES », 1989, p. 54-55 ; T. de Berranger, *Constitutions nationales et construction communautaire*, LGDJ, 1995, p. 131-132 ; F. Chevallier, L'exception d'inconstitutionnalité, l'État de droit et la construction de la Communauté européenne, *D*, 1989, chron., p. 255 et s. ; M. Darmon, art. préc., *RTDE*, 1988, spéc. p. 236 ; L. Dubouis, *Mél. Boulouis*, Dalloz, 1991, spéc. p. 210 ; J.-P. Jacqué, Constitution et organisations internationales : le problème de la supranationalité. Conseil constitutionnel et droit communautaire, in *Droit constitutionnel et droits de l'homme*, Économica-PUAM, 1987, p. 321 et s., spéc. p. 325 ; X. Prétot, *RTDE*, 1992, p. 198 ; J. Rideau, art. préc., *RFDC*, n° 2, 1990, p. 279. L'utilisation de l'article 177 du traité CE par les juridictions constitutionnelles est une évidence pour P. Pescatore : « En particulier, il faut faire observer que les juridictions constitutionnelles font également partie de celles qui peuvent recourir à la procédure de l'article 177 et qu'en vertu de l'article 177, al. 3, elles sont même de celles qui ont l'obligation, s'il y a lieu, d'en faire usage », commentaire de l'article 177 *in* V. Constantinesco, R. Kovar, J.-P. Jacqué, D. Simon, *Traité instituant la CEE. Commentaire article par article*, Économica, 1992, n° 27. V. aussi J.-P. Jacqué, *Droit constitutionnel et droits de l'homme*, Économica, 1987, p. 325. Pour un exemple particulièrement significatif de débat v. les réflexions doctrinales et la jurisprudence du Tribunal constitutionnel espagnol *in* M. Le Barbier-Le Bris, *L'attitude des juridictions espagnoles face au droit communautaire*, thèse, Rennes I, 1997, p. 402 et s.

Cette difficulté à remettre en cause une disposition communautaire, tant du droit originaire que du droit dérivé, par la procédure du contrôle de constitutionnalité prévue par l'article 61 de la Constitution, en l'appliquant aux lois d'application ou de transposition du droit communautaire, s'explique également par l'existence de la procédure spécifique de l'article 54 de la Constitution concernant l'introduction dans l'ordre interne des engagements internationaux. Dans la mesure où l'introduction en droit interne des traités communautaires peut donner lieu à un contrôle *a priori*, comme cela a été le cas en 1992 pour le traité de Maastricht, le contrôle ainsi exercé par le Conseil constitutionnel doit tenir compte des engagements internationaux antérieurs de la France. C'est d'ailleurs bien ainsi que le Conseil constitutionnel s'est prononcé dans la décision n° 92-308 DC du 9 avril 1992, *Maastricht I* (*Rec.*, 55),

> « considérant qu'il appartient au Conseil constitutionnel, saisi, au titre de la procédure instituée par l'article 54 de la Constitution, d'un traité qui modifie ou complète un ou plusieurs engagements internationaux déjà introduits dans l'ordre juridique interne de déterminer la portée du traité soumis à son examen en fonction des engagements internationaux que ce traité a pour objet de modifier ou compléter » (§ 8).

Ce considérant de principe ne signifie pas que le Conseil exerce un contrôle de constitutionnalité de l'engagement international soumis à contrôle au regard d'engagements internationaux antérieurs, mais qu'il détermine la « portée » du nouveau traité à l'égard des anciens, c'est-à-dire qu'il fait ici jouer une technique d'interprétation mesurant « la portée des dispositions internationales nouvelles à l'aune des dispositions antérieures, pour ne contrôler que celles qui ne sont pas la reprise ou la conséquence des conventions anciennes » (T. de Berranger, *op. cit.*, p. 132 ; dans le même sens : F. Luchaire, *RDP*, 1992, p. 589 ; B. Genevois, *RFDA*, 1992, p. 381). La difficulté tient, pour les traités communautaires, à ce que la majeure partie du droit communautaire originaire n'a pas pu faire l'objet de contrôle de constitutionnalité puisqu'antérieur à 1958, ou n'a pas donné lieu à saisine du Conseil constitutionnel comme l'Acte unique de 1986. La décision du Conseil constitutionnel indique bien que si le contrôle de constitutionnalité ne se fait pas par référence aux normes internationales, celles-ci sont bien des sources d'interprétation permettant au Conseil de distinguer le nouveau de l'ancien dans l'engagement international soumis à contrôle, mais ce qui ne le conduit pas à un contrôle *a posteriori* des engagements déjà introduits dans l'ordre interne. Ainsi, on voit que le contrôle exercé par le Conseil constitutionnel à l'égard des textes communautaires n'est pas vraiment un contrôle de constitutionnalité, quel que soit le mode utilisé, article 61 ou 54, mais plutôt un contrôle de compatibilité entre l'ordre juridique français et l'ordre juridique communautaire. Ceci ne signifie pas que l'ordre constitutionnel français et le Conseil constitutionnel ne résistent pas au droit communautaire. Au contraire, la jurisprudence du Conseil montre les limites de cet exercice de compatibilité au regard des principes constitutionnels français. Le droit comparé montre d'ailleurs la capacité générale de résistance des constitutions nationales à la suprématie du droit communautaire.

B | RÉSISTANCES NATIONALES

Il y a plusieurs explications possibles aux résistances constitutionnelles nationales à la primauté du droit communautaire. Une première justification de cette résistance est d'ordre politico-juridique. L'intégration directe du droit communautaire dans le droit national, sans nécessité absolue de validation par un Parlement élu démocratiquement, donne l'impression que les textes communautaires écartent les exigences démocratiques par des procédures qui conduisent cependant à régler, parfois de très près, la conduite des citoyens par une réglementation imposée et omniprésente. La question, plus large, du « déficit démocratique » des institutions européennes pèse d'un poids très lourd dans le rejet de l'Europe communautaire et dans les résistances nationales. Dans ce débat, les juridictions constitutionnelles agissent dans un registre idéal puisqu'en apparaissant en défenseur des droits fondamentaux constitutionnels, elles renforcent automatiquement leur position face à un droit communautaire qui ne les défend pas. Même si le traité de Maastricht prévoit une coopération renforcée entre le Parlement européen et les Parlements nationaux, même si le traité d'Amsterdam étend le champ de la procédure de codécision entre le Parlement et le Conseil, l'accusation de « déficit démocratique » demeure très présente dans les résistances constitutionnelles, même si elle est souvent implicite.

V. par exemple les travaux de la Délégation de l'Assemblée nationale pour l'Union européenne : X[e] législature : Rapport d'information n° 1939, présenté par N. Catala et N. Ameline, *Quelles réformes pour l'Europe de demain ?*, 1995 ; Rapport d'information n° 2630, présenté par P. Mazeaud, *Droit communautaire et constitutions nationales*, 1996. XIe législature : Rapport d'information présenté par M. Ligot, *La révision des traités européens après Amsterdam*, 1997. V. aussi T. de Berranger, *op. cit.*, p. 348 et s.

Une deuxième explication des résistances constitutionnelles est d'ordre identitaire, c'est-à-dire tient à la volonté de préserver les particularismes juridiques exprimés au niveau le plus solennel par la constitution nationale. La fonction nécessairement unificatrice du droit communautaire se heurte aux particularismes juridiques nationaux, qui se manifeste tant dans l'organisation de l'État que du point de vue culturel. Ainsi, C. Grewe et H. Ruiz Fabri soulignent justement les répercussions du droit communautaire sur la « séparation verticale des pouvoirs » (*Droits constitutionnels européens*, préc., p. 127 et s.), en aménageant des transferts de compétence des instances fédérées ou régionales vers les institutions communautaires, c'est-à-dire en retirant des compétences à ces instances au profit de l'Union européenne, ce qui nécessite des aménagements constitutionnels, tel l'article 23 de la Loi fondamentale en Allemagne par exemple. Et ce n'est pas la place donnée à « l'Europe des régions » dans le discours européen qui aménage à leur profit des compétences juridiques. Ainsi encore, ces particularismes constitutionnels nationaux s'expriment par des traditions juridiques qui font plus ou moins de place à la défense des droits sociaux comme en Italie ou en Espagne, ou s'inscrivent dans une tradition juridique attentive aux libertés publiques et individuelles comme en France. Ces spécificités culturelles et historiques autant que juridiques sont « gommées » par le droit communautaire à l'objet principalement économique. Les résistances constitutionnelles sont donc d'autant plus vives que le droit communautaire est susceptible d'y porter atteinte.

Une troisième explication de la résistance constitutionnelle nationale provient directement du déficit de l'Europe communautaire en matière de droits fondamentaux. Et, comme on l'a dit, c'est là que les constitutions nationales opposent le plus de résistance par la voix des cours constitutionnelles, puisque ce sont elles qui sont amenées à comparer les principes relatifs aux droits fondamentaux aux exigences communautaires. Dans leur fonction de défense des droits fondamentaux, les cours constitutionnelles ont cherché à sauvegarder tant la consistance même de l'ordre constitutionnel que les droits substantiels qu'il contient. Ainsi en est-il particulièrement de la Cour constitutionnelle italienne, de la Cour constitutionnelle fédérale allemande, du Conseil constitutionnel français.

1 / *Position des Cours constitutionnelles italienne et allemande*

La Cour constitutionnelle italienne a, dans une série d'arrêts, défendu que « les limitations de souveraineté nécessaires pour un ordre assurant la paix et la justice entre les nations » selon les termes de l'article 11 de la Constitution italienne (on notera l'identité terminologique avec l'alinéa 15 du Préambule de la Constitution française de 1946)

« puissent de quelque manière, comporter, pour les institutions de la CEE, un pouvoir inadmissible de violer les principes fondamentaux de notre ordre juridique constitutionnel ou les droits inaliénables de la personne humaine » (Cour const. italienne, n° 183/73, 27 décembre 1973, *Frontini et Pozzani*). L'arrêt fait suite à une première décision de 1965, *San Michele* (arrêt n° 98 du 27 décembre 1965) et sera suivi d'autres arrêts dans le même sens : Cour const. italienne, n° 170/84, 8 juin 1984, *Granital* ; n° 232/89, 21 avril 1989, *Fragd*. La jurisprudence italienne est marquée par le dualisme, c'est-à-dire la séparation des deux ordres juridiques, communautaire et national. V. sur l'ensemble de cette jurisprudence : T. de Berranger, *op. cit.*, p. 308-309 ; J. Rideau, *RFDC*, n° 3, 1990, p. 440 et s. ; L. Daniele, Après l'arrêt *Granital* : droit communautaire et droit national dans la jurisprudence récente de la Cour constitutionnelle italienne, *Cah. dr. européen*, 1992, p. 3 et s.

La Cour constitutionnelle allemande a énoncé également les conditions constitutionnelles des limitations de souveraineté au profit des Communautés européennes. Dès 1967 (Cour const. féd., 18 octobre 1967, *Neumann*), la Cour constitutionnelle inscrit une réserve selon laquelle elle pourrait éventuellement apprécier le droit communautaire en fonction des dispositions de la Loi fondamentale énonçant des droits fondamentaux. Plus précisément, c'est au regard de l'article 24 de la Loi fondamentale, qui permet les limitations de souveraineté au profit d'institutions internationales, que la Cour formule cette réserve, considérant en l'espèce qu'il doit exister un lien entre le droit communautaire et les droits fondamentaux énoncés dans la Loi fondamentale pour que l'article 24 soit respecté. La Cour constitutionnelle allait être encore plus précise dans une ordonnance du 29 mai 1974, connue sous l'appellation *Solange* (aussi longtemps que), employée dans la décision, dans laquelle la Cour a fortement rappelé les exigences constitutionnelles selon lesquelles d'abord l'article 24 de la Loi fondamentale « ne permet pas que la structure fondamentale de la Constitution qui confère à celle-ci son identité soit modifiée sans révision constitutionnelle et notamment par la législation de l'institution interétatique » (v. texte de l'arrêt *RTDE*, 1975, p. 316 et s., note M. Fromont), énonçant ensuite que le droit communautaire n'apporte pas encore cette protection des droits fondamentaux qui est aujourd'hui garantie par la Loi fondamentale, posant enfin comme principe que

« tant que *(solange)* le processus d'intégration de la Communauté n'a pas atteint un stade suffisamment avancé pour que le droit communautaire comporte également un catalogue en vigueur de droits fondamentaux arrêté par un Parlement et correspondant au catalogue de droits fondamentaux consacrés par la Loi fondamentale »,

le juge constitutionnel allemand devrait continuer à assurer la protection des droits fondamentaux, le juge ordinaire devant lui renvoyer la question chaque fois qu'une mesure du droit communautaire serait susceptible de porter atteinte à ces droits fondamentaux. La jurisprudence ultérieure de la Cour constitutionnelle allait infléchir ces principes en considérant que les principes de sa décision *Solange I* ne s'appliquaient pas au droit communautaire originaire, mais en laissant quand même ouverte la question de savoir si les principes de sa jurisprudence étaient encore applicables, compte tenu des évolutions politiques et juridiques de l'Europe (élection du Parlement au suffrage universel direct, jurisprudence de la CJCE, Déclaration du 5 avril 1977 sur les droits fondamentaux), ce qui était, pour la Cour, une manière de laisser ouvertes les voies d'une évolution jurisprudentielle (Cour const. féd., 2e chambre, 25 juillet 1979). Puis, dans deux décisions suivantes (Cour const. féd., 23 juin 1981, *Eurocontrol*), le juge constitutionnel allemand admettait que le système de protection des droits fondamentaux existant au sein d'une organisation internationale à laquelle des compétences nationales ont été transférées puisse être différent de celui s'appliquant à la puissance publique allemande. L'aboutissement de cette logique jurisprudentielle devait conduire à un arrêt du 22 octobre 1986, appelé *Solange II*, dans lequel la Cour constitutionnelle, constatant que les changements intervenus dans l'Europe communautaire dans le sens d'une meilleure garantie des droits fondamentaux, n'exercera plus son contrôle sur les mesures d'application du droit communautaire dérivé par les autorités allemandes,

« aussi longtemps que *(solange)* les Communautés européennes, et notamment la jurisprudence de la Cour de justice des Communautés européennes, garantiront de façon générale une protection efficace des droits fondamentaux contre le pouvoir souverain des Communautés, d'une manière qui puisse être considérée comme substantiellement égale à la protection des droits fondamentaux que la Loi fondamentale impose de façon indisponible, et garantiront notamment de manière générale le contenu substantiel des droits fondamentaux » (Cour const. féd. 22 octobre 1986, reproduit in *AIJC*, 1987, p. 419 et s., obs. C. Autexier ; *RTDE*, 1987, p. 537 et s., note V. Constantinesco).

Mais la Cour constitutionnelle laisse subsister une réserve de constitutionnalité basée sur l'article 24 de la Loi fondamentale, c'est-à-dire sur les limites inhérentes aux transferts de souveraineté : « Toutefois, l'habilitation donnée en vertu de l'article 24 § 1 de la Loi fondamentale n'est pas sans limite. Cette disposition n'habilite pas à renoncer, par la voie de la reconnaissance de droits souverains à des institutions internationales, à l'identité de l'ordre constitutionnel en vigueur en République fédérale d'Allemagne, par une effraction dans ses traits fondamentaux, dans ses éléments structurels constitutifs. (...) Les principes juridiques qui sont à la base de la section de la Loi fondamentale consacrée aux droits fondamentaux constituent en tout cas des éléments essentiels, auxquels il ne peut être renoncé et qui font partie des traits fondamentaux de la Constitution en vigueur » (v. *AIJC*, 1987, p. 424. Sur l'ensemble de cette évolution jurisprudentielle v. T. de Berranger, *op. cit.*, p. 299 et s. ; J. Rideau, *RFDC*, n° 3, 1990, p. 425 et s.).

La réserve de constitutionnalité est donc, dans *Solange II*, quasiment inverse de celle énoncée dans *Solange I*. La Cour marque bien en 1986 les limites des transferts de souveraineté vers l'ordre juridique communautaire en considérant que « l'identité » de l'ordre juridique allemand, dont les droits fondamentaux font partie intégrante, ne saurait être atteinte par une politique de transferts de souveraineté, ce qui montre bien que ces droits fondamentaux relèvent substantiellement de l'ordre constitutionnel.

La ratification du traité de Maastricht par les deux chambres du Parlement allemand allait concrétiser au plan constitutionnel ces principes jurisprudentiels puisque l'article 23 § 1 nouveau de la Loi fondamentale déclare que

« dans la perspective de l'achèvement d'une Europe unie, la République fédérale d'Allemagne participe à la construction de l'Union européenne qui est attachée à des principes démocratiques, sociaux et fédéraux ainsi qu'à l'État de droit et au principe de subsidiarité, et qui garantit une protection des droits fondamentaux substantiellement comparable à celle de la présente Loi fondamentale ».

Mais la Cour constitutionnelle allait être saisie de plusieurs recours contre la loi autorisant la ratification du traité de Maastricht, sur la base de l'article 93 de la Loi fondamentale, les requérants considérant que leurs droits fondamentaux individuels se trouvaient atteints par les limitations de souveraineté résultant du traité de Maastricht. Dans son arrêt du 12 octobre 1993 (extraits reproduits in *RUDH*, 1993, p. 286-292 et commentaire C. Grewe, *RUDH*, 1993, p. 226 et s. ; C. Autexier et B. Genius-Devime, *RFDC*, n° 18, 1994, p. 421 et s. ; v. aussi T. de Berranger, *op. cit.*, p. 304 et s.) la Cour constitutionnelle fédérale a opéré un revirement assez brutal de sa position antérieure en affirmant à nouveau son devoir de contrôler le droit communautaire au regard des exigences de la Loi fondamentale allemande et ainsi de censurer éventuellement les autorités nationales dans l'application qu'elles feraient de dispositions communautaires contraires à la Constitution fédérale. Si, en définitive, la Cour constitutionnelle admet la constitutionnalité du traité de Maastricht, elle le fait dans des termes tels que les réserves de constitutionnalité qu'elle exprime l'emportent sur la déclaration de conformité. La Cour souligne que l'Union européenne reste une « association d'États » qui demeurent maîtres de la révision des traités communautaires, nonobstant la durée illimitée de ceux-ci ; elle ajoute que les principes de proportionnalité et de subsidiarité limitent les compétences de l'Union, principes qui « doivent préserver l'identité nationale des États membres et sauvegarder leurs compétences », ce qui signifie bien que les transferts de compétence opérés au profit des institutions communautaires peuvent connaître des limites. A cet égard justement, la Cour constitutionnelle fédérale fait le constat que les compétences substantielle du *Bundestag* sont conservées, le « principe de démocratie » inscrit dans la Loi fondamentale étant ainsi préservé. Mais il appartient à la Cour constitutionnelle de garantir par sa compétence « qu'une protection efficace des droits fondamentaux est assurée de manière générale pour les populations résidant en Allemagne même vis-à-vis du pouvoir exercé par les Communautés » (cité par T. de Berranger, *op. cit.*, p. 307 ; D. Hanf, *RTDE*, 1994, p. 413).

Ce qui est remarquable dans la position des Cours constitutionnelles, tant italienne qu'allemande, est justement qu'elles lient intimement la question de la limite des transferts de compétence de l'État à la Communauté européenne, c'est-à-dire de la souveraineté, à celle des droits fondamentaux. Les résistances des deux Cours ont, à partir de structure de l'État différente (État unitaire d'un côté, État fédéral de l'autre), d'un ordre juridique exprimant une démocratie représentative mais aux nombreuses différences culturelles et historiques, abouti à une même conclusion sur la liaison intrinsèque entre souveraineté et droits fondamentaux. Le Conseil constitutionnel français n'a pas réagi différemment.

2 / *Position du Conseil constitutionnel français*

Dans le débat relatif aux rapports entre la Constitution française et le droit communautaire, le Conseil constitutionnel n'a pas fait à l'origine un traitement à part au droit issu des Communautés européennes. Au regard de l'article 55 de la Constitution, les traités communautaires sont appréciés de la même façon que tout autre engagement international, c'est-à-dire, comme ayant une autorité seulement supérieure à celle des lois, ce qui signifie bien qu'ils ont une valeur inférieure à celle de la Constitution.

On sait que les dispositions de l'article 55 et de l'article 61 de la Constitution ne peuvent servir à donner compétence au Conseil constitutionnel pour exercer un contrôle de la *loi* par rapport au *traité*. Le Conseil l'a clairement énoncé dans la décision n° 74-54 DC du 15 janvier 1975, *Interruption volontaire de grossesse (IVG)* (*Rec.*, 19) à la suite d'un raisonnement qu'il convient de rapporter.

Après avoir cité les termes des articles 55 et 61 de la Constitution, le Conseil énonce que

« si ces dispositions confèrent aux traités, dans les conditions qu'elles définissent, une autorité supérieure à celle des lois, elles ne prescrivent ni n'impliquent que le respect de ce principe doive être assuré dans le cadre de la conformité des lois à la Constitution prévu à l'article 61 de celle-ci ;

Considérant, en effet, que les décisions prises en application de l'article 61 de la Constitution revêtent un caractère absolu et définitif, ainsi qu'il résulte de l'article 62 qui fait obstacle à la promulgation et à la mise en application de toute disposition déclarée inconstitutionnelle ; qu'au contraire, la supériorité des traités sur les lois, dont le principe est posé à l'article 55 précité, présente un caractère à la fois relatif et contingent, tenant, d'une part, à ce qu'elle est limitée au champ d'application du présent traité, et, d'autre part, à ce qu'elle est subordonnée à une condition de réciprocité dont la réalisation peut varier selon le comportement du ou des États signataires du traité et le moment où doit s'apprécier le respect de cette condition ;

Considérant qu'une loi contraire à un traité ne serait pas, pour autant, contraire à la constitution ;

Considérant qu'ainsi le contrôle du respect du principe énoncé à l'article 55 de la Constitution ne saurait s'exercer dans le cadre de l'examen prévu à l'article 61, en raison de la différence de nature de ces deux contrôles ;

Considérant que, dans ces conditions, il n'appartient pas au Conseil constitutionnel, lorsqu'il est saisi en application de l'article 61 de la Constitution, d'examiner la conformité d'une loi aux stipulations d'un traité ou d'un accord international » (§ 3 à 7).

La conséquence logique de l'incompétence du Conseil constitutionnel pour contrôler la conformité de la loi au traité est de renvoyer aux juridictions ordinaires cette compétence qui est seulement celle d'un contrôle de conventionnalité, le Conseil constitutionnel rappelant dans une décision ultérieure « qu'il appartient aux divers organes de l'État de veiller à l'application de ces conventions internationales dans le cadre de leurs compétences respectives » (C. const., n° 86-216 DC, 3 septembre 1986, *Rec.*, 135, § 6), ce qui était bien souligner la compétence du juge ordinaire en cette matière. Poussant ainsi jusqu'au bout cette logique, le Conseil constitutionnel devait, dans le domaine il est vrai particulier du contentieux électoral où il agit quasiment en juge de droit commun, écarter une loi contraire à un traité (C. const., 21 octobre 1988, *Ass. nat., Val d'Oise, 5e circ., Rec.*, 183).

Le juge ordinaire, tant judiciaire qu'administratif, appliquant la « doctrine Matter », faisait déjà prévaloir les engagements internationaux et donc les traités communautaires, sur la loi française antérieure, sous réserve de la vérification de la condition de réciprocité indiquée dans l'article 55 de la Constitution.

Sur l'application par le juge administratif v. entre autres : CE, Ass., 7 juillet 1978, *Croissant, Rec.*, 292 ; sur l'interprétation directe du traité par le juge administratif : CE, Ass., 29 juin 1990, *GISTI, Rec.*, 171, concl. Abraham.

En ce qui concerne la compatibilité entre un engagement international et une loi postérieure à celui-ci, c'est justement à la suite de la décision *IVG* de 1975 du Conseil constitutionnel que le juge judiciaire devait accepter de faire prévaloir le traité international sur la loi même postérieure, ceci spécialement à propos des traités communautaires, dans l'arrêt de la chambre mixte de la Cour de cassation du 24 mai 1975, *Société des cafés Jacques Vabre* (*D*, 1975, J. 497, concl. A. Touffait) en des termes clairs :

« Attendu que le traité du 25 mars 1957 [traité de Rome], qui, en vertu de l'article [55] susvisé de la Constitution, a une autorité supérieure à celle des lois, institue un ordre juridique propre intégré à celui des États membres ; qu'en raison de cette spécificité, l'ordre juridique qu'il a créé est directement applicable aux ressortissants de ces États et s'impose à leurs juridictions. »

La juridiction administrative avait, quant à elle, une position plus en retrait à l'égard de la supériorité des traités sur les lois postérieures. Le Conseil d'État estimait en effet dans ce cas que la question soulevée était une question de constitutionnalité échappant à la compétence du juge administratif, car, dans cette situation, il considérait que le législateur, en adoptant une loi contraire à un traité antérieur, méconnaissait la règle posée par l'article 55 de la Constitution (CE, Sect., 1er mars 1968, *Syndicat général des fabricants de semoules de France, Rec.*, 149 ; *AJDA*, 1968, p. 235, concl. N. Questiaux ; jurisprudence constante jusqu'en 1989 : v. R. Chapus, *Droit administratif général*, t. 1, Montchrestien, 10e éd., 1996, n° 149 et s.). On le sait encore, ce n'est qu'en 1989, par la décision rendue par l'Assemblée du contentieux le 20 octobre 1989, *Nicolo* (*Rec.*, 190, concl. P. Frydman) que le Conseil d'État accepta enfin de faire prévaloir le traité sur la loi postérieure contraire.

En ce qui concerne plus précisément la suprématie du droit communautaire sur la loi française même postérieure, le Conseil d'État a tiré les conséquences de sa jurisprudence *Nicolo* pour l'ensemble des normes communautaires : traités instituant les Communautés (CE, 5 mai 1995, *Min. de l'équipement, du transport et du tourisme c/ SARL Der*, *Rec.*, 192 ; *RDP*, 1995, p. 1102, concl. F. Scanvic) ; règlements communautaires (CE, 24 septembre 1990, *Boisdet*, *Rec.*, 250 ; *LPA*, 12 octobre 1990, p. 15, concl. M. Laroque) ; directives communautaires (CE, Ass., 28 février 1992, *SA Rothmans International France*, *Rec.*, 81 ; Ass., 28 février 1992, *Soc. Arizona Tobacco Products* et *SA Philip Morris France*, *Rec.*, 78 ; *AJDA*, 1992, p. 210, concl. M. Laroque).

Par l'ensemble de cette jurisprudence administrative et judiciaire, la suprématie des engagements internationaux, et tout particulièrement du droit communautaire, est assurée sur la loi française par le juge ordinaire, en application de l'article 55 de la Constitution, celui-ci exerçant bien un contrôle de la conventionnalité du traité par rapport à l'ordre juridique français infraconstitutionnel.

Mais l'article 55 de la Constitution ne peut être séparé de l'article 54, et qui impose l'intervention du pouvoir constituant chaque fois qu'un engagement international est jugé par le Conseil constitutionnel contraire à la Constitution, intervention qui est la condition de l'introduction en droit interne de cette norme internationale. L'article 54 conduit à une nécessaire confrontation de cette norme avec la Constitution, avec cette précision, qui n'est pas neutre, que le contrôle de l'article 54 n'est pas systématique mais seulement sur saisine d'autorités politiques et constitutionnelles limitativement énumérées : président de la République, Premier ministre, présidents des deux assemblées parlementaires, et, depuis 1992, soixante députés ou soixante sénateurs.

A l'égard du droit communautaire, l'attitude du Conseil constitutionnel est faite de prudence mais aussi de résistance. La prudence tient à l'absence de remise en cause du droit communautaire originaire ou dérivé, du moment qu'il a été régulièrement introduit dans l'ordre interne : c'est la jurisprudence de 1970 et de 1977 qui fixe un cadre clair et assure une sécurité juridique au droit communautaire (cf. *supra*). Ces principes jurisprudentiels forment une importante limite au contrôle de constitutionnalité du droit communautaire, soulignée à plusieurs reprises (X. Prétot, Le principe constitutionnel de la souveraineté nationale et l'Europe, in *La Constitution et l'Europe*, Montchrestien, 1992, p. 33 et s., spéc. p. 46 et s. ; B. Genevois, Le droit international et le droit communautaire, in *Conseil constitutionnel et Conseil d'État*, LGDJ-Montchrestien, 1988, p. 191 et s.).

La résistance du Conseil constitutionnel s'exprime par la défense du principe de la souveraineté nationale, qui est susceptible de contrer toute tentative de transfert de souveraineté au profit de la Communauté. Si l'alinéa 15 du Préambule de 1946 déclare bien que « sous réserve de réciprocité, la France consent aux limitations de souveraineté nécessaires à l'organisation et à la défense de la paix », la difficulté réside dans la définition et le champ possible de ce « consentement ». Le Conseil constitutionnel a trouvé dans le principe de la souveraineté nationale les limites possibles de ce consentement. En effet, les textes constitutionnels évoquent à plusieurs reprises ce principe, dans les termes les plus solennels :

Préambule de la Constitution de 1958, al. 1er : « Le peuple français proclame solennellement son attachement aux droits de l'homme et aux principes de la souveraineté nationale tels qu'ils ont été définis par la Déclaration de 1789, confirmée et complétée par le Préambule de la Constitution de 1946. »

Déclaration de 1789, art. 3 : « Le principe de toute souveraineté réside essentiellement dans la nation. Nul corps, nul individu ne peut exercer d'autorité qui n'en émane expressément. »

Constitution, art. 3, al. 1 et 2 : « La souveraineté nationale appartient au peuple qui l'exerce par ses représentants et par la voie du référendum. Aucune section du peuple ni aucun individu ne peut s'en attribuer l'exercice. »

Dans l'analyse de ces principes, il faut d'abord rappeler que le Conseil constitutionnel ne fait pas distinction selon que la norme en cause est une norme du droit international ou du droit communautaire. Mais il est nécessaire de préciser cependant que la réforme constitutionnelle introduisant en 1992 les articles 88-1 à 88-4 de la Constitution donnent un relief tout particulier aux engagements communautaires de la France, qui exerce nécessairement depuis cette date une influence dans le traitement constitutionnel du droit communautaire (v. sur ce point L. Favoreu et L. Philip, *Les grandes décisions du Conseil constitutionnel*, Dalloz, 8e éd., 1995, p. 802).

La référence faite à la souveraineté nationale dans la jurisprudence du Conseil constitutionnel à propos de textes communautaires apparaît dès la décision no 70-39 DC du 19 juin 1970, *Ressources propres des Communautés européennes* (*Rec.*, 15), dans laquelle le Conseil, saisi par le Premier ministre sur le fondement de l'article 54 de la Constitution, se prononce sur la compatibilité avec celle-ci de la décision du Conseil des Communautés européennes du 21 avril 1970 relative au remplacement des contributions financières des États membres par des ressources propres aux Communautés. Dans cette décision, le Conseil énonce que la décision communautaire du 21 avril 1970

« dans le cas de l'espèce, ne peut porter atteinte, ni par sa nature, ni par son importance, aux conditions essentielles d'exercice de la souveraineté nationale » (§ 9), ce qui est, dès lors, poser une condition à l'introduction en droit interne des textes communautaires, sans que soit précisés ni le contenu des « conditions essentielles d'exercice de la souveraineté nationale », ni la nature des normes communautaires susceptibles de faire l'objet de ce contrôle.

Le Conseil allait préciser les conditions de l'atteinte à la souveraineté nationale dans la décision n° 76-71 DC du 30 décembre 1976, *Élections de l'Assemblée des Communautés européennes* (*Rec.*, 15). Saisi par le président de la République, en vertu de l'article 54, sur la question de savoir si la décision du Conseil des Communautés européennes du 20 septembre 1976 relative à l'élection de l'Assemblée des Communautés au suffrage universel direct comportait une clause contraire à la Constitution, le Conseil constitutionnel considère que

> « l'élection au suffrage universel direct des représentants des peuples des États membres à l'Assemblée des Communautés européennes n'a pour effet de créer ni une souveraineté ni des institutions dont la nature serait incompatible avec le respect de la souveraineté nationale, non plus que de porter atteinte aux pouvoirs et attributions des institutions de la République et, notamment, du Parlement » (§ 4),

mais après avoir fait une distinction fondamentale dans un considérant précédent selon laquelle

> « si le Préambule de la Constitution de 1946, confirmé par celui de la Constitution de 1958, dispose que, sous réserve de réciprocité, la France consent aux limitations de souveraineté nécessaires à l'organisation et à la défense de la paix, aucune disposition de nature constitutionnelle n'autorise des transferts de tout ou partie de la souveraineté nationale à quelque organisation internationale que ce soit » (§ 2).

La distinction ainsi créée entre limitations de souveraineté, admises par le Conseil constitutionnel, et transferts de souveraineté, considérés comme inconstitutionnels, a donné lieu à de multiples interprétations, souvent critiques (v. L. Favoreu et L. Philip, *Les grandes décisions du Conseil constitutionnel*, précité, 6e éd., 1991, p. 331 et s. et les nombreuses références citées ; J. Rideau, *RFDC*, n° 2, 1990, p. 280 et s. ; id., *Rev. aff. européennes*, n° 3, 1992, p. 7 et s.). Cette distinction n'est pas faite formellement dans la Constitution de 1958, qui ne parle que de « limitations » (Préambule de 1946, al. 15) et on a pu se demander si, en faisant cette distinction, le Conseil n'allait pas au-delà de ce que permet l'interprétation du texte constitutionnel (J. Boulouis, *Cah. dr. européen*, 1977, p. 458). Sans reprendre l'ensemble du débat complexe sur ce sujet, il faut souligner d'abord que le Conseil constitutionnel apporte une précision importante sur la notion même de souveraineté en déclarant que

> « la souveraineté qui est définie à l'article 3 de la Constitution de la République française, tant dans son fondement que dans son exercice, ne peut être que nationale et que seuls

peuvent être regardés comme participant à l'exercice de cette souveraineté les représentants du peuple français élus dans le cadre des institutions de la République » (§ 6).

Le caractère exclusivement national de la souveraineté exclut que celle-ci puisse être exercée dans un cadre supranational sans modification expresse de la Constitution sur ce point. Ceci signifie que seul le peuple français en est le titulaire et que son exercice se fait selon les principes de la démocratie représentative ou par la voie du référendum, conformément d'ailleurs à l'article 3 de la Constitution. Il y a donc une liaison étroite entre le titulaire de la souveraineté et son mode d'exercice, l'un n'allant pas sans l'autre dans l'ordre constitutionnel français (sur la notion de souveraineté nationale v. en particulier P. Gaïa, *Le Conseil constitutionnel et l'insertion des engagements internationaux dans l'ordre juridique interne*, Économica-PUAM, 1991, p. 309 et s. et références citées ; F. Luchaire, Le Conseil constitutionnel et la souveraineté nationale, *RDP*, 1991, p. 1501 et s.).

La distinction entre limitation et transfert de souveraineté, au regard du principe de la souveraineté nationale, porte non sur le contenu de ce qui est délégué mais sur la nature de cette délégation (cf. L. Favoreu et L. Philip, *RDP*, 1977, p. 160 et s. ; X. Prétot, art. préc., p. 43), ce qui, pour ces auteurs, signifie que la limitation de compétence au profit d'une instance supranationale est possible tant que cette instance n'est pas elle-même souveraine, mais qu'elle est interdite lorsque cette délégation de compétence est faite à une instance souveraine ou en voie de le devenir (L. Favoreu et L. Philip, art. préc.), ce qu'est susceptible de devenir la Communauté européenne. Pour M. Boulouis, le transfert de l'exercice de compétences attachées à la souveraineté est toujours possible, c'est le transfert du titre de souveraineté qui demeure interdit. Pour M. Gaïa enfin, il y a limitation de souveraineté lorsque la délégation consentie est seulement partielle et conditionnée, révocable ou assortie de réserves, alors qu'il y a transfert lorsque les pouvoirs transférés le sont intégralement et définitivement sans aucune restriction (*RFDC*, n° 8, 1991, p. 708).

De l'analyse de la décision de 1976, on peut tirer la conclusion que le transfert de souveraineté a lieu réellement quand l'organe qui opère le transfert fait une délégation de ce qu'on appelle la compétence de la compétence (*Kompetenz-Kompetenz* selon la terminologie allemande), c'est-à-dire que celui qui bénéficie de la délégation détermine lui-même la portée réelle de cette compétence transférée, en fixant l'étendue concrète de ce qui a été consenti. Il s'agit d'ailleurs justement de l'une des critiques faites à la Cour de justice des Communautés européennes à laquelle on reproche d'étendre les compétences communautaires en arguant de la

« finalité » des traités (cf. en ce sens L. Hamon, *D*, 1991, chron., p. 301 et s. ; id., in *La Constitution et l'Europe*, préc., p. 280).

Dans une jurisprudence ultérieure, le Conseil constitutionnel allait préciser encore ce qu'il entend par « conditions essentielles d'exercice de la souveraineté nationale », critère énoncé dans la décision du 19 juin 1970. Même si cette jurisprudence ne porte pas sur des textes communautaires, elle ajoute à la présente analyse dans la mesure où, comme on l'a déjà dit, le Conseil constitutionnel ne distingue pas entre les différentes origines des engagements internationaux.

Dans sa décision n° 85-188 DC du 22 mai 1985, *Protocole n° 6 additionnel à la Convention européenne des droits de l'homme relatif à la peine de mort* (*Rec.*, 15), le Conseil, saisi par le président de la République toujours sur le fondement de l'article 54, a précisé que

> « cet engagement international n'est pas incompatible avec le devoir pour l'État d'assurer le respect des institutions de la République, la continuité de la vie de la nation et la garantie des droits et libertés des citoyens ; considérant, dès lors, que le protocole n° 6 ne porte pas atteinte aux conditions essentielles de la souveraineté nationale et qu'il ne contient aucune clause contraire à la Constitution » (§ 3 et 4).

Là encore, il est difficile de tirer des conclusions claires quant au contenu de ces critères. On peut y reconnaître en effet quasiment l'ensemble des compétences gouvernementales (L. Favoreu, *AFDI*, 1985, p. 873) ce qui ne permet pas de trouver dans ces critères des éléments utiles de définition des « conditions essentielles de la souveraineté nationale », sauf à considérer qu'on veut interdire, par ces critères, tout transfert de compétence étatique quel qu'il soit. On peut aussi penser que ces critères énoncés en 1985 font référence à des textes précis, comme les articles 5 et 16 de la Constitution (J.-P. Jacqué, *RTDE*, 1992, p. 256), mais on ne peut se satisfaire de ces seules références textuelles qui sont redondantes. La condition de « respect des institutions de la République » concerne, selon M. Jacqué (art. préc., p. 257), le fonctionnement des pouvoirs publics constitutionnels, sans qu'on sache vraiment si cela touche les compétences matérielles des institutions. Si la condition mise par le Conseil constitutionnel interdisait tout transfert de compétence exercée par les pouvoirs publics, on se demande alors quel type de compétence pourrait faire l'objet d'un transfert sans toucher nécessairement à ce qui est « essentiel » dans la souveraineté. On pourrait cependant considérer ces critères comme pouvant être cumulatifs, les transferts interdits étant ceux, par exemple, qui conduiraient à une réduction des libertés publiques et individuelles correspondant à la tradition constitutionnelle républicaine (liberté de réunion, d'association, sûreté, etc.). Ne faut-il pas voir également dans le seul énoncé de la condition relative à la « garantie des droits et libertés des citoyens », une référence à la jurisprudence des Cours constitutionnelles italienne et allemande qui ont fait du respect des droits fondamentaux une limite aux abandons de souveraineté consentis aux Communautés européennes (cf. J.-P. Jacqué, art. préc., p. 258) ? Enfin, le critère de « continuité de la vie de la nation » apparaît plus comme « en creux », c'est-à-dire comme une réponse à un argumentaire des saisissants, ce qui est le cas par exemple dans la décision n° 91-294 DC du 25 juillet 1991, *Accords de Schengen* (*Rec.*, 91), dans laquelle le Conseil répond aux saisissants que les accords de Schengen ne mettent pas en cause la continuité de la vie nationale en supprimant le contrôle aux frontières et en harmonisant la politique des visas. Ce critère de continuité est aussi utilisé dans un autre cadre par le Conseil pour justifier des décisions législatives destinées à répondre à des situations budgétaires particulières (absence d'adoption de la loi de finances dans les délais constitutionnels : C. const., n° 79-111 DC, 30 décembre 1979, *Rec.*, 39 ; loi de règlement du budget : n° 83-161 DC, 19 juillet 1983, *Rec.*, 47 ; 85-190 DC, 24 juillet 1985, *Rec.*, 53 ; loi de finances rectificative : n° 86-209 DC, 3 juillet 1986, *Rec.*, 86 ; sur une jurisprudence de la nécessité dégagée par le Conseil constitutionnel v. Ph. Terneyre, Les adaptations aux circonstances du principe de constitutionnalité. Contribution du Conseil constitutionnel à un droit constitutionnel de la nécessité, *RDP*, 1987, p. 1489 et s.).

Les décisions ultérieures utilisant la notion de « condition essentielle d'exercice de la souveraineté nationale » apportent peu d'éléments supplémentaires permettant de donner plus de contenu à ce critère. La décision n° 91-293 DC du 23 juillet 1991, *Accès des membres de la Communauté européenne à la fonction publique* (*Rec.*, 77) ne voit pas dans l'ouverture de la fonction publique française aux ressortissants des États membres des Communautés européennes une atteinte aux conditions essentielles d'exercice de la souveraineté nationale dans la mesure où cette ouverture ne vaut que pour les corps et emplois dont les attributions sont séparables de l'exercice de la souveraineté. Quant à la décision n° 91-294 DC du 25 juillet 1991, *Accords de Schengen*, elle reprend les trois critères énoncés en 1985, mais pour en confirmer l'utilisation tant au regard des compétences internes de l'État qu'au regard de ses compétences externes. En particulier, on peut déduire de cette dernière décision que peuvent porter atteinte aux conditions essentielles de la souveraineté nationale les transferts de compétence touchant d'une part à l'exercice des compétences gouvernementales dans le domaine des droits fondamentaux, et d'autre part aux relations externes de l'État dans des domaines essentiels tels que la conclusion d'engagements internationaux ou la reconnaissance d'État (cf. J.-P. Jacqué, art. préc., p. 259).

La décision nº 92-308 DC du 9 avril 1992, *Maastricht I* (*Rec.*, 55) allait opérer une synthèse des différents critères utilisés précédemment par le Conseil constitutionnel, c'est-à-dire celui relatif à la distinction limitation/transfert de souveraineté et celui relatif aux conditions essentielles d'exercice de la souveraineté nationale. Faisant référence dans sa décision aux textes constitutionnels concernant tant les principes et l'exercice de la souveraineté nationale (Préambule de 1958, art. 3 de la Déclaration de 1789, art. 3 de la Constitution de 1958) que les principes relatifs aux relations internationales de la France (Préambule de 1946, al. 14 et 15, Constitution de 1958, art. 53), le Conseil déclare alors

« qu'il résulte de ces textes de valeur constitutionnelle que le respect de la souveraineté nationale ne fait pas obstacle à ce que, sur le fondement des dispositions précitées du Préambule de la Constitution de 1946, la France puisse conclure, sous réserve de réciprocité, des engagements internationaux en vue de participer à la création ou au développement d'une organisation internationale permanente, dotée de la personnalité juridique et investie de pouvoirs de décision par l'effet de transferts de compétences consentis par les États membres ;

Considérant toutefois qu'au cas où des engagements internationaux souscrits à cette fin contiennent une clause contraire à la Constitution ou portent atteinte aux conditions essentielles d'exercice de la souveraineté nationale, l'autorisation de les ratifier appelle une révision constitutionnelle » (§ 13 et 14).

Le Conseil constitutionnel apporte ainsi une relative clarification des critères du contrôle de constitutionnalité des engagements internationaux et particulièrement communautaires. En abandonnant la distinction limitation/transfert de souveraineté au profit de la notion de « transfert de compétences » et en distinguant l'atteinte directe aux normes constitutionnelles de l'atteinte aux conditions essentielles de la souveraineté nationale, le Conseil fait de ce dernier critère un élément majeur qui englobe la distinction limitation/transfert (cf. L. Favoreu et L. Philip, *Grandes décisions*, préc., p. 796). Il ressort de la décision du Conseil que l'État français peut transférer des compétences, toujours divisibles, à une organisation internationale, mais ne peut transférer le titre de souveraineté, qui est indivisible. C'est sans doute ainsi qu'il faut comprendre aujourd'hui la notion de « condition essentielle ».

Il faudrait donc considérer que la souveraineté, en tant que telle, n'est pas réellement transférable, qu'elle n'est pas divisible, comme l'a si justement démontré M. Luchaire dans son commentaire des deux décisions de 1991 (précitées) :

« utiliser le concept de souveraineté nationale pour s'opposer à des transferts de souveraineté tout en acceptant des limitations de celle-ci est contraire à toute logique : il a déjà été remarqué que toute limitation suppose un transfert de souveraineté puisque la compétence dont l'État s'interdit l'exercice sera exercée, soit par une organisation internationale, soit par l'accord des États signataires. Mais il y a plus : la souveraineté est un pouvoir illimité de commandement ; l'idée même de souveraineté ne peut donc admettre ni limites ni une distinction entre conditions essentielles et conditions non essentielles de son exercice. La souveraineté est un bloc ; elle ne se divise ni se partage, ni donc ne se limite, comme la beauté de Baudelaire, c'est "un rêve de pierre… où chacun s'est meurtri tour à tour" ; rien ne saurait l'entamer. On ne peut donc à la fois faire de la souveraineté un principe constitutionnel et admettre qu'il lui soit porté atteinte. Il faut donc choisir : ou la souveraineté s'impose en tout domaine ou elle ne s'impose pas ; mais il n'est pas possible de lui apporter la moindre entaille sans la détruire » (*RDP*, 1991, p. 1512).

Considérer que le Conseil constitutionnel a adopté cette conception dans la décision *Maastricht I* reviendrait à soutenir que les conditions essentielles de la souveraineté nationale ne peuvent faire l'objet ni d'un transfert à une organisation supranationale, ni même d'une révision constitutionnelle selon la procédure prescrite par la Constitution. Ce serait donc considérer que certains éléments de la souveraineté nationale ont une valeur supraconstitutionnelle en interdisant et l'abandon et toute modification des éléments constitutifs, ce qui a été soutenu (L. Hamon, *D*, 1991, chron., spéc. p. 303 ; débats lors du colloque *La Constitution et l'Europe*, préc., p. 217 et s., spéc. les interventions contrastées de L. Hamon, N. Catala. Le doyen G. Vedel parle à ce propos d'un « débat sur la légalité qui cache en réalité un débat sur la légitimité », p. 24). Ce débat déplace la question vers celle, plus générale, de la supraconstitutionnalité et des limites du pouvoir de révision constitutionnelle.

En réalité, le Conseil constitutionnel n'a pas accepté de reconnaître de valeur supraconstitutionnelle à ces « conditions essentielles d'exercice de la souveraineté nationale » dans la décision *Maastricht I.* Il a considéré que la souveraineté était une « addition de compétences » (F. Luchaire, *RDP*, 1992, p. 606 qui fait référence à Georges Scelle, *Précis de droit des gens*, éd. de 1932, t. 1, p. 13), et qu'il lui appartenait de déterminer seul ce qu'il entendait par « condition essentielle », adoptant là une position pragmatique parfaitement jurisprudentielle.

Une autre interprétation peut être faite de la jurisprudence du Conseil constitutionnel sur le contenu et les limites de la notion de souveraineté, à la lumière de la deuxième décision consacrée au traité de Maastricht, n° 92-312 DC du 2 septembre 1992, *Maastricht II* (*Rec.*, 76), dans laquelle le Conseil détermine les limites du pouvoir de révision constitutionnelle en énonçant que

« sous réserve, d'une part, des limitations touchant aux périodes au cours desquelles une révision de la Constitution ne peut pas être engagée ou poursuivie, qui résultent des articles 7,

16 et 89, alinéa 4, du texte constitutionnel et, d'autre part, du respect des prescriptions du cinquième alinéa de l'article 89 en vertu desquelles "la forme républicaine du Gouvernement ne peut faire l'objet d'une révision", le pouvoir constituant est souverain ; qu'il lui est loisible d'abroger, de modifier ou de compléter des dispositions de valeur constitutionnelle dans la forme qu'il estime appropriée ; qu'ainsi, rien ne s'oppose à ce qu'il introduise dans le texte de la Constitution des dispositions nouvelles qui, dans le cas qu'elles visent, dérogent à une règle ou à un principe de valeur constitutionnelle ; que cette dérogation peut être aussi bien expresse qu'implicite » (§ 19).

Analysant cette décision, la doctrine y voit une distinction entre le pouvoir de révision constitutionnelle qui pourrait être limité par certaines dispositions de la constitution et le pouvoir souverain constituant qui ne peut connaître de limitation. Cette doctrine se situe dans la lignée de Carl Schmitt, d'Hans Kelsen et de Raymond Carré de Malberg qui ont considéré que la révision constitutionnelle pouvait faire l'objet d'une contestation sur le plan de la validité juridique de cet acte, alors que l'acte constituant ne peut faire l'objet d'une vérification de validité. Le Conseil constitutionnel, dans sa décision *Maastricht II*, admet donc un possible contrôle des révisions constitutionnelles tant que celles-ci ne touchent pas à l'acte constituant, c'est-à-dire qu'il vérifiera si une révision constitutionnelle respecte bien les limites énoncées dans sa décision. On comprend alors clairement que le Conseil constitutionnel conserve dans sa main la définition, l'étendue et les limites de ces critères, dans un louable souci de pragmatisme juridique qui consiste à ne pas se lier les mains à l'avance, mais en définissant par voie jurisprudentielle le pouvoir constituant, alors qu'il n'est lui-même qu'un pouvoir constitué.

Sur la distinction entre pouvoir constituant souverain et pouvoir de révision constitutionnelle v. O. Beaud, *La puissance de l'État*, PUF, coll. « Léviathan », 1994, p. 307 et s. ; id., La souveraineté de l'État, le pouvoir constituant et le traité de Maastricht, *RFDA*, 1993, p. 1045 et s. ; id., Maastricht et la théorie constitutionnelle. La nécessaire et inévitable distinction entre le pouvoir constituant et le pouvoir de révision constitutionnelle, *LPA*, n° 39, 31 mars 1993, p. 14 et s. et n° 40, 2 avril 1993, p. 7 et s. ; G. Gondouin, Des mystères de la supra-constitutionnalité à la logique fédéraliste. Réflexions sur la jurisprudence du Conseil constitutionnel, *Mélanges G. Peiser*, PUG, 1995, p. 295 et s. ; v. aussi le débat entre le doyen L. Favoreu et le doyen G. Vedel, sur le thème Souveraineté et supraconstitutionnalité, *Pouvoirs*, n° 67, 1993, p. 71 et s. et p. 79 et s. ; G. Vedel, Schengen et Maastricht, *RFDA*, 1992, p. 173 et s. ; sur la supraconstitutionnalité plus généralement v. *La supraconstitutionnalité*, 15es Journées juridiques franco-italiennes, Rennes, octobre 1993, *Journées de la Société de législation comparée*, 1993, vol. 15, p. 313 et s. ; B. Mathieu, La supra-constitutionnalité existe-t-elle ? Réflexions sur un mythe et quelques réalités, *LPA*, n° 29, 8 mars 1995, p. 12 et s. ; S. Rials, Supraconstitutionnalité et systématicité du droit, *APD*, 1986, t. 31, p. 58 et s. ; S. Arné, Existe-t-il des normes supraconstitutionnelles ? Contribution à l'étude des droits fondamentaux et de la constitutionnalité, *RDP*, 1993, p. 459 et s. V. aussi *supra* titre III, chapitre II, Les normes de référence du contrôle de constitutionnalité.

La jurisprudence *Maastricht* du Conseil constitutionnel rejoint celle des autres Cours constitutionnelles, particulièrement italienne et allemande, en faisant référence à la souveraineté nationale, au principe de démocratie et à la défense des droits fondamentaux, mais sans nécessairement les lier entre eux (T. de Berranger, *op. cit.*, p. 295 et s.). Dans la décision *Maastricht I*, le Conseil consacre deux considérants à cette question sous le chapeau « sur la garantie des droits et libertés des citoyens » en déclarant

« qu'aux termes du paragraphe 2 de l'article F du traité sur l'Union européenne : "L'Union respecte les droits fondamentaux, tels qu'ils sont garantis par la Convention européenne des droits de l'homme et des libertés fondamentales, signée à Rome le 4 novembre 1950, et tels qu'ils résultent des traditions constitutionnelles communes aux États membres, en tant que principes généraux du droit communautaire" ; que leur respect est assuré par la Cour de justice des Communautés européennes, notamment à la suite d'actions engagées à l'initiative des particuliers ;

Considérant que les stipulations du paragraphe 2 de l'article F, conjuguées avec l'intervention des juridictions nationales statuant dans le cadre de leurs compétences respectives, sont à même de garantir les droits et libertés des citoyens ; qu'à cet égard l'engagement international soumis au Conseil constitutionnel ne porte pas atteinte aux règles et principes de valeur constitutionnelle » (§ 17 et 18).

En se saisissant de cette question, le Conseil constitutionnel se place dans la logique des autres Cours constitutionnelles européennes en recherchant si les principes du traité de Maastricht ne portent pas atteinte aux droits fondamentaux constitutionnellement garantis, auquel cas on pourrait y trouver des éléments d'inconstitutionnalité. Le Conseil adopte là une attitude positive, considérant que l'article F § 2 (devenu l'article 6, § 2) apporte les garanties demandées, en précisant la fonction de la Cour de justice des Communautés européennes dans la défense de ces droits fondamentaux, ainsi que celle des juridictions nationales (sans préciser d'ailleurs s'il s'agit seulement des juridictions ordinaires, agissant en tant que gardien du droit communautaire, ou s'il faut y ajouter les cours constitutionnelles). Le Conseil ne se pose pas la question de savoir si la protection donnée par le droit communautaire en matière de droits fondamentaux est supérieure, égale ou inférieure à celle procurée par les droits fondamentaux de l'ordre constitutionnel français, alors qu'on sait (v. *supra*) que cette question fondera les réserves de constitutionnalité de la Cour constitutionnelle fédérale allemande quelques mois plus tard. Or, on peut légitimement se poser cette question, en considérant d'ailleurs que la Constitution française n'interdit pas qu'un ordre juridique différent, même supranational, apporte des garanties supérieures aux droits fondamentaux constitutionnels (en ce sens L. Dubouis, *Mél. J. Boulouis*, 1991, p. 219, faisant ainsi référence à la Convention européenne des droits de l'homme qui comprend certains droits qui ne sont pas repris dans les textes constitutionnels français : droit à la vie, prohibition de la torture... V. aussi le même constat fait par la délégation française à la VIIIe Conférence des Cours constitutionnelles européennes, *RFDA*, 1990, p. 334). Il faut aussi prendre la mesure de la volonté des institutions communautaires, y compris de la Cour de justice, de présenter la Communauté européenne comme une « Communauté de droit » (CJCE, 23 avril 1986, *Les Verts*, aff. 294/83, *Rec.*, 1339), ou encore de considérer par exemple que la compétence consultative du Parlement européen est le reflet d'un « principe démocratique fondamental » (CJCE, 29 octobre 1980, *Roquette* et *Maïzena*, 2 arrêts, aff. 138/79 et 139/79, *Rec.*, 3333 et 3335).

Le Conseil constitutionnel a certainement connaissance de cette volonté lorsqu'il fait référence à l'article F § 2 du traité de Maastricht. Ce qui est étonnant est la séparation qu'il fait entre principe de démocratie, défense des droits fondamentaux, garantie des droits et libertés des citoyens et conditions essentielles d'exercice de la souveraineté nationale. En réalité, ces principes sont indissolublement liés en ce sens qu'on ne peut accepter que des transferts de compétence conduisant à un abandon éventuel d'une composante de la souveraineté nationale puissent se faire au prix du principe démocratique ou de droits fondamentaux constitutionnellement garantis (cf. X. Prétot, art. préc., p. 63 ; L. Dubouis, art. préc., p. 219). Le niveau de garantie que doit apporter le droit communautaire doit être au moins équivalent à celui apporté par la Constitution nationale. C'est ce que dit le Conseil constitutionnel mais il ne le démontre pas, en particulier sur le plan de l'effectivité des droits fondamentaux auxquels fait référence l'ordre juridique communautaire, plus particulièrement à l'égard des particuliers.

En définitive, la position du Conseil constitutionnel ouvre la voie à un développement du contrôle du droit communautaire au regard des droits fondamentaux de valeur constitutionnelle (cf. L. Favoreu et L. Philip, *op. cit.*, p. 804) mais il n'en fait pas un obstacle au développement de transferts de compétences aux institutions communautaires, dans la mesure où, selon le Conseil, le cœur de la souveraineté nationale n'est pas atteint et où ces droits fondamentaux bénéficient d'une protection au moins égale en droit communautaire à ce qui existe en droit français. L'attitude de la Haute juridiction demeure donc prudente et sa résistance au droit communautaire paraît moindre que celle des autres Cours constitutionnelles européennes. Il n'empêche que le conflit reste latent et qu'il faut tenter de rechercher des voies de résolution de celui-ci.

C | VOIES DE RÉSOLUTION DES CONFLITS

L'opposition des Cours constitutionnelles nationales au droit communautaire touche au cœur le principe de primauté qui est l'expression majeure de la puissance de ce droit. L'enjeu d'une résolution des conflits entre droit communautaire et constitution nationale est donc celui de l'avenir de l'intégration européenne et au-delà de l'Europe même. Si la Communauté de droit que veut être l'Europe des Communautés ne réussit pas à résoudre les conflits normatifs avec les droits nationaux, c'est l'architecture même de cette Communauté qui se trouve ébranlée. Les voies de résolution des conflits qui peuvent être proposées cherchent évidemment à résoudre des conflits de normes, en tentant d'organiser une hiérarchie harmonieuse, mais ont aussi pour but de répondre à la recherche d'un ordre juridique cohérent comportant les garanties fondamentales du régime démocratique. Si donc la question des conflits de normes occupe principalement le discours des juristes, c'est au fond la recherche du meilleur droit substantiel comportant ces garanties qui en est l'objet.

Pour se limiter à la situation française, une première voie de résolution des conflits peut consister tout simplement dans l'application de la Constitution de 1958. On veut dire par là que l'application systématique de l'article 54 de la Constitution, notamment par les saisines parlementaires, conduira nécessairement, sous le contrôle du Conseil constitutionnel, à augmenter la compatibilité entre l'ordre constitutionnel français et l'ordre juridique communautaire. Si les traités communautaires futurs faisaient systématiquement l'objet du contrôle organisé par l'article 54 de la Constitution, la convergence entre les deux ordres juridiques serait nécessairement augmentée par une compatibilité progressive de la Constitution de la Ve République aux principes du droit communautaire. Mais cette évolution peut ne pas être pacifique dans la mesure où des réactions politiques de rejet de l'ordre communautaire peuvent se manifester et stopper ou retarder ce processus de compatibilité. Les raisons invoquées par le Conseil constitutionnel — atteinte aux conditions essentielles de la souveraineté nationale, droits fondamentaux dont la garantie se trouve moins bien assurée par le droit communautaire — peuvent et doivent être utilisées pour exercer un contrôle de cette compatibilité.

Mais la Constitution de 1958, par son article 55, soumet les engagements internationaux à la Constitution. A cet égard, il existe donc une contradiction intrinsèque entre le principe de primauté du droit communautaire et la place reconnue aux traités par la Constitution. Une autre voie de résolution des conflits peut donc consister à modifier les termes de l'article 55 pour intégrer formellement les traités communautaires à la Constitution, procédant ainsi à une extension considérable du bloc de constitutionnalité. Ce serait appliquer la conception moniste et placer les engagements communautaires de la France au même niveau que la Constitution. Cette conception de la place du droit international est celle par exemple des Pays-Bas, ou dans une certaine mesure, de l'Autriche, malgré sa conception dualiste (C. Grewe et H. Ruiz-Fabri, *op. cit.*, p. 106 et s.). La modification consisterait en France à considérer que les traités communautaires, passés et futurs, ont une valeur constitutionnelle et à modifier en ce sens les articles 55 et 88-1 de la Constitution.

Ce serait ainsi assurer la primauté absolue du droit communautaire originaire sur la Constitution, c'est-à-dire appliquer radicalement la célèbre jurisprudence de la Cour de justice des Communautés européennes du 15 juillet 1964, *Costa c/ ENEL* (préc.). Cette solution est alors celle de la logique d'un « droit communautaire constitutionnel » l'emportant sur le droit national constitutionnel, ce qui renforce évidemment la logique fédérale de l'Europe communautaire, le caractère supranational de ses institutions et de son droit. C'est le triomphe de la doctrine moniste. Mais cette suprématie ne pourra pas se construire sans les droits fondamentaux. Les institutions communautaires l'ont aujourd'hui bien compris quand elles font référence dans leurs textes majeurs à ces droits en tant que fondement de l'Europe communautaire. Mais il n'en demeure pas moins que les droits fondamentaux ne font pas l'objet d'une protection réellement effective en droit communautaire, que leur violation dans le cadre communautaire n'est pas sanctionnée.

La primauté absolue du droit communautaire, y compris sur les constitutions nationales, dans un cadre de type fédéral, ne peut être acceptable que si l'Union européenne assure la défense directe de ces droits fondamentaux, c'est-à-dire si la Cour de justice des Communautés européennes intègre explicitement dans ses compétences, à la suite de modifications des traités, une compétence de défense des droits fondamentaux basée sur un texte les définissant clairement. Afin d'éviter l'effet d'empilement des textes relatifs à ces droits, la solution la plus accessible pourrait être celle d'une intégration de la Convention européenne des droits de l'homme dans les traités constitutifs de la Communauté européenne. Autrement dit, on en revient à la question déjà évoquée (v. *supra*) de l'adhésion de la Communauté à la Convention européenne des droits de l'homme. Le premier pas en ce sens a été franchi par l'article 6 § 2 du traité de Maastricht, mais qui en reste à une déclaration de principe non sanctionnée par le juge communautaire, ou si peu, après le traité d'Amsterdam. En tout état de cause, l'avis 2/94 de la CJCE est clair : l'adhésion à la Convention européenne des droits de l'homme passe nécessairement par une modification des traités, parce qu'elle conduit à un changement substantiel du régime de protection des droits fondamentaux au sein de la Communauté aux conséquences institutionnelles majeures, de nature véritablement constitutionnelle. Si la Communauté européenne empruntait ce chemin, certaines réserves de constitutionnalité pourraient sans doute être levées. Ce sujet est évidemment fondamental pour l'évolution de l'Europe communautaire. Il nécessite une profonde mutation des objectifs et des structures de l'Union européenne qui, en intégrant clairement et complètement dans ses objectifs les droits fondamentaux, accentuerait sa nature étatique en énonçant par là même les premiers éléments d'une Constitution européenne. Il s'agirait alors d'une intégration « à l'envers » c'est-à-dire d'une intégration des normes constitutionnelles des pays de l'Union, relatives aux droits fondamentaux, dans les traités communautaires. L'intérêt pratique d'une telle intégration est d'éviter l'affrontement entre les constitutions nationales et le droit communautaire, autrement dit d'éviter la guerre des juges, entre le juge communautaire et les juges constitutionnels. Il faut cependant rester prudent sur les effets d'une telle intégration. Sur quelles bases l'opérer ? Faut-il faire un choix entre les droits fondamentaux pour en tirer une liste commune ? Est-il réellement possible de « choisir » entre des droits s'ils sont tous « fondamentaux » ? Ceci risque de conduire à un « syncrétisme des droits fondamentaux » dans lequel le plus petit dénominateur commun réduirait et les particularismes constitutionnels nationaux et la protection effective de ces droits. Le champ des droits fondamentaux couverts selon les constitutions diffère selon chaque pays tant en étendue qu'en contenu. La notion communautaire de « tradition constitutionnelle commune aux États membres » peut-elle servir de base à un texte commun ?

Le député Pierre Mazeaud évoque justement les difficultés de cet exercice de construction de principes communs. Soit il consiste à « garantir la "moyenne" des principes constitutionnels, c'est-à-dire d'élire ceux qui se retrouveraient peu ou prou dans tous les systèmes juridiques ». Le risque est alors d'exclure des principes parce qu'ils sont inscrits dans une tradition constitutionnelle nationale spécifique. M. Mazeaud cite la laïcité ou l'indivisibilité de la République. Soit il s'agit de « garantir la "somme" des principes constitutionnels des États membres. Tout objectif ou principe qui existerait dans un système juridique national aurait vocation à être reconnu comme principe communautaire et garanti à ce titre ». Mais peuvent alors surgir des contradictions ou même des oppositions de principes, par exemple entre le fédéralisme et ce même principe français d'indivisibilité de la République. V. P. Mazeaud, *Droit communautaire et Constitutions nationales*, Rapport d'information de la Délégation de l'Assemblée nationale pour l'Union européenne, n° 2630, X[e] législature, 1996, spéc. p. 16. Sur l'intégration possible des dispositions matérielles des constitutions nationales dans les traités communautaires v. M. Fromont, Le droit constitutionnel national et l'intégration européenne, *RAE*, 1997/2, p. 191 et s., spéc. p. 206.

Le caractère nécessairement universel de ces droits risque aussi de ne pas suffire à éviter cet effet d'amoindrissement de la protection ou de laisser au juge communautaire une marge d'interprétation excessive si la définition textuelle des droits fondamentaux est trop vague.

Deux questions s'ajoutent aux précédentes. L'une concerne la fonction des juridictions constitutionnelles nationales à l'égard de ces droits fondamentaux d'origine communautaire. Compte tenu du monopole d'interprétation de la Cour de justice des Communautés européennes, le juge constitutionnel se verrait sans doute dans l'obligation de faire jouer le mécanisme de l'article 177 du traité CE et renvoyer ainsi à la CJCE chaque fois que se poserait une question d'interprétation d'un droit fondamental communautaire. On imagine que ce cas pourrait se présenter fréquemment en considération de la généralité de définition des droits fondamentaux. On pense aussi que l'utilisation de cette procédure provoquerait une nouvelle réaction de résistance des Cours constitutionnelles nationales face à ce qui serait sans doute ressenti comme un impérialisme communautaire. L'autre question concerne la mise en cause éventuelle de la responsabilité des États membres pour non respect des droits fondamentaux d'origine communautaire. Faudrait-il voir alors appliquée la jurisprudence *Francovich* (CJCE, 19 novembre 1991, préc.) ou la jurisprudence *Brasserie du pêcheur* et *Factortame III* (CJCE, 5 mars 1996, C-46/93 et C-48/93 ; v. commentaire A. Rigaux, *Europe*, mai 1996, chron. n° 5, p. 1 et s. V. aussi CJCE, 10 juillet 1997, *Daniela Bonifaci c/ INPS*, aff. jointes C-94 et 95/95 à propos de l'application rétroactive d'une directive non transposée) reconnaissant un véritable droit à réparation si une violation du droit communautaire est reconnue ? Les arrêts de 1996 indiquant que ce droit à réparation

> « est valable pour toute hypothèse de violation du droit communautaire par un État membre, et quel que soit l'organe de l'État membre dont l'action ou l'omission est à l'origine du manquement »,

la considération d'une violation du droit communautaire par le législateur national n'étant pas une cause d'exonération de responsabilité, bien au contraire. Qu'en serait-il si cette violation avait pour origine la Constitution nationale elle-même, en ce qu'elle apporterait une protection moins efficace que celle des droits fondamentaux d'origine communautaire ? On ne voit pas pourquoi, dans ce cas, les principes dégagés par la Cour de justice ne pourraient pas ici recevoir application, en matière de responsabilité (sur ce point v. les réflexions de L. Dubouis, *RFDA*, 1996, p. 589-590 ; O. Dubos, *RAE*, 1997/2, p. 213-214). Mais si un principe de responsabilité était ainsi reconnu, il importerait de savoir devant quelle juridiction pourrait être portée l'action en responsabilité. Selon les principes et la jurisprudence communautaires, il revient aux juridictions nationales d'examiner ces actions en responsabilité. Ainsi, en France, deux solutions pourraient se présenter. Soit il faudrait considérer que la juridiction ordinaire administrative pourrait être compétente pour réparer les dommages causés par la violation des droits fondamentaux d'origine communautaire, sur le fondement de la rupture d'égalité devant les charges publiques, comme le Conseil d'État l'a admis dans la jurisprudence *Alivar*.

CE, Ass., 23 mars 1984, *Soc. Alivar Rec.*, 127 ; *RTDE*, 1984, p. 341, concl. R. Denoix de Saint-Marc. V. aussi une évolution vers la responsabilité pour faute : CAA Paris, 1er juillet 1992, *Soc. J. Dangeville*, *Rec.*, 558 ; *Droit fiscal*, 1992, n° 33, n° 1601, concl. F. Bernault ; CE, Ass., 30 octobre 1996, *Soc. J. Dangeville*, *RTDE*, 1997, p. 171, concl. Goulard ; sur ces points v. particulièrement R. Chapus, *Droit administratif général*, Montchrestien, 11e éd., 1997, t. 1, n° 176 et 1516 et s.).

La question du type de responsabilité — sans faute ou pour faute — serait d'ailleurs un préalable délicat (v. en particulier O. Dubos, Le principe de responsabilité de l'État pour violation du droit communautaire, *RAE*, 1997/2, p. 209 et s.).

Plus généralement, la juridiction administrative pourrait sur ce point décliner sa compétence au motif que cette action en responsabilité reviendrait à exercer en réalité un contrôle de constitutionnalité ce qu'il s'interdit de faire. La deuxième solution pourrait être de permettre le recours des particuliers devant le Conseil constitutionnel soit selon les procédures envisagées en 1990 et 1993 (v. *infra*, titre IV, chap. II, Le contrôle de constitutionnalité de la loi promulguée), soit par une action directe devant le Conseil, fondée sur le non-respect par l'ordre juridique constitutionnel français des principes issus des droits fondamentaux d'origine communautaire. La difficulté, dans une action de ce type, tient à la recherche du juge national compétent pour juger d'une violation du droit communautaire par la Constitution nationale. Elle se déplace d'ailleurs sur le terrain des procédures juridictionnelles de contrôle de l'application du droit communautaire par les États membres. Il faut alors se poser, dans cette situation, la question de savoir si le juge national est le mieux placé pour opérer ce contrôle ou s'il ne devrait pas revenir au juge communautaire la fonction de juger des incompatibilités entre les Constitutions nationales et la « Constitution communautaire », avec sans doute une difficulté supplémentaire qui serait celle de l'exécution de la décision du juge communautaire par les autorités constitutionnelles nationales. Le principe de primauté et la compétence exclusive d'interprétation du droit communautaire qui reviennent à la CJCE, devraient la conduire à traiter de la même façon une violation du droit communautaire par le législateur national comme par le constituant (en ce sens O. Dubos, *RAE*, préc., p. 214). En corollaire, se pose également la question plus générale du droit au recours en droit communautaire. Il est clair aujourd'hui que ce droit est plus complètement organisé en droit national ou dans le droit de la Convention européenne des droits de l'homme qu'en droit communautaire dans lequel il est peu développé. Or, le recours en matière de droits fondamentaux touche plus généralement les droits subjectifs de la personne et suppose l'action individuelle en justice. En cette matière, il conviendrait donc d'assouplir les conditions de recevabilité de l'action individuelle en justice en droit communautaire afin d'assurer un degré d'accès à la justice au moins comparable à ce qui existe en droit de la Convention européenne ou au mieux en comparaison des conditions existant dans les États membres (v. en ce sens : D. Scheuing, Quelle Constitution pour quelle Europe ?, *in* C. Grewe (dir.), *Questions sur le droit européen*, PUC, 1996, spéc. p. 22 ; R. Mehdi, *Justices*, 1997, préc., p. 66). A cet égard, il faut remarquer que les possibilités de recours individuel en matière de droits fondamentaux qui existent devant la plupart des cours constitutionnelles sont un avantage considérable.

Si la logique des institutions communautaires semble aller dans ce sens, on demeure réservé à l'égard de cette solution qui ne tient pas compte de la distinction essentielle entre pouvoir constituant et pouvoir constitué. De plus, l'énoncé de droits fondamentaux communautaires produirait, mécaniquement en quelque sorte, un effet de recherche du consensus sur le contenu des droits fondamentaux communs aux États membres qui conduirait sans doute à une diminution de la protection offerte par ces droits et qui ne tiendrait pas compte et des spécificités nationales et de la diversité des champs d'application d'un même principe selon les pays. Qu'on pense par exemple au principe de laïcité pour la France, ou à la répartition des compétences entre l'État central et ses composantes pour l'Allemagne, la Belgique ou l'Espagne. Le nouvel article 23 de la Loi fondamentale allemande montre bien les limites de cet exercice de conciliation en rappelant le nécessaire respect de la structure fédérale de l'État et de son caractère démocratique. La jurisprudence de la Cour constitutionnelle fédérale, par ses réticences successives, basées sur des dispositions constitutionnelles intangibles selon l'article 79 de la Loi fondamentale, présente une illustration de ce que pourrait être un blocage de l'application du droit communautaire par des juges constitutionnels nationaux (v. M. Fromont, *RAE*, 1997/2, p. 203).

Une deuxième voie de résolution des conflits entre le droit communautaire et la Constitution française peut être de continuer à assurer la primauté et l'application du droit communautaire par le juge ordinaire national et de régler le conflit *a posteriori* par le juge constitutionnel, par la voie de l'article 61 et éventuellement par la révision constitutionnelle, c'est-à-dire à l'occasion de l'examen d'un texte de loi de transposition du droit communautaire. Mais il s'agit alors de questions touchant au droit dérivé qui, si elles peuvent bien concerner les droits fondamentaux, laissent de côté le droit communautaire originaire. On peut aussi imaginer que la loi qui serait soumise au contrôle du Conseil constitutionnel serait destinée à appliquer le droit communautaire en « brisant » une jurisprudence contraire à celui-ci des juridictions administratives ou judiciaires. Le rôle du Conseil constitutionnel serait ainsi d'une part de vérifier l'application du droit communautaire à l'occasion des normes françaises de transposition et d'autre part de sanctionner toute violation de celui-ci par le législateur ou le juge. Se poserait sans doute à terme, dans ce cas de figure, la question du monopole d'interprétation du droit communautaire qui revient normalement à la Cour de justice et qui se trouverait, de fait, partagé avec le juge constitutionnel. Là encore, les problèmes relatifs à l'utilisation de l'article 177 traité CE par la juridiction constitutionnelle se poseraient aussi. On peut rattacher au contrôle de l'article 61 celui qui pourrait être opéré en fonction des principes issus de la jurisprudence du Conseil constitutionnel de 1985 *État d'urgence en Nouvelle-Calédonie* (sur ce point particulier v. M. Darmon, *RTDE*, 1988, p. 236 ; T. de Berranger, *op. cit.*, p. 131. V. *supra*, A).

Une troisième voie de résolution des conflits est plus radicale. Elle consiste à poser le principe d'un contrôle de constitutionnalité *a priori* des actes communautaires dérivés. En effet, le contrôle exercé selon l'article 61 de la Constitution sur les actes législatifs de transposition de directives risque fort d'être peu exercé car il vient trop tard. On imagine mal un tel contrôle concernant en réalité un acte déjà adopté par le Conseil de l'Union européenne qui, s'il conduisait à reconnaître l'inconstitutionnalité de la loi de transposition, correspondrait à un véritable désaveu des engagements pris par le Gouvernement français et pourrait surtout entraîner une action en manquement au détriment de la France et sa condamnation éventuelle. La question du moment du contrôle de constitutionnalité des actes communautaires dérivés est donc essentielle.

Plusieurs propositions parlementaires ont cherché à établir un contrôle qui ne serait pas nécessairement préalable mais qui irait dans le sens d'une confrontation des actes du droit communautaire dérivé aux exigences constitutionnelles. Ainsi, lors du débat relatif à la révision constitutionnelle nécessitée par le traité de Maastricht en juin 1992, le député Nicole Catala avait déposé un amendement proposant de soumettre tous les actes dérivés, relevant du droit communautaire ou international, au contrôle de constitutionnalité, en permettant à toute juridiction administrative ou judiciaire de soulever cette question par voie préjudicielle. Si l'acte était déclaré contraire à la Constitution, il n'aurait pu être inclus dans le droit français qu'après une révision constitutionnelle.

MM. Pandraud et Mazeaud, députés, avaient déposé en 1993 une proposition de loi constitutionnelle (AN, X^e législature, 18 mai 1993, n° 194) cherchant à élargir le contrôle de l'article 61 de la Constitution aux actes communautaires de nature législative.

Au Sénat, lors du débat de révision constitutionnelle de 1992, un amendement avait proposé, sans succès, d'instituer un contrôle de constitutionnalité des propositions d'actes communautaires de nature législative, idée reprise par le sénateur Oudin en juin 1993 (S, X^e législature, 2 juin 1993, n° 328).

Enfin et surtout, le député Pierre Mazeaud revint à la charge en 1996 en proposant, au sein d'un rapport d'information de la Délégation de l'Assemblée nationale pour l'Union européenne, sur les rapports entre le droit communautaire dérivé et les Constitutions nationales (AN, X^e législature, n° 2360, 11 mars 1996) d'inscrire dans la Constitution un article 88-5 ainsi rédigé : « si le Conseil constitutionnel, saisi par le président de la République, par le Premier ministre, par le président de l'une ou l'autre Assemblée ou par soixante députés ou soixante sénateurs, a déclaré qu'un projet ou une proposition d'acte des Communautés ou de l'Union européenne comporte une disposition contraire à la Constitution, le Gouvernement ne peut l'approuver qu'après révision de la Constitution ».

Ce texte a été repris dans une proposition de loi constitutionnelle présentée à nouveau par MM. Mazeaud et Pandraud (AN, X^e législature, 13 mars 1996, n° 2641). V. aussi : l'article de P. Mazeaud défendant ce principe de contrôle, *Le Monde*, 20 janvier 1996 ; la conférence-débat du 12 juin 1996 avec la participation d'O. Passelecq, N. Lenoir, F. Luchaire, L. Cohen-Tanugi, X. de Roux, L. Favoreu, D. Maus, comportant en annexe l'article et la proposition cités ci-dessus, *RFDC*, n° 28, 1996, p. 675 et s.

Selon M. Mazeaud, ce dispositif constitutionnel, s'il était adopté, permettrait d'abord d'éviter les risques d'action en manquement contre la France tout en conservant au droit communautaire sa stabilité. Il ouvrirait ensuite le champ du contrôle de constitutionnalité au-delà des actes de nature législative, en particulier dans les champs de la politique étrangère et de sécurité commune (PESC) et dans celui de la Justice et des Affaires intérieures, ce qui éviterait au législateur national d'être en quelque sorte placé devant le fait accompli communautaire et de jouer le simple rôle de chambre d'enregistrement pour des secteurs où les questions de constitutionnalité sont majeures. Selon le même député, cette procédure ne comporterait aucune difficulté pratique en faisant pleinement jouer l'article 88-4 de la Constitution qui prévoit la soumission aux Assemblées, dès leur transmission au Conseil des Communautés, des propositions d'actes communautaires comportant des dispositions de nature législative. S'y ajouterait une « réserve d'examen constitutionnel », comparable à celle instituée par la circulaire du Premier ministre du 19 juillet 1994 relative à la prise en compte de la position du Parlement français dans l'élaboration des actes communautaires en permettant au Gouvernement de disposer d'un délai devant les instances communautaires afin que l'examen par le Parlement français, ou selon la proposition constitutionnelle de M. Mazeaud, un examen de constitutionnalité, puisse être exercé. Ainsi, selon le député, il serait mis fin à la « quasi-immunité constitutionnelle » des actes du droit communautaire dérivé.

S'il paraît « impensable » à certain d'instituer un tel contrôle *a priori* (M. Fromont, *RAE*, 1997/2, préc., p. 206), il faut bien reconnaître qu'une telle proposition s'inscrit cependant dans la logique de la révision constitutionnelle de 1992, certes dans une version maximaliste, mais qui avait pourtant bien été évoquée à certains stades de la discussion, tant doctrinale que parlementaire (v. *supra*). Ce moyen de contrôle pourrait-il se transformer en possibilité de blocage des institutions communautaires pour des raisons constitutionnelles ? Nul doute qu'une opposition parlementaire résolue pourrait utiliser ce moyen de mettre en difficulté le Gouvernement français dans ses relations au sein de l'Union européenne en décidant de saisir le Conseil constitutionnel selon les principes définis dans la proposition Mazeaud. Mais il faut aussi savoir que la décision de compatibilité constitutionnelle ou non appartiendrait en dernière analyse au Conseil constitutionnel qui prendrait certainement l'entière mesure, y compris politique, d'une déclaration d'inconstitutionnalité dans ce cas. Il bénéficierait de deux atouts essentiels : le court délai de sa réponse — un mois au maximum — qui ne conduirait pas à un retard considérable dans l'adoption des actes communautaires ; la possibilité d'utiliser la technique des réserves d'interprétation qui le conduirait sur la voie d'un contrôle « doux » du droit communautaire, en fixant des conditions et des principes tant aux négociateurs français qu'aux futures autorités d'application du droit communautaire. Un autre avantage de ce type de contrôle préalable est d'éviter le risque général d'un désaveu d'un engagement donné par le Gouvernement français, argument du désaveu qui avait été employé par exemple lors du débat relatif au projet de Communauté européenne de défense en 1954. L'inconvénient d'un tel système est évidemment d'ordre politique, qui, même en considération du Compromis de Luxembourg, mettrait le Gouvernement dans une position difficile au sein de l'Union européenne, en particulier au regard des principes de loyauté dans la mise en œuvre du droit communautaire définis par l'article 5 du traité CE.

Enfin, une dernière voie de résolution des conflits entre les Cours constitutionnelles nationales et le droit communautaire peut consister en une collaboration renforcée entre ces Cours et la Cour de justice des Communautés européennes, comme on l'a proposé (M. Fromont, art préc., p. 206). Il est vrai que cette collaboration existe déjà comme l'a montré l'affaire *Factortame* (v. les réflexions de C. Grewe et H. Ruiz-Fabri, *op. cit.*, p. 125), même s'il s'agit du juge anglais dont on connaît le caractère atypique sur le plan constitutionnel. Sur le plan organique, cette collaboration pourrait consister à associer des juges constitutionnels à la CJCE lorsque des affaires d'importance primordiale ont à être jugées, en particulier dans le domaine des droits de l'homme (M. Fromont). Les propositions d'ordre procédural ou de contrôle au fond, la mise en place d'une procédure permettant aux juges constitutionnels de renvoyer pour avis à la Cour de justice serait bien dans l'esprit des principes du droit communautaire (cf. art. 177 traité CE), ou encore l'idée de développer l'interprétation du droit communautaire par le juge constitutionnel et des traditions constitutionnelles nationales par le juge communautaire (id.) seraient évidemment une bonne chose, mais il faut se poser aussi la question de savoir pourquoi cette volonté d'interprétation croisée n'a pas été plus développée jusqu'à maintenant. Il nous semble que l'une des raisons tient aux conflits de normes non résolus et à l'absence d'harmonisation dans les Constitutions européennes d'une hiérarchie entre normes communautaires — originaires et dérivées — et normes constitutionnelles nationales. La solution des conflits nous paraît donc passer d'abord par une clarification des compétences communautaires et nationales sur le plan normatif et sur l'adoption d'une hiérarchie des normes fondée sur des principes qui ne pourront être tirés que d'une modification fondamentale des traités communautaires, en particulier en y intégrant des droits fondamentaux clairement définis. Si l'évolution allait dans ce sens, il n'est pas douteux que le caractère constitutionnel de ces traités serait fortement renforcé, ce qui montre encore que les principes du droit sont inscrits dans l'ordre politique. Et il est bien qu'il en soit ainsi.

II / Contrôle de constitutionnalité et Convention européenne des droits de l'homme

Les rapports entre la Convention européenne des droits de l'homme et des libertés fondamentales de 1950 et l'exercice du contrôle de constitutionnalité en France posent à la fois les mêmes questions que les rapports avec le droit communautaire et en même temps sont profondément différents. En effet, la Convention européenne n'est pas traitée par la Constitution de 1958 différemment des autres conventions internationales. Elle a la même valeur dans la hiérarchie des normes françaises, selon l'article 55, c'est-à-dire supralégislative et infraconstitutionnelle. Mais en réalité, les rapports entre la Convention et la Constitution, du point de vue de la hiérarchie des normes, ne concernent qu'une partie de la problématique. C'est que la Convention européenne, par son contenu relatif aux droits de l'homme et aux libertés fondamentales, n'a pas pour objet, comme les traités communautaires, de fixer une répartition des compétences entre une organisation internationale et un État. Son objet étant substantiel, elle vise à faire respecter par les États parties à la Convention le contenu des droits et libertés énoncés par elle. Et si elle institue des organes — Commission encore pour un temps, Cour européenne des droits de l'homme, Comité des ministres —, c'est pour s'assurer de la réalisation ou du respect des droits inscrits dans la Convention. Les rapports entre contrôle de constitutionnalité et Convention européenne ne sont donc pas seulement des rapports normatifs et institutionnels, ils sont d'abord des rapports tenant à la substance même de la Convention et des droits et libertés constitutionnellement garantis. Le paradoxe qui peut être souligné est que le mécanisme d'intégration de la Convention européenne des droits de l'homme est moins impératif que celui du droit communautaire dans la mesure où il est plus incitatif qu'imposé, alors que le contenu de la Convention touche plus directement le contenu du droit national, a pour objet même les droits fondamentaux qu'on retrouve aussi au cœur des constitutions nationales. Mais la suite du paradoxe tient à ce que la Convention peut être invoquée devant et appliquée par le juge ordinaire français alors qu'elle ne peut être ni invoquée ni appliquée par le juge constitutionnel.

Une remarque préalable d'ordre historique doit être faite (cf. L. Favoreu, Quel(s) modèle(s) constitutionnel(s) ?, *in* Vers un droit constitutionnel européen. Quel droit constitutionnel européen ?, colloque de Strasbourg, 1993, *RUDH*, 1995, p. 357 et s.). Lors de la mise en place des institutions issues de la Convention européenne, il n'existe que peu ou pas de juridictions constitutionnelles en Europe. Le système de la Convention n'a donc pas intégré les constitutions nationales et évidemment pas la jurisprudence issue des cours constitutionnelles de l'Europe, alors que le mouvement de développement des juridictions constitutionnelles s'est fait à partir des droits fondamentaux, en parallèle de ceux élaborés par la Cour européenne sur la base de la Convention de Rome. Comme cela a été justement souligné, lorsque la constitution devient une norme sanctionnée par un contrôle de type juridictionnel « il existe désormais une “couche” de normes constitutionnelles qui sont effectives et susceptibles de faire écran entre l’ordre juridique européen et les ordres juridiques nationaux. Il existe des systèmes de justice constitutionnelle susceptibles de contrôler et donc éventuellement de freiner l’expansion et la pénétration des normes européennes » (L. Favoreu, art. préc.). Les relations entre le contrôle de constitutionnalité et la Convention européenne ne peuvent pas donc être seulement des relations entre des cours constitutionnelles nationales et la Cour européenne, elles passent nécessairement par des rapports de type normatif. Il faut donc étudier d’abord les influences croisées de la Constitution et de la Convention européenne des droits de l’homme (A), étant entendu que l’étude sera centrée sur le cas français mais que le droit comparé est ici encore une nécessité, puis il faudra montrer l’influence grandissante de la Convention sur les règles du contentieux constitutionnel (B).

A | INFLUENCES CROISÉES DE LA CONSTITUTION ET DE LA CONVENTION EUROPÉENNE DES DROITS DE L’HOMME

Trois points peuvent être évoqués. D’une part, il faut préciser quelle est la valeur de la Convention en droit national, c’est-à-dire sa place au sein de la hiérarchie des normes, d’autre part comment s’exerce le contrôle de conventionnalité des normes constitutionnelles, enfin souligner les convergences et divergences conceptuelles entre la Constitution française et la Convention.

1 / *Valeur de la Convention européenne en droit national*

Parmi les États ayant adhéré à la Convention européenne des droits de l’homme, on trouve tous les degrés possibles d’intégration de la Convention dans le droit national. Le niveau d’introduction de la Convention peut ainsi considérablement varier d’un pays à l’autre (v. F. Cocozza, Les droits fondamentaux en Europe entre justice constitutionnelle « transfrontière » de la CEDH et justice constitutionnelle nationale, *RFDC*, n° 28, 1996, p. 707 et s.). Quel qu’en soit le niveau, cette intégration peut être explicite ou ne pas être traitée différemment de celle des autres normes internationales.

Ainsi en Autriche, la Convention européenne a été explicitement intégrée aux normes constitutionnelles en 1964, ce qui a enrichi considérablement les droits fondamentaux de valeur constitutionnelle mais qui pose le problème de la concordance entre les droits issus de la Convention et ceux issus de la Constitution, la Haute Cour constitutionnelle préférant faire prévaloir dans ce cas la norme constitutionnelle autrichienne. La question plus institutionnelle de la soumission de fait et de droit de la Haute Cour constitutionnelle à la Cour de Strasbourg relance aussi le débat de l'unité d'interprétation de la Convention par une seule juridiction qui devrait, logiquement, être celle de Strasbourg.

Dans d'autres pays européens, la Convention est incorporée dans l'ordre juridique national comme une règle infraconstitutionnelle mais supralégale. C'est explicitement le cas en France selon les termes de l'article 55 de la Constitution, mais sans que celle-ci fasse une place à part à la Convention au sein des normes internationales. C'est aussi le cas en Espagne et au Portugal dans la mesure où les Constitutions de ces deux pays font référence aux droits fondamentaux inscrits dans la Déclaration universelle ou dans les traités internationaux relatifs aux mêmes droits comme source d'interprétation des droits constitutionnellement garantis (art. 10, al. 2, Const. Espagne ; principe de la « liste ouverte » des droits fondamentaux : art. 16 Const. Portugal ; v. C. Grewe et H. Ruiz-Fabri, *op. cit.*, n° 83). Les normes de la Convention européenne servent de critères d'interprétation aux droits et libertés constitutionnels, allant parfois jusqu'à l'interprétation conforme comme au Portugal (cf. F. Cocozza, art. préc., p. 721). Mais la Convention n'a pas valeur constitutionnelle dans ces deux pays.

En Allemagne fédérale, la Convention, introduite dans l'ordre juridique en 1952, est reconnue par la Cour constitutionnelle comme ayant valeur de loi fédérale (Cour const. féd., 26 mars 1987 ; 29 mai 1990). Ceci signifie que la Convention ne peut servir de norme de référence à la Cour constitutionnelle, en tout cas dans le contrôle abstrait, sauf lorsque ce contrôle concerne des lois des *Länder*. Mais la Cour se sert de la CEDH en tant que source d'interprétation des droits fondamentaux de l'ordre juridique allemand.

L'insertion de la Convention en Italie, depuis la ratification de celle-ci faite en 1955, a ouvert un large débat sur la valeur juridique de la CEDH. Certains éléments de la doctrine penchent pour la constitutionnalisation de la Convention au regard de certains articles de la Constitution italienne (cf. F. Cocozza, p. 718). Ainsi en est-il de l'article 2 qui indique que « la République reconnaît et garantit les droits inviolables de l'homme » ou encore de l'article 10 qui énonce que « l'ordre juridique italien se conforme aux règles du droit international généralement reconnues ». Mais la Cour constitutionnelle n'a pas suivie cette voie. Elle utilise une « démarche combinatoire » conciliant les principes inscrits dans la Constitution et ceux énoncés par la CEDH (v. par exemple l'arrêt n° 23/1993).

C'est une démarche du même type qu'effectue la Cour d'arbitrage de Belgique, en s'inspirant de la Convention européenne, lorsque c'est nécessaire, pour interpréter les dispositions constitutionnelles, limitées en nombre et en objet, qui forment les normes de référence de son contrôle, faisant de la Convention une application « auxiliaire ».

En France, on l'a dit, la Convention européenne des droits de l'homme n'a pas une valeur différente de celle des autres conventions internationales. Située au niveau infraconstitutionnel mais au-dessus de la loi, la Convention fait aujourd'hui l'objet d'une application très attentive par les juridictions ordinaires tant judiciaires qu'administratives. Le paradoxe d'une application de la CEDH par le juge ordinaire et d'un refus d'application de la norme constitutionnelle par ce même juge est particulièrement éclatant dans notre pays. En conséquence de la place de la Convention dans l'ordre juridique français, le Conseil constitutionnel refuse logiquement d'apprécier la conformité d'une loi à la Convention européenne des droits de l'homme, et donc d'intégrer un tel type de contrôle dans le contrôle de constitutionnalité, ce qu'exprime la décision n° 74-54 DC du 15 janvier 1975, *Loi relative à l'interruption volontaire de grossesse* (*Rec.*, 19), dans des termes généraux concernant l'ensemble des conventions internationales mais qui, en l'espèce, concernaient une disposition de la Convention :

« Considérant que ces dispositions [les articles 61 et 55 de la Constitution] confèrent aux traités, dans les conditions qu'elles définissent, une autorité supérieure à celle des lois, elles ne prescrivent ni n'impliquent que le respect de ce principe doive être assuré dans le cadre du contrôle de la conformité des lois à la Constitution prévu à l'article 61 de celle-ci ;

Considérant, en effet, que les décisions prises en application de l'article 61 de la Constitution revêtent un caractère absolu et définitif, ainsi qu'il résulte de l'article 62 qui fait obstacle à la promulgation et à la mise en application de toute disposition déclarée inconstitutionnelle ; qu'au contraire, la supériorité des traités sur les lois, dont le principe est posé à l'article 55 précité, présente un caractère à la fois relatif et contingent, tenant, d'une part, à ce qu'elle est limitée au champ d'application du traité, et, d'autre part, à ce qu'elle est subordonnée à une condition de réciprocité dont la réalisation peut varier selon le comportement du ou des États signataires du traité et le moment où doit s'apprécier le respect de cette condition ;

Considérant qu'une loi contraire à un traité ne serait pas, pour autant, contraire à la Constitution ;

Considérant qu'ainsi le contrôle du respect du principe énoncé à l'article 55 de la Constitution ne saurait s'exercer dans le cadre de l'examen prévu à l'article 61, en raison de la différence de nature de ces deux contrôles ;

Considérant que, dans ces conditions, il n'appartient pas au Conseil constitutionnel, lorsqu'il est saisi en application de l'article 61 de la Constitution, d'examiner la conformité d'une loi aux stipulations d'un traité ou d'un accord international » (§ 3 à 7).

Cette solution ne doit pas étonner. Elle découle logiquement de la structure et de la hiérarchie de l'ordre juridique français ainsi que des compétences respectives du Conseil constitutionnel et des juridictions ordinaires. Pourtant, le raisonnement élaboré par le Conseil constitutionnel a fait l'objet de critiques importantes. D'abord parce que la Cour européenne elle-même a défini la portée de la Convention en indiquant sa primauté sur tous les actes internes quelle que soit leur nature ou leur origine même constitutionnelle (Cour EDH 18 décembre 1986, *Johnston c/ Irlande*, série A, n° 112 ; 29 octobre 1992, *Open Door* et *Dublin Well Woman c/ Irlande*, série A n° 246-A ; *RUDH*, 1992, p. 469). Ensuite parce que le raisonnement fait par le Conseil constitutionnel en 1975 à propos de la condition de réciprocité est inapproprié pour la Convention européenne parce que celle-ci n'engendre pas d'obligations réciproques entre des États mais crée à la charge de ces États des obligations de caractère objectif à l'égard des individus sous leur juridiction (J. Rivero, *AJDA*, 1975, p. 134 ; G. Cohen-Jonathan, La place de la Convention européenne des droits de l'homme dans l'ordre juridique français, *in* F. Sudre (dir.), *Le droit français de la Convention européenne des droits de l'homme 1974-1992*, éd. Engel, 1994, spéc. p. 8 ; R. Abraham, *RUDH*, 1991, p. 279).

Sur un plan plus général, le raisonnement du Conseil constitutionnel pourrait ne pas exclure nécessairement un contrôle de la suprématie du traité sur la loi, c'est-à-dire du respect de la règle posée par l'article 55. Ainsi M. Genevois analyse *a contrario* la décision du Conseil de 1975 en disant que « le Conseil constitutionnel pourrait, sur un plan théorique, exercer dans le cadre de l'article 61 de la Constitution, un contrôle de la suprématie du traité sur la loi si deux conditions sont remplies : la loi devrait régir la matière même couverte par le traité afin que puisse apparaître un conflit de normes ; l'obligation née du traité devrait être inconditionnelle » (Le Conseil constitutionnel et le droit né de la Convention européenne des droits de l'homme, *in* H. Thierry et E. Decaux (dir.), *Droit international et droits de l'homme*, Cahiers du CEDIN n° 5, Montchrestien, 1990, p. 251 et s., spéc. p. 255).

Quant à la question de la compatibilité entre la Convention européenne et la Constitution française sur le plan du droit substantiel, le Conseil constitutionnel n'a pas eu l'occasion de les confronter directement en d'en tirer des conclusions générales. Il n'a été saisi en 1985, en vertu de l'article 54 de la Constitution, que du protocole n° 6 à la Convention, relatif à l'abolition de la peine de mort, et a considéré dans sa décision n° 85-188 DC du 22 mai 1985 (*Rec.*, 15) que

« cet engagement international n'est pas incompatible avec le devoir pour l'État d'assurer le respect des institutions de la République, la continuité de la vie de la nation et la garantie des droits et libertés des citoyens ;

Considérant, dès lors, que le Protocole n° 6 ne porte pas atteinte aux conditions essentielles de l'exercice de la souveraineté nationale et qu'il ne contient aucune clause contraire à la Constitution » (§ 1 et 2),

ouvrant la voie à la jurisprudence du Conseil constitutionnel qui fixe les conditions et les limites des transferts de souveraineté autorisés, jurisprudence qui trouvera à s'appliquer avec éclat à propos des traités de Maastricht (C. const., n° 92-308 DC, 9 avril 1992, *Rec.*, 55, § 14) et d'Amsterdam (C. const., n° 97-394 DC, 31 décembre 1997, *Rec.*, 344, § 7 ; v. aussi *supra*).

Le raisonnement du Conseil constitutionnel conduit à la distinction entre contrôle de constitutionnalité exercé par la juridiction constitutionnelle et contrôle de conventionnalité que le juge ordinaire est ainsi invité à exercer. Certains auteurs considèrent même que, par la décision du Conseil constitutionnel de 1975, le juge ordinaire se trouve confirmé dans son rôle « exclusif » de contrôle de la loi au regard des traités internationaux (L. Favoreu et L. Philip, *GDCC*, 9e éd., p. 320).

Le Conseil constitutionnel a d'ailleurs montré le chemin au juge ordinaire dans trois décisions. Dans la décision n° 86-216 DC du 3 septembre 1986, *Loi relative aux conditions d'entrée et de séjour des étrangers en France* (*Rec.*, 135), le Conseil énonce, à propos des Conventions internationales relatives au statut de réfugié qu'il « appartient aux divers organes de l'État de veiller à l'application de ces Conventions internationales dans le cadre de leurs compétences respectives » et que la règle énoncée dans l'article 55 de la Constitution « s'impose même dans le silence de la loi » (§ 6). Un peu plus tard d'ailleurs le Conseil allait reprendre ces mêmes affirmations en les combinant avec les principes énoncés en 1975 (C. const., n° 91-293 DC, 23 juillet 1991, *Rec.*, 77, § 5 ; cf. aussi n° 93-321 DC, 20 juillet 1993, *Rec.*, 196, § 37).

Plus précisément encore, le Conseil allait apprécier, dans le domaine électoral, la compatibilité entre la loi électorale de juillet 1986 et le Protocole n° 1 additionnel à la Convention européenne des droits de l'homme dont l'article 3 pose le principe d'élections libres au scrutin secret. Dans sa décision du 21 octobre 1998, *Ass. nat., Val d'Oise, 5e circ.* (*Rec.*, 183), le Conseil prend explicitement comme référence le Protocole nº 1 pour conclure à la compatibilité de la loi électorale avec celui-ci. Enfin, dans sa décision du 8 novembre 1988, *Ass. nat., Seine-Saint-Denis, 6e circ. (Meyet)* (*Rec.*, 196), le Conseil considère que l'absence de publicité des audiences devant le Conseil constitutionnel n'est pas contraire à l'article 6, § 1 de la Convention.

Ces trois décisions font un apport essentiel à l'intégration de la Convention européenne en droit français. D'une part, la décision de 1986 renvoie au juge et au pouvoir exécutif l'application de cette Convention, sous forme d'une véritable invitation à appliquer la Convention. D'autre part, dans les deux décisions de 1988, le Conseil constitutionnel, agissant dans le contentieux électoral en véritable juge ordinaire, fait une application directe d'un élément rattaché à la Convention, montrant en quelque sorte l'exemple au juge ordinaire.

2 / *Convergences et divergences*

Si la Convention européenne des droits de l'homme n'est pas une norme de référence dans l'exercice du contrôle de constitutionnalité, elle a un effet « correcteur », « incitatif » ou complémentaire de la Constitution (J.-F. Flauss, Des incidences de la Convention européenne des droits de l'homme sur le contrôle de constitutionnalité des lois en France, *LPA*, nº 148, 9 décembre 1988, p. 3 et s.). Lorsque le contenu de la Convention est identique au droit fondamental de valeur constitutionnelle, elle se fait auprès du juge ordinaire l'interprète indirect de la norme constitutionnelle. Substantiellement donc, le droit fondamental se trouve protégé à la fois par la juridiction constitutionnelle sur le fondement de la Constitution, et par le juge ordinaire sur le fondement de la Convention européenne des droits de l'homme. Mais les effets pratiques sont évidemment différents en terme de contrôle : le juge constitutionnel exerce un contrôle portant sur des normes, principalement législatives, l'effet de sa décision est donc d'abord normatif ; le juge ordinaire tranche des conflits d'intérêts et applique concrètement le droit fondamental tiré de la Convention. L'effectivité est donc générale dans un cas, particulière dans l'autre. Il n'en demeure pas moins que, pour le juge ordinaire, la Convention européenne des droits de l'homme peut être le vecteur de la constitutionnalisation du droit. Lorsque les juridictions ordinaires font référence aux principes de la Convention dans leur jugement, elles utilisent des principes dont certains (v. *infra*) sont aussi inscrits dans le bloc de constitutionnalité. De cette façon, elles se font indirectement mais certainement juges de l'application concrètes de principes constitutionnels. Il peut donc exister une application conceptuelle de la Constitution par le juge ordinaire, c'est-à-dire en réalité un contrôle de constitutionnalité exercé par le juge, par le canal de la Convention européenne des droits de l'homme. Et même en l'absence d'une Constitution formelle, la Convention peut imprégner le droit national des droits fondamentaux (v. pour l'exemple du Royaume-Uni : N. Lenoir, La Chambre des Lords, à propos des projets actuels de réformes constitutionnelles, *Les cahiers du Conseil constitutionnel*, n° 3, 1997, p. 37 et s., spéc. p. 44 et s.).

Entre les juridictions constitutionnelles et la Cour européenne des droits de l'homme, des influences croisées sont donc manifestes (v. l'étendue et les limites de ces influences : P. Gaïa, *RFDC*, n° 28, 1996, p. 725 ; J.-F. Flauss, *RFDC*, n° 30, 1997, p. 377 ; v. aussi B. Genevois, art. préc., Cahiers du CEDIN, 1990). Les deux types de juridictions utilisent des méthodes proches dans le raisonnement juridictionnel : interprétation téléologique, *judicial self-restraint*, qui s'exprime tantôt par l'utilisation du contrôle restreint et des réserves d'interprétation (Conseil constitutionnel), tantôt par la référence aux « marges nationales d'appréciation » pratiquées par la Cour européenne qui renvoient au droit national et qui sont la manifestation d'une certaine « autolimitation judiciaire » (M.-A. Eissen, Cours constitutionnelles nationales et Cour européenne des droits de l'homme : leur influence mutuelle, *RTDH*, 1991, n° 6, p. 169 et s. ; G. Cohen-Jonathan, art. préc., p. 19).

Il faut aussi souligner une relative convergence des concepts utilisés qui conduit à l'émergence d'un « véritable standard européen » construit par la Cour européenne sur la convergence des droits nationaux (C. Grewe et H. Ruiz-Fabri, *op. cit.*, p. 123) et dont on peut tirer certaines valeurs communes, c'est-à-dire l'existence d'une « matrice d'un droit constitutionnel européen commun » autour des droits de l'homme (J.-F. Flauss, Les droits de l'homme comme élément d'une Constitution et de l'ordre européen, *LPA*, n° 52, 30 avril 1993, p. 8 et s., spéc. p. 12). Ainsi par exemple, la jurisprudence du Conseil constitutionnel rejoint celle de la Cour en ce qui concerne la prohibition des discriminations, la défense mais aussi les limites du droit de propriété, la liberté d'expression, les droits de la défense, ou encore la notion de « société démocratique » (v. les décisions citées par B. Genevois, art. préc., p. 261 et s. et celles citées par G. Cohen-Jonathan, art. préc. p. 21 à 25 ; sur la société démocratique européenne v. la contribution de M.-J. Redor, in *Questions sur le droit européen*, préc., p. 69 et s.).

Pourtant, il est nécessaire d'évoquer les limites de ce rapprochement entre Conseil constitutionnel et Cour européenne des droits de l'homme à propos du mode de contrôle exercé particulièrement. En effet, le Conseil exerce un contrôle de type préventif et de caractère abstrait qui porte sur un texte de loi et qui est confronté à des exigences constitutionnelles qui ne sont pas seulement celles des droits fondamentaux. Les questions de procédure législative, de compétence du législateur, les éléments d'opportunité politique, la limitation des possibilités de saisine par des autorités constitutionnelles, le cadre même de sa jurisprudence antérieure enferment le Conseil constitutionnel dans des contraintes juridico-politiques qui pèsent nécessairement sur sa décision. Les effets généraux de sa décision sur les normes subordonnées et sur l'action des pouvoirs publics, le cadre national de ces effets sur un ordre juridique bien défini conduisent paradoxalement le Conseil à prendre en considération ces éléments concrets, presque factuels alors même que le contentieux qu'il traite est abstrait. Au contraire, la Cour européenne des droits de l'homme exerce un contrôle *a posteriori*, concret, après épuisement des voies de recours interne, accepte le recours individuel. La solution qu'elle apporte concerne bien une espèce particulière mais les effets de la décision dépassent de très loin l'espèce en cause. Ils influencent tous les ordres juridiques des pays signataires de la Convention, sur un plan général et dans le domaine des seuls droits fondamentaux. Le paradoxe est ici que les décisions concrètes de la Cour européenne produisent des effets plus généraux que celles d'un contrôle abstrait parce qu'elles touchent les droits nationaux dans leurs principes. Ainsi le cumul d'un certain type de contrôle juridictionnel et des particularités du champ d'application de ce contrôle a des conséquences paradoxales dans chaque cas.

3 / *Conventionnalité de la Constitution*

Les constitutions nationales peuvent aussi se trouver mesurées à l'aune de la Convention européenne des droits de l'homme. Certes, elles ne se trouvent pas (encore ?) clairement soumises à l'ordre juridique de la CEDH, mais elles le sont de façon médiate, à plusieurs titres. Ainsi, une règle constitutionnelle peut se trouver en contradiction directe avec un principe de la Convention comme cela a pu être le cas entre le droit à la vie de l'enfant à naître défendu par la Constitution irlandaise et le droit à la liberté d'expression protégé par l'article 10 de la Convention. Dans cette affaire, la Cour européenne des droits de l'homme a fait prévaloir la Convention sur la Constitution nationale dans son arrêt du 29 octobre 1992, *Open Door* et *Dublin Well Woman c/ Irlande* (série A, nº 246-A), en allant à l'encontre d'une décision de la Cour suprême irlandaise du 16 mars 1988 qui mettait en avant le droit à la vie inscrit expressément dans l'article 40, § 3, al. 3

de la Constitution (v. sur cette affaire, F. Sudre, *RFDC*, n° 13, 1993, p. 216 et s.). Parfois, la solution constitutionnelle nationale, issue directement du texte constitutionnel mais plus souvent d'une décision de la juridiction constitutionnelle, vient conforter une disposition de la Convention européenne comme dans l'affaire jugée par la Cour européenne le 25 juin 1996, *Amuur c/ France* (*RUDH*, 1996, p. 144) dans laquelle la Cour reprend à son compte l'interprétation du Conseil constitutionnel concernant les limites de la rétention imposée aux demandeurs d'asile dans des zones de transit dans sa décision n° 92-307 DC du 25 février 1992 (*Rec.*, 48), même si la référence à la jurisprudence du Conseil constitutionnel apparaît ici plus « à titre confortatif » (J.-F. Flauss, *RFDC*, n° 30, 1997, p. 379 ; P. Gaïa, *RFDC*, n° 28, 1996, p. 739) que comme véritable fondement de la décision de la Cour européenne. Un autre exemple est donné par l'arrêt de la Cour du 8 juillet 1986, *Lithgow* (série A, n° 102) qui utilise la décision du Conseil constitutionnel n° 81-132 DC du 16 janvier 1982 relative aux nationalisations. Enfin, la compatibilité entre constitution nationale et Convention européenne peut s'opérer à l'occasion de l'examen d'une disposition législative mettant en œuvre une règle constitutionnelle comme dans l'affaire jugée par la Cour européenne le 25 avril 1996, *Gustafsson c/ Suède* (cf. J.-F. Flauss, art. préc., p. 379).

B | CONVENTION EUROPÉENNE DES DROITS DE L'HOMME ET CONTENTIEUX CONSTITUTIONNEL

Les rapports entre la Convention européenne et les constitutions nationales touchent de plus près encore les juridictions constitutionnelles lorsque ce sont les règles mêmes du contentieux constitutionnel, de la procédure devant les juridictions constitutionnelles, qui sont en cause. Le rapport entre la Convention et la constitution n'est plus alors seulement normatif, il est de nature procédurale dans la mesure où la CEDH peut servir à contester une décision d'une cour constitutionnelle pour le motif de non-respect d'une exigence de la Convention dans la procédure juridictionnelle. L'influence de la Convention sur le contentieux constitutionnel est ici substantielle, en ce sens qu'elle peut être invoquée à l'occasion d'un contentieux pendant devant un juge constitutionnel ou encore en contestation d'une décision d'une juridiction constitutionnelle devant la Cour européenne. Le fondement de ces contestations est évidemment de façon principale l'article 6, § 1 de la Convention (procès équitable, délai raisonnable, tribunal indépendant et impartial établi par la loi) ou encore l'article 13 (droit à un recours effectif).

La jurisprudence de la Cour européenne des droits de l'homme est en pleine évolution, dans le sens d'une soumission grandissante des juridictions constitutionnelles aux exigences procédurales de la Convention. Ainsi la Cour de Strasbourg a considéré dans l'arrêt *Ruiz-Mateos* du 26 juin 1993 (série A, n° 262) que les procédures se déroulant devant les cours constitutionnelles (en l'espèce le Tribunal constitutionnel espagnol) et entrant dans le cadre de l'article 6 de la CEDH devaient offrir les garanties du procès équitable exigées par la Convention, dès lors qu'on se situait dans le cadre du contrôle concret mettant en cause un particulier et que l'instance portait sur un droit civil au sens de l'article 6. Même si la Cour européenne n'a pas énoncé le principe d'une soumission des procédures de contrôle abstrait aux exigences de la Convention, ce qui est le cas du contrôle de constitutionnalité des lois devant le Conseil constitutionnel français, elle a considéré que la procédure du recours constitutionnel direct *(Verfassungsbeschwerde)* devant la Cour constitutionnelle de la RFA était soumise à la condition de délai raisonnable prévue par l'article 6, liant ce recours constitutionnel à l'instance devant la juridiction ordinaire (CEDH, 16 septembre 1996, *Süssmann c/ Allemagne*. V. l'analyse de J.-F. Flauss, art. préc., p. 384), mais énonçant également que « en principe une procédure devant une Cour constitutionnelle n'échappe pas au domaine de l'article 6 § 1 » (§ 39 de l'arrêt). Cependant, la Cour européenne paraît, au moins pour l'instant, moins exigeante sur la notion même de délai raisonnable à l'égard des juridictions constitutionnelles. Ainsi elle énonce dans le même arrêt *Süssmann* que « si cette obligation vaut aussi pour une Cour constitutionnelle, elle ne saurait cependant s'interpréter de la même façon que pour une juridiction ordinaire. Son rôle de gardien de la Constitution rend particulièrement nécessaire pour une Cour constitutionnelle de parfois prendre en compte d'autres éléments que le simple ordre d'inscription au rôle d'une affaire, telles la nature de celle-ci et son importance sur le plan politique et social » (§ 56, cité par J.-F. Flauss, p. 386) ce qui souligne une fois de plus la spécificité du contrôle de constitutionnalité qui ne peut être apprécié selon des exigences identiques à celles du contentieux devant un juge ordinaire.

Mais c'est dans le domaine du contentieux électoral que les exigences de la Convention pourraient trouver à s'appliquer avec plus d'efficience, non pas seulement sur la question du délai raisonnable mais aussi sur celle de la publicité des débats, alors que paradoxalement ce type de contentieux semble difficile à rattacher au champ d'application de l'article 6, § 1 CEDH, au regard de droits et obligations de caractère civil ou d'accusations en matière pénale. Le contentieux constitutionnel français dans le domaine électoral est justement devenu un terrain d'application de la Convention dans la mesure où la procédure devant le Conseil constitutionnel s'est trouvée en décalage avec les exigences de la Convention sur le plan du débat contradictoire et de la publicité des débats (cf. CEDH, 25 février 1994, *Fradin*, n° 2, série A, n° 283). Le Conseil constitutionnel a d'ailleurs bien évalué le risque de condamnation de la procédure de contentieux électoral devant lui en modifiant son Règlement de procédure pour le contentieux de l'élection des députés et sénateurs par une décision du 28 juin 1995 (*JO*, 29 juin 1995, p. 9736) permettant aux parlementaires dont l'élection se trouve être contestée de désigner un représentant (en fait un avocat) qui peut demander à être auditionné devant la section compétente du Conseil constitutionnel (v. G. Drago, Procédures du contrôle de constitutionnalité, fasc. n° 1414, *Jurisclasseur administratif*, n° 77). Cette modification, introduite *in extremis*, allait d'ailleurs entraîner logiquement le désistement d'un requérant devant la Commission européenne des droits de l'homme dont le recours devait être apprécié sur ce motif (Commission EDH, 30 juin 1995, *Jack Lang c/ France*, req. n° 23943/94). Les autres affaires du contentieux électoral français portées devant les instances de la Convention européenne soulèvent la question de l'inclusion de ce contentieux dans le champ d'application de l'article 6, § 1. En particulier, les griefs relatifs aux éventuelles irrégularités décelées dans les comptes de campagne des candidats étaient-ils susceptibles de constituer des contestations sur des droits ou obligations de caractère civil ou relever d'accusations en matière pénale ? Dans l'affaire *Christian Estrosi c/ France* (req. n° 24359/94), la Commission a considéré que les griefs étaient hors du champ d'application de l'article 6, considérant que le droit en cause était celui de se porter candidat à une élection législative. La Commission considère que « ce droit, étroitement lié au système électoral, fait partie des droits politiques et ne saurait être considéré comme étant de caractère civil ». Une dernière espèce a donné lieu à un arrêt de la Cour européenne, ce qui lui donne nécessairement un caractère et un effet plus solennel. Dans l'arrêt rendu le 21 octobre 1997, *Pierre-Bloch c/ France* (req. n° 24194/94 ; v. *AJDA*, 1998, p. 65, note L. Burgorgue-Larsen ; J.-F. Flauss, L'applicabilité de la Convention européenne des droits de l'homme au contentieux des élections parlementaires : les enseignements de l'arrêt Pierre-Bloch, *Les cahiers du Conseil constitutionnel*, n° 4, 1998, p. 123 et s.), la Cour européenne a confirmé que le contentieux électoral devant le Conseil constitutionnel français n'était pas soumis au exigences de l'article 6, § 1, ni sur le plan civil, ni sur le plan pénal ce qui est ici particulièrement nouveau. La dernière jurisprudence de la Cour de Strasbourg semble montrer un léger infléchissement dans le sens d'un contrôle restreint des procédures du contentieux électoral devant les juridictions constitutionnelles. Serait-ce en raison d'une résistance plus prononcée des cours constitutionnelles au droit supranational ? Certaines analyses le laissent penser (v. *supra* ; J.-F. Flauss, art. préc., p. 388 et s. V. aussi un aperçu de la jurisprudence de la Cour européenne : *Le Courrier juridique des Finances*, n° 81, novembre 1997).

III / Contrôle de constitutionnalité et autres normes internationales

Les rapports entre les constitutions nationales et les autres normes internationales, c'est-à-dire le droit conventionnel et le droit non conventionnel, ne se posent pas, dans une première analyse, de façon très différente en comparaison de la problématique concernant les traités communautaires ou la Convention européenne des droits de l'homme. Il s'agit toujours de savoir quelle est la place des ces autres normes internationales dans l'ordre juridique national et, en conséquence, comment le contrôle de constitutionnalité est amené à les prendre en considération. Lorsque la constitution nationale applique une conception moniste, les normes du droit international, comme par exemple le Pacte international relatif aux droits civils et politiques, s'imposent comme normes de référence à tout juge. Plus généralement, lorsque la constitution reconnaît une valeur aux règles du droit international, elle peut les placer au rang de source auxiliaire de la constitution, comme au Portugal ou en Espagne où elles renforcent l'interprétation constitutionnelle dans le domaine des droits fondamentaux (C. Grewe et H. Ruiz-Fabri, *op. cit.*, p. 148). Mais la constitution peut aussi préciser la valeur exacte des règles du droit international, en leur donnant valeur législative ou supralégislative comme en France avec l'article 55 de la Constitution.

Le cas de la France est particulièrement significatif de la difficulté pour les normes internationales à trouver une place cohérente au sein de l'ordre juridique. Si le droit conventionnel a bien une valeur supralégislative mais ne peut constituer une source du contrôle de constitutionnalité, ce que la jurisprudence du Conseil constitutionnel relative au droit communautaire ou à la Convention européenne des droits de l'homme démontre de façon assez convaincante (v. *supra*), la place du droit international non conventionnel n'est pas clairement énoncée et la jurisprudence du Conseil constitutionnel n'est pas parfaitement explicite. Certes, l'alinéa 14 du Préambule de la Constitution de 1946 énonce que « la République française, fidèle à ses traditions, se conforme aux règles du droit public international », mais on ne peut tirer de ce texte de conclusions précises ni sur les règles de droit international en cause, ni sur la valeur qui leur est reconnue dans la hiérarchie des normes. Le Conseil constitutionnel a considéré tantôt que les règles du droit international public n'étaient pas concernées, lorsque par exemple le 14e alinéa du Préambule de 1946 était invoqué devant lui à propos de la loi relative aux conséquences de l'autodétermination des Comores (C. const., n° 75-59 DC, 30 décembre 1975 [*Rec.*, 26]), ou encore en matière d'effet extraterritorial des nationalisations (C. const., n° 81-132 DC, 16 janvier 1982, *Rec.*, 18 et surtout n° 81-139 DC, 11 février 1982, *Rec.*, 31), en refusant de limiter la compétence du législateur en cette matière aux seuls effets territoriaux des nationalisations. Dans d'autres espèces, le Conseil se refuse à apprécier la conformité d'un engagement international aux stipulations d'un traité ou d'un accord international (C. const., n° 80-116 DC, 17 juillet 1980, *Rec.*, 36 ; n° 91-294 DC, 25 juillet 1991, *Accords de Schengen*, *Rec.*, 91, § 60. Sur ces différentes décisions v. B. Genevois, *La jurisprudence du Conseil constitutionnel*, éd. STH, 1988, n° 588 et s.).

La décision *Maastricht I* du 9 avril 1992, confirmée dans les mêmes termes par la décision relative au traité d'Amsterdam (C. const., n° 97-394 DC, 31 décembre 1997), apporte quelques précisions en situant l'alinéa 14 du Préambule parmi les normes de référence du contrôle exercé en vertu de l'article 54 de la Constitution et en y incluant clairement la règle *pacta sunt servanda* et celle de la personnalité juridique des organisations internationales. Mais la difficulté reste entière en ce qui concerne la détermination claire et précise des règles du droit international qui sont susceptibles de constituer des normes de référence du contrôle de constitutionnalité (art. 61 de la Constitution) ou de conventionnalité (art. 54). En effet, faut-il considérer que l'ensemble des coutumes internationales et des principes généraux du droit international, dont la détermination relève de la Cour internationale de justice et échappe donc au juge constitutionnel pour leur définition, peut être intégré automatiquement dans le bloc de constitutionnalité ? On en doute, d'autant plus que cela ferait ressortir un paradoxe selon lequel le Conseil constitutionnel s'interdirait d'un côté de prendre comme référence de contrôle des engagements internationaux précis souscrits par la France, en application de sa jurisprudence de 1975, et admettrait d'un autre côté d'intégrer des règles du droit international dont le contenu n'est pas toujours parfaitement fixé et dont la définition lui échappe (en ce sens F. Moderne, *LPA*, n° 121, 7 octobre 1992, spéc. p. 13).

Selon certaines analyses (L. Favoreu et L. Philip, *GDCC*, 9e éd., p. 810), le Conseil n'accepterait de respecter ces règles que lorsqu'elles sont reprises dans la Constitution. Ces incertitudes dans la jurisprudence du Conseil constitutionnel ne sont, en définitive, que le reflet du caractère équivoque des dispositions de la Constitution de 1958 à l'égard des normes internationales.

IV / Vers un droit constitutionnel commun ?

On a déjà montré comment le développement de la jurisprudence des cours constitutionnelles relative aux droits fondamentaux pouvait contribuer à l'émergence de concepts communs, notamment en Europe, en particulier sous l'influence de la Convention européenne des droits de l'homme (v. *supra*, titre I, chap. III, La légitimité de la juridiction constitutionnelle, section 1, Contrôle de constitutionnalité et sources du droit).

Le droit communautaire lui-même n'est pas étranger à cette logique lorsqu'il énonce d'une part dans l'article 6, § 2 du traité d'Amsterdam que « l'Union européenne respecte les droits fondamentaux tels qu'ils sont garantis par la Convention européenne des droits de l'homme et des libertés fondamentales et tels qu'ils résultent des traditions constitutionnelles communes aux États membres en tant que principe généraux du droit communautaire », et d'autre part dans le même article 6, § 1 que « l'Union est fondée sur les principes de la liberté, de la démocratie, du respect des droits de l'homme et des libertés fondamentales, ainsi que de l'État de droit, principes qui sont communs aux États membres », à tel point qu'un auteur avait pu parler, de façon prémonitoire, du « syncrétisme » existant entre Constitution, droit communautaire et Convention européenne (E. Picard, *RFDA*, 1993, spéc. p. 54).

La construction d'un droit constitutionnel commun peut alors s'entendre comme la définition de standards communs aux États possédant un contrôle de constitutionnalité qui en vient à intégrer des normes de valeur constitutionnelle dont le contenu est proche et qui assurent ainsi un degré équivalent dans la protection des droits fondamentaux. Cet effet de type matériel, dans le contenu de la règle constitutionnelle, est souligné dans de nombreuses contributions.

V. en particulier D. Debouzy-Pineaud, *Vers une harmonisation de la protection constitutionnelle des droits fondamentaux en Europe*, thèse, Grenoble II, 1992 ; J. Gerkrath,

L'émergence d'un droit constitutionnel pour l'Europe, Éd. de l'université de Bruxelles, 1997 ; J.-F. Flauss, La contribution de la jurisprudence des organes de la Convention européenne des droits de l'homme à la formation d'un droit constitutionnel européen, *RUDH*, 1995, vol. 7, n° 11-12, p. 373 et s. ; M. Fromont, Le droit constitutionnel national et l'intégration européenne, *RAE*, 1997/2, p. 191 et s. ; C. Grewe, Existe-t-il un droit constitutionnel européen ?, in *Questions sur le droit européen ?*, PUC, 1996, p. 29 et s. ; Ph. Lauvaux, Existe-t-il un modèle constitutionnel européen ?, *Droits*, n° 14, 1991, p. 49 et s. ; J. Raux, La constitutionnalisation du système communautaire dans un traité fondamental de l'Union européenne, *Europe*, 1995, chron. n° 9 ; F. Sudre, La Communauté européenne et les droits fondamentaux après le traité d'Amsterdam : vers un nouveau système de protection des droits de l'homme ?, *JCP G*, 1998.I.100.

La question d'un droit constitutionnel commun se pose surtout en Europe, parce qu'elle connaît, par les puissants vecteurs des traités communautaires et de la Convention européenne des droits de l'homme, un mouvement d'unification du droit auquel participent, à leur niveau, les juridictions constitutionnelles. A cet égard, la position du Conseil constitutionnel français nous paraît marquée par un certain « traditionalisme juridique » vis-à-vis de la place des normes internationales dans l'ordre interne, et plus particulièrement des traités communautaires, en ce sens qu'il intègre peu la nouveauté des rapports normatifs entre l'ordre juridique national et l'ordre juridique communautaire ou même celui de la Convention européenne des droits de l'homme. La jurisprudence constitutionnelle se limite aux questions relatives à la répartition des compétences entre l'État et ce qu'il considère encore, non sans juste raison certes, comme une organisation internationale. Or, la question est celle de la construction d'un ordre juridique supranational, qui doit comprendre nécessairement une dimension constitutionnelle. Cette construction est d'ailleurs déjà commencée, mais par le droit substantiel des droits fondamentaux, et elle emprunte plusieurs chemins : celui de la Convention européenne des droits de l'homme, celui de la convergence des jurisprudences constitutionnelles. Mais l'objectif ultime de cette construction est sans aucune doute de caractère institutionnel puisque seules des institutions prenant des décisions à effet politique et juridique obligatoires pourront imposer un droit constitutionnel commun. Ce système n'est pas encore achevé, car il ne compose pas un « système » destiné à « régler de manière uniforme la garantie des droits et la séparation des pouvoirs, pour reprendre l'idée de la Déclaration des droits de l'homme et du citoyen » (C. Grewe, Existe-t-il un droit constitutionnel européen ?, art. préc. p. 42).

Peut-on alors parler de « Constitution européenne », expression commune d'un droit constitutionnel ? Il s'agit là de l'une des questions les plus controversées, notamment lorsque cette qualification est donnée aux traités communautaires. A l'appui de cette thèse, certains considèrent que l'ensemble des règles qui fondent et organisent l'Union européenne forme des « règles matériellement constitutionnelles, qualifiées et appliquées comme telles par la Cour de justice » (J. Boulouis, *Droit institutionnel de l'Union européenne*, Montchrestien, 5e éd., 1995, p. 38). Il est vrai que la CJCE a qualifié le traité CE de « charte constitutionnelle d'une Communauté de droit » (CJCE, avis 1/91, 14 décembre 1991, *Rec.*, I-6079). Pour d'autres, c'est dans la spécificité de l'ordre juridique communautaire que se trouve cette constitution, qui correspond à l'idée d'autonomie de la norme fondamentale de cet ordre juridique, aussi bien par rapport au droit international que par rapport au droit interne des États membres (D. Simon, *Le système juridique communautaire*, PUF, 1997, nº 28).

Sans entrer plus avant dans ce débat (pour une présentation très complète de ces questions v. surtout J. Gerkrath, *L'émergence d'un droit constitutionnel pour l'Europe*, *op. cit.* ; v. aussi bibliographie *infra*), il semble important de souligner quels pourraient être, selon nous, les éléments de cette Constitution européenne. Elle devrait évidemment s'appliquer à un État proprement dit, comportant tous les éléments auxquels on le reconnaît (personnalité juridique et compétences internationales, territoire, citoyenneté, etc.). La Communauté en comporte déjà beaucoup mais ne peut être qualifiée d'État. Cette Constitution européenne devrait comporter des règles d'organisation des pouvoirs publics et déterminer les compétences des organes composant cet État, en respectant le principe de la séparation des pouvoirs. Elle devrait ensuite inclure explicitement des droits fondamentaux au plus haut niveau normatif, appliquant là les principes du constitutionnalisme moderne. A cet égard, la dernière rédaction des traités communautaires (art. 6) va dans ce sens, à tel point qu'on a pu conclure à une véritable « intégration » de la Convention européenne des droits de l'homme dans le Traité communautaire (F. Sudre, art. préc., nº 17). Les traités communautaires, en posant en principes fondamentaux le respect des droits de l'homme, le principe démocratique (condition essentielle soulignée par l'article 23 de la Loi fondamentale de la RFA) ainsi que celui de la prééminence du droit posent les premiers éléments d'une Constitution matérielle. La transformation de la Cour de justice en véritable cour constitutionnelle parachèverait ce processus. Mais l'essentiel résidera dans un acte constituant de type originaire qui ne pourra se faire que par la sanction d'un vote par les peuples européens, approuvant clairement un acte de nature constitutionnelle créant un État, dans toutes ses caractéristiques. Une volonté politique forte est nécessaire et il est bien qu'il en soit ainsi. Même si, en attendant, la Cour de justice, par sa jurisprudence, rappelle ce caractère constitutionnel des traités, mettant ainsi en place une « Constitution judiciaire » (J.-P. Jacqué, Le rôle du droit dans l'intégration européenne, *Philosophie politique*, 1991, p. 132 ; id., La Constitution de la Communauté européenne, *RUDH*, 1995, p. 397 et s.), cette constitutionnalisation pose une question générale de légitimité des instances qui la conduisent et ne peut être suffisante, à elle seule, à créer une Constitution. En définitive, il est préférable de parler de « développement constitutionnel », ou de « mutation constitutionnelle », expressions tirées de la doctrine allemande (v. J. Gerkrath, *op. cit.*, p. 203 et s.) qui soulignent les processus de révision informelle des traités communautaires par la jurisprudence et la pratique institutionnelle, qui font aujourd'hui de ces traités une Constitution en formation, mais pas encore une Constitution au sens formel.

L'émergence d'un droit constitutionnel commun aux États européens passe donc par un processus nécessairement constituant auquel les Cours européennes et les Cours constitutionnelles apportent une contribution importante mais qui ne peut remplacer les procédures démocratiques d'acceptation par le peuple souverain, dans un acte constituant originaire.

SECTION 2
Le contrôle de constitutionnalité des engagements internationaux

Il s'agit maintenant de présenter les procédures par lesquelles le Conseil constitutionnel est amené à se prononcer sur la compatibilité entre les engagements internationaux et la Constitution. On présentera d'abord les caractère généraux de ce contrôle (I), puis la procédure prévue par l'article 54 de la Constitution (II), enfin les cas où la procédure de l'article 61 de la Constitution peut être utilisée (III).

I / Caractères généraux du contrôle

Le contrôle exercé par le Conseil constitutionnel sur les engagements internationaux est d'une autre nature que le contrôle de constitutionnalité des lois. On doit parler d'un contrôle de la compatibilité entre l'engagement international et la constitution. Ce n'est donc ni un contrôle de la conformité d'un engagement international à la Constitution, ni un contrôle de la conformité d'une loi à un engagement international ce qui n'entre dans aucune des compétences du Conseil constitutionnel, sauf à considérer que le contrôle exercé en vertu de l'article 61 de la Constitution y correspond mais sous certaines conditions (v. *infra*).

Le contrôle des engagements internationaux est exercé selon deux procédures. D'une part, selon un contrôle de compatibilité organisé par l'article 54 de la Constitution, d'autre part selon le contrôle indirect des lois de ratification par l'article 61. Il s'agit en fait d'un contrôle de l'insertion des engagements internationaux dans l'ordre juridique français, ayant pour objectif de s'assurer de la parfaite compatibilité des normes internationales avec le droit français y compris dans sa dimension constitutionnelle. Mais le rapport entre la norme internationale et la norme constitutionnelle est inversé par rapport à celui du contrôle de constitutionnalité de la loi. Dans la procédure de l'article 54 en particulier, la Constitution doit céder le pas à l'engagement international en cas d'incompatibilité. Cette différence est fondamentale pour comprendre comment le Conseil constitutionnel exerce ses compétences en matière de contrôle des engagements internationaux (v. surtout sur l'ensemble du contrôle des engagements internationaux : P. Gaïa, *Le Conseil constitutionnel et l'insertion des engagements internationaux dans l'ordre juridique interne. Contribution à l'étude des articles 53 et 54 de la Constitution*, Économica-PUAM, 1991, spéc. p. 292 et s.).

Les deux caractères généraux de ce contrôle sont son caractère préalable et son caractère facultatif. Le contrôle exercé est préalable à toute entrée en vigueur de l'engagement international. C'est le sens même des procédures des articles 54 et 61 de le Constitution. Dans le cas de l'article 54, l'entrée en vigueur de l'engagement international ne peut intervenir qu'après vérification de sa compatibilité avec la Constitution et, éventuellement, après révision de celle-ci. On peut d'ailleurs parler ici d'un contrôle « à double détente » dans la mesure où après un premier contrôle du traité obligeant à une révision constitutionnelle, le Conseil constitutionnel peut être à nouveau saisi pour vérifier cette compatibilité du traité à la Constitution révisée. C'est ce qui a été fait en 1992 à propos du traité de Maastricht (C. const., n° 92-308 DC, 9 avril 1992, préc. et n° 92-312 DC, 2 septembre 1992, *Rec.*, 76). Dans cette dernière décision le Conseil a énoncé les conditions et limites d'un tel contrôle :

« lorsque le Conseil constitutionnel, saisi en application de l'article 54 de la Constitution, a décidé que l'autorisation de ratifier en vertu d'une loi un engagement international est subordonnée à une révision constitutionnelle, la procédure de contrôle de contrariété à la Constitution de cet engagement, instituée par l'article précité, ne peut être à nouveau mise en œuvre, sauf à méconnaître l'autorité qui s'attache à la décision du Conseil constitutionnel conformément à l'article 62, que dans deux hypothèses ; d'une part, s'il apparaît que la Constitution, une fois révisée, demeure contraire à une ou plusieurs stipulations du traité ; d'autre part, s'il est inséré dans la Constitution une disposition nouvelle qui a pour effet de créer une incompatibilité avec une ou des stipulations dont s'agit » (C. const., n° 92-312 DC, § 5).

Dans la procédure de l'article 61, l'entrée en vigueur de l'engagement international ne peut intervenir qu'après vérification de la constitutionnalité de la loi de ratification. Dans les deux cas, il s'agit donc effectivement d'un contrôle destiné à prévenir tout conflit normatif entre un engagement international et la Constitution.

Le contrôle ne peut être déclenché que sur la saisine d'autorités publiques, qu'elles exercent facultativement. L'article 54 de la Constitution prévoit ainsi que

« si le Conseil constitutionnel, saisi par le président de la République, par le Premier ministre, par le président de l'une ou l'autre assemblée, ou par soixante députés ou soixante sénateurs, a déclaré qu'un engagement international comporte une clause contraire à la Constitution, l'autorisation de ratifier ou d'approuver l'engagement international en cause ne peut intervenir qu'après la révision de la Constitution ».

Lorsque le contrôle est exercé, en vertu de l'article 61 de la Constitution, sur la conformité à la Constitution d'une loi de ratification d'un engagement international, la compétence du Conseil constitutionnel s'exerce dans les conditions générales prévues par l'article 61 pour le contrôle des lois ordinaires, à savoir sur saisine des autorités limitativement définies, et à leur seule initiative. La question peut se poser de savoir si le président de la République ne serait pas dans l'obligation de saisir le Conseil constitutionnel afin de soumettre un engagement international au contrôle prévu par l'article 54, dans le cas prévu par l'article 11 de la Constitution qui déclare que

« le président de la République... peut soumettre au référendum tout projet de loi... tendant à autoriser la ratification d'un traité qui, sans être contraire à la Constitution, aurait des incidences sur le fonctionnement des institutions ».

En fait, les travaux préparatoires de la Constitution ont montré qu'en présence d'une possible contrariété entre le texte destiné à être soumis au référendum et la Constitution, le président doit utiliser la procédure de l'article 54 avant de soumettre le texte au référendum, ce qui conduit un auteur à dire qu'il y a un véritable effet de subordination de l'article 11 à l'article 54 (P. Gaïa, *op. cit.*, p. 112 et s.). C'est ce qui a été fait en pratique à propos du traité de Maastricht en 1992, même si la question n'avait pas été posée en terme de cohérence entre l'article 11 et l'article 54 de la Constitution, puisque la procédure utilisée pour soumettre le texte au référendum a été celle de l'article 89 de la Constitution.

Les seules normes de référence du contrôle des engagements internationaux sont les normes constitutionnelles, c'est-à-dire l'ensemble du bloc de constitutionnalité. Tous les éléments constitutifs du bloc de constitutionnalité peuvent servir de norme de référence et ont ainsi été utilisés (P. Gaïa, *op. cit.*, p. 27), les règles constitutionnelles relatives à la place des normes internationales en droit interne ainsi que celles posant les principes de la souveraineté de l'État sont évidemment les normes de référence les plus appropriées.

En particulier, ce sont d'abord l'article 3 de la Déclaration de 1789[1] et ensuite l'article 3 de la Constitution[2] qui ont servi au Conseil constitutionnel pour vérifier si les engagements internationaux souscrits par la France étaient compatibles avec ces principes. Ainsi, le Protocole n° 6 additionnel à la Convention européenne des droits de l'homme concernant l'abolition de la peine de mort a fait l'objet d'un contrôle de compatibilité au regard de ces principes (n° 85-188 DC, 22 mai 1985, *Rec.*, 15). Les traités de Maastricht et d'Amsterdam ont également été contrôlés au regard de ces textes dans les termes suivants :

> « Considérant… qu'au cas où des engagements internationaux… contiennent une clause contraire à la Constitution ou portent atteinte aux conditions essentielles d'exercice de la souveraineté nationale, l'autorisation de les ratifier appelle une révision constitutionnelle » (n° 92-308 DC, 9 avril 1992, *Rec.*, 55 ; n° 97-394 DC, 31 décembre 1997).

L'examen des décisions du Conseil constitutionnel rendues en vertu des articles 54 et 61 de la Constitution montre d'ailleurs que la référence au principe de la souveraineté nationale est une constante remarquable de la jurisprudence (outre les décisions citées ci-dessus v. : C. const.,

1. Déclaration de 1789, art. 3 : « le principe de toute souveraineté réside essentiellement dans la nation. Nul corps, nul individu ne peut exercer d'autorité qui n'en émane expressément ».

2. Constitution de 1958, art. 3 : « la souveraineté nationale appartient au peuple qui l'exerce par ses représentants et par la voie du référendum ».

n° 70-39 DC, 19 juin 1970, *Rec.*, 15 ; n° 76-71 DC, 30 déc. 1976, *Rec.*, 15 ; n° 78-93 DC, 29 avril 1978, *Rec.*, 23 ; n° 80-116 DC, 17 juillet 1980, *Rec.*, 36).

Quelles sont les normes exclues du contrôle ? Le Conseil constitutionnel a clairement indiqué que les engagements internationaux ne peuvent constituer des normes de référence de ce contrôle de compatibilité. Ainsi, à propos du contrôle exercé en vertu de l'article 61 de la Constitution sur les lois autorisant la ratification ou l'approbation d'un engagement international, le Conseil a indiqué

« qu'il n'appartient pas au Conseil constitutionnel, lorsqu'il est saisi en application de l'article 61 de la Constitution, d'apprécier la conformité d'un engagement international aux stipulations d'un traité ou d'un accord international » (n° 80-116 DC ; n° 91-294 DC, 25 juillet 1991, préc.).

En conséquence, il a considéré comme inopérant le moyen soulevé dans une saisine de la méconnaissance par le législateur de stipulations internationales souscrites par la France (n° 97-389 DC, 22 avril 1997, § 13).

Le Conseil a aussi énoncé qu'il ne pouvait, lors de l'exercice du contrôle de l'article 54, laisser de côté la cohérence de l'engagement international contrôlé avec les engagements antérieurs en déclarant que

« il appartient au Conseil constitutionnel, saisi, au titre de la procédure instituée par l'article 54 de la Constitution, d'un traité qui modifie ou complète un ou plusieurs engagements internationaux déjà introduits dans l'ordre juridique interne de déterminer la portée du traité soumis à son examen en fonction des engagements internationaux que ce traité a pour objet de modifier ou compléter » (n° 92-308 DC, 9 avril 1992, préc.),

ce qui doit être analysé comme l'absence de remise en cause des engagements internationaux antérieurs, le contrôle ici opéré ne concernant que les dispositions nouvelles du traité soumis à la procédure de l'article 54 (P. Gaïa, *RFDC*, 1992, p. 404). Le Conseil exclut également des normes de référence les règles du droit international général, en ce sens qu'il ne les prend en considération que si elles sont intégrées aux règles constitutionnelles.

Les propositions d'actes communautaires comportant des dispositions d'ordre législatif soumis au Parlement (art. 88-4 de la Constitution) ne peuvent faire l'objet d'une saisine du Conseil constitutionnel, au titre ni de l'article 54 ni de l'article 61, car elles n'ont pas la valeur d'un texte valablement établi (cf. *JO*, déb., Sénat, séance du 16 juin 1992, p. 1734).

Enfin, une loi adoptée par référendum et autorisant la ratification d'un engagement international n'est pas susceptible de faire l'objet d'un contrôle de constitutionnalité car, selon le Conseil, elle est l'expression directe de la souveraineté nationale (nº 92-313 DC, 23 septembre 1992, *Rec.*, 94). Le Conseil constitutionnel se déclare incompétent pour la contrôler.

Quant au champ d'application du contrôle de compatibilité, il concerne les engagements internationaux quel qu'en soit le type. Se trouvent donc soumis à ce contrôle les traités et les accords évoqués par l'article 52 de la Constitution, qu'ils soient bilatéraux ou multilatéraux (nº 75-60 DC, 30 décembre 1975, *Rec.*, 28 ; nº 80-116 DC, 17 juillet 1980, préc. ; nº 70-39 DC, 19 juin 1970, préc. ; nº 85-188 DC, 22 mai 1985, préc. ; nº 88-247 DC, 17 janvier 1989, *Rec.*, 15).

La question de la qualification en tant qu'engagement international s'est surtout posée à propos des actes communautaires. Ainsi la « décision » du 21 avril 1970 du Conseil des Communautés européennes relative au remplacement des contributions financières des États membres par des ressources propres aux Communautés a été qualifiée d'engagement international par le Conseil constitutionnel (nº 70-39 DC, 19 juin 1970, préc.), parce que la décision en question était étroitement liée à un traité soumis également au contrôle du Conseil constitutionnel, et que le Gouvernement français avait pour intention de soumettre cette « décision » à une approbation législative. L'assimilation relevait de la logique car traité et « décision » constituaient en réalité une opération juridique identique matérialisée par deux actes successifs (L. Favoreu et L. Philip, *RDP*, 1977, p. 135).

De même en 1976, le Conseil a été placé devant le même problème de qualification, auquel il a apporté une solution identique en qualifiant d'engagement international une décision du Conseil des Communautés européennes du 20 septembre 1976 relative à l'élection de l'Assemblée des Communautés européennes au suffrage universel direct (C. const., nº 76-71 DC, 30 déc. 1976, *Rec.*, 15). Mais le Conseil constitutionnel a eu à propos d'autres actes internationaux, en particulier les « résolutions », une jurisprudence « très sélective » (P. Gaïa, *op. cit.*, p. 42) parfois en acceptant de les qualifier d'engagement international et donc de les contrôler (nº 78-93 DC, 29 avril 1978, préc.) parfois en leur déniant ce caractère quand il y voit une « déclaration de caractère politique », par exemple celle prévoyant l'instauration d'un système monétaire européen (nº 78-99 DC, 29 décembre 1978, *Rec.*, 36, § 2).

Enfin, le Conseil constitutionnel a accepté de contrôler la compatibilité d'un engagement international avec la Constitution par l'examen des lois de ratification ou d'approbation de ces engagements, en faisant d'abord référence au contrôle possible par le biais de l'article 61 de la Constitution sans l'exercer en l'espèce (nº 76-71 DC, 30 décembre 1976, préc.) puis en exerçant effectivement ce contrôle (n° 78-93 DC, 29 avril 1978, préc., sol. impl. ; n° 80-116 DC, 17 juillet 1980, préc.).

II / Procédure de contrôle de l'article 54 de la Constitution

Selon les termes de l'article 54, la saisine du Conseil constitutionnel peut être opérée soit par l'une des quatre hautes autorités de l'État que sont le président de la République, le Premier ministre, les présidents des Assemblées parlementaires soit, depuis la loi constitutionnelle n° 92-554 du 25 juin 1992, par soixante députés ou soixante sénateurs. La saisine doit nécessairement intervenir avant la ratification de l'engagement international, mais elle peut être faite en pratique jusqu'à la veille de cette ratification, que celle-ci intervienne par référendum ou par une loi ordinaire. Plus précisément, le Conseil constitutionnel a indiqué, à propos d'une saisine parlementaire faite en application de l'article 54 concernant le traité de Maastricht que

> « il résulte de ces dispositions [les articles 52 à 54 de la Constitution] qu'un engagement international peut être soumis au Conseil constitutionnel sur le fondement de l'article 54 de la Constitution dès lors qu'il a été signé au nom de la République française et avant que ne soit adopté, dans l'ordre juridique interne, le texte qui en autorise la ratification ou l'approbation ; que la recevabilité d'une saisine opérée en vertu de l'article 54 n'est en aucune façon tributaire du processus de ratification de l'engagement international en cause dans les autres États qui en sont signataires ; que cette recevabilité ne dépend pas davantage de la réalisation des conditions mises à l'entrée en vigueur d'un traité au plan international » (n° 92-312 DC, 2 septembre 1992, § 10).

Ainsi, tant que la loi de ratification de l'engagement international n'a pas été adoptée, les saisines sont recevables.

Dans la pratique, les saisines ont été effectuées soit par le président de la République (n° 76-71 DC, 30 décembre 1976 ; n° 85-188 DC, 22 mai 1985 ; n° 92-308 DC, 9 avril 1992), soit par le Premier ministre (n° 70-39 DC, 19 juin 1970), parfois conjointement par les deux (n° 97-394 DC, 31 décembre 1997) soit par soixante sénateurs (n° 92-312 DC, 2 septembre 1992). Aucune saisine n'a été faite par les présidents des assemblées.

Le moment de la saisine n'est pas fixé précisément. Elle doit intervenir entre le moment de la signature de l'engagement international par les parties contractantes et le moment où le Parlement a définitivement adopté la loi de ratification ou d'approbation. Dans ce délai, une grande marge de liberté revient aux autorités saisissantes car ni la Constitution, ni l'ordonnance organique sur le Conseil constitutionnel ne fixent de règles. Ainsi, la saisine au titre de l'article 54 peut intervenir avant le dépôt du projet de loi de ratification ou une fois ce projet déposé sur le bureau des Assemblées parlementaires.

Dans son contenu, la saisine peut ne développer aucune argumentation, ce qui a été le cas de celles du Premier ministre et du président de la République jusqu'à celle relative au traité sur l'Union européenne de 1992. A ce propos, le président, après une première lettre de saisine, apporta un complément en indiquant que la saisine du Conseil constitutionnel concernait « l'ensemble des engagements souscrits par la France, tels qu'ils résultent du Traité lui-même, de protocoles qui lui sont annexés et des déclarations de la conférence des ministres, y compris, dans la mesure où elles interprètent des stipulations du traité, celles dont la conférence a pris acte », ce qui concerne d'ailleurs moins la motivation de la saisine que la nature même de la demande.

Quant aux parlementaires saisissants, ils ont, dans leur saisine à l'occasion de la même espèce, développé un fort argumentaire qui a entraîné des observations en réponse du Gouvernement et un mémoire en réplique des saisissants (v. *RFDC*, 1992, p. 725 et s.).

L'instruction ne diffère pas de celle du contrôle de constitutionnalité des lois, l'ordonnance organique du 7 novembre 1958 ne prévoyant expressément que l'information par le Conseil constitutionnel des plus hautes autorités de l'État lorsqu'il est saisi en vertu de l'article 54 (art. 18, al. 2). En pratique, le rôle du rapporteur est d'autant plus essentiel que la saisine ne développe que peu ou pas d'arguments.

Le Conseil constitutionnel n'est tenu par aucun délai pour statuer, ce qu'on doit regretter. Mais le Conseil a toujours répondu en respectant le délai strict d'un mois, appliquant les même règles qu'en matière de contrôle de constitutionnalité des lois.

Les décisions peuvent conclure soit à la compatibilité de l'engagement international avec la Constitution, soit à la non-compatibilité, soit à la compatibilité avec réserves (n° 76-71 DC, 30 décembre 1976, § 5), en déclarant éventuellement des dispositions inséparables (n° 92-308 DC, 9 avril 1992, § 45). Le contrôle doit porter sur l'intégralité de l'engagement international ce qui peut conduire le Conseil à soulever d'office des incompatibilités entre celui-ci et la Constitution. L'utilisation de la technique des réserves d'interprétation à propos des traités communautaires pose un problème de principe dans la mesure où c'est la Cour de justice des Communautés européennes qui a normalement compétence pour exercer cette interprétation. On peut penser que l'interprétation dégagée par le Conseil constitutionnel ne portant que sur la question de la compatibilité entre le traité communautaire et la Constitution, elle a une autre portée que celle exercée par la Cour de justice et qu'en conséquence le Conseil constitutionnel n'est pas tenu au renvoi préjudiciel devant la Cour de justice, prévu par l'article 177 du traité de Rome.

La décision du Conseil constitutionnel déclarant l'engagement international compatible avec la Constitution a un caractère définitif en ce sens que l'on ne peut remettre en cause l'engagement international sans porter atteinte à l'autorité qui s'attache aux décisions du Conseil selon l'article 62 de la Constitution. Une précision apportée en 1992 par le Conseil indique cependant que la procédure de l'article 54 peut être à nouveau mise en œuvre dans deux hypothèses : d'une part si la Constitution, une fois révisée, demeure en contradiction avec une ou plusieurs stipulations du traité ; d'autre part si est insérée dans la Constitution une disposition nouvelle ayant pour effet de créer une incompatibilité avec les stipulations en question (cf. n° 92-312 DC, 2 septembre 1992, § 5).

Une fois la décision rendue, le Gouvernement peut reprendre la procédure d'insertion dans l'ordre interne de l'engagement international en faisant voter la loi de ratification devant le Parlement.

En présence d'une décision déclarant incompatible l'engagement international avec la Constitution, les pouvoirs publics peuvent soit abandonner la procédure d'insertion dans l'ordre interne de l'acte international, soit engager une procédure de révision de la Constitution selon la procédure prévue par l'article 89 de la Constitution. L'initiative peut en revenir au président de la République qui, après un vote dans les mêmes termes par les deux assemblées, décidera de soumettre la révision constitutionnelle soit au Parlement réuni en Congrès, soit au référendum. C'est la solution qui a été choisie après la décision du 9 avril 1992 relative au traité de Maastricht. L'initiative de la révision peut également revenir au Parlement, selon les termes de l'article 89, qui devra voter la révision en termes identiques, révision qui devra ensuite être soumise au référendum.

Enfin, après la révision effectuée, l'autorisation de ratifier ou d'approuver l'engagement international sera donnée par le Parlement ; il ne s'agit alors que d'appliquer en pratique les principes de la révision constitutionnelle.

III / Procédure de contrôle de l'article 61 de la Constitution

La procédure de l'article 61 de la Constitution a été aussi utilisée pour vérifier la cohérence d'un engagement international avec l'ordre constitutionnel français. Certes, on sait que la procédure de l'article 61 n'a pas été conçue pour le contrôle des engagements internationaux mais pour celui des lois organiques, ordinaires et des règlements des assemblées parlementaires. Mais c'est en contrôlant les lois de ratification ou d'approbation d'engagements internationaux que le Conseil a pu « remonter » jusqu'à l'engagement international.

A vrai dire il avait déjà ouvert la voie avec une décision de 1976, rendue certes dans le cadre de l'article 54, mais indiquant clairement que le contrôle de l'engagement international était « susceptible de donner lieu à l'application tant des articles figurant au titre VI [de la Constitution : articles 52 à 55] que de l'article 61 de la Constitution » (n° 76-71 DC, 30 décembre 1976, préc., § 4). Mais il faut dire que le nombre des saisines du Conseil concernant des lois de ratification ou d'approbation est en fait très limité (n° 78-93 DC, 29 avril 1978 ; n° 80-116 DC, 17 juillet 1980 ; n° 88-247 DC, 17 janvier 1989). En fait, la mise en cause d'engagements internationaux par le biais de l'article 61 s'est faite surtout à l'occasion de lois ordinaires posant des questions de compatibilité entre des engagements internationaux et la Constitution (v. par exemple : C. const., n° 77-89 DC et n° 77-90 DC, 30 décembre 1977, *Rec.*, 44 et 46 ; n° 78-100 DC, 29 décembre 1978, *Rec.*, 38 ; n° 80-126 DC, 30 décembre 1980, *Rec.*, 53 ; n° 91-298 DC, 24 juillet 1991, *Rec.*, 82).

La décision de 1980 portant examen de la loi autorisant la ratification de la Convention franco-allemande additionnelle à la Convention européenne d'entraide judiciaire en matière pénale est significative en ce sens que le Conseil déclare que les saisissants ayant soumis au Conseil ladite Convention

« une telle demande doit s'entendre comme concernant la loi autorisant la ratification et entraîne, par voie de conséquence, l'examen de la Convention » (n° 80-116 DC, préc.).

La conséquence logique d'un tel exercice du contrôle est que si l'engagement international comporte une clause contraire à la Constitution, la loi « support » devra être déclarée contraire à la Constitution.

La procédure de contrôle des lois de ratification ou d'approbation ou des lois ordinaires faisant application d'un engagement international est celle utilisée pour toute loi soumise au contrôle du Conseil constitutionnel, c'est-à-dire celle de l'article 61. A ce titre, il n'y a pas de différence dans la procédure utilisée devant le Conseil constitutionnel. On peut simplement remarquer que le délai d'examen par le Conseil constitutionnel, situé toujours dans le cadre d'un mois imposé par la Constitution ou de huit jours s'il y a urgence, est en pratique sensiblement plus long pour les lois de ratification ou d'approbation car l'examen concerne autant la loi que l'engagement international, alors qu'il est plus court pour les lois d'application, d'autant plus qu'il s'agissait de lois de finances (cf. P. Gaïa, *op. cit.*, p. 157).

La procédure de l'article 61 n'a été utilisée que par les parlementaires, ce qui peut se comprendre puisque les hautes autorités de l'État peuvent utiliser la procédure de l'article 54. La réforme constitutionnelle de 1992 introduisant la possibilité de recours pour soixante députés ou soixante sénateurs selon la procédure de l'article 54 risque de réduire l'emploi de l'article 61 à propos de lois de ratification ou d'approbation dans la mesure où la question de leur compatibilité avec la Constitution est susceptible d'être posée en amont par les parlementaires, par la procédure de l'article 54. Mais la procédure de l'article 61 restera sans doute encore employée pour les lois d'application d'engagements internationaux. En définitive, les parlementaires peuvent aujourd'hui user des mêmes armes de saisine du Conseil constitutionnel que les autres autorités de l'État.

La décision du Conseil constitutionnel peut conclure d'abord à la conformité de la loi avec la Constitution. S'il s'agit d'une loi de ratification ou d'approbation, la décision du Conseil doit être comprise en substance comme la déclaration de compatibilité de l'engagement international avec l'ordre constitutionnel français.

En cas de déclaration de non-conformité, ce qui ne s'est pas encore présenté, la décision du Conseil conduirait nécessairement à écarter dans un premier temps la loi d'approbation ou de ratification pour mettre en cohérence l'engagement international et la Constitution, par le biais d'une révision constitutionnelle. Mais si la déclaration de non-conformité ne touche que la loi sans avoir d'incidence sur l'engagement international, seule la loi devra revenir devant le Parlement, mise en cohérence avec les exigences constitutionnelles posées par le Conseil dans sa décision.

BIBLIOGRAPHIE

Sur les rapports entre le contrôle de constitutionnalité et les normes supranationales : d'un point de vue général v. les ouvrages : Berranger (T. de), *Constitutions nationales et construction communautaire*, préf. J. Boulouis, LGDJ, bibl. de droit public, 1995, t. 178 (comporte une bibliographie très exhaustive) ; Bieber (R.) et Widmer (P.) (éd.), *L'espace constitutionnel européen*, Publication de l'Institut suisse de droit comparé, nº 28, Schulthess Polygraphischer Verlag, Zurich, 1995 ; Dord (O.), *Cours constitutionnelles et normes européennes*, thèse, Paris X, 1996 ; Gaïa (P.), *Le Conseil constitutionnel et l'insertion des engagements internationaux dans l'ordre juridique interne. Contribution à l'étude des articles 53 et 54 de la Constitution*, Économica-PUAM, 1991, préf. L. Favoreu (thèse portant sur la question plus générale de l'insertion des engagements internationaux mais dont de nombreux développements concernent le droit communautaire) ; V. Houetz, *Le juge constitutionnel et le droit international conventionnel*, mémoire DEA, Aix-Marseille III, 1996, 121 p.

En droit comparé : Masclet (J.-C.) et Maus (D.), *Les Constitutions à l'épreuve de l'Europe*, La Documentation française, 1993 ; Rideau (J.) (dir.), *Les États membres de l'Union européenne. Adaptations, mutations, résistances*, LGDJ, 1997 (aspects généraux et contributions pour chaque pays de l'Union) ; Simon (D.), *Le système juridique communautaire*, PUF, coll. « Droit fondamental », 1997, spéc. le chap. consacré à « La position des juridictions nationales sur les effets des normes communautaires dans l'ordre juridique interne des États membres », p. 289 et s.

Articles : Blaizot-Hazard (C.), Les contradictions des articles 54 et 55 de la Constitution face à la hiérarchie des normes, *RDP*, 1992, p. 1293 et s. ; Blumann (C.), L'article 54 de la Constitution et le contrôle de constitutionnalité des traités en France, *RGDIP*, 1977, p. 589 et s. ; Constantinesco (V.) et Jacqué (J.-P.), L'application du droit international et communautaire au regard de la Constitution, *in* Koerning et Rufner (éd.), *Le contrôle de la constitutionnalité en France et en République fédérale d'Allemagne*, Carl Heymann Verlag, 1985, p. 174 et s. ; Darmon (M.), Juridictions constitutionnelles et droit communautaire, *RTDE*, 1988, p. 217 et s. ; L. Favoreu, Le Conseil constitutionnel et le droit international, *AFDI*, 1977, p. 95 et s. ; id., La prise en compte du droit international et communautaire dans la jurisprudence du Conseil constitutionnel, *Mél. Plantey*, Pédone, 1995, p. 33 et s. ; Fromont (M.), Le Conseil constitutionnel et les engagements internationaux de la France, *Mél. Mosler*, 1983 ; Genevois (B.), L'application du droit international et du droit communautaire, in *Conseil constitutionnel et Conseil d'État*, LGDJ-Montchrestien, 1988, p. 191 et s. ; Jacqué (J.-P.), Constitution et organisations internationales : le problème de la supranationalité. Conseil constitutionnel et droit communautaire, in *Droit constitutionnel et droits de l'homme*, Économica-PUAM, 1987, p. 321 et s. ; Luchaire (F.), Le contrôle de constitutionnalité des engagements internationaux et ses conséquences relatives à la Communauté européenne, *RTDE*, 1979, p. 391 et s. ; Olmi (G.), Les hautes juridictions nationales, juges du droit communautaire, in *Du droit international au droit de l'intégration, Liber amicorum P. Pescatore*, Baden-Baden, Nomos Verlag, 1987, p. 499 et s. ; Rideau (J.), Problématique générale des rapports entre droit constitutionnel et international, *Droit constitutionnel et droits de l'homme*, Économica, 1987, p. 205 et s. ; pour une référence plus ancienne : Scelle (G.), La prétendue inconstitutionnalité interne des traités, *RDP*, 1952, p. 1011 et s. Plus généralement : Robert (J.), Le Conseil constitutionnel en Europe, *Les cahiers du Conseil constitutionnel*, n° 1, 1996, p. 25 et s. ; Villiers (M. de), Norme constitutionnelle et norme internationale, *Rev. adm.* ; 1981 p. 143 et s.

Sur le débat spécifique relatif à la ratification du traité de Maastricht, on pourra consulter, entre autres : Université de Paris II, *La Constitution et l'Europe*, journée d'étude du 25 mars 1992, Montchrestien, 1992 : colloque, coordonné et présenté par C. Goyard, qui pose les différentes questions de la compatibilité du traité de Maastricht avec l'ordre juridique national, avant la décision du Conseil constitutionnel ; avec une introduction du doyen G. Vedel et les communications de : Prétot (X.), Le principe constitutionnel de la souveraineté nationale et l'Europe, Rideau (J.), Aspects constitutionnels comparés de l'évolution vers l'Union européenne, Dutheil de la Rochère (J.), La Cour de justice des Communautés européennes et la souveraineté des États. L'ouvrage comporte aussi la reproduction de très passionnants débats et d'articles de presse ou de commentaires de la décision du Conseil constitutionnel du 9 avril 1992.

Le numéro 11, 1992, de la *Revue française de droit constitutionnel* a consacré de nombreux articles aux questions constitutionnelles relatives au traité de Maastricht : Favoreu (L.) et Gaïa (P.), Les décisions du Conseil constitutionnel relatives au traité sur l'Union européenne, p. 389 et s. ; Grewe (C.), La révision constitutionnelle en vue de la ratification du traité de Maastricht, p. 413 et s. ; Avril (P.) et Gicquel (J.), L'apport de la révision à la procédure parlementaire, p. 439 et s. ; Debbasch (R.), La reconnaissance constitutionnelle de la langue française, p. 457 et s. ; François (B.), Maastricht, la Constitution et la politique. Brèves considérations sur la dimension symbolique des révisions constitutionnelles, p. 469 et s., Rideau (J.), La ratification et l'entrée en vigueur du traité de Maastricht, aspects internationaux, p. 479 et s. ; le n° 12, 1992, de la même *Revue* rassemble des articles relatifs aux autres Constitutions européennes par rapport au traité de Maastricht : Rideau (J.) (les différentes procédures de ratification), Autexier (C.) (RFA), Delpérée (F.) (Belgique), Rubio Llorente (F.) (Espagne), Luciani (M.) (Italie), Miranda (J.) (Portugal). De très nombreux articles ont porté sur ce thème.

On pourra enfin consulter utilement sur les rapports entre la Constitution et les normes communautaires : Beaud (O.), La souveraineté de l'État, le pouvoir constituant et le traité de Maastricht, *RFDA*, 1993, p. 1045 et s. ; id., Maastricht et la théorie constitutionnelle. La nécessaire et inévitable distinction entre le pouvoir constituant et le pouvoir de révision constitutionnelle, *LPA*, n° 39, 31 mars 1993, p. 14 et s. et n° 40, 2 avril 1993, p. 7 et s. ; Favoreu (L.), Le contrôle de constitutionnalité du traité de Maastricht et le développement du « droit constitutionnel international », *RGDIP*, 1993, p. 39 et s. ; Fromont (M.), Le Traité sur l'Union européenne et le juge constitutionnel en France et en Allemagne, *Mél. G. Peiser*, PUG, 1995, p. 229 et s. ; id., Le droit constitutionnel national et l'intégration européenne, *RAE*, 1997/2, p. 191 et s. ; Genevois (B.), Le traité sur l'Union européenne et la Constitution, *RFDA*, 1992, p. 401 et s. ; Picard (E.), Vers l'extension du bloc de constitutionnalité au droit communautaire ?, *RFDA*, 1993, p. 47 et s. ; Prétot (X.), Constitution et Communauté, *Rép. Dalloz Droit communautaire*, 1992 ; Rideau (J.), La recherche de l'adéquation de la Constitution française aux exigences de l'Union européenne, *RAE*, 1992, n° 3, p. 8 et s. ; Simon (D.), Le Conseil constitutionnel français et le Traité sur l'Union européenne, *Europe*, n° 5, mai 1992, p. 1 et s. ; Vedel (G.), Schengen et Maastricht, *RFDA*, 1992, p. 173 et s.

V. aussi les actes de la réunion des Cours constitutionnelles des quinze États membres de l'Union européenne, Paris, 25 et 26 septembre 1997, *Les Cahiers du Conseil constitutionnel*, n° 4, 1998, p. 51 et s. et l'article d'O. B. Dord, Contrôle de constitutionnalité et droit communautaire dérivé : de la nécessité d'un dialogue entre les juridictions suprêmes de l'Union européenne, p. 98 et s. V. aussi à propos du traité d'Amsterdam : Blumann (C.), Le traité d'Amsterdam : aspects institutionnels, *RTDE*, 1997, n° 4.

Sur l'idée d'une Constitution européenne et d'un droit constitutionnel européen, on pourra consulter : ouvrages : Daups (T.), *L'idée de Constitution européenne*, thèse, Paris X, 1992 (publication atelier national de reproduction des thèses, Lille) ; Flauss (J.-F.) (dir.), Vers un droit constitutionnel européen. Quel droit constitutionnel européen ?, colloque des 18 et 19 juin 1993, 40e anniversaire de l'Institut des hautes études européennes, Université Robert Schuman, Strasbourg, *RUDH*, 1995, vol. 7, n° 11-12, p. 357 et s. ; Gerkrath (J.), *L'émergence d'un droit constitutionnel pour l'Europe*, Éd. de l'Université de Bruxelles, 1997, préf. V. Constantinesco (avec une importante bibliographie thématique d'ouvrages français et étrangers sur le sujet) ; Grewe (C.) (dir.), *Questions sur le droit européen*, colloque de Caen du 23 février 1996, PUC, 1996 ; articles : Casanova (J.-C.), Pour la Constitution de l'Europe, *Commentaire*, n° 70, 1995, p. 221 et s. ; Favoreu (L.), Vers une justice constitutionnelle communautaire, J.-V. Louis (éd.), *Le Parlement européen dans l'évolution institutionnelle*, Université de Bruxelles, 1988, p. 233 et s. ; id., La justice constitutionnelle comme élément de construction de l'ordre juridique européen, Université de Sarrebrück, Europa Institut, 1992 ; Gouaud (C.), Le projet de Constitution européenne, *RFDC*, n° 22, 1995, p. 287 et s. avec en annexe le projet de Constitution adopté par le Parlement européen le 24 janvier 1994 ; Gohin (O.), Les facteurs communs de l'organisation des pouvoirs publics des États membres des Communautés européennes, communication au IIe Congrès français de droit constitutionnel, Bordeaux, 13-15 mai 1993 (dact.) ; Lauvaux (P.), Existe-t-il un modèle constitutionnel européen ?, *Droits*, n° 14, 1991, p. 49 ; Raux (J.), La constitutionnalisation du système communautaire dans un traité fondamental de l'Union européenne, *Europe*, 1995, chron. n° 9, p. 1 et s. ; id., Vers un traité fondamental de l'Union européenne ?, *Études européennes et internationales en hommage à Claude-J. Berr*, CUREI, Espace Europe, Université P. Mendès-France, Grenoble, 1996, p. 325 ; Rousseau (D.), Pas d'Europe sans Constitution, *Le Monde*, 18 janvier 1997.

Sur la question des réserves de constitutionnalité et sur celle de la souveraineté : ouv. collectif, *La souveraineté au XXe siècle*, A. Colin, 1971 ; n° spécial de la revue *Pouvoirs*, n° 67, 1993 : La souveraineté ; Boulouis (J.), Le sort des noyaux durs de la souveraineté, *Administration*, n° 149, 1990, p. 22 et s. ; Chaumont (C.), Recherche du contenu irréductible du concept de souveraineté de l'État, *Mél. Basdevant*, 1960, p. 114 et s. ; Delors (J.), Europe : les embarras de la souveraineté, *Commentaire*, n° 41, 1988, p. 298 ; Demichel (F.), Le rôle de la souveraineté dans les relations internationales contemporaines, *Mél. G. Burdeau*, LGDJ, 1977, p. 1053 et s. ; Grewe (C.) et Ruiz Fabri (H.), *Droits constitutionnels européens*, PUF, coll. « Droit fondamental », 1995, spéc. « Le développement des réserves de constitutionnalité », p. 126 et s. ; Hamon (L.), La souveraineté nationale, la Constitution… et les négociations « européennes » en cours, *D*, 1991, chron., p. 301 ; Lagrange (M.), Les obstacles constitutionnels à l'intégration européenne, *RTDE*, 1969, p. 240 et s. ; Luchaire (F.), L'Europe et la souveraineté des États, Centre d'études juridiques françaises, *Cahiers juridiques franco-allemands*, n° 19, 1994, p. 8 et s. ; Prétot (X.), Le principe constitutionnel de la souveraineté nationale et l'Europe, *La Constitution et l'Europe*, Montchrestien, 1992, p. 33 et s. ; Scoffoni (G.), Les relations entre le Parlement européen et les Parlements nationaux et le renforcement de la légitimité démocratique de la Communauté, *CDE*, 1992, p. 22 et s. ; Witte (B. de), Droit communautaire et valeurs constitutionnelles nationales, *Droits*, n° 14, 1991, p. 90 ; pour un point de vue historique sur la notion de souveraineté : Rigaudiere (A.), L'invention de la souveraineté, *Pouvoirs*, n° 67, préc., p. 5 et s. V. aussi : Badinter (R.), Le Conseil constitutionnel et le pouvoir constituant, *Libertés. Mél. Jacques Robert*, Montchrestien, 1998, p. 217 et s.

Enfin, la question des rapports entre le droit communautaire, la Convention européenne des droits de l'homme et les constitutions nationales est au cœur de la problématique des droits fondamentaux dans le cadre supranational européen. On pourra consulter : ouvrages : *AIJC*, 1991, IIIe colloque international d'Aix-en-Provence, Cours constitutionnelles européennes et droits fondamentaux (nouveau bilan : 1981-1991), p. 69 et s. ; Debouzy-Pineaud (D.), *Vers une harmonisation de la protection constitutionnelle des droits fondamentaux en Europe*, thèse, Grenoble II, 1992 ; Dubouis (L.) (dir.), *Droit communautaire et protection des droits fondamentaux dans les États membres*, Économica, 1995 ; Favoreu (L.) (dir.), *Cours constitutionnelles européennes et droits fondamentaux*, Économica-PUAM, 1982 ; Sciotti (C.), *La concurrence des traités relatifs aux droits de l'homme devant le juge national*, mémoire DEA, Strasbourg III, Bruxelles, Bruylant et Némésis, 1997 ; Thierry (H.) et Decaux (E.) (dir.), *Droit international et droits de l'homme*, Montchrestien, 1990.

Articles et contributions : IXe Conférence des Cours constitutionnelles européennes, Paris, 1993, Rapport présenté par le délégation française, Protection constitutionnelle et protection internationale des droits de l'homme : concurrence ou complémentarité ?, *RFDA*, 1993, p. 849 et s. ; Bonichot (J.-C.), L'application de la Convention européenne des droits de l'homme par les juridictions nationales, par l'intermédiaire de la Cour de justice des Communautés européennes, *RUDH*, 1991, p. 318 et s. ; Bontempi (R.), L'adhésion de la Communauté à la Convention européenne des droits de l'homme, *in* R. Bieber et autres (dir.), *Au nom des peuples européens*, Nomos, 1996, p. 68 ; Cocozza (F.), Les droits fondamentaux en Europe entre justice constitutionnelle « transfrontière » de la CEDH et justice constitutionnelle nationale. Les lignes incertaines d'une relation structurée, *RFDC*, n° 28, 1996, p. 707 et s. ; Cohen-Jonathan (G.), La Commission européenne des droits de l'homme et le droit communautaire : quelques précédents significatifs, *Europe*, décembre 1994 ; id., La protection des droits fondamentaux par la Cour de justice des Communautés européennes, *in* R. Bieber, préc., p. 58 et s. ; id., L'adhésion de la Communauté européenne à la Convention européenne des droits de l'homme, *Journal des Tribunaux, Droit européen*, n° 17, 17 mars 1995, p. 49 ; Darmon (M.), La prise en compte des droits fondamentaux par la Cour de justice des Communautés européennes, *Rev. Sc. crim.*, 1995, p. 23 et s. ; Dauses (M.), La protection des droits fondamentaux dans l'ordre juridique des Communautés européennes, *RAE*, 1992/4, p. 9 et s. ; Favoreu (L.), La protection juridictionnelle des droits de l'homme (au niveau interne et international), Ass. internationale de droit constitutionnel, IIe Congrès mondial, *Le nouveau droit constitutionnel*, PIFF, Fribourg, 1991, p. 171 et s. ; Flauss (J.-F.), Les droits de l'homme, comme élément d'une Constitution et de l'ordre européen, *LPA*, n° 52, 30 avril 1993, p. 8 et s. ; Garcia de Enterria E., Les droits fondamentaux et la révision du traité sur l'Union européenne, *Cah. dr. eur.*, 1996, p. 612 et s. ; Gaïa (P.), Les interactions entre les jurisprudences de la Cour européenne des droits de l'homme et du Conseil constitutionnel, *RFDC*, n° 28, 1996, p. 725 et s. ; Jacqué (J.-P.), Communauté européenne et Convention européenne des droits de l'homme, *Mél. Boulouis*, Dalloz, 1991, p. 325 et s. ; id., Communauté européenne et Convention européenne des droits de l'homme, *in* L.-E. Pettiti et autres (dir.), *La Convention européenne des droits de l'homme. Commentaire article par article*, Économica, 1995, p. 83 ; Lecourt (R.), Cour européenne des droits de l'homme et Cour de justice des Communautés européennes, *Mél. Wiarda*, Carl Heymanns Verlag, 1988, p. 335 et s. ; Pescatore (P.), Le recours dans la jurisprudence de la CJCE à des normes déduites de la comparaison des droits des États membres, *RIDC*, 1980, p. 337 ; La Cour de justice des Communautés européennes et la Convention européenne des droits de l'homme, *Mél. Wiarda*, préc., p. 450 et s. ; Philip (C.), La CJCE et la protection des droits fondamentaux dans l'ordre juridique communautaire, *AFDI*, 1975, p. 387 et s. ; Rideau (J.), La coexistence des systèmes de protection des droits fondamentaux dans la Communauté européenne et ses États membres, *AIJC*, 1991, p. 11 et s. ; Rideau (J.) et Renucci (J.-F.), Dualité de la protection juridictionnelle européenne des droits fondamentaux : atout ou faiblesse de la sauvegarde des droits de l'homme ?, *Justices*, n° 6, 1997, p. 95 et s. ; Sasse (C.), La protection des droits fondamentaux dans la Communauté européenne, *Mél. Dehousse*, II, p. 297 et s. ; Sudre (F.), La Communauté européenne et les droits fondamentaux après le traité d'Amsterdam : vers un nouveau système européen de protection des droits de l'homme ?, *JCP G*, 1998, I, n° 100 ; Vergès (J.), Droits fondamentaux et droits de citoyenneté dans l'Union européenne, *RAE*, 1994/4, p. 75 et s.

Les rapports entre les constitutions nationales et la Convention européenne des droits de l'homme donnent également lieu à une importante littérature. On citera : Flauss (J.-F.), Droit constitutionnel et Convention européenne des droits de l'homme. Première partie : Le droit constitutionnel national devant les instances de contrôle de la Convention européenne des droits de l'homme (actualité jurisprudentielle 1994-1995-1996), *RFDC*, n° 30, 1997, p. 376 et s. et deuxième partie : La Convention européenne des droits de l'homme devant les juridictions constitutionnelles nationales, *RFDC*, 1998.

TITRE IV

L'effectivité du contrôle de constitutionnalité

Le contrôle de constitutionnalité exercé par le Conseil constitutionnel sur les normes juridiques, lois organiques ou ordinaires, règlements des assemblées parlementaires, engagements internationaux, doit maintenant être étudié sous l'angle de son effectivité. Contrôle *a priori*, abstrait, ses effets sont particuliers, ce qu'on a qualifié de principe d'effectivité.

Mais l'effectivité du contrôle de constitutionnelle doit-elle s'arrêter une fois la norme juridique entrée en vigueur ? Le contrôle préventif est-il exclusif d'autres voies de contrôle de conformité à la Constitution ? L'histoire du droit constitutionnel, la doctrine juridique française, des auteurs classiques aux réflexions contemporaines, les réflexions politiques et leurs traductions juridiques méritent d'être étudiées précisément pour ouvrir des voies nouvelles au contentieux constitutionnel français.

Enfin, l'effectivité du contrôle de constitutionnalité se mesure par la prise en considération des décisions du Conseil constitutionnel par les autres acteurs de l'ordre juridique français que sont les autorités administratives et les ordres juridictionnels.

Tel est l'objet des chapitres suivants :

Chapitre I : Le principe d'effectivité.
Chapitre II : Le contrôle de constitutionnalité de la loi promulguée (l'exception d'inconstitutionnalité).
Chapitre III : La réception des décisions du Conseil constitutionnel par l'administration et le juge.

Chapitre premier

LE PRINCIPE D'EFFECTIVITÉ

Le principe d'effectivité signifie que la décision rendue par le Conseil constitutionnel est effective par elle-même. On n'y trouve ni formule exécutoire, ni modalité particulière d'exécution de la décision. L'effectivité de la décision résulte de l'article 62 de la Constitution lorsqu'il déclare que les décisions du Conseil constitutionnel « s'imposent aux pouvoirs publics et à toutes les autorités administratives et juridictionnelles ». Ce principe d'effectivité recouvre deux éléments de nature procédurale ; l'un résultant de la décision de constitutionnalité, dans son contenu et dans le résultat de la décision ; l'autre résultant de la nature de l'autorité qui découle du contrôle de constitutionnalité exercé sur la loi (section 1). Mais il faut également montrer quelles sont les limites de l'effectivité de la décision du Conseil constitutionnel (section 2).

Section 1
La décision de constitutionnalité

I / Forme de la décision

Les décisions du Conseil constitutionnel se présentent sous la forme de décisions juridictionnelles, en quatre parties distinctes : la liste des saisissants, les visas, les motifs, le dispositif. Elles sont aujourd'hui marquées par leur longueur (jusqu'à plus de 130 considérants : cf. nº 93-325 DC, 13 août 1993, *Rec.*, 224), ce qui dépend et de la longueur du texte de loi à examiner et des questions de constitutionnalité posées dans la saisine ou soulevées par le Conseil. Le style est marqué par le contentieux administratif, en particulier l'emploi du « considérant ». Cette forme de décision est devenue définitive après un premier type de décision ne distinguant pas motif et dispositif et n'employant pas la forme du considérant, type limité aux quatre premières décisions de conformité (nº 59-1 DC, 14 mai 1959, *Rec.*, 57 ; nº 59-2 DC, 17, 18 et 24 juin 1959, *Rec.*, 58 ; nº 59-3 DC, 14 et 25 juin 1959, *Rec.*, 58 ; nº 59-4 DC, 24 juillet 1959, *Rec.*, 61).

La décision comporte un titre en deux parties. La première partie est celle de la numérotation et de la date de la décision : ainsi la décision porte un numéro double, le premier est celui de l'année de saisine, le deuxième est le numéro de la décision suivi des initiales correspondant au type de contentieux dans lequel la décision s'inscrit (par exemple DC pour décision de conformité, L pour décision de délégalisation, FNR pour décision de fin de non-recevoir). S'ajoute au titre de la décision la date du jour où la décision a été rendue. Par exemple la décision nº 94-352 DC du 18 janvier 1995 signifie que le Conseil constitutionnel a été saisi en 1994, que la décision est la 352e décision en matière de Déclaration de Conformité, rendue le 18 janvier 1995.

La deuxième partie du titre est celle de la loi sur laquelle le Conseil constitutionnel s'est prononcé. Ainsi, la décision nº 94-352 DC du 18 janvier 1995 porte le titre « Loi d'orientation et de programmation relative à la sécurité ».

Le texte de la décision commence par l'indication des noms des saisissants. Par exemple, s'il s'agit d'une saisine faite par le Premier ministre, celle-ci peut d'abord concerner une loi organique. La décision commence ainsi : « le Conseil constitutionnel a été saisi, le... 19..., par le Premier ministre, conformément aux dispositions des articles 46 et 61, alinéa 1er, de la Constitution, de la loi organique... ». S'il s'agit d'une saisine du Premier ministre concernant une loi ordinaire, la décision commence de la façon suivante : « le Conseil constitutionnel a été saisi, le... 19..., par le Premier ministre, dans les conditions prévues à l'article 61, alinéa 2, de la Constitution, de la conformité à celle-ci de la loi... ».

Lorsque la saisine émane de parlementaires, la décision indique que « le Conseil constitutionnel a été saisi, le... 19..., par... ». Suit la liste de l'ensemble des parlementaires saisissants, classés par assemblées parlementaires si la saisine émane d'au moins soixante députés et d'au moins soixante sénateurs. Le premier saisissant de chaque assemblée parlementaire est le plus souvent le président du groupe parlementaire, au sens où l'entendent les Règlements des assemblées parlementaires. Cette liste des saisissants se termine par la formule suivante : « ... dans les conditions prévues à l'article 61, alinéa 2, de la Constitution, de la conformité à celle-ci de la loi... ».

Les visas sont placés au début de la décision et indiquent les textes de référence de la décision, c'est-à-dire la Constitution, en individualisant parfois la Déclaration de 1789, le Préambule de 1946, ou les articles de la Constitution dont il est plus particulièrement fait application, et selon les cas, les engagements internationaux et les lois de ratification en cause (exemple : n° 93-323 DC, 5 août 1993, *Rec.*, 213 ; n° 93-324 DC, 3 août 1993, *Rec.*, 208 ; n° 93-325 DC, 13 août 1993, *Rec.*, 224), l'ordonnance n° 58-1067 du 7 novembre 1958 portant loi organique relative au Conseil constitutionnel, les codes, les textes de lois, d'ordonnances et parfois même de décrets (exemple : n° 94-352 DC, 18 janvier 1995, *Rec.*, 170) relatifs à l'espèce considérée. Le Conseil peut faire référence à ses propres décisions en les citant expressément dans les visas (n° 93-334 DC, 20 janvier 1994, *Rec.*, 27, faisant référence à la décision n° 93-326 DC), ce qui pose la question de la signification d'une référence par le Conseil à sa propre jurisprudence. Est-on dans la logique d'arrêts de règlement, telle décision ayant la valeur d'une norme de référence (cf. G. Drago, *Justices*, n° 1, 1995, p. 197) ? Le développement récent des visas multipliant les normes de référence conduit à s'interroger sur leur utilité quand par exemple le Conseil en vient à viser des codes entiers en indiquant « vu le Code civil » ou « vu le Code de la santé publique » (n° 94-343/344 DC, 27 juillet 1994, *Rec.*, 100), sauf à considérer que ces codes, par leur statut même, deviennent des normes de référence (v. les remarques critiques de N. Molfessis, *La légitimité de la jurisprudence du Conseil constitutionnel*, colloque de Rennes, Économica, 1998).

Les visas se terminent par la formule « le rapporteur ayant été entendu », formalisant ainsi l'exigence d'un rapporteur ce que réclame l'article 19 de l'ordonnance du 7 novembre 1958, précisant la procédure d'instruction devant le Conseil constitutionnel.

Une proposition de loi organique, modifiant l'ordonnance de 1958, souhaitait que le nom du rapporteur soit clairement indiqué en début de décision, afin de procéder comme devant les juridictions ordinaires (prop. loi org., Sénat, n° 101, 25 novembre 1996). Elle souhaitait également que soit indiqué si la décision avait été prise à l'unanimité ou à la majorité et que des opinions dissidentes soient possibles et publiées à la suite de la décision. Cette proposition n'est pas venue en discussion au Parlement.

La décision du Conseil constitutionnel doit être motivée (art. 20, ord. 1958). Les motifs se présentent sous la forme de considérants, comme cela est pratiqué par la juridiction administrative. Les motifs se répartissent généralement en deux grandes catégories, ceux relatifs à la procédure législative, que le Conseil examine en premier, ceux relatifs au fond. Le raisonnement suivi par le Conseil est classique. Il examine la loi en reprenant l'ordre des griefs soulevés par les saisissants, qui peut suivre l'ordre des articles de la loi mais il n'y a sur ce point aucune règle impérative. Ainsi, les requérants peuvent soulever des moyens de principe relatifs à la compétence du législateur, particulièrement des cas d'incompétence négative, qui se répartissent dans des dispositions différentes de la loi, puis revenir à des griefs soulevés article par article.

Dans le déroulement de son raisonnement, le Conseil constitutionnel essaie de répondre point par point aux griefs selon une méthode classique. Il commence par rappeler l'argumentation de la saisine portant sur tel article de la loi, puis rappelle le contenu de l'article contesté, non par une citation mais par une paraphrase. Puis le Conseil détaille point par point les questions de constitutionnalité évoquées, c'est-à-dire les articles de la Constitution ou les principes constitutionnels auxquels les requérants pensent que l'article de la loi a porté atteinte. Ce rappel peut se faire soit par citation exacte de l'article de la Constitution, de la Déclaration ou de l'alinéa du Préambule selon les cas, soit par le rappel d'un considérant de principe du Conseil constitutionnel, soit par ces deux formules combinées. Le Conseil examine ensuite l'article de loi contesté et raisonne sur le plan de la constitutionnalité, en un ou plusieurs considérants. Enfin, un considérant conclusif déclare l'article de la loi conforme ou non à la Constitution, en assortissant parfois la déclaration de conformité de réserves d'interprétation.

La valeur juridique des motifs des décisions du Conseil constitutionnel a fait l'objet d'une importante clarification assez tôt dans la jurisprudence du Conseil. Dès 1962, le Conseil a énoncé que l'autorité des décisions visée par l'article 62 de la Constitution

« s'attache non seulement à leur dispositif mais aussi aux motifs qui en sont le soutien nécessaire et en constituent le fondement même » (n° 62-18 L, 16 janvier 1962, *Rec.*, 31).

Cette prise de position est d'une importance majeure en ce qui concerne l'autorité des décisions du Conseil constitutionnel notamment lorsque celui-ci fait référence dans le dispositif de sa décision aux motifs dans lesquels il a dégagé des réserves d'interprétation qui acquièrent ainsi la même autorité que le dispositif. Ainsi en est-il par exemple quand le Conseil énonce l'un des articles du dispositif de sa décision en la forme suivante :

« sous les strictes réserves d'interprétation énoncées plus haut, les autres articles de la loi ne sont pas contraires à la Constitution » (n° 84-181 DC, 10 et 11 octobre 1984, *Rec.*, 73).

On appelle habituellement « considérant-balai » le dernier considérant de la décision du Conseil constitutionnel, qui a longtemps été rédigé ainsi :

« Considérant qu'en l'espèce, il n'y a lieu pour le Conseil constitutionnel de soulever d'office aucune question de conformité à la Constitution en ce qui concerne les autres dispositions de la loi soumise à son examen » (exemple : n° 77-89 DC, 30 décembre 1977, *Rec.*, 46).

Cette formule doit être comprise comme la possibilité que se réserve le Conseil constitutionnel d'examiner l'ensemble de la loi soumise à son contrôle et non pas seulement les dispositions contenues dans la saisine. Mais les termes de ce considérant ont pu faire croire un moment qu'il signifiait que le Conseil délivrait un « brevet de constitutionnalité » à la loi, y compris en ce qui concerne les dispositions sur lesquelles il ne s'était pas explicitement prononcé. C'est pourquoi pendant un temps le Conseil a fait disparaître cette formule de la fin de ses décisions (n° 90-284 DC, 16 janvier 1991, *Rec.*, 20). La réapparition de ce considérant final à partir de 1993 signifierait que le contrôle du Conseil « a été effectivement exercé sur l'intégralité des textes déférés, mais (qu') il n'a pas voulu, pour autant, vraiment délivrer un label de légitimité constitutionnelle aux dispositions non expressément examinées » (T. Di Manno, *Le Conseil constitutionnel et les moyens et conclusions soulevés d'office*, Économica-PUAM, 1994, p. 36). Il faut d'ailleurs remarquer que depuis 1993, ce « considérant-balai » est rédigé dans des formes extrêmement variées, susceptibles d'interprétations multiples (v. l'analyse de G. Drago et N. Molfessis, *Justices*, n° 1, 1995, p. 214). L'interprétation qu'on peut faire de ces formulations différentes est que le Conseil veut exprimer par ce considérant la réalité du contrôle qu'il a opéré dans sa décision, sans délivrer de « brevet de constitutionnalité » à l'ensemble de la loi et en se réservant la possibilité ultérieure de revenir sur telle appréciation de constitutionnalité (cf. B. Genevois, *op. cit.*). Mais l'effet d'une telle attitude laisse perplexe le lecteur des décisions sur l'étendue de l'autorité de la décision. Une telle ambiguïté devra un jour être levée (v. *supra*, titre III, chap. IV, Le contrôle de la constitutionnalité des lois).

Le dispositif de la décision du Conseil constitutionnel se présente sous la forme d'articles. Un premier article déclare ce qui est éventuellement contraire à la Constitution, en renvoyant parfois aux réserves d'interprétation contenues dans les motifs, le second article déclare ce qui est conforme à la Constitution. Enfin, le troisième article du dispositif indique que la décision sera publiée au *Journal officiel*. La rédaction de ce dispositif est également susceptible de variations infinies. Parfois le dispositif déclare simplement que la loi est « conforme à la Constitution » ou « non contraire à la Constitution », cette dernière formule semblant dire qu'elle n'est peut-être pas exempte de toute inconstitutionnalité mais que celle-ci est simplement potentielle. Dans d'autres cas, la décision ne se prononçant pas explicitement sur la constitutionnalité de la loi, ne fait que déclarer ce qui est inconstitutionnel, réservant en quelque sorte la constitutionnalité de ce qui n'a pas été expressément examiné dans les motifs de la décision. Cette jurisprudence inaugurée en 1987 (n° 87-237 DC, 30 décembre 1987, *Rec.*, 63 ; n° 87-239 DC, 30 décembre 1987, *Rec.*, 69) a été utilisée largement depuis (v. par exemple n° 95-363 DC, 11 janvier 1995, *Rec.*, 159). L'autorité donnée à la décision par un tel dispositif n'est que relative puisque que le dispositif ne tire pas de conséquence des motifs qui ont pu déclarer telle disposition de la loi non contraire à la Constitution (F. Luchaire, *Conseil constitutionnel et Conseil d'État*, préc., p. 48 ; Y. Gaudemet, *id.*, p. 100). Le contrôle ainsi opéré ne serait qu'un simple contrôle de compatibilité de la loi à la Constitution et non un strict contrôle de conformité lavant la loi de toute inconstitutionnalité. Cette technique décisionnelle permettrait au Conseil de revenir plus tard sur la loi examinée, par exemple si un contrôle futur de constitutionnalité par voie de questions préjudicielles était mis en place devant les juridictions ordinaires. En quelque sorte, par un tel dispositif, le Conseil constitutionnel réserverait l'avenir du contrôle concret de constitutionnalité (G. Drago et N. Molfessis, *Justices*, n° 1, 1995, p. 210 ; v. aussi titre IV, chap. II, Le contrôle de la loi promulguée).

Pendant longtemps, dans le contentieux constitutionnel des lois, la mention des membres du Conseil constitutionnel ayant participé à la délibération n'apparaissait pas à la fin de la décision. Seule la signature du président du Conseil était indiquée. La mention du nom des membres du Conseil ne figurait jusque là que dans les décisions relatives au contentieux électoral et dans le contentieux relatif à la situation des parlementaires (exemple : n° 94-5 D, 3 novembre 1994, *Rec.*, 130). Cette mention est apparue d'abord dans les décisions de délégalisation prises en vertu de l'article 37, alinéa 2 de la Constitution (n° 95-177 L, 8 juin 1995, *Rec.*, 21).

Cette mention est faite maintenant dans les décisions de conformité concernant les lois ordinaires ou organiques, ce qu'avait suggéré un commentateur autorisé (O. Schrameck, *AJDA*, 1995, p. 520). Il y a là un renforcement du caractère juridictionnel de l'institution et une mise en conformité avec un principe général de procédure.

II / Types de décisions

La Constitution et l'ordonnance de 1958 ne présentent pas de classification des types de décisions rendues par le Conseil constitutionnel. Ces textes ne font que tirer les conclusions juridiques des décisions, qui peuvent être de trois sortes. La décision du Conseil peut d'abord être une décision de conformité à la Constitution. Dans ce cas la conséquence est que la publication de la décision met fin à la suspension du délai de promulgation qui recommence à courir (art. 21, ord. 1958). Cet effet immédiat donne tout son sens à la décision du Conseil et au contrôle de constitutionnalité. Celui-ci n'a pas pour effet de bloquer indéfiniment le processus d'entrée en vigueur de la loi. Comme le déclare le Conseil lui-même « l'objet de ce contrôle est non de gêner ou de retarder l'exercice du pouvoir législatif mais d'assurer sa conformité à la Constitution » (n° 85-197 DC, préc.).

Dans le cas où le Conseil déclare la loi contraire à la Constitution dans sa totalité ou dans une de ses parties en constatant que cette partie est inséparable de l'ensemble, la loi dans son entier ne peut être promulguée (art. 22, ord. 1958).

Enfin, la décision peut conclure à la conformité partielle de la loi, sans déclarer les dispositions contraires à la Constitution inséparables du reste de la loi. Dans ce dernier cas, l'article 23 de l'ordonnance du 7 novembre 1958 prévoit deux possibilités ouvertes au président de la République. Celui-ci peut soit promulguer la loi à l'exception des dispositions déclarées inconstitutionnelles, soit demander aux assemblées parlementaires une nouvelle lecture de la loi, en vertu du pouvoir qui lui est donné par l'article 10 de la Constitution qui déclare :

> « Le président de la République promulgue les lois dans les quinze jours qui suivent la transmission au Gouvernement de la loi définitivement adoptée.
>
> Il peut, avant l'expiration de ce délai, demander au Parlement une nouvelle délibération de la loi ou de certains de ses articles. Cette nouvelle délibération ne peut être refusée. »

On peut donc classer les décisions du Conseil constitutionnel en trois grands types : d'une part, des décisions de conformité à la Constitution (A), d'autre part des décisions de conformité sous réserve d'interprétation (B), enfin des décisions de non-conformité, soit totale, soit partielle (C).

A | DÉCISIONS DE CONFORMITÉ

Les décisions de conformité déclarent en principe la loi conforme à la Constitution, sans tempérer cette conformité par des réserves d'interprétation. On peut parler alors de « pure » conformité. Le Conseil déclare dans le dispositif de la décision que la loi « est conforme à la Constitution ». Mais la réalité est moins tranchée en ce sens que le Conseil déclare parfois seulement que « la loi est non contraire à la Constitution », formule qui revient fréquemment depuis 1990. Les interprétations doctrinales de cette différence de rédaction varient. Tantôt la doctrine y voit une distinction entre conformité et simple compatibilité entre loi et Constitution (L. Favoreu, La décision de constitutionnalité, *RIDC*, 1986, p. 622) avec des conséquences sur l'étendue du pouvoir de promulgation du président de la République (Th. S. Renoux, *AIJC*, 1985, p. 158-159). Tantôt elle n'y voit pas « autre chose que des variations sémantiques sur le même thème sans portée juridique véritable » (G. Vedel, Doctrine et jurisprudence constitutionnelles, *RDP*, 1989, p. 16). On se range à cette dernière opinion, particulièrement autorisée, l'analyse du contenu de la décision ne permettant pas de déceler clairement une différence d'appréciation sur le résultat de la décision selon la formule employée.

Une variante des décisions de conformité est constituée par les décisions qui ne censurent aucune partie de la loi mais qui n'énoncent pas clairement dans le dispositif que la loi est conforme à la Constitution. Plus précisément le dispositif ne prend pas position sur la conformité de la loi. Il se limite à déclarer que les articles qui ont fait l'objet de la saisine sont conformes à la Constitution mais ne se prononce pas sur le reste de la loi (v. par exemple : n° 94-359 DC, 19 janvier 1995, *Rec.*, 176). Quel est alors le sens de la décision en ce qui concerne les dispositions sur lesquelles le Conseil constitutionnel n'a pas porté d'appréciation dans le dispositif ? Parfois les motifs apportent un élément de solution lorsqu'ils déclarent telle partie de la loi conforme à la Constitution, mais ces motifs ne sont pas repris dans le dispositif et on doit en conclure que n'en étant pas le soutien, ils ne bénéficient pas de l'autorité qui s'attache aux décisions du Conseil.

Parfois, la décision n'évoque absolument pas, ni dans ses motifs, ni dans son dispositif, les autres parties de la loi. Quel est alors le statut de ces parties de la loi au regard de la Constitution ? Quelle est alors « l'autorité du silence » (G. Vedel, art. préc., p. 17) ? On pourrait penser que dans ce cas l'autorité de la décision se limite à ce sur quoi le Conseil s'est prononcé et uniquement à cela, attitude que le Conseil adopte dans les décisions de non-conformité partielle (nº 88-244 DC, 20 juillet 1988, *Rec.*, 119 ; v. aussi T. Di Manno, *op. cit.*, p. 34-35). Mais on peut en rester à l'attitude qui consiste à dire que le Conseil constitutionnel, en permettant par sa décision la promulgation de la loi, a implicitement conclu à la conformité des dispositions de la loi sur lesquelles il ne s'est pas prononcé, appliquant en cela les règles constitutionnelles et organiques qui d'une part, permettent la promulgation de la loi si celle-ci n'est pas déclarée formellement inconstitutionnelle (art. 21, ord. 1958) et d'autre part, imposent le respect par toutes les autorités publiques, administratives et juridictionnelles des décisions du Conseil constitutionnel (art. 62, Constitution). En effet, on voit mal une telle autorité couvrir une inconstitutionnalité, même implicite, ou accepter une sorte d'auto-négligence de sa propre compétence de contrôle de constitutionnalité. On ne peut, en toute hypothèse, en rester à l'appréciation selon laquelle la mise en place future mais seulement potentielle d'un système de question préjudicielle de constitutionnalité portant sur les lois promulguées permettrait de résoudre ce problème. L'inconstitutionnalité future supposée n'est pas une méthode de jugement et ne peut être acceptée. On doit donc conclure nécessairement à la conformité des dispositions sur lesquelles le Conseil constitutionnel ne s'est pas explicitement prononcé mais dont il permet la promulgation par la plus haute autorité de l'État qu'est le président de la République et dont il impose le respect à tous les pouvoirs publics en conséquence de l'autorité qui est conférée à ses décisions par la Constitution.

B | DÉCISIONS DE CONFORMITÉ SOUS RÉSERVE D'INTERPRÉTATION

Les décisions de conformité sous réserve d'interprétation constituent une catégorie particulière des décisions de conformité de la loi à la Constitution. Ce type de décisions déclare bien la loi conforme à la Constitution mais sous la condition de respecter certaines réserves d'interprétation exprimées dans les motifs de la décision et reprises dans le dispositif. Il s'agit donc d'abord de décisions de rejet de la saisine mais il s'agit aussi de décisions conditionnelles. Telle partie de la loi est déclarée conforme à la Constitution, seulement si elle est interprétée dans le sens énoncé par le Conseil constitutionnel.

L'origine d'une telle technique de contrôle et de telles décisions doit être recherchée dans deux directions. D'une part, les réserves d'interprétation s'insèrent dans le mécanisme général de jugement qui est celui de l'appréciation de la conformité de la loi à la Constitution. Les réserves exprimées par le Conseil sont l'expression du pouvoir général d'interprétation qui est inclus dans l'opération de contrôle de constitutionnalité. C'est bien ce qu'exprime le Conseil quand il refuse une demande de simple interprétation de la loi formulée par la saisine en déclarant que

« il ne lui appartient de procéder à l'interprétation du texte qui lui est déféré que dans la mesure où cette interprétation est nécessaire à l'appréciation de sa constitutionnalité » (n° 91-298 DC, 24 juillet 1991, *Rec.*, 82, § 33).

Ainsi le pouvoir d'interprétation exercé par le Conseil constitutionnel permet d'effectuer le plus étroitement possible le rapport de conformité entre la loi déférée et la Constitution. Dans cette conception,

« l'interprétation conforme apparaît comme une technique processuelle d'une extrême fécondité : d'une part, elle se modèle et répond aux configurations juridiques les plus diverses, d'autre part, elle permet de réduire la portée d'un texte, de le corriger, sans l'anéantir complètement » (D. Broussolle, Les lois déclarées inopérantes par le juge constitutionnel, *RDP*, 1985, p. 751 et s., spéc. p. 767).

D'autre part, la technique de l'interprétation conforme trouve son origine dans le contentieux constitutionnel de juridictions étrangères, particulièrement italienne, allemande et espagnole (F. Moderne, La déclaration de conformité sous réserve, *op. cit.*, p. 114 et s.) qui utilisent depuis longtemps l'interprétation conforme.

L'intérêt des décisions de conformité sous réserve d'interprétation est de ne pas faire obstacle à la promulgation de la loi mais de conditionner, en quelque sorte, cette entrée en vigueur à des réserves dont devront tenir compte ceux qui auront à appliquer cette loi : Gouvernement, administrations, juridictions. Toute la question est celle de l'autorité de ces interprétations, c'est-à-dire la question de savoir en quoi et comment ces réserves d'interprétation sont obligatoires pour leurs destinataires, puisque la loi est en définitive déclarée conforme à la Constitution. La réponse à une telle question est souvent contenue dans la décision du Conseil elle-même qui précise dans le dispositif que la loi est déclarée conforme à la Constitution « sous les strictes réserves d'interprétation énoncées plus haut [dans les motifs de la décision] » (n° 84-181 DC, préc. ; n° 86-207 DC, 25 et 26 juin 1986, *Rec.*, 61 ; n° 86-208 DC, 1er et 2 juillet 1986, *Rec.*, 78 ; n° 86-225 DC, 23 janvier 1987, *Rec.*, 13 ; n° 95-366 DC, 8 novembre 1995, *Rec.*, 226 ; n° 95-368 DC, 15 décembre 1995, *Rec.*, 246 ; n° 95-370 DC, 30 décembre 1995, *Rec.*, 269). Dans ce cas, les motifs, soutien du dispositif, ont la même autorité que celui-ci. Lorsque le dispositif ne prend pas en considération explicitement les motifs de la décision, l'effet est sans aucun doute le même en ce sens que le principe d'autorité des décisions du Conseil constitutionnel à l'égard des pouvoirs publics et de l'ensemble des autorités administratives et juridictionnelles, tiré de l'article 62 de la Constitution, s'applique nécessairement. De plus, c'est l'interprétation conforme qui permet avant tout à la loi d'être conforme à la Constitution ; elle affecte donc au premier chef la *validité* de la loi et a de ce fait un caractère normatif, même non incluse dans le dispositif de la décision du Conseil constitutionnel.

Les décisions de conformité sous réserve d'interprétation peuvent être classées selon trois catégories de réserves d'interprétation : les interprétations directives (1), les interprétations constructives (2), les interprétations minorantes et neutralisantes (3).

1 / *Interprétations directives*

Les interprétations directives indiquent comment la loi doit être appliquée par les destinataires de la décision du Conseil constitutionnel. En ce sens, elles sont destinées principalement au Gouvernement et à l'administration, dans sa compétence d'application de la loi, et au juge dans sa compétence de contrôle. Mais ce type d'interprétation peut aussi être adressé au législateur.

A l'égard du Gouvernement, les directives sont d'ordre général et lui fixent une ligne de conduite pour son action. Le domaine des lois d'habilitation prévues par l'article 38 de la Constitution en est l'illustration la plus nette. En exerçant son contrôle des lois d'habilitation, le Conseil impose au Gouvernement d'élaborer ses ordonnances dans le sens souhaité par le Conseil, en fonction des exigences constitutionnelles énoncées dans la décision.

Ainsi en matière de privatisations, le Conseil indique la marche à suivre pour l'évaluation des entreprises transférées du secteur public au secteur privé, en fixant une véritable méthode que devra suivre le Gouvernement :

> « les dispositions (de la loi) doivent se comprendre comme imposant au Gouvernement de prendre par voie d'ordonnance les dispositions selon lesquelles l'évaluation de la valeur des

entreprises à transférer sera faite par des experts compétents totalement indépendants des acquéreurs éventuels ; qu'elle sera conduite selon les méthodes objectives couramment pratiquées en matière de cession totale ou partielle d'actifs de société en tenant compte, selon une pondération appropriée à chaque cas, de la valeur boursière des titres, de la valeur des actifs, des bénéfices réalisés, de l'existence des filiales et des perspectives d'avenir ; que, de même, l'ordonnance devra interdire le transfert dans le cas où le prix proposé par les acquéreurs ne serait pas supérieur ou au moins égal à cette évaluation ; que le choix des acquéreurs ne devra procéder d'aucun privilège ; que l'indépendance nationale devra être préservée ; que toute autre interprétation serait contraire à la Constitution » (n° 86-207 DC, 25 et 26 juin 1986, *Rec.*, 61, § 61).

Les interprétations directives peuvent aussi être adressées à l'administration et aux autorités juridictionnelles auxquelles le Conseil demande de respecter précisément un principe constitutionnel dans l'application de la loi : ainsi, par exemple, à propos des procédures de contrôle et de vérification d'identité, si le législateur a prévu de nombreuses précautions en vue d'empêcher les abus,

« il appartiendra aux autorités judiciaires et administratives de veiller à leur respect intégral ainsi qu'aux tribunaux compétents de censurer et de réprimer, le cas échéant, les illégalités qui seraient commises et de pourvoir éventuellement à la réparation de leurs conséquences dommageables » (n° 80-127 DC, 19 et 20 janvier 1981, *Rec.*, 15 ; n° 86-211 DC, 26 août 1986, *Rec.*, 120 ; n° 93-323 DC, 5 août 1993, *Rec.*, 213).

Enfin, les interprétations directives peuvent être adressées au législateur même, afin de l'amener à mieux assurer le respect d'une règle constitutionnelle. En ce sens les directives adressées au législateur se trouvent parfois incluses dans une décision de non-conformité partielle afin d'obliger le Parlement à compléter la loi en cause dans le sens voulu par le Conseil constitutionnel. Ainsi, à propos des perquisitions fiscales, le Conseil déclare contraire à la constitution l'article de la loi les instituant au motif que

« pour faire pleinement droit de façon expresse tant aux exigences de la liberté individuelle et de l'inviolabilité du domicile qu'à celles de la lutte contre la fraude fiscale, les dispositions [de la loi] auraient dû être assorties de prescriptions et de précisions interdisant toute interprétation ou toute pratique abusive » (n° 83-164 DC, 29 décembre 1983, *Rec.*, 67, § 30).

Le législateur s'est conformé strictement à cette directive en reprenant dans une loi ultérieure l'article contesté dans le sens voulu par le Conseil qui l'a d'ailleurs alors déclaré conforme à la Constitution à la suite d'une saisine parlementaire (n° 84-184 DC, 29 décembre 1984, *Rec.*, 94, § 35), en faisant explicitement référence à la décision de 1983.

Au-delà de ce type de directive particulièrement précis le Conseil peut aussi formuler des directives à caractère plus général, par exemple à destination du législateur organique quand il déclare qu'il doit

« dans l'exercice de sa compétence, se conformer aux règles et principes de valeur constitutionnelle » (en l'espèce, les garanties d'indépendance et d'inamovibilité des magistrats du siège et d'égalité de traitement dans le déroulement de la carrière : n° 95-355 DC, 10 janvier 1995, *Rec.*, 151).

Les directives à destination du législateur peuvent également concerner sa compétence en matière de modification des Règlements des assemblées, par exemple pour prendre en considération avec une particulière attention la révision constitutionnelle instituant une session parlementaire unique ainsi que les droits d'amendement des membres des assemblées et les prérogatives du Gouvernement dans le débat parlementaire (n° 95-366 DC ; n° 95-368 DC, préc.).

2 / *Interprétations constructives*

Les interprétations constructives ont pour objet « d'ajouter au texte ce qui lui manque pour être conforme, sous couleur de l'interpréter » (L. Favoreu, La décision de constitutionnalité, préc., p. 622). Utilisant son pouvoir d'interprétation dans sa fonction la plus créatrice, le Conseil ajoute véritablement à la loi dans le but de la rendre ainsi conforme à la Constitution.

Ces interprétations constructives prennent leur source dans les textes et principes constitutionnels. Elles ont une fonction téléologique double qui est, d'une part, de permettre la promulgation de la loi en la déclarant conforme à la Constitution et d'autre part, de s'adresser à ceux qui devront appliquer la loi pour leur en donner la signification la plus précise possible.

Ainsi, par exemple, pour faire respecter le principe d'égalité de traitement des candidats dans les concours de la fonction publique, le Conseil constitutionnel transforme la possibilité prévue par la loi de consulter les dossiers individuels des candidats en une obligation de consulter les dossiers de tous les candidats (n° 76-67 DC, 15 juillet 1976, *Rec.*, 35).

Ainsi encore, le Conseil définit dans sa décision les éléments constitutifs d'une infraction en matière de presse écrite alors que le texte de loi n'y fait pas expressément référence (n° 84-181 DC, préc.).

D'une façon générale, le Conseil est amené à formuler des interprétations constructives lorsque la loi n'a pas prévu de dispositions suffisamment précises et que ces omissions portent atteinte à des garanties fondamentales constitutionnellement protégées. C'est le cas particulièrement en matière pénale (n° 80-127 DC, préc.), plus généralement en matière de procédure et particulièrement de droits de la défense, lorsque le Conseil ajoute à la loi des garanties de recours en déclarant

« qu'il convient de relever par ailleurs que toute décision infligeant une sanction peut faire l'objet devant la juridiction administrative d'un recours de pleine juridiction ; que le sursis à l'exécution de la décision attaquée peut être demandé en application des règles de droit commun ; que le droit au recours étant réservé à l'entreprise sanctionnée, son exercice ne peut, conformément aux principes généraux du droit, conduire à aggraver sa situation » (n° 92-307 DC, 25 février 1992, *Rec.*, 48).

3 / *Interprétations minorantes et neutralisantes*

L'utilisation par le Conseil constitutionnel de son pouvoir d'interprétation le conduit à utiliser le plus souvent des interprétations réduisant le sens et la portée du texte de loi. La fonction des réserves d'interprétation étant de permettre la promulgation de la loi, les interprétations minorantes et neutralisantes sont les plus utilisées parce qu'elles permettent la déclaration de conformité tout en retirant à la disposition de loi contestée son effet normatif. Ces types d'interprétation se situent donc au cœur des techniques contentieuses utilisant les réserves. Si ces interprétations peuvent bien entendu être soulevées d'office par le Conseil, elles sont souvent aussi une réponse à un argument soulevé par les saisissants.

Ainsi, par exemple, dans la loi relative aux établissements de crédit, l'article habilitant le Comité de réglementation bancaire

« à réglementer les conditions dans lesquelles des participations peuvent être prises ou étendues dans les établissements de crédit, ne saurait signifier qu'il puisse, en dehors d'un cadre légal régissant les transferts de propriétés d'entreprises du secteur public au secteur privé, permettre de tels transferts par la réglementation des prises de participations ; qu'ainsi, cet article n'ayant pas la portée que lui attribuent les auteurs de la saisine, le moyen manque en fait » (n° 83-167 DC, 19 janvier 1984, *Rec.*, 23, § 26 ; même type de raisonnement : n° 86-217 DC, préc., § 70).

Dans le cas où les arguments de la saisine sont rejetés par une interprétation minorante, le moyen est donc déclaré « manquant en fait » (v. aussi *supra*).

La restriction du sens ou de la portée de la loi par le Conseil est susceptible de deux degrés. D'une part, il peut simplement réduire la portée d'une règle législative ou d'une compétence posée par la loi ; on parle alors d'interprétation minorante. D'autre part, il peut réduire à néant la portée normative d'une disposition législative en lui retirant tout effet obligatoire ou en la vidant de son sens ; on parle alors d'interprétation neutralisante, ou encore de déclaration d'inopérance ou de « retrait de venin ». Ces divers types de réserves d'interprétation trouvent à s'appliquer dans les domaines les plus variés :

Par exemple : Règlement des assemblées parlementaires (n° 59-2 DC, 17, 18 et 24 juin 1959, *Rec.*, 58 ; n° 91-301 DC, 15 janvier 1992, *Rec.*, 9 ; n° 92-314 DC, 17 décembre 1992, *Rec.*, 126, § 13, 23 à 27 ; n° 92-315 DC, 12 janvier 1993, *Rec.*, 9, § 13, 22, 23) ; droit pénal (n° 80-127 DC, 19 et 20 janvier 1981, *Rec.*, 15, § 21 ; n° 86-215 DC, 3 septembre 1986, *Rec.*, 130, § 24 ; n° 96-373 DC, 9 avril 1996, *Rec.*, 43, § 46, 64, 65 ; n° 96-377 DC, 16 juillet 1996, *Rec.*, 87, § 17) ; régime de la presse et droit de la communication (n° 84-181 DC, 10 et 11 octobre 1984, *Rec.*, 78, § 56 et 61 ; n° 86-217 DC, 18 septembre 1986, *Rec.*, 141, § 22 à 24, 72, 96) ; respect de la vie privée (n° 94-352 DC, 18 janvier 1995, *Rec.*, 170, § 8) ; droit électoral et financement de la vie politique (n° 89-271 DC, 11 janvier 1990, *Rec.*, 21, § 7 ; n° 95-363 DC, 11 janvier 1995, *Rec.*, 159, § 2, 9) ; régime de la protection sociale (n° 95-370 DC, 30 décembre 1995, *Rec.*, 269) ; droit des étrangers (n° 92-307 DC, 25 février 1992, *Rec.*, 48, § 9 à 11, 32 à 37 ; n° 93-325 DC, 13 août 1993, *Rec.*, 224, § 28, 32, 71, 73, 85, 88, 91, 104, 126 et 127) ; finances publiques (n° 84-184 DC, 29 décembre 1984, *Rec.*, 94, § 13, 27).

C | DÉCISIONS DE NON-CONFORMITÉ

La troisième catégorie de décisions du Conseil constitutionnel est celle des décisions de non-conformité de la loi à la Constitution. On en distingue deux sortes : les décisions de non-conformité partielle qui ne déclarent inconstitutionnelles que certaines parties de la loi et permettent la promulgation des autres dispositions, les décisions de non-conformité totale qui déclarent la loi contraire dans sa totalité à la Constitution. Leur caractère commun est d'être fondées sur la reconnaissance d'une ou plusieurs inconstitutionnalités découvertes dans la loi, fruit de l'argumentation de la saisine et/ou de moyens ou conclusions soulevés d'office par le Conseil. La décision produit des effets différents selon qu'elle déclare la loi partiellement ou totalement contraire à la Constitution.

1 / *Décisions de non-conformité totale*

Les décisions du Conseil constitutionnel qui déclarent la loi contraire dans sa totalité à la Constitution sont relativement rares puisqu'on peut en dénombrer à peine plus d'une dizaine. Si le motif général de déclaration d'inconstitutionnalité est bien la contrariété de la loi au bloc de constitutionnalité, les motifs particuliers peuvent varier considérablement. Ainsi, un motif de procédure peut, par sa gravité, vicier l'ensemble de la loi (n° 80-122 DC, 22 juillet 1980, *Rec.*, 49 : non-respect de la procédure de consultation des assemblées territoriales des territoires d'Outre-Mer, prévue par l'article 74 de la Constitution ; n° 79-110 DC, 24 décembre 1979, *Rec.*, 36 : non-respect de la procédure de l'article 40 de l'ordonnance du 2 janvier 1959 relative aux lois de finances). L'inconstitutionnalité totale peut également résulter de l'absence de respect par le législateur de sa propre compétence (cas de l'incompétence négative), en se plaçant par exemple hors du champ d'application de l'article 34 de la Constitution (n° 87-234 DC, 7 janvier 1988, *Rec.*, 26).

Enfin, l'absence de conformité peut résulter d'une violation directe des principes du droit constitutionnel matériel, inscrits directement dans le texte constitutionnel ou déduits de la Constitution par interprétation (n° 76-75 DC, 12 janvier 1977, *Rec.*, 33 : liberté individuelle ; n° 77-80/81 DC, 5 juillet 1977, *Rec.*, 24 : régime des incompatibilités parlementaires ; n° 81-132 DC, 16 janvier 1982, *Rec.*, 18 : droit de propriété et liberté d'entreprendre ; n° 86-224 DC, 23 janvier 1987, *Rec.*, 8 : droits de la défense ; n° 89-262 DC, 7 novembre 1989, *Rec.*, 90 : principe d'égalité devant la loi).

2 / *Déclaration d'inséparabilité*

L'ordonnance du 7 novembre 1958 prévoit une disposition spécifique en matière d'inconstitutionnalité totale :

> « Dans le cas où le Conseil constitutionnel déclare que la loi dont il est saisi contient une disposition contraire à la Constitution et inséparable de l'ensemble de cette loi, celle-ci ne peut être promulguée » (art. 22).

Cette technique est inspirée du contentieux administratif qui connaît les notions de divisibilité et d'indivisibilité des actes administratifs, déclarées par le juge administratif à l'occasion d'un litige (v. M.-P. Corbel, L'annulation partielle des actes administratifs, *AJDA*, 1972, p. 146 ; M. Staub, *La notion d'indivisibilité en droit administratif*, thèse, Paris II, 1994).

Les raisons d'une déclaration d'inséparabilité peuvent provenir de différents motifs. Il peut s'agir d'une disposition essentielle du texte de loi qui lui imprime sa marque, en fixe les principes, dont les autres éléments du texte dépendent nécessairement. Dans ce cas, on comprend que l'inconstitutionnalité de la disposition majeure entraîne l'intégralité du texte vers la censure (n° 75-76 DC ; n° 81-132 DC ; 86-224 DC, préc. ; n° 93-322 DC, 28 juillet 1993, *Rec.*, 204). Dans un autre cas, l'absence de respect d'une formalité de la procédure législative, qualifiée de substantielle par le Conseil, conduit à une déclaration de non-conformité totale (n° 89-263 DC, 11 janvier 1990, *Rec.*, 18).

L'effet général d'une déclaration d'inséparabilité conduisant à une décision d'inconstitutionnalité totale est l'interdiction de la promulgation de l'ensemble de la loi en cause.

3 / *Décisions de non-conformité partielle*

La déclaration d'inconstitutionnalité ne peut concerner que quelques articles de la loi. Dans ce cas, les dispositions inconstitutionnelles sont déclarées séparables du reste de la loi. La décision du Conseil constitutionnel ne fait plus obstacle à l'exercice de la compétence de promulgation qui appartient au président de la République, selon l'article 10 de la Constitution. En présence de cette situation, le président retrouve ses prérogatives qui lui permettent d'exercer une option. Il peut soit promulguer la loi, à l'exception des dispositions déclarées inconstitutionnelles par le Conseil constitutionnel, soit demander au Parlement une nouvelle délibération de cette loi, qui ne peut être refusée (art. 10, al. 2). Cette disposition est reprise dans l'ordonnance du 7 novembre 1958 qui déclare :

> « Dans les cas où le Conseil constitutionnel déclare que la loi dont il est saisi contient une disposition contraire à la Constitution sans constater en même temps qu'elle est inséparable de l'ensemble de cette loi, le président de la République peut soit promulguer la loi à l'exception de cette disposition, soit demander aux chambres une nouvelle lecture » (art. 23).

Le Conseil constitutionnel a donné des déclarations de séparabilité et donc des décisions d'inconstitutionnalité partielle une interprétation qui est l'une des justifications majeures de l'exercice du contrôle de constitutionnalité de la loi en France. Dans sa décision n° 85-197 DC du 23 août 1985 le Conseil a développé une véritable théorie des décisions d'inconstitutionnalité, « faisant par là un exposé magistral de sa doctrine quant au rôle que lui attribue la Constitution (L. Favoreu et L. Philip, *GDCC*, 9e éd., préc., p. 631), en plusieurs considérants essentiels. Citant l'article 23 de l'ordonnance organique qui expose l'option offerte au président de la République, le Conseil en revient longuement aux principes généraux du contrôle de constitutionnalité et en tire toutes les conséquences sur le plan des rapports entre la procédure législative et l'exercice du contrôle de conformité de la loi à la Constitution en déclarant que

> « le contrôle de constitutionnalité établi par la Constitution du 4 octobre 1958 s'exerce à titre préventif après le vote de la loi et avant sa promulgation ; que le Conseil constitutionnel doit

se prononcer dans le délai d'un mois à compter du jour où il est saisi et s'il y a urgence, dans un délai de huit jours ; qu'ainsi l'objet de ce contrôle est non de gêner ou de retarder l'exercice du pouvoir législatif mais d'assurer sa conformité à la Constitution et, le cas échéant, lorsqu'une loi n'est pas déclarée dans sa totalité contraire à la Constitution, d'en permettre la promulgation, soit amputation des dispositions déclarées contraires à la Constitution, soit après substitution à celles-ci de nouvelles dispositions réalisant une mise en conformité avec la Constitution ;

Considérant que tel est le but visé par l'article 23 de l'ordonnance du 7 novembre 1958 portant loi organique qui ouvre au président de la République une option qu'il exerce, sous réserve de contreseing, discrétionnairement, dans le cadre de sa compétence de promulgation ;

Considérant que si, choisissant le premier terme de cette option, le président de la République décide de promulguer la loi votée amputée de la ou des dispositions déclarées non conformes à la Constitution, la procédure législative est close par la promulgation, de telle sorte qu'il est nécessaire de recourir à une nouvelle procédure législative pour compléter, le cas échéant, la loi promulguée par des dispositions se substituant à celles déclarées non conformes à la Constitution ;

Considérant au contraire que, lorsque le président de la République décide de recourir à la seconde lecture prévue par l'article 23 de l'ordonnance du 7 novembre 1958, cette décision a évidemment pour objet de réaliser la mise en conformité de la loi votée avec la Constitution en substituant aux dispositions non conformes à celle-ci des dispositions nouvelles faisant droit à la décision du Conseil constitutionnel ; que dans ce cas, il ne s'agit pas du vote d'une loi nouvelle, mais de l'intervention, dans la procédure législative en cours, d'une phase complémentaire résultant du contrôle de constitutionnalité » (n° 85-197 DC, 23 août 1985, *Rec.*, 70, § 20 à 23).

En élaborant ces principes d'exécution, le Conseil constitutionnel imprime au contrôle de la loi le caractère de « phase complémentaire de la procédure législative » (n° 85-197 DC, préc., § 25), lorsque l'exercice de contrôle conduit à une déclaration partielle d'inconstitutionnalité. A ce titre, la compétence de promulgation du président de la République est un véritable prolongement du processus de création de la norme législative, auquel participe, par son contrôle, le Conseil constitutionnel.

Les décisions de non-conformité partielle peuvent être fondées sur tous les éléments du bloc de constitutionnalité, qu'il s'agisse de procédure législative, de compétence des assemblées parlementaires ou de principes touchant aux droit fondamentaux garantis par la Constitution.

III / Effectivité et autorité des décisions du Conseil constitutionnel

A | NOTIFICATION ET PUBLICATION DE LA DÉCISION

Une fois la délibération du Conseil terminée le secrétaire général du Conseil constitutionnel établit le texte définitif de la décision. Aussitôt le texte définitivement établi, la notification de la décision est faite par le secrétaire général sur délégation du président du Conseil constitutionnel aux quatre hautes autorités de l'État recensées par l'article 18 de l'ordonnance organique, c'est-à-dire le président de la République, le Premier ministre et les présidents de l'Assemblée nationale et du Sénat. Si le Parlement est en session, ces derniers en informent directement l'assemblée qu'ils président. De même les saisissants sont informés de la décision avant toute diffusion publique (v. Th. S. Renoux, *AIJC*, 1985, p. 160 ; P. Giro, *AIJC*, 1992, p. 264 ; O. Schrameck, *Vingt ans de saisine parlementaire*, *op. cit.*, p. 88). Un communiqué de presse, parfois accompagné d'une note explicative, est alors diffusé (y compris sur le site *Internet* du Conseil), ce qui permet à la presse de préparer les premiers commentaires. Le secrétaire général doit établir un compte rendu sommaire des travaux, qui reste secret (décret n° 59-1293, 13 novembre 1959, art. 3) et qui accompagne la minute de la décision signée du président du Conseil constitutionnel, du secrétaire général et du rapporteur de la décision.

L'ordonnance organique précise que la déclaration du Conseil constitutionnel est motivée et qu'elle est publiée au *Journal officiel* (art. 20, ord. 1958). On rappelle qu'elle est suivie depuis 1983 par les saisines et depuis 1994 par les observations du Gouvernement, soit dans la rubrique « lois » à la suite de la loi contrôlée, soit dans la rubrique « Conseil constitutionnel » portant les autres décisions. La publication est ensuite assurée dans le *Recueil des décisions du Conseil constitutionnel*, publié annuellement, sous le haut patronage du Conseil constitutionnel.

La publication de la décision du Conseil fait à nouveau courir le délai de promulgation de la loi qui a été soumise au contrôle du Conseil constitutionnel (art. 21, ord. 1958). Il revient au président de la République d'assurer cette promulgation dont les éléments matériels sont préparés par le secrétariat général du Gouvernement afin que la loi soit publiée avec la décision du Conseil constitutionnel dans le même numéro du *Journal officiel* (sur les aspects techniques de la promulgation v. G. Drago, *op. cit.*, p. 214 et s. ; Règlement intérieur des travaux du Gouvernement du 3 février 1947 ; circ., 30 janvier 1997 relative aux règles d'élaboration, de signature et de publication des textes au *Journal officiel* et à la mise en œuvre de procédures particulières incombant au Premier ministre, *JO*, 1er février 1997, p. 1720 et s.). Pour assurer plus de cohérence dans la promulgation de la loi avec les décisions du Conseil constitutionnel, les visas de la loi faisant référence à la décision du Conseil ont été modifiés dans le sens d'une plus grande neutralité par la formule « vu la décision du Conseil constitutionnel n° … en date du… » alors que la formule précédente était plus explicite en déclarant « le Conseil constitutionnel a déclaré conforme à la Constitution » (décret n° 90-218 du 8 mars 1990 modifiant le décret n° 59-635 du 19 mai 1959 relatif aux formes de la promulgation des lois par le président de la République, *JO*, 11 mars 1990, p. 3013). Il faut voir dans ce changement de formulation la volonté du Conseil de ne plus délivrer *a priori* un brevet de constitutionnalité à la loi contrôlée mais de se réserver, dans l'avenir, la possibilité d'un contrôle des dispositions sur lesquelles il ne s'est pas explicitement prononcé.

B | AUTORITÉ DES DÉCISIONS DU CONSEIL CONSTITUTIONNEL

L'autorité des décisions du Conseil constitutionnel est fixée par l'article 62 de la Constitution qui dispose :

> « Une disposition déclarée inconstitutionnelle ne peut être promulguée ni mise en application.
>
> Les décisions du Conseil constitutionnel ne sont susceptibles d'aucun recours. Elles s'imposent aux pouvoirs publics et à toutes les autorités administratives et juridictionnelles. »

Les deux alinéas précités ont des significations différentes. Le premier alinéa concerne les effets des déclarations de non-conformité à la Constitution. Les lois ou les dispositions de lois déclarées contraires à la Constitution ne peuvent faire l'objet de promulgation, elles disparaissent de l'ordonnancement juridique sous réserve de reprise dans les conditions définies en cas de non-conformité partielle tant par les textes que par la jurisprudence du Conseil constitutionnel. Le deuxième alinéa concerne directement l'autorité des décisions du Conseil. Il convient de définir d'abord la nature de cette autorité et d'en préciser la portée (1°), d'expliquer ensuite l'impossibilité d'exercer des voies de recours contre les décisions du Conseil constitutionnel (2°).

1 / *Nature et portée de l'autorité des décisions du Conseil constitutionnel*

Le deuxième alinéa de l'article 62 de la Constitution pose une règle générale dont l'effet est *erga omnes*. Cette autorité tient à la nature même du contentieux constitutionnel, contentieux objectif qui n'intègre pas à proprement parler la notion de parties. On peut donc parler d'autorité absolue des décisions du Conseil constitutionnel dont une conséquence logique est l'absence de voies de recours, ce qu'énonce clairement l'article 62. Le caractère d'ordre public de ce contentieux trouve ici son expression la plus forte (G. Drago, Le contentieux constitutionnel des lois, contentieux d'ordre public par nature, *Mél. Roland Drago*, Économica, 1996, p. 9 et s.).

L'autorité des décisions est qualifiée d'« autorité de chose jugée » par le Conseil constitutionnel lui-même. Apparue d'abord dans le contentieux électoral à propos d'une demande en rectification d'erreur matérielle « qui ne met pas en cause l'autorité de chose jugée » (n° 87-1026, 23 oct. 1987, *Rec.*, 55 ; v. J.-E. Gicquel, Du recours en rectification d'erreur matérielle devant le Conseil constitutionnel, *LPA*, n° 9, 20 janvier 1995, p. 11), puis pour assurer le respect d'une décision électorale antérieure (n° 88-1127, 20 avril 1989, *Rec.*, 32, § 6 ; v. chron. B. Genevois, *AIJC*, 1989, p. 477), l'expression a ensuite été utilisée dans le contentieux des lois en précisant l'étendue de cette autorité de chose jugée, à propos d'une décision antérieurement rendue :

« l'autorité de chose jugée attachée à la décision du Conseil constitutionnel du 22 octobre 1982 est limitée à la déclaration d'inconstitutionnalité visant certaines dispositions de la loi qui lui était alors soumise ; qu'elle ne peut être invoquée à l'encontre d'une autre loi conçue, d'ailleurs, en termes différents » (n° 88-244 DC, 20 juillet 1988, *Rec.*, 119, § 18).

L'expression est utilisée plusieurs fois dans une décision ultérieure, faisant référence à « la chose jugée par le Conseil constitutionnel » dans une décision précédente (n° 92-312 DC 2 septembre 1992, *Rec.*, 76, § 18, 36, 43). Ainsi, pour la doctrine la plus autorisée,

« en droit positif, la question est donc désormais tranchée et il est inutile d'envisager les diverses discussions doctrinales sur la nature de l'autorité des décisions du Conseil et sur la nature même de celui-ci » (L. Favoreu et L. Philip, *GDCC*, 9ᵉ éd., préc., p. 171).

Pour comprendre la nature d'une telle autorité, il faut raisonner à partir du principe général de procédure inscrit dans l'article 1351 du code civil selon lequel

« l'autorité de la chose jugée n'a lieu qu'à l'égard de ce qui a fait l'objet du jugement. Il faut que la chose demandée soit la même, que la demande soit fondée sur la même cause, que la demande soit entre les mêmes parties et formée par elles et contre elles en la même qualité ».

Si on laisse de côté la notion de parties qui n'a pas de réelle existence en contentieux constitutionnel des lois — il en est autrement en contentieux électoral — l'identité de cause et d'objet, constitutive de l'étendue de l'autorité de chose jugée, trouve ici une application particulièrement large du fait même de la jurisprudence constitutionnelle. On avait pu penser que cette autorité restait limitée à la loi qui avait été soumise au Conseil (n° 88-244 DC, préc.) mais une jurisprudence nouvelle est venue considérablement étendre le champ de l'autorité des décisions en énonçant que

« si l'autorité attachée à une décision du Conseil constitutionnel déclarant inconstitutionnelles des dispositions d'une loi ne peut en principe être utilement invoquée à l'encontre d'une autre loi conçue en termes distincts, il n'en va pas ainsi lorsque les dispositions de cette loi, bien que rédigées sous une forme différente, ont, en substance, un objet analogue à celui de dispositions législatives déclarées contraires à la Constitution » (n° 89-258 DC, 8 juillet 1989, *Rec.*, 48).

Cette évolution majeure conduit à dire que le contrôle de la loi est un contrôle *matériel* et non plus seulement un contrôle formel, c'est-à-dire que ce qui importe est le contenu de la loi, ce qui permet au Conseil constitutionnel de vérifier dans une loi ultérieure soumise à son contrôle si les principes dégagés dans une décision précédente à propos de dispositions législatives ayant un « objet analogue » sont bien respectés. Si cette solution « très extensive (...) n'est pas pour autant illogique » car on comprend bien que le Conseil ne peut accepter de retrouver dans une loi nouvelle ce qu'il a déjà déclaré inconstitutionnel (L. Favoreu et Th. S. Renoux, *Le contentieux constitutionnel des actes administratifs*, Sirey, 1992, n° 293),

« ses conséquences sont essentielles en ce que *l'objet* sur lequel porte l'autorité de la chose jugée n'est plus la disposition légale comprise en tant qu'elle s'insère dans une loi déférée au Conseil : l'autorité porte désormais sur la disposition envisagée uniquement par son contenu. *Il n'y a donc plus de lois devant le Conseil, mais des textes !* » (N. Molfessis, *Le Conseil constitutionnel et le droit privé*, LGDJ, 1997, n° 400, souligné par l'auteur).

La force probante de la décision du Conseil constitutionnel est donc particulièrement puissante, d'autant plus si on y ajoute l'assertion par laquelle le Conseil a très tôt indiqué, en commentaire de l'article 62 *in fine* de la Constitution, que

« l'autorité des décisions visées par cette disposition s'attache non seulement à leur dispositif mais aussi aux motifs qui en sont le soutien nécessaire et en constituent le fondement même » (nº 62-18 L, 16 janvier 1962, *Rec.*, 31).

Cette précision conduit à inclure les motifs dans ce qui a autorité de chose jugée, c'est-à-dire particulièrement les réserves d'interprétation, d'autant plus si elles sont expressément rappelées dans le dispositif de la décision (v. particulièrement : L. Favoreu et Th. S. Renoux, *op. cit.*, nº 296 à 340).

L'autorité des décisions n'est donc pas seulement une autorité de la chose jugée par le Conseil, elle peut aussi être qualifiée, en ce qui concerne les interprétations dégagées par le Conseil, tant de la Constitution que de la loi contrôlée, d'autorité de « chose interprétée » mais dont la force obligatoire se limite à la loi qui a donné lieu à cette interprétation (L. Favoreu, *RIDC*, vol. *Journées de la Société de législation comparée*, nº 9, 1987, p. 481), ce qui lui donne, selon certain, « valeur purement et uniquement doctrinale » (N. Molfessis, *op. cit.*, nº 400). Cette solution est d'ailleurs conforme aux principes généraux de procédure selon lesquels « la chose jugée ne concerne pas les motifs de pur droit affirmant une solution abstraite » (F. Zénati, *La jurisprudence*, Dalloz, 1991, p. 192 ; P. Hébraud, *RTD civ.*, 1969, p. 607 ; H. Roland, *Chose jugée et tierce opposition*, 1958).

L'autorité des décisions de non-conformité est certainement absolue, en ce sens que l'article 62, alinéa premier de la Constitution, interdit toute promulgation d'une disposition déclarée inconstitutionnelle. L'effet d'une telle disposition est autant procédural que substantiel, puisqu'il interdit toute relance de la procédure de promulgation.

L'autorité des décisions de conformité reste limitée à l'objet de la loi soumise au contrôle du Conseil, selon les éléments donnés par le dispositif de la décision. A ce titre, on peut penser qu'elle est relative, mais en ce sens seulement que la force probante de la décision de conformité se limite à ce qui a été jugé par le Conseil. Cette force probante doit être distinguée de la force obligatoire de la décision, qui s'adresse aux destinataires de celle-ci définis par le deuxième alinéa de l'article 62. Cette force obligatoire reste, elle, absolue. Ces principes laissent cependant entière la question de savoir ce qui a été réellement examiné par le Conseil dans sa décision et donc ce qui a été vraiment déclaré conforme à la constitution (T. Di Manno, *Le Conseil constitutionnel et les moyens et conclusions soulevés d'office*, préc. ; G. Drago et N. Molfessis, *Justices*, nº 1 et 3).

La question de la portée de l'autorité des décisions du Conseil constitutionnel est bien différente de celle de l'étendue du contrôle exercé et de celle de l'autorité même de ces décisions. La portée de l'autorité de la décision concerne les destinataires de celle-ci. A cet égard, l'article 62 de la Constitution est précis en déclarant que ces décisions « s'imposent aux pouvoirs publics et à toutes les autorités administratives et juridictionnelles ». La portée de cette autorité est la plus large qui soit. Elle définit la force obligatoire des décisions qui dépasse les seuls saisissants du Conseil et s'adresse à l'ensemble des pouvoirs publics constitutionnels. On ne saurait mieux dire qu'un auteur qui déclare que

« la mission du Conseil constitutionnel n'est pas seulement de faire droit à la demande d'un plaideur ou de la rejeter, mais aussi d'interpréter la Constitution. Cette dimension particulière fait que les décisions du Conseil constitutionnel ne s'entendent pas seulement de la solution concrète donnée à un litige, mais aussi de la lecture de la Constitution qui inspire cette solution. L'article 62 impose aux pouvoirs publics autant la jurisprudence que le dispositif des décisions du juge constitutionnel et c'est en cela que cette jurisprudence peut être qualifiée (*lato sensu*) de législative » (F. Zénati, *op. cit.*, p. 193).

Le Conseil constitutionnel se considère tenu par ses propres décisions, quel que soit le contentieux, à une exception près (v. *infra*) et compte tenu des nécessités des rectifications d'erreur matérielle.

Ainsi, par exemple, le Conseil n'admet plus la contestation de la nature de taxe parafiscale d'une redevance, qu'il a déjà qualifiée dans deux décisions antérieures (n° 80-126 DC, 30 déc. 1980, *Rec.*, 53, § 13 ; cf. n° 60-8 DC, 11 août 1960, *Rec.*, 25 ; n° 79-111 L, 21 nov. 1979, *Rec.*, 50), considère la demande sans objet (n° 79-109 L, 13 septembre 1979, *Rec.*, 47 ; cf. n° 69-56 L, 9 juillet 1969, *Rec.*, 31), ou indique qu'il n'y a pas lieu à un nouvel examen des dispositions de la loi sur laquelle il s'est déjà prononcé (n° 85-197 DC, préc. ; cf. n° 85-196 DC, 8 août 1985, *Rec.*, 63 ; n° 92-312 DC, préc. ; cf. n° 92-308 DC). Cette jurisprudence doit être distinguée de celle relative à l'absence de voies de recours contre les propres décisions du Conseil constitutionnel (v. *infra*).

En vertu de l'article 62 de la Constitution, l'ensemble des pouvoirs publics, c'est-à-dire le Parlement, le Gouvernement, le président de la République, toutes les juridictions sans exception, sont tenus au respect des décisions du Conseil constitutionnel.

Le Parlement se trouve directement soumis aux décisions du Conseil dans la mesure où la loi qu'il vient d'édicter se trouve directement contrôlée par la Haute juridiction constitutionnelle. Les effets à l'égard du Parlement sont immédiats. Si la décision est de conformité, le Parlement ne sera concerné que si la décision contient des réserves d'interprétation indiquant comment à l'avenir la législation devra intervenir sur tel ou tel point de la loi pour la modifier éventuellement. Si la décision déclare la loi contraire à la Constitution dans sa totalité ou même partiellement, il sera parfois nécessaire de revenir devant les assemblées parlementaires, soit pour reprendre l'ensemble du processus législatif, soit pour compléter la loi dans ses parties déclarées non-conformes à la Constitution. Dans cette situation, le Parlement ne pourra que tenir compte du contenu de la décision du Conseil, sous peine de voir s'exercer contre les dispositions nouvelles de la loi un contrôle dit « à double détente », ces dernières dispositions législatives pouvant faire à nouveau l'objet d'un contrôle de conformité à la Constitution (G. Drago, thèse, préc., p. 91 et s.).

Le Gouvernement est également concerné par les décisions du Conseil constitutionnel. D'une part, parce qu'il est l'un des destinataires directs de la décision, à titre de « défendeur » de la loi devant lui. D'autre part, parce qu'il doit assurer l'exécution de la décision, soit en relançant la procédure de promulgation qui devra parfois saisir le sens de la décision pour aménager la rédaction du texte de loi, soit parce qu'il aura à décider le retour ou non d'un texte de loi censuré par le Conseil devant les assemblées parlementaires. Enfin, le Gouvernement doit tenir compte, dans les textes d'application de la loi, des directives adressées aux autorités administratives (G. Drago, *op. cit.*, p. 199 et s.).

Le président de la République est tenu, comme les autres pouvoirs publics, au respect des décisions du Conseil constitutionnel. D'abord, par l'exercice de sa compétence de promulgation (art. 10 de la Constitution), il se trouve être l'autorité qui donne véritablement corps à la décision en ne promulguant que ce que le Conseil a jugé conforme à la Constitution. Il finalise en quelque sorte la décision. Ensuite parce que l'ordonnance organique sur le Conseil constitutionnel lui ouvre la possibilité de soumettre la loi qui a été censurée partiellement par le Conseil à une nouvelle délibération des assemblées parlementaires (art. 23, ord. 1958).

Toutes les juridictions administratives et judiciaires sont tenues au respect des décisions du Conseil constitutionnel. Longtemps ces juridictions n'ont accepté de prendre en considération les décisions du Conseil constitutionnel qu'en ce qui concerne les textes de lois mêmes qui avaient fait l'objet du contrôle du Conseil et que ces juridictions devaient appliquer, pratiquant là une réception qu'on peut qualifier de formelle, puis prenant en considération les principes issus de la jurisprudence du Conseil constitutionnel, qu'on peut qualifier de réception matérielle (sur ces points v. surtout *infra*, chap. III, La réception des décisions du Conseil constitutionnel par les autorités administratives et les ordres juridictionnels).

2 / *Absence de voies de recours contre les décisions du Conseil constitutionnel*

L'article 62 de la Constitution est parfaitement clair en indiquant que

« les décisions du Conseil constitutionnel ne sont susceptibles d'aucun recours ».

Ceci exclut tout recours contre les décisions du Conseil, tant devant une autre juridiction, par exemple le Conseil d'État, ainsi que cela avait été évoqué par Marcel Waline lors des travaux préparatoires de la Constitution (*Avis et débats du Comité consultatif constitutionnel*, La documentation française, 1960, p. 74) que devant le Conseil constitutionnel lui-même, ce qu'il a énoncé très tôt en indiquant que

« cette disposition [l'article 62 de la Constitution] doit être interprétée comme excluant toute voie de recours contre les décisions du Conseil constitutionnel, notamment en matière électorale, tant devant le Conseil lui-même que devant toute autre juridiction » (n° 58-90 *bis*, 5 mai 1959, *Rec.*, 223).

La même solution a été énoncée en matière électorale (C. const., 21 juillet 1994, *Estrosi*, *Rec.*, 95).

De rares exceptions existent concernant l'absence de possible voie de recours contre les décisions du Conseil constitutionnel. Une première exception au principe de l'absence de voies de recours procède d'un texte. En matière d'élection à la présidence de la République, le Conseil admet de statuer sur une réclamation relative à la liste des candidats admis à se présenter à l'élection, liste pourtant arrêtée par lui, en vertu du décret n° 64-231 du 14 mars 1964 (C. const., 17 mai 1969, *Ducatel c/ Krivine*, *Rec.*, 78 ; *GDCC*, préc., n° 17 et la jurisprudence citée).

Mais la jurisprudence du Conseil constitutionnel a permis le recours en rectification d'erreur matérielle, dans la mesure où il n'y voit pas une atteinte au principe d'autorité de la chose par lui jugée (n° 87-1026, 23 octobre 1987, préc. ; J.-E. Gicquel, Du recours en rectification d'erreur matérielle devant le Conseil constitutionnel, art. préc., p. 11). Il en a même tiré la conséquence en modifiant le Règlement applicable à la procédure suivie devant lui pour le contentieux de l'élection des députés et des sénateurs (C. const., 24 nov. 1987, *Rec.*, 77 modifiant les articles 21 et 22 du Règlement de procédure en matière de contentieux électoral). Le Conseil a ensuite fixé les limites de ce type de rectification en décidant que

« un recours en rectification d'erreur matérielle ne saurait avoir pour objet de contester l'appréciation des faits de la cause, leur qualification juridique et les conditions de forme et de procédure selon lesquelles est intervenue la décision du Conseil constitutionnel » (n° 93-1209, 10 mars 1994, *Rec.*, 62).

SECTION 2
Les limites de l'effectivité

Le principe d'effectivité des décisions du Conseil constitutionnel montre bien la variété de l'autorité des décisions posé par l'article 62 de la Constitution. Au-delà du principe général posé par l'article 62, il convient de s'interroger sur les obstacles juridiques (§ 1) ainsi que sur les obstacles politiques et institutionnels qui réduisent la portée de l'efficacité de l'article 62 (§ 2).

I / Les obstacles juridiques

Assurer l'effectivité des décisions du Conseil constitutionnel c'est donner toute son ampleur à l'article 62 de la Constitution qui pose le principe de l'autorité des décisions du Conseil. On a vu quel sens il faut donner à cette autorité, que celle-ci peut varier selon qu'on est en présence d'une décision de non conformité ou d'une décision de conformité.

Mais cette effectivité est celle de la Constitution, en tant que norme suprême de l'ordre juridique français. Cependant, cette supériorité juridique ne suffit pas à assurer, à elle seule, l'effectivité de la Constitution à tous les degrés de l'ordre juridique. Si l'existence du contrôle de constitutionnalité fait de la Constitution une norme obligatoire, la sanction qu'organise le contrôle exercé par le Conseil n'oblige que les destinataires immédiats de la décision, pouvoir législatif et pouvoir exécutif. C'est bien d'ailleurs le sens du contrôle *a priori* de constitutionnalité que de retirer de l'ordonnancement juridique toute norme inconstitutionnellement avant qu'elle ait pu produire tout effet. L'effet est ici immédiat et radical.

Cet effet général est particulièrement efficace lorsque le Conseil rend une décision de censure absolue de la loi. Celle-ci disparaît alors et la décision du Conseil s'impose d'elle-même. La difficulté est autre lorsque la décision du Conseil est une décision d'annulation partielle ou une décision de conformité comportant des réserves d'interprétation. Dans cette situation, la seule autorité de la décision du Conseil ne peut suffire, aussi solennelle soit-elle, à rendre le contenu de la décision effectif. L'obligation qui s'impose aux destinataires de la décision du Conseil est bien une obligation non assortie de sanction.

Il manque donc dans le système de contrôle de constitutionnalité un mécanisme assurant l'effectivité réelle de la décision du Conseil constitutionnel. On verra combien cette lacune du système produit de difficultés et de résistances de la part des destinataires des décisions du Conseil (v. *infra*, chap. III, La réception des décisions du Conseil constitutionnel par les autorités administratives et juridictionnelles).

Le premier obstacle juridique à l'effectivité est donc l'absence de mécanisme réel de sanction en cas de non-respect de la décision du Conseil constitutionnel, compte tenu du fait que le contrôle dit « à double détente » ne concerne qu'une part des normes contrôlées (en principe les normes soumises au contrôle obligatoire : lois organiques et Règlements des assemblées parlementaires). Ainsi, si l'on voulait s'assurer d'une pleine effectivité des décisions du Conseil, il faudrait organiser une possibilité de contestation sur le fondement de la Constitution, telle qu'interprétée par le Conseil constitutionnel. Or, ce système reviendrait à mettre en place un contrôle de constitutionnalité *a posteriori* dont on peut penser qu'il serait exercé seulement par voie d'exception, comme cela avait été envisagé en 1990 et 1993, sur renvoi du juge ordinaire vers le Conseil constitutionnel. On va voir dans quelles conditions un tel type de contrôle pourrait être organisé et quels obstacles il faudrait vaincre à son endroit (v. *infra*, chap. II, Le contrôle de constitutionnalité de la loi promulguée).

Mais il existe aussi un deuxième obstacle, lié d'ailleurs à cette absence d'effectivité concrète des décisions du Conseil. Celles-ci présentent une interprétation de la Constitution qui a pour destinataires des autorités publiques, administratives et juridictionnelles. Mais les décisions de constitutionnalité, comme la Constitution elle-même, ne produisent pas d'effet dit « horizontal » entre les particuliers, parce que, ni la Constitution, ni les décisions du Conseil constitutionnel, ne sont directement invocables comme peut l'être la loi ou le règlement, dans les rapports de droit privé. En réalité, c'est de façon indirecte que les principes contenus dans la Constitution ou issus de la jurisprudence du Conseil sont invoqués, par le biais des principes généraux du droit ou des dispositions législatives ou réglementaires qui traduisent ou transposent les normes de valeur constitutionnelle au niveau juridique utile pour les rapports entre les personnes privées. Cet effet seulement indirect des normes constitutionnelles en France (cf. C. Grewe et H. Ruiz Fabri, *Droits constitutionnels européens*, PUF, coll. « Droit fondamental », 1995, n° 141 qui citent les pays où l'effet direct est accepté : Italie, Espagne, Portugal) conduit à restreindre le champ d'application de la norme constitutionnelle et donc des décisions de constitutionnalité et par là même à réduire leur effectivité.

II / Les obstacles politiques et les résistances institutionnelles

Le développement considérable de la jurisprudence du Conseil constitutionnel depuis les années 1980 devait conduire nécessairement à un choc en retour, c'est-à-dire à une résistance du « milieu » aux prescriptions constitutionnelles de toute nature. Les résistances des milieux politiques, qui s'exacerbent chaque fois qu'une décision du Conseil vient contrer une volonté politique clairement affirmée le montre à l'évidence, comme en 1982 pour les nationalisations, en 1986 par le garde des Sceaux A. Chalandon, ou en 1993 à propos du droit d'asile. Immédiatement, le discours politique reprend ses droits et se retranche derrière la souveraineté parlementaire en dénonçant l'illégitimité du Conseil constitutionnel.

V. sur la question de la légitimité du Conseil constitutionnel : G. Drago, B. François, N. Molfessis (dir.), *La légitimité de la jurisprudence du Conseil constitutionnel*, colloque de Rennes, Économica, 1998, en particulier les contributions de : Y. Poirmeur, Le Conseil constitutionnel protège-t-il véritablement les droits de l'homme ? ; M.-J. Redor, La démocratie dans la jurisprudence du Conseil constitutionnel et dans ses représentations ; D. Rousseau, La jurisprudence constitutionnelle : quelle « nécessité démocratique » ? V. aussi *supra*, titre I, chapitre III, La légitimité de la juridiction constitutionnelle.

Les résistances institutionnelles sont aussi, de façon moins visible sans doute, des résistances politiques. Lorsque les institutions de la République, Parlement et Exécutif, se mettent d'accord pour ne pas poser la question de constitutionnalité, c'est-à-dire pour ne pas saisir le Conseil constitutionnel d'une loi votée à la suite d'un accord politique dépassant les clivages politiques, ou de l'abstention de prises de position politiques, il y a atteinte portée à l'effectivité de la Constitution et donc à celle du Conseil constitutionnel puisque celui-ci ne peut s'autosaisir. L'absence de saisine du Conseil à propos de la loi Gayssot du 13 juillet 1990, réprimant les actes de racisme (v. Les réflexions de D. Maus, *RFDC*, n° 4, 1990, p. 725 ; P. Avril et J. Gicquel, *Pouvoirs*, n° 56, 1991, p. 204), la même abstention pour le nouveau Code pénal de 1993, sont des phénomènes inquiétants d'accord politique qui peut conduire à une législation liberticide, en présence d'une juridiction constitutionnelle qui ne peut intervenir.

De même, les résistances institutionnelles utilisent les mécanismes constitutionnels que sont le recours à la loi référendaire, expression directe de la souveraineté nationale et que le Conseil constitutionnel se refuse à contrôler (n° 62-20 DC, 6 novembre 1962 ; n° 92-313 DC, 23 septembre 1992) ou la révision constitutionnelle en 1993, après l'invalidation partielle de la loi relative à l'immigration dans ses dispositions concernant le droit d'asile (n° 93-325 DC, 13 août 1993, *Rec.*, 224) qui a conduit à la loi constitutionnelle du 25 novembre 1993 insérant dans la Constitution un nouvel article 53-1, conforme aux intentions initiales du Gouvernement, non sans que le Premier ministre n'en profite en ouvrant le débat relatif à cette révision constitutionnelle pour se livrer à une critique solennelle du pouvoir d'interprétation créatrice du Conseil en concluant son propos en déclarant au Congrès :

> « De la même manière qu'il est légitime pour le pouvoir législatif de préciser à l'attention des juges administratifs ou judiciaires le sens d'une loi, il est légitime pour le pouvoir constituant, dont vous êtes les dépositaires, de dire lui-même quel est le contenu exact d'une disposition constitutionnelle. Nul n'est aussi qualifié que lui, c'est-à-dire que vous pour le faire » (cité par D. Maus, *RFDC*, n° 17, 1994, p. 91).

Ces deux voies, prévues par la Constitution, sont parfaitement légitimes mais il n'en demeure pas moins que l'effectivité de la décision de constitutionnalité est d'autant plus réduite que la norme constitutionnelle est « sublimée ».

Sur ce débat (infini !) concernant les limites du pouvoir du Conseil constitutionnel v. les actes du colloque de Rennes *La légitimité de la jurisprudence du Conseil constitutionnel*, Économica, 1998, en particulier les rapports généraux de L. Favoreu et F. Terré, Dans le prolongement des débats de ce colloque v. le débat des mêmes : Quelle place pour le Conseil constitutionnel, *La vie judiciaire*, n° 2648, 12 janvier 1997 ; v. aussi L. Favoreu, La légitimité du Conseil constitutionnel tient à ce qu'il n'a pas le dernier mot, *Le Figaro*, 27 août 1993 ; J. Foyer et F. Terré, Le peuple, juge constitutionnel, *Le Figaro*, 30 juillet 1996, et la réponse de D. Maus, Le Conseil constitutionnel, arbitre légitime, *Le Figaro*, 3 septembre 1996.

BIBLIOGRAPHIE

V. surtout la bibliographie citée en titre III, chap. II, Le contrôle de constitutionnalité des lois.

Sur les méthodes du Conseil constitutionnel : Blanquer (J.-M.), *Les méthodes du juge constitutionnel*, thèse, Paris II, 1993 ; Drago (G.), *L'exécution des décisions du Conseil constitutionnel*, Économica-PUAM, 1991.

Sur l'évolution de la jurisprudence du Conseil constitutionnel et de l'institution elle-même : Favoreu (L.), *La politique saisie par le droit*, Économica, 1988 ; id., Crise du juge et contentieux constitutionnel français, in *La crise du juge*, éd. Story-Scientia-LGDJ, 1990, p. 61 et s. ; id., *La légitimité du juge constitutionnel*, *RIDC*, 1994, p. 557 et s. ; Genevois (B.), L'influence du Conseil constitutionnel, *Pouvoirs*, n° 49, 1989, p. 47 et s. ; id., La jurisprudence du Conseil constitutionnel est-elle imprévisible ?, *Pouvoirs*, n° 59, 1991, p. 129 et s. ; Hamon (L.), *Les juges de la loi. Naissance et rôle d'un contre-pouvoir : le Conseil constitutionnel*, Fayard, 1987 ; Meunier (J.), *Le pouvoir du Conseil constitutionnel. Essai d'analyse stratégique*, LGDJ-Bruylant, 1994 ; Chevallier (J.) (dir.), *Droit et politique*, PUF, 1993, en particulier : I. Le constitutionnalisme ; Pantou (E.), *La notion de juridictionnelle dans la doctrine française. Essai d'analyse critique*, thèse, Paris X, 1988 ; Werner (A.), Le Conseil constitutionnel et l'appropriation du pouvoir constituant, *Pouvoirs*, n° 67, 1993, p. 117 et s. V. aussi le dossier « le droit contre la politique », *Le débat*, n° 64, 1991, p. 149 et s. avec les contributions de M. Guénaire, L. Favoreu, S. Rials, D. Rousseau, M. Troper.

Sur la jurisprudence des réserves d'interprétation : Favoreu (L.), La décision de constitutionnalité, *RIDC*, 1986, p. 622 ; Drago (G.), *L'exécution des décisions du Conseil constitutionnel*, *op. cit.*, p. 149 et s. et p. 226 et s. ; Di Manno (T.), *Le juge constitutionnel et la technique des décisions « interprétatives » en France et en Italie*, Économica-PUAM, 1997 ; id., L'influence des réserves d'interprétation, in *La légitimité de la jurisprudence du Conseil constitutionnel*, colloque de Rennes, Économica, 1998 ; Moderne (F.), La déclaration de conformité sous réserve, in *Le Conseil constitutionnel et les partis politiques*, Économica-PUAM, 1988, p. 93 et s. ; Viala (A.), *Les réserves d'interprétation dans la jurisprudence du Conseil constitutionnel*, thèse, Montpellier I, 1998 ; pour un point de vue critique : Lavroff (D.-G.), Le Conseil constitutionnel et la norme constitutionnelle, *Mél. G. Peiser*, PUG, 1995, p. 347 et s.

Sur la décision du Conseil constitutionnel : Favoreu (L.), La décision de constitutionnalité, *RIDC*, 1986, p. 611 ; id., Légalité et constitutionnalité, *Les cahiers du Conseil constitutionnel*, n° 3, 1997, p. 73 et s. ; Moderne (F.), Complémentarité et compatibilité des décisions du Conseil constitutionnel et des arrêts du Conseil d'État ?, *Conseil constitutionnel et Conseil d'État*, LGDJ, 1988, p. 313 et s. ; Vedel (G.), Excès de pouvoir législatif et excès de pouvoir administratif, *Les cahiers du Conseil constitutionnel*, n° 1, 1996, p. 57 et s. et n° 2, 1997, p. 77 et s.

Chapitre II

LE CONTRÔLE DE CONSTITUTIONNALITÉ DE LA LOI PROMULGUÉE (L'EXCEPTION D'INCONSTITUTIONNALITÉ)

Le poète grec Hésiode raconte dans *Les travaux et les jours* que Pandore, la première femme de l'humanité, créée sur l'ordre de Zeus, ouvrit, dévorée par la curiosité, la fameuse boîte d'où s'échappèrent tous les maux humains (v. sur ce mythe : P. Grimal, *Dictionnaire de la mythologie grecque et romaine*, PUF, 1969, p. 34). L'introduction en France de l'exception d'inconstitutionnalité pourrait-elle être considérée comme l'ouverture d'une nouvelle boîte de Pandore, juridique celle-là, aux effets néfastes sur notre ordre juridique ? La question ainsi posée, pour brutale qu'elle soit, ne mériterait sans doute qu'une réponse indignée si on s'arrêtait à une analyse portant sur les progrès de l'État de droit, auxquels l'exception d'inconstitutionnalité contribuerait grandement, pour une meilleure défense des libertés et des droit fondamentaux des citoyens.

En effet, le discours officiel sur ce sujet, depuis qu'il en est question, souligne les avantages de l'introduction dans notre ordre juridique d'un tel système de contrôle de constitutionnalité, sans pour autant abandonner les mécanismes existants. Un sondage indiquait d'ailleurs en 1990 que 71 % des Français étaient favorables à une telle initiative (*Le Figaro*, 18 avril 1990). L'idée en a été officiellement lancée par le président de la République, le 14 juillet 1989, point culminant des cérémonies du bicentenaire de la Révolution française, lors d'un entretien télévisé en déclarant : « Je souhaiterais que tout Français puisse s'adresser au Conseil constitutionnel lorsqu'il estime qu'un droit fondamental est méconnu. » Lors des cérémonies officielles relatives au bicentenaire de la Déclaration des droits de l'homme et du citoyen, le 26 août 1989, le président de la République avait encore souligné son souhait d'une telle réforme. Cette idée avait été énoncée quelques mois plus tôt par Robert Badinter, alors président du Conseil constitutionnel (*Le Monde*, 3 mars 1989).

V. aussi l'entretien de M. Badinter, *Le Figaro*, 30 août 1989, qui reprend les mêmes idées. V. également, entre autres : M. Kajman, L'avenir d'une vieille idée, *Le Monde*, 14 septembre 1989 ; J. Barrot, Une réforme pour de bon, *Le Monde*, 25 octobre 1989 ; G. Vedel, Réforme de la Constitution : ni gadget, ni révolution, *Le Monde*, 6 avril 1990. Pour une liste complète des articles de presse au moment de la réforme v. *RFDC*, n° 3, 1990, p. 569-571 et n° 4, 1990, p. 615-617.

Destiné à combler une « lacune », selon les termes de l'exposé des motifs, le projet de loi constitutionnelle déposé le 30 mars 1990 à l'Assemblée nationale a pour objet « d'instituer un contrôle par voie d'exception de la constitutionnalité des lois qui concernent les droits fondamentaux et les garanties accordées à toute personne pour l'exercice des libertés publiques (...) pour permettre désormais à tout justiciable d'être directement associé à la protection juridique de ses droits fondamentaux » (*AN*, IXe législature, Doc. n° 1203). Le projet ne put aboutir en 1990 mais l'idée restait dans les esprits et le Comité consultatif pour la révision de la Constitution présidé par le doyen Georges Vedel reprit à l'identique le projet de 1990 dans son rapport remis au président de la République le 15 février 1993 (*Propositions pour une révision de la Constitution*, La Documentation française, 1993, p. 77). Le 10 mars 1993, c'est-à-dire à l'extrême fin de la législature, un projet de révision constitutionnelle fut déposé qui reprenait les principes des projets précédents. Il fut abandonné par la nouvelle majorité, à la demande du Gouvernement en mai 1993 (*AN*, projet de loi constitutionnelle n° 231).

L'économie générale de ces projets était quasiment identique. Il s'agissait de mettre en place un contrôle par voie d'exception de la loi promulguée selon le mécanisme suivant : une question de constitutionnalité était soulevée par un particulier devant une juridiction ordinaire, judiciaire ou administrative, à l'occasion d'un procès, question mettant en cause la constitutionnalité d'un texte de loi applicable à l'espèce, pour en demander la non-application à ce litige. La juridiction saisie devait apprécier le « sérieux » de la demande et dans l'affirmative renvoyer, selon les cas, au Conseil d'État ou à la Cour de cassation, chargés d'apprécier si la question de constitutionnalité était manifestement bien fondée. Si celle-ci était reconnue comme telle la haute juridiction saisie devait alors renvoyer la question au Conseil constitutionnel chargé d'examiner la constitutionnalité de la disposition de loi contestée. Si l'inconstitutionnalité était relevée, la disposition législative disparaissait de l'ordonnancement juridique et n'était plus applicable ni à l'instance en cours, ni de façon générale avec effet *ex nunc*.

Ces projets posent en préalable une question terminologique qu'il faut relever. Ils utilisent la formule « exception d'inconstitutionnalité » alors qu'il s'agit de « question préjudicielle de constitutionnalité » ainsi que l'a relevé pertinemment un auteur (Th. S. Renoux, L'exception, telle est la question, *RFDC*, n° 4, 1990, p. 651 et s. ; v. aussi H. Roussillon, *Le Conseil constitutionnel*, 3e éd., Dalloz, 1996, p. 88), parce que les exceptions portent sur des questions procédurales alors que la question de constitutionnalité est une question au fond. Il s'agit alors plutôt d'une procédure incidente de contrôle de constitutionnalité de la loi. Si donc on parle ici d'exception d'inconstitutionnalité ce sera par simple commodité de langage.

L'idée d'instaurer un tel type de contrôle n'est pas, en réalité, tout à fait nouvelle. Des auteurs classiques avaient déjà posé la question de l'introduction dans notre système juridictionnel du contrôle de constitutionnalité. Mais ce débat était largement conditionné et partiellement mal posé d'une part, du fait des conceptions juridiques et philosophiques donnant à la loi, expression de la volonté générale, une toute-puissance que rien ne devait contrer. D'autre part, la référence quasi exclusive au modèle américain de justice constitutionnelle, c'est-à-dire à celui de la Cour suprême, donnait peu de prise à ce débat, dans le cas du système français connaissant la dualité d'ordres juridictionnels. Le modèle de la Cour suprême était donc rejeté d'emblée et avec lui, l'exception d'inconstitutionnalité (v. L. Favoreu, *Les cours constitutionnelles*, 3e éd., PUF, 1996, p. 6 et s.). Cependant, dès cette époque, la question était posée en raisonnant sans référence directe au modèle américain ou même autrichien mais en partant des données existantes du système juridictionnel français (v. *supra*, titre II, chap. I, Histoire du contrôle de constitutionnalité en France). On verra que ce débat est encore ouvert aujourd'hui, nonobstant les projets de loi constitutionnelle des années 1990-1993. Avant même le dépôt de ces projets, certains spécialistes de droit public s'étaient d'ailleurs exprimés sur cette question, certains en formulant des réserves, d'autres en proposant d'utiliser certains instruments juridiques existants.

V. revue *Commentaire*, n° 35 et 36, 1986, respectivement, p. 413 et s. et p. 682 et s. ; G. Conac et D. Maus (dir.), *L'exception d'inconstitutionnalité. Expériences étrangères, situation française*, éd. STH, 1990 ; F. Chevallier, L'exception d'inconstitutionnalité et la construction de la Communauté européenne, *D*, 1988, chron., p. 255 et s. ; J.-Y. Chérot, L'exception d'inconstitutionnalité devant le Conseil constitutionnel, *AJDA*, 1982, p. 59 et s. ; R. Drago, entretien avec F. Froment-Meurice, *Institut La Boétie. La Revue*, 1989, n° 3,

p. 11 et s. ; F. Delpérée (dir.), *Le recours des particuliers devant le juge constitutionnel*, Économica et Bruylant, 1991.

La question de l'utilité d'une telle réforme paraît à première vue ne pas se poser sur le plan de la défense des droits fondamentaux et des libertés individuelles. Il apparaîtrait en effet que la possibilité de faire référence, pour tout justiciable, à cette norme juridique fondamentale qu'est notre Constitution, devrait être considérée comme une avancée dans la protection juridique dont tout citoyen profiterait, ceci d'autant plus que le bloc de constitutionnalité s'enrichit constamment grâce à la jurisprudence du Conseil constitutionnel. Sur ce plan, il faudrait donc considérer cette réforme comme une bonne chose. Mais ce discours ne fait pas la part de la résistance à l'influence des cours constitutionnelles, tant sur le plan politique qu'institutionnel, en particulier par les juridictions ordinaires qui peuvent y voir une réduction de leurs prérogatives. De même, la doctrine ne manque pas d'être divisée sur le sujet.

Mais il est certain que cette réforme irait dans le même sens que les évolutions des modalités de contrôle dans la plupart des pays dotés d'un contrôle de constitutionnalité de la loi. C'est d'ailleurs une des raisons développées dans l'exposé des motifs du projet de loi constitutionnelle de 1990 :

« cette lacune (l'absence de contrôle par voie d'exception) n'est plus acceptable dans un pays comme la France. Elle l'est d'autant moins que dans un nombre croissant d'États européens le problème a été résolu grâce à l'instauration, par leur Constitution, d'un double contrôle de constitutionnalité, exercé par voie d'exception, à l'occasion d'une procédure juridictionnelle, à l'initiative des parties ou des juges ».

En présentant les projets de révision constitutionnelle des années 1990-1993, on veut soulever quelques interrogations plus générales, apporter peut-être quelques réponses, tout en reconnaissant que celles-ci ne peuvent qu'être partielles, au sujet d'une réforme qui n'a pas abouti et qui ne semble pas à l'ordre du jour constitutionnel. De plus, l'exercice du droit prospectif est toujours périlleux puisque les faits futurs risquent de démentir les opinions exprimées ici. Cette réforme sera-t-elle un jour votée en définitive ? On est dans l'expectative, puisque le projet est actuellement abandonné dans sa forme dernière mais les principes demeurent au fond les mêmes dans les différents textes.

Ces réflexions veulent également se dégager de l'ensemble du débat politique ouvert à l'occasion de cette réforme, débat qui n'est d'ailleurs pas sans présenter des arrière-pensées qui n'ont rien à voir avec la discussion juridique de fond sur cette question et qui concerne la légitimité du contrôle de constitutionnalité.

Sur le débat politique engendré par le projet v. l'analyse de C. Castano, L'exception d'inconstitutionnalité : la contrainte du droit, la force du politique, *RFDC*, 1990, p. 631 ; D. Maus, Les forces politiques face à l'exception, in *L'exception d'inconstitutionnalité*, précité, p. 91 ; C. Restier-Melleray, Opinion publique et démocratie. Les débats parlementaires et la réforme de la saisine du Conseil constitutionnel, *RDP*, 1991, p. 1039 et s. V. aussi *supra*, titre I, chapitre III, La légitimité de la juridiction constitutionnelle.

Il ne s'agit donc pas ici de faire seulement une présentation des projets de loi constitutionnelle, qui serait uniquement linéaire. On veut surtout étudier les questions qui risquent de se poser, une fois une telle réforme entrée en vigueur, si cela est un jour le cas. En l'état actuel des projets, il est difficile de faire une présentation absolument cohérente des textes, qui ont d'ailleurs subi des modifications lors des discussions parlementaires, parfois assez incohérentes. On utilisera donc les versions initiales des différents projets et on s'attachera à dégager les principes qui seraient ceux d'un tel contrôle, en laissant de côté ce qui ne relève pas strictement des procédures d'exception, comme par exemple les modifications proposées par le Sénat concernant la nomination du président de Conseil constitutionnel, les fonctions de membre du Conseil, ou le régime des incompatibilités.

Il faut cependant éviter l'écueil d'une présentation qui serait celle des projets de révision constitutionnelle relatifs à l'exception d'inconstitutionnalité. Le contrôle de la loi promulguée est déjà une réalité en droit constitutionnel français. C'est cette réalité qu'il faut d'abord décrire avant de présenter les réflexions qu'inspire les projets constitutionnels.

La réflexion concernant l'exception d'inconstitutionnalité s'orientera donc dans deux directions. D'une part, sera présenté l'état du droit positif en la matière (section 1). D'autre part, seront présentées les perspectives de développement de l'exception d'inconstitutionnalité tant par les projets de 1990-1993, que d'un point de vue prospectif (section 2).

SECTION 1
Le droit positif

Avant même le projet de 1990 la question du contrôle de constitutionnalité par une autre voie que le contrôle *a priori* était déjà posée, en jurisprudence et par la doctrine, parfois la plus classique (v. *supra*, titre I, chap. I, Histoire d'un débat : l'introduction en France du contrôle de constitutionnalité). Mais plus généralement, c'est le contrôle de la loi promulguée qui avait connu des développements importants et qui demeurent actuels.

Le débat sur le contrôle de la loi promulguée effectué par le Conseil constitutionnel est celui du sens et de la portée de l'article 61 de la Constitution qui définit les éléments du contrôle préventif. Ce débat a été largement ouvert par la doctrine dans plusieurs analyses (J.-Y. Chérot, L'exception d'inconstitutionnalité devant le Conseil constitutionnel, *AJDA*, 1982, p. 59 et s. ; J. Trémeau, La caducité des lois incompatibles avec la Constitution, *AIJC*, 1990, p. 219 et s.). La Constitution, en mettant en place un contrôle préventif de la constitutionnalité des lois, c'est-à-dire avant toute promulgation, interdit de fait tout contrôle de la loi promulguée, sous les réserves qu'on va voir. Mais cette question n'est pas la seule à se poser à propos des lois promulguées. En effet, la Constitution est la norme supérieure de l'ordre juridique, y compris pour les lois promulguées antérieurement à son entrée en vigueur. Il s'agit simplement ici d'appliquer deux critères de suprématie de la Constitution, sa supériorité dans la hiérarchie des normes juridiques par rapport à la loi, son caractère de norme plus récente qui l'emporte sur la loi ancienne selon la règle générale *lex posterior derogat priori*. Ces deux critères sont nécessairement cumulatifs pour la loi antérieure à la Constitution. Pour les lois promulguées depuis l'entrée en vigueur de la Constitution de 1958, le critère hiérarchique joue évidemment mais l'application du second critère ne vaut que pour les conflits de lois entre elles. Au regard du contrôle de constitutionnalité, l'enjeu est alors de savoir comment des lois promulguées sans avoir été soumises au Conseil constitutionnel peuvent se trouver soumises à une appréciation de constitutionnalité.

D'une façon plus générale, il faut présenter la position du juge ordinaire à l'égard du contrôle de constitutionnalité de la loi, puis celle du Conseil constitutionnel à l'égard des loi promulguées.

I / La position du juge ordinaire

Il ne s'agit pas ici de montrer comment le juge ordinaire se fait l'interprète de la juridiction constitutionnelle en appliquant les décisions de celle-ci, selon un principe d'exécution tiré de l'article 62 de la Constitution (v. sur ce point *infra*, titre IV, chap. III, La réception des décisions du Conseil constitutionnel par les autorités administratives et les ordres juridictionnels). Il s'agit d'expliquer dans quelles conditions le juge ordinaire a pu accepter ou le plus souvent refuser d'écarter une loi en tant que norme de référence de jugement parce qu'elle lui apparaissait contraire à la Constitution. On peut présenter la position du juge ordinaire, administratif ou judiciaire, en deux temps : d'une part, son refus de contrôler directement la constitutionnalité de la loi (A), d'autre part, son admission d'un contrôle de la caducité de la loi (B).

A | LE REFUS DE CONTRÔLER LA CONSTITUTIONNALITÉ DE LA LOI

Historiquement, la Constitution peut être, pour le juge ordinaire, une norme de référence de jugement. Plusieurs analyses historiques de jurisprudence montrent que le juge ordinaire, administratif ou judiciaire, s'est servi de la norme constitutionnelle pour sanctionner une violation d'actes réglementaires ou de jugements à la Constitution.

V. en particulier : G. Bigot, *L'autorité judiciaire et le contentieux de l'administration. Vicissitudes d'une ambition 1800-1872*, thèse, Rennes I, 1997, 826 p. (spéc. p. 319 et s.) ; J.-L. Halpérin, *Le Tribunal de cassation et les pouvoirs sous la Révolution (1790-1799)*, LGDJ, 1987 ; id., La Constitution de 1791 appliquée par les tribunaux, *in* J. Bart, J.-J. Clere, C. Courvoisier, M. Verpeaux (dir.), *1791. La première Constitution française*, Économica, 1993, p. 369 et s. ; J.-L. Mestre, La signification de la loi des 7-14 octobre 1790, *EDCE*, n° 43, 1991, p. 292 et s. ; id., La Cour de cassation et le contrôle de constitutionnalité. Données historiques, *La Cour de cassation et la Constitution de la République*, PUAM, 1995, p. 39 et s. ; id., Les juridictions judiciaires et l'inconstitutionnalité des ordonnances royales de la Restauration au Second Empire, *RFDC*, n° 15, 1993, p. 451 et s. ; *id.*, L'inconstitutionnalité des actes réglementaires de 1814 à 1851, *in* F. Burdeau (dir.), *Administration et droit*, LGDJ, 1995 ; S. Ségala, Le Conseil d'État de 1791 et l'annulation d'actes administratifs pour illégalité et inconstitutionnalité, *RRJ. Droit prospectif*, 1993, n° 2, p. 551 et s.

Même si elle y est poussée par les juridictions inférieures, la Cour de cassation en particulier est attentive à ne pas heurter de front le pouvoir législatif en se servant de la Constitution. Par exemple, le Tribunal (puis la Cour) de cassation accepte de casser des jugements pour violation de la Constitution, il le fait en s'appuyant sur l'article 27 du chapitre V du titre III selon lequel le tribunal peut annuler « les actes par lesquels les juges auraient excédé les bornes de leur pouvoir », ou plus tard, dans la défense des fonctionnaires, en utilisant l'article 75 de la Constitution de l'an VIII (v. les jurisprudences citées par J.-L. Halpérin ou J.-L. Mestre, art. et contrib. préc.). A l'égard des actes réglementaires, la Cour de cassation accepte de casser des ordonnances royales ou des décrets impériaux pour cause d'inconstitutionnalité (J.-L. Mestre, contribution précitée, p. 39 et s.). Mais les juges ordinaires refusent très largement d'exercer un contrôle de la loi au regard de la Constitution et ceci, avec une constance presque sans rupture depuis les débuts de la Révolution. Ce refus est motivé par des dispositions expresses interdisant aux juges de suspendre, d'empêcher l'exécution des lois ou de s'immiscer dans l'exercice du pouvoir législatif (loi des 16 et 24 août 1790, art. 10 et 12 ; Const. 1791, titre III, chap. V, art. 3 ; Const. an III, art. 203). Ainsi le Tribunal de cassation casse une décision d'un tribunal criminel refusant d'appliquer une loi en considérant, par principe, « que les termes absolus dans lesquels est conçue pour les corps administratifs et judiciaires la défense d'arrêter ou de suspendre l'exécution des lois, ne peuvent admettre ni exception ni prétexte » (18 fructidor an V [4 septembre 1797], *Jurisprudence générale Dalloz*, 1853, t. 30, V^e lois, p. 196, note 1, cité par J.-L. Mestre, contrib. préc., p. 47 ; v. aussi F. Luchaire, *Le Conseil constitutionnel*, 1re éd., Économica, 1980, p. 15). Après une jurisprudence d'une constance remarquable (v. par exemple Cass. crim., 11 mai 1833, *Paulin*, *S*, 1833.1.358), ce n'est que dans deux arrêts de 1851 que la Cour de cassation accepte de se prononcer sur la constitutionnalité d'une loi prise en application, non d'une constitution antérieure, mais de la Constitution de 1848 alors en vigueur, d'ailleurs pour en reconnaître la conformité à la Constitution (Cass. crim., 15 mars 1851, *D*, 1851.1.142 ; 17 novembre 1851, *S*, 1851.1.707). Mais il faut souligner que lorsque la constitution a confié à un organe particulier, comme le Sénat sous le Ier et le IIe Empire, la garde du « pacte fondamental » qu'est la Constitution, le juge s'interdit tout contrôle de la loi. On comprend alors que la jurisprudence de 1851 ait été éphémère, énoncée peu avant le coup d'État du 2 décembre 1851 (sur les circonstances politiques de cette jurisprudence v. J.-L. Mestre, p. 59 et s.).

Par la suite, sous les régimes républicains, la Cour de cassation s'en est tenue à sa jurisprudence classique refusant d'exercer un contrôle de constitutionnalité de la loi (v. par exemple, Cass. crim., 26 février 1974, *D*, 1974, J. 273 et s., concl. Touffait, note Vouin ; v. la jurisprudence citée par : F. Luchaire, *op. cit.*, p. 15 ; D. Turpin, *Contentieux constitutionnel*, PUF, coll. « Droit fondamental », 2e éd., 1994, n° 13).

Quant au Conseil d'État il a toujours maintenu une position selon laquelle l'inconstitutionnalité de la loi « en l'état actuel du droit public français, n'est pas un moyen de nature à être discuté devant le Conseil d'État statuant au contentieux » (CE, Sect., 6 novembre 1936, *Arrighi* et *Dame Coudert* [deux arrêts], *D*, 1938.3.1, concl. Latournerie, note C. Eisenmann ; 23 mai 1901, *Delarue*, *Rec.*, 481 ; v. jurisprudence citée par

F. Luchaire, *op. cit.*, p. 15 ; B. Genevois, *La jurisprudence du Conseil constitutionnel*, précité, n° 26), même si dans une interprétation originale et célèbre Maurice Hauriou avait pu voir dans les arrêts *Winkell* (CE, 7 août 1909, *Rec.*, 826 et 1296 concl. Tardieu ; *S*, 1909.III.145, concl., note Hauriou ; *GAJA*, n° 23), *Tichit* (CE, 1er mars 1912, *Rec.*, 302 ; *S*, 1913.III.137, note Hauriou), et *Heyriès* (CE, 28 juin 1918, *Rec.*, 651 ; *S*, 1922.III.49, note Hauriou ; *GAJA*, n° 35), l'exercice d'un contrôle de constitutionnalité au regard de principes constitutionnels tels que celui de la continuité des services publics (*Précis de droit constitutionnel*, Sirey, 1929, p. 284 et s.).

Il est difficile de tirer des conclusions générales de ces différentes jurisprudences, sur une aussi longue période et parfois justifiées par des considérations de politique générale ou rendues au regard de règles constitutionnelles fort différentes. On peut cependant dire que ce refus de contrôler la constitutionnalité de la loi est principalement fondé soit sur une interdiction inscrite dans la Constitution, soit au regard de la compétence générale de contrôle donnée au juge qui exclut de remettre en cause la loi. C'est donc selon le principe de la hiérarchie des normes que ce contrôle est exclu.

B | L'EXCEPTION DE CADUCITÉ

La question se pose en ces termes : la Constitution, à compter de son entrée en vigueur, met-elle en place un ordre juridique nouveau qui rend les normes issues de l'ordre juridique précédent caduques ? Et si cette assertion est exacte, doit-on permettre à tout juge de constater cette caducité et d'écarter par voie de conséquence les lois non conformes à l'ordre juridique issu de la nouvelle Constitution ? La doctrine la plus classique fait d'ailleurs bien la différence entre le contrôle de constitutionnalité de la loi par voie d'exception et la déclaration de caducité et défendent l'un et l'autre avec plus ou moins de vigueur selon les auteurs (sur cette question v. *supra*, titre II, chap. I, Histoire d'un débat : l'introduction en France du contrôle de constitutionnalité).

A l'égard de l'ordre juridique mis en place en 1958, et particulièrement de l'étendue du pouvoir réglementaire et du pouvoir législatif définie par les articles 34 et 37 de la Constitution, le Conseil d'État a ainsi eu l'occasion de constater que des textes antérieurs à 1958, réservant certaines matières au législateur, devaient être regardés comme abrogés. Ainsi en est-il de l'article 4 du Code pénal, dans la rédaction de 1810, prévoyant que nulle contravention ne peut être punie de peines qui n'aient été prononcées par la loi (CE, Sect., 12 février 1960, *Société Eky*, *Rec.*, 101 ; *S*, 1960.2.131, concl. Kahn ; *D*, 1960, J. 236, note L'Huillier ; *JCP*, 1960.II.11629 *bis*, note Vedel). Ainsi en est-il encore de l'article 470 du Code pénal prévoyant entre autres la confiscation des choses saisies en contravention (CE, 2 octobre 1981, *Mama M'Bodj*, *Rec.*, 345). Ainsi en est-il enfin des principes de la loi du 17 août 1948, depuis la distinction introduite par les articles 34 et 37 de la Constitution (CE, 10 mai 1972, *Fédération nationale des syndicats d'ingénieurs et assimilés*, *Rec.*, 350). Les mêmes effets sont produits par l'application des principes du changement de circonstances, à propos des dispositions réglementaires prises en application du pouvoir législatif détenu alors outre-mer par le président de la République.

CE, Ass. 22 janvier 1982, *Ah Won* et *Butin* (deux arrêts), *Rec.*, 27 et 33 ; *RDP*, 1982, p. 816, note R. Drago et p. 822, concl. Bacquet ; *D*, 1983, *IR*, 235, obs. P. D. ; *JCP*, 1983.II.19968, note Barthélémy ; *Rev. adm.*, 1982, p. 390, note Pacteau. V. aussi, plus récemment la question de la compatibilité d'un décret de 1937 au Préambule de 1946.

Le juge judiciaire s'en tient à une position plus radicale qui est celle du refus de constater la caducité des lois antérieures à 1958, parfois pour des raisons pratiques qui peuvent être celles d'un vide législatif qui serait créé par la déclaration de caducité (Cass. crim., 1er juillet 1959, *Bull. crim.*, nº 335), le plus souvent pour des raisons de principe en déclarant par exemple, pour la Cour de cassation, « qu'il n'appartient pas aux tribunaux judiciaires de relever l'inconstitutionnalité des lois, quelle que soit la date de leur promulgation » (Cass. crim., 18 novembre 1985, *Bull. crim.*, nº 359). Selon certains membres de la Cour de cassation, pratiquer l'exception de caducité reviendrait pour des lois de plus en plus anciennes à pratiquer un contrôle de plus en plus hardi, parfois même en avance sur la jurisprudence du Conseil constitutionnel.

M. Jéol, Les techniques de substitution, *La Cour de cassation et la Constitution de la République*, précité, spéc. p. 71. V. aussi J. Trémeau, art. préc., p. 273 et s. ; G. Druesne, La jurisprudence constitutionnelle des tribunaux judiciaires sous la Ve République, *RDP*, 1974, p. 169 et s. ; L. Favoreu, La constitutionnalisation du droit pénal et de la procédure pénale. Vers un droit constitutionnel pénal, *Droit pénal contemporain, Mél. André Vitu*, Cujas, 1989, p. 169 et s.

Un dernier argument est soutenu par la doctrine (T. Renoux, *D*, 1986, p. 425 ; F. Luchaire et G. Conac, *Le droit constitutionnel de la cohabitation*, p. 266) en interprétant l'article 62 de la Constitution qui énonce que « une disposition déclarée inconstitutionnelle ne peut être promulguée ni mise en application ». Il tire de ces derniers mots la possibilité pour le juge chargé d'appliquer la loi la possibilité de l'écarter si celle-ci est devenue caduque. Mais cette interprétation, très extensive, ne peut être retenue car les mots « mise en application » s'adressent en réalité aux Règlements des assemblées parlementaires qui ne font pas l'objet d'une promulgation mais d'une simple mise en application au sein de chaque assemblée (G. Drago, *L'exécution des décisions du Conseil constitutionnel*, Économica-PUAM, 1991, p. 31 ; B. Genevois, *AIJC*, 1989, p. 475).

Les divergences entre la jurisprudence administrative et la jurisprudence judiciaire relatives à l'admission de l'exception de caducité comme moyen d' « épurer l'ordre juridique », selon l'expression de M. Trémeau, ne sont pas probants, dans la mesure où acceptée par les uns et rejetée par les autres, elle ne peut conduire qu'à des divergences graves de jurisprudence. En réalité, si l'exception de caducité peut encore servir pour apurer l'ordre juridique antérieur à 1958, le nombre de lois susceptibles d'être soumises à cet exercice jurisprudentiel est nécessairement en réduction progressive du fait des modifications et abrogations successives. Cette technique ne peut donc avoir, à terme, qu'un caractère résiduel même s'il ne faut pas la rejeter. Il faut conclure au dépassement de cette technique, ce à quoi l'évolution des juridictions suprêmes de chaque ordre pousse de fait, par l'application d'un « contrôle implicite de la constitutionnalité des lois » (M. Jéol) en exécution des principes tirés de la jurisprudence du Conseil constitutionnel (v. *infra*, chap. III).

II / La position du Conseil constitutionnel

A première vue, la compétence de contrôle de constitutionnalité de la loi conférée au Conseil constitutionnel par l'article 61 de la Constitution ne devrait pas le conduire à exercer un contrôle de la loi promulguée. Pourtant, après plusieurs hésitations, le Conseil a admis de pouvoir exercer, dans certaines conditions, un contrôle des lois déjà promulguées. Cette modification jurisprudentielle résulte de la décision n° 85-187 DC du 25 janvier 1985, *État d'urgence en Nouvelle-Calédonie*.

A | LA JURISPRUDENCE ANTÉRIEURE A 1985

Même si dans plusieurs décisions le Conseil constitutionnel avait eu l'occasion d'apprécier la compatibilité de dispositions législatives antérieures à la loi qui était soumise à son contrôle, il ne s'était pas véritablement prononcé dans un sens particulier sur ces lois antérieures au contenu proche ou modifié par la loi nouvelle (C. const., n° 75-56 DC, 23 juillet 1975, *Rec.*, 22 ; n° 80-120 DC, 17 juillet 1980, *Rec.*, 39 ; n° 80-125 DC, 19 décembre 1980, *Rec.*, 51, citées in *GDCC*, p. 603). Dans ces décisions, seules les dispositions nouvelles étaient examinées, sans conséquence sur les dispositions comparables déjà existantes ou sur la loi modifiée.

Mais dans une décision de principe, le Conseil allait préciser sa compétence à l'égard des lois déjà promulguées, à l'occasion du contrôle d'une loi en modifiant le contenu. Dans sa décision n° 78-96 DC du 27 juillet 1978, *Monopole de la radio et de la télévision* (*Rec.*, 29), le Conseil n'accepta pas de remettre en cause les lois du 3 juillet 1972 et du 7 août 1974 qui réaffirmaient le monopole de l'État en matière de radio et de télévision, alors que les saisissants soutenaient que la loi nouvelle, modifiant la loi de 1974, et renforçant les sanctions pénales en cas de violation du monopole, était contraire à la liberté d'expression inscrite dans la Déclaration de 1789 et dans l'article 10 de la Convention européenne des droits de l'homme. Le Conseil ne répond pas réellement à la question de fond mais rappelle que les lois de 1972 et 1974 ont été régulièrement promulguées et considère que « la conformité à la Constitution de ces lois ne peut être mise en cause, même par voie d'exception, devant le Conseil constitutionnel dont la compétence est limitée par l'article 61 de la Constitution à l'examen des lois avant leur promulgation ; que dès lors, les requérants ne sont pas fondés à soutenir que la loi soumise à l'examen du Conseil constitutionnel, en créant des sanctions pénales pour violation d'un monopole — monopole confirmé par une loi dont la conformité à la Constitution ne peut être contestée par voie d'exception — est contraire aux dispositions de la Constitution ou à des principes de valeur constitutionnelle » (§ 4). Cette décision se situait d'ailleurs dans la même logique qu'une décision antérieure refusant de contrôler les ordonnances portant loi organique à l'occasion de leurs modifications (C. const., n° 60-6 DC, 15 janvier 1960, *Rec.*, 21). La jurisprudence ultérieure allait, jusqu'en 1985, en confirmer les principes, qu'il s'agisse même d'une demande formulée sous forme d'avis à l'occasion d'une procédure de délégalisation (n° 80-113 L, 14 mai 1980, *Rec.*, 61, § 11), d'un contrôle de la loi ordinaire (n° 84-173 DC, 26 juillet 1984, *Rec.*, 63, § 8) de celui des lois de finances (n° 80-126 DC, 30 décembre 1980, *Rec.*, 53, § 13).

B | LA JURISPRUDENCE *ÉTAT D'URGENCE EN NOUVELLE-CALÉDONIE* ET SES SUITES

Le Conseil constitutionnel va procéder à un changement d'orientation de sa jurisprudence en 1985, par la décision n° 85-187 DC du 25 janvier 1985 (*Rec.*, 43 ; *GDCC*, n° 37), à l'occasion du contrôle prorogeant l'état d'urgence en Nouvelle-Calédonie, afin d'assurer un meilleur contrôle de la loi nouvelle, par l'examen éventuel de la loi déjà promulguée ayant une incidence sur la loi soumise à l'appréciation du Conseil.

Le Gouvernement avait été dans l'obligation de proclamer l'état d'urgence dans le territoire de la Nouvelle-Calédonie en raison de troubles graves à l'ordre public. Mais, comme on le sait, la prolongation de l'état d'urgence au-delà de douze jours ne peut être décidée que par une loi, selon les règles fixées par le loi du 3 avril 1955, dans la rédaction issue de l'ordonnance n° 60-372 du 15 avril 1960. C'est d'ailleurs dans une certaine précipitation que le Gouvernement procéda à cette prorogation législative, ce qui laissa peu de temps à l'opposition pour développer un recours. Les saisissants soulevèrent le moyen selon lequel le législateur ne pouvait porter d'atteintes, même exceptionnelles et temporaires aux libertés constitutionnelles que dans les cas prévus par la Constitution ; qu'en conséquence, l'état d'urgence, à la différence de l'état de siège, n'est pas prévu par la Constitution et ne saurait donc être instauré par la loi. Ainsi, la Constitution de 1958 aurait eu pour effet d'abroger la loi du 3 avril 1955 relative à l'état d'urgence.

Le Conseil constitutionnel répond d'abord que l'article 34 de la Constitution fixe les règles concernant les garanties fondamentales accordées aux citoyens pour l'exercice des libertés publiques et qu'il appartient donc au législateur d'assurer « la conciliation nécessaire entre le respect des libertés et la sauvegarde de l'ordre public sans lequel l'exercice des libertés ne saurait être assuré » (§ 3). La Constitution de 1958 n'a donc pas exclu la compétence du législateur pour la fixation du régime juridique de l'état d'urgence et qu'elle « n'a pas eu pour effet d'abroger la loi du 3 avril 1955 relative à l'état d'urgence, qui, d'ailleurs, a été modifiée sous son empire »

(§ 4, cf. ord. 15 avril 1960) et le Conseil rejette le recours et déclare la loi prorogeant l'état d'urgence conforme à la Constitution.

Le Conseil conclut l'ensemble de sa décision par un considérant de principe ainsi rédigé :

> « Considérant que, si la régularité au regard de la Constitution des termes d'une loi promulguée peut être utilement contestée à l'occasion de l'examen de dispositions législatives qui la modifient, la complètent ou affectent son domaine, il ne saurait en être de même lorsqu'il s'agit de la simple mise en application d'une telle loi » (§ 10).

Par cette jurisprudence, le Conseil constitutionnel accepte donc de procéder au contrôle de la loi promulguée à l'occasion du contrôle d'une loi nouvelle modifiant, complétant ou affectant le domaine de la loi promulguée et seulement dans ce cas. Selon l'analyse des auteurs des *Grandes décisions du Conseil constitutionnel* (8e éd., Dalloz, p. 602) dans cette décision

> « le Conseil constitutionnel s'autorise à examiner la constitutionnalité de dispositions législatives déjà promulguées uniquement pour mettre en cause la loi non promulguée qui lui est soumise ; qu'en revanche, les dispositions promulguées dont l'inconstitutionnalité est établie ne sont pas affectées par la décision du Conseil constitutionnel. En somme, l'inconstitutionnalité des dispositions déjà promulguées ne sert qu'à mettre en cause la régularité de la loi (non promulguée) qui est contestée ; mais uniquement en ce qu'elle apporte de nouveau par rapport à la loi précédente ».

Les principes ainsi décrits auraient donc pour conséquence de ne pas réellement affecter la loi ancienne déjà promulguée. Celle-ci ne servirait que d'occasion, voire de prétexte, à l'examen de la loi nouvelle soumise au Conseil constitutionnel. Mais la conclusion d'une telle technique de contrôle conduirait à laisser nécessairement subsister la loi ancienne alors que le Conseil a pu être amené à déclarer contraire à la Constitution une disposition ayant une incidence directe sur la loi déjà entrée en vigueur. Poussant d'ailleurs ce raisonnement jusqu'au bout, le Conseil n'a-t-il pas été conduit à déclarer que lorsque la loi nouvelle ne fait que reprendre à l'identique une disposition ancienne déjà contrôlée par lui, dans sa rédaction, son contenu, ou son objet, ce dernier considère qu'il n'y a pas lieu de procéder à un examen de la constitutionnalité des dispositions de la loi nouvelle (C. const., n° 89-258 DC, 8 juillet 1989, *Rec.*, 48 ; v. pour une application particulièrement développée de ce principe : n° 96-373 DC, 9 avril 1996, *Rec.*, 43, § 5, 34, 36, 38, 40, 45, 49, 55, 58, 59, 67, 72, 75, 76, 80, 81 ! V. sur cette jurisprudence N. Molfessis, chron. de justice constitutionnelle, *Justices*, n° 5, 1997, p. 218 et s.).

Un infléchissement de la jurisprudence inaugurée en 1985 allait d'ailleurs intervenir assez rapidement. Dans sa décision n° 86-211 DC du

26 août 1986 (*Rec.*, 120, § 2), le Conseil précise que l'examen de la conformité à la Constitution des dispositions de la loi déférée au Conseil constitutionnel doit prendre en considération tant le contenu propre de cette loi que sa portée, appréciés en fonction des dispositions législatives antérieures qui demeurent en vigueur (§ 2 ; dans le même sens n° 86-215 DC, 3 septembre 1986, *Rec.*, 130, § 19 ; v. pour l'appréciation des engagements internationaux, sans remettre en cause leur validité, n° 92-308 DC, 9 avril 1992, *Rec.*, 55 ; *GDCC*, n° 45, et p. 606). S'il ne s'agit pas là de remettre en cause une loi antérieure, on comprend mieux le lien existant entre les deux lois, ancienne et nouvelle, l'une servant à mettre l'autre en perspective constitutionnelle. Puis, en 1989 (C. const., n° 89-256 DC, 25 juillet 1989, *Rec.*, 53), le Conseil en est venu logiquement à examiner au fond une disposition législative antérieure à l'occasion de l'examen d'une loi nouvelle la modifiant, mais il énonce qu'il doit examiner « les termes » de la loi promulguée, ce qui ne signifie pas nécessairement la remise en cause de la loi elle-même (§ 11), pour en conclure d'ailleurs à la constitutionnalité des dispositions législatives anciennes.

V. aussi C. const. n° 89-268 DC, 29 décembre 1989, *Rec.*, 110 ; n° 91-299 DC, 2 août 1991, *Rec.*, 124 ; n° 93-32 DC, 28 juillet 1993, *Rec.*, 204 ; n° 94-350 DC, 20 décembre 1994, *Rec.*, 134 ; n° 96-377 DC, 16 juillet 1996, *Rec.*, 377, § 10 ; n° 97-388 DC, 20 mars 1997, *Rec.*, 31, § 15.

Dans la décision n° 96-377 DC du 16 juillet 1996, le Conseil constitutionnel procède également à un examen au fond de la disposition législative antérieure (l'article 21 de l'ordonnance du 2 novembre 1945 réprimant l'aide au séjour irrégulier des étrangers en France) car la loi nouvelle vient en limiter le champ d'application, alors que la jurisprudence ultérieure à 1985 ne s'était appliquée qu'à des dispositions nouvelles étendant le champ d'application de la loi déjà promulguée. En l'espèce, le Conseil conclut à la conformité à la Constitution de l'article 21 et donc à celle de la disposition nouvelle. Mais qu'adviendrait-il de la disposition nouvelle plus restrictive si la loi ancienne était déclarée contraire à la Constitution ? En toute logique, elle devrait être également déclarée inconstitutionnelle. Il y a dans ce contrôle un effet d'absorption de la loi nouvelle par la loi ancienne qui, s'il se traduit par une déclaration de non-conformité à la Constitution, doit nécessairement conduire à déclarer la loi promulguée inconstitutionnelle. Si le Conseil se refusait, devant ce constat, à déclarer formellement la loi promulguée contraire à la Constitution, il appartiendrait logiquement au juge ordinaire de prendre acte de cette invalidation en écartant cette loi, tirant en cela les conclusions de l'autorité des décisions du Conseil, selon l'article 62 (v. en ce sens N. Molfessis, chron. précitée, p. 218), mettant en œuvre ici une doctrine purement kelsénienne selon laquelle le juge ordinaire appliquant à un cas concret les normes générales d'un ordre juridique doit vérifier la cohérence de cette norme avec l'ordre juridique dont elle découle, y compris la Constitution (cf. *Théorie pure du droit*, trad. 2e éd., Dalloz, 1962, p. 319 et s.). Mais si la juridiction constitutionnelle se refusait à déclarer non conforme la loi ancienne, elle deviendrait en quelque sorte « un obstacle à la résorption de l'inconstitutionnalité qu'elle a décelée » (B. Mercuzot, note ss. C. const., nº 96-377 DC, *D*, 1997, J., p. 69 et s., spéc. p. 72).

En tout état de cause, on comprend bien que le Conseil constitutionnel étant entré dans la logique du contrôle de la loi promulguée, il faudra bien trouver un juge compétent pour tirer les conclusions d'une déclaration d'inconstitutionnalité, qu'il s'agisse du juge constitutionnel ou du juge ordinaire. La nécessité d'organiser une procédure de ce type devait conduire aux projets de révision constitutionnelle des années 1990-1993 qui montrent les perspectives de développement potentiel de l'exception d'inconstitutionnalité.

SECTION 2
Perspectives de développement de l'exception d'inconstitutionnalité

Il convient de présenter d'abord les projets de révision constitutionnelle de 1990 et 1993 puis de tracer les pistes d'une évolution possible conduisant à la mise en place éventuelle d'un mécanisme de question préjudicielle de constitutionnalité en droit français.

I / Les projets constitutionnels de 1990-1993

Après une présentation des projets de révision constitutionnelle (A), la réflexion suivra trois axes principaux concernant successivement les lois pouvant faire l'objet d'un contrôle par voie d'exception (B), les procédures utilisées pour soulever cette exception (C), les effets produits de la reconnaissance de l'inconstitutionnalité d'une loi par voie d'exception (D).

A | PRÉSENTATION DES PROJETS DE RÉVISION CONSTITUTIONNELLE

Dans les projets de 1990-1993, l'introduction de l'exception d'inconstitutionnalité conduisait à modifier deux textes de nature différente. D'une part, un projet de loi constitutionnelle portant révision des articles 61 à 63 de la Constitution posaient les principes du contrôle de constitutionnalité par voie d'exception. D'autre part, un projet de loi organique modifiant l'ordonnance n° 58-1067 du 7 novembre 1958 portant loi organique sur le Conseil constitutionnel précisait les modalités d'application et les procédures de l'exception.

Le principe de l'exception d'inconstitutionnalité est simple. Il est exposé par le projet de loi constitutionnelle de 1990, dans son état initial, en ajoutant à l'article 61 de la Constitution l'alinéa suivant :

« Les dispositions de loi qui concernent les droits fondamentaux reconnus à toute personne par la Constitution peuvent être soumises au Conseil constitutionnel par voie d'exception à l'occasion d'une instance en cours devant une juridiction » (ces projets de texte avec leur exposé des motifs sont publiés en annexe à l'article de B. du Granrut, Faut-il accorder aux citoyens le droit de saisir le Conseil constitutionnel ?, *RDP*, 1990, spéc. p. 326 et s. ; v. aussi M. de Villiers et Th. S. Renoux, *Code constitutionnel*, Litec, 1994, p. 1196).

En 1993, le projet de loi constitutionnelle déposé le 10 mars 1993 est un peu plus précis dans la mesure où il inscrit les principes de la procédure de question préjudicielle dans la Constitution, en ces termes :

« Il est inséré dans la Constitution, après l'article 61, un article 61-1 ainsi rédigé :

Art. 61-1. — Lorsque, à l'occasion d'une instance en cours devant une juridiction, il est soutenu qu'une disposition de loi porte atteinte aux droits fondamentaux reconnus à toute personne par la Constitution, cette question peut être renvoyée au Conseil constitutionnel par le Conseil d'État, la Cour de cassation ou toute juridiction ne relevant ni de l'un ni de l'autre. »

Les deux projets de révision constitutionnelle fixent les effets juridiques de la décision du Conseil constitutionnel, en modifiant l'article 62 en termes presque identiques :

« Une disposition déclarée inconstitutionnelle sur le fondement du premier ou du deuxième alinéa de l'article 61 [de l'article 61 dans le projet de 1993] ne peut être promulguée ni mise en application.

Une disposition déclarée inconstitutionnelle sur le fondement du cinquième alinéa de l'article 61 [de l'article 61-1 dans le projet de 1993] cesse d'être applicable et ne peut plus être appliquée aux procédures en cours, y compris devant le juge de cassation. »

Enfin, les deux projets prévoient une modification de l'ordonnance du 7 novembre 1958 portant loi organique sur le Conseil constitutionnel et qui organise la procédure de question préjudicielle de constitutionnalité. Ainsi elle détermine comment l'exception peut être soulevée devant une juridiction ordinaire, comment la question est transmise à la juridiction suprême de chaque ordre juridictionnel et comment elle peut être soulevée directement devant elles, la façon dont le Conseil constitutionnel statue et assure la publicité de la saisine et de la décision. C'est l'ensemble de cette procédure qu'il faut maintenant examiner.

B | PROCÉDURES QUI POURRAIENT ÊTRE UTILISÉES POUR SOULEVER L'EXCEPTION

Les questions procédurales sont multiples : comment peut être saisi le Conseil constitutionnel ? Qui peut soulever l'exception d'inconstitutionnalité ? Quels sont les droits fondamentaux qui peuvent être invoqués ?

1 / *Comment pourrait être saisi le Conseil constitutionnel ?*

Le projet prévoit que l'exception peut être soulevée à l'occasion d'une instance en cours devant une juridiction ordinaire, c'est-à-dire tant devant les juridictions d'instruction que de jugement, l'exposé des motifs du projet de loi organique insistant sur l'importance de l'inclusion des juridictions pénales dans le champ d'application de la réforme car « il est clair, en effet, que les mesures d'instruction prises en application des textes de procédure pénale sont, par nature, susceptibles de porter atteinte à la liberté des personnes ». Mais la spécificité de la matière pénale qui doit concilier la protection de l'ordre public avec celle de la personne impose des éléments procéduraux particuliers. Ainsi, la procédure prévoit la possibilité de soulever à nouveau devant la juridiction de jugement une exception déjà soulevée devant la juridiction d'instruction et rejetée ; soulever l'exception au cours de l'instruction n'interrompt pas le déroulement de celle-ci ; enfin l'exception ne peut être évoquée devant la Cour d'assises compte tenu de la composition particulière de cette juridiction mais, comme on vient de le voir, elle aura pu l'être lors de la phase de l'instruction. Ainsi, la question de constitutionnalité pourra être soulevée devant tous les autres types de juridictions judiciaires et administratives relevant du Conseil d'État ou de la Cour de cassation ou ne relevant ni de l'un ni de l'autre, par exemple le tribunal des conflits, ainsi que directement devant ces deux hautes juridictions. L'exception pourrait être également soulevée devant le Conseil constitutionnel lorsqu'il statue en matière électorale, et ce logiquement de façon directe, le projet de loi organique prévoyant dans ce cas l'effet absolu de la décision du Conseil selon les principes de l'article 62 de la Constitution.

La question de constitutionnalité doit réunir un certain nombre de conditions précises pour être acceptée devant la juridiction de fond devant laquelle elle est soulevée. La disposition législative contestée doit conditionner la validité de la procédure, constituer le fondement des poursuites ou commander l'issue du litige. Elle ne doit pas avoir été déjà déclarée conforme à la Constitution par le Conseil dans les motifs et le dispositif de sa décision, ce qui est conforme au principe de l'article 62 de la Constitution. Cette dernière précision démontre un souci de cohérence entre le contrôle *a priori* et le contrôle *a posteriori* de façon à éviter toute contradiction manifeste entre les deux contrôles. On notera la traduction dans le texte organique du principe des motifs soutien du dispositif énoncés dans la décision n° 62-18 L du 16 janvier 1962, *Loi d'orientation agricole* (*Rec.*, 31). Cet élément — peut-être futur — du contrôle explique la prudence actuelle du Conseil constitutionnel dans la délivrance d'un véritable « brevet de constitutionnalité » à la loi soumise au contrôle *a priori* car il réserve ainsi l'avenir du contrôle qui pourrait porter sur les dispositions non évoquées dans la décision initiale ou sur des points non soulevés par le Conseil ou les saisissants. Cette tendance est justement manifeste depuis l'abandon des projets d'exception d'inconstitutionnalité, comme s'il convenait de préserver l'avenir et de ne pas se lier par ses propres décisions. Cette attitude relève d'une certaine sagesse, une inconstitutionnalité pouvant se révéler dans l'application de la loi. Mais ce n'est sans doute pas une justification suffisante pour ne pas considérer que le contrôle porte sur l'intégralité de la loi (v. dans le même sens N. Molfessis, *Justices*, n° 3, 1996, p. 309 et s.). Enfin la question de constitutionnalité ne doit pas être « manifestement infondée », ce qui est un emprunt fait aux techniques italiennes du contrôle incident de constitutionnalité (v. J.-C. Escarras, Éléments de référence, *La justice constitutionnelle en Italie. Cahiers du CDPC*, 1987, vol. 1, spéc. p. 44 et s. ; id., *AIJC*, 1985, p. 518).

Le critère selon lequel la disposition législative doit commander l'issue du litige peut être rapproché de la condition de « préjudicialité constitutionnelle » prévue en Italie *(rilevanza)*, c'est-à-dire « la conséquence du caractère nécessairement concret de la question de constitutionnalité, et dérive implicitement du fait qu'elle doit être posée de façon incidente, et, par conséquent, pouvoir être utile à la résolution du procès *a quo* » (G. Zagrebelsky, cité par J.-C. Escarras, art. préc., *AIJC*, 1985, p. 517). Il importe dans ce critère qu'il existe un lien direct et nécessaire entre la disposition contestée et la solution du litige, ce qui signifie que le litige au fond ne peut trouver de solution sans que soit tranchée la question de constitutionnalité. Il y donc un lien fort entre la disposition législative qui permettra de trancher le litige et la question de constitutionnalité qui permettra ou non de valider cette norme législative.

De manière plus générale, ces critères que doit réunir la question de constitutionnalité donnent évidemment un grand pouvoir d'appréciation au juge du fond et selon qu'il les applique avec plus ou moins d'exigence l'exception d'inconstitutionnalité peut trouver ou non à se développer. L'exemple italien est prémonitoire à cet égard. Après avoir accueilli assez largement ces différents critères tels qu'interprétés par le juge du fond, la Cour constitutionnelle italienne a vu ce contentieux incident de constitutionnalité augmenter de façon considérable jusqu'à constituer un arriéré de trois ans en 1985 (*AIJC*, 1985, p. 520). La Cour a alors réagi vivement en refusant les renvois lorsque la question avait déjà été tranchée par elle, directement ou indirectement (ce qui relève de la règle du précédent) ou en appliquant la doctrine du « droit vivant », c'est-à-dire les solutions admises même par la jurisprudence ordinaire.

Ces éléments ont certainement conduit ceux qui ont préparé le projet de loi organique de 1990 en France à mettre en place un système de contrôle des renvois pour éviter que ne se reproduise une situation « à l'italienne » (cf. les réflexions de B. Genevois dans le même sens, *L'exception d'inconstitutionnalité*, éd. STH, 1990, p. 104). Ainsi, le texte fait clairement référence aux décisions précédentes du Conseil constitutionnel. Mais surtout le projet prévoit un système de double filtrage préalable à la saisine du Conseil constitutionnel. D'une part, le juge du fond, en se prononçant à la lumière des critères énoncés plus haut, rend une décision qui n'est pas susceptible de recours. Si c'est une décision de refus, celle-ci n'est donc pas susceptible de recours indépendamment de la question tranchant tout ou partie du litige. L'exposé des motifs du projet de loi organique énonce clairement que « le filtrage opéré par ces juridictions ne saurait aller au-delà du rejet des questions manifestement infondées », ce qui pourrait être interprété comme un souhait d'ouverture large du recours. D'autre part, le système français ne prévoit pas de renvoi direct au Conseil constitutionnel mais un deuxième filtre puisque si le juge du fond considère la question de constitutionnalité fondée, il doit surseoir à statuer et renvoyer selon les cas, au Conseil d'État ou à la Cour de cassation, sauf si la loi, en raison de l'urgence, impartit un délai pour statuer (on pense par exemple au droit des étrangers, au référé, aux procédures du sursis). Ce second filtre est justifié par la nécessité d'assurer une cohérence des jurisprudences relatives à la saisine du Conseil constitutionnel ainsi que pour éviter que celui-ci n'ait à statuer dans tous les cas où la constitutionnalité d'une disposition législative n'a pas lieu d'être sérieusement mise en cause (cf. exposé des motifs). Ainsi, le projet de loi organique prévoit que les hautes juridictions saisissent le Conseil constitutionnel dans un délai de trois mois « si la question présente un caractère sérieux ». Ce système est alors inspiré du modèle allemand de recours devant la Cour constitutionnelle fédérale qui a varié dans le temps puisque jusqu'en 1956 le renvoi par les tribunaux n'était ouvert qu'aux cours supérieures qui ont joué un véritable rôle de contrôle de constitutionnalité préalable (K. SCHLAICH, *Cours constitutionnelles européennes et droits fondamentaux*, Économica-PUAM, 1982, p. 122-123). Ce n'est qu'après cette date que tous les tribunaux ont pu renvoyer directement à la Cour constitutionnelle, ce qui constitue aujourd'hui la grande majorité des renvois. Le système allemand prévoit un examen par une section de trois juges qui peuvent statuer par une décision d'irrecevabilité (L. Favoreu, *op. cit.*, p. 58).

En France, l'appréciation du caractère sérieux de la question soulevée qui conditionne le renvoi au Conseil constitutionnel relève du Conseil d'État dans ses formations contentieuses habituelles, de la Cour de cassation statuant dans une formation spéciale (premier président et présidents de chambre), ou de toute autre juridiction souveraine (B. Genevois cite la Haute Cour de justice, la Cour supérieure d'arbitrage, le tribunal des conflits statuant comme juge du fond, *op. cit.*, p. 105, note 2. On ajoutera la Cour de justice de la République). C'est le sérieux de la contestation qui doit être apprécié ce qui laisse aux hautes juridictions une marge considérable d'évaluation et qui pourrait les transformer en juge de constitutionnalité préalable, cédant en cela aux mêmes tentations que les juges des cours supérieures allemandes ou italiennes. Cette procédure et le caractère « sérieux » de la question de constitutionnalité n'est pas sans rappeler le rescrit du droit romain ou la technique du référé législatif du droit révolutionnaire. Mais c'est surtout aux procédures d'avis que l'on pense, procédures instituées par l'article 12 de la loi du 31 décembre 1987 pour la juridiction administrative et celle du 15 mai 1991 pour la saisine de la Cour de cassation, permettant aux juridictions de fond de saisir ces deux hautes juridictions « avant de statuer sur une requête soulevant une question de droit nouvelle, présentant une difficulté *sérieuse* et se posant dans de nombreux litiges » (même texte pour les lois de 1987 et de 1991 ; B. Martin-Laprade, Le « filtrage » des pourvois et les « avis » contentieux, *AJDA*, 1988, p. 85 et s. ; pour une comparaison des deux procédures v. Y. Gaudemet et Th. Dal Farra, Les avis contentieux du Conseil d'État et de la Cour de cassation, *Le courrier juridique des finances*, octobre 1995, p. 1 et s.). La fonction d'une telle procédure peut être de demander aux juridictions suprêmes de chaque ordre de se prononcer par voie d'interprétation sur des difficultés concernant des dispositions législatives ou réglementaires anciennes du fait notamment de leur absence de cohérence avec les évolutions juridiques contemporaines (v. en ce sens R. Chapus, *Droit du contentieux administratif*, 6e éd., Montchrestien, 1996, n° 657). Le mécanisme n'est pas différent pour le renvoi en matière d'exception d'inconstitutionnalité et il est certain qu'on s'est inspiré des lois de 1987 et 1991. Il faut donc être attentif à l'évolution de procédures prévues par les lois de 1987 et 1991 car elles orientent, devant les mêmes juridictions que celles prévues pour l'exception d'inconstitutionnalité, la philosophie de ce type de renvoi.

C'est dans le même esprit que la loi n° 97-395 du 23 avril 1997 relative à l'examen des pourvois devant la Cour de cassation (*JO*, 25 avril, p. 6268) permet à une formation de trois magistrats de la chambre saisie de statuer « lorsque la solution s'impose » (nouvelle rédaction de l'article L. 131-6, al. 2 du Code de l'organisation judiciaire). La rédaction initiale de 1994 avait prévu de rejeter le pourvoi « s'il est manifestement irrecevable ou si aucun moyen de cassation sérieux ne peut être retenu » (rapport R. Béteille, *AN*, Xe législature, doc. n° 2997). On est bien en présence de la même logique du « filtre ».

Enfin, on peut rapprocher ce renvoi de celui qui existe en vertu de l'article 177 du traité de Rome qui prévoit un mécanisme de renvoi préjudiciel pour interprétation. Ce qui importe ici dans l'analogie est que la Cour de justice des Communautés européennes assure ainsi une unité d'interprétation de la règle communautaire et a seule compétence pour invalider un règlement communautaire (CJCE, 22 octobre 1987, *Foto-Frost*, *Rec.*, 4199, cf. B. Genevois, art. préc., p. 105), nonobstant le caractère déclaratoire de la décision rendue en vertu de l'article 177 (D. Simon, *Le système juridique communautaire*, PUF, coll. « Droit fondamental », 1997, n° 496 et s.). Ainsi l'analogie avec le droit communautaire montre que ce mécanisme de renvoi est conçu pour assurer une unité d'interprétation et de jugement par la juridiction suprême de l'ordre juridique considéré. La procédure de renvoi au Conseil constitutionnel a bien cet objet : les juridictions de fond et les juridictions suprêmes de chaque ordre n'ont pas vocation à exercer un contrôle substantiel de constitutionnalité mais à jouer le rôle de filtre selon des procédures dont les contours sont déjà connus, en France ou en droit étranger.

Quant aux délais de la procédure de renvoi devant le Conseil constitutionnel, le juge du fond, s'il reconnaît fondée la question de constitutionnalité, doit surseoir à statuer et renvoyer sans délai à la juridiction suprême de son ordre. Quant à ces dernières elles doivent décider s'il y a lieu de saisir le Conseil constitutionnel dans un délai de trois mois. C'est donc dans un court délai que le Conseil peut être saisi de la question de constitutionnalité par voie incidente.

2 / *Qui pourrait soulever l'exception d'inconstitutionnalité ?*

Toute personne morale (publique ou privée) ou toute personne physique pourrait soulever l'exception, ainsi que le précise le rapport parlementaire Sapin (*AN*, doc. n° 1288, p. 52-54). Il y a donc une volonté d'ouvrir largement les possibilités de soulever l'exception, ce qui est assez cohérent. On ne voit pas en effet ce qui justifierait l'exclusion de certaines personnes juridiques du bénéfice de la protection des droits fondamentaux. Soulignons que cette large ouverture concerne les nationaux français et les étrangers, ce qui est cohérent avec les principes issus de la Convention européenne des droits de l'homme relatifs au droit à un jugement équitable, quelle que soit la qualité ou la nationalité du demandeur. Rappelons à ce propos que le Conseil constitutionnel a lui-même déjà repris à son compte ces principes en déclarant dans sa décision du 22 janvier 1990 que les étrangers disposaient des « libertés et droits fondamentaux de valeur constitutionnelle reconnus à tous ceux qui résident sur le territoire de la République » (C. const., n° 89-269 DC, 22 janvier 1990, *Rec.*, 33 ; cf. F. Luchaire, *RDP*, 1990, p. 1627). Bien que le projet n'en dise rien, il semble que l'exception pourrait être soulevée d'office par le juge du fond en faisant référence à l'article 12 du nouveau Code de procédure civile (le rapport Sapin se prononce en ce sens, p. 54). Mais, ainsi que l'a souligné M. Luchaire (*RDP*, 1990, p. 1627), l'exception d'inconstitutionnalité n'est pas une action populaire qui pourrait être engagée sans qu'il y ait un rapport entre la personne qui soulève l'exception et la disposition qu'elle critique. On applique là une notion de partie à une instance, qui a un sens pour l'instance au fond mais qui en perd dans l'instance de constitutionnalité qui va se dérouler devant le juge constitutionnel.

3 / *Quels droits fondamentaux pourraient être invoqués ?*

Les deux projets de révision constitutionnelle font référence aux « droits fondamentaux reconnus à toute personne par la Constitution ». La question se pose donc de savoir ce qu'il faut comprendre dans cette expression. Si on reprend la définition large d'une partie de la doctrine, il faut alors comprendre par « droits fondamentaux »

« l'ensemble des droits et libertés reconnus aux personnes physiques comme aux personnes morales (de droit privé et de droit public) en vertu de la Constitution, mais aussi de textes internationaux et protégés tant contre le pouvoir exécutif que contre le pouvoir législatif par le juge constitutionnel (ou le juge international) » (L. Favoreu, L'élargissement de la saisine du Conseil constitutionnel aux juridictions administratives et judiciaires, *RFDC*, n° 4, 1990, spéc. p. 588, faisant référence à M. Fromont, *Mél. Eisenmann*, 1975).

Les droits fondamentaux de valeur constitutionnelle seraient donc, selon cette conception, les droits et libertés des personnes physiques ou morales inscrits dans le « bloc de constitutionnalité », c'est-à-dire, le texte de la Constitution de 1958, le Préambule de 1946, la Déclaration de 1789, les principes fondamentaux reconnus par les lois de la République et ceux tirés de la jurisprudence du Conseil constitutionnel. Ces droits ne sont pas tout le bloc de constitutionnalité (v. en ce sens L. Favoreu, art. préc., p. 589 ; P. Bon, Les recours envisagés, F. Delpérée [dir.], *Le recours des particuliers devant le juge constitutionnel*, préc., p. 113).

Cette limitation de la définition des droits fondamentaux ne peut être acceptée, pour plusieurs raisons. D'abord, et les auteurs précités le disent justement, cette conception n'est pas celle des procédures de contrôle par voie incidente prévues par les autres constitutions qui connaissent le modèle européen de justice constitutionnelle, qu'il s'agisse de l'Autriche, de l'Allemagne, de l'Italie ou de l'Espagne (P. Bon, art. préc., p. 111). Dans ces pays, aucune limitation des moyens de constitutionnalité susceptibles d'être invoqués n'est organisée. A notre sens, ce n'est pas parce que le texte emploie l'expression « droits fondamentaux » qu'une distinction peut être faite au sein des droits constitutionnellement protégés (*contra* L. Favoreu, *art. préc.*, p. 589). Mais on ne voit pas d'autre critère de distinction au sein de ces droits qu'entre ce qui relève du fonctionnement des institutions (règles de compétence, de procédure, d'organisation des pouvoirs publics) et ce qui relève du droit substantiel. Toutefois, ces règles peuvent être profondément imbriquées, comme le droit d'amendement parlementaire qui est une forme de la liberté d'expression et ou encore l'utilisation de techniques procédurales pour la défense d'une liberté (M. Favoreu cite le cas de l'incompétence négative, art. préc., p. 589, note 32). Enfin, on ne saisit pas clairement les raisons qui ouvriraient largement la liste des droits invocables en cas de contrôle abstrait ou *a priori* et qui les fermeraient en les limitant aux « droits fondamentaux » en cas de contrôle concret ou *a posteriori*. Ainsi que le dit justement M. Bon « le principe de constitutionnalité dont le juge est le gardien au premier chef, ne se divise pas » (p. 113).

Pour une acception large de la notion de droits fondamentaux v. J. Viguier, La participation des citoyens au processus de contrôle de la constitutionnalité de la loi dans les projets français de 1990 et de 1993, *RDP*, 1994, p. 969 et s., spéc. p. 981 ; F. Luchaire, art. préc., p. 1629. Les seules normes constitutionnelles qui seraient exclues en tant que normes de référence pourraient être les règles constitutionnelles de la procédure législative ou celles relatives à la répartition des compétences entre pouvoir législatif et pouvoir réglementaire (art. 37 et art. 41 ; v. en ce sens B. Genevois, Les solutions possibles, *L'exception d'inconstitutionnalité*, préc., p. 103, qui voit dans ces arguments d'inconstitutionnalité des moyens inopérants). Mais on peut aussi soutenir que la violation de ces règles touche à l'exercice des droits fondamentaux dans l'exercice de la démocratie parlementaire.

Un dernier argument peut être tiré du constat de développement continu et progressif des droits fondamentaux tant par les juridictions constitutionnelles qu'européennes qui montre que cette catégorie ne connaît pas de limitation quant à son champ d'application (v. *supra*, titre I, chap. III, La légitimité de la juridiction constitutionnelle).

En conséquence, il faut considérer par « droits fondamentaux » l'ensemble des droits protégés par la Constitution, dans l'acception la plus générale de tous ces termes, ce qui ne signifie pas nécessairement qu'une égale protection de ces droits soit accordée par le juge constitutionnel (N. Molfessis, La dimension constitutionnelle des droits fondamentaux, R. Cabrillac, M.-A. Frison-Roche, T. Revet [dir.], *Droits et libertés fondamentaux*, Dalloz, 3e éd., 1996, p. 49 et s.).

4 / *Décision du Conseil constitutionnel*

Le projet de loi organique prévoit que le Conseil constitutionnel, une fois saisi, devrait se prononcer dans un délai de trois mois. Le projet initial de 1990 prévoyait que le Conseil devait aviser immédiatement le président de la République, le Premier ministre et les présidents de l'Assemblée nationale et du Sénat. Il était également prévu une procédure contradictoire ainsi que la publicité des audiences, ceci afin de se conformer à l'article 6 de la Convention européenne des droits de l'homme, au moins en matière civile et pénale, même si la Commission européenne des droits de l'homme a pu considérer que l'article 6 n'était pas nécessairement applicable devant les juridictions constitutionnelles (décision du 13 décembre 1979, citée par B. Genevois, contribution précitée, p. 107).

La décision du Conseil constitutionnel est motivée, publiée au *Journal officiel* et notifiée au Conseil d'État, à la Cour de cassation et si c'est le cas, à la juridiction qui a déclenché la procédure de contrôle par voie incidente. Elle a autorité absolue de chose jugée, en application de l'article 62 de la Constitution. La disposition déclarée inconstitutionnelle cesse d'être applicable à compter de la date de la publication de la décision et ne peut donc plus être appliquée aux procédures en cours, y compris devant le juge de cassation (projet de loi constitutionnelle ; sur les effets de la décision v. *infra*).

C | LOIS QUI POURRAIENT FAIRE L'OBJET DU CONTRÔLE PAR VOIE D'EXCEPTION

La première question qui se pose est de savoir quels sont les textes législatifs susceptibles de faire l'objet d'une exception d'inconstitutionnalité. Le projet de loi constitutionnelle de 1990 ne parle que des « dispositions de lois qui concernent les droits fondamentaux reconnus à toute personne par la Constitution ». Un « vaste champ d'application » (L. Favoreu, *Le Figaro*, 29 mars 1990) se trouve donc ouvert par cette disposition. La rédaction de 1993 est encore plus large en parlant de « disposition de loi (qui) porte atteinte aux droits fondamentaux ». Toute loi pourrait donc faire l'objet d'une exception d'inconstitutionnalité.

Il convient cependant de préciser ce champ d'application en distinguant selon la date d'entrée en vigueur des lois, ce qui peut conduire à des solutions assez différentes. La première distinction concerne les lois antérieures à la promulgation de la Constitution de 1958 et celles qui lui sont postérieures. Une deuxième distinction concerne, parmi ces lois postérieures à 1958, celles qui ont été soumises au contrôle du Conseil constitutionnel et celles qui ne l'ont pas été, ainsi que d'autres normes de valeur législative.

1 / *Lois antérieures à la Constitution de 1958*

Rien n'interdit, dans le projet de loi constitutionnelle, de soulever l'exception d'inconstitutionnalité à l'encontre de lois promulguées antérieurement à 1958 et toujours en vigueur. Ainsi c'est l'ensemble de notre dispositif législatif qui se trouve en quelque sorte mis à nu par le mécanisme de l'exception, des textes de l'Ancien Régime encore en vigueur aux dispositions législatives des régimes politiques successifs jusqu'en 1958. Cette large ouverture appelle deux remarques.

La première concerne le décalage qui risque d'exister entre des textes anciens, correspondant à une philosophie politique ou à des conceptions juridiques dépassées et la norme constitutionnelle de 1958 qui servira de référence et à laquelle seront comparés ces textes anciens. Ainsi que cela a été souligné (L. Favoreu, *Le Figaro*, art. préc.), comment concevoir, par exemple, un rapport de constitutionnalité entre des textes de l'Ancien Régime et les « principes économiques et sociaux particulièrement nécessaires à notre temps » énoncés dans le Préambule de 1946 ? La question a déjà été partiellement résolue par la jurisprudence du Conseil constitutionnel. Dans sa décision nº 81-132 DC du 16 janvier 1982, *Loi de nationalisation* (*Rec.*, 18) le Conseil constitutionnel a considéré, en l'espèce, que les principes proclamés en 1946 devaient être rattachés à ceux de la Déclaration des droits de 1789 qui a pleine valeur constitutionnelle et donc que cette dernière englobait en quelque sorte l'ensemble des autres principes constitutionnels et servait de référence fondamentale de notre État de droit. On peut penser que c'est, en dernier lieu, à l'aune de la Déclaration de 1789 que seront mesurés les textes antérieurs à 1958, de quelque période qu'ils soient. Le sens, le contenu et la fonction de principe fondateur de la Déclaration de 1789 permettent de penser qu'elle est utilisable en toute matière.

La deuxième remarque concerne l'utilité même de l'exception d'inconstitutionnalité à l'encontre de textes antérieurs à 1958. On peut en effet se demander si celle-ci est utile à l'égard de ces textes et si d'autres voies de droit ne sont pas utilisables pour écarter ces textes anciens de notre ordre juridique. On pense aux notions d'abrogation implicite et d'exception de caducité. En effet, il s'agit de savoir si, du fait de l'entrée en vigueur de la Constitution de 1958, certains textes de valeur législative ne se trouvent pas implicitement abrogés, du fait de leur incompatibilité avec les principes énoncés dans la Constitution de 1958. Ainsi que l'a déjà souligné M. Delvolvé « la solution n'est pas différente de celle qui prévaut lorsque deux lois successives se contredisent, sans que la seconde ait pourtant expressément supprimé la précédente : il suffit qu'elles soient contradictoires pour que la deuxième en date l'emporte. Ce qui vaut pour des actes de même niveau juridique (les lois) vaut *a fortiori* pour des actes de valeur différente : la nouvelle Constitution l'emporte nécessairement sur les lois adoptées avant elle, dont le contenu est incompatible avec le sien » (P. Delvolvé, Sur l'introduction de l'exception d'inconstitutionnalité contre la loi en droit français, *Commentaire*, 1986, n° 35, p. 418. V. aussi R. Drago, *ibid.*, p. 420 ; dans le même sens note R. Drago et A. Decocq ss. C. const., n° 83-64 DC, 29 décembre 1983, *JCP*, 1984.II.20160). Le mécanisme utilisé serait celui de l'exception de caducité qui consisterait à soutenir devant le juge du fond que le texte litigieux n'est plus conforme aux principes découlant de l'ordre juridique issu de la Constitution de 1958. La juridiction administrative a d'ailleurs déjà eu l'occasion d'utiliser ce raisonnement dans les arrêts d'Assemblée du Conseil d'État du 22 janvier 1982, *Ah Won* et *Butin*. La juridiction judiciaire a fait également application de ce raisonnement en 1947. Dans ce système, il s'agit plus d'un contrôle du maintien en vigueur de la loi qu'un contrôle de la caducité. Ne resteraient donc soumises au contrôle du Conseil constitutionnel en dernière analyse dans cette catégorie que les lois antérieures à 1958 non atteintes de caducité (cf. R. Drago, art. préc., p. 421).

Juridiction administrative : CE, Ass., 22 janvier 1982, *Ah Won* et *Butin*, *Rec.*, 27 et 33 ; *RDP*, 1982, p. 816, note R. Drago et p. 822, concl. Bacquet ; *AJDA*, 1982, p. 440, chron. Tiberghien et Lasserre ; *Rev. adm.*, 1982, p. 387, note B. Pacteau ; *JCP*, 1983.II.19968 note Barthélémy ; *GP*, 14 et 16 novembre 1982, note Boivin.

Juridiction judiciaire : Cass. civ., 18 novembre 1947, *JCP*, 1948.II.4079, note R. Cavarroc. A l'égard de cette proposition M. Genevois est assez réticent, soulignant que la jurisprudence n'accepte de reconnaître cette caducité qu'en cas de « contradiction manifeste entre la norme législative antérieure et la norme constitutionnelle », in *L'exception d'inconstitutionnalité*, préc., p. 99. Il a soutenu la même opinion lors de son audition par la commission des lois de l'Assemblée nationale, doc. parl., *AN*, n° 1289, p. 24. V. aussi J. Trémeau, La caducité des lois incompatibles avec la Constitution, *AIJC*, 1990, p. 219 et s.

L'intérêt d'un tel mécanisme est double. Il permet tout d'abord de régler la question de la compatibilité de normes législatives anciennes avec la Constitution de 1958 par le juge du fond saisi et d'éviter ainsi des délais supplémentaires qui seraient ceux des renvois prévus par le projet de loi constitutionnelle. Le deuxième intérêt consiste à faire disparaître *de facto* la norme ancienne et à permettre ainsi un « toilettage » rapide et efficace des textes anciens. Mais il peut se trouver, qu'en présence d'un mécanisme d'exception d'inconstitutionnalité mis en place, les juridictions inférieures préfèrent laisser les hautes juridictions et le Conseil constitutionnel juges de cette caducité, en leur renvoyant de façon quasi systématique le traitement des questions de constitutionnalité.

2 / *Lois promulguées depuis 1958*

Il faut ici distinguer entre les lois qui n'ont pas été soumises au contrôle du Conseil constitutionnel et celle qui l'ont été.

a / Lois non contrôlées par le Conseil constitutionnel

Il s'agit là des lois promulguées sans que les autorités habilitées à saisir le Conseil aient exercé leur droit, président de la République, Premier ministre, présidents de l'Assemblée nationale ou du Sénat et depuis 1974, soixante députés ou soixante sénateurs. « L'indulgence ou l'inattention des quatre "grands" ou le "consensus silencieux" ont pu permettre la promulgation de textes de lois qui contiennent des éléments d'inconstitutionnalité. » « C'est sur ce *no man's land* qu'il faut rétablir l'empire de la Constitution » (G. Vedel, *Le Monde*, 6 avril 1990). A l'égard de ces textes, l'exception d'inconstitutionnalité trouvera sans doute un terrain favorable et sa mise en œuvre sera là plus facile. Le rapport de constitutionnalité pourra être exercé, enrichi des apports de la jurisprudence du Conseil constitutionnel en matière de contrôle *a priori*. Le Conseil trouverait ainsi sans doute l'occasion d'exercer un contrôle complet de la norme législative en jugeant de la constitutionnalité de ce qui n'a pas été soumis à son examen. En particulier, les dispositions formellement ou substantiellement comparables à celles déjà sanctionnées lors du contrôle *a priori* se verraient certainement déclarées inconstitutionnelles, allant dans le sens de la cohérence constitutionnelle de l'ordre juridique.

b / Lois déjà contrôlées par le Conseil constitutionnel

Le projet de loi organique modifiant l'ordonnance n° 58-1067 du 7 novembre 1958 relative au Conseil constitutionnel énonce que « l'exception d'inconstitutionnalité peut être soulevée (...) dès lors que la disposition contestée (...) n'a pas déjà été déclarée conforme à la Constitution par le Conseil constitutionnel dans les motifs et le dispositif de sa décision (et que la question n'est pas manifestement infondée, déclarait la première version du texte) ».

L'utilité de cette disposition est évidente. Il s'agit de prendre en compte les décisions du Conseil constitutionnel rendues sur contrôle *a priori*, et ainsi de ne pas remettre en cause ce qui a déjà été jugé conforme à la Constitution. L'exception d'inconstitutionnalité est destinée à compléter le contrôle *a priori* et non à se substituer à lui. Et c'est là justement que la rédaction du texte du projet de loi organique est particulièrement fine. En effet, le texte ne parle que des « dispositions » de la loi déclarées conformes « dans les motifs et le dispositif » de la décision du Conseil. Cela sous-entend qu'il serait possible de soulever l'exception d'inconstitutionnalité à l'encontre des dispositions de la loi qui a été soumise au Conseil constitutionnel, mais qui n'ont pas été expressément examinées par lui.

L'ouverture de cette possibilité élargit considérablement le champ d'action de l'exception d'inconstitutionnalité mais est source d'incertitudes difficiles à lever. D'une part, c'est la notion de « brevet de constitutionnalité » décerné à la loi déclarée conforme lors du contrôle *a priori* qui se trouve ainsi battue en brèche. Si on peut remettre en cause la constitutionnalité des parties de la loi sur lesquelles le Conseil ne s'est pas prononcé, cela revient à dire que la déclaration de conformité à la Constitution ne vaut que pour ce sur quoi le Conseil constitutionnel s'est prononcé explicitement. Comment comprendre alors le sens de ce que la doctrine appelle le « considérant-balai » des décisions du Conseil, ce dernier considérant présent dans les décisions depuis 1977, selon lequel « en l'espèce, il n'y a lieu pour le Conseil constitutionnel de soulever d'office aucune question de conformité à la Constitution en ce qui concerne les autres dispositions de la loi soumise à son examen » (v. sur ce dernier point N. Molfessis, L'étendue du contrôle de constitutionnalité, chron. de justice constitutionnelle, *Justices*, n° 3, 1996, p. 309 et s.) ? Et que penser des décisions dans lesquelles le Conseil n'indique pas dans le dispositif que la loi est conforme (ou non contraire) mais déclare seulement ce qui est contraire à la Constitution (première application : C. const., n° 87-237 DC, 30 décembre 1987, *Rec.*, 63 ; n° 87-239 DC, 30 décembre 1987, *Rec.*, 69 et applications nombreuses depuis) ? On peut justement penser que le Conseil cherche à ne pas s'engager dans le sens d'une constitutionnalité « durcie » à propos des lois contrôlées *a priori* afin de laisser ouverte la possibilité de l'exercice du contrôle par voie incidente, cherchant de cette façon, selon le mot de M. Genevois à « traduire dans sa décision la réalité de l'examen auquel il a procédé » (intervention au colloque *Conseil constitutionnel et Conseil d'État*, LGDJ-Montchrestien, 1988, p. 123).

La référence à la notion de motif soutien du dispositif est assez classique en contentieux. Pour ce qui est du contentieux de constitutionnalité, l'expression est directement employée par le Conseil constitutionnel (n° 62-18 L, 16 janvier 1962, *Rec.*, 31) qui énonce que « l'autorité des décisions visées par [l'article 62 de la Constitution] s'attache non seulement à leur dispositif mais aussi aux motifs qui en sont le soutien nécessaire et en constituent le fondement même ». C'est à l'égard de cet ensemble que la décision bénéficie de l'autorité de chose jugée.

Sur l'autorité de chose jugée v. particulièrement : L. Favoreu et Th. S. Renoux, *Le contentieux constitutionnel des actes administratifs*, Sirey, 1992, spéc. n° 244 et s., T. Di Manno, *Le Conseil constitutionnel et les moyens soulevés d'office*, Économica-PUAM, 1994 ; G. Drago, Procédures du contrôle de constitutionnalité, *J. class. administratif*, fasc. n° 1414, spéc. n° 183 et s.

Sans traiter ici directement la question de l'autorité de chose jugée par le Conseil constitutionnel (v. *supra*, chap. I, Le principe d'effectivité), il convient de rappeler seulement comment le Conseil prend en considération ce qu'il a déjà jugé. Certes, pour l'instant, il n'a pu le faire que dans le seul cadre du contrôle préventif, lorsque certaines dispositions de loi lui étaient soumises alors qu'elles avaient déjà fait l'objet d'un contrôle, formellement dans une loi différente, mais substantiellement identiques. On pouvait penser que l'autorité de la chose jugée restait limitée à la loi déjà soumise au Conseil, à la lecture d'une jurisprudence de 1988 (C. const., n° 88-244 DC, 20 juillet 1988, *Rec.*, 119, § 18) qui déclarait que « l'autorité de chose jugée attachée à la décision du Conseil constitutionnel du 22 octobre 1982 est limitée à la déclaration d'inconstitutionnalité visant certaines dispositions de la loi qui lui était soumise ; qu'elle ne peut être invoquée à l'encontre d'une autre loi conçue, d'ailleurs, en termes différents ». Mais une jurisprudence inaugurée en 1989 (C. const., n° 89-258 DC, 8 juillet 1989, *Rec.*, 48, § 13), tout en reprenant les principes de 1988 ajoutait que « il n'en va pas ainsi lorsque les dispositions de cette loi, bien que rédigées sous une forme différente, ont, en substance, un objet analogue à celui de dispositions législatives déclarées contraires à la Constitution », ce qui était marquer que le contrôle porte sur les dispositions législatives dans leur contenu et non d'un point de vue formel. Allant encore plus loin dans cette logique le Conseil est amené à considérer, à propos du contrôle de lois organiques successivement modifiées, que « il n'y a pas lieu de procéder à un examen de la constitutionnalité des dispositions de la loi organique soumise à l'examen du Conseil constitutionnel ayant une rédaction ou un contenu identique à ceux des dispositions déclarées conformes à la Constitution par les décisions précitées » (C. const., n° 96-373 DC, 9 avril 1996, *Rec.*, 43). Faut-il comprendre que le Conseil constitutionnel fait ici jouer la règle du précédent (v. en ce sens N. Molfessis, chron. de justice constitutionnelle, *Justices*, n° 5, 1997, p. 218 et s.), même lorsqu'il est présence de deux lois différentes, alors qu'on avait cru comprendre que l'autorité des décisions du Conseil ne jouait que lorsque la même loi était invoquée (en ce sens B. Genevois, *AIJC*, 1988, p. 392) ? Certes, on comprend bien que des dispositions parfaitement identiques, même contenues dans des lois différentes, donnent lieu à la même appréciation de constitutionnalité, mais on retrouverait là une présomption de constitutionnalité qu'on ne pensait pas irréfragable (cf. en ce sens O. Schrameck, *AJDA*, 1996, p. 371). Cette tendance jurisprudentielle risque d'avoir une influence considérable sur le contrôle par voie incidente. Ainsi, toute disposition de loi au contenu identique à ce qui a déjà été contrôlé par le Conseil, que cette disposition ait fait ou non l'objet d'un contrôle de constitutionnalité *a priori* est susceptible d'ouvrir ou non un contentieux par voie incidente, selon que le Conseil l'a déclarée conforme ou non à la Constitution. Le résultat d'une question préjudicielle de constitutionnalité serait dans ce cas connu en quelque sorte à l'avance ! On pourrait même soutenir, comme cela a été fait (N. Molfessis, chron. précitée, p. 224), que le juge ordinaire, en application de l'article 62 de la Constitution, pourrait de lui-même écarter une disposition législative identique dans son contenu à celle qui a été déclarée, dans une loi fort différente, contraire à la Constitution. Ce serait ainsi faire l'économie de la procédure incidente de contrôle de constitutionnalité. Mais on voit bien à quoi conduirait une telle évolution : le juge ordinaire se ferait alors directement juge de la constitutionnalité des lois, en appréciant le caractère identique du contenu des normes législatives, à l'aune de la jurisprudence constitutionnelle certes, mais avec un pouvoir de décision immédiatement applicable à l'espèce en cause, ce que les projets de révision constitutionnelle veulent justement éviter…

Enfin, la rédaction du projet de loi organique prévoyant d'accueillir l'exception d'inconstitutionnalité pour ce qui n'a pas été expressément jugé par le Conseil constitutionnel devra faire l'objet d'un « usage très prudent… dont l'abus enlèverait trop de crédibilité aux déclarations de conformité rendues sur saisine et compromettrait la sécurité juridique qui doit être le fruit du contrôle préventif » (G. Vedel, *Le Monde*, 6 avril 1990). C'est en effet, de tout ce qui vient d'être décrit, ce qu'il faut craindre : l'insécurité juridique tenant à une remise en cause généralisée de la loi (v. *infra*, Effets de la déclaration d'inconstitutionnalité par voie d'exception).

c / Autres normes législatives

Quant aux autres normes législatives, la possibilité de leur appliquer une procédure d'exception d'inconstitutionnalité peut être analysée différemment selon le type de norme (v. B. Genevois, in *L'exception d'inconstitutionnalité*, préc., p. 100 et s.). On peut légitimement penser que les lois adoptées par référendum ne pourraient faire l'objet d'un contrôle par voie de l'exception, car étant l'expression directe de la souveraineté nationale elles ne peuvent pas être contrôlées même *a priori*, selon une jurisprudence claire du Conseil constitutionnel (n° 62-20 DC, 6 novembre 1962, *Rec.*, 27 ; n° 92-313 DC, 23 septembre 1992, *Rec.*, 94).

Les lois autorisant l'approbation ou la ratification d'un engagement international posent des problèmes délicats en terme de contrôle *a posteriori*. Il faut rappeler d'abord que le contrôle *a posteriori* est susceptible de s'exercer en fait à l'égard d'un engagement international à l'occasion soit de l'examen, dans le cadre de l'article 61 de la Constitution, d'une loi portant autorisation d'approbation ou de ratification d'un engagement international portant application d'un engagement antérieur entré en vigueur (cas de la décision n° 78-93 DC du 29 avril 1978, *Rec.*, 23), soit de l'examen d'une loi qui applique en substance cet engagement international (cas des décisions n° 77-89 DC et 77-90 DC du 30 décembre 1977, *Rec.*, 46 et 44 ; v. sur tous ces points P. Gaïa, *Le Conseil constitutionnel et l'insertion des engagements internationaux dans l'ordre juridique interne*, Économica-PUAM, 1991, p. 80 et s.). Mais il faut aussi rappeler que dans ce cadre le Conseil constitutionnel a bien dit que « s'il (lui) revient, lorsqu'il est saisi sur le fondement de l'article 61 de la Constitution, de s'assurer que la loi respecte le champ d'application de l'article 55, il ne lui appartient pas en revanche d'examiner la conformité de celle-ci aux stipulations d'un traité ou d'un accord international » (C. const., n° 91-293 DC, 23 juillet 1991, *Rec.*, 77 ; n° 91-298 DC 24 juillet 1991, *Rec.*, 82 ; cf. n° 74-54 DC, 15 janvier 1975, *Rec.*, 19). On peut penser que dans le cadre de l'exception d'inconstitutionnalité, le Conseil se prononcerait de la même façon en considérant que les engagements internationaux ne sont pas contrôlables dans la mesure où ils se situent dans le champ d'application de l'article 55 de la Constitution. On peut ajouter que certaines analyses considèrent que la remise en cause *a posteriori* d'un traité devrait se situer dans le cadre de la Convention de Vienne du 23 mai 1969, c'est-à-dire seulement en cas de violation manifeste des règles de compétence (v. en ce sens B. Genevois, contrib. préc., p. 100 faisant référence à G. Guillaume, *Rev. jur. indép. et coop.*, 1986, p. 886). Il faut aussi considérer qu'il est difficile, en toute logique, qu'une déclaration d'inconstitutionnalité par voie d'exception puisse dégager la France d'obligations contractées au niveau international.

En ce qui concerne les lois organiques, la doctrine est en général réservée sur la pertinence ou la possibilité même d'un contrôle par la voie de l'exception, en raison du fait que les lois organiques font déjà l'objet d'un contrôle complet obligatoire *a priori*, le contrôle *a posteriori* étant inutile (P. Bon, p. 109, B. Genevois, p. 101). On ne souscrit pas à cette appréciation parce que ce ne doit pas être justement l'exercice éventuel ou obligatoire du contrôle *a priori* qui doit limiter le contrôle incident. L'exception d'inconstitutionnalité correspond à une philosophie différente du contrôle, basée sur la situation d'espèce qui pose un problème d'atteinte aux droits fondamentaux, c'est-à-dire d'une question concrète qui se révèle dans l'application de la loi alors que le contrôle préventif est nécessairement abstrait puisque la loi n'est pas encore en vigueur. En particulier, on pense que le contrôle par voie d'exception pourrait être le moyen de mieux contrôler les ordonnances prises en vertu de l'article 92 de la Constitution, pour la mise en place des institutions de la Ve République, alors que, pour l'exercice du contrôle *a priori* de l'article 61, la jurisprudence du Conseil constitutionnel avait semblé réticente dans un premier temps à en accepter même le principe (C. const., no 60-6 DC, 15 janvier 1960, *Rec.*, 21) puis avait exercé ce contrôle à l'occasion de modifications de celles-ci (C. const., no 75-61 DC, 28 janvier 1976, *Rec.*, 25) vérifiant précisément que le législateur, en exerçant son pouvoir de modification ou d'abrogation, ne privait pas de garanties légales des principes de valeur constitutionnelle (C. const., no 92-305 DC, 21 février 1992, *Rec.*, 27).

D | EFFETS POTENTIELS DE LA DÉCLARATION D'INCONSTITUTIONNALITÉ PAR VOIE D'EXCEPTION

L'effet de la déclaration d'inconstitutionnalité par voie d'exception est indiqué par les projets de 1990 et 1993 dans des termes quasiment identiques en déclarant que « une disposition déclarée inconstitutionnelle [par voie d'exception] cesse d'être applicable et ne peut plus être appliquée aux procédures en cours, y compris devant le juge de cassation », à compter de la publication de la décision au *Journal officiel*.

Une question préalable concerne l'étendue du contrôle exercé par le Conseil constitutionnel. Il ne peut être aussi large que dans le contrôle *a priori*. En effet, la question de constitutionnalité posée par voie d'exception porte sur une instance particulière, à propos de l'application d'une disposition de loi précise ; il ne s'agit pas de contrôler l'intégralité d'une loi mais de résoudre une question préjudicielle dans une instance en cours. La seule difficulté tient au caractère inséparable de certaines parties de la loi dont une disposition vient d'être déclarée contraire à la constitution par voie d'exception. Dans ces cas, il semble qu'on puisse appliquer le principe d'inséparabilité qui fait demeurer l'ensemble des dispositions dans le cadre de l'instance et de la question posée, mais en réservant cette possibilité de déclaration d'inséparabilité au seul Conseil constitutionnel (cf. en ce sens F. Luchaire, art. préc., p. 1642).

On peut distinguer deux types d'effets de la déclaration d'inconstitutionnalité par voie d'exception. Les effets sont d'abord d'ordre purement juridique et concernent l'autorité de la décision du Conseil constitutionnel, les effets sur le jugement au fond, sur les situations juridiques et les actes résultant de la loi déclarée inconstitutionnelle. Les autres effets sont institutionnels et partiellement extra-juridiques : ils concernent les modifications des relations entre le Conseil constitutionnel et les ordres juridictionnels administratif et judiciaire du fait de l'exercice même du contrôle de constitutionnalité par voie d'exception.

1 / *Effets juridiques*

La décision du Conseil constitutionnel rendue sur recours incident a une autorité absolue, en ce sens qu'elle s'impose, conformément à l'article 62 de la Constitution, aux pouvoirs publics et à toutes les autorités administratives et juridictionnelles. La disposition déclarée inconstitutionnelle cesse immédiatement d'être applicable, la décision du Conseil produisant des effets comparables à ceux d'une abrogation (cf. exposé des motifs du projet de 1990). Cet effet *erga omnes*, voulu par le projet constitutionnel, est inhabituel dans le contrôle par voie d'exception du type américain, mais moins dans celui du modèle européen, comme en Allemagne, en Italie ou en Autriche. La déclaration d'inconstitutionnalité a donc un effet particulier à l'égard de la procédure qui en a été l'occasion mais aussi un effet général dans l'ordre juridique.

La difficulté peut résulter de l'effet dans le temps de la décision du Conseil constitutionnel. Le projet prévoit un effet *ex nunc*, c'est-à-dire à partir du prononcé de la décision, alors qu'on aurait pu imposer un effet *ex tunc*, rétroactif, ce qui, en matière d'atteinte à des droits fondamentaux aurait pu se concevoir. On aurait également pu confier la fixation des effets dans le temps de la décision au juge constitutionnel, comme cela existe en Belgique, en Autriche ou au Portugal, ou en droit communautaire selon lequel l'article 174 du traité de Rome permet à la Cour de justice d'indiquer les effets qui sont définitifs de l'annulation d'un règlement.

Mais ces différents types de solution doivent être envisagés avec prudence car, dans le contentieux par voie incidente, c'est en toute logique le juge du fond qui doit tirer les conséquences de la décision du juge compétent pour résoudre la question préjudicielle. Et ce devrait être normalement le juge du fond qui devrait fixer les effets de la déclaration d'inconstitutionnalité. Mais on doit remarquer que les décisions des juges français, administratif et judiciaire, se prononçant sur les effets d'une déclaration d'illégalité par voie d'exception, sont quelque peu contradictoires sur ce point, qu'il s'agisse de l'effet *erga omnes* ou *inter partes* de la décision ou de l'effet dans le temps de celle-ci, penchant tantôt pour un effet relatif, tantôt pour un effet absolu (v. sur ces points B. Genevois, art. préc., p. 108 et s. ; J.-M. Auby et R. Drago, *Traité des recours en matière administrative*, Litec, 1992, nº 67 et jurisprudence citée). Concernant les effets dans le temps de la déclaration d'inconstitutionnalité par voie d'exception, l'exemple de la jurisprudence de la Cour de justice des Communautés européennes montre les difficultés qu'il y a à fixer des principes absolus. En effet, la Cour de justice avait admis, en matière de renvoi préjudiciel, un effet seulement *ex nunc* de sa décision, pour des raisons de sécurité juridique (CJCE, 8 avril 1976, *Defrenne*, aff. 43/75, *Rec.*, 455). S'appuyant sur l'article 174 du Traité de Rome, la Cour de justice avait choisi le même type d'effet dans le domaine de l'appréciation de validité, par analogie la plus proche du contentieux de la constitutionnalité par voie d'exception (CJCE, 15 octobre 1980, *Providence agricole de Champagne*, aff. 4/79, *Rec.*, 2823). Mais ce choix de l'effet par la Cour de justice s'est heurté à de fortes résistances des juridictions nationales, celles-ci jugeant qu'il leur appartenait de tirer les conséquences des décisions communautaires, mais surtout de permettre aux justiciables de tirer toutes les conséquences au plan national d'une invalidation communautaire, l'effet *ex nunc* le leur interdisant puisqu'il ne vaut que pour l'avenir (CE, sect., 26 juillet 1985, *ONIC*, *Rec.*, 233 ; *AJDA*, 1985, p. 615, concl. Genevois, p. 536, chron. Schoettl et Hubac ; Cour constitutionnelle italienne, 21 avril 1989, cités respectivement par B. Genevois, p. 111 et par D. Simon et R. Mehdi, chron. de justice communautaire, *Justices*, nº 1, 1995, spéc. p. 190 et s.). C'est la raison pour laquelle la Cour de justice a admis que l'effet *ex nunc* de sa décision dans le contentieux en appréciation de validité ne devait pas priver les justiciables des droits qu'ils pouvaient attendre de l'invalidité d'un acte communautaire, dans la mesure où ils avaient fait un recours de nature équivalente (CJCE, 26 avril 1994, *Roquette*, C-228/92, concl. M. Darmon, *Rec.*, I-4445 ; v. D. Simon et R. Mehdi, chron. préc. ; D. Simon, *Le système juridique communautaire*, préc., nº 502 et bibl. nº 509).

Ces jurisprudences sont prémonitoires de ce qui pourrait arriver dans le contentieux de la constitutionnalité des lois par voie d'exception. L'impératif de sécurité juridique qui devrait conduire à n'accepter que l'effet *ex nunc* de la déclaration d'inconstitutionnalité pourrait conduire à des situations de grave inégalité, dans la mesure où des actes passés, réglementaires ou individuels, pris en application de la disposition législative déclarée inconstitutionnelle, ne pourraient être remis en cause du fait de l'effet *ex nunc*. Outre l'impression déplorable que produirait une déclaration d'inconstitutionnalité par voie d'exception aux effets juridiques nuls en pratique (ce que D. Simon et R. Mehdi appellent un résultat « platonique » pour la jurisprudence communautaire), on ne peut admettre que ne soit pas tirées les conséquences de cette déclaration d'inconstitutionnalité à l'égard des décisions issues directement de l'acte invalidé. A l'égard de procédures en cours contre de tels actes au moment de la déclaration d'inconstitutionnalité, le non-lieu à statuer devrait-il s'imposer en raison de cette déclaration ou l'acte devrait-il être déclaré illégal du fait de cette inconstitutionnalité ? On penche plutôt pour le non-lieu à statuer compte tenu de l'effet *erga omnes* de la déclaration d'inconstitutionnalité. Enfin, on pourrait utiliser les principes issus des changements de circonstances de droit ou de fait, en prenant comme base la date du changement de circonstance, c'est-à-dire celle du 4 octobre 1958, date d'entrée en vigueur de la Constitution de la Ve République, en considérant, ainsi que le propose M. Genevois (art. préc., p. 109), que si la loi déclarée inconstitutionnelle est antérieure à la Constitution de 1958, l'inconstitutionnalité ne doit pas produire d'effet antérieurement à cette date, sous peine de créer des décalages historiques dans l'appréciation et la définition des droits fondamentaux.

En tout état de cause, il semble préférable de décider d'un principe d'effet *ex nunc* qui réglerait les situations futures et on pourrait, pour les inévitables effets *ex tunc*, confier au Conseil constitutionnel la définition de ceux-ci, compte tenu des enjeux. Il pourrait ici être mis en place l'équivalent d'une procédure d'exécution du jugement, comme cela a été mis en place pour la juridiction administrative (loi n° 95-125 du 8 février 1995, art. L. 8-2 du code des TA et CAA, art. 6-1 de la loi n° 80-539 du 16 juillet 1980 pour le Conseil d'État), prescrivant dans quel sens les textes devraient être modifiés ou abrogés. On pourrait aussi utiliser les dispositions de l'article 3 du décret n° 83-1025 du 28 novembre 1983, en matière d'abrogation, en l'appliquant aux décisions du Conseil constitutionnel ce qui nécessiterait une légère modification. Il faudrait sans doute y ajouter une procédure permettant au Parlement de combler un vide juridique, comme cela avait été envisagé en 1990 lors de la discussion au Sénat, éventuellement en retardant l'application immédiate de la déclaration d'inconstitutionnalité, sauf sans doute en matière pénale (v. L. Favoreu, art. préc., p. 593 ; J. Viguier, art. préc., p. 997). Mais il faudrait être attentif à éviter tout procédé de validation législative des situations passées puisque, par définition, cette loi de validation serait contraire à la Constitution puisqu'en contradiction manifeste avec la déclaration d'inconstitutionnalité prononcée par voie d'exception. Enfin, pour les cas insolubles, la loi organique devrait également prévoir une possibilité de mise en cause de la responsabilité de l'État, sur le fondement de la rupture d'égalité devant les charges publiques, sur le modèle de la jurisprudence *La Fleurette* (CE, Ass., 14 janvier 1938, *Rec.*, 25 ; *GAJA*, n° 57). En définitive, il est clair que les effets juridiques des déclarations d'inconstitutionnalité de lois par la voie de l'exception posent des problèmes difficiles d'application qui ne trouveront de solutions que dans un texte ménageant les principes de sécurité juridique sans nuire à la défense des droits fondamentaux que ces procédures sont censées développer.

2 / *Effets sur les relations d'autorité entre le Conseil constitutionnel et les ordres juridictionnels administratif et judiciaire*

Les effets de la mise en place d'un mécanisme de question préjudicielle de constitutionnalité par renvoi au Conseil constitutionnel avec double « filtre » par les juridictions de fond et les juridictions suprêmes de chaque ordre ne produit pas que des effets purement juridiques. L'effet institutionnel des rapports entre le Conseil constitutionnel et les ordres juridictionnels, en particulier le Conseil d'État et la Cour de cassation, n'est pas moins important. Plusieurs types d'effets peuvent être soulignés.

« Le premier concerne l'entrée, dans le contrôle de la constitutionnalité des lois, des juridictions administratives ou judiciaires qui, jusqu'ici, s'en étaient rigoureusement tenues à l'écart. Sans doute le "filtrage" confié au Conseil d'État et à la Cour de cassation ne les fait juges que du "sérieux" de l'exception. Mais une telle appréciation comporte une grande liberté. Entendue trop largement, elle risque de laisser submerger le Conseil constitutionnel ; entendue trop restrictivement, elle ferait passer le juge de la recevabilité au rang de juge du fond, comme ce fut jadis le cas pour la chambre des requêtes de la Cour de cassation » (G. Vedel, Réforme de la Constitution : ni gadget, ni révolution, *Le Monde*, 6 avril 1990).

On ne saurait mieux dire. Cet effet, qu'on peut qualifier de direct, pourrait se produire dans différentes directions. Les juges du fond, quel que soit leur niveau hiérarchique, pourraient ainsi se conduire en véritables juges de la constitutionnalité de la loi, sans risque d'ailleurs de porter atteinte à la séparation des pouvoirs car il ne s'agirait, en somme, que d'écarter une loi, comme ils le font déjà pour appliquer le droit communautaire (en ce sens N. Molfessis, La dimension constitutionnelle des droits et libertés fondamentaux, art. préc., p. 65). Mais l'effet de dispersion de la justice constitutionnelle, de parcellisation, voire d'éclatement de la norme constitutionnelle, n'est pas à exclure, selon les divergences de jurisprudence et d'appréciation de la Constitution. Les juges ordinaires pourraient aussi bien opposer une résistance à la juridiction constitutionnelle soit en refusant de renvoyer au Conseil constitutionnel de façon systématique soit en contrant les principes tirés de la jurisprudence du Conseil par l'appréciation du « sérieux » ou du fondement de la question de constitutionnalité, comme cela s'est produit en Italie.

L'effet indirect serait inévitablement de renforcer le principe d'autorité du Conseil constitutionnel sur les ordres juridictionnels, posé par l'article 62 de la Constitution. Peu à peu, au fil de la jurisprudence sur contrôle préventif ou par voie d'exception, le Conseil constitutionnel se transformerait en cour suprême, située nécessairement au sommet de l'édifice juridictionnel, parce qu'il drainerait l'ensemble des mécanismes d'interprétation de la norme constitutionnelle, parce que toute question de constitutionnalité remonterait jusqu'à lui et que ses décisions s'imposeraient, non plus seulement en fonction d'un principe non sanctionné dans le cadre du contrôle préventif, mais en raison d'un effet direct et obligatoire de la décision du Conseil sur une procédure juridictionnelle en cours. Cet effet substantiel sur la décision du juge du fond aurait en réalité une incidence majeure sur l'organisation juridictionnelle.

II / Réflexions prospectives

La mise en place d'un contrôle de constitutionnalité par voie de question préjudicielle, puisque c'est bien de cela qu'il s'agit (v. Th. S. Renoux, L'exception, telle est la question, *RFDC*, n° 4, 1990, p. 651 et s.) relève-t-elle d'un processus inéluctable ? S'il est vrai que cette réforme se situerait dans la logique de développement du contrôle de constitutionnalité dans le modèle européen, mais ne faut-il pas procéder à une sorte de bilan coût-avantages politico-juridique de la création d'un nouveau type de contrôle de constitutionnalité par voie d'exception ? Ce bilan a d'ailleurs déjà été fait à plusieurs occasions.

L'un des arguments relevés par le doyen Favoreu est de considérer que les systèmes qui possèdent un contrôle *a posteriori* ne font que peu porter le contrôle sur la loi nationale mais souvent sur des actes infra-législatifs ou des actes juridictionnels (*AIJC*, 1992, p. 12 et s.). Si donc la France cumulait contrôle *a priori* et contrôle *a posteriori*, elle se trouverait, avec l'Italie, dans la situation d'un contrôle très poussé du législateur, alors déjà que le contrôle exercé selon l'article 61 de la Constitution est fort développé. Ce qui importe donc, selon cet auteur, est de poursuivre le processus de constitutionnalisation du droit par « imprégnation de l'ordre juridique ». S'ajoute à cet argument celui du président de la République, énoncé lors des cérémonies marquant le vingtième anniversaire de la réforme de 1974 instituant la saisine parlementaire, selon lequel au-delà d'un certain degré de contrôle on s'expose à porter atteinte aux prérogatives de la représentation nationale (in *Vingt ans de saisine parlementaire du Conseil constitutionnel*, p. 170). D'autres opinions expliquent, avec raison, que le justiciable français est dans une situation paradoxale en ayant la possibilité de faire valoir devant les juridictions françaises une exception de non-conformité de la loi nationale à un texte international tel que la Convention européenne des droits de l'homme ou à un texte communautaire et que ce même droit lui est refusé pour ce texte suprême de l'ordre juridique français qu'est la constitution (R. Badinter, in *Vingt ans de saisine parlementaire du Conseil constitutionnel*, p. 167 ; id., *JCP*, 1992.I.3584). Enfin, certains s'interrogent sur les effets pervers d'une réforme instituant un système de question préjudicielle de constitutionnalité au regard des vides juridiques créés par une déclaration d'inconstitutionnalité, des possibles contrariétés de jurisprudence entre le Conseil d'État et la Cour de cassation, du poids excessif pris par le Conseil constitutionnel transformé en véritable cour suprême (H. Roussillon, *op. cit.*, p. 95). Le doyen Vedel conseille, en définitive, la prudence en considérant qu'il ne faut porter qu'une atteinte exceptionnelle à l'autorité du contrôle abstrait et *a priori* (*Mél. R. Perrot*, p. 547), après avoir été un clair partisan de la réforme (*Le Monde*, 6 avril 1990).

S'il faut prendre position, on dira qu'avant de procéder à une réforme de ce type, il conviendrait de pousser à leur limite les techniques d'exception de caducité utilisées par les juges du fond, en particulier le Conseil d'État, à propos des textes antérieurs à 1958, car l'un des problèmes justement évoqués par les projets de révision constitutionnelle concerne ces lois (G. Vedel, art. préc., p. 546 ; R. Badinter, intervention préc., p. 167). C'est sur ce point que le juge ordinaire devrait s'inspirer de la jurisprudence du Conseil constitutionnel pour écarter les lois non conformes à l'ordre juridique issu de la Constitution de la Ve République. Cette méthode « douce » aurait le mérite d'alerter les pouvoirs publics sur les incohérences juridiques résultant de la superposition d'ordres juridiques d'époques différentes. Si on y ajoute la jurisprudence du Conseil constitutionnel permettant de mettre en cause une loi déjà promulguée à l'occasion du contrôle d'une loi qui la modifie, le système apparaît déjà assez complet.

Si l'on souhaitait cependant mettre en place une procédure de question préjudicielle de constitutionnalité, il conviendrait sans doute de simplifier le système de 1990-1993 en prévoyant un renvoi direct des juridictions de fond au Conseil constitutionnel, en supprimant le filtre des juridictions suprêmes qui pourrait se transformer en contrôle préalable de constitutionnalité, avec de possibles contradictions entre elles et avec le Conseil constitutionnel. Les conditions permettant d'accepter la question préjudicielle pourraient s'inspirer de celles des moyens sérieux et conditionnant l'issue du litige, auxquels les juges français sont habitués et qui conserveraient à la question son caractère préjudiciel. Afin d'éviter tout encombrement du juge constitutionnel, une procédure de recevabilité de la demande, par une section de trois membres du Conseil constitutionnel, permettrait de limiter ce risque. Ceci devrait s'accompagner d'une augmentation des moyens du Conseil, par l'appui de référendaires, comme cela se pratique dans d'autres cours constitutionnelles.

Enfin, l'effet des décisions du Conseil constitutionnel devrait être absolu et *ex nunc*, tout en prenant en considération les inévitables effets *ex tunc* à l'égard des situations réglementaires et individuelles, comme on l'a montré plus haut. L'appel au législateur par le Conseil constitutionnel afin de corriger la loi déclarée contraire à la Constitution pourrait être envisagé en prévoyant une application différée dans le temps de la déclaration d'inconstitutionnalité. Quoi qu'il en soit, l'échec des projets de 1990-1993 montre indirectement les avantages du contrôle préventif qui vide d'un coup la querelle de constitutionnalité.

Il faut songer aux conséquences plus générales encore portant sur la formation même du droit constitutionnel substantiel. Au fur et à mesure du développement d'un contrôle de constitutionnalité par voie d'exception, on assiste, dans les pays où il existe (Italie, Allemagne), à des problèmes portant sur ce que la doctrine appelle la « micro-constitutionnalité », c'est-à-dire des questions de constitutionnalité portant sur des dispositions très précises, voire particulières. Ceci pose un problème de fonction du contentieux constitutionnel dans la mesure où, dans le contrôle *a priori*, la liaison du contentieux est déjà difficile à faire dans la mesure où les considérations de fait sont jusque-là quasiment absentes. Il y a donc un risque de décalage entre contrôle *a priori* et contrôle *a posteriori*. Le contentieux constitutionnel peut-il s'accommoder d'une concrétisation progressive découlant nécessairement de l'exception d'inconstitutionnalité ? Le danger d'une dilution des concepts fondamentaux constitutionnels n'est pas à exclure, par des effets de transposition des notions constitutionnelles d'un contentieux vers l'autre, avec des risques de déformation des notions juridiques. L'unité de l'ordre juridique doit imposer la prudence dans l'utilisation multiple des notions juridiques et il revient au juge d'y veiller. C'est à sa sagesse que serait confiée une réforme créant une question préjudicielle de constitutionnalité.

BIBLIOGRAPHIE

Sur les aspects historiques du contrôle de la loi ou des actes dérivés : Levinet (M.), Les techniques de contrôle de la loi envisagées lors du débat constituant de 1793, Congrès de Strasbourg, 1990 (dact.) ; Mestre (J.-L.), La Cour de cassation et le contrôle de constitutionnalité. Données historiques, *La Cour de cassation et la Constitution de la République*, PUAM, 1995, p. 39 et s. ; id., Les juridictions judiciaires et l'inconstitutionnalité des ordonnances royales de la Restauration au Second Empire, *RFDC*, n° 15, 1993, p. 451 et s. ; Verpeaux (M.), Le contrôle de la loi par la voie de l'exception dans les propositions parlementaires sous la IIIe République, *RFDC*, n° 4, 1990, p. 688 et s.

Sur le droit positif français de l'exception d'inconstitutionnalité : Chérot (J.-Y.), L'exception d'inconstitutionnalité devant le Conseil constitutionnel, *AJDA*, 1982, p. 59 et s. ; Ferstenbert (J.), Le contrôle par le Conseil constitutionnel de la régularité constitutionnelle des lois promulguées, *RDP*, 1991, p. 339 ; Trémeau (J.), La caducité des lois incompatibles avec la Constitution, *AIJC*, 1990, p. 219 et s.

Sur les projets de révision constitutionnelle de 1990 et 1993 :

Ouvrages : Braconnier (S.), *Une réforme constitutionnelle avortée : la saisine du Conseil constitutionnel par voie d'exception*, mémoire DEA, Poitiers, 1992 ; Conac (G.) et Maus (D.) (dir.), *L'exception d'inconstitutionnalité. Expériences étrangères, situation française*, éd. STH, 1990 avec les contributions de : M. Fromont (Suisse, Autriche, RFA), J.-C. Escarras (Italie), P. Juillard (États-Unis), P. Bon (Espagne, Portugal), E. Eyuboglu (Turquie), F. Luchaire (traditions françaises et perspectives), D. Maus (Les forces politiques face à l'exception), B. Genevois (Les solutions possibles) ; Delpérée (F.) (dir.), *Le recours des particuliers devant le juge constitutionnel*, Économica-Bruylant, 1991 : comparaison franco-belge avec les communications de R. Andersen, A. Rasson-Roland, Th. S. Renoux, P. Bon, F. Luchaire, conclusions de J. Rivero. V. aussi les 14es journées franco-italiennes de la Société de législation comparée, *Journées de la Société de législation comparée*, vol. 12, p. 7 et s., contributions de : F. Luchaire, G. Zagrebelsky, L. Favoreu, F. Roselli, B. Genevois, C. Mezzanotte. Textes des projets de révision constitutionnelle de 1990 et 1993 reproduits *in* Th. S. Renoux et M. de Villiers, *Code constitutionnel*, Litec, 1994, p. 1196 et s. V. aussi Rodrigues Vieira (P.), *Les perspectives d'instauration de l'exception d'inconstitutionnalité en France*, thèse, Paris V, 1992.

Articles et contributions : Baleine (A. de) et Guillou (Y. R.), La saisine du Conseil constitutionnel par le justiciable : le droit souverain ?, *La vie judiciaire*, n° 2293, 19-25 mars 1990, p. 1, 7 et 8 ; Chérot (J.-Y.), L'effet direct de la Constitution dans les rapports entre particuliers, Congrès de Strasbourg, 1990 (non publié) ; Chevallier (F.), L'exception d'inconstitutionnalité, l'État de droit et la construction de la Communauté européenne, *D*, 1989, chron., p. 255 et s. ; Genevois (B.), *La jurisprudence du Conseil constitutionnel. Principes directeurs*, éd. STH, 1988, n° 617 et s. ; Granrut (B. du), Faut-il accorder aux citoyens le droit de saisir le Conseil constitutionnel ?, *RDP*, 1990, p. 309 et s., repris de *Rev.*

jurisprudence commerciale, n° 3, mars 1990, p. 97 et s. (avec en annexe le texte des projets de loi constitutionnelle et de loi organique) ; Luchaire (F.), Une réforme constitutionnelle différée : le contrôle de la loi promulguée sur renvoi des juridictions, *RDP*, 1990, p. 1625 et s. ; id., La protection des droits de l'homme par l'exception d'inconstitutionnalité, *Commentaire*, n° 55, 1991, p. 483 et s. ; Di Manno (T.), *Le Conseil constitutionnel et les moyens et conclusions soulevées d'office*, Économica-PUAM, 1994, p. 37 et s. ; Etien (R.), Non à la réforme du contrôle de constitutionnalité des lois en France, *Rev. adm.*, 1991, p. 517 et s. ; Viguier (J.), La participation des citoyens au processus de contrôle de la constitutionnalité de la loi dans les projets français de 1990 et de 1993, *RDP*, 1994, p. 969 et s. ; Roussillon (H.), *Le Conseil constitutionnel*, 3e éd., Dalloz, 1996, p. 88 et s. ; Turpin (D.), *Contentieux constitutionnel*, PUF, coll. « Droit fondamental », 2e éd., 1994, n° 215 et s.

Pour un bilan des projets de 1990-1993 v. en 1994, les discours du président F. Mitterrand et de R. Badinter, alors président du Conseil constitutionnel, à l'occasion du vingtième anniversaire de la révision constitutionnelle du 29 octobre 1974, reproduits *in* Ass. française des constitutionnalistes, *Vingt ans de saisine parlementaire du Conseil constitutionnel*, Économica-PUAM, 1995, p. 165 et s. ; Badinter (R.), L'exception d'inconstitutionnalité, garantie nécessaire du citoyen, *JCP*, 1992.I.3584 ; Favoreu (L.), « L'exception d'inconstitutionnalité » est-elle indispensable en France ?, *AIJC*, 1992, p. 11 et s. ; id., La constitutionnalisation croissante du droit rend-elle moins nécessaire « l'exception d'inconstitutionnalité » ?, Congrès de Bordeaux, 1993 ; Grewe (C.), L'élargissement de la saisine du Conseil constitutionnel, in *La révision de la Constitution*, Économica-PUAM, 1993, p. 237 et s. ; Mathieu (B.), La saisine du Conseil constitutionnel : l'exception d'inconstitutionnalité et l'État de droit, *LPA*, n° 52, 4 mai 1992, p. 50 et s. ; Vedel (G.), L'accès des citoyens au juge constitutionnel. La porte étroite, *La vie judiciaire*, n° 2344, 11-17 mars 1991, p. 1, 13 et 14 ; id., Réflexions sur les singularités de la procédure devant le Conseil constitutionnel, *Nouveaux juges, nouveaux pouvoirs ?, Mél. R. Perrot*, Dalloz, 1996, p. 537 et s., spéc. p. 545 et s. ; Roussillon (H.), *Le Conseil constitutionnel*, préc., p. 91 et s. ; Renoux (Th. S.), Si le grain ne meurt… (à propos des droits et libertés), *RFDC*, n° 14, 1993, spéc. p. 285 et s. ; Rousseau (D.), *Droit du contentieux constitutionnel*, Montchrestien, 4e éd., 1995, p. 64 et s.

V. aussi le débat sur l'exception d'inconstitutionnalité lors du projet général de 1993 : Gaudemet (Y.) et Solon, *Le Monde*, 3 juin 1993 (contre) ; Vedel (G.) et Luchaire (F.), *Le Monde*, 11 juin 1993 (pour). Sur l'exception d'inconstitutionnalité présentée par le Comité consultatif pour la révision de la Constitution présidé par le doyen Vedel, v. *Propositions pour une révision de la Constitution*, 15 février 1993, La Documentation française, 1993, p. 76 et s.

Un numéro de la *Revue française de droit constitutionnel*, n° 4, 1990, reprend l'ensemble du projet de réforme de 1990, dans des analyses juridiques et politistes, ainsi qu'un éclairage de droit comparé et historique : L. Favoreu (L'élargissement de la saisine du Conseil constitutionnel aux juridictions administratives et judiciaires) avec une bibliographie complète, en particulier pour les articles de presse, p. 614 et s., P. Avril et J. Gicquel (L'apport de la révision à la procédure parlementaire), C. Castano (L'exception d'inconstitutionnalité : la contrainte du droit, la force du politique), Th. S. Renoux (L'exception, telle est la question), A. Pizzorusso (Un point de vue comparatiste sur la réforme de la justice constitutionnelle française), C. Autexier (RFA), F. Delpérée (Belgique), P. Bon (Espagne),

J.-C. Escarras (Italie), M. Verpeaux (Le contrôle de la loi par la voie de l'exception dans les propositions parlementaires sous la IIIe République). V. aussi un compte rendu sommaire des travaux parlementaires sur le projet de 1990, *RFDC*, n° 2, 1990, p. 313 et s. ; n° 3, 1990, p. 483 et s. et p. 490 et s., avec un tableau comparatif des textes au fur et à mesure de la discussion parlementaire.

Deux livraisons de la revue *Commentaire* ont permis de poser l'ensemble des questions en interrogeant la doctrine, qui s'exprime dans des textes brefs mais argumentés, en prenant position : *Commentaire*, n° 35, 1986, p. 413 et s. avec les contributions de M. Duverger (L'exception d'inconstitutionnalité devant les tribunaux ordinaires), P. Ardant (Un contrôle impossible), P. Avril (La justice constitutionnelle est politique), P. Delvolvé (Sur l'introduction de l'exception d'inconstitutionnalité contre la loi en droit français), R. Drago (L'exception d'inconstitutionnalité), O. Duhamel (Mythes), R. Errera (Sur une révolution silencieuse : à propos du juge de la loi), F. Goguel (Tout est dans la Constitution) ; *Commentaire*, n° 36, 1986-1987 p. 682 et s. avec les contributions de L. Favoreu (Un [faux] débat nécessaire), M. Hauriou (Il reste à conquérir les juges et l'opinion...), R. de Lacharrière (Les infortunes de la logique), A. Mathiot (Un pouvoir jamais utilisé), Y. Mény (Pour la question préjudicielle), L. Philip (Pas de révolution mais de simples améliorations), J. Rivero (Sur l'exception d'inconstitutionnalité), D. Turpin (L'admission de l'exception d'inconstitutionnalité est souhaitable et possible), M. Duverger (Pour affermir l'État de droit).

Sur le débat politique engendré par le projet v. l'analyse de Castano (C.), L'exception d'inconstitutionnalité : la contrainte du droit, la force du politique, *RFDC*, 1990, p. 631 ; Maus (D.), Les forces politiques face à l'exception, in *L'exception d'inconstitutionnalité*, préc., p. 91 ; Restier-Melleray (C.), Opinion publique et démocratie. Les débats parlementaires et la réforme de la saisine du Conseil constitutionnel, *RDP*, 1991, p. 1039 et s. V. aussi *supra*, titre I, chap. III, La légitimité de la juridiction constitutionnelle.

Chapitre III

LA RÉCEPTION DES DÉCISIONS DU CONSEIL CONSTITUTIONNEL PAR L'ADMINISTRATION ET LE JUGE

L'effectivité des décisions du Conseil constitutionnel ne se limite pas au principe de l'autorité de ses décisions énoncé par l'article 62 de la Constitution. Lorsque cet article déclare que les décisions du Conseil s'imposent aux pouvoirs publics et à toutes les autorités administratives et juridictionnelles, la détermination de la nature de cette autorité ne suffit pas à expliquer comment les décisions sont reçues par l'administration et le juge.

Peut-on d'ailleurs parler de « réception » des décisions du Conseil constitutionnel ? On avait employé le mot d'« exécution » (cf. notre thèse : *L'exécution des décisions du Conseil constitutionnel. L'effectivité du contrôle de constitutionnalité des lois*, Économica-PUAM, 1991) pour décrire le phénomène d'application des décisions du Conseil par ses destinataires. On avait d'ailleurs montré que parmi ces destinataires, les organes constitutionnels tels que le Parlement, le Gouvernement dans sa fonction prélégislative, et même le président de la République, exercent cette fonction d'exécution des décisions du Conseil constitutionnel, au titre de la confection de la loi, expression d'une participation commune du Conseil constitutionnel et d'autres organes constitutionnels à l'œuvre législative (v. par exemple *supra*, L'exécution des décisions d'annulation partielle, chap. I, Le principe d'effectivité). Ici, on veut décrire un autre phénomène qui concerne la façon dont les décisions du Conseil ont un impact réel sur les autorités qui ont à appliquer la loi, une fois celle-ci entrée en vigueur.

On se place donc dans le cas de figure selon lequel la loi a été soumise au Conseil constitutionnel, qui n'a pas empêché son entrée en vigueur, mais a pu notamment assortir sa déclaration de conformité de réserves d'interprétation destinées à assurer une pleine conformité de certains aspects du texte de loi avec la Constitution. De ce point de vue, la réception des décisions du Conseil constitutionnel comprend deux éléments. D'abord, la question de la réalisation concrète du principe d'autorité des décisions. Comment les autorités d'exécution ressentent-elles cette autorité ? Ensuite, comment ces autorités tiennent-elles compte des principes, des normes jurisprudentielles énoncées par le Conseil ?

On traitera de ces différentes questions en présentant les modalités d'exécution des décisions du Conseil, en distinguant entre les autorités administratives (section 1) et les ordres juridictionnels (section 2).

SECTION 1
L'exécution des décisions du Conseil constitutionnel par les autorités administratives

On se place ici au moment où la loi se trouve promulguée une fois passée l'épreuve du contrôle de constitutionnalité et s'impose donc à toute autorité exécutive. Il ne s'agit donc pas d'étudier ce qui relève de la « veille constitutionnelle » assurée par les autorités gouvernementales pendant le processus de préparation et de vote de la loi (v. *supra*, titre II, chap. IV, Le contrôle de constitutionnalité des lois).

Pourtant, la prise en considération de la jurisprudence du Conseil constitutionnel par le Gouvernement dépasse largement le processus de préparation d'un projet de loi et la défense du texte de loi devant le Conseil, si celui-ci vient à être saisi.

L'imprégnation constitutionnelle de l'action gouvernementale impose une prise en considération constante des questions de constitutionnalité, à tous les stades de la production normative. A cet égard, le rôle du secrétariat général du Gouvernement est essentiel dans la mesure où c'est par lui que transite, à un moment ou à un autre, la totalité des textes normatifs. Dans cette fonction rappelée à plusieurs reprises (v. la dernière circulaire du 30 janvier 1997 relative aux règles d'élaboration, de signature et de publication des textes au *Journal officiel* et à la mise en œuvre de procédures particulières incombant au Premier ministre, *JO*, 1er février 1997, p. 1720 et s.), le secrétariat général du Gouvernement exerce une fonction de « veilleur » particulièrement attentif à toutes les questions de constitutionnalité parce que, justement, il les a suivies depuis le début du processus normatif jusqu'aux derniers textes d'application. Il le fait d'ailleurs en liaison étroite avec le secrétaire général du Conseil constitutionnel lequel, avec toute la réserve qui incombe à sa fonction, peut indiquer les questions de constitutionnalité auxquelles il faut être particulièrement attentif dans la mise en œuvre d'une loi, ainsi que dans les textes d'application de celle-ci (v. en ce sens les propos très éclairants d'O. Schrameck, L'influence de la jurisprudence du Conseil constitutionnel sur l'action gouvernementale, in *La légitimité de la jurisprudence du Conseil constitutionnel*, préc.).

Assurer la prise en considération des décisions du Conseil constitutionnel relève d'un devoir pour l'ensemble de l'appareil administratif. Pourtant, le fait est que les préoccupations constitutionnelles ne sont pas constantes pour l'administration. Ceci tient d'abord à ce que toute action administrative ne comprend pas, à l'évidence, une dimension constitutionnelle. Et aussi parce que les questions de constitutionnalité, les normes de référence du contrôle ainsi que les prises de position du Conseil, ne couvrent pas, loin s'en faut, l'ensemble du champ de l'action administrative. Bref, l'administration n'a pas à tirer de toute décision du Conseil constitutionnel des conséquences pour elle-même.

La prise en considération des décisions du Conseil par les autorités administratives est en réalité extrêmement variable. Elle dépend de plusieurs facteurs. Le premier facteur est relatif à la décision même du Conseil constitutionnel. La prise en considération par l'administration de la décision du Conseil sera d'autant plus réelle que la décision aura défini avec précision, et les interprétations qui devront être suivies dans les textes d'application de la loi, et les autorités destinataires des ces interprétations. Il est évident que du degré de précision de la directive du Conseil constitutionnel dépend l'exacte application de sa décision par l'administration. A ce titre, la nature même de l'interprétation dégagée de la décision du Conseil, interprétation directive, réductrice, minorante, neutralisante, a une conséquence majeure sur le mode d'application de la décision (sur ces différents types d'interprétation v. *supra*, chap. I, Le principe d'effectivité).

Le deuxième facteur concerne les autorités administratives concernées. On peut en distinguer trois types. Les interprétations destinées à ces autorités peuvent clairement indiquer qu'il s'agit du Gouvernement dans son pouvoir d'exécution des lois. En ce cas, le destinataire est l'autorité exécutive chargée du pouvoir réglementaire, formellement le Premier ministre, en pratique les administrations centrales ou déconcentrées. Mais la directive d'interprétation énoncée par le Conseil constitutionnel peut aussi concerner les autorités des administrations locales décentralisées, c'est-à-dire les collectivités territoriales. Enfin, la décision du Conseil peut s'adresser à des autorités administratives spécialisées, qu'il s'agisse ou non d'autorités entrant dans la catégorie des autorités administratives indépendantes.

I / L'exécution des décisions du Conseil constitutionnel par les autorités administratives centrales et locales

A | L'EXÉCUTION PAR LES AUTORITÉS ADMINISTRATIVES DE L'ÉTAT

Il faut ici distinguer entre la prise en considération dans les textes réglementaires généraux et dans les ordonnances prévues par l'article 38 de la Constitution.

1 / *Application dans les textes réglementaires généraux*

On doit souligner de prime abord la relative difficulté à recenser les cas d'exécution des décisions du Conseil constitutionnel dans les textes d'application des lois qui ont été soumises à son contrôle et qui ont fait l'objet d'interprétations qui s'imposent à l'administration. Cette difficulté méthodologique, déjà soulignée (cf. G. Drago, *op. cit.*, p. 244) tient aussi à certaines attitudes des autorités administratives à l'égard des décisions du Conseil, soit par ignorance de celles-ci, soit par omission dont on ne peut savoir si elle est volontaire (ce que M. Di Manno appelle les stratégies de « contournement des réserves d'interprétation », *in* L'influence des réserves d'interprétation, contribution au colloque *La légitimité de la jurisprudence du Conseil constitutionnel*, Économica, 1998). Enfin, le fait qu'un délai souvent assez long sépare la publication du texte d'application de la loi qui a fait l'objet de réserves d'interprétation conduit à négliger ou oublier les exigences posées par le Conseil. En quelque sorte, la promulgation de la loi couvre toutes les opérations d'application de celle-ci, au regard des exigences de constitutionnalité posées dans la décision du

Conseil (v. M. Guibal, Le retard des textes d'application des lois, *RDP*, 1974, p. 1039 et s. ; v. aussi Rapport annuel du Conseil d'État, *EDCE*, 1987, p. 50).

En toute hypothèse, il est certain que, lorsqu'un texte d'application d'une loi assortie de réserves du Conseil constitutionnel vient à être examiné par le Conseil d'État, dans le cas des décrets, celui-ci est particulièrement attentif au respect des prescriptions fixées par le Conseil constitutionnel. La fonction consultative du Conseil d'État comprend d'abord une fonction de vérification de la constitutionnalité des textes qui lui sont soumis, y compris au regard des décisions de constitutionnalité (à cet égard v. Y. Gaudemet, B. Stirn, T. Dal Farra, F. Rolin, *Les grands avis du Conseil d'État*, Dalloz, 1997 ; M. Bernard, Le renouveau de la fonction consultative du Conseil d'État sous la Ve République, *EDCE*, n° 46, 1994, p. 439 ; G. Braibant, Le rôle du Conseil d'État dans l'élaboration du droit, *Mél. R. Chapus*, Montchrestien, 1992, p. 91). Cette vérification peut d'ailleurs conduire le Conseil d'État, s'il n'est pas suivi dans ses remarques sur la constitutionnalité du texte, à censurer celui-ci s'il est saisi au contentieux.

Les exemples d'application des directives d'interprétation du Conseil constitutionnel dans les décrets d'application de la loi qui a fait l'objet du contrôle du Conseil ne sont pas légion. Lorsqu'elles existent, ces applications sont souvent facilement repérables parce qu'elles reprennent, parfois mot pour mot, la réserve émise par le Conseil. Ainsi, par exemple, le décret n° 85-1373 du 24 décembre 1985, pris en application de la loi du 23 décembre 1985, prévoyant la possibilité de servitudes sur le domaine des particuliers et qui avait donné lieu à la décision du Conseil n° 85-198 DC du 13 décembre 1985 (affaire dite de « l'amendement Tour Eiffel », *Rec.*, 78) reprend exactement les exigences du Conseil, d'information des particuliers susceptibles de faire l'objet de telles servitudes (v. G. Drago, *op. cit.*, p. 247).

Ainsi encore, le décret n° 89-732 du 11 octobre 1989 reproduit la réserve d'interprétation émise par le Conseil dans sa décision n° 89-257 DC du 25 juillet 1989 (*Rec.*, 59), au sujet des actions qui peuvent être entreprises par les syndicats en défense individuelle des salariés soumis à une procédure de licenciement économique et posant des principes précis d'information de ces salariés par les syndicats (v. T. Di Manno, contribution préc.).

Ainsi enfin, les décrets de 1994 pris en application de la loi du 24 août 1993 relative à la maîtrise de l'immigration (décrets n° 94-768 du 2 septembre 1994 et n° 94-963 du 7 novembre 1994) appliquent avec précision les réserves nombreuses émises dans la décision n° 93-325 DC du 13 août 1993 (*Rec.*, 224) sur la question des étrangers vivant en état de polygamie, sur celle des regroupements familiaux partiels et sur celles des conditions de délivrance des certificats d'hébergement (cf. T. Di Manno, *ibid.*).

Des exemples similaires d'application des directives du Conseil constitutionnel peuvent être tirés de circulaires ministérielles, avec d'autant plus de fidélité aux réserves d'interprétation que le style littéraire de la circulaire se prête mieux à la reproduction fidèle de la décision du Conseil constitutionnel (G. Drago, *op. cit.*, p. 252 et s.).

V. par exemple la circulaire du 7 février 1981 prise en application de la loi Sécurité et liberté du 2 février 1981 et décision du Conseil constitutionnel n° 80-127 DC des 19 et 20 janvier 1981 (*Rec.*, 15). Ou encore celle du 5 mars 1982 commentant la loi de décentralisation du 2 mars 1982 et la décision du Conseil n° 82-137 DC du 25 février 1982 (*Rec.*, 38), tentant de remédier aux difficultés d'interprétation de la décision et de la loi (v. sur ce point G. Drago, *op. cit.*, p. 127 et s. ; *GDCC*, 9e éd., 1997, p. 504). V. aussi circ. du 15 janvier 1987, loi du 9 septembre 1986 sur la lutte contre la criminalité et la délinquance et décision du Conseil n° 86-215 DC du 3 septembre 1986 (*Rec.*, 130). Pour d'autres exemples v. G. Drago, *op. cit.*, p. 252 et s. ; T. Di Manno, préc.

2 / *Application dans les ordonnances de l'article 38 de la Constitution*

La possibilité donnée au Gouvernement par l'article 38 de la Constitution de demander au Parlement l'autorisation de prendre par ordonnances des mesures qui sont normalement du domaine de la loi n'est pas à proprement parler une fonction d'exécution de la loi donnée au Gouvernement mais s'apparente plutôt à une substitution de compétences. On sait que l'autorisation d'agir par ordonnance est donnée par le Parlement, pour une durée limitée et sur la présentation d'un programme, par une loi d'habilitation. Cette loi peut évidemment être déférée au Conseil constitutionnel pour examen de sa conformité à la Constitution.

C'est à cette occasion que le Conseil constitutionnel a exercé un contrôle assez strict de la conformité des lois d'habilitation en les fixant dans un cadre de constitutionnalité qui oriente fortement les possibilités d'intervention du Gouvernement par ordonnance. A l'occasion notamment de deux lois d'habilitation votées en 1986, l'une portant sur diverses mesures d'ordre économique et social, l'autre relative à la délimitation des circonscriptions électorales, le Conseil a non seulement fait porter son contrôle sur le domaine des lois d'habilitation mais aussi sur les conditions mêmes d'exercice de l'habilitation. En déclarant que

« les dispositions d'une loi d'habilitation ne sauraient avoir pour objet ni pour effet de dispenser le Gouvernement, dans l'exercice des pouvoirs qui lui sont conférés en application de l'article 38 de la Constitution, du respect des règles et principes de valeur constitutionnelle ; (...) qu'il appartient au Conseil constitutionnel, d'une part, de vérifier que la loi d'habilitation ne comporte aucune disposition qui permettrait de méconnaître ces règles et principes, d'autre part, de n'admettre la conformité à la Constitution de la loi d'habilitation que sous l'expresse condition qu'elle soit interprétée et appliquée dans le strict respect de la Constitution (n° 86-207 DC des 25 et 26 juin 1986, *Rec.*, 61, § 14 et 15 ; cf. n° 86-208 DC, 1er et 2 juillet 1986, *Rec.*, 78 ; même application : n° 95-370 DC, 30 décembre 1995, *Rec.*, 269, § 28),

le Conseil exerce un contrôle précis des éléments futurs de l'ordonnance en suscitant de la part du juge administratif, compétent pour le contentieux des ordonnances non ratifiées (CE, sect., 3 novembre 1961, *Damiani*, *Rec.*, 607 ; Ass., 24 novembre 1961, *Fédération nationale des syndicats de police*, *Rec.*, 658), s'il en est saisi, la vérification des réserves énoncées par la décision du Conseil constitutionnel dans le contenu de l'ordonnance (v. note J. Rivero, *AJDA*, 1986, p. 582). Ce contrôle de l'application est d'autant plus souhaité qu'en l'espèce, les réserves sont incluses dans le dispositif de la décision du Conseil.

A titre d'application, on devrait pouvoir ainsi vérifier si les ordonnances du 24 janvier 1996 (n° 96-50 et n° 96-51) ainsi que celles du 24 avril 1996 relative à l'organisation de la sécurité sociale (n° 96-344) et portant réforme de l'hospitalisation publique et privée (n° 96-346) et en particulier leurs mesures d'application, respectent bien la réserve introduite dans la décision du Conseil constitutionnel n° 95-370 DC du 30 décembre 1995 (*Rec.*, 269) qui indique que les ordonnances ne sauraient viser à un titre quelconque le domaine des régimes spéciaux de retraite (§ 16). Jusqu'ici, la contestation de l'ordonnance n° 96-345 du 24 avril 1996 a conduit à annuler le dispositif modifiant la répartition des compétences contentieuses entre les juridictions administratives et judiciaires dans le contentieux de la sécurité sociale, pas à raison d'une réserve d'interprétation mais parce que cette répartition devait relever de la seule loi, sur le fondement de l'article 34 de la Constitution qui réserve au législateur la fixation des règles concernant les garanties fondamentales accordées aux citoyens pour l'exercice des libertés publiques, dont, selon le Conseil d'État, la répartition des compétences juridictionnelles fait partie (CE, 1er décembre 1997, *CPAM de la Sarthe*, req. n° 176352). C'est donc directement sur le fondement d'un texte constitutionnel que le Conseil d'État rend sa décision et non sur le fondement d'une réserve d'interprétation déduite de la décision du Conseil constitutionnel (sur l'exécution des directives d'interprétation relatives aux lois d'habilitation v. T. Di Manno, préc. ; G. Drago, *op. cit.*, p. 254 et s. ; B. Mathieu, *RFDA*, 1987, p. 700 et s.).

B | L'EXÉCUTION PAR LES AUTORITÉS ADMINISTRATIVES LOCALES

Le repérage d'une application des directives du Conseil constitutionnel par les autorités administratives locales demeure très difficile à faire, compte tenu de la dispersion des autorités sur le territoire, du nombre des décisions rendues et de la rare publicité dont elles bénéficient. On doit d'ailleurs distinguer entre les autorités locales déconcentrées et les autorités des collectivités territoriales.

Pour ce qui concerne les premières, c'est par la recherche des contentieux de la légalité de leurs actes qu'on peut procéder au repérage des mises en application ou non de directives du Conseil constitutionnel. En réalité il s'agit plus de l'application ou du refus volontaire ou involontaire d'application des textes réglementaires ou de circulaires mettant en œuvre les réserves d'interprétation du Conseil. Sauf à considérer que des instructions très précises (par voie de circulaire) imposeraient le respect d'une décision du Conseil, il faut bien reconnaître que les mœurs de l'administration locale portent peu d'intérêt aux questions de constitutionnalité. Le seul tempérament à cette appréciation consiste à dire que plus la législation ou la réglementation touche un domaine proche des libertés publiques dont ces autorités locales peuvent être amenées à connaître, par exemple le droit des étrangers, plus il se peut qu'elles prennent en considération, à leur niveau et en ce qui les concerne, les directives du Conseil constitutionnel.

Pour ce qui est des autorités décentralisées, la prise en considération nous paraît encore plus difficile et c'est le contrôle de légalité déclenché par le représentant de l'État qui peut faire surgir des questions de constitutionnalité devant le juge administratif qui est susceptible de se référer à une décision du Conseil constitutionnel.

Du point de vue du Conseil, celui-ci a eu l'occasion de s'intéresser au actes des collectivités territoriales, mais pour fixer l'étendue et les limites des compétences de ces collectivités au regard des exigences de la constitution (le principe de libre administration des collectivités territoriales notamment, art. 72 de la Constitution, décision n° 82-137 DC, 25 février 1982, *Rec.*, 38), ou encore pour fixer l'étendue du pouvoir réglementaire local (n° 83-168 DC, 19 et 20 janvier 1984, *Rec.*, 38).

II / L'exécution des décisions du Conseil constitutionnel par les autorités administratives spécialisées

Dans un certain nombre de secteurs d'activité, à caractère public ou parapublic, le législateur a souhaité mettre en place des autorités administratives spécialisées, qualifiées pour certaines d'entre elles « d'autorités administratives indépendantes » (P. Sabourin, Les autorités administratives indépendantes. Une catégorie nouvelle, *AJDA*, 1983, p. 275 et s. ; J. Chevallier, Réflexions sur l'institution des autorités administratives indépendantes, *JCP*, 1986.I.3254), signe de l'évolution de ces activités d'un secteur réglementé à une déréglementation progressive. La fonction générale de ces autorités à compétence spécialisée est d'exercer un certain contrôle de l'activité du secteur d'activités considéré au regard des principes posés par la loi en cause, avec les pouvoirs que cette loi leur confère. Les compétences données à ces autorités ont pu parfois comporter des prérogatives de puissance publique assorties d'un pouvoir de sanction.

Le Conseil constitutionnel, saisi des textes législatifs relatifs à la création de ces autorités, a énoncé de nombreuses prescriptions destinées à donner un cadre constitutionnel à l'action de celles-ci. Sa jurisprudence comporte deux volets, l'un posant les principes des prérogatives réglementaires de ces autorités, l'autre fixant des directives spécifiques à chacune de ces autorités.

Le Conseil a d'abord précisé que le pouvoir réglementaire qui pouvait être confié par la loi à ces autorités, n'était certes pas contraire à l'article 21 de la Constitution, mais que cette délégation ne pouvait concerner que des mesures de portée limitée tant par leur champ d'application que par leur contenu (n° 86-217 DC, 18 septembre 1986, *Rec.*, 141, pour la CNCL, n° 88-248 DC, 17 janvier 1989, *Rec.*, 18, pour le CSA, et surtout n° 89-260 DC, 28 juillet 1989, *Rec.*, 71, pour le Conseil des bourses de valeurs ; applications diverses : n° 89-269 DC, 22 janvier 1990, *Rec.*, 33 ; n° 96-378 DC, 23 juillet 1996, *Rec.*, 99, Autorité de régulation des télécommunications).

Sur un autre plan, dans l'appréciation des pouvoirs donnés par la loi à certaines autorités, le Conseil a élaboré des critères parfois très précis d'application de la loi. Ainsi, par exemple, dans le processus de nationalisations lancé en 1982, la mise en place d'une Commission nationale d'évaluation des biens nationalisés (CANE) a donné lieu à des directives précises du Conseil constitutionnel. Dans son action d'évaluation, la Commission a suivi précisément les critères d'évaluation des biens que le Conseil avait énoncés dans sa décision, citant même dans les visas de ses décisions les considérants de la décision du Conseil constitutionnel (v. J.-J. Israël, La « Commission administrative nationale d'évaluation » des actions des banques nationalisées non inscrites à la cote officielle (art. 18 de la loi du 11 février 1982, *RDP*, 1986, p. 971 et s. ; v. aussi G. Drago, *op. cit.*, p. 263 et s. ; T. Di Manno, préc.).

Ainsi encore, le Conseil supérieur de l'audiovisuel (CSA) dont les pouvoirs de sanction avaient été encadrés par le Conseil constitutionnel (n° 88-248 DC, 17 janvier 1989, préc.), en particulier par la nécessité posée par le Conseil d'une mise en demeure avant toute sanction infligée par le CSA, a suivi les directives du Conseil. Le CSA, après quelques hésitations, applique aujourd'hui les garanties préalables imposées par le Conseil constitutionnel, aidé paradoxalement par un arrêt du Conseil d'État qui a rappelé la portée du pouvoir de sanction donné au CSA, en application de la décision du Conseil constitutionnel (CE, Ass., 11 mars 1994, *SA La Cinq*, *Rec.*, 118, concl. P. Frydman ; v. aussi *infra*).

En définitive, l'effectivité des décisions du Conseil constitutionnel se trouve d'autant mieux assurée que les autorités administratives sont amenées, par leurs compétences propres, à être des autorités d'exécution de la loi. Plus on s'éloigne du cœur de l'Exécutif, plus l'effectivité est difficile à réaliser, moins les exigences de la décision sont connues, preuve supplémentaire de la nécessité d'assurer une pleine effectivité de la décision de constitutionnalité par le juge.

Section 2
La réception des décisions du Conseil constitutionnel par les ordres juridictionnels

Décrire l'attitude des deux ordres juridictionnels français à l'égard du Conseil constitutionnel, de ses décisions, de sa jurisprudence est un exercice paradoxal. L'analyste est partagé entre deux réactions opposées. La première est de considérer que le phénomène de constitutionnalisation du droit a atteint complètement les juridictions ordinaires administratives et judiciaires et que celles-ci se font les relais de cette constitutionnalisation en appliquant les décisions du Conseil constitutionnel. On va voir que ce phénomène s'est réalisé et que des décisions significatives des Hautes juridictions administratives et judiciaires en sont la manifestation.

La deuxième analyse est d'examiner comment se réalise ce phénomène d'application des décisions du Conseil dans les deux ordres juridictionnels. On constate alors des processus assez différents d'application des décisions ou de la jurisprudence du Conseil. On peut même parler d'un phénomène d'acculturation au droit constitutionnel et à la jurisprudence du Conseil qui passe par des canaux différents selon qu'on est juge administratif ou juge judiciaire.

C'est donc que la réception par les ordres juridictionnels doit continuer à distinguer entre les deux ordres, parce que les mécanismes de réception ne sont pas identiques. Là réside d'ailleurs un autre paradoxe. La Constitution et la juridiction constitutionnelle assurent l'unité de l'ordre juridique, sous une même bannière qui est celle des principes constitutionnels, du « bloc de constitutionnalité ». C'est dire que le droit constitutionnel, et la jurisprudence du Conseil, ne reconnaissent pas, sur le plan des droits substantiels, de branches du droit, seulement des variations adaptées tantôt aux situations dans lesquelles la puissance publique est en jeu, tantôt aux situations privées, la variété d'application du principe d'égalité le montre suffisamment (v. F. Mélin-Soucramanien, *Le principe d'égalité dans la jurisprudence du Conseil constitutionnel*, Économica-PUAM, 1997). Mais l'existence même de deux ordres juridictionnels conduit nécessairement à des variations d'application d'un même principe constitutionnel, parce que le droit législatif qui fonde la décision du juge ordinaire est différent entre les deux ordres juridictionnels, parce que son objet, sa matière le sont. La question se pose alors de savoir comment le Conseil constitutionnel peut assurer efficacement l'unité du droit autour de la Constitution dans un système qui reconnaît le dualisme juridictionnel et dont il a été lui-même l'organisateur (C. const., n° 86-224 DC, 23 janvier 1987, *Conseil de la concurrence*, *Rec.*, 8). Le Conseil constitutionnel pourrait-il exercer ainsi une fonction de règlement des conflits (v. Th. S. Renoux, Le Conseil constitutionnel peut-il être reconnu comme un tribunal des conflits ?, in *La légitimité de la jurisprudence du Conseil constitutionnel*, préc.) ?

Mais cette prise en considération des éléments de constitutionnalité dégagés par le Conseil constitutionnel ne s'apprécie pas en un contrôle de constitutionnalité que le juge ordinaire s'interdit d'exercer (v. par exemple : CE 8 décembre 1995, *Mouvement de défense des automobilistes* et 31 juillet 1996, *Époux Feldkirchner*, *D*, 1997, *J*, p. 287, note W. Sabete ; v. surtout *supra*, chap. II, Le contrôle de constitutionnalité de la loi promulguée).

En tout état de cause, la présentation de la réception des décisions et de la jurisprudence du Conseil constitutionnel doit encore aujourd'hui être faite en distinguant entre l'ordre administratif (I) et l'ordre judiciaire (II).

I / La réception des décisions du Conseil constitutionnel par l'ordre juridictionnel administratif

En traitant de la réception par l'ordre juridictionnel administratif, on entend deux types de prise en considération des décisions de constitutionnalité, distinction qui résulte de la jurisprudence administrative elle-même. Le premier type de réception est celui des décisions mêmes du Conseil constitutionnel (A). Il s'agit alors d'appliquer strictement de l'application d'une décision du Conseil par une juridiction administrative. Le deuxième type de réception est l'acceptation par le juge administratif des principes constitutionnels issus de la jurisprudence du Conseil (B).

La réception par l'ordre administratif comporte certaines spécificités qu'il faut relever en préalable et qui ne tiennent pas seulement à la proximité géographique des deux institutions, Conseil constitutionnel et

Conseil d'État, au Palais-Royal. Il faut ainsi souligner les rapprochements conceptuels entre le Conseil constitutionnel et le Conseil d'État (ce que le doyen Vedel appelle « appareillage logique ». Dans la formation de sa jurisprudence, le Conseil constitutionnel a évidemment subi l'influence du Conseil d'État, de sa logique de raisonnement tirée du contentieux de l'excès de pouvoir, de ses techniques contentieuses, de son style même, et a trouvé dans la fonction consultative du Conseil d'État une source de raisonnement, d'argumentation qui lie les deux institutions dans une « ambiance de droit public » (le mot est de M. Prosper Weil, dans un autre contexte) que chacun reconnaît.

C'est l'objet du colloque *Conseil constitutionnel et Conseil d'État*, LGDJ-Montchrestien, 1998, dans lequel M. Labetoulle procède à une comparaison des méthodes de travail dans les deux institutions, p. 249 et s. et déclare ainsi : « chacune des deux institutions englobe constamment dans son raisonnement l'existence de l'autre et veille tout à la fois à d'éventuels empiétements et des vides juridiques constitutifs d'un déni de justice », p. 264. V. aussi G. Vedel, Réflexions sur quelques apports de la jurisprudence du Conseil d'État à la jurisprudence du Conseil constitutionnel, *Mél. R. Chapus*, Montchrestien, 1992, p. 647 et s. ; Y. Gaudemet, La Constitution et la fonction législative du Conseil d'État, *Mél. J. Foyer*, PUF, 1997, p. 61 et s. ; F. Moderne, L'intégration du droit administratif par le Conseil constitutionnel, in *La légitimité de la jurisprudence du Conseil constitutionnel*, préc.

D'autres éléments peuvent être relevés : le fait que le plus souvent le secrétaire général du Conseil constitutionnel soit un membre du Conseil d'État et que parmi les membres mêmes de la Haute instance, certains soient issus du Conseil d'État marquent évidemment l'influence de la juridiction administrative sur l'activité du Conseil ; l'inscription commune des deux Conseils dans le processus législatif, en début de chaîne pour le Conseil d'État, en fin de chaîne pour le Conseil constitutionnel, et que dans leurs fonctions respectives à l'égard de la loi de conseil et de jugement, les questions de constitutionnalité les rapprochent nécessairement, les placent tous les deux en partenaires privilégiés du gouvernement et du Parlement. Cette « communauté » d'action, de pensée et concepts doit toujours être gardée à l'esprit dans l'analyse des rapports entre les deux institutions.

Certes, on pourrait aussi présenter les rapports entre Conseil constitutionnel et Conseil d'État comme moins idylliques, dans la mesure où le contrôle de constitutionnalité prend le pas sur le contrôle de la légalité, sur d'autres textes et selon d'autres fondements, mais en plaçant la juridiction administrative en autorité subordonnée à la Constitution, comme l'ensemble des pouvoirs publics, qui n'a plus la maîtrise absolue du droit public, y compris dans l'énoncé de ces principes généraux (ce dont témoigne, à titre de revendication à l'autonomie l'arrêt du Conseil d'État d'Assemblée, *Moussa Koné*, *RFDA*, 1996, p. 870, concl. Delarue, et notes L. Favoreu, P. Gaïa, H. Labayle, commentaire P. Delvolvé ; *LPA*, n° 156, 27 décembre 1996, p. 12, note G. Guiheux, à propos de l'énoncé d'un principe fondamental par les lois de la République par le seul Conseil d'État. Sur un plan plus général v. G. Drago, *L'exécution des décisions du Conseil constitutionnel*, préc., p. 276 et s. : la question de la supériorité du Conseil constitutionnel à l'égard des ordres juridictionnels).

A | L'EXÉCUTION DES DÉCISIONS DU CONSEIL CONSTITUTIONNEL PAR L'ORDRE ADMINISTRATIF

Après une évolution jurisprudentielle marquée par quelques arrêts significatifs (v. par exemple : CE, Ass., 3 février 1967, *Confédération générale des vignerons du midi et autres*, *AJDA*, 1967, p. 164, concl. Galmot ; Ass., 12 décembre 1969, *Conseil national de l'ordre des pharmaciens*, *AJDA*, 1970, p. 103, concl. Baudouin ; Ass., 22 octobre 1979, *Union démocratique du travail*, *RDP*, 1980, p. 536, concl. Hagelsteen), le juge administratif a adopté une position assez claire à l'égard de la chose jugée par la Conseil constitutionnel. Il se conforme à la chose jugée par le Conseil constitutionnel lorsqu'il doit appliquer le même texte de loi que celui sur lequel le Conseil constitutionnel s'est prononcé. Dans ce cas la juridiction administrative (le Conseil d'État le plus souvent) applique strictement la décision du Conseil constitutionnel. Cette exécution ne touche pas seulement le dispositif de la décision du Conseil constitutionnel mais aussi les interprétations dégagées par lui lorsque les motifs constituent le soutien nécessaire du dispositif, en application d'une jurisprudence de principe du Conseil constitutionnel.

C. const., n° 61-18 L, 16 janvier 1962, *Rec.*, 31 : après avoir rappelé qu'en vertu de l'article 62 de la Constitution, les décisions du Conseil s'imposent aux pouvoirs publics et à toutes les autorités administratives et juridictionnelles, le Conseil précise que l'autorité des décisions qui découle de l'article 62 « s'attache non seulement à leur dispositif mais aussi aux motifs qui en sont le soutien nécessaire et en constituent le fondement même ».

La juridiction administrative a été amenée à prendre en considération des réserves d'interprétation formulées par le Conseil à l'occasion de l'examen d'une loi que ce soit au titre de l'article 61 ou de l'article 37 de la Constitution) que le juge administratif doit appliquer dans une espèce concrète.

Après un premier arrêt dans lequel le Conseil d'État se réfère à une interprétation dégagée par le Conseil constitutionnel (CE, 1er juillet 1983, *Syndicat unifié de la radio et de la télévision CFDT*, *Rec.*, 293, faisant référence à C. const., n° 79-105 DC, 25 juillet 1979, *Rec.*, 33), *l'arrêt* le plus significatif est l'arrêt d'Assemblée du Conseil d'État du 20 décembre 1985,

SA établissements Outters c/ Agence financière de bassin Seine-Normandie (*RFDA*, 1986, p. 513, concl. P. Martin ; *D*, 1986, *J*, p. 283, note L. Favoreu) dans lequel le Conseil d'État modifie sa jurisprudence sur la qualification des redevances perçues par les agences financières de bassin (CE, 21 novembre 1973, *Soc. des papeteries de Gascogne*, *Rec.*, 654), en application d'une interprétation du Conseil constitutionnel énoncée dans une décision n° 82-124 L du 23 juin 1982 (*Rec.*, 45). Le Conseil d'État fait ici une application de l'interprétation formulée par le Conseil constitutionnel en se référant expressément à la décision du Conseil. Le tribunal des conflits a suivi la même voie (TC, 12 janvier 1987, *Cie des eaux et de l'ozone*, *Rec.*, 442 ; *RFDA*, 1987, p. 284, concl. J. Massot ; 6 juin 1989, *SAEDE c/ SA Lyonnaise des eaux et ville de Pamiers*, *Rec.*, 293 ; *RFDA*, 1989, p. 459, concl. B. Stirn ; *AJDA*, 1989, p. 467, note M. Bazex ; *RDP*, 1989, p. 1780, note Y. Gaudemet ; *JCP, éd. G.*, II, n° 21395, note P. Terneyre).

Peu de temps après, dans une formation moins solennelle de jugement, le Conseil d'État allait renouveler l'application d'une décision du Conseil constitutionnel, dans l'arrêt du 16 avril 1986, *Soc méridionale de participations bancaires, industrielles et commerciales* (*Rec.*, 93, *AJDA*, 1986, p. 335 et chron. M. Azibert et M. Fornacciari, p. 294) en faisant application des directives adressées à la Commission nationale d'évaluation prévue par la loi de nationalisation de 1982, par le Conseil constitutionnel dans sa décision (n° 82-139 DC, 11 février 1982, *Rec.*, 18), la juridiction administrative faisant référence à « la chose jugée par le Conseil constitutionnel ».

B | L'ACCEPTATION DES PRINCIPES JURISPRUDENTIELS DÉGAGÉS PAR LE CONSEIL CONSTITUTIONNEL PAR L'ORDRE ADMINISTRATIF

Bien que prenant toujours grand soin d'indiquer qu'il n'est pas tenu par les interprétations du Conseil constitutionnel lorsqu'elles concernent des textes différents de celui qu'il a à appliquer dans l'espèce à juger, le Conseil d'État en est venu à prendre fortement en considération les interprétations dégagées par le Conseil constitutionnel, soit que ces interprétations portent sur des lois soit qu'elles portent directement sur des textes constitutionnels, ainsi qu'en témoignent quelques exemples.

Ainsi, dans les deux arrêts rendus le même jour (CE, Ass., 16 décembre 1988, *Ass. générale des administrateurs civils et autres c/ Dupavillon* et

Bléton c/ Sarazin, *Rec.*, 451, concl. Vigouroux), le Conseil d'État a tenu grand compte de l'interprétation faite par le Conseil constitutionnel des mérites qui doivent présider à l'intégration au tour extérieur dans les corps d'inspection dans certaines administrations (cf. n° 84-179 DC, 12 septembre 1984, *Rec.*, 73).

Dans le domaine de l'audiovisuel, le Conseil d'État a suivi, avec une certaine réticence, les directives du Conseil constitutionnel concernant les mises en demeure que doit formuler le CSA avant toute sanction (n° 88-248 DC, préc.). L'arrêt de principe est l'arrêt d'Assemblée du 11 mars 1994, *SA La Cinq* (*Rec.*, 118, concl. P. Frydman) suivi de plusieurs arrêts du même type (CE, 13 janvier 1995, *TF 1*, *AJDA*, 1995, p. 409 concl. Toutée ; 10 juillet 1995, *TF 1*, *AJDA*, 1995, 642, concl. Toutée ; 20 mai 1996, *Soc. Vortex*, *AJDA*, 1996, p. 711 ; 9 octobre 1996, *Ass. Ici et Maintenant*, *RFDA*, 1996, p. 1269 ; v. d'autres exemples cités par T. Di Manno, préc.).

Dans le domaine des personnels universitaires, le Conseil d'État a tenu compte, avec une interprétation parfois assez restrictive, du principe d'indépendance des professeurs d'université énoncé en 1984 (n° 83-165 DC, 20 janvier 1984, *Rec.*, 30 ; confirmé : n° 93-32 DC, 28 juillet 1993), dans un certain nombre d'arrêts (dans un sens favorable : CE, 29 mai 1992, *ass. amicale des professeurs du Muséum national d'histoire naturelle*, *Rec.*, 217, concl. Kessler ; 29 juillet 1994, *Le Calvez*, *Rec.*, 977 ; 1996, *Picard*), ou dans un sens nettement restrictif (CE, 13 mars 1996, *Gohin*, *AJDA*, 1996, p. 699, note J. Mekhantar ; 26 juillet 1996, *Rouhette*, *AJ Fonction publique*, 1997, p. 14, note J.-M. Breton et étude p. 31 et s. ; 29 décembre 1997, *Tranquard et Fédération nationale des syndicats autonomes de l'enseignement supérieur et de la recherche*, req. n° 188347).

Sur le plan des principes d'application de la jurisprudence du Conseil constitutionnel, la position des cours administratives d'appel et des tribunaux administratifs relève de la même logique.

II / La réception par l'ordre juridictionnel judiciaire

La réception des décisions du Conseil constitutionnel par l'ordre judiciaire pose deux questions de nature différente, bien que nécessairement liées. La première question concerne d'une part la prise en considération directe des décisions rendues par le Conseil constitutionnel et d'autre part l'influence de sa jurisprudence sur l'ordre juridictionnel judiciaire. Ces deux éléments sont liés et reviennent à une question plus générale qui est celle de l'autorité du Conseil constitutionnel et des normes qu'il émet à l'égard des juges judiciaires.

Mais il est une autre question : celle de l'utilisation des normes constitutionnelles par le juge judiciaire, c'est-à-dire celle de la possibilité pour le juge judiciaire de se fonder sur la Constitution pour juger dans le cadre de sa compétence.

En réalité les deux types de question se rejoignent, parce que lorsque le juge judiciaire en vient à se poser la question de l'utilisation de la Constitution comme norme de référence, il l'analyse à travers la jurisprudence du Conseil constitutionnel. Le juge judiciaire rassemble dans un même canal de sources la Constitution en tant que norme formelle et la jurisprudence du Conseil constitutionnel qui ajoute de la substance aux textes constitutionnels et qui en fait une source vivante pour le juge ordinaire.

A | PROBLÉMATIQUE : LES MOYENS D'INCONSTITUTIONNALITÉ DEVANT LE JUGE JUDICIAIRE (L'ARGUMENT CONSTITUTIONNEL DEVANT LA COUR DE CASSATION)

La prise en considération de la Constitution ou de la jurisprudence du Conseil constitutionnel par le juge judiciaire ne sera étudiée qu'au regard de la jurisprudence de la Cour de cassation. Non que la jurisprudence des autres cours judiciaires manque d'intérêt du point de vue qui nous occupe, mais parce que le raisonnement devant la Cour de cassation est un raisonnement en droit pur, en principe, qui se ramène à la confrontation de règles de droit et conduit le juge de cassation à régler de seuls conflits de normes là où les autres juges judiciaires ne se distinguent pas droit et fait. C'est dans l'opération du jugement de cassation que la question de l'utilisation de la constitution et de la jurisprudence du Conseil se pose le mieux et avec le plus d'acuité.

La première question est celle de la compétence de la Cour de cassation pour utiliser la Constitution ou la jurisprudence constitutionnelle comme norme de référence.

On se trouve en présence de plusieurs règles apparemment contradictoires. La première est que le juge judiciaire s'interdit d'exercer un contrôle de la constitutionnalité de la loi (N. Molfessis, *Le Conseil constitutionnel et le droit privé*, LGDJ, 1997, n° 618 et références citées). S'il n'est plus seulement la « bouche de la loi », celle-ci demeure sa norme de référence, d'autant plus pour la Cour de cassation que le Nouveau Code de procédure civile dit clairement que « l'arrêt vise le texte de loi sur lequel la cassation est fondée » (art. 1020 NCPC). Pourtant ce texte doit être rapproché, pour la Cour de cassation, de l'article 604 NCPC qui dispose que « le pourvoi en cassation tend à faire censurer par la Cour de cassation la non-conformité du jugement aux règles de droit ». Faut-il alors comprendre que la Cour de cassation, comprenant largement la notion de « règles de droit » applicables, pourrait ou peut ainsi fonder un contrôle sur un texte ou une jurisprudence constitutionnels ? On verra *(infra)* que la chose n'est pas impossible.

La deuxième règle concerne la fonction même de la Cour de cassation. Cour régulatrice du droit, elle fonde une partie de ses arrêts sur des moyens de cassation sur une interprétation large de la règle de droit, qualifié de moyen de pur droit (cf. J. Boré, *La cassation en matière civile*, Sirey, 1980, n° 1095). A ce titre, il arrive à la Cour de cassation de viser dans ses arrêts des principes généraux, auquel un lecteur peu averti de la jurisprudence du Conseil constitutionnel, accordera la qualification de principe général du droit mais qui peut très bien être issu de la constitution même ou de la jurisprudence du Conseil (« Vu le principe de la séparation des pouvoirs », Cass., soc., 23 octobre 1980, *Bull.*, V, n° 776, p. 571 ; « Vu le principe du respect des droits de la défense, Ass. plén., 30 juin 1995, *X c/ Conseil de l'ordre des avocats au Conseil d'État et à la Cour de cassation*, *D*, 1995, *J*, p. 513, concl. M. Jeol, note R. Drago). Mais la Cour de cassation peut également se servir de l'arsenal mis à sa disposition en considérant que le moyen soulevé devant elle et fondé sur l'inconstitutionnalité de la loi applicable à l'espèce, est un moyen d'ordre public, fondé sur l'idée que la Constitution, et par extension l'interprétation qui en est faite par le Conseil constitutionnel, touche par principe à l'ordre public et que le juge ne peut laisser ce moyen dans l'ombre, parce que la Constitution s'impose à lui compte tenu de la place de celle-ci dans la hiérarchie des normes, et que la jurisprudence du Conseil constitutionnel s'impose avec la même force, compte tenu de l'article 62 de la Constitution, qui concerne l'ensemble des juridictions. En ce sens, le non-respect d'une décision du Conseil constitutionnel serait assimilable *à la violation d'une règle d'ordre public con*tenue dans l'article 62 de la Constitution (v. sur ce point G. Drago, *op. cit.*, p. 315). On peut ajouter à cela le simple fait qu'il y a identité de concept entre la violation de la Constitution et la violation de la loi. Violer la Constitution, pour le juge ordinaire, ce peut être violer la loi, entendue au sens général des règles de droit applicables à la cause (cf. pour le contentieux administratif L. Favoreu et Th. S. Renoux, *op. cit.*, n° 42 et s.).

Le troisième élément concerne la place même de la Cour de cassation dans l'ensemble de l'appareil juridictionnel. La Cour de cassation est un juge souverain. Cette « souveraineté » de la Cour régulatrice lui permettrait de ne prendre en considération une jurisprudence du Conseil constitutionnel, uniquement selon ses besoins propres, quitte à la rejeter ou à la laisser dans l'ombre, lorsqu'elle ne lui convient pas (v. en ce sens N. Molfessis, Le Conseil constitutionnel et le droit privé, préc., n° 610 et s.). En fait, la Cour conserve sa liberté d'appréciation et surtout de qualification normative en ne cherchant pas forcément à viser une jurisprudence constitutionnelle si elle ne correspond pas au besoin de l'arrêt (v. N. Molfessis, *op. cit.*, n° 618) ; v. aussi J.-H. Robert, Fiction : le droit pénal sans la jurisprudence du Conseil constitutionnel, in *La légitimité de la jurisprudence du Conseil constitutionnel*, préc.). On peut aussi avancer une explication de l'attitude de la Cour de cassation dans sa réserve à utiliser la norme constitutionnelle. Sa place dans les institutions, sa fonction régulatrice, la force de sa jurisprudence que n'a que celle de ses arrêts, et qui donc être contredite par la loi, ne permet pas au juge judiciaire de prendre fait et cause pour la Constitution, comme si cela coulait de source. Le risque de contradiction avec la jurisprudence du Conseil constitutionnel, avec aussi les principes généraux dégagés, avec une certaine habitude par le Conseil d'État, multiplie les risques de confusion des genres et des normes (v. Y. Capron, La force de l'argument constitutionnel devant la Cour de cassation. On ajoutera qu'il faut toujours avoir à l'esprit que le juge ordinaire, aussi haut placé soit-il, n'est pas un juge des normes, mais un juge des personnes et des situations juridiques, appréciant des éléments concrets au regard de la règle de droit, mais qui doit rendre un arrêt, c'est-à-dire répondre à une demande justice et trancher un litige. La fonction est donc intrinsèquement différente de celle du juge constitutionnel, dont les raisonnements portent toujours au droit général, abstrait, parce que son contrôle assure cette fonction.

B | L'EXÉCUTION DES DÉCISIONS DU CONSEIL CONSTITUTIONNEL PAR L'ORDRE JUDICIAIRE

Comment le juge judiciaire tient-il compte des décisions du Conseil constitutionnel ? A vrai dire, il faut élargir le propos à la prise en considération de la norme constitutionnelle, largement entendue, c'est-à-dire incluant la jurisprudence du Conseil. Au vrai, la Cour de cassation prend en considération la Constitution mais elle le fait à l'égard des actes réglementaires ou des jugements, conformément d'ailleurs à l'histoire de sa jurisprudence (cf. J.-L. Mestre, La Cour de cassation et le contrôle de constitutionnalité. Données historiques, in *La Cour de cassation et la Constitution de la République*, 1995, préc., p. 35 ; v. aussi *supra*, chap. II, Le contrôle de constitutionnalité de la loi promulguée). Mais elle le fait aussi à l'égard de la loi par un contrôle de caducité à l'image de ce que fait la juridiction administrative, en ce qui concerne les lois antérieures à 1958 (v. M. Jeol, Techniques de substitution, in *La Cour de cassation et la Constitution de la République*, p. 69 et s., et la jurisprudence citée).

La Cour de cassation le fait ensuite lorsqu'elle exerce le contrôle de conventionnalité, au regard des normes européennes et communautaires. A cet égard, elle peut, même sans le dire, utiliser une règle constitutionnelle ou une jurisprudence du Conseil constitutionnel, lorsque, conceptuellement, la norme européenne ou communautaire est la même, dans sa substance. La Constitution est appliquée mais derrière le paravent commode et lisse des normes supranationales, à l'imitation de ce qui se fait pour la Convention européenne des droits de l'homme à la Cour de justice des Communautés européennes (cf. J.-C. Bonichot, L'application de la Convention européenne des droits de l'homme par les juridictions nationales, par l'intermédiaire de la CJCE, *RUDH*, 1991, p. 318 et s. V. aussi *supra*, titre III, chap. V, Contrôle de constitutionnalité et normes supranationales).

Mais le contrôle peut aussi être « implicite » (M. Jeol, art. préc., p. 73), lorsque la Cour de cassation vise un texte constitutionnel, sans faire référence à une jurisprudence dans l'arrêt mais que les conclusions éclairent la décision à la lumière d'une jurisprudence constitutionnelle.

La première application nette est faite dans deux arrêts de la chambre criminelle *Vuckovic* et *Bogdan* (Cass. crim., 25 avril 1985, *D*, 1985, J. 329, concl. Dontenwille ; L. Favoreu, *D*, 1986, chron., 169), en matière de contrôle d'identité (confirmé par Cass. civ., 2e, 28 juin 1995, *Bechta*, *LPA*, n° 120, 6 octobre 1995, p. 15 et s., note E. Spitz). V. la jurisprudence citée par M. Jeol, art. préc., p. 74.

Le juge peut aussi faire référence à un principe constitutionnel, sans nécessairement viser une décision du Conseil constitutionnel. L'exemple du droit de grève « constitutionnellement reconnu » (Cass., soc., 7 juin 1995, *Soc. Séroul c/ Beillevaire et autres*, *Droit social* 1995, p. 835, obs. J.-E. Ray ; Soc., 12 mars 1996, *JCP G.*, 1996, n° du 3 avril 1996, Flash). Le juge du fond peut également se servir d'un droit constitutionnellement reconnu par le Conseil pour élaborer une jurisprudence, par exemple en ce qui concerne le droit au logement (v. *Le Monde*, 17 septembre 1996, application de : C. const., n° 94-359 DC, 19 janvier 1995, *Rec.*, 176). Parfois même, le législateur conduit le juge judiciaire à se faire l'exécutant des principes de la jurisprudence du Conseil constitutionnel, lorsqu'il lui confie une compétence, dont les éléments ont été appréciés par le Conseil constitutionnel, comme pour le droit de la concurrence dont le contentieux a été confié à la Cour d'appel de Paris et qui prend en considération les principes issus de la décision du Conseil constitutionnel n° 86-224 DC du 23 janvier 1987 ou encore lorsque la loi du 2 juillet 1989 confie au juge judiciaire le contentieux de la Commission des opérations de bourse (cf. F. Ancel, *Le courrier juridique des Finances*, n° 69, octobre 1996). Mais cette exécution peut connaître aussi quelques zones d'ombre lorsqu'une décision du Conseil n'est pas assimilée par le juge judiciaire (par exemple Cass. crim., 16 octobre 1996, *D*, 1996, *IR*, p. 255 qui interprète l'art. 21 de l'ordonnance du 2 novembre 1945 relative à l'entrée et au séjour des étrangers sans tenir compte de la décision du Conseil constitutionnel n° 96-377 DC, 16 juillet 1996, *Rec.*, 87).

En définitive, on peut dire que le juge judiciaire adopte une attitude pragmatique en ce sens qu'il recherche la norme utile pour répondre à la question posée. Si c'est la norme constitutionnelle, il peut l'utiliser mais peut aussi s'en servir sans nécessairement la citer expressément.

Conclusion

Ce qui frappe surtout quand on compare la jurisprudence constitutionnelle à celle des juridictions ordinaires, est que le Conseil constitutionnel ne reconnaît pas les branches du droit. Il ordonne des compétences, y compris juridictionnelles, entre les deux ordres de juridiction, mais il ne cherche pas à trancher la question de savoir à quelle matière rattacher tel ou tel droit. Il a une vision unitaire du droit, marquant cette unité autour et à partir de la Constitution.

BIBLIOGRAPHIE

Ouvrages généraux : *L'effet des décisions des juridictions constitutionnelles à l'égard des juridictions ordinaires*, 13e Journées franco-italiennes de la Société de législation comparée, *RIDC*, n° spécial, vol. 9, 1987 ; Di Manno (T.), *Le juge constitutionnel et la technique des décisions « interprétatives » en France et en Italie*, Économica-PUAM, 1997 ; Drago (G.), *L'exécution des décisions du Conseil constitutionnel. L'effectivité du contrôle de constitutionnalité des lois*, Économica-PUAM, 1991 ; Drago (G.), François (B.), Molfessis (N.)

(dir.), *La légitimité de la jurisprudence du Conseil constitutionnel*, colloque de Rennes, Économica-PUAM, 1998 ; Schmitter (G.), *La constitutionnalisation du droit processuel*, thèse, Aix-Marseille III, 1994 ; Viala (A.), *Les réserves d'interprétation dans la jurisprudence du Conseil constitutionnel*, thèse, Montpellier I, 1998.

Articles généraux : Favoreu (L.), L'influence de la jurisprudence du Conseil constitutionnel sur les diverses branches du droit, *Mél. L. Hamon*, Économica, 1975, p. 235 ; id., L'effectivité des décisions de justice. France, in *L'effectivité des décisions de justice*, préc., p. 601 et s. ; id., Le droit constitutionnel, droit de la Constitution et Constitution du droit, *RFDC*, n° 1, 1990, p. 71 et s. ; Légalité et constitutionnalité, *Les cahiers du Conseil constitutionnel*, n° 3, 1997, p. 73 et s. ; François (B.), L'influence des doctrines publicistes et privatistes. Un point de vue politiste, in *La légitimité de la jurisprudence du Conseil constitutionnel*, préc. ; Molfessis (N.), La protection constitutionnelle, in *Justice et double degré de juridiction*, *Justices*, n° 6, 1996, p. 17 et s. ; Renoux (Th. S.), Le Conseil constitutionnel et le pouvoir judiciaire en France dans le modèle européen de contrôle de constitutionnalité des lois. De la diversité des institutions à l'unité du droit, *RIDC*, 1994, p. 891 et s. ; Rodeville-Hermann (J.), L'évolution des fonctions du principe d'autorité de chose jugée dans les rapports du juge administratif avec le juge judiciaire, le Conseil constitutionnel et la Cour de justice des Communautés européennes, *RDP*, 1989, p. 1735 et s. ; Vedel (G.), Doctrine et jurisprudence constitutionnelles, *RDP*, 1989, p. 11 et s. ; id., Excès de pouvoir législatif et excès de pouvoir administratif, *Les cahiers du Conseil constitutionnel*, n° 1, 1996, p. 57 et s. et n° 2, 1997, p. 77 et s.

Sur les rapports entre le Conseil constitutionnel, le droit administratif et la juridiction administrative :

Ouvrages : *Conseil constitutionnel et Conseil d'État*, LGDJ-Montchrestien, 1988 ; Andriantsimbazovina (J.), *L'autorité des décisions de justices constitutionnelles européennes et européennes sur le juge administratif français*, LGDJ ; Ould Bouboutt (A. S.), *L'apport du Conseil constitutionnel au droit administratif*, Économica-PUAM, 1987 ; Favoreu (L.) et Renoux (Th. S.), *Le contentieux constitutionnel des actes administratifs*, Sirey, coll. « Droit public », 1992.

Articles : Autin (J.-L.), Pavia (M.-L.), Migoule (T.), Le rapprochement du Conseil constitutionnel et du Conseil d'État, *Rev. adm.*, 1987, p. 230 et s. et p. 342 et s. ; Favoreu (L.), Le juge constitutionnel, le juge administratif et le juge des conflits : vers une harmonisation des jurisprudence, *RFDA*, 1987, p. 264 et s. ; id., L'effet des décisions du Conseil constitutionnel à l'égard du juge administratif français, *RIDC*, n° spécial, vol. 9, p. 463 et s. ; id., Dualité ou unité de l'ordre juridique : Conseil constitutionnel et Conseil d'État participent-ils de deux ordres juridiques différents ?, *Conseil constitutionnel et Conseil d'État*, préc. ; Genevois (B.), Continuité et convergence des jurisprudences constitutionnelle et administrative, *RFDA*, 1990, p. 143 et s. ; Luchaire (F.), Le Conseil d'État et la Constitution, *Rev. adm.*, 1979, p. 141 et s. ; Mathieu (B.) et Verpeaux (M.), La reconnaissance et l'utilisation des principes fondamentaux reconnus par les lois de la République par le juge, *D*, 1997, chron., p. 219 et s. ; Mercuzot (B.), L'intégration de la jurisprudence constitutionnelle à la jurisprudence administrative, *in* CURAPP, *Le droit administratif en mutation*, PUF, 1993, p. 177 et s. ; Moderne (F.), L'intégration du droit administratif par le Conseil constitutionnel, in *La légitimité de la jurisprudence du Conseil constitutionnel*, préc. ; Robert (J.),

Conseil d'État et Conseil constitutionnel. Propos et variations, *RDP*, 1987, p. 1151 et s. ; Schrameck (O.), Droit administratif et droit constitutionnel, *in* Le droit administratif, n° spécial, *AJDA*, 1995, p. 34 et s.

En droit privé :

Ouvrages : *La Cour de cassation et la Constitution de la République*, PUAM, 1995 ; Frangi (M.), *Constitution et droit privé*, Économica-PUAM, 1992 ; Frangi (M.), *Constitution et droit privé. Les droits individuels et les droits économiques*, Économica-PUAM, 1992 ; Molfessis (N.), *Le Conseil constitutionnel et le droit privé*, LGDJ, 1997 ; Tourret (B.), *Aperçus sur l'interprétation à travers la jurisprudence de la Cour de cassation et du Conseil constitutionnel*, thèse, Rouen, 1990.

Articles : Atias (C.), La civilisation du droit constitutionnel, *RFDC*, n° 7, 1991, p. 435 et Chérot (J.-Y.), Les rapports du droit civil et du droit constitutionnel, *ibid.*, p. 438 ; Favoreu (L.), La Cour de cassation, le Conseil constitutionnel et l'article 66 de la Constitution, *D*, 1986, chron., p. 28 et s. ; Foyer (J.), L'influence de la Constitution sur le droit privé, *RIDC* 1982, p. 249 ; Legeais (R.), L'influence de la Constitution sur le droit privé, *RIDC*, 1982, p. 253 et s. ; Luchaire (F.), Les fondements constitutionnels du droit civil, *RTD civ.*, 1982, p. 245 et s. ; Mayer (D.), L'apport du droit constitutionnel au droit pénal en France, *Rev. Sc. crim.*, 1988, p. 439 et s. ; Molfessis (N.), Les sources constitutionnelles du droit des obligations, Ass. H. Capitant, *Le renouvellement des sources du droit des obligations*, t. 1, LGDJ, 1996, p. 65 et s. ; Monéger (J.), Droit constitutionnel et droit privé, *Journées de la société de législation comparée*, vol. 17, 1995, p. 305 et s. ; Spitz (J.-E.), La Cour de cassation et la jurisprudence du Conseil constitutionnel, *LPA*, n° 120, 1995, p. 15 et s.

Annexe I

TEXTES RELATIFS AU CONSEIL CONSTITUTIONNEL

CONSTITUTION DU 4 OCTOBRE 1958

Titre VII

Le Conseil constitutionnel

Art. 56. — Le Conseil constitutionnel comprend neuf membres, dont le mandat dure neuf ans et n'est pas renouvelable. Le Conseil constitutionnel se renouvelle par tiers tous les trois ans. Trois des membres sont nommés par le président de la République, trois par le président de l'Assemblée nationale, trois par le président du Sénat.

En sus des neuf membres prévus ci-dessus, font de droit partie à vie du Conseil constitutionnel les anciens présidents de la République.

Le président est nommé par le président de la République. Il a voix prépondérante en cas de partage.

Art. 57. — Les fonctions de membre du Conseil constitutionnel sont incompatibles avec celles de ministre ou de membre du Parlement. Les autres incompatibilités sont fixées par une loi organique.

Art. 58. — Le Conseil constitutionnel veille à la régularité de l'élection du président de la République.

Il examine les réclamations et proclame les résultats du scrutin.

Art. 59. — Le Conseil constitutionnel statue, en cas de contestation, sur la régularité de l'élection des députés et des sénateurs.

Art. 60. — Le Conseil constitutionnel veille à la régularité des opérations de référendum et en proclame les résultats.

Art. 61. — Les loi organiques, avant leur promulgation, et les règlements des assemblées parlementaires, avant leur mise en application, doivent être soumis au Conseil constitutionnel qui se prononce sur leur conformité à la Constitution.

Aux mêmes fins, les lois peuvent être déférées au Conseil constitutionnel, avant leur promulgation, par le président de la République, le Premier ministre, le président de l'Assemblée nationale, le président du Sénat ou soixante députés ou soixante sénateurs.

Dans les cas prévus aux deux alinéas précédents, le Conseil constitutionnel doit statuer dans le délai d'un mois. Toutefois, à la demande du Gouvernement, s'il y a urgence, ce délai est ramené à huit jours.

Dans ces mêmes cas, la saisine du Conseil constitutionnel suspend le délai de promulgation.

Art. 62. — Une disposition déclarée inconstitutionnelle ne peut être promulguée ni mise en application.

Les décisions du Conseil constitutionnel ne sont susceptibles d'aucun recours. Elles s'imposent aux pouvoirs publics et à toutes les autorités administratives et juridictionnelles.

Art. 63. — Une loi organique détermine les règles d'organisation et de fonctionnement du Conseil constitutionnel, la procédure qui est suivie devant lui et notamment les délais ouverts pour le saisir de contestations.

ORDONNANCE N° 58-1067 DU 7 NOVEMBRE 1958 PORTANT LOI ORGANIQUE RELATIVE AU CONSEIL CONSTITUTIONNEL

Titre Ier

ORGANISATION DU CONSEIL CONSTITUTIONNEL

Art. 1er. — Les membres du Conseil constitutionnel, autre que les membres de droit, sont nommés par des décisions du président de la République, du président de l'Assemblée nationale et du président du Sénat.

Le président du Conseil constitutionnel est nommé par décision du président de la République. Il est choisi parmi les membres du Conseil, nommés ou de droit.

Art. 2. — Le premier Conseil constitutionnel comprend trois membres désignés pour trois ans, trois membres désignés pour six ans et trois membres désignés pour neuf ans. Le président de la République, le président de l'Assemblée nationale et le président du Sénat désignent chacun un membre de chaque série.

Art. 3. — Avant d'entrer en fonctions, les membres nommés du Conseil constitutionnel prêtent serment devant le président de la République.

Ils jurent de bien et fidèlement remplir leurs fonctions, de les exercer en toute impartialité dans le respect de la Constitution, de garder le secret des délibérations et des votes, et de ne prendre aucune position publique, de ne donner aucune consultation sur les questions relevant de la compétence du Conseil.

Art. 4 — Les fonctions des membres du Conseil constitutionnel sont incompatibles avec celles de membre du gouvernement ou du Conseil économique et social. Elles sont également incompatibles avec l'exercice de tout mandat électoral.

Les membres du gouvernement ou du Conseil économique et social ou les titulaires d'un mandat électoral nommés au Conseil constitutionnel sont réputés avoir opté pour ces dernières fonctions s'ils n'ont pas exprimé une volonté contraire dans les huit jours suivant la publication de leur nomination.

Les membres du Conseil constitutionnel nommés à des fonctions gouvernementales, désignés comme membres du Conseil économique et social ou qui acquièrent un mandat électoral, sont remplacés dans leurs fonctions.

Les incompatibilités professionnelles applicables aux membres du Parlement sont également applicables aux membres du Conseil constitutionnel[1].

Art. 5. — Pendant la durée de leurs fonctions, les membres du Conseil constitutionnel ne peuvent être nommés à aucun emploi public ni, s'ils sont fonctionnaires publics, recevoir une promotion au choix.

Art. 6. — Le président et les membres du Conseil constitutionnel reçoivent respectivement une indemnité égale aux traitements afférents aux deux catégories supérieures des emplois de l'État classés hors échelle.

Les indemnités sont réduites de moitié pour les membres du Conseil qui continuent d'exercer une activité compatible avec leurs fonctions.

Art. 7. — Un décret pris en conseil des ministres, sur proposition du Conseil constitutionnel, définit les obligations imposées aux membres du Conseil, afin de garantir l'indépendance et la dignité de leurs fonctions. Ces obligations doivent notamment comprendre l'interdiction pour les membres du Conseil constitutionnel, pendant la durée de leurs fonctions, de ne prendre aucune position publique sur les questions ayant fait, ou susceptibles de faire l'objet de décisions de la part du Conseil constitutionnel, ou de consulter sur les mêmes questions.

Art. 8. — Il est pourvu au remplacement des membres du Conseil huit jours au moins avant l'expiration de leurs fonctions.

1. Loi organique n° 95-63 du 19 janvier 1995, art. 7-I. Dans ses paragraphes II et III, l'article 7 comporte les dispositions suivantes :

II. — Les membres du Conseil constitutionnel qui, à la date de publication de la présente loi organique, sont titulaires d'un ou plusieurs mandats électoraux pourront remplir jusqu'à leur terme les mandats qu'ils détiennent.

III. — Les membres du Conseil constitutionnel qui, à la date de publication de la présente loi organique, se trouvent dans l'un des cas d'incompatibilités professionnelles prévus au dernier alinéa du I du présent article disposent d'un délai d'un mois pour renoncer aux fonctions incompatibles avec leur qualité de membre du Conseil constitutionnel. A défaut, ils sont remplacés, à l'issue de ce délai, dans leurs fonctions de membre du Conseil constitutionnel.

Art. 9. — Un membre du Conseil constitutionnel peut démissionner par une lettre adressée au Conseil. La nomination du remplaçant intervient au plus tard dans le mois de la démission. Celle-ci prend effet de la nomination de remplaçant.

Art. 10. — Le Conseil constitutionnel constate, le cas échéant, la démission d'office de celui de ses membres qui aurait exercé une activité ou accepté une fonction ou un mandat électif incompatible avec sa qualité de membre du Conseil ou qui n'aurait pas la jouissance des droits civils et politiques.

Il est alors pourvu au remplacement dans la huitaine.

Art. 11. — Les règles posées à l'article 10 ci-dessus sont applicables aux membres du Conseil constitutionnel qu'une incapacité physique permanente empêche définitivement d'exercer leurs fonctions.

Art. 12. — Les membres du Conseil constitutionnel désignés en remplacement de ceux dont les fonctions ont pris fin avant leur terme normal achèvent le mandat de ceux qu'ils remplacent. A l'expiration de ce mandat, ils peuvent être nommés comme membres du Conseil constitutionnel s'ils ont occupé ces fonctions de remplacement pendant moins de trois ans.

Titre II

FONCTIONNEMENT DU CONSEIL CONSTITUTIONNEL

Chapitre Ier

Dispositions communes

Art. 13. — Le Conseil constitutionnel se réunit sur la convocation de son président ou en cas d'empêchement de celui-ci sur la convocation du plus âgé de ses membres.

Art. 14. — Les décisions et les avis du Conseil constitutionnel sont rendus par sept conseillers au moins, sauf cas de force majeure dûment constatée au procès-verbal.

Art. 15. — Un décret pris en Conseil des ministres, sur proposition du Conseil constitutionnel, détermine l'organisation du secrétariat général.

Art. 16. — Les crédits nécessaires au fonctionnement du Conseil constitutionnel sont inscrits au budget général. Le président est ordonnateur des dépenses.

Chapitre II

Des déclarations de conformité à la Constitution

Art. 17. — Les lois organiques adoptées par le Parlement sont transmises au Conseil constitutionnel par le Premier ministre. La lettre de transmission indique, le cas échéant, qu'il y a urgence.

Les règlements et les modifications aux règlements adoptés par l'une ou l'autre assemblée sont transmis au Conseil constitutionnel par le président de l'assemblée.

Art. 18. — Lorsqu'une loi est déférée au Conseil constitutionnel à l'initiative de parlementaires, le Conseil est saisi par une ou plusieurs lettres comportant au total les signatures d'au moins soixante députés ou soixante sénateurs.

Le Conseil constitutionnel, saisi conformément aux articles 54 ou 61 (alinéa 2) de la Constitution, avise immédiatement le président de la République, le Premier ministre et les présidents de l'Assemblée nationale et du Sénat. Ces derniers en informent les membres des assemblées.

Art. 19. — L'appréciation de la conformité à la Constitution est faite sur le rapport d'un membre du Conseil dans les délais fixés par le troisième alinéa de l'article 61 de la Constitution.

Art. 20. — La déclaration du Conseil constitutionnel est motivée. Elle est publiée au *Journal officiel.*

Art. 21. — La publication d'une déclaration du Conseil constitutionnel constatant qu'une disposition n'est pas contraire à la Constitution met fin à la suspension du délai de promulgation.

Art. 22. — Dans le cas où le Conseil constitutionnel déclare que la loi dont il est saisi contient une disposition contraire à la Constitution et inséparable de l'ensemble de cette loi, celle-ci ne peut être promulguée.

Art. 23. — Dans le cas où le Conseil constitutionnel déclare que la loi dont il est saisi contient une disposition contraire à la Constitution sans constater en même temps qu'elle est inséparable de l'ensemble de cette loi, le président de la République peut soit promulguer la loi à l'exception de cette disposition, soit demander aux chambres une nouvelle lecture.

Dans le cas où le Conseil constitutionnel déclare que le règlement parlementaire qui lui a été transmis contient une disposition contraire à la Constitution, cette disposition ne peut pas être mise en application par l'assemblée qui l'a votée.

Chapitre III

De l'examen des textes de forme législative

Art. 24. — Dans les cas prévus à l'article 37 (alinéa 2) de la Constitution, le Conseil constitutionnel est saisi par le Premier ministre.

Art. 25. — Le Conseil constitutionnel se prononce dans le délai d'un mois. Ce délai est réduit à huit jours quand le Gouvernement déclare l'urgence.

Art. 26. — Le Conseil constitutionnel constate, par une déclaration motivée, le caractère législatif ou réglementaire des dispositions qui lui ont été soumises.

Chapitre IV

De l'examen des fins de non-recevoir

Art 27. — Au cas prévu par le deuxième alinéa de l'article 41 de la Constitution, la discussion de la proposition de loi ou de l'amendement auquel le gouvernement a opposé l'irrecevabilité est immédiatement suspendue.

L'autorité qui saisit le Conseil constitutionnel en avise aussitôt l'autorité qui a également compétence à cet effet selon l'article 41 de la Constitution.

Art 28. — Le Conseil se prononce dans le délai de huit jours par une déclaration motivée.

Art. 29. — La déclaration est notifiée au président de l'assemblée intéressée et au Premier ministre.

Chapitre V

De l'exercice des attributions du Conseil constitutionnel en matière d'élection à la présidence de la République

Art. 30. — Les attributions du Conseil constitutionnel en matière d'élection à la présidence de la République sont déterminées par la loi organique relative à cette élection.

Art. 31. — Lorsqu'il est saisi par le Gouvernement, dans le cas prévu à l'article 7 de la Constitution, pour constater l'empêchement du président de la République, le Conseil constitutionnel statue à la majorité absolue des membres le composant.

Chapitre VI

Du contentieux de l'élection des députés et des sénateurs

Art. 32. — Le ministre de l'Intérieur et le ministre chargé des territoires d'Outre-Mer communiquent sans délai à l'assemblée intéressée les noms des personnes proclamées élues.

Les procès-verbaux des commissions chargées du recensement, auxquels le préfet ou le chef du territoire joint l'expédition de l'acte de naissance et le bulletin n° 2 du casier judiciaire des élus et de leurs remplaçants, sont tenus à la disposition des personnes inscrites sur les listes électorales et des personnes ayant fait une déclaration de candidature, pendant un délai de dix jours.

Passé ce délai, les procès-verbaux et leurs annexes sont déposés aux archives départementales ou à celles du territoire. Ils ne peuvent être communiqués qu'au Conseil constitutionnel, sur demande de ce Conseil.

Art. 33. — L'élection d'un député ou d'un sénateur peut être contestée devant le Conseil constitutionnel durant les dix jours qui suivent la proclamation des résultats du scrutin.

Le droit de contester une élection appartient à toutes les personnes inscrites sur les listes électorales de la circonscription dans laquelle il a été procédé à l'élection ainsi qu'aux personnes qui ont fait acte de candidature.

Art. 34. — Le Conseil constitutionnel ne peut être saisi que par une requête écrite adressée au secrétariat général du Conseil, au préfet ou au chef du territoire.

Le préfet ou le chef du territoire avisent, par télégramme, le secrétariat général et assurent la transmission de la requête dont ils ont été saisis.

Le secrétaire général du Conseil donne sans délai avis à l'assemblée intéressée des requêtes dont il a été saisi ou avisé.

Art. 35. — Les requêtes doivent contenir le nom, les prénoms et qualité du requérant, le nom des élus dont l'élection est attaquée, les moyens d'annulation invoqués.

Le requérant doit annexer à la requête les pièces produites au soutien de ses moyens. Le Conseil peut lui accorder exceptionnellement un délai pour la production d'une partie de ces pièces.

La requête n'a pas d'effet suspensif. Elle est dispensée de tous frais de timbre ou d'enregistrement.

Art. 36. — Le Conseil constitutionnel forme, en son sein, trois sections composées chacune de trois membres désignés par le sort. Il est procédé à des tirages au sort séparés entre les membres nommés par le président de la République, entre les membres nommés par le président du Sénat et entre les membres nommés par le président de l'Assemblée nationale.

Chaque année, dans la première quinzaine d'octobre, le Conseil constitutionnel arrête une liste de dix rapporteurs adjoints choisis parmi les maîtres des requêtes du Conseil d'État et les conseillers référendaires à la Cour des comptes. Les rapporteurs adjoints n'ont pas voix délibérative.

Art. 37. — Dès réception d'une requête, le président en confie l'examen à l'une des sections et désigne un rapporteur qui peut être choisi parmi les rapporteurs adjoints.

Art. 38. — Les sections instruisent les affaires dont elles sont chargées et qui sont portées devant le Conseil assemblé.

Toutefois, le Conseil, sans instruction contradictoire préalable, peut rejeter, par décision motivée, les requêtes irrecevables ou ne contenant que des griefs qui manifestement ne peuvent avoir une influence sur les résultats de l'élection. La décision est aussitôt notifiée à l'assemblée intéressée.

Art. 39. — Dans les autres cas, avis est donné au membre du Parlement dont l'élection est contestée, ainsi que, le cas échéant, au remplaçant. La section leur impartit un délai pour prendre connaissance de la requête et des pièces au secrétariat du Conseil et produire leurs observations écrites.

Art. 40. — Dès réception de ces observations ou à l'expiration du délai imparti pour les produire, l'affaire est rapportée devant le Conseil qui statue par une décision motivée. La décision est aussitôt notifiée à l'assemblée intéressée.

Art. 41. — Lorsqu'il fait droit à une requête, le Conseil peut, selon les cas, annuler l'élection contestée ou réformer la proclamation faite par la commission de recensement et proclamer le candidat qui a été régulièrement élu.

Art. 41-1. — Le Conseil, si l'instruction fait apparaître qu'un candidat se trouve dans l'un des cas mentionnés au deuxième alinéa de l'article LO 128 du Code électoral, prononce son inéligibilité conformément à cet article et, s'il s'agit du candidat proclamé élu, annule son élection.

Art. 42. — Le Conseil et les sections peuvent, le cas échéant, ordonner une enquête et se faire communiquer tous documents et rapports ayant trait à l'élection, notamment les comptes de campagne établis par les candidats intéressés, ainsi que l'ensemble des documents, rapports et décisions éventuellement réunis ou établis par la commission instituée par l'article L. 52-14 du Code électoral.

Le rapporteur est commis pour recevoir sous serment les déclarations des témoins. Procès-verbal est dressé par le rapporteur et communiqué aux intéressés, qui ont un délai de trois jours pour déposer leurs observations écrites.

Art. 43. — Le Conseil et les sections peuvent commettre l'un de leurs membres ou un rapporteur adjoint pour procéder sur place à d'autres mesures d'instruction.

Art. 44. — Pour le jugement des affaires qui lui sont soumises, le Conseil constitutionnel a compétence pour connaître de toute question et exception posée à l'occasion de la requête. En ce cas, sa décision n'a d'effet juridique qu'en ce qui concerne l'élection dont il est saisi.

Art. 45. — Sous réserve d'un cas d'inéligibilité du titulaire ou du remplaçant qui se révélerait ultérieurement, le Conseil constitutionnel statue sur la régularité de l'élection tant du titulaire que du remplaçant.

Chapitre VII

De la surveillance des opérations du référendum et de la proclamation des résultats

Art. 46. — Le Conseil constitutionnel est consulté par le Gouvernement sur l'organisation des opérations de référendum. Il est avisé sans délai de toute mesure prise à ce sujet.

Art. 47. — Le Conseil constitutionnel peut présenter des observations concernant la liste des organisations habilitées à user des moyens officiels de propagande.

Art. 48. — Le Conseil constitutionnel peut désigner un ou plusieurs délégués choisis, avec l'accord des ministres compétents, parmi les magistrats de l'ordre judiciaire ou administratif et chargés de suivre sur place les opérations.

Art. 49. — Le Conseil constitutionnel assure directement la surveillance du recensement général.

Art. 50. — Le Conseil examine et tranche définitivement toutes les réclamations.

Dans le cas où le Conseil constitutionnel constate l'existence d'irrégularités dans le déroulement des opérations, il lui appartient d'apprécier si, eu égard à la nature et à la gravité de ces irrégularités, il y a lieu soit de maintenir lesdites opérations, soit de prononcer leur annulation totale ou partielle.

Art. 51. — Le Conseil constitutionnel proclame les résultats du référendum. Mention de la proclamation est faite dans le décret portant promulgation de la loi adoptée par le peuple.

Chapitre VIII

De la consultation du Conseil constitutionnel dans des circonstances exceptionnelles

Art. 52. — Lorsqu'il est consulté par le président de la République dans les cas prévus au premier alinéa de l'article 16 de la Constitution, le Conseil constitutionnel se réunit immédiatement.

Art. 53. — Il émet un avis sur la réunion des conditions exigées par le texte visé à l'article précédent. Cet avis est motivé et publié.

Art. 54. — Le président de la République avise le Conseil constitutionnel des mesures qu'il se propose de prendre.

Le Conseil constitutionnel lui donne sans délai son avis.

Titre III

DISPOSITIONS DIVERSES ET DISPOSITIONS TRANSITOIRES

Art. 55. — Les modalités d'application de la présente ordonnance pourront être déterminées par décret en Conseil des ministres, après consultation du Conseil constitutionnel et avis du Conseil d'État.

Art. 56. — Le Conseil constitutionnel complétera par son règlement intérieur les règles de procédure édictées par le titre II de la présente ordonnance. Il précisera notamment les conditions dans lesquelles auront lieu les enquêtes et mesures d'instruction prévues aux articles 42 et 43 sous la direction d'un rapporteur.

Décret n° 59-1292 du 13 novembre 1959 sur les obligations des membres du Conseil constitutionnel

Art. 1er. — Les membres du Conseil constitutionnel ont pour obligation générale de s'abstenir de tout ce qui pourrait compromettre l'indépendance et la dignité de leurs fonctions.

Art. 2. — Les membres du Conseil constitutionnel s'interdisent en particulier pendant la durée de leurs fonctions :

— de prendre aucune position publique ou de consulter sur des questions ayant fait ou étant susceptibles de faire l'objet de décisions de la part du Conseil ;
— d'occuper au sein d'un parti ou groupement politique tout poste de responsabilité ou de direction et, de façon plus générale, d'y exercer une activité inconciliable avec les dispositions de l'article 11, ci-dessus ;
— de laisser mentionner leur qualité de membre du Conseil constitutionnel dans tout document susceptible d'être publié et relatif à toute activité publique ou privée.

Art. 3. — Les membres du Conseil constitutionnel tiennent le président informé des changements qui pourraient survenir dans leurs activités extérieures au Conseil.

Art. 4. — Tout membre du Conseil constitutionnel qui entend solliciter un mandat électif doit demander sa mise en congé pour la durée de la campagne Électorale. La mise en congé est de droit.

Art. 5. — Le Conseil constitutionnel apprécie, le cas échéant, si l'un de ses membres a manqué aux obligations générales et particulières mentionnées aux articles 1er et 2 du présent décret.

Art. 6. — Dans le cas prévu à l'article 5 ci-dessus, le Conseil constitutionnel se prononce au scrutin secret à la majorité simple des membres le composant, y compris ses membres de droit.

Art. 7. — Pour l'application des dispositions du présent décret, le Conseil constitutionnel peut recourir, s'il y a lieu, à la procédure prévue à l'article 10 de l'ordonnance susvisée du 7 novembre 1958.

Art. 8. — Lorsqu'en application des articles 10 et 11 de l'ordonnance du 7 novembre 1958, le Conseil constitutionnel a constaté la démission d'office de l'un de ses membres, il notifie immédiatement sa décision au président de la République ainsi qu'à l'autorité à qui il appartient de pourvoir au remplacement de l'intéressé.

Décret n° 59-1293 du 13 novembre 1959 relatif à l'organisation du secrétariat général du Conseil constitutionnel

Art. 1er. — Le secrétaire général du Conseil constitutionnel est nommé par décret du président de la République, sur proposition du président du Conseil constitutionnel.

Art. 2. — Sous l'autorité du président, le secrétaire général dirige les services administratifs du Conseil constitutionnel.

Il peut recevoir délégation pour signer tous actes et décisions d'ordre administratif.

Art. 3. — Le secrétaire général prend les mesures nécessaires à la préparation et à l'organisation des travaux du Conseil. Il établit un compte rendu sommaire de ces travaux.

Art. 4. — Les dépenses de fonctionnement du Conseil constitutionnel sont mandatés par le président, ou, en application de l'article 2, alinéa 2, ci-dessus, par le secrétaire général.

Un trésorier, nommé par le président du Conseil constitutionnel et responsable devant lui, est chargé du paiement des mandats.

Art. 5. — Dans la limite des crédits ouverts pour le fonctionnement du Conseil, le président peut recruter, soit directement, soit par voie de détachement, le personnel nécessaire à ce fonctionnement.

Art. 6. — La correspondance officielle du président et du secrétaire général du Conseil constitutionnel bénéficie de la franchise postale dans les conditions prévues par le décret du 27 décembre 1958.

Le président et le secrétaire général peuvent expédier en franchise à toutes personnes les lettres recommandées avec avis de réception dont l'envoi est rendu nécessaire par la procédure en matière de contentieux de l'élection des députés et des sénateurs.

Règlement applicable à la procédure suivie devant le Conseil constitutionnel pour le contentieux de l'élection des députés et des sénateurs

Art. 1er. — L'élection d'un ou de plusieurs membres du Parlement peut être contestée devant le Conseil constitutionnel qui, sous réserve de la mise en œuvre des dispositions de l'article LO 136-1 du Code électoral par la Commission nationale des comptes de campagne et des financements politiques, ne peut statuer que sur une requête émanant des seules personnes visées à l'article 33, alinéa 2, de l'ordonnance du 7 novembre 1958 portant loi organique sur le Conseil constitutionnel.

Cette requête doit être enregistrée dans un délai de dix jours, soit au secrétariat général du Conseil constitutionnel, soit à la préfecture du département ou aux services du représentant de l'État du territoire ou de la collectivité territoriale où ont eu lieu les opérations électorales.

Le délai prévu à l'alinéa précédent court à compter du jour qui suit celui de la proclamation officielle du résultat de l'élection. Les dispositions du dernier alinéa de l'article 642 du nouveau Code de procédure civile sont applicables à ce délai.

La requête, qui n'a pas d'effet suspensif, est dispensée de tous frais de timbre ou d'enregistrement.

Lorsqu'il est saisi sur le fondement de l'article LO 136-1 du Code électoral, le Conseil constitutionnel, sans préjudice des mesures d'instruction ordonnées en application du premier alinéa de l'article LO 187 du même code, reçoit de la Commission nationale des comptes de campagne et des financements politiques communication des pièces de la procédure suivie devant elle ou du double de ces pièces dans l'hypothèse où la commission a décidé de transmettre le dossier au parquet.

Art. 2. — Les requêtes ainsi que les saisines effectuées sur le fondement de l'article LO 136-1 du Code électoral sont enregistrées au secrétariat général du Conseil constitutionnel dans l'ordre de leur arrivée.

Toutefois, lorsque les requêtes ont été transmises par le préfet ou le représentant de l'État du territoire ou de la collectivité territoriale qui les ont reçues directement, l'enregistrement au secrétariat général du Conseil constitutionnel fait mention de leur date de réception à la préfecture ou aux services du représentant de l'État du territoire ou de la collectivité territoriale.

Art. 3. — Les requêtes introductives d'instance doivent contenir les nom, prénoms, adresse et qualité du ou des requérants et le nom du ou des élus dont l'élection est contestée, ainsi que l'exposé des faits et moyens invoqués. Elles doivent être signées de leurs auteurs.

Le requérant peut désigner la personne de son choix pour le représenter ou l'assister dans les autres actes de la procédure. Il doit l'indiquer expressément et par écrit.

Art. 4. — Le requérant doit annexer à la requête les pièces utiles au soutien des moyens qu'il invoque.

Exceptionnellement, le Conseil constitutionnel ou la section chargée de l'instruction de la requête dans les conditions prévues à l'article 8 ci-dessous peut accorder au requérant un délai supplémentaire pour la production d'une partie de ces pièces.

Art. 5. — Au cas où des mémoires ampliatifs sont ultérieurement présentés, ils ne peuvent contenir que le développement des moyens invoqués dans la requête, à l'exclusion de tout moyen nouveau.

Art. 6. — Dès l'enregistrement de la requête ou du télégramme en annonçant le dépôt, le secrétaire général en avise l'assemblée intéressée. L'Assemblée nationale est informée également des saisines introduites par la Commission nationale des comptes de campagne et des financements politiques, sur le fondement de l'article LO 136-1 du Code électoral, qui sont relatives à l'éligibilité d'un député.

Le secrétaire général communique pour information à la Commission nationale des comptes de campagne et des financements politiques toute requête mettant en cause la régularité de l'élection d'un ou plusieurs députés dans une circonscription déterminée.

Il adresse, en outre, à cette Commission, pour information, les mémoires échangés par les parties dans le cas où le Conseil constitutionnel a été saisi d'un moyen tiré de ce que le ou les députés dont l'élection est contestée auraient dépassé le plafond des dépenses électorales mentionné à l'article L. 52-11 du Code électoral.

Art. 6-1. — Dans l'hypothèse mentionnée au troisième alinéa de l'article 6, le Conseil constitutionnel reçoit de la Commission nationale des comptes de campagne et des financements politiques communication pour information des décisions par lesquelles elle s'est prononcée sur la régularité des comptes de campagne de tous les candidats ou listes en présence dans la circonscription électorale en cause, alors même qu'il n'a pas été fait application des dispositions de l'article LO 136-1 du Code électoral.

Art. 7. — L'accomplissement de tous actes de procédure, le dépôt de tous documents et de toutes pièces nouvelles doivent être mentionnés au registre du secrétariat général.

Art. 8. — Le président du Conseil constitutionnel charge de l'instruction de la requête l'une des sections prévues à l'article 36 de l'ordonnance du 7 novembre 1958. Il désigne un rapporteur qui peut être choisi parmi les rapporteurs adjoints.

Art. 9. — La section prescrit qu'avis soit donné de la contestation à celui ou à ceux des membres du Parlement élus par le même scrutin dans la circonscription concernée, ainsi que, le cas échéant, à son ou à leurs remplaçants. Ceux-ci peuvent désigner, dans les conditions prévues au deuxième alinéa de l'article 3, la personne de leur choix pour les représenter ou les assister, ensemble ou séparément, dans les différents actes de la procédure. La section fixe le délai qui leur est imparti pour prendre connaissance de la requête et des pièces du dossier ainsi que pour produire leurs observations écrites. Elle peut, exceptionnellement, sur la demande qui lui en serait faite, accorder un délai supplémentaire.

Lorsqu'il est fait application de l'article LO 136-1 du Code électoral, la saisine de la Commission nationale des comptes de campagne et des financements politiques est notifiée à toute personne susceptible de se voir opposer les dispositions du deuxième alinéa de l'article LO 128 du même code. La ou les personnes intéressées sont invitées par la section d'instruction à présenter par écrit tous moyens de défense, dans les conditions mentionnées au premier alinéa du présent article.

La section invite le requérant à prendre connaissance des observations et lui impartit un délai pour répliquer. Elle peut ordonner toute autre communication qu'elle juge utile.

La section d'instruction peut donner mandat au secrétaire général pour l'accomplissement des actes d'instruction définis au présent article.

Art. 10. — Dans tous les cas où la procédure la rend nécessaire et notamment aux cas prévus à l'article précédent, la consultation des dossiers par les personnes visées aux articles 3 et 9 du présent règlement a lieu, sans déplacement, au siège du Conseil.

Art. 11. — Sans attendre la production des observations en défense, la section peut demander aux autorités administratives tous rapports que juge utiles à la solution de l'affaire et tous documents ayant trait à l'élection, notamment les procès-verbaux des opérations électorales et leurs annexes.

Art. 12. — La section peut proposer au Conseil de rejeter, sans instruction contradictoire préalable, les requêtes irrecevables ou ne contenant que des griefs qui, manifestement, ne peuvent avoir une influence sur le résultat de l'élection.

Art. 13. — Lorsque l'affaire est en état d'être jugée, la section entend le rapporteur. Dans son rapport, celui-ci expose les éléments de fait et de droit du dossier et présente un projet de décision. S'il estime utile qu'il soit procédé à une enquête ou à d'autres mesures d'instruction, il en indique les motifs.

Art. 14. — La section délibère sur les propositions du rapporteur et porte l'affaire devant le Conseil, en vue de son jugement au fond. Toutefois, si elle l'estime utile, elle peut soit ordonner elle-même l'enquête ou toute autre mesure d'instruction, soit porter à cette fin l'affaire devant le Conseil, qui se prononce sur l'opportunité de cette mesure et, le cas échéant, statue immédiatement sur le fond.

Art. 15. — Lorsqu'en application des dispositions de l'article 42 de l'ordonnance du 7 novembre 1958 une enquête est ordonnée par décision de la section ou du Conseil, cette décision doit mentionner :

— les faits à prouver ;
— le nom du rapporteur commis pour recevoir sous serment les dépositions des témoins ;
— l'énumération des témoins qui doivent être entendus, à moins que la section ou le Conseil ne laissent à cet égard toute latitude au rapporteur.

Les dispositions des articles 205 et 211 du nouveau Code de procédure civile sont applicables au serment visé au présent article.

Les témoins sont entendus en l'absence des personnes visées aux articles 3 et 9 du présent règlement. Le procès-verbal des auditions, dressé par le rapporteur, est communiqué à ces personnes. Elles ont un délai de trois jours pour déposer leurs observations Écrites, soit au secrétariat général du Conseil, à la préfecture ou aux services du représentant de l'État du territoire ou de la collectivité territoriale, soit entre les mains du rapporteur.

Art. 16. — Lorsque des mesures d'instruction sont ordonnées en application de l'article 43 de l'ordonnance du 7 novembre 1958 par décision de la section ou du Conseil, cette décision doit mentionner le nom du membre du Conseil ou du rapporteur adjoint commis pour y procéder et préciser la nature des mesures prescrites ainsi que le ou les lieux où il doit y être procédé.

Art. 17. — L'inscription d'une affaire à l'ordre du jour du Conseil est décidée par le président du Conseil constitutionnel.

Les séances du Conseil constitutionnel ne sont pas publiques. Cependant les personnes visées aux articles 3 et 9 du présent règlement peuvent demander à y être entendues.

Le secrétaire général et le rapporteur de l'affaire assistent aux délibérations du Conseil. Le rapporteur met en forme la décision résultant de ces délibérations.

Art. 18. — Les décisions du Conseil constitutionnel comportent les visas des textes applicables, les motifs sur lesquels elles reposent et un dispositif. Elles contiennent la mention des membres qui ont siégé à la séance au cours de laquelle elles ont été prises. Elles sont signées par le président, le secrétaire général et le rapporteur et notifiées par le secrétaire général, suivant le cas, à l'Assemblée nationale ou au Sénat. Les décisions sont publiées au *Journal officiel* de la République française. Elles sont, en outre, adressées pour information au ministre intéressé.

Lorsque le Conseil constitutionnel a été saisi sur le fondement de l'article LO 136-1 du Code électoral, sa décision est notifiée au président de la Commission nationale des comptes de campagne et des financements politiques.

Est notifiée sans délai à l'intéressé toute décision constatant son inéligibilité ou annulant son élection sur le fondement du deuxième alinéa de l'article LO 128 ou de l'article LO 186-1 du Code électoral.

Art. 19. — La requête, les mémoires ainsi que les pièces ou leurs copies et photocopies versés aux dossiers sont conservés aux archives du Conseil constitutionnel. Il en va de même des saisines effectuées sur le fondement de l'article LO 136-1 du Code électoral ainsi que des observations auxquelles elles donnent lieu.

Toutefois, les comptes de campagne, leurs annexes et les pièces de la procédure suivie devant la Commission nationale des comptes de campagne et des financements politiques sont retournés à cet organisme.

En outre, à l'expiration de leur période d'utilisation courante, les documents mentionnés au premier alinéa du présent article sont transmis à l'administration des archives dans les conditions et suivant les modalités définies par la loi n° 79-18 du 3 janvier 1979.

Art. 20. — Conformément à l'article 62 de la Constitution, les décisions du Conseil constitutionnel ne peuvent faire l'objet d'aucun recours.

Art. 21. — Si le Conseil constitutionnel constate qu'une de ses décisions est entachée d'une erreur matérielle, il peut la rectifier d'office.

Art. 22. — Toute partie intéressée peut saisir le Conseil constitutionnel d'une demande en rectification d'erreur matérielle d'une de ses décisions.

Cette demande doit être introduite dans un délai de vingt jours à compter de la notification de la décision dont la rectification est demandée.

Pour les décisions intervenues antérieurement à la date de publication au journal officiel du présent article, le délai de vingt jours court à compter de cette date.

Règlement applicable à la procédure suivie devant le Conseil constitutionnel pour les réclamations relatives aux opérations de référendum

Art. 1. — Tout électeur a le droit de contester la régularité du scrutin en faisant porter au procès-verbal des opérations de vote mention de sa réclamation. Dans ce cas, le procès-verbal est transmis au Conseil constitutionnel par la commission de recensement.

Art. 2. — Le représentant de l'État dans les départements, dans les territoires d'Outre-Mer et dans les collectivités territoriales à statut particulier, dans un délai de quarante-huit heures suivant la clôture du scrutin, défère directement au Conseil constitutionnel, par la voie la plus rapide, les opérations d'une circonscription de vote dans laquelle les conditions et formes légales ou réglementaires n'ont pas été observées.

Art. 3. — Les pouvoirs attribués au représentant de l'État en application de l'article 2, ci-dessus, sont exercés par le ministre des affaires étrangères pour les centres de vote prévus pour les Français établis hors de France.

Annexe 2

NOTES ET COMMENTAIRES DES DÉCISIONS DU CONSEIL CONSTITUTIONNEL[1]

1. Décisions du contrôle de la conformité à la constitution (articles 54 et 61 de la Constitution)

59-1 DC du 14 mai 1959, *Règlement de l'Assemblée nationale*, *Rec.*, 57, RJC I-1
59-2 DC des 17, 18 et 24 juin 1959, *Règlement de l'Assemblée nationale*, *Rec.* 58, RJC I-1
— *D*, 1959, J, p. 501, L. Hamon
— *GDCC*, n° 3, 9e éd., Dalloz, 1997, L. Favoreu et L. Philip
— *GDJC*, p. 305, C. Franck
— *RDP*, 1959, p. 863, D. Ruzié
59-3 DC des 24 et 25 juin 1959, *Règlement du Sénat*, *Rec.*, 61, RJC I-2
59-4 DC du 24 juillet 1959, *Règlement de l'Assemblée nationale*, *Rec.*, 63, RJC I-3
59-5 DC du 15 janvier 1960, *Règlement de l'Assemblée nationale*, *Rec.*, 15, RJC I-3
— *GDJC*, p. 199, C. Franck
— *RDP*, 1965, p. 404, P. Avril
60-6 DC du 15 janvier 1960, *LO, Promotion des Français musulmans dans la magistrature*, *Rec.*, 21, RJC I-4
— *D*, 1960, J, p. 293, L. Hamon
— *S*, 1960, p. 247, M. Rousset
60-7 DC du 11 août 1960, *LO, Juges de paix en service en Algérie*, *Rec.*, 22, RJC I-5
— *S*, 1961, J, p. 102, L. Hamon
60-8 DC du 11 août 1960, *Redevance radio-télévision*, *Rec.*, 25, RJC I-5
— *D*, 1961, J, p. 471, L. Hamon
— *GDCC*, n° 7, 9e éd., Dalloz, 1997, L. Favoreu et L. Philip
— *GDJC*, p. 152, C. Franck

1. Ces références ont été établies à partir du *Recueil des décisions du Conseil constitutionnel*, et des *Grandes décisions du Conseil constitutionnel* (Dalloz). Elles ont été modifiées, complétées et actualisées au 31 mars 1998.

— *RDP*, 1960, p. 1016 et 1020, M. Waline
— *RSF*, 1961, p. 5, L. Trotabas
— *S*, 1960, J, p. 277, R. Bourdoncle
60-9 DC du 18 novembre 1960, *Règlement du Sénat*, *Rec.*, 17, RJC I-6
60-10 DC du 20 décembre 1960, *Règlement de l'Assemblée nationale*, *Rec.*, 18, RJC I-6
60-11 DC du 20 janvier 1961, *Assurances sociales des exploitants agricoles*, *Rec.*, 29, RJC I-7
— *AJDA*, 1961, p. 87
— *D*, 1962, J, p. 177, L. Hamon
— *GDCC*, n° 9, 9e éd., Dalloz, 1997, L. Favoreu et L. Philip
— *GDJC*, p. 187, C. Franck
— *S*, 1961, J, p. 165, L. Philip
61-12 DC du 30 mai 1961, *Règlement de l'Assemblée nationale*, *Rec.*, 17, RJC I-7
61-13 DC du 28 juillet 1961, *LO, Composition et durée des pouvoirs de l'Assemblée nationale*, *Rec.*, 21, RJC I-8
— *S*, 1962, J, p. 62, L. Hamon
61-14 DC du 28 juillet 1961, *LO, Composition du Sénat et durée du mandat des sénateurs*, *Rec.*, 22, RJC I-8
— *S*, 1962, J, p. 62, L. Hamon
61-15 DC du 22 décembre 1961, *LO, Éligibilité et incompatibilités parlementaires*, *Rec.*, 23, RJC I-8
— *D*, 1963, J, p. 59, L. Hamon
61-16 DC du 22 décembre 1961, *LO, Délégation de vote des parlementaires*, *Rec.*, 24, RJC I-9
— *S*, 1963, J, p. 305, L. Hamon
62-17 DC du 10 juillet 1962, *LO, Composition du Sénat et durée du mandat des sénateurs*, *Rec.*, 23, RJC I-10
— *D*, 1963, J, p. 45, L. Hamon
62-18 DC du 10 juillet 1962, *Règlement de l'Assemblée nationale*, *Rec.*, 17, RJC I-10
— *S*, 1963, J, p. 277, L. Hamon
62-19 DC du 31 juillet 1962, *Règlement du Sénat*, *Rec.*, 19, RJC I-10
— *D*, 1964, J, p. 69, L. Hamon
62-20 DC du 6 novembre 1962, *Loi relative à l'élection du président de la République au suffrage universel*, *Rec.*, 27, RJC I-11
— *D*, 1963, J, p. 398, L. Hamon
— *GDCC*, n° 14, 9e éd., Dalloz, 1997, L. Favoreu et L. Philip
— *GDJC*, p. 279, C. Franck
— *RDP*, 1967, p. 32, L. Favoreu
— *RDP*, 1977, p. 38, J.-F. Prevost
63-21 DC du 12 mars 1963, *Réforme de l'enregistrement, du timbre et de la fiscalité immobilière*, *Rec.*, 23, RJC I-12
— *D*, 1964, J, p. 489, L. Hamon
63-22 DC du 11 juin 1963, *Règlement du Sénat*, *Rec.*, 15, RJC I-12
— *S*, 1964, J, p. 63, L. Hamon
63-23 DC du 30 juillet 1963, *LO, Statut de la magistrature*, *Rec.*, 19, RJC I-13
— *S*, 1964, J, p. 207, L. Hamon
63-24 DC du 20 décembre 1963, *Règlement du Congrès*, *Rec.*, 16, RJC I-13

63-25 DC du 21 janvier 1964, *Loi portant réforme de l'enregistrement, du timbre et de la fiscalité immobilière*, *Rec.*, 23, RJC I-13
63-26 DC du 15 octobre 1964, *Règlement de l'Assemblée nationale*, *Rec.*, 25, RJC I-14
64-27 DC du 18 décembre 1964, *Contrôle exercé par la commission de vérification des comptes des entreprises publiques*, *Rec.*, 29, RJC I-14
— *AJDA*, 1965, p. 100, A. de Laubadère
— *D*, 1966, J, p. 17, L. Hamon
— *GDCC*, n° 18, 1re éd., Sirey, 1975, p. 194, L. Favoreu et L. Philip
66-28 DC du 8 juillet 1966, *Règlement du Sénat*, *Rec.*, 15, RJC I-15
66-29 DC du 8 juillet 1966, *LO, Composition de l'Assemblée nationale*, *Rec.*, 19, RJC I-16
66-30 DC du 8 juillet 1966, *LO, Composition du Sénat*, *Rec.*, 20, RJC I-16
67-31 DC du 26 janvier1967, *Indépendance et inamovibilité des magistrats*, *Rec.*, 19, RJC I-16
— *GDJC*, p. 320, C. Franck
— *GDCC*, n° 15, 9e éd., Dalloz, 1997, L. Favoreu et L. Philip
67-32 DC du 11 mai 1967, *Règlement de l'Assemblée nationale*, *Rec.*, 15, RJC I-17
67-33 DC du 12 juillet 1967, *LO, Statut de la magistrature*, *Rec.*, 21, RJC I-1
67-34 DC du 12 juillet 1967, *LO, Congé spécial pour les magistrats judiciaires*, *Rec.* 22, RJC I-18
68-35 DC du 30 janvier 1968, *Loi relative aux évaluations servant de base à certains impôts directs locaux*, *Rec.*, 19, RJC I-18
68-36 DC du 6 juin 1968, *Règlement du Sénat*, *Rec.*, 15, RJC I-19
69-37 DC du 20 novembre 1969, *Règlement de l'Assemblée nationale*, *Rec.*, 15, RJC I-19
— *EUR*, 1971, p. 60, P.-E. Goose
— *GDCC*, 1re éd., n° 23, p. 257, L. Favoreu et L. Philip
— *GDJC*, p. 238, C. Franck
— *RDP*, 1971, J, p. 172, C. Émeri et J.-L. Seurin
— *RGDIP*, 1971, p. 239, C. Rousseau
69-38 DC du 15 janvier 1970, *Règlement de l'Assemblée nationale*, *Rec.*, 21, RJC I-20
70-39 DC du 19 juin 1970, *Traités des Communautés européennes* , *Rec.*, 15, RJC I-21
— *RDP*, 1971, p. 172, C. Émeri et J.-C. Gautron
— *JCP*, 1970, I, n° 2354, D. Ruzié
70-40 DC du 9 juillet 1970, *LO relative au Statut de la magistrature*, *Rec.*, 25, RJC I-22
— *GDCC*, n° 15, 9e éd., Dalloz, 1997, L. Favoreu et L. Philip
70-41 DC du 30 décembre 1970, *Loi de finances rectificative pour 1970 (ANAH)*, *Rec.*, 29, RJC I-23
71-42 DC du 18 mai 1971, *Règlement du Sénat*, *Rec.* 19, RJC I-23
71-43 DC du 17 juin 1971, *LO relative aux lois de finances*, *Rec.* 23, RJC I-24
71-44 DC du 16 juillet 1971, *Liberté d'association*, *Rec.*, 29, RJC I-24
— *AJDA*, 1971, p. 537, J. Rivero
— *American Journal of comparative law*, 1972, p. 431, J.-E. Beardsley
— *Comparative constitutional law*, 1979, p. 50, J.-E. Beardsley
— *D*, 1972, chron., p. 265, J. Rivero
— *D*, 1974, chron., p. 83, L. Hamon
— *GDCC*, n° 19, 9e éd., Dalloz, 1997, L. Favoreu et L. Philip
— *GDJC*, p. 20, C. Franck
— *Il foro italiano*, 1971, IV, p. 253, A. Pizzorusso

— *Mélanges Couzinet*, p. 235, O. Dupeyroux
— *RDP*, 1971, p. 1191, J. Robert
71-45 DC du 16 juillet 1971, *LO, Statut de la magistrature*, *Rec.*, 25, RJC I-25
71-46 DC du 16 janvier 1972, *LO, incompatibilités parlementaires*, *Rec.*, 21, RJC I-25
— *D*, chron., 1972, p. 79, J. Robert
— *GDJC*, p. 80, C. Franck
— *RDP*, 1972, p. 391, J.-M. Cotteret et C. Émeri
72-47 DC du 28 juin 1972, *LO, Composition de l'Assemblée nationale*, *Rec.*, 23, RJC I-26
72-48 DC du 28 juin 1972, *Règlement du Sénat*, *Rec.*, 17, RJC I-26
73-49 DC du 17 mai 1973, *Règlement du Sénat*, *Rec.*, 15, RJC I-27
— *RDP*, 1973, p. 1031, G. Berlia
73-50 DC du 5 juillet 1973, *LO, Exercice des fonctions de médiateur*, *Rec.*, 21, RJC I-28
73-51 DC du 27 décembre 1973, *Loi de finances pour 1974 (taxation d'office)*, *Rec.*, 25, RJC I-28
— *AJDA*, 1974, p. 236, P.-M. Gaudemet
— *Comparative constitutional law*, 1979, p. 66, J.-E. Beardsley
— *D*, 1974, chron., p. 83, L. Hamon
— *D*, 1975, chron., p. 3, Y. Madiot
— *GDCC*, n° 21, 9e éd., Dalloz, 1997, L. Favoreu et L. Philip
— *GDJC*, p. 191, C. Franck
— *JCP*, 1974, II, n° 17691, Nguyen Quoc Vinh
— *RDP*, 1974, p. 531, L. Philip
74-52 DC du 23 décembre 1974, *LO sur le Conseil constitutionnel (Saisine du Conseil constitutionnel)*, *Rec.*, 19, RJC I-29
74-53 DC du 30 décembre 1974, *Loi de finances pour 1975 (Délégation générale à l'information)*, *Rec.*, 23, RJC I-29
— *AJDA*, 1975, p. 357, P. Lalumière
— *Ann. de Clermont*, 1976, p. 207, P. Montgroux
— *D*, 1975, J, p. 721, L. Hamon
— *GDJC*, p. 204, C. Franck
— *JCP*, 1975, II, n° 18037, C. Franck
— *RDP*, 1975, p. 182, L. Favoreu et L. Philip
74-54 DC du 15 janvier 1975, *Interruption volontaire de grossesse*, *Rec.*, 19, RJC I-30
— *AFDI*, 1975, p. 859, V. Nguyen Quoc
— *AJDA*, 1975, p. 134, J. Rivero
— *Ann. Fac. Clermont*, 1976, p. 207, P. Montgroux
— *Cahiers de droit européen*, 1975, p. 873, J. Rideau
— *Clunet*, 1975, p. 249, D. Ruzié
— *Comparative constitutional law*, 1979, p. 68 et 149, J.-E. Beardsley
— *D*, 1975, J, p. 529, L. Hamon
— *Europaische Grundrechte Zeitschrift*, 1975, p. 69, M.-A. Eissen
— *GDCC*, n° 23, 9e éd., Dalloz, 1997, L. Favoreu et L. Philip
— *GDJC*, p. 247, C. Franck
— *GP*, 1976, 1, p. 25, A. Pellet
— *JCP*, 1975, II, n° 18030, E.-M. Bey
— *RDP*, 1975, p. 185 et 1335, L. Favoreu et L. Philip

— *RGDIP*, 1975, p. 1070, C. Franck
— *RIDC*, 1975, p. 873, J. Robert
— *RTDE*, 1975, p. 49, M. Lagrange
— *RCDIP*, 1975, p. 606, P.L
— *RMC*, 1975, p. 285, G. Druesne

75-55 DC du 15 mai 1975, *LO créant un nouveau siège de député pour les départements de la métropole*, *Rec.* 15, RJC I-31

75-56 DC du 23 juillet 1975, *Juge unique*, *Rec.* 22, RJC I-32
— *AJDA*, 1976, p. 44, J. Rivero
— *Comparative constitutional law*, 1979, p. 69 et 372, J.-E. Beardsley
— *D*, 1977, J, p. 629, L. Hamon et G. Levasseur
— *GDJC*, p. 10, C. Franck
— *JCP*, 1975, II, n° 18200, C. Franck
— *RDP*, 1975, p. 1313, L. Favoreu et L. Philip

75-57 DC du 23 juillet 1975, *Taxe professionnelle*, *Rec.* 24, RJC I-32
— *AJDA*, 1976, p. 86, P. Lalumière
— *D*, 1976, J, p. 509, L. Hamon
— *GP*, 1975, II, p. 754, C. Franck
— *JCP*, 1975, II, n° 18184, J.-M. Bolle
— *RDP*, 1975, p. 1307 à 1358, L. Favoreu et L. Philip

75-58 DC du 23 juillet 1975, *LO, Statut de la magistrature*, *Rec.* 16. RJC I-33

75-59 DC du 30 décembre 1975, *Autodétermination des Comores*, *Rec.* 26, RJC I-34
— *AJDA*, 1976, p. 249, C. Franck
— *Clunet*, 1976, p. 392, D. Ruzié
— *D*, 1976, J, p. 537, L. Hamon
— *GDJC*, p. 224, C. Franck
— *GP*, 1976, II, p. 481, D. Linotte
— *RDP*, 1976, p. 557, L. Favoreu
— *RGDIP*, p. 1001, N. Quoc Vinh

75-60 DC du 30 décembre 1975, *Loi de finances pour 1976 (Consolidation des dettes commerciales)*, *Rec.* 28, RJC I-35
— *AJDA*, 1976, p. 308, P. Py
— *Ann. Fac. Clermont*, 1976, p. 369, R. Chiroux et P. Montgroux
— *Clunet*, 1976, p. 465, D. Ruzié
— *D*, 1976, J, p. 461, L. Hamon
— *GDJC*, p. 231, C. Franck
— *GP*, 1976, II, p. 386, C. Franck
— *JCP*, 1976, II, 18368, J.-M. Bolle
— *RDP*, 1976, p. 995 et 1977, p. 1025, L. Philip
— *RDP*, 1977, p. 1005, J.-P. Cot

75-61 DC du 28 janvier 1976, *LO, Statut de la magistrature*, *Rec.*, 25, RJC I-36

75-62 DC du 28 janvier 1976, *LO, Vote des Français de l'étranger pour l'élection du président de la République*, *Rec.*, 26, RJC I-36
— *RDP*, 1977, p. 452, L. Favoreu et L. Philip

75-63 DC du 28 janvier 1976, *LO, Représentation des départements au sein des assemblées parlementaires*, *Rec.*, 27, RJC I-37

76-64 DC du 2 juin 1976, *Règlement du Sénat*, *Rec.*, 21, RJC I-37
— *Ann. de Clermont*, 1976, p. 223, P. Montgroux
— *RDP*, 1977, p. 466, L. Favoreu et L. Philip
76-65 DC du 14 juin 1976, *LO modifiant la loi n° 62-1292 du 6 novembre 1962 relative à l'élection du président de la République au suffrage universel*, *Rec.*, 28, RJC I-38
76-66 DC du 6 juillet 1976, *LO, Statut de la magistrature et introduisant un article 17-1*, *Rec.*, 29, RJC I-38
76-67 DC du 15 juillet 1976, *Dossier des fonctionnaires*, *Rec.*, 35, RJC I-39
— *AIJC*, 1985, p. 157, T. Renoux
— *Ann. fac. Clermont*, 1976, p. 251, P. Montgroux
— *JCP*, 1977, II, n° 18760, Nguyen Quoc Vinh
— *RDP*, 1978, p. 814, L. Favoreu
— *Rev. adm.*, 1977, p. 254 à 266, M. Balluteau
76-68 DC du 15 juillet 1976, *LO créant 33 nouveaux sièges de sénateurs pour les départements*, *Rec.*, 30, RJC I-39
— *RDP*, 1977, p. 450, L. Favoreu et L. Philip
76-69 DC du 8 novembre 1976, *Prévention des accidents du travail, I*, *Rec.*, 37, RJC I-40
— *Pouvoirs*, n° 1, 1977, p. 211, P. Avril et J. Gicquel
— *RDP*, 1978, p. 817, L. Favoreu
76-70 DC du 2 décembre 1976, *Prévention des accidents du travail, II*, *Rec.*, 39, RJC I-41
— *RDP*, 1978, p. 817, L. Favoreu
— *Rev. sc. crim.*, 1978, p. 274, Y. Reinhard
76-71 DC des 29-30 décembre 1976, *Assemblée européenne*, *Rec.* 15, RJC I-41
— *AFDI*, 1976, p. 805, A. Cocatre-Zielgen
— *AFDI*, 1977, p. 895, P. Rambaud
— *AFDI*, 1977, p. 965, J.-F. Lachaume
— *Cahiers de droit européen*, 1977, p. 458, J. Boulouis
— *Clunet*, 1977, p. 66, R. Rambaud
— *D*, 1977, J, p. 201, L. Hamon
— *GDCC*, 6e éd., n° 25, p. 331, L. Favoreu et L. Philip
— *JCP*, 1977, II, 18704, C. Franck
— *JCP*, 1978, II, 2895, M. de Villiers
— *Pouvoirs*, n° 1, 1977, p. 212, P. Avril et J. Gicquel
— *RDP*, 1977, p. 129, L. Favoreu et L. Philip
— *RRJ - Droit prospectif*, 1977, n° 3-4, p. 79, L. Favoreu
— *RTDE*, 1977, p. 666, R. Kovar et D. Simon
— *RTDE*, 1977, p. 696, J. Darras et O. Pirotte
76-72 DC du 12 janvier 1977, *Territoire des Afars et Issas*, *Rec.*, 31, RJC I-42
— *AJDA*, p. 258, J.-P. Lebreton
— *Ann. Fac. Clermont*, 1977, p. 185, P. Montgroux
— *D*, 1979, J, p. 181, L. Hamon
— *GDJC*, p. 180, C. Franck
— *Pouvoirs*, 1977, n° 1, p. 215, P. Avril et J. Gicquel
— *RDP*, 1977, p. 468, L. Favoreu et L. Philip
76-73 DC du 28 décembre 1976, *Loi de finances pour 1977*, *Rec.* 41, RJC I-43
— *AJDA*, 1977, p. 308, J.-C. Ducros

— *JCP*, 1979, II, 19109, M.-C. Bergères
— *Pouvoirs*, n° 1, 1977, p. 211, 219, P. Avril et J. Gicquel
— *RDP*, 1977, p. 963, L. Philip
76-74 DC du 28 décembre 1976, *Loi de finances rectificative pour 1976*, *Rec.* 45, RJC I-45
76-75 DC du 12 janvier 1977, *Visite des véhicules*, *Rec.*, 33, RJC I-45
— *AJDA*, 1978, p. 215, J. Rivero
— *Comparative constitutional law*, 1979, p. 71, J.-E. Beardsley
— *D*, 1978, J, p. 173, L. Hamon et J. Leaute
— *GDCC*, n° 24, 9e éd., Dalloz, 1997, L. Favoreu et L. Philip
— *GDJC*, p. 329, C. Franck
— *Mél. Kayser*, p. 411, L. Favoreu
— *Pouvoirs*, 1977, n° 1, p. 217, P. Avril et L. Gicquel
— *RDP*, 1978, p. 821, L. Favoreu
76-76 DC du 28 décembre 1976, *LO, Composition des assemblées parlementaires*, *Rec.*, 31, RJC I-47
76-77 DC du 12 janvier 1977, *LO, Statut de la magistrature*, *Rec.*, 23, RJC I-47
76-78 DC du 28 décembre 1976, *LO, Nombre des sénateurs à Saint-Pierre-et-Miquelon, Comores, Mayotte*, *Rec.*, 32, RJC I-47
77-79 DC du 5 juillet 1977, *Emploi des jeunes*, *Rec.*, 35, RJC I-48
— *D*, 1979, J, p. 41, L. Hamon
— *GDJC*, p. 169, C. Franck
— *JCP*, 1979, II, 19186, M. Debène
— *Pouvoirs*, n° 3, 1977, p. 179, P. Avril et J. Gicquel
— *RDP*, 1978, p. 825, L. Favoreu
77-80/81 DC du 5 juillet 1977, *LO, Remplaçants parlementaires*, *Rec.*, 24, RJC I-48
— *D*, 1979, J, p. 121, L. Hamon
— *GDJC*, p. 77, C. Franck
— *Pouvoirs*, 1977, n° 3, p. 185, P. Avril et J. Gicquel
— *RDP*, 1978, p. 481, L. Philip
— *RDP*, 1979, p. 1680, L. Favoreu
77-82 DC du 20 juillet 1977, *Coopération intercommunale*, *Rec.*, 37, RJC I-49
— *D*, 1979, J, p. 1, L. Hamon
— *Pouvoirs*, 1977, n° 3, p. 177, P. Avril et J. Gicquel
— *RDP*, 1978, p. 481, L. Philip
77-83 DC du 20 juillet 1977, *Service fait*, *Rec.*, 39, RJC I-50
— *AJDA*, 1977, p. 599, R. Denoix de Saint-Marc
— *Ann. de Clermont*, 1977, p. 202, P. Montgroux
— *D*, 1979, J, p. 297, L. Hamon
— *Pouvoirs*, n° 3, 1977, p. 179, P. Avril et J. Gicquel
— *RDP*, 1978, p. 827, L. Favoreu
— *Rev. adm.*, 1977, p. 586, J.-Y. Plouvin
77-84 DC du 20 juillet 1977, *LO, Vote des Français de l'étranger pour l'élection du président de la République*, *Rec.*, 26, RJC I-51
77-85 DC du 20 juillet 1977, *Règlement du Sénat*, *Rec.* 17, RJC I-51
— *Pouvoirs*, n° 3, 1977, p. 167, P. Avril et J. Gicquel
77-86 DC du 3 novembre 1977, *Règlement de l'Assemblée nationale*, *Rec.* 18, RJC I-52

— *Pouvoirs*, n° 4, 1977, p. 180, P. Avril et J. Gicquel
77-87 DC du 23 novembre 1977, *Liberté d'enseignement et de conscience*, *Rec.* 42, RJC I-52
— *AJDA,* 1978, p. 565, J. Rivero
— *Ann. Fac. Clermont*, 1978, p. 319, P. Montgroux
— *GDCC*, n° 25, 9e éd., Dalloz, 1997, L. Favoreu et L. Philip
— *GP*, 1978, I, p. 293, J.-F. Flauss
— *Pouvoirs*, 1978, n° 5, p. 185, P. Avril et J. Gicquel
— *RDP*, 1978, p. 830, L. Favoreu
— *RDP*, 1979, p. 53, J.-Y. Plouvin
77-88 DC du 23 novembre 1977, *LO, Composition des assemblées parlementaires*, *Rec.*, 27, RJC I-53
— *Pouvoirs*, n° 5, 1978, p. 188, P. Avril et J. Gicquel
77-89 DC du 30 décembre 1977, *Loi de finances pour 1978 (Prélèvement l'isoglucose)*, *Rec.* 46, RJC I-54
— *Pouvoirs*, n° 5, 1978, p. 187, P. Avril et J. Gicquel
— *RTDE*, 1979, p. 145, G. Isaac et J. Molinier
— *RDP*, 1979, p. 468, L. Philip
77-90 DC du 30 décembre 1977, *Loi de finances rectificative pour 1977*, *Rec.*, 44, RJC I-55
— *Pouvoirs*, n° 5, 1978, p. 187, P. Avril et J. Gicquel
— *RDP*, 1979, p. 468, L. Philip
77-91 DC du 18 janvier 1978, *Enseignement agricole privé*, *Rec.*, 19, RJC I-56
— *Pouvoirs*, 1978, n° 5, p. 183, P. Avril et J. Gicquel
— *RDP*, 1979, p. 465, L. Philip
77-92 DC du 18 janvier 1978, *Contre-visite médicale*, *Rec.*, 21, RJC I-57
— *Pouvoirs*, n° 5, 1978, p. 186, P. Avril et J. Gicquel
— *RDP*, 1978, p. 834, L. Favoreu
78-93 DC du 29 avril 1978, *Fonds monétaire international*, *Rec.*, 23, RJC I-58
— *Ann. de Clermont*, 1978, p. 3, P. Bringuier
— *Clunet*, 1978, p. 577, D. Ruzié
— *D*, 1979, J, p. 541, L. Hamon
— *Pouvoirs*, n° 6, 1978, p. 197, P. Avril et J. Gicquel
— *RDP*, 1979, p. 494, L. Philip
— *RGDIP*, 1979, p. 209, D. Carreau
78-94 DC du 14 juin 1978, *Règlement du Sénat* , *Rec.*, 15, RJC I-59
— *JCP*, 1979, II, 19106, O. Bouscary
— *RDP*, 1978, p. 485, L. Philip
78-95 DC du 27 juillet 1978, *Enseignement professionnel agricole*, *Rec.*, 26, RJC I-60
— *AJDA*, 1979, p. 27, C. Franck
— *JCP*, 1979, II, n° 19309, Nguyen Quoc Vinh
— *Pouvoirs*, 1978, n° 7, p. 175 et 179, P. Avril et J. Gicquel
— *RDP*, 1979, p. 465, L. Philip
78-96 DC du 27 juillet 1978, *Monopole radio-télévision*, *Rec.*, 29, RJC I-61
— *AJDA*, 1979, n° 10, p. 30, C. Franck
— *Ann. de Clermont*, 1978, p. 145, M. Chenevoy
— *D*, 1980, J, p. 169, L. Hamon
— *Pouvoirs*, n° 7, 1978, p. 165, P. Avril et J. Gicquel

— *RDP*, 1979, p. 499, L. Philip
78-97 DC du 27 juillet 1978, *Procédure pénale. Régimes pénitentiaires*, *Rec.*, 31, RJC I-62
— *AJDA*, octobre 1979, p. 27, C. Franck
— *D*, 1980, J, p. 169, L. Hamon
— *JCP*, 1979, II, n° 19309, Nguyen Quoc Vinh
— *Pouvoirs*, n° 7, 1978, p. 166 et 182, P. Avril et J. Gicquel
— *RDP*, 1979, p. 465, L. Philip
78-98 DC du 22 novembre 1978, *Exécution des peines*, *Rec.*, 33, RJC I-63
— *JCP*, 1980, II, 19309, Nguyen Quoc Vinh
— *Pouvoirs*, n° 9, 1979, p. 193, P. Avril et J. Gicquel
— *RDP*, 1979, p. 1686, L. Favoreu
77-99 DC du 29 décembre 1978, *Loi de finances pour 1979*, *Rec.*, 36, RJC I-64
— *Clunet*, 1979, p. 79, D. Ruzié
— *Pouvoirs*, n° 9, 1979, p. 199, P. Avril et J. Gicquel
— *RDP*, 1979, p. 476, L. Philip
78-100 DC du 29 décembre 1978, *Loi de finances rectificative pour 1978*, *Rec.*, 38, RJC I-65
— *AFDI*, 1979, p. 855, J.-F. Lachaume
— *D*, 1979, J, p. 541, L. Hamon
— *Pouvoirs*, n° 9, 1979, p. 200, P. Avril et J. Gicquel
— *RDP*, 1979, p. 477, L. Philip
78-101 DC du 17 janvier 1979, *Conseils de prud'hommes*, *Rec.*, 23, RJC I-67
— *D*, 1981, J, p. 117, L. Hamon
— *JCP*, 1980, II, 19367, C. Franck
— *Pouvoirs*, n° 9, 1979, p. 195, P. Avril et J. Gicquel
— *RDP*, 1979, 1689, L. Favoreu
78-102 DC du 17 janvier 1979, *Adaptation du VIIe plan*, *Rec.*, 26, RJC I-68
— *D*, 1980, J, p. 233, L. Hamon
78-103 DC du 17 janvier 1979, *LO, Statut de la magistrature*, *Rec.*, 19, RJC I-69
79-104 DC du 23 mai 1979, *Territoire de Nouvelle-Calédonie*, *Rec.*, 27, RJC I-69
— *GP*, 1981, n° 53-55, p. 12, L. Hamon
— *Pouvoirs*, n° 11, 1979, p. 186, P. Avril et J. Gicquel
— *RDP*, 1979, p. 1695, L. Favoreu
79-105 DC du 25 juillet 1979, *Droit de grève à la radio et à la télévision*, *Rec.*, 33, RJC I-71
— *AJDA*, 1979, p. 41, A. de Laubadère
— *AJDA*, 1980, p. 191, A. Legrand
— *D*, 1980, chron., p. 333 à 336, L. Hamon
— *D*, 1980, J, p. 101, M. Paillet
— *Droit social*, 1980, p. 446, D. Turpin
— *GDCC*, n° 27, 9e éd., Dalloz, 1997, L. Favoreu et L. Philip
— *JCP*, 1981, II, n° 19547, J.-C. Béguin
— *Pouvoirs*, n° 11, 1979, p. 196, P. Avril et J. Gicquel
— *Rev. adm. de l'Est de la France*, 1980, p. 87 à 89, J.-P. Jarnevic
— *RDP*, 1979, p. 1705, L. Favoreu
79-106 DC du 25 juillet 1979, *LO, Code électoral*, *Rec.*, 20, RJC I-72
— *Pouvoirs*, n° 11, 1979, p. 183, P. Avril et J. Gicquel
79-107 DC du 12 juillet 1979, *Ponts à péage*, *Rec.*, 31, RJC I-73

— *Pouvoirs*, n° 11, 1979, p. 187, P. Avril et J. Gicquel
— *RDP*, 1979, p. 1691, L. Favoreu
79-108 DC du 21 novembre 1979, *Règlement du Sénat*, *Rec.*, 15, RJC I-74
79-109 DC du 21 janvier 1980, *Conditions d'entrée et de séjour en France des étrangers (Prévention de l'immigration clandestine)*, *Rec.*, 29, RJC I-74
— *AJDA*, 1980, p. 356, C. Franck
— *D*, 1980, J, p. 420, L. Hamon
— *GP*, 1980, I, p. 532, L. Hamon
— *D*, 1980, p. 249, J.-B. Auby
— *Pouvoirs*, n° 13, 1980, p. 203, P. Avril et J. Gicquel
— *RCDIP*, 1980, p. 31, D. Turpin
— *Ann. fac. Clermont*, 1979, fasc. 16, p. 201 à 248, D. Turpin
— *RDP*, 1980, p. 1631, L. Favoreu
— *Rev. adm.*, 1980, p. 363, J.-Y. Vincent
79-110 DC du 24 décembre 1979, *Loi de finances pour 1980*, *Rec.*, 36, RJC I-75
— *AJDA*, 1980, p. 357, C. Franck
— *D*, 1980, J, p. 381, L. Hamon
— *GDCC*, n° 28, 9e éd., Dalloz, 1997, L. Favoreu et L. Philip
— *Pouvoirs*, n° 13, 1980, p. 205, P. Avril et J. Gicquel
— *RDP*, 1980, n° 884, p. 10 à 25, J.-Y. Faberon
— *RDP*, 1980, p. 1372, L. Philip
79-111 DC du 30 décembre 1979, *Autorisation de percevoir les impôts en 1980*, *Rec.*, 39, RJC I-77
— *AJDA*, 1980, p. 357, C. Franck
— *D*, 1980, J, p. 393, L. Hamon
— *GDCC*, n° 28, 9e éd., Dalloz, 1997, L. Favoreu et L. Philip
— *Pouvoirs*, n° 13, 1980, p. 206, P. Avril et J. Gicquel
— *RDP*, 1980, p. 1372, L. Philip
79-112 DC du 9 janvier 1980, *Taxe professionnelle EDF*, *Rec.*, 32, RJC I-78
— *D*, 1980, J, p. 420, L. Hamon
— *Pouvoirs*, n° 13, 1980, p. 204, P. Avril et J. Gicquel
— *RDP*, 1980, p. 1627, L. Favoreu
80-113 DC du 6 mai 1980, *Règlement de l'Assemblée nationale*, *Rec.*, 17, RJC I-78
80-114 DC du 17 juin 1980, *Règlement de l'Assemblée nationale*, *Rec.*, 18, RJC I-79
80-115 DC du 1er juillet 1980, *Loi d'orientation agricole*, *Rec.*, 34, RJC I-79
— *AJDA*, 1980, p. 588, A. de Laubadère
— *D*, 1981, IR, p. 361, L. Hamon
— *Pouvoirs*, n° 15, 1980, p. 172, P. Avril et J. Gicquel
— *RDP*, 1980, p. 1637, L. Favoreu
— *Rev. adm.*, 1981, p. 35, M. de Villiers
80-116 DC du 17 juillet 1980, *Convention franco-allemande d'entraide judiciaire*, *Rec.*, 36, RJC I-80
— *Pouvoirs*, n° 15, 1980, p. 167, P. Avril et J. Gicquel
— *RDP*, 1980, p. 1640, L. Favoreu
— *RGDIP*, 1980, n° 1, p. 202, C. Vallée
— *Rev. adm.* , 1981, p. 143, M. de Villiers

80-117 DC du 22 juillet 1980, *Protection et contrôle des matières nucléaires*, *Rec.*, 42, RJC I-81
— *D*, 1981, J, p. 65, C. Franck
— *Droit social*, 1980, p. 441, D. Turpin
— *Pouvoirs*, n° 15, 1980, p. 172, P. Avril et J. Gicquel
— *RDP*, 1980, p. 1652, L. Favoreu
80-118 DC du 17 juillet 1980, *Règlement de l'Assemblée nationale*, *Rec.*, 19, RJC I-83
— *AJDA*, 1980, p. 602, G. Carcassonne
— *D*, 1981, IR, p. 357, L. Hamon
— *D*, 1981, J, p. 65, C. Franck
— *GP*, 1981, n° 39-41 et 42-43, J.-Y. Plouvin
— *JCP*, 1981, II, n° 19603, Nguyen Quoc Vinh
— *Pouvoirs*, n° 15, 1980, p. 174, P. Avril et J. Gicquel
— *Rev. adm.*, 1981, p. 33 à 36, M. de Villiers
— *RDP*, 1980, p. 1658, L. Favoreu
80-119 DC du 22 juillet 1980, *Validation d'actes administratifs*, *Rec.*, 46, RJC I-83
— *AJDA*, 1980, p. 602, G. Carcassonne
— *D*, 1981, IR, p. 357, L. Hamon
— *D*, 1981, J, p. 65, C. Franck
— *GDCC*, n° 29, 9e éd., Dalloz, 1997, L. Favoreu et L. Philip
— *GP*, 1981, n° 39-41 et 42-43, J.-Y. Plouvin
— *JCP*, 1981, II, n° 19603, Nguyen Quoc Vinh
— *Pouvoirs*, n° 15, 1980, p. 173, P. Avril et J. Gicquel
— *Rev. adm.*, 1981, p. 33, M. de Villiers
— *RDP*, 1980, p. 1658, L. Favoreu
80-120 DC du 17 juillet 1980, *Loi Sauvage*, *Rec.*, 39, RJC I-85
— *D*, 1981, IR, p. 356
— *Pouvoirs*, n° 15, 1980, p. 172, P. Avril et J. Gicquel
— *RDP*, 1980, p. 1645, L. Favoreu
80-121 DC du 7 juillet 1980, *LO, suppression du renvoi au règlement d'administration publique dans les lois organiques*, *Rec.*, 23, RJC I-86
— *D*, 1981, IR, p. 360, L. Hamon
80-122 DC du 22 juillet 1980, *Extension du Code de procédure pénale aux TOM*, *Rec.*, 49, RJC I-86
— *D*, 1981, IR, p. 359, L. Hamon
— *Pouvoirs*, n° 15, 1980, p. 163, P. Avril et J. Gicquel
— *RDP*, 1980, p. 1648, L. Favoreu
80-123 DC du 24 octobre 1980, *LO, Statut de la magistrature (Magistrats remplaçants)*, *Rec.*, 24, RJC I-87
— *AJDA*, 1981, p. 148, F. Hamon
— *D*, 1981, IR, p. 362, L. Hamon
— *Pouvoirs*, n° 16, 1981, p. 166, P. Avril et J. Gicquel
— *RDP*, 1981, p. 636, L. Favoreu
80-124 DC du 29 octobre 1980, *Règlement du Sénat*, *Rec.*, 20, RJC I-88
80-125 DC du 19 décembre 1980, *Repression du viol*, *Rec.*, 51, RJC I-88
— *Pouvoirs*, n° 17, 1981, p. 209, P. Avril et J. Gicquel

— *RDP*, 1981, p. 631, L. Favoreu
80-126 DC du 30 décembre 1980, *Loi de finances pour 1981*, *Rec.*, 53, RJC I-89
— *D*, 1981, IR, p. 359, L. Hamon
— *Pouvoirs*, n° 17, 1981, p. 203 et 210, P. Avril et J. Gicquel
— *RDP*, 1981, p. 127 à 147, L. Philip
— *Rev. adm.*, 1981, p. 143, M. de Villiers
— *RGDIP*, 1981, n° 3, p. 601, E. Decaux
80-127 DC des 19 et 20 janvier 1981, *Sécurité et Liberté*, *Rec.*, 15, RJC I-91
— *AJDA*, 1981, p. 275, J. Rivero
— *AJDA*, 1981, p. 278, C. de Gournay
— *AJDA*, 1981, p. 285, J. Morange
— *D*, 1982, J, p. 441, A. Dekeuwer
— *D*, 1981, J, p. 101, J. Pradel
— *GDCC*, n° 30, 9e éd., Dalloz, 1997, L. Favoreu et L. Philip
— *GP*, 1981, n° 44-45, p. 1, D. Périer-Daville
— *JCP*, 1981, II, n° 19701, C. Franck
— *Pouvoirs*, n° 17, 1981, p. 205, P. Avril et J. Gicquel
— *RDP*, 1981, p. 651 à 696, L. Philip
— *Rev. adm.*, 1981, p. 266 à 271, M. de Villiers
80-128 DC du 21 janvier 1981, *Loi relative au travail à temps partiel*, *Rec.*, 29, RJC I-99
— *Pouvoirs*, n° 17, 1981, p. 209, P. Avril et J. Gicquel
— *RDP*, 1981, p. 34, L. Favoreu
81-129 DC des 30 et 31 octobre 1981, *Dérogation au monopole de radiodiffusion (Radios libres)*, *Rec.*, 35, RJC I-100
— *D*, 1982, J, p. 557, L. Hamon
— *Pouvoirs*, n° 20, 1982, p. 188, P. Avril et J. Gicquel
— *RDP*, 1983, p. 333 n° 62, 70 à 73, 94, 96, 103, 105, L. Favoreu
81-130 DC du 30 octobre 1981, *Conseils d'UER*, *Rec.*, 31, RJC I-102
— *Pouvoirs*, n° 20, 1982, p. 190, P. Avril et J. Gicquel
— *RDP*, 1983, p. 333, n° 62, 72, 73, L. Favoreu
81-131 DC du 16 décembre 1981, *Exploitation des ressources des grands fonds marins*, *Rec.*, 39, RJC I-104
— *D*, 1982, IR, p. 311, L. Hamon
— *Pouvoirs*, n° 21, 1982, p. 184, P. Avril et J. Gicquel
— *RDP*, 1983, p. 333, n° 94, 96, L. Favoreu
81-132 DC du 16 janvier 1982, *Nationalisations (1re saisine)*, *Rec.*, 18, RJC I-104
— *AJDA*, 1982, p. 209, J. Rivero
— *Actes*, n° 38, oct. 1982, B. Cubertafond
— *Clunet*, 1982, n° 2, p. 275, B. Goldman
— *D*, 1983, chron., p. 105, R. Savy
— *D*, 1983, chron., p. 79 à 84, L. Hamon
— *D*, 1983, J, p. 169, L. Hamon
— *GDCC*, n° 31, 9e éd., Dalloz, 1997, L. Favoreu et L. Philip
— *GP*, 1981, doct., p. 440, P. Léonard
— *GP*, 1981, doct., p. 448, F. Chartier
— *GP*, 1982, n° 31-33, p. 2, A. Piédelièvre et J. Dupichot

— *Grands arrêts de la jurisprudence civile*, 9e éd., 1991, n° 1, F. Terré et Y. Lequette
— *JCP*, 1982, II, n° 19788, Nguyen Quoc Vinh et C. Franck
— *JCP*, 1983, I, n° 3127, M. Bazex et Y. Guyon
— *Le Quotidien juridique*, 1982, n° 42 à 48, J.L.B.-J.C.B
— *Mezzogiorno d'Europa*, 1982, p. 443, B. Gavalda
— *Nationalisations et Constitution*, Économica et PUAM, 1982, p. 59, R. Drago
— *Nationalisations et Constitution*, préc., p. 19, L. Favoreu
— *Nationalisations et Constitution*, préc., p. 65, F. Luchaire
— *Nationalisations et Constitution*, préc., p. 87, G. Zagrebelsky
— *Pouvoirs*, n° 21, 1982, p. 192, P. Avril et J. Gicquel
— *RDP*, 1982, n° 2, p. 377 à 420, L. Favoreu
— *RDP*, 1982, p. 435 à 456, D. Linotte
— *Rev. adm.*, 1982, p. 153 à 158, M. de Villiers
— *RCDIP* 1982, n° 2, p. 349, J.-M. Bischoff
— *Rev. soc.*, 1982, n° 1, p. 132, J. Guyenot
— *Rev. soc.*, 1982, n° 2, p. 354, B. Saint-Girons

81-133 DC du 30 décembre 1981, *Loi de finances pour 1982*, *Rec.*, 41, RJC I-111
— *D*, 1982, IR, p. 306, L. Hamon
— *Droit fiscal*, 1982, p. 521, L. Philip
— *Pouvoirs*, n° 21, 1982, p. 198, P. Avril et J. Gicquel
— *RDP*, 1983, p. 333, n° 36, 122, L. Favoreu

81-134 DC du 5 janvier 1982, *Loi d'habilitation en matière sociale*, *Rec.*, 15, RJC I-113
— *D*, 1982, IR, p. 310, L. Hamon
— *DS*, 1984, p. 159, L. Hamon
— *Pouvoirs*, n° 21, 1982, p. 189, P. Avril et J. Gicquel
— *RDP*, 1983, p. 333, n° 36, 57, 76, 120, L. Favoreu
— *Rev. adm.*, 1982, p. 384, M. de Villiers

81-135 DC du 31 décembre 1981, *Quatrième loi de finances rectificative pour 1981*, *Rec.*, 46, RJC I-115
— *D*, 1982, IR, p. 307, L. Hamon
— *Pouvoirs*, n° 21, 1982, p. 198, P. Avril et J. Gicquel

81-136 DC du 31 décembre 1981, *Troisième loi de finances rectificative pour 1981*, *Rec.*, 48, RJC I-116
— *D*, 1982, IR, p. 307, L. Hamon
— *Pouvoirs*, n° 21, 1982, p. 198, P. Avril et J. Gicquel
— *RDP*, 1983, p. 333, n° 43, 62, 68, L. Favoreu

82-137 DC du 25 février 1982, *Droits et libertés des communes, départements et régions (Loi de décentralisation)*, *Rec.*, 38, RJC I-117
— *AJDA*, 1982, p. 303, J. Boulouis
— *AJDA*, 1982, p. 500, A. Delcamp
— *GDCC*, n° 32, 9e éd., Dalloz, 1997, L. Favoreu et L. Philip
— *JCP*, 1983, II, n° 20099, C. Franck
— *Pouvoirs*, n° 22, 1982, p. 175, P. Avril et J. Gicquel
— *RDP*, 1982, p. 1543, F. Luchaire
— *RDP*, 1982, p. 1259 à 1287, L. Favoreu
— *Rev. adm.*, 1982, p. 369, J. Rosselot

— *Rev. adm.*, 1982, p. 271, 509, R. Étien
82-138 DC du 25 février 1982, *Statut particulier de la région Corse*, *Rec.*, 41, RJC I-119
— *GDCC*, n° 32, 8e éd., Dalloz, 1995, L. Favoreu et L. Philip
— *Pouvoirs*, n° 22, 1982, p. 177, P. Avril et J. Gicquel
82-139 DC du 11 février 1982, *Nationalisations (2e saisine)*, *Rec.*, 31, RJC I-121
— *LPA*, 17 mars 1982, n° 33, p. 4, B. Saint-Girons
— V. aussi références sous 81-132 DC
82-140 DC du 28 juin 1982, *Loi de finances rectificative pour 1982*, *Rec.*, 45, RJC I-124
— *Pouvoirs*, n° 23, 1982, p. 185, P. Avril et J. Gicquel
— *RDP*, 1983, p. 333, n° 120, L. Favoreu
82-141 DC du 27 juillet 1982, *Communication audiovisuelle*, *Rec.*, 48, RJC I-126
— *Pouvoirs*, n° 23, 1982, p. 179, P. Avril et J. Gicquel
— *RDP*, 1983, p. 333, n° 36, 42, 94, 96, 102, 104, 113, 127 *bis*, 128, L. Favoreu
— *Rev. adm.*, 1983, p. 36, R. Étien
82-142 DC du 27 juillet 1982, *Réforme de la planification*, *Rec.*, 52, RJC I-128
— *AJDA*, 1982, p. 577, H. Jacquot
— *JCP*, 1988, I, 3390, F. Quérol
— *Pouvoirs*, n° 23, 1982, p. 184, P. Avril et J. Gicquel
— *RDP*, 1982, p. 509, R. Étien
— *RDP*, 1983, p. 333, n° 30, 35, 39, 56, 62, 67, 94, 96, 97, L. Favoreu
— *Rev. adm.*, 1982, p. 509, R. Étien
82-143 DC du 30 juillet 1982, *Blocage des prix et des revenus*, *Rec.*, 57, RJC I-130
— *GDCC*, n° 33, 9e éd., Dalloz, 1997, L. Favoreu et L. Philip
— *Pouvoirs*, n° 23, 1982, p. 182, P. Avril et J. Gicquel
— *RDP*, 1983, p. 333 et s., n° 29, 31 à 34, 44, 53 à 56, 120, L. Favoreu
— *Rev. adm.*, 1983, p. 247 et 360, M. de Villiers
82-144 DC du 22 octobre 1982, *Institutions représentatives du personnel (Irresponsabilité pour faits de grève)*, *Rec.*, 61, RJC I-132
— *D*, 1983, J, p. 189, F. Luchaire
— *Droit social*, 1983, p. 155, L. Hamon
— *GP*, 1983, I, p. 6, F. Chabas
— *Nouveau répertoire Commaille*, 5 février 1983, P. Le Tourneau
— *Pouvoirs*, n° 25, 1983, p. 195, P. Avril et J. Gicquel
— *RDP*, 1983, p. 333, n° 42, 57, 110 à 113, 127 *bis*, L. Favoreu
82-145 DC du 10 novembre 1982, *Loi relative à la négociation collective et au règlement collectif des conflits du travail*, *Rec.*, 64, RJC I-133
— *Droit social*, 1983, p. 155, L. Hamon
— *Pouvoirs*, n° 25, 1983, p. 197, P. Avril et J. Gicquel
— *RDP*, 1983, p. 333, n° 51, 52, 127 *bis*, L. Favoreu
82-146 DC du 18 novembre 1982, *Code électoral et Code des communes : élection de conseillers municipaux (Quotas par sexe)*, *Rec.*, 66, RJC I-134
— *AJDA*, 1983, p. 74, J. Boulouis
— *Droit social*, 1983, n° 2, p. 131, D. Loschak
— *JCP*, 1983, II, n° 19946, J.M. Marchand
— *Pouvoirs*, n° 25, 1982, p. 190, P. Avril et J. Gicquel
— *RDP*, 1983, p. 333, n° 58, 59, 66, 108, 109, 124, L. Favoreu

82-147 DC du 2 décembre 1982, *Droits et libertés des communes, départements et régions, application aux départements d'Outre-Mer*, *Rec.*, 70, RJC I-135
— *JCP*, 1983, II, n° 20099, C. Franck
— *LPA*, 15 mai 1985, p. 9, J. Fourre
— *Pouvoirs*, n° 25, 1983, p. 183, P. Avril et J. Gicquel
— *RDP*, 1983, p. 333, n° 47, 83 à 94, 123, L. Favoreu
— *Rev. adm.*, 1982, p. 620, R. Étien
— *RF Adm. publ.*, 1983, n° 311, p. 24, R. Fortier
82-148 DC du 14 décembre 1982, *Caisses de Sécurité sociale*, *Rec.*, 73, RJC I-137
— *Pouvoirs*, n° 25, 1983, p. 197, P. Avril et J. Gicquel
— *RDP*, 1983, p. 333, n° 58, 59, 61, 106, L. Favoreu
82-149 DC du 28 décembre 1982, *Loi relative à l'organisation administrative de Paris, Marseille, Lyon et des établissements publics de coopération intercommunale*, *Rec.*, 76, RJC I-138
— *Pouvoirs*, n° 25, 1983, p. 185, P. Avril et J. Gicquel
— *RDP*, 1983, p. 333, n° 47, 79, 80 à 82, L. Favoreu
82-150 DC du 30 décembre 1982, *Loi d'orientation des transports intérieurs*, *Rec.*, 86, RJC I-140
— *AJDA*, 1983, p. 236, D. Broussolle
— *Pouvoirs*, n° 25, 1983, p. 198, P. Avril et J. Gicquel
— *RDP*, 1983, p. 333, n° 39, L. Favoreu
82-151 DC du 12 janvier 1983, *Conseils municipaux des TOM*, *Rec.*, 29, RJC I-141
— *AJDA*, 1983, p. 120, F. Luchaire
— *RDP*, 1983, p. 333, n° 94, 96, 99, L. Favoreu
82-152 DC du 14 janvier 1983, *Loi portant diverses mesures relatives à la Sécurité sociale (Taxes sur tabacs et alcools)*, *Rec.*, 31, RJC I-142
— *Pouvoirs*, n° 26, 1983, p. 180, P. Avril et J. Gicquel
— *RDP*, 1983, p. 333, n° 120, L. Favoreu
82-153 DC du 14 janvier 1983, *Statut général des fonctionnaires*, *Rec.*, 35, RJC I-144
— *AJDA*, 1983, p. 312, Y. Gaudemet
— *Pouvoirs*, n° 26, 1983, p. 180, P. Avril et J. Gicquel
— *RDP*, 1983, p. 333, n° 40, 62 *bis*, 125, 128, L. Favoreu
82-154 DC du 29 décembre 1982, *Loi de finances pour 1983*, *Rec.*, 80, RJC I-147
— *Pouvoirs*, n° 25, 1983, p. 198, P. Avril et J. Gicquel
— *Rev. adm.*, 1983, p. 139, M. de Villiers
82-155 DC du 30 décembre 1982, *Loi de finances rectificative pour 1982*, *Rec.*, 88, RJC I-149
— *Pouvoirs*, n° 25, 1983, p. 199, P. Avril et J. Gicquel
— *RDP*, 1983, p. 333, n° 53, 68, 95, 98, 99, 107, L. Favoreu
— *Rev. adm.*, 1983, p. 139, M. de Villiers
83-156 DC du 28 mai 1983, *Loi portant diverses mesures relatives aux prestations de vieillesse*, *Rec.*, 41, RJC I-152
— *AJDA*, 1983, p. 619, R.-F. Le Bris
— *Pouvoirs*, n° 27, 1983, p. 178, 184, P. Avril et J. Gicquel
— *RDP*, 1986, p. 395, n° 95, 136, 208, L. Favoreu
83-157 DC du 15 juillet 1983, *LO, représentation au Sénat des Français de l'étranger*, *Rec.*, 23, RJC I-153

83-158 DC du 19 juillet 1983, *Règlement du Sénat*, *Rec.*, 19, RJC I-154
83-159 DC du 19 juillet 1983, *LO, Validation concours ENM*, *Rec.*, 24, RJC I-154
— *RDP*, 1986, p. 395, n° 168, 171, L. Favoreu
83-160 DC du 19 juillet 1983, *Convention fiscale avec la Nouvelle-Calédonie*, *Rec.*, 43, RJC I-154
— *AJDA*, 1984, n° 1, p. 28, J.-P. Jarnevic
— *JCP*, 1985, II, n° 20352, H. Labayle
— *RDP*, 1986, p. 395, n° 68, 112, 160, L. Favoreu
83-161 DC du 19 juillet 1983, *Règlement définitif du budget 1981*, *Rec.*, 47, RJC I-156
— *AJDA*, 1984, n° 1, p. 33, P. Marchessou
— *D*, 1985, IR, p. 354, L. Hamon
— *Pouvoirs*, n° 28, 1984, p. 212, P. Avril et J. Gicquel
— *Rev. adm.*, 1983, p. 467 à 472, R. Muzellec et M. de Villiers
83-162 DC des 19-20 juillet 1983, *Démocratisation du secteur public*, *Rec.*, 49, RJC I-157
— *Droit social*, 1984, n° 3, p. 159 à 172, L. Hamon
— *RDP*, 1986, p. 395, n° 31, 36, 37, 45, 67, 68, 76, 77, 83, 93, 95 à 97, 106, 107, 177 à 179, 207, 209, 210, 212, 213, L. Favoreu
83-163 DC du 14 décembre 1983, *LO, Inéligibilités*, *Rec.*, 25, RJC I-166
83-164 DC du 29 décembre 1983, *Loi de finances pour 1984 (Perquisitions fiscales)*, *Rec.*, 67, RJC I-166
— *AJDA*, 1984, n° 2, p. 97, L. Philip
— *D*, 1984, IR, p. 354 et 356, L. Hamon
— *Droit fiscal*, 1984, p. 46
— *Étude de finances publiques*, Économica, 1984, p. 97, F. Luchaire
— *GDCC*, n° 34, 9e éd., Dalloz, 1997, L. Favoreu et L. Philip
— *GP*, 2 mars 1984, p. 2 à 5, M. Amadio et A. Viala
— *JCP*, 1984, II, n° 20160, R. Drago et A. Decocq
— *JCP*, 1985, II, n° 20325, C. Franck
— *Pouvoirs*, n° 29, 1984, p. 178, P. Avril et J. Gicquel
— *RDP*, 1986, p. 395 et s., n° 31, 36, 39, 40, 45, 52, 68, 79, 82, 187, 190, 210, 212, 215, L. Favoreu
— *Rev. adm.*, 1984, p. 142 à 149, R. Étien
— *Rev. sc. crim.*, 1984, p. 473 à 477, O. Fouquet
83-165 DC du 20 janvier 1984, *Libertés universitaires*, *Rec.*, 30, RJC I-171
— *AJDA*, 1984, n° 3, p. 161, J. Boulouis
— *D*, 1984, chron., p. 125, Y. Gaudemet
— *D*, 1984, J, p. 593, F. Luchaire
— *GDCC*, n° 35, 9e éd., Dalloz, 1997, L. Favoreu et L. Philip
— *GP*, 1984, 1, p. 168, L. Hamon
— *Pouvoirs*, n° 30, 1984, p. 169, P. Avril et J. Gicquel
— *RDP*, 1984, p. 702, L. Favoreu
— *RDP*, 1986, p. 395 et s., n° 33, 39, 75, 82, 96, 157, 191, 200, 210, 229, L. Favoreu
— *Rev. adm.*, 1984, p. 261 à 264, M. de Villiers
— *RFDA*, 1984, p. 100, Y. Gaudemet
83-166 DC du 29 décembre 1983, *Loi relative au prix de l'eau en 1984*, *Rec.*, 77, RJC I-175
— *D*, 1984, IR, p. 354, L. Hamon

— *Pouvoirs*, n° 29, 1984, p. 179, P. Avril et J. Gicquel
— *RDP*, 1986, p. 395, n° 36, 53, 68, 142, L. Favoreu
83-167 DC du 19 janvier 1984, *Établissements de crédit*, *Rec.*, 23, RJC I-117
— *D*, 1984, IR, p. 357, L. Hamon
— *RDP*, 1986, p. 395, n° 29, 30, 36, 37, 67, 68, 96, 106, 108, 210, 212, L. Favoreu
83-168 DC du 20 janvier 1984, *Fonction publique territoriale*, *Rec.*, 38, RJC I-180
— *AJDA*, 1984, n° 4, p. 257, J.-C. Némery
— *D*, 1985, IR, p. 359, L. Hamon
— *Pouvoirs*, n° 30, 1984, p. 160, P. Avril et J. Gicquel
— *RDP*, 1984, p. 687, L. Favoreu
— *RDP*, 1986, p. 395, n° 33, 36, 39, 45, 68, 119, 142, L. Favoreu
84-169 DC du 28 février 1984, *Difficultés des entreprises*, *Rec.*, 43, RJC I-183
— *RDP*, 1986, p. 395, n° 35, 39, 157, L. Favoreu
84-170 DC du 4 juin 1984, *Taxe sur les produits pétroliers*, *Rec.*, 45, RJC I-183
— *D*, 1985, IR, p. 360, L. Hamon
— *RDP*, 1986, p. 395, n° 19 et 136, L. Favoreu
84-171 DC du 18 juin 1984, *LO, au Conseil économique et social*, *Rec.*, 19, RJC I-185
84-172 DC du 26 juillet 1984, *Contrôle des structures des exploitations agricoles et statut de fermage*, *Rec.*, 58, RJC I-185
— *D*, 1985, IR, p. 360, L. Hamon
— *Pouvoirs*, n° 32, 1985, p. 176, P. Avril et J. Gicquel
— *RDP*, 1986, p. 395, n° 179, 180, 182, 188, 210, 212, L. Favoreu
84-173 DC du 26 juillet 1984, *Réseau câblé*, *Rec.*, 63, RJC I-187
— *Pouvoirs*, n° 32, 1985, p. 178, P. Avril et J. Gicquel
— *RDP*, 1986, p. 395, n° 36, 68, L. Favoreu
84-174 DC du 25 juillet 1984, *Régions d'outre-mer*, *Rec.*, 48, RJC I-188
— *AJDA*, 1984, p. 619, J. Ferstenbert
— *LPA*, 15 mai 1985, p. 9, J. Fourre
— *RDP*, 1986, p. 395, n° 39 149, 152 à 154, 210, L. Favoreu
— *Rev. adm.*, 1984, p. 368 à 372, R. Étien
84-175 DC du 26 juillet 1984, *Règlement du Sénat*, *Rec.*, 15, RJC I-192
84-176 DC du 25 juillet 1984, *Publicité sur les radios libres*, *Rec.*, 55, RJC I-192
— *Pouvoirs*, n° 32, 1985, p. 177, P. Avril et J. Gicquel
— *RDP*, 1986, p. 395, n° 69, 77, 79, 91, 205, 210, L. Favoreu
— *Rev. adm.*, 1984, p. 368 à 372, R. Étien
84-177 DC du 30 août 1984, *Statut du territoire de la Polynésie française*, *Rec.*, 66, RJC I-194
— *D*, 1985, IR, p. 362, L. Hamon
— *Pouvoirs*, n° 32, 1985, p. 175, P. Avril et J. Gicquel
— *RDP*, 1986, p. 395, n° 39, 72, 100, 123, L. Favoreu
84-178 DC du 30 août 1984, *Statut du territoire de la Nouvelle-Calédonie*, *Rec.*, 69, RJC I-195
— *RDP*, 1986, p. 395, n° 39, 72, 100, 115, 123, 210, 216, L. Favoreu
84-179 DC du 12 septembre 1984, *Limite d'âge dans la fonction publique*, *Rec.*, 73, RJC I-197
— *AJDA*, 1984, p. 682 à 684, J. Boulouis
— *D*, 1985, IR, p. 661, L. Hamon
— *D*, 1986, J, p. 97, F. Benoit-Rohmer
— *Pouvoirs*, n° 32, 1985, p. 178, P. Avril et J. Gicquel

— *RDP*, 1986, p. 395, n° 77, 79, 110, 115, 116, 118, 128, 163, 210, 216, L. Favoreu
84-180 DC du 12 septembre 1984, *LO, Limite d'âge des magistrats hors hiérarchie de la Cour de Cassation*, *Rec.*, 20, RJC I-199
— *AJDA*, 1984, p. 682, J. Boulouis
— *Pouvoirs*, n° 32, 1985, p. 166, P. Avril et J. Gicquel
84-181 DC des 10-11 octobre 1984, *Entreprises de presse*, *Rec.*, 78, RJC I-199
— *AJDA*, 1984, p. 684 à 692, J.-J. Bienvenu
— *GDCC*, n° 36, 9e éd. Dalloz, 1997, L. Favoreu et L. Philip
— *GP*, 1984, 2-4 décembre 1984, D. Périer-Daville
— *Pouvoirs*, n° 32, 1985, p. 180 et n° 33, 1985, p. 163, P. Avril et J. Gicquel
— *RDP*, 1986, p. 395 et s., n° 11 à 13, 31, 32, 38, 44, 45, 52, 75, 86, 91, 110, 127, 138, 177 à 179, 182 à 192, 208, 210, 212, 225, 227, 229, 232, L. Favoreu
— *Rev. adm.*, 1984, p. 580 à 587, M. de Villiers
84-182 DC du 18 janvier 1985, *Administrateurs judiciaires*, *Rec.*, 27, RJC I-207
— *AIJC*, 1985, p. 418, 425, B. Genevois
— *D*, 1986, J, p. 425, T. Renoux
— *Pouvoirs*, n° 34, 1985, p. 180, P. Avril et J. Gicquel
— *RDP*, 1986, p. 395, n° 39, 45, 75, 204, 210, L. Favoreu
84-183 DC du 18 janvier 1985, *Redressement et liquidation judiciaires des entreprises*, *Rec.*, 32, RJC I-210
— *AIJC*, 1985, p. 413, 419, B. Genevois
— *D*, 1986, J, p. 425, T. Renoux
— *Pouvoirs*, n° 34, 1985, p. 180, P. Avril et J. Gicquel
— *RDP*, 1986, p. 395, n° 33, 37, 38, 75, 91, 210, 219, L. Favoreu
84-184 DC du 29 décembre 1984, *Loi de finances pour 1985*, *Rec.*, 94, RJC I-212
— *GDCC*, n° 34, 9e éd., Dalloz, 1997, L. Favoreu et L. Philip
— *Pouvoirs*, n° 33, 1985, p. 162, 166, P. Avril et J. Gicquel
— *RDP*, 1985, p. 651, L. Philip
— *RDP*, 1986, p. 395, n° 18, 30, 35, 45, 52, 75, 85, 91, 187, 190, 201, 202, 204, 210, 215, L. Favoreu
— *Rev. adm.*, 1985, p. 140 et 254, R. Étien
84-185 DC du 18 janvier 1985, *Loi portant dispositions diverses relatives aux rapports entre l'État et les collectivités territoriales (loi Chevènement)*, *Rec.*, 36, RJC I-219
— *AIJC*, 1985, p. 416, 421, B. Genevois
— *LPA*, 1985, n° 94-95-96, J. Kerninon
— *Pouvoirs*, n° 34, 1985, p. 178, P. Avril et J. Gicquel
— *RDP*, 1986, p. 395, n° 82, 113, 143, 145, 183, 195, 200 à 203, 210, 220, 229, 230, L. Favoreu
— *RFDA*, 1985, p. 597, L. Favoreu
84-186 DC du 29 décembre 1984, *Loi de finances rectificative pour 1984*, *Rec.*, 107, RJC I-222
— *Pouvoirs*, n° 33, 1985, p. 167, P. Avril et J. Gicquel
— *RDP*, 1986, p. 395, n° 85, 118, 163, 210, 215, L. Favoreu
85-187 DC du 25 janvier 1985, *État d'urgence en Nouvelle-Calédonie*, *Rec.*, 43, RJC I-223
— *AIJC*, 1985, p. 400, 402, B. Genevois
— *AJDA*, 1985, p. 362, P. Wachsmann
— *D*, 1985, J, p. 361, F. Luchaire

— *GDCC*, n° 37, 9e éd., Dalloz, 1997, L. Favoreu et L. Philip
— *JCP*, 1985, II, n° 20356, C. Franck
— *Pouvoirs*, n° 34, 1985, p. 169, 179, P. Avril et J. Gicquel
— *RDP*, 1986, p. 395 et s., n° 20 à 24, 27, 84, 157, 233, L. Favoreu
— *Rev. adm.*, 1985, p. 355 à 358, M. de Villiers

85-188 DC du 22 mai 1985, *Abolition de la peine de mort (Protocole n° 6 CEDH)*, *Rec.*, 15, RJC I-224
— *AFDI*, 1985, p. 868, L. Favoreu
— *AIJC*, 1985, p. 430, B. Genevois
— *Pouvoirs*, n° 35, 1985, p. 184, P. Avril et J. Gicquel

85-189 DC du 17 juillet 1985, *Principes d'aménagement foncier*, *Rec.*, 49, RJC I-224
— *AIJC*, 1985, p. 415, B. Genevois
— *Pouvoirs*, n° 36, 1986, p. 188, P. Avril et J. Gicquel
— *RDP*, 1986, p. 395, n° 31, 36, 68, 71, 75, 177 à 179, 182, 183, 185, 189, 210, 212, L. Favoreu

85-190 DC du 24 juillet 1985, *Loi de règlement du budget de 1983*, *Rec.*, 53, RJC I-226
— *AIJC*, 1985, p. 406, B. Genevois
— *Pouvoirs*, n° 36, 1986, p. 191, P. Avril et J. Gicquel
— *RDP*, 1986, p. 395, n° 35 et 110, L. Favoreu
— *Rev. adm.*, 1985, p. 462, R. Étien

85-191 DC du 10 juillet 1985, *Loi DDOEF*, *Rec.*, 46, RJC I-228
— *AIJC*, 1985, p. 403, 404, 415, B. Genevois
— *Pouvoirs*, n° 35, 1985, p. 178, P. Avril et J. Gicquel
— *RDP*, 1986, p. 395, n° 36, 68, 110, 126, L. Favoreu

85-192 DC du 24 juillet 1985, *Loi DDOS (Élections du CSU)*, *Rec.*, 56, RJC I-229
— *AIJC*, 1985, p. 427, B. Genevois
— *AJDA*, 1985, J, p. 485, J.-J. Bienvenu
— *LPA*, 7 août 1987, p. 2, L.-V. Fernandez
— *Pouvoirs*, n° 36, 1986, p. 199, P. Avril et J. Gicquel
— *RDP*, 1986, p. 395, n° 79, 84, 118, 163, 164, 166, 171, L. Favoreu

85-193 DC du 24 juillet 1985, *Code de la mutualité*, *Rec.*, 61, RJC I-231
— *Pouvoirs*, n° 36, 1986, p. 191, P. Avril et J. Gicquel
— *RDP*, 1986, p. 395, n° 177, 178, L. Favoreu

85-194 DC du 10 juillet 1985, *LO, élection des députés des territoires d'outre-mer*, *Rec.*, 19, RJC I-232
— *Pouvoirs*, n° 35, 1985, p. 191, P. Avril et J. Gicquel
— *RDP*, 1986, p. 395, n° 124, L. Favoreu

85-195 DC du 10 juillet 1985, *LO, élection des députés (« LO, relatives au Sénat »)*, *Rec.*, 20, RJC I-232
— *AIJC*, 1985, p. 407, B. Genevois
— *Pouvoirs*, n° 35, 1985, p. 179, 191, P. Avril et J. Gicquel
— *RDP*, 1986, p. 395, n° 124, 130, 132, 155, L. Favoreu

85-196 DC du 8 août 1985, *Évolution de la Nouvelle-Calédonie (1re saisine)*, *Rec.*, 63, RJC I-234
— *AIJC*, 1985, p. 423, B. Genevois
— *AJDA*, 1985, p. 605, L. Hamon

— *D*, 1986, J, p. 45, F. Luchaire
— *GDCC*, n° 38, 9ᵉ éd., Dalloz, 1997, L. Favoreu et L. Philip
— *Pouvoirs*, n° 36, 1986, p. 179, P. Avril et J. Gicquel
— *RDP*, 1986, p. 395, n° 19, 30, 45 à 47, 79, 80, 101, 102, 104, 137, 146, 150, 157, 160, 162, 210, 217, L. Favoreu
— *Rev. adm.*, 1985, p. 572, R. Étien

85-197 DC du 23 août 1985, *Évolution de la Nouvelle-Calédonie (2ᵉ saisine)*, *Rec.*, 70, RJC I-238
— *AIJC*, 1985, p. 423, B. Genevois
— *AJDA*, 1985, p. 605, L. Hamon
— *D*, 1986, J, p. 45, F. Luchaire
— *GDCC*, n° 38, 9ᵉ éd., Dalloz, 1997, L. Favoreu et L. Philip
— *Pouvoirs*, n° 36, 1986, p. 179, P. Avril et J. Gicquel
— *RJPIC*, 1985, p. 815, F. Luchaire
— *RDP*, 1986, p. 395, n° 46, 74, 79, 80, 102-104, 110, 126, 129, 158, L. Favoreu
— *Rev. adm.*, 1985, p. 572 à 577, R. Étien

85-198 DC du 13 décembre 1985, *« Amendement Tour Eiffel »*, *Rec.*, 78, RJC I-242
— *AIJC*, 1985, p. 421, 427, B. Genevois
— *AJDA*, 1986, p. 171, J. Boulouis
— *CJEG*, 1986, chron., p. 109, P. Sablière
— *D*, 1986, J, p. 345, F. Luchaire
— *JCP*, 1986, I, n° 3237, J. Dufau
— *Pouvoirs*, n° 37, 1986, p. 172, P. Avril et J. Gicquel
— *RDP*, 1986, p. 395, n° 11, 31, 36, 37, 46, 49, 68, 77, 110, 126, 177, 179, 180, 185, 187, 210, 221, L. Favoreu
— *Rev. adm.*, 1985, p. 572, R. Étien

85-199 DC du 28 décembre 1985, *Amélioration de la concurrence*, *Rec.*, 83, RJC I-244
— *Pouvoirs*, n° 37, 1986, p. 172, P. Avril et J. Gicquel
— *RDP*, 1986, p. 395, n° 37, 75, 110, 208, 210, 215, 221, L. Favoreu

85-200 DC du 16 janvier 1986, *Cumul emploi-retraite*, *Rec.*, 9, RJC I-245
— *AIJC*, 1986, p. 445, B. Genevois
— *Droit social*, 1986, p. 372, Y. Gaudemet
— *Pouvoirs*, n° 38, 1986, p. 181, P. Avril et J. Gicquel
— *RDP*, 1986, p. 395, n° 95, 109, 117, 177, 178, L. Favoreu
— *RTDSS*, 1986, p. 347, X. Prétot

85-201 DC du 28 décembre 1985, *Loi de finances pour 1986*, *Rec.*, 85, RJC I-247
— *AIJC*, 1985, p. 405, B. Genevois
— *Pouvoirs*, n° 37, 1986, p. 188, P. Avril et J. Gicquel
— *RDP*, 1986, p. 395, n° 33, 35, L. Favoreu

85-202 DC du 16 janvier 1986, *Règlement définitif du budget de 1983*, *Rec.*, 14, RJC I-248
— *AIJC*, 1986, p. 426, B. Genevois
— *Juris. PTT*, 1986, n° 5, p. 9, G. Maindrault et R. Martin
— *Pouvoirs*, n° 38, 1986, p. 167, 184, P. Avril et J. Gicquel
— *RDP*, 1986, p. 395 n° 18, L. Favoreu
— *Rev. Trésor*, 1986, p. 548, D. Battiston

85-203 DC du 28 décembre 1985, *Loi de finances rectificative pour 1985*, *Rec.*, 89, RJC I-250

— *AIJC*, 1985, p. 405, B. Genevois
— *Pouvoirs*, n° 37, 1986, p. 189, P. Avril et J. Gicquel
— *RDP*, 1986, p. 395, n° 35, 110, L. Favoreu

85-204 DC du 16 janvier 1986, *Loi DDOS (Ministres plénipotentiaires)*, *Rec.*, 18, RJC I-251
— *Pouvoirs*, n° 38, 1986, p. 182, P. Avril et J. Gicquel
— *RDP*, 1986, p. 395, n° 37, 75, 115, 116, 210, 216, 222, L. Favoreu

85-205 DC du 28 décembre 1985, *LO, Limitation du cumul des mandats électoraux et des fonctions électives par les parlementaires*, *Rec.*, 24, RJC I-253
— *Pouvoirs*, n° 37, 1986, p. 183, P. Avril et J. Gicquel
— *RDP*, 1986, p. 395, n° 125, L. Favoreu

86-206 DC du 3 juin 1986, *Règlement du Sénat*, *Rec.*, 43, RJC I-253
— *Pouvoirs*, n° 39, 1986, p. 177, P. Avril et J. Gicquel
— *RDP*, 1989, p. 399, L. Favoreu
— *RDP*, 1987, p. 205, L. Philip

86-207 des 25 et 26 juin 1986, *Privatisations*, *Rec.*, 61, RJC I-254
— *AIJC*, 1986, p. 427, 454, B. Genevois
— *AJDA*, 1986, p. 575, J. Rivero
— *GDCC*, n° 39, 9e éd., Dalloz, 1997, L. Favoreu et L. Philip
— *LPA*, n° 95, 9 août 1995, p. 19, J.-P. Amadéi
— *Pouvoirs*, n° 39, 1986, p. 167 et n° 40, 1987, p. 178, P. Avril et J. Gicquel
— *RDP*, 1989, p. 399, L. Favoreu
— *Rev. soc.*, 1986, p. 606, Y. Guyon

86-208 DC des 1er et 2 juillet 1986, *Découpage électoral I*, *Rec.*, 78, RJC I-262
— *AIJC*, 1986, p. 449, B. Genevois
— *AJDA*, 1987, p. 263, J. Boulouis
— *GDCC*, n° 40, 9e éd., Dalloz, 1997, L. Favoreu et L. Philip
— *La Vie judiciaire*, n° 2103 du 28 juillet au 3 août 1986, p. 3, A.-C. Garnier
— *Pouvoirs*, n° 40, 1987, p. 173, P. Avril et J. Gicquel
— *RDP*, 1989, p. 458, L. Favoreu
— *Rev. adm.*, 1987, p. 28, H. Gourdon

86-209 DC du 3 juillet 1986, *Loi de finances rectificative pour 1986*, *Rec.*, 86, RJC I-266
— *AIJC*, 1986, p. 424, 442, B. Genevois
— *Pouvoirs*, n° 40, 1987, p. 181, P. Avril et J. Gicquel
— *RDP*, 1989, p. 399, L. Favoreu

86-210 DC du 29 juillet 1986, *Régime juridique de la presse*, *Rec.*, 110, RJC I-270
— *AIJC*, 1986, p. 432, 439, B. Genevois
— *AJDA*, 1986, p. 527, G. Pépy
— *Pouvoirs*, n° 40, 1987, p. 179, P. Avril et J. Gicquel
— *RDP*, 1989, p. 399, L. Favoreu
— *Rev. adm.*, 1986, p. 458, 564, R. Étien

86-211 DC du 26 août 1986, *Contrôles et vérifications d'identité*, *Rec.*, 120, RJC I-274
— *LPA*, 1er octobre 1986, B. Pacteau
— *Pouvoirs*, n° 40, 1987, p. 176, P. Avril et J. Gicquel
— *RDP*, 1989, p. 399, L. Favoreu
— *Rev. sc. crim.*, 1987, p. 566, F. Loloum et P. Nguyen Huu

86-212 DC du 12 août 1986, *LO, Régime électoral à Saint-Pierre-et-Miquelon*, *Rec.*, 118, RJC I-274
86-213 DC du 3 septembre 1986, *Lutte contre le terrorisme*, *Rec.*, 122, RJC I-275
— *RDP*, 1989, p. 399, L. Favoreu
— *Rev. sc. crim.*, 1987, p. 565, F. Loloum et P. Nguyen Huu
86-214 DC du 3 septembre 1986, *Application des peines*, *Rec.*, 128, RJC I-278
— *RDP*, 1989, p. 399, L. Favoreu
— *Rev. sc. crim.*, 1987, p. 565, F. Loloum et P. Nguyen Huu
86-215 DC du 3 septembre 1986, *Lutte contre la criminalité et la délinquance*, *Rec.*, 130, RJC I-278
— *AIJC*, 1986, p. 444, 451, B. Genevois
— *RDP*, 1989, p. 399, L. Favoreu
— *Rev. sc. crim.*, 1987, p. 566, F. Loloum et P. Nguyen Huu
86-216 DC du 3 septembre 1986, *Entrée et séjour des étrangers*, *Rec.*, 135, RJC I-281
— *AIJC*, 1986, p. 436, 452, B. Genevois
— *Clunet*, 1987, 2, p. 289, R. Pinto
— *Pouvoirs*, n° 40, 1987, p. 177, P. Avril et J. Gicquel
— *RDP*, 1989, p. 399, L. Favoreu
— *Rev. sc. crim.*, 1987, p. 566, F. Loloum et P. Nguyen Huu
— *RFDA*, 1987, p. 120, B. Genevois
86-217 DC du 18 septembre 1986, *Liberté de communication*, *Rec.*, 141, RJC I-283
— *AIJC*, 1986, p. 430, 433, 535, 441, B. Genevois
— *AJDA*, 1987, p. 102, P. Wachsmann
— *D*, 1987, somm., p. 381, H. Maisl
— *Médias*, septembre 1986, p. 24, G. Goubert
— *Pouvoirs*, n° 40, 1987, p. 179, P. Avril et J. Gicquel
— *RDP*, 1989, p. 399, L. Favoreu
— *Rev. adm.*, 1986, p. 458, 564, R. Étien
— *Rev. soc.*, 1986, p. 606, Y. Guyon
86-218 DC du 18 novembre 1986, *Découpage électoral II*, *Rec.*, 167, RJC I-294
— *AIJC*, 1986, p. 449, B. Genevois
— *AJDA*, 1987, p. 243, 263, J. Boulouis
— *GDCC*, n° 40, 9e éd., Dalloz, 1997, L. Favoreu et L. Philip
— *Pouvoirs*, n° 41, 1987, p. 204, P. Avril et J. Gicquel
— *RDP*, 1989, p. 458, L. Favoreu
— *Rev. adm.*, 1987, p. 28, H. Gourdon
86-219 DC du 22 décembre 1986, *LO, maintien en activité des magistrats hors hiérarchie de la Cour de cassation*, *Rec.*, 172, RJC I-296
— *Pouvoirs*, n° 41, 1987, p. 214, P. Avril et J. Gicquel
— *RDP*, 1989, p. 399, L. Favoreu
86-220 DC du 22 décembre 1986, *Limite d'âge des fonctionnaires*, *Rec.*, 74, RJC I-297
— *AIJC*, 1986, p. 457, B. Genevois
— *Pouvoirs*, n° 41, 1987, p. 213, P. Avril et J. Gicquel
— *RDP*, 1989, p. 399, L. Favoreu
86-221 DC du 29 décembre 1986, *Loi de finances pour 1987*, *Rec.*, 179, RJC I-298
— *AIJC*, 1986, p. 423, B. Genevois

— *Pouvoirs*, n° 41, 1987, p. 163, G. Carcassonne
— *Pouvoirs*, n° 41, 1987, p. 214, P. Avril et J. Gicquel
— *RDP*, 1989, n° 2, p. 399, L. Favoreu

86-222 DC du 6 janvier 1987, *LO, magistrats judiciaires dans les organisations internationales*, *Rec.*, 7, RJC I-301
— *AIJC*, 1987, p. 577, B. Genevois
— *Pouvoirs*, n° 42, 1987, p. 183, P. Avril et J. Gicquel

86-223 DC du 29 décembre 1986, *Loi de finances rectificative pour 1986*, *Rec.*, 184, RJC I-301
— *AIJC*, 1986, p. 431, B. Genevois
— *Pouvoirs*, n° 41, 1987, p. 214, P. Avril et J. Gicquel
— *RDP*, 1989, p. 399, L. Favoreu
— *JCP*, 1987, II, n° 20903, Nguyen Quoc Vinh

86-224 DC du 23 janvier 1987, *Conseil de la concurrence*, *Rec.*, 8, RJC I-303
— *AIJC*, 1987, p. 600, B. Genevois
— *AJDA*, 1987, p. 345, J. Chevallier
— *D*, 1988, J, p. 117, F. Luchaire
— *GDCC*, n° 41, 9e éd., Dalloz, 1997, L. Favoreu et L. Philip
— *GP*, 18 mars 1987, p. 5, C. Lepage-Jessua
— *GP*, 29 janvier 1987, p. 8, A. Viala
— *JCP*, 1987, II, n° 20854, J.-F. Sestier
— *JCP*, éd. Ent., 1987, II, n° 14987, R. Drago
— *JCP*, éd. Ent.,1987, n° 26, p. 30, D. Rousseau
— *LPA*, 12 février 1987, p. 21, V. Selinsky
— *Pouvoirs*, n° 42, 1987, p. 170, 179, P. Avril et J. Gicquel
— *RDP*, 1987, p. 1341, Y. Gaudemet
— *RDP*, 1989, p. 482, L. Favoreu
— *Rev. adm.*, 1988, p. 29, J.-M. Sorel
— *RFDA*, 1987, p. 287, B. Genevois
— *RFDA*, 1987, p. 301 L. Favoreu

86-225 DC du 23 janvier 1987, *Loi DMOS (Amendement Séguin)*, *Rec.*, 13, RJC I-305
— *AIJC*, 1987, p. 587 et 589, B. Genevois
— *Ann. un. sc. soc. de Toulouse*, 1987, p. 178, S. Baumont
— *Droit social*, 1987, p. 345, X. Prétot
— *France Forum*, janvier-mars 1987, p. 36, P. Avril
— *Pouvoirs*, n° 41, 1987, p. 163, G. Carcassonne
— *Pouvoirs*, n° 42, 1987, p. 169 et 193, P. Avril et J. Gicquel
— *RDP*, 1989, p. 399, L. Favoreu
— *Rev. adm.*, 1987, p. 139, M. de Villiers

87-226 DC du 2 juin 1987, *Consultation des populations de Nouvelle-Calédonie*, *Rec.*, 34, RJC I-309
— *AIJC*, 1987, p. 603, B. Genevois
— *D*, 1988, J, p. 289, F. Luchaire
— *Pouvoirs*, n° 43, 1987, p. 200, P. Avril et J. Gicquel
— *Rev. adm.*, 1988, p. 440, M.-L. Pavia
— *RDP*, 1989, p. 399, L. Favoreu

87-227 DC du 7 juillet 1987, *Régime électoral de Marseille*, *Rec.*, 41, RJC I-310

— *Pouvoirs*, n° 44, 1988, p. 184, P. Avril et J. Gicquel
— *RDP*, 1989, p. 399, L. Favoreu
— *RFAP*, n° 43, p. 155

87-228 DC du 26 juin 1987, *LO, Validation de nominations de magistrats*, *Rec.*, 38, RJC I-312
— *AIJC*, 1987, p. 569, B. Genevois
— *Pouvoirs*, n° 43, 1987, p. 215, P. Avril et J. Gicquel
— *RDP*, 1989, p. 399, L. Favoreu

87-229 DC du 22 juillet 1987, *Établissements d'hospitalisation*, *Rec.*, 44, RJC I-313
— *AIJC*, 1987, p. 593, B. Genevois
— *Pouvoirs*, n° 44, 1988, p. 188, P. Avril et J. Gicquel
— *RDP*, 1989, p. 399, L. Favoreu

87-230 DC du 28 juillet 1987, *Loi DMOS (Amendement Lamassoure)*, *Rec.*, 48, RJC I-315
— *Pouvoirs*, n° 44, 1988, p. 186, P. Avril et J. Gicquel
— *Rev. adm.*, 1988, p. 437, M.-L. Pavia
— *RDP*, 1988, p. 1315, H.-M. Crucis
— *RDP*, 1989, p. 399, L. Favoreu
— *RFDA*, 1987, p. 807, B. Genevois

87-231 DC du 5 janvier 1988, *LO, Code électoral*, *Rec.*, 7, RJC I-317
— *RDP*, 1989, p. 399, L. Favoreu

87-232 DC du 7 janvier 1988, *Mutualisation de la Caisse de Crédit agricole*, *Rec.*, 17, RJC I-317
— *AIJC*, 1988, p. 403, B. Genevois
— *Pouvoirs*, n° 46, 1988, p. 179, P. Avril et J. Gicquel
— *RDP*, 1989, p. 399, L. Favoreu
— *Rev. soc.*, 1988, p. 229, Y. Guyon

87-233 DC du 5 janvier 1988, *Élections cantonales partielles*, *Rec.*, 9, RJC I-322
— *AIJC*, 1988, p. 396, 414, B. Genevois
— *RDP*, 1989, p. 399, L. Favoreu

87-234 DC du 7 janvier 1988, *LO, contrôle du Parlement sur les finances des régimes obligatoires de Sécurité sociale*, *Rec.*, 26, RJC I-323
— *AIJC*, 1988, p. 395, 396, 402, B. Genevois
— *D*, 1989, somm. 82, X. Prétot
— *Pouvoirs*, n° 46, 1988, p. 183, P. Avril et J. Gicquel
— *RDP*, 1989, p. 399, L. Favoreu

87-235 DC du 5 janvier 1988, *LO, élection du président de la République au suffrage universel*, *Rec.*, 12, RJC I-324
— *AIJC*, 1988, p. 391, B. Genevois
— *RDP*, 1989, p. 399, L. Favoreu

87-236 DC du 5 janvier 1988, *LO, élection du président de la République au suffrage universel*, *Rec.*, 14, RJC I-324
— *RDP*, 1989, p. 399, L. Favoreu

87-237 DC du 30 décembre 1987, *Loi de finances pour 1988*, *Rec.*, 63, RJC I-324
— *AIJC*, 1987, p. 578, B. Genevois
— *Dr. fiscal*, 1988, p. 1228, L. Philip
— *Pouvoirs*, n° 45, 1988, p. 186, P. Avril et J. Gicquel
— *Rev. adm.*, 1988, p. 136, T. Lambert

— *RDP*, 1989, p. 399, L. Favoreu
— *RFDA*, 1988, p. 350, B. Genevois
87-238 DC du 5 janvier 1988, *LO, maintien en activité des magistrats des cours d'appel et des tribunaux de grande instance*, *Rec.*, 15, RJC I-327
— *Pouvoirs*, n° 46, 1988, p. 182, P. Avril et J. Gicquel
— *RDP*, 1989, p. 399, L. Favoreu
87-239 DC du 30 décembre 1987, *Loi de finances rectificative pour 1987*, *Rec.*, 69, RJC I-328
— *AIJC*, 1987, p. 579, B. Genevois
— *Pouvoirs*, n° 45, 1988, p. 187, P. Avril et J. Gicquel
— *RDP*, 1989, p. 399, L. Favoreu
87-240 DC du 19 janvier 1988, *Bourses de valeurs*, *Rec.*, 28, RJC I-328
— *AIJC*, 1988, p. 403, B. Genevois
— *Pouvoirs*, n° 46, 1988, p. 181, P. Avril et J. Gicquel
— *RDP*, 1989, p. 399, L. Favoreu
87-241 DC du 19 janvier 1988, *Statut de la Nouvelle-Calédonie*, *Rec.*, 31, RJC I-330
— *AIJC*, 1988, p. 415, B. Genevois
— *Pouvoirs*, n° 46, 1988, p. 164, P. Avril et J. Gicquel
— *RDP*, 1989, p. 399, L. Favoreu
87-242 DC du 10 mars 1988, *LO, transparence financière de la vie politique*, *Rec.*, 36, RJC I-331
— *AIJC*, 1988, p. 394, 409, B. Genevois
— *Pouvoirs*, n° 46, 1988, p. 170, P. Avril et J. Gicquel
— *Rev. adm.*, 1988, p. 441, M.-L. Pavia
— *RDP*, 1989, p. 399, L. Favoreu
87-243 DC du 13 juillet 1988, *Règlement de l'Assemblée nationale*, *Rec.*, 85, RJC I-334
— *Pouvoirs*, n° 48, 1989, p. 184, P. Avril et J. Gicquel
— *RDP*, 1989, p. 399, L. Favoreu
88-244 DC du 20 juillet 1988, *Loi d'amnistie*, *Rec.*, 119, *RJC* I-334
— *AIJC*, 1988, p. 392, 405, B. Genevois
— *AJDA*, 1988, p. 752, P. Wachsmann
— *D*, 1989, J, p. 269, F. Luchaire
— *Droit social*, 1988, p. 755, X. Prétot
— *JCP*, 1989, II, 21202, M. Paillet
— *Pouvoirs*, n° 48, 1989, p. 185, P. Avril et J. Gicquel
— *RDP*, 1989, p. 399, L. Favoreu
88-245 DC du 18 octobre 1988, *Règlement de l'Assemblée nationale*, *Rec.*, 153, RJC I-338
— *RDP*, 1989, p. 399, L. Favoreu
88-246 DC du 20 décembre 1988, *Règlement du Sénat*, *Rec.*, 266, RJC I-338
— *RDP*, 1989, p. 399, L. Favoreu
88-247 DC du 17 janvier 1989, *Convention internationale du travail n° 159*, *Rec.*, 15, RJC I-338
— *AIJC*, 1990, p. 515, B. Genevois
— *Pouvoirs*, n° 50, 1989, p. 183, P. Avril et J. Gicquel
— *RDP*, 1989, p. 399, L. Favoreu
88-248 DC du 17 janvier 1989, *Conseil supérieur de l'audiovisuel*, *Rec.*, 18, RJC I-339
— *AIJC*, 1989, p. 481, p. 481, 487, 488, 491, 497, 499, 501, B. Genevois

— *GDCC*, n° 42, 9ᵉ éd., 1997, L. Favoreu et L. Philip
— *Pouvoirs*, n° 50, 1989, p. 193, P. Avril et J. Gicquel
— *RDP*, 1989, p. 399, L. Favoreu
— *Rev. adm.*, 1989, p. 223, J.-L. Autin
— *RFDA*, 1989, p. 215, B. Genevois

88-249 DC du 12 janvier 1989, *Loi DMOS (Nomination d'un chef de service hospitalier)*, *Rec.*, 7, RJC I-345
— *AIJC*, 1989, p. 495, B. Genevois
— *Pouvoirs*, n° 50, 1989, p. 197, P. Avril et J. Gicquel
— *RDP*, 1989, p. 399, L. Favoreu

88-250 DC du 29 décembre 1988, *Loi de finances rectificative pour 1988*, *Rec.*, 267, RJC I-346
— *AIJC*, 1988, p. 402, B. Genevois
— *RDP*, 1989, p. 399, L. Favoreu

88-251 DC du 12 janvier 1989, *Centre national de la fonction publique territoriale*, *Rec.*, 10, RJC I-349
— *AIJC*, 1989, p. 476, 491-493, 511-512, B. Genevois
— *AJDA*, 1989, p. 322, P. Wachsmann
— *D*, 1989, J, p. 573, L. Hamon
— *JCP*, 1990, I, 3441 A. Chaminade
— *LPA*, n° 57, 12 mai 1989, p. 13, J. Fialaire
— *Pouvoirs*, n° 50, 1989, p. 180, 183, P. Avril et J. Gicquel
— *RDP*, 1989, p. 399, § 21, 22, 26, 77, 125, 136, 140, 161, L. Favoreu

89-252 du 7 juin 1989, *Règlement de l'Assemblée nationale*, *Rec.*, 39, RJC I-352

89-253 DC du 4 juillet 1989, *Règlement du Sénat*, *Rec.*, 40, RJC I-352

89-254 DC du 4 juillet 1989, *Modalités d'application des privatisations*, *Rec.*, 41, RJC I-352
— *AIJC*, 1989, p. 483, 496, 500, 505, B. Genevois
— *D*, 1990, J, p. 209, F. Luchaire
— *Pouvoirs*, n° 52, 1990, p. 185, P. Avril et J. Gicquel
— *Rev. soc.*, 1990, n° 1, p. 27, Y. Guyon
— *RTD Civ.*, 1990, p. 519, F. Zenati

89-255 DC du 4 juillet 1989, *Règlement de l'Assemblée nationale*, *Rec.*, 47, RJC I-355

89-256 DC du 25 juillet 1989, *Loi DD en matière d'urbanisme et d'agglomérations nouvelles (TGV Nord)*, *Rec.*, 53, RJC I-355
— *AIJC*, 1989, p. 473, 493, 505, 509, B. Genevois
— *CJEG*, 1990, p. 1, B. Genevois
— *Pouvoirs*, n° 52, 1990, p. 177, 186, P. Avril et J. Gicquel
— *RFDA*, 1989, p. 1009, P. Bon

89-257 DC du 25 juillet 1989, *Prévention des licenciements économiques*, *Rec.*, 59, RJC I-358
— *AIJC*, 1989, p. 488, 503, 504, B. Genevois
— *AJDA*, 1989, p. 796, F. Benoit-Rohmer
— *Droit social*, 1989, p. 701, X. Prétot
— *Pouvoirs*, n° 52, 1990, p. 187, P. Avril et J. Gicquel

89-258 DC du 8 juillet 1989, *Loi portant amnistie (« Dix de Renault »)*, *Rec.*, 48, RJC I-361
— *AIJC*, 1989, p. 479, 480, 493, 496, 519, B. Genevois
— *D*, 1990, p. 138, D. Chelle et X. Prétot
— *JCP*, 1990, J, 21409, C. Franck

— *Pouvoirs*, n° 52, 1990, p. 189, P. Avril et J. Gicquel
89-259 DC du 26 juillet 1989, *Présidence commune Antenne 2/FR 3*, *Rec.*, 66, RJC I-364
— *AIJC*, 1989, p. 484, B. Genevois
— *LPA*, n° 12, janvier, 1990, p. 4, D. Turpin
— *Pouvoirs*, n° 52, 1990, p. 188, P. Avril et J. Gicquel
— *RDP*, 1989, p. 429, L. Favoreu
89-260 DC du 28 juillet 1989, *Commission des opérations de bourse*, *Rec.*, 71, RJC I-365
— *AIJC*, 1989, p. 481, 482, 486, 487, 498, 507, B. Genevois
— *Pouvoirs*, n° 52, 1990, p. 188, P. Avril et J. Gicquel
— *RFDA*, 1989, p. 671, B. Genevois
89-261 DC du 28 juillet 1989, *Loi relative aux conditions de séjour et d'entrée des étrangers en France*, *Rec.*, 81, RJC I-370
— *AIJC*, 1989, p. 510, B. Genevois
— *AJDA*, 1989, p. 619, J. Chevallier
— *D*, 1990, J, p. 161, X. Prétot
— *GP*, 25-27 févier 1990, p. 2, F. Osman
— *Pouvoirs*, n° 52, 1990, p. 176, P. Avril et J. Gicquel
— *RFDA*, 1989, p. 691, B. Genevois
89-262 DC du 7 novembre 1989, *Loi relative à l'immunité parlementaire*, *Rec.*, 90, RJC I-373
— *AIJC*, 1989, p. 501-503, B. Genevois
— *LPA*, n° 47, 18 avril 1990, p. 8, L. Fernandez-Maublanc
— *Pouvoirs*, 1990, n° 53, p. 177, P. Avril et J. Gicquel
— *RFDC*, n° 1, 1990, p. 136, T. Renoux
— *RFDC*, n° 2, 1990, p. 239, T. Renoux
89-263 DC du 11 janvier 1990, *LO financement de la campagne de l'élection du président de la République et des députés*, *Rec.*, 18, RJC I-375
— *Pouvoirs*, n° 54, 1990, p. 200, P. Avril et J. Gicquel
— *LPA*, n° 23, 21 févier 1990, p. 20, J.-P. Chaumont
— *RDP*, 1990, p. 832, L. Luchaire
— *RFDC*, n° 2, 1990, p. 320, T. Renoux
89-264 DC du 9 janvier 1990, *Loi de programmation militaire*, *Rec.*, 9, RJC I-376
— *RFDC*, n° 2, 1990, p. 323, L. Favoreu
— *LPA*, n° 18, juillet 1990, p. 32, M. Paillet
89-265 DC du 9 janvier 1990, *Amnistie en Nouvelle-Calédonie*, *Rec.*, 12, RJC I-377
— *Pouvoirs*, n° 54, 1990, p. 199, P. Avril et J. Gicquel
— *RFDC*, n° 2, 1990, p. 323, T. Renoux
89-266 DC du 9 janvier 1990, *Loi portant sur les conditions d'entée et de séjour des étrangers en France (Reconduite à la frontière)*, *Rec.*, 15, RJC I-378
— *JCP*, 1990, II, 21591, N. Guimezanes
— *Pouvoirs*, n° 54, 1990, p. 196, P. Avril et J. Gicquel
— *Rev. adm.*, 1990, p. 40, J. Fialaire
— *RDSS*, 1990, p. 437, X. Prétot
— *RFDC*, n° 2, 1990, p. 326, T. Renoux
89-267 DC du 22 janvier 1990, *Adaptation des exploitations agricoles*, *Rec.*, 27, RJC I-379
— *AJDA*, 1990, p. 471, F. Benoit-Rohmer
— *Dr. soc.*, 1990, p. 352, X. Prétot

— *Pouvoirs*, n° 54, 1990, p. 198, P. Avril et J. Gicquel
— *RFDA*, 1990, n° 3, B. Genevois
— *RFDC*, n° 2, 1990, p. 329, L. Favoreu

89-268 DC du 29 décembre 1989, *Loi de finances pour 1990*, *Rec.*, 110, RJC I-382
— *AIJC*, 1989, p. 476, 489, 494, 496, 500, 503, 506, 508, 518, B. Genevois
— *DF*, n° 12, 1990, p. 464, L. Philip
— *Pouvoirs*, n° 53, 1990, p. 164, 182, P. Avril et J. Gicquel
— *Rev. adm.*, 1990, p. 426, R. Étien
— *RFDA*, 1990, p. 143, B. Genevois
— *RFDC*, n° 1, 1990, p. 122, L. Philip
— *RJF*, 1990, p. 134

89-269 DC du 22 janvier 1990, *DD relatives à la sécurité sociale et à la santé (Égalité entre Français et étrangers)*, *Rec.*, 33, RJC I-392
— *AJDA*, 1990, p. 471, F. Benoit-Rohmer
— *Droit social*, n° 4, 1990, p. 352, X. Prétot
— *Pouvoirs*, n° 54, 1990, p. 196, 199, P. Avril et J. Gicquel
— *RCDIP*, 1990, p. 497, P. Lagarde
— *Rev. adm.*, 1990, p. 40, J. Filaire
— *RFDA*, 1990, p. 406, B. Genevois
— *RFDC*, n° 2, 1990, p. 138, 330, L. Favoreu
— *RDSS*, 1990, p. 437, X. Prétot
— *RDSS*, n° 4, 1990, p. 637, L. Dubouis

89-270 DC du 29 décembre 1989, *Loi de finances rectificative pour 1989*, *Rec.*, 129, RJC I-396
— *AIJC*, 1989, p. 476, 489, B. Genevois
— *Pouvoirs*, n° 53, 1990, p. 183, P. Avril et J. Gicquel
— *RFDC*, n° 1, 1990, p. 122, L. Philip

89-271 DC du 11 janvier 1990, *Loi relative à la limitation des dépenses électorales et à la clarification du financement des activités politiques (Amnistie des parlementaires)*, *Rec.*, 21, RJC I-397
— *LPA*, n° 23, 21 février 1990, p. 20, J.-P. Chaumont
— *Pouvoirs*, n° 54, 1990, p. 185, P. Avril et J. Gicquel
— *Rev. adm.*, 1990, p. 320, M.-L. Pavia
— *RFDC*, n° 2, 1990, p. 332, A. Roux

89-272 DC du 22 janvier 1990, *LO modifiant l'article LO 148 du Code électoral*, *Rec.*, 42, RJC I-400
— *Pouvoirs*, n° 54, 1990, p. 184, P. Avril et J. Gicquel
— *RFDC*, n° 2, 1990, p. 322, A. Roux

90-273 DC du 4 mai 1990, *Commission nationale des comptes de campagne*, *Rec.*, 55, RJC I-401
— *Pouvoirs*, n° 55, 1990, p. 208, P. Avril et J. Gicquel
— *RDP*, 1990, p. 832, F. Luchaire
— *RFDC*, n° 3, 1990, p. 495, Th.-S. Renoux

90-274 DC du 29 mai 1990, *Droit au logement*, *Rec.*, 61, RJC I-403
— *Pouvoirs locaux*, n° 7, déc. 1990, p. 85 et n° 8, mars 1991, G. Vedel
— *Pouvoirs*, n° 55, 1990, p. 206, 209, P. Avril et J. Gicquel
— *RFDC*, n° 3, 1990, p. 497, L. Favoreu

— *RDSS*, n° 4, 1990, p. 711, X. Prétot
90-275 DC du 6 juin 1990, *Règlement de l'Assemblée nationale*, *Rec.*, 67, RJC I-405
— *Pouvoirs*, n° 55, 1990, p. 210, P. Avril et J. Gicquel
— *RFDC*, n° 3, 1990, p. 498, Th.-S. Renoux
90-276 DC du 5 juillet 1990, *Règlement de l'Assemblée nationale*, *Rec.*, 69, RJC I-406
— *RFDC*, n° 4, 1990, p. 727, Th.-S. Renoux
90-277 DC du 25 juillet 1990, *Établissement d'impôts directs locaux*, *Rec.*, 70, RJC I-406
— *Pouvoirs*, n° 56, 1991, p. 200, 202, 204, 209, 210, P. Avril et J. Gicquel
— *RFDA*, 1991, p. 345, J.-C. Douence
— *RFDC*, n° 4, 1990, p. 729, L. Favoreu et L. Philip
90-278 DC du 7 novembre 1990, *Règlement du Sénat* , *Rec.*, 79, GD 44, RJC I-410
— *GDCC*, n° 43, 9e éd., Dalloz, 1997, L. Favoreu et L. Philip
— *LPA*, 1er février 1991, p. 21, J.-P. Chaumont
— *Pouvoirs*, n° 57, 1991, p. 172, P. Avril et J. Gicquel
— *RFDC*, 1991, p. 113, Th.-S. Renoux
90-279 DC du 7 novembre 1990, *LO, représentation de l'outre-mer au Conseil économique et social*, *Rec.*, 77, RJC I-412
— *Pouvoirs*, n° 58, 1991, p. 189, P. Avril et J. Gicquel
— *RFDC*, n° 5, 1991, p. 117, A. Roux
90-280 DC du 6 décembre 1990, *Concomitance des élections régionales et cantonales*, *Rec.*, 84, RJC I-412
— *LPA*, 25 sept. 1991, p. 16, M. Verpeaux
— *Pouvoirs*, n° 57, 1991, p. 177, 179, P. Avril et J. Gicquel
— *RDP*, 1991, p. 265, F. Luchaire
— *Rev. adm.*, n° 258, 1990, p. 513, R. Étien
— *RFDC*, n° 5, 1991, p. 129, L. Favoreu
90-281 DC du 27 décembre 1990, *Loi sur la réglementation des télécommunications*, *Rec.*, 91, RJC I-415
— *LPA*, 15 juillet 1992, p. 5, D. Turpin
— *Pouvoirs*, n° 57, 1991, p. 186, P. Avril et J. Gicquel
— *RFDC*, n° 5, 1991, p. 118, Th.-S. Renoux
90-282 DC du 8 janvier 1991, *Règlement du Sénat*, *Rec.*, 9, RJC I-417
— *Pouvoirs*, n° 58, 1991, p. 146, 152, 153, P. Avril et J. Gicquel
90-283 DC du 8 janvier 1991, *Lutte contre le tabagisme et l'alcoolisme*, *Rec.*, 11, RJC I-417
— *AJDA*, 1991, p. 382, P. Wachsmann
— *Pouvoirs*, n° 58, 1991, p. 137, 142-145, P. Avril et J. Gicquel
— *RDSS*, 1991, p. 204, J.-S. Cayla
— *RFDC*, n° 6, 1991, p. 293, L. Favoreu
90-284 DC du 16 janvier 1991, *Loi relative au conseiller du salarié*, *Rec.*, 20, RJC I-422
— *D*, 1991, chron., p. 119, B. Mathieu
— *D*, 1991, J, p. 321, X. Prétot
— *Pouvoirs*, n° 58, 1991, p. 145, P. Avril et J. Gicquel
— *RFDC*, n° 6, 1991, p. 300, A. Roux
90-285 DC du 28 décembre 1990, *Loi de finances pour 1991 (CSG)*, *Rec.*, 95, RJC I-424
— *AJDA*, 1991, p. 475, X. Prétot
— *Droit fiscal*, n° 14, 1991, p. 612, L. Philip

— *Droit social*, n° 4, 1991, p. 338, X. Prétot
— *JCP*, 1991, I, p. 3522, F. Quérol
— *LPA*, n° 17, 8 février 1991, p. 15, J-P. Chaumont
— *Pouvoirs*, n° 57, 1991, p. 185, 187, P. Avril et J. Gicquel
— *Rev. jur. fisc.*, 1991, p. 127
— *RFDC*, n° 5, 1991, p. 136, L. Philip
— *RFDC*, n° 5, 1991, p. 145, L. Favoreu

90-286 DC du 28 décembre 1990, *Loi de finances rectificative pour 1990*, *Rec.*, 107, RJC I-429
— *Pouvoirs*, n° 57, 1991, p. 188, P. Avril et J. Gicquel
— *RFDC*, n° 5, 1991, p. 136, L. Philip

90-287 DC du 16 janvier 1991, *Santé publique et assurances sociales*, *Rec.*, 24, RJC I-432
— *Pouvoirs*, n° 58, 1991, p. 134, 145-146, P. Avril et J. Gicquel
— *RDSS*, 1991, p. 246, X. Prétot
— *RFDC*, n° 6, 1991, p. 293, L. Favoreu

90-288 DC du 16 janvier 1991, *LO, Statut de la magistrature*, *Rec.*, 33, RJC I-436
— *Pouvoirs*, n° 58, 1991, p. 146, P. Avril et J. Gicquel
— *RFDC*, n° 6, 1991, p. 291, Th.-S. Renoux

91-289 DC du 11 avril 1991, *LO, Satut de la magistrature*, *Rec.*, 38, RJC I-437
— *Pouvoirs*, n° 59, 1991, p. 193, P. Avril et J. Gicquel

91-290 DC du 9 mai 1991, *Statut de la Corse*, *Rec.*, 50, GD 45, RJC I-438
— *D*, 1991, J, p. 624, R. Debbasch
— *GDCC*, n° 44, 9e éd., Dalloz, 1997, L. Favoreu et L. Philip
— *LPA*, n° 82, 10 juillet 1991, p. 20, C. Charpentier
— *LPA*, 21 juin 1991, n° 74, p. 15 et 5 juillet 1991, n° 80, p. 21, C. Houteer
— *Pouvoirs*, n° 59, 1991, p. 196, 211, 221, P. Avril et J. Gicquel
— *RDP*, 1991, p. 943, F. Luchaire
— *Rev. adm.*, 1991, p. 234, R. Étien
— *RFDA*, 1991, p. 407, B. Genevois
— *RFDC*, n° 6, 1991, p. 305 et 487, L. Favoreu
— *RFDC*, n° 7, 1991, p. 484, F. Luchaire
— *RRJ*, 1992, n° 1, p. 55, J.-P. Pastorel
— *RSAMO*, n° 31, p. 141, S. Pierré-Caps
— *RUDH*, 31 octobre 1991, p. 381, C. Grewe

91-291 DC du 6 mai 1991, *Fonds de solidarité des communes*, *Rec.*, 40, RJC I-445
— *Pouvoirs*, n° 59, 1991, p. 195, P. Avril et J. Gicquel
— *RDP*, 1992, p. 50, 58, 74, 75, D. Rousseau
— *RDSS*, 1991, p. 639, X. Prétot
— *RFDC*, n° 7, 1991, p. 497, L. Philip

91-292 DC du 23 mai 1991, *Règlement de l'Assemblée nationale*, *Rec.*, 64, RJC I-453
— *Pouvoirs*, n° 59, 1991, p. 198, P. Avril et J. Gicquel
— *RFDC*, n° 7, 1991, p. 501, Th.-S. Renoux

91-293 DC du 23 juillet 1991, *Accès des étrangers à la fonction publique*, *Rec.*, 77, RJC I-453
— *D*, 1991, J, p. 617, L. Hamon
— *D*, 1992, p. 67, X. Prétot
— *LPA*, n° 107, 6 septembre, 1991, p. 4, C. Houteer
— *Pouvoirs*, n° 60, 1992, p. 213, P. Avril et J. Gicquel

— *RDP*, 1991, p. 1499, F. Luchaire
— *RFDA*, 1991, p. 903, L. Dubouis
— *RFDC*, n° 8, 1991, p. 699, P. Gaïa

91-294 DC du 25 juillet 1991, *Accord de Schengen*, *Rec.*, 91, RJC I-455
— *D*, J, 1991, p. 617, L. Hamon
— *Doc. réf. suppl.* au n° 163 des 25 octobre, 8 novembre 1991, F. Julien-Lafferrière
— *Pouvoirs*, n° 60, 1992, p. 209, P. Avril et J. Gicquel
— *RDP*, 1991, p. 1499, F. Luchaire
— *RDP*, 1992, p. 63, D. Rousseau
— *RFDA*, 1992, p. 173, G. Vedel
— *RFDC*, n° 8, 1991, p. 703, P. Gaïa
— *RRJ*, n° 1, 1992, p. 25, P. Gaïa
— *RTDE*, 1992, p. 187, X. Prétot

91-295 DC du 23 juillet 1991, *Règlement du Sénat*, *Rec.*, 81, RJC I-460
— *Pouvoirs*, n° 60, 1992, p. 202, P. Avril et J. Gicquel

91-296 DC du 29 juillet 1991, *Maîtrise des dépenses de santé*, *Rec.*, 102, RJC I-460
— *Droit social*, 1991, p. 807, X. Prétot
— *Pouvoirs*, n° 60, p. 213, 1992, P. Avril et J. Gicquel
— *RDP*, 1992, p. 81, D. Rousseau
— *RFDC*, n° 8, 1991, p. 716, A. Roux

91-297 DC du 29 juillet 1991, *Réforme hospitalière*, *Rec.*, 108, RJC I-463
— *LPA*, 24 janv. 1992, n° 11, p. 11, C. Boutin
— *Pouvoirs*, n° 60, 1992, p. 213, P. Avril et J. Gicquel
— *RDP*, 1992, p. 108, D. Rousseau
— *RFDC*, n° 8, 1991, p. 720, Th.-S. Renoux

91-298 DC du 24 juillet 1991, *Dispositions fiscales rétroactives*, *Rec.*, 82, RJC I-465
— *Pouvoirs*, n° 60, 1992, p. 204, 216, 217, P. Avril et J. Gicquel
— *RDP*, 1992, p. 50, 51, 55, D. Rousseau
— *Rev. jur. fisc.*, 1991, p. 827
— *RFDC*, n° 8, 1991, p. 722, L. Philip

91-299 DC du 2 août 1991, *Congé de représentation*, *Rec.*, 124, RJC I-470
— *D*, chron., 1992, p. 130, Y. Laurin
— *Pouvoirs*, n° 60, 1992, p. 201, 205, 214, P. Avril et J. Gicquel
— *RDP*, 1992, p. 102, 103, D. Rousseau
— *RFDC*, n° 8, 1991, p. 727, L. Favoreu

91-300 DC du 20 novembre 1991, *Loi portant règlement définitif du budget de 1989*, *Rec.*, 130, RJC I-472
— *LPA*, n° 95, 7 août 1992, p. 17, B. Mathieu et M. Verpeaux
— *Pouvoirs*, n° 61, 1992, p. 175, 183, P. Avril et J. Gicquel
— *Rev. adm.*, 1992, p. 33, R. Étien
— *RFDC*, n° 9, 1992, p. 97, G. Orsoni

91-301 DC du 15 janvier 1992, *Règlement du Sénat (Commission d'enquêtes et de contrôle)*, *Rec.*, 9, RJC I-473
— *AIJC*, 1992, p. 487
— *Pouvoirs*, n° 62, 1992, p. 204, P. Avril et J. Gicquel
— *RDP*, 1993, p. 25, 36, D. Rousseau

— *RFDC*, n° 10, 1992, p. 332, L. Philip
— *RFDC*, n° 11, 1992, p. 545, Th.-S. Renoux

91-302 DC du 30 décembre 1991, *Loi de finances pour 1992*, *Rec.*, 137, RJC I-476
— *LPA*, n° 95, 7 août 1992, p. 15, B. Mathieu et M. Verpeaux
— *Rev. adm.*, n° 265, 1992, p. 33, R. Étien
— *RFDC*, n° 9, 1992, p. 101, L. Philip
— *Les Annonces de la Seine*, 6 janvier 1992, p. 2, R. Meyer
— *LPA*, 15 juillet 1992, p. 6, J. Guyot-Sionnest
— *Rev. adm.*, 1994, p. 252, P. Durand

91-303 DC du 15 janvier 1992, *Protection du consommateur*, *Rec.*, 15, RJC I-480
— *AIJC*, 1992, p. 522
— *LPA*, n° 95, 7 août 1992, p. 13, B. Mathieu et M. Verpeaux
— *Pouvoirs*, n° 62, 1992, p. 190, P. Avril et J. Gicquel
— *RDP*, 1993, p. 50, D. Rousseau
— *RFDC*, n° 10, 1992, p. 303, Y. Guyon

91-304 DC du 15 janvier 1992, *Liberté de communication*, *Rec.*, 8, RJC I-481
— *AIJC*, 1992, p. 524
— *D*, 1992, J, p. 201, note C. Debbasch
— *Pouvoirs*, n° 62, 1992, p. 192, P. Avril et J. Gicquel
— *RDP*, 1993, p. 23, chron. D. Rousseau
— *RFDC*, n° 10, 1992, p. 307, X. Philippe

92-305 DC du 21 février 1992, *LO, Statut de la magistrature*, *Rec.*, 27, RJC I-483
— *AIJC*, 1992, p. 478
— *CFP*, avril 1992, p. 14, J.Y.R
— *Gaz. Pal.*, 5-6 mai 1993, doct. p. 125, Th.-S. Renoux
— *Pouvoirs*, n° 62, 1992, p. 174, P. Avril et J. Gicquel
— *RDP*, 1992, p. 389, F. Luchaire
— *RDP*, 1993, p. 20, D. Rousseau
— *RFDC*, n° 10, 1992, p. 318, Th.-S. Renoux

92-306 DC du 21 février 1992, *LO, Indemnité des parlementaires*, *Rec.*, 46, RJC I-493
— *LPA*, n° 95, 7 août 1992, p. 18, B. Mathieu et M. Verpeaux
— *Pouvoirs*, n° 62, 1992, p. 195, P. Avril et J. Gicquel
— *RDP*, 1992, p. 389, F. Luchaire
— *RDP*, 1993, p. 49, D. Rousseau
— *RFDC*, n° 10, 1992, p. 332, L. Philip

92-307 DC du 25 février 1992, *Conditions d'entrée et de séjour des étrangers en France (Zones de transit)*, *Rec.*, 48, RJC I-493
— *AIJC*, 1992, p. 516,
— *AJDA*, 1992, p. 656, F. Julien-Lafferrière
— *Droit ouvrier*, 1992, p. 146, M. Bonnechère
— *JCP*, éd. G., 1992, II, n° 21848, N. Van Tuong
— *JDI*, 1992, p. 677, D. Lochak
— *LPA*, n° 134, 6 novembre 1992, p. 11, D. Turpin
— *Pouvoirs*, n° 62, 1992, p. 173, P. Avril et J. Gicquel
— *RDP*, 1993, p. 13, D. Rousseau
— *RFDA*, 1992, p. 186, B. Genevois

— *RFDC*, n° 10, 1992, p. 311, P. Gaïa
92-308 DC du 9 avril 1992, *Traité sur l'Union européenne (Maastricht I)*, *Rec.*, 55, RJC I-497
— *AIJC*, 1992, p. 480
— *Europe*, mai 1992, D. Simon
— *GDCC*, n° 45, 9e éd., Dalloz, 1997, L. Favoreu et L. Philip
— *JCP*, éd. G., 1992, II, n° 21853, N. Van Tuong
— LGDJ, 1992, p. 327, X. Prétot et p. 344, J.-C. Gautron
— *LPA*, n° 39, p. 14, 31 mars 1993, O. Beaud
— *LPA*, n° 77, 26 juin 1992, p. 6, B. Mathieu, M. Verpeaux
— *Pouvoirs*, n° 62, 1992, p. 180, P. Avril et J. Gicquel
— *RAE*, 1992, n° 3, p. 7, J. Rideau
— *RDP*, 1992, p. 589, F. Luchaire
— *RDP*, 1993, p. 14, D. Rousseau
— *Rev. adm.*, 1992, p. 126, R. Étien
— *RFDA*, 1992, p. 373, B. Genevois
— *RFDC*, n° 10, 1992, p. 340, L. Favoreu
— *RFDC*, n° 11, 1992, p. 389, L. Favoreu
— *RFDC*, n° 11, 1992, p. 398, P. Gaïa
— *RFDC*, n° 12, 1992, p. 719, P. Gaïa
— *RFDC*, n° 12, 1992, p. 752, L. Philip
— *RMCUE*, 1994, p. 393, C. Blumann
— *RTDE*, 1992, p. 251, J.-P. Jacqué
92-309 DC du 9 juin 1992, *Règlement du Sénat*, *Rec.*, 66, RJC I-502
— *AIJC*, 1992, p. 514
— *LPA*, n° 86, 19 juillet 1993, p. 11, M.-F. Verdier
— *Pouvoirs*, n° 63, p. 166, P. Avril et J. Gicquel
— *RFDC*, n° 12, 1992, p. 752, L. Philip
— *RFFP*, n° 39, 1992, p. 193, J.-P. Camby
92-310 DC du 29 juillet 1992, *LO, Conseil économique et social*, *Rec.*, 71, RJC I-504
— *Pouvoirs*, n° 64, 1993, p. 190, P. Avril et J. Gicquel
— *RDP*, 1993, p. 50, D. Rousseau
92-311 DC du 29 juillet 1992, *Revenu minimum d'insertion et lutte contre la pauvreté*, *Rec.*, 73, RJC I-505
— *AIJC*, 1992, p. 521
— *LPA*, n° 148, 9 décembre 1992, p. 12, B. Mathieu
— *LPA*, n° 6, 13 janvier 1993, p. 10, J.-P. Camby
— *Pouvoirs*, n° 64, 1993, p. 202, P. Avril et J. Gicquel
— *RDP*, 1993, p. 54, D. Rousseau
— *RFDC*, n° 12, 1992, p. 747, X. Philippe
92-312 DC du 2 septembre 1922, *Traité sur l'Union européenne (Maastricht II)*, *Rec.*, 76, RJC I-506
— *AIJC*, 1992, p. 475, 502
— *GDCC*, n° 45, 9e éd., Dalloz, 1997, L. Favoreu et L. Philip
— *JCP*, éd. G., 1992, II, n° 21943, N. Van Tuong
— *LPA*, n° 39, 31 mars 1993, p. 14, O. Beaud
— *LPA*, n° 148, 9 décembre 1992, p. 13, B. Mathieu et M. Verpeaux

— *Pouvoirs*, n° 64, 1993, p. 187, P. Avril et J. Gicquel
— *RDP*, 1992, p. 598, F. Luchaire
— *RDP*, 1993, p. 15, D. Rousseau
— *RFDA*, 1992, p. 937, B. Genevois
— *RFDA*, 1993, p. 47, E. Picard
— *RFDC*, n° 11, 1992, p. 408, L. Favoreu et D. Maus
— *RFDC*, n° 12, 1992, p. 724, L. Favoreu et P. Gaïa

92-313 DC du 23 septembre 1992, *Loi autorisant la ratification du Traité sur l'Union européenne (Maastricht III)*, *Rec.*, 94, RJC I-510
— *AIJC*, 1992, p. 472
— *AJDA*, 1993, p. 151, E. Picard
— *GDCC*, n° 45, 9e éd., Dalloz, 1997, L. Favoreu et L. Philip
— *JCP*, éd. G., 1992, II, n° 21956, N. Van Tuong
— *LPA*, n° 148, 9 décembre 1992, p. 14, B. Mathieu et M. Verpeaux
— *LPA*, n° 39, 31 mars 1993, p. 14, O. Beaud
— *Pouvoirs*, n° 64, 1993, p. 188, P. Avril et J. Gicquel
— *RDP*, 1992, p. 1587, F. Luchaire
— *RDP*, 1993, p. 33, D. Rousseau
— *Rev. adm.*, 1992, p. 413, R. Étien
— *RFDA*, n° 1, 1993, p. 47, E. Picard
— *RFDC*, n° 12, 1992, p. 740, L. Favoreu

92-314 DC du 17 décembre 1992, *Règlement de l'Assemblée nationale (application de l'article 88-4 de la Constitution)*, *Rec.*, 126, RJC I-511
— *LPA*, n° 37, 26 mars 1993, p. 10, M.-F. Verdier
— *Pouvoirs*, n° 65, 1993, p. 204, P. Avril et J. Gicquel
— *RDP*, 1993, p. 301, F. Luchaire
— *Rev. adm.*, 1994, p. 29, C. Bigaut
— *RFDC*, n° 13, 1993, p. 131, P. Gaïa et L. Philip

92-315 DC du 12 janvier 1993, *Règlement du Sénat (application de l'article 88-4 de la Constitution)*, *Rec.*, 9, RJC I-513
— *LPA*, n° 67, 4 juin 1993, p. 8, M.-F. Verdier
— *Pouvoirs*, n° 66, 1993, p. 215, P. Avril et J. Gicquel
— *RDP*, 1993, p. 301, F. Luchaire
— *Rev. adm.*, 1994, p. 29, C. Bigaut
— *RFDC*, n° 13, 1993, p. 132, P. Gaïa et L. Philip
— *RFDC*, n° 14, 1993, p. 370, M. Dreyfus-Schmidt

92-316 DC du 20 janvier 1993, *Prévention de la corruption*, *Rec.*, 14, RJC I-516
— *LPA*, 2 juin 1993, p. 4, B. Mathieu et M. Verpeaux
— *Pouvoirs*, n° 66, 1993, p. 183, P. Avril et J. Gicquel
— *RFDC*, n° 14, 1993, p. 375, L. Favoreu
— *RFDA*, n° 5, 1993, p. 902, D. Pouyaud
— *RFDC*, n° 14, 1993, p. 375, J. Frayssinet, L. Favoreu, X. Philip, Th.-S. Renoux, A. Roux
— *Le Monde*, 22 janvier 1993, Th. Bréhier

92-317 DC du 21 janvier 1993, *Loi DMOS*, *Rec.*, 27, RJC I-522
— *Le Monde*, 23 janvier 1993, Th. Bréhier

— *LPA*, 2 juin 1993, p. 7, B. Mathieu et M. Verpeaux
— *Pouvoirs*, n° 66, 1993, p. 185, P. Avril et J. Gicquel
— *RFDC*, n° 14, 1993, p. 406, X. Philippe

93-318 DC du 30 juin 1993, *Accord France-Mongolie*, *Rec.*, 153 et 155, RJC I-524
— *LPA*, n° 26, 2 mars 1994, p. 10, M. Verpeaux
— *Pouvoirs*, n° 67, 1993, p. 172, P. Avril et J. Gicquel
— *RDP*, 1993, p. 1493, F. Luchaire
— *RFDC*, n° 16, 1993, p. 819, P. Gaïa

93-319 DC du 30 juin 1993, *Prévention et contrôle des risques professionnels*, *Rec.*, 155, RJC I-525
— *LPA*, 2 mars 1994, p. 10, M. Verpeaux
— *Pouvoirs*, n° 67, 1993, p. 172, P. Avril et J. Gicquel
— *RFDC*, n° 16, 1993, p. 819, P. Gaïa

93-320 DC du 21 juin 1993, *Loi de finances rectificative pour 1993*, *Rec.*, 146, RJC I-526
— *Droit social*, 1993, p. 787, X. Prétot
— *Le Monde*, 23 juin 1993, Th. Bréhier
— *LPA*, 5 janvier 1994, p. 16, B. Mathieu et M. Verpeaux
— *Pouvoirs*, n° 67, 1993, p. 172, P. Avril et J. Gicquel
— *RFDC*, n° 15, 1993, p. 576, L. Philip
— *RJF*, novembre 1993, n° 1446, p. 843

93-321 DC du 20 juillet 1993, *Loi réformant le Code de la nationalité*, *Rec.*, 196, RJC I-529
— *AJDA*, 1993, p. 755, O. Schrameck
— *LPA*, n° 121, 8 octobre 1993, p. 12, Y.-M. Doublet
— *LPA*, n° 26, 2 mars 1994, p. 11, B. Mathieu et M. Verpeaux
— *Pouvoirs*, n° 68, 1994, p. 154, P. Avril et J. Gicquel
— *RFDC*, n° 16, 1993, p. 820, X. Philippe
— *RTDH*, n° 20, 1994, p. 519, J. Fabre-Alibert

93-322 DC du 28 juillet 1993, *Établissements universitaires dérogatoires*, *Rec.*, 204, RJC I-533
— *LPA*, n° 27, 4 mars 1994, p. 4, B. Mathieu et M. Verpeaux
— *Pouvoirs*, n° 68, 1994, p. 174, P. Avril et J. Gicquel
— *Rev. adm.*, 1993, p. 443, R. Étien
— *RFDC*, n° 16, 1993, p. 831, X. Philippe

93-323 DC du 5 août 1993, *Contrôles et vérifications d'identité*, *Rec.*, 213, RJC I-535
— *AJDA*, 1993, p. 815, P. Wachsmann
— *LPA*, n° 2, 5 janvier 1994, p. 18, B. Mathieu
— *Pouvoirs*, n° 68, 1994, p. 172, P. Avril et J. Gicquel
— *RFDC*, n° 16, 1993, p. 835, L. Favoreu

93-324 DC du 3 août 1993, *Statut de la Banque de France*, *Rec.*, 208, RJC I-537
— *AJDA*, 1994, p. 491, M. Lombard
— *JCP*, 1994, éd. G, II, n° 22193, N. Van Tuong
— *LPA*, n° 27, 4 mars 1994, p. 6, B. Mathieu et M. Verpeaux
— *LPA*, n° 47, 20 avril 1994, p. 4, et n° 49, 225 avril 1994, J.-P. Duprat
— *LPA*, n° 73, 20 juin 1994, p. 33, J.-F. Davignon
— *LPA*, n° 85, 18 juillet 1994, p. 5, C. Leroy
— *Pouvoirs*, n° 68, 1994, p. 174, P. Avril et J. Gicquel
— *RFDC*, n° 16, 1994, p. 843, P. Gaïa

93-325 DC du 13 août 1993, *Maîtrise de l'immigration*, *Rec.*, 224, RJC I-539
— *AJDA*, 1994, p. 97, C. Teitgen-Colly
— Avis du Conseil d'État du 23 septembre 1993, *RFDA*, 1993, p. 899
— *D*, 1994, somm., 111
— *Droit social*, 1994, p. 69, J.-J. Dupeyroux et X. Prétot
— *Gaz. Pal.*, 15 novembre 1994, L. Burgorgue-Larsen
— *GDCC*, n° 46, 9e éd., Dalloz, 1997, L. Favoreu et L. Philip
— *JCP*, I, n° 3728, N. Guimezanes
— *JDI*, 2, 1994, p. 303, R. Pinto
— *La Vie judiciaire*, n° 2478, 4 octobre 1993, H. Roussillon
— *LPA*, n° 108, 9 septembre 1994, p. 4, B. Mathieu et M. Verpeaux
— *Pouvoirs*, n° 68, 1994, p. 166, P. Avril et J. Gicquel
— *RDP*, 1994, p. 5, F. Luchaire
— *Revue belge de droit constitutionnel*, 1994, p. 203, P. Gaïa
— *RFDA*, 1993, p. 871, B. Genevois
— *RFDC*, n° 15, 1993, p. 583, L. Favoreu
— *RMCUE*, 1994, p. 315, J. Rossetto

93-326 DC du 11 août 1993, *Code de procédure pénale (Garde à vue)*, *Rec.*, 217, RJC I-552
— *D*, 1993, J, p. 299, J. Pradel
— *JCP*, 1993, éd. G, n° 3720, F. Le Gunehec
— *LPA*, n° 2, 5 janvier 1994, p. 20, B. Mathieu et M. Verpeaux
— *Pouvoirs*, n° 68, 1994, p. 171, P. Avril et J. Gicquel
— *RFDC*, n° 16, 1993, p. 848, Th.-S. Renoux

93-327 DC du 19 novembre 1993, *LO, Cour de justice de la République*, *Rec.*, 470, RJC I-555
— *Pouvoirs*, n° 69, 1994, p. 197, P. Avril et J. Gicquel
— *RFDC*, n° 17, 1994, p. 133, B. Mathieu

93-328 DC du 16 décembre 1993, *Loi quinquennale relative au travail, à l'emploi et à la formation professionnelle*, *Rec.*, 547, RJC I-557
— *Droit social*, 1994, p. 139, X. Prétot
— *LPA*, n° 68, 8 juin 1994, p. 13, B. Mathieu et M. Verpeaux
— *Pouvoirs*, n° 69, 1994, p. 207, P. Avril et J. Gicquel
— *RFDC*, n° 17, 1994, p. 139, J.-Y. Cherot et L. Philip

93-329 DC du 13 janvier 1994, *Conditions de l'aide aux investissements des établissements d'enseignement privés par les collectivités territoriales (Révision de la loi Falloux)*, *Rec.*, 9, RJC I-562
— *AJDA*, 1994, p. 132, J.-P. Costa
— *D*, 1995, somm., p. 291, F. Mélin-Soucramanien et E. Oliva
— *JCP*, 1994, éd. G, II, 22241, A. Ashworth
— *LPA*, n° 28, 29 mars 1995, p. 4, M. Verpeaux
— *LPA*, n° 53, 4 mai 1994, p. 19, A. Ashworth
— *LPA*, n° 96, 12 août 1994, p. 22, F. Leclercq
— *Pouvoirs*, n° 70, 1994, p. 184, P. Avril et J. Gicquel
— *RDP*, 1994, n° 3, p. 609, F. Luchaire
— *Rev. adm.*, 1994, p. 61, J.-M. Pontier
— *RFDA*, 1994, n° 2, p. 209, B. Genevois
— *RFDC*, n° 17, 1994, p. 325, L. Favoreu

93-330 DC du 29 décembre 1993, *Loi de finances pour 1994*, *Rec.*, 572, RJC I-558
— *LPA*, n° 68, 8 juin 1994, p. 12, B. Mathieu
— *Pouvoirs*, n° 69, 1994, p. 207, P. Avril, J. Gicquel
— *RFDC*, n° 17, 1994, p. 144, L. Philip
93-331 DC du 13 janvier 1994, *Renouvellement triennal par moitié des conseils généraux*, *Rec.*, 17, RJC I-566
— *D*, 1995, somm., 289, P. Gaïa
— *D*, 1995, somm., 331 et 342, A. Roux et F. Mélin-Soucramanien
— *LPA*, n° 125, 19 octobre 1994, p. 11, Nguyen Van Tuong
— *LPA*, n° 38, 29 mars 1995, p. 6, M. Verpeaux
— *Pouvoirs*, n° 70, 1994, p. 187, P. Avril et J. Gicquel
— *RFDC*, n° 18, 1994, p. 343, A. Roux
93-332 DC du 13 janvier 1994, *Santé publique et protection sociale*, *Rec.*, 21, RJC I-569
— *D*, 1995, somm., 289, P. Gaïa et E. Oliva
— *LPA*, n° 38, 29 mars 1995, p. 7, B. Mathieu
— *Pouvoirs*, n° 70, 1994, p. 219, P. Avril et J. Gicquel
— *RFDC*, n° 19, 1994, p. 545, P. Gaïa
93-333 DC du 21 janvier 1994, *Liberté de communication*, *Rec.*, 32, RJC I-569
— *D*, 1995, somm., 301 et 342, A. Roux et F. Mélin-Soucramanien
— *LPA*, n° 66, 3 juin 1994, p. 16, C. Boutin
— *LPA*, n° 38, 29 mars 1995, p. 8, M. Verpeaux
— *Pouvoirs*, n° 70, 1994, p. 204, P. Avril et J. Gicquel
— *RFDA*, 1994, p. 1170, J. Morange
— *RFDC*, n° 18, 1994, p. 347, X. Philippe
93-334 DC du 20 janvier 1994, *Peine incompressible*, *Rec.*, 27, RJC I-573
— *D*, 1995, somm., 293, Th.-S. Renoux et E. Oliva
— *LPA*, n° 39, 31 mars 1995, p. 4, B. Mathieu et M. Verpeaux
— *Pouvoirs*, n° 70, 1994, p. 184, P. Avril et J. Gicquel
— *RFDC*, n° 18, 1994, p. 353, Th.-S. Renoux
93-335 DC du 21 janvier 1994, *Loi DD en matière d'urbanisme et de construction*, *Rec.*, 40, RJC I-576
— *D*, 1995, somm., 294, P. Gaïa et E. Oliva
— *LPA*, n° 39, 31 mars 1995, p. 6, M. Verpeaux et B. Mathieu
— *LPA*, n° 54, 6 mai 1994, p. 15, B. Lamorlette
— *Pouvoirs*, n° 70, 1994, p. 205, P. Avril et J. Gicquel
— *Rev. adm.*, n° 277, 1994, p. 75, J. Morand-Deviller
— *Rev. dr. imm.*, 16(2), avril-juin 1994, p. 163, P. Hocreitère
— *RFDA*, n° 1, 1995, p. 7, P. Hocreitère
— *RFDC*, n° 18, 1994, p. 363, F. Mélin-Soucramanien
93-336 DC du 27 janvier 1994, *LO, Statut de la magistrature*, *Rec.*, 47, RJC I-579
— *D*, 1995, somm., 298, F. Mélin-Soucramanien
— *LPA*, n° 39, 31 mars 1995, p. 8, M. Verpeaux
— *Pouvoirs*, n° 70, 1994, p. 186, P. Avril et J. Gicquel
— *RFDC*, n° 21, 1995, p. 156, F. Mélin-Soucramanien
93-337 DC du 27 janvier 1994, *LO, Conseil supérieur de la magistrature*, *Rec.*, 55, RJC I-583
— *D*, 1995, somm., 298, F. Mélin-Soucramanien

— *D*, 1995, somm.,Th.-S. Renoux
— *LPA*, n° 39, 31 mars 1995, p. 8, M. Verpeaux
— *Pouvoirs*, n° 70, 1994, p. 192, P. Avril et J. Gicquel
— *RFDC*, n° 21, 1995, p. 161, F. Mélin-Soucramanien
93-338 DC du 10 mars 1994, *Règlement de l'Assemblée nationale*, *Rec.*, 71, RJC I-585
— *D*, 1995, somm., 294, J. Pini
— *LPA*, n° 104, 31 août 1994, p. 4, H. Desclodures
— *LPA*, n° 125, 1995, p. 10, Mathieu-Verpeaux
— *LPA*, n° 87, 22 juillet 1994, p. 27, P. Jan
— *Pouvoirs*, n° 70, 1994, p. 215, P. Avril et J. Gicquel
— *RFDC*, n° 20, 1994, p. 713, L. Sermet
— *RFDC*, n° 21, 1995, p. 161, F. Mélin-Soucramanien
— *RFDC*, n° 21, 1995, p. 176, J. Pini
94-339 DC du 31 mai 1994, *Règlement du Sénat*, *Rec.*, 80, RJC I-588
— *D*, 1995, somm., 295, J. Pini
— *LPA*, n° 129, 28 octobre 1994, p. 7, P. Jan
— *LPA*, n° 50, 26 avril 1995, p. 4, B. Mathieu
— *Pouvoirs*, n° 70, 1994, p. 188, P. Avril et J. Gicquel
— *RFDC*, n° 19, 1994, p. 548, R. Ghevontian
93-340 DC du 14 juin 1994, *LO, Compétences de la Polynésie française en matière pénitentiaire*, *Rec.*, 86, RJC I-589
— *D*, 1995, somm., 290, J.-C. Car
— *LPA*, n° 50, 26 avril 1995, p. 6, B. Mathieu
— *RDP*, 1994, p. 1621, F. Luchaire
94-341 DC du 6 juillet 1994, *Date du renouvellement des conseillers municipaux*, *Rec.*, 88, RJC I-589
— *D*, 1995, somm., 297, F. Mélin-Soucramanien et A. Roux
— *LPA*, n° 125, 1995, p. 5, B. Mathieu et M. Verpeaux
— *Pouvoirs*, n° 72, 1995, p. 175, P. Avril et J. Gicquel
— *Rev. adm.*, 1995, p. 179, J.-M. Pontier
— *RFDC*, n° 20, 1994, p. 789, X. Philippe
94-342 DC du 7 juillet 1994, *Pouvoirs de contrôle en mer par l'État*, *Rec.*, 92, RJC I-591
— *D*, 1995, somm., 297, J. Pini
— *LPA*, n° 125, 1995, p. 8, B. Mathieu et M. Verpeaux
— *Pouvoirs*, n° 72, 1995, p. 169, P. Avril et J. Gicquel
— *RDP*, 1994, p. 1621, F. Luchaire
— *RFDC*, n° 20, 1994, p. 793, J. Pini
94-343/344 DC du 27 juillet 1994, *Lois bioéthiques*, *Rec.*, 100, RJC I-592
— *D*, 1995, chron., p. 205, B. Edelman
— *D*, 1995, J, p. 237, B. Mathieu
— *D*, 1995, somm., 299, L. Favoreu
— *GDCC*, n° 47, 9e éd., Dalloz, 1997, L. Favoreu et L. Philip
— *JCP*, 11994, I, n° 3788, C. Byk
— *LPA*, n° 50, 26 avril 1995, p. 6, B. Mathieu
— *Pouvoirs*, n° 72, 1995, p. 178, P. Avril et J. Gicquel
— *RDP*, 1994, p. 1647, F. Luchaire

— *Rev. sc. crim.*, 1994, p. 477, M. Delmas-Marty
— *RFDA*, 1994, p. 1019, B. Mathieu
— *RFDC*, n° 20, 1994, p. 799, L. Favoreu

94-345 DC du 29 juillet 1994, *Loi relative à l'emploi de la langue française*, *Rec.*, 106, RJC I-595
— *AJDA*, 1994, p. 731, P. Wachsmann
— *Commentaire*, n° 70, été 1995, p. 331, G. Carcassonne
— *D*, 1995, somm., 296, 303, A. Roux et E. Oliva
— *JCP*, 1995, n° 22359, R. Debbasch
— *Légispresse*, 1994, n° 114, p. 71, B.A
— *LPA*, n° 125, 1995, p. 7, B. Mathieu et M. Verpeaux
— *LPA*, n° 141, 25 novembre 1994, V. Staeffen et L. Veyssière
— *LPA*, n° 18, 10 février 1995, A. Roux
— *RDP*, 1994, p. 1663, J.-P. Camby
— *Rev. des deux mondes*, octobre 1994, p. 91, G. de Broglie
— *Rev. adm.*, 1994, p. 472, M. Clapie
— *RFDC*, 1995, n° 23, p. 576, M. Verpeaux
— *RFDC*, n° 20, 1994, p. 811, M. Verpeaux

94-346 DC du 21 juillet 1994, *Constitution de droits réels sur le domaine public*, *Rec.*, 96, RJC I-598
— *Actualité législative Dalloz*, 1994, p. 183, M. Lombard
— *Actualité législative Dalloz*, 1995, p. 93, H. Pauliat
— *AJDA*, 1994, p. 759, B. Gondouin
— *CJEG*, 1995, n° 506, p. 1, P. Godfrin
— *D*, 1995, somm., 347, J. Pini
— *JCP*, 1995, I, 3812, O. de David Beauregard-Berthier
— *LPA*, n° 155, 28 décembre 1994, M.-J. Aglaé
— *LPA*, n° 95, 9 août 1995, p. 19, J.-P. Amadei
— *LPA*, n° 125, 18 octobre 1995, p. 9, M. Verpeaux
— *LPA*, n° 17, 8 février 1995, p. 16, G. Pietri et C. de Bernis
— *Pouvoirs*, n° 72, 1995, p. 179, P. Avril et J. Gicquel
— *RFDA*, 1994, p. 1106, C. Lavialle
— *RFDC*, n° 20, 1994, p. 814, P. Bon

94-347 DC du 3 août 1994, *Loi DDOEF*, *Rec.*, 113, RJC I-600
— *D*, 1995, somm., 350, J. Trémeau
— *LPA*, n° 51, 1995, p. 4, B. Mathieu
— *Pouvoirs*, n° 72, 1995, p. 179, P. Avril et J. Gicquel
— *RFDC*, n° 20, 1994, p. 826, J. Trémeau

94-348 DC du 3 août 1994, *Protection sociale complémentaire des salariés*, *Rec.*, 117, RJC I-602
— *D*, 1995, somm., 344, 351, P. Gaïa et F. Mélin-Soucramanien
— *Droit social*, 1995, p. 411, P. Laigre
— *Droit social*, 1995, p. 306, P. Laigre
— *JCP*, 1995, n° 13, II, 22404, Y. Broussolle
— *LPA*, n° 51, 28 avril 1995, p. 5, B. Mathieu
— *Pouvoirs*, n° 72, 1995, p. 180, P. Avril et J. Gicquel

— *RFDC*, n° 20, 1994, p. 832, P. Gaïa
94-349 DC du 20 décembre 1994, *LO, Code des juridictions financières*, *Rec.*, 132, RJC I-604
— *D*, 1995, somm., 290, J.-C. Car
— *LPA*, n° 68, 7 juin 1995, p. 4, B. Mathieu
— *Pouvoirs*, n° 73, 1995, p. 211, P. Avril et J. Gicquel
— *RFDC*, n° 21, 1995, p. 165, J.-C. Car
94-350 DC du 20 décembre 1994, *Statut fiscal de la Corse*, *Rec.*, 134, RJC I-605
— *D*, 1995, somm., 348, J. Trémeau
— *D*, 1995, p. 51, Nguyen Van Tuong
— *LPA*, n° 68, 7 juin 1995, p. 5, B. Mathieu
— *RFDC*, n° 21, 1995, p. 167, J. Trémeau
94-351 DC du 29 décembre 1994, *Loi de finances pour 1995*, *Rec.*, 140, RJC I-606
— *AJDA*, 1995, p. 336, J.-P. Camby
— *D*, 1995, somm., 348, E. Oliva
— *GDCC*, n° 48, 9e éd., Dalloz, 1997, L. Favoreu et L. Philip
— *JCP*, 1995, II, 22400, Nguyen Van Tuong
— *LPA*, n° 68, 7 juin 1995, B. Mathieu
— *Pouvoirs*, n° 73, 1995, p. 210, P. Avril et J. Gicquel
94-352 DC du 18 janvier 1995, *Loi d'orientation et de programmation relative à la Sécurité (Vidéosurveillance)*, *Rec.*, 170, RJC I-606
— *D*, 1997, somm., 121, J. Trémeau
— *JCP*, 1995, II, 22525, F. Lafay
— *LPA*, n° 48, 21 avril 1995, p. 18, Nguyen Van Tuong
— *LPA*, n° 68, 7 juin 1995, p. 7, B. Mathiey
— *Pouvoirs*, n° 74, 1995, p. 218, P. Avril et J. Gicquel
— *RDP*, 1995, p. 575, F. Luchaire
— *Rev. adm.*, 1995, p. 142, R. Pellet et p. 483, F. Barloy
— *RFDC*, n° 22, 1995, p. 362, L. Favoreu
94-353/356 DC du 11 janvier 1995, *LO, Élection du président de la République et des députés à l'Assemblée nationale et LO, Financement de la campagne en vue de l'élection du président de la République*, *Rec.*, 166, RJC I-615
— *D*, 1997, somm., 115, J.-C. Car
— *D*, 1997, somm., 132, R. Ghevontian
— *D*, 1997, somm., 138, F. Mélin-Soucramanien
— *LPA*, n° 126, 20 octobre 1995, p. 6, B. Mathieu et M. Verpeaux
— *Pouvoirs*, n° 74, 1995, p. 209, P. Avril et J. Gicquel
— *RFDC*, n° 22, 1995, p. 372, R. Ghevontian
94-354 DC du 11 janvier 1995, *LO, Déclaration de patrimoine des membres du Parlement et incompatibilités*, *Rec.*, 163, RJC I-616
— *D*, 1997, somm., 116, J.-C. Car
— *D*, 1997, somm., 131, R. Ghevontian
— *D*, 1997, somm., 138, F. Mélin-Soucramanien
— *LPA*, n° 126, 20 octobre 1995, p. 6, B. Mathieu et M. Verpeaux
— *Pouvoirs*, n° 74, 1995, p. 203, P. Avril et J. Gicquel
— *RFDC*, n° 22, 1995, p. 377, R. Ghevontian
94-355 DC du 10 janvier 1995, *LO, Statut de la magistrature*, *Rec.*, 151, RJC I-618

— *D*, 1997, somm., 117, J.-C. Car
— *Justices*, n° 3, 1996, p. 331, G. Drago
— *D*, 1997, somm., 128, Th.-S. Renoux
— *LPA*, n° 146, 6 décembre 1995, p. 6, M. Verpeaux
— *Pouvoirs*, n° 74, 1995, p. 216, P. Avril et J. Gicquel
— *RFDC*, n° 22, 1995, p. 373, J.-C. Car

94-357 DC du 25 janvier 1995, *Loi DDOS*, *Rec.*, 179, RJC I-622
— *D*, 1997, somm., 121, J. Trémeau
— *D*, 1997, somm., 134, 136, E. Oliva
— *D*, 1997, somm., 139, F. Mélin-Soucramanien
— *LPA*, n° 68, 7 juin 1995, B. Mathieu
— *Pouvoirs*, n° 74, 1995, p. 220, P. Avril et J. Gicquel
— *RDSS*, 1995, p. 579, E. Alfandari
— *RFDA*, 1995, p. 780, B. Mathieu
— *RFDC*, n° 22, 1995, p. 384, E. Oliva

94-358 DC du 26 janvier 1995, *Loi d'orientation pour l'aménagement et le développement du territoire*, *Rec.*, 183, RJC I-624
— *D*, 1997, somm., 139, F. Mélin-Soucramanien
— *D*, 1997, somm., 119, J. Trémeau
— *D*, 1997, somm., J. Pini
— *D*, 1997, somm., E. Oliva
— *LPA*, n° 126, 20 octobre 1995, p. 8, M. Verpeaux et B. Mathieu
— *Pouvoirs*, n° 74, 1995, p. 198, P. Avril et J. Gicquel
— *RDSS*, 1995, p. 579, E. Alfandari
— *RFDA*, 1995, p. 780, B. Mathieu
— *RFDA*, 1995, p. 876, D. Rousseau
— *RFDA*, 1995, p. 946, Y. Madiot
— *RFDC*, n° 22, 1995, p. 389, F. Mélin-Soucramanien, J. Trémeau, J. Pini

94-359 DC du 19 janvier 1995, *Diversité de l'habitat*, *Rec.*, 176, RJC I-630
— *AJDA*, 1995, p. 455, B. Jorion
— *D*, 1995, p. 117, H. Heugas-Darraspen
— *D*, 1997, somm., 137, P. Gaïa
— *D*, 1995, chron., p. 283, H. Pauliat
— *LPA*, n° 6, 12 janvier 1996, p. 14, F. Zitouni
— *LPA*, n° 68, 7 juin 1995, p. 9, B. Mathieu
— *Pouvoirs*, n° 74, 1995, p. 216, P. Avril et J. Gicquel
— *RFDC*, n° 22, 1995, p. 404, Th.-S. Renoux
— *RFDC*, n° 22, 1995, p. 582, P. Gaïa

95-360 DC du 2 février 1995, *Organisation des juridictions et à la procédure civile, pénale et administrative*, *Rec.*, 195, RJC I-632
— *D*, 1995, chron., p. 171, J. Pradel
— *D*, 1995, chron., p. 201, J. Volff
— *D*, 1995, p. 41, J.-P. Ménabe
— *D*, 1995, p. 45, B. Bourdeau
— *D*, 1997, somm., 130, Th.-S. Renoux
— *JCP*, 1995, I, 3840, E. Picard

— *Justices*, n° 3, p. 331, G. Drago
— *LPA*, n° 126, 20 octobre 1995, p. 4, B. Mathieu et M. Verpeaux
— *Pouvoirs*, n° 74, 1995, p. 219, P. Avril et J. Gicquel
— *RFDC*, n° 22, 1995, p. 405, Th.-S. Renoux

95-361 DC du 2 février 1995, *Marchés publics et délégations de service public*, *Rec.*, 198, RJC I-633
— *D*, 1997, somm., 137, A. Roux
— *LPA*, n° 45, 14 avril 1995, p. 4, O. Rousset
— *LPA*, n° 126, 20 octobre 1995, p. 5, M. Verpeaux

95-362 DC du 2 février 1995, *Déclaration de patrimoine des membres du Gouvernement et des titulaires de certaines fonctions*, *Rec.*, 200, RJC I-633
— *RFDC*, n° 22, 1995, p. 405, Th.-S. Renoux

95-363 DC du 11 janvier 1995, *Financement de la vie politique*, *Rec.*, 159, RJC I-634
— *D*, 1997, somm., 139, F. Mélin-Soucramanien
— *LPA*, n° 126, 20 octobre 1995, p. 6, B. Mathieu et M. Verpeaux
— *Pouvoirs*, n° 74, 1995, p. 212, P. Avril et J. Gicquel
— *RFDA*, 1995, p. 780, B. Mathieu
— *RFDC*, n° 22, 1995, p. 376, R. Ghevontian

95-364 DC du 8 février 1995, *LO, autodétermination de la Nouvelle-Calédonie en 1998*, *Rec.*, 202, RJC I-636
— *D*, 1997, somm., 118, A. Roux
— *LPA*, n° 126, 20 octobre 1995, p. 5, B. Mathieu et M. Verpeaux
— *Pouvoirs*, n° 74, 1995, p. 220, P. Avril et J. Gicquel
— *RFDA*, 1995, p. 780, chron. B. Mathieu

95-365 DC du 27 juillet 1995, *Loi relevant le taux de la TVA*, *Rec.*, 214, RJC I-638
— *D*, 1997, somm., 134, E. Oliva
— *JCP*, 1995, II, 22559, G. Durand
— *LPA*, n° 117, 29 septembre 1995, p. 14, Nguyen Van Tuong
— *LPA*, n° 146, 6 décembre 1995, p. 8, M. Verpeaux
— *Pouvoirs*, n° 76, 1996, p. 182, P. Avril et J. Gicquel
— *RFDC*, n° 24, 1995, p. 783, L. Philip

95-366 DC du 8 novembre 1995, *Règlement de l'Assemblée nationale*, *Rec.*, 226, RJC I-639
— *D*, 1997, somm., 125, E. Oliva
— *LPA*, n° 14, 31 janvier 1996, p. 4, M. Verpeaux
— *Pouvoirs*, n° 77, 1996, p. 252, P. Avril et J. Gicquel
— *RFDC*, n° 25, 1996, p. 142, E. Oliva

95-367 DC du 29 novembre 1995, *LO, Session parlementaire ordinaire unique*, *Rec.*, 233, RJC I-639
— *D*, 1997, somm., 127, J.-C. Car
— *Pouvoirs*, n° 77, 1996, p. 255, P. Avril et J. Gicquel

95-368 DC du 15 décembre 1995, *Règlement du Sénat*, *Rec.*, 246, RJC I-643
— *D*, 1997, somm., 127, E. Oliva
— *LPA*, n° 14, 31 janvier 1996, p. 6, M. Verpeaux
— *RDP*, 1997, P.38, D. Rousseau

95-369 DC du 30 décembre 1995, *Loi de finances pour 1996*, *Rec.*, 257, RJC I-646
— *AJDA*, 1996, P.369, O. Schrameck

— *D*, 1997, somm., 140, F. Mélin-Soucramanien
— *D*, 1996, J. 193, J.-P. Lay
— *JCP*, 1996, II, 22636, Nguyen Van Tuong
— *LPA*, n° 10, 1996, J. Coillot
— *LPA*, n° 32, 13 mars 1996, p. 4, B. Mathieu
— *Pouvoirs*, n° 77, 1996, p. 253, P. Avril et J. Gicquel
— *RFDC*, n° 25, 1996, p. 119, L. Philip

95-370 DC du 30 décembre 1995, *Réforme de la protection sociale (Plan Juppé)*, *Rec.*, 269, RJC I-650
— *D*, 1997, somm., 123, J. Trémeau
— *Droit social*, 1996, p. 279, X. Prétot et p. 290, X. Roques
— *JCP*, 1996, II, 22602, Nguyen Van Tuong
— *LPA*, n° 32, 13 mars 1996, p. 7, B. Mathieu et M. Verpeaux
— *LPA*, n° 51, p. 18, G. Sébastien
— *Pouvoirs*, n° 77, 1996, p. 238, P. Avril et J. Gicquel
— *RFDC*, n° 25, 1996, p. 131, J. Trémeau

95-371 DC du 30 décembre 1995, *Loi de finances rectificative pour 1995*, *Rec.*, 265, RJC I-653
— *D*, 1997, somm., 135, E. Oliva
— *LPA*, n° 32, 13 mars 1996, p. 11, B. Mathieu
— *Pouvoirs*, n° 77, 1996, p. 255, P. Avril et J. Gicquel
— *RFDC*, n° 25, 1996, p. 130, L. Philip

96-372 DC du 6 février 1996, *LO, Date de renouvellement des membres de l'assemblée territoriale de la Polynésie française*, *Rec.*, 40
— *Justices*, n° 5, 1997, p. 227, G. Drago
— *LPA*, n° 107, 4 septembre 1996, p. 4, M. Verpeaux
— *Pouvoirs*, n° 78, 1996, p. 187, P. Avril et J. Gicquel
— *RFDA*, 1996, p. 734, M. Verpeaux
— *RFDC*, n° 26, 1996, p. 383, Th. Di Manno
— *RFDC*, n° 27, 1996, p. 581, J.-C. Car

96-373 DC du 9 avril 1996, *LO, Satut d'autonomie de la Polynésie française*, *Rec.*, 43
— *AJDA*, 1996, p. 369, O. Schameck
— *D*, 1996, p. 301, W. Baranes et M.-A. Frison-Roche
— *Justices*, n° 5, 1997, p. 218, N. Molfessis
— *LPA*, n° 68, 5 juin 1996, p. 18, A. Gruber
— *LPA*, n° 107, 4 septembre 1996, p. 6, B. Mathieu et M. Verpeaux
— *LPA*, n° 146, 1996, p. 5, D. Turpin
— *Pouvoirs*, n° 78, 1996, p. 191, P. Avril et J. Gicquel
— *RDP*, 1996, p. 953, F. Luchaire
— *RFDC*, n° 27, 1996, p. 584, Th.-S. Renoux, A. Roux, J. Trémeau

96-374 DC du 9 avril 1996, *Loi complétant le statut d'autonomie de la Polynésie française*, *Rec.*, 58
— *AJDA*, 1996, p. 371, O. Schrameck
— *LPA*, n° 107, 4 septembre 1996, p. 9, M. Verpeaux
— *LPA*, n° 146, p. 5, D. Turpin
— *Pouvoirs*, n° 78, 1996, p. 192, P. Avril et J. Gicquel
— *Rev. adm.*, 196, p. 313, J.-M. Pontier

— *RDP*, 1996, p. 953, F. Luchaire
96-375 DC du 9 avril 1996, *Loi DDOEF*, *Rec.*, 60
— *AJDA*, 1996, p. 369, O. Schrameck
— *LPA*, n° 107, 4 septembre 1996, p. 9, B. Mathieu
— *Pouvoirs*, n° 78, 1996, p. 191, P. Avril et J. Gicquel
— *RDP*, 1996, p. 1147, X. Prétot
— *RFDC*, n° 27, 1996, p. 598, P. Gaïa
96-376 DC du 12 juillet 1996, *LO, Satut d'autonomie de la Polynésie française*, *Rec.*, 80
— *LPA*, n° 107, 4 septembre 1996, p. 11, M. Verpeaux
— *Pouvoirs*, n° 80, 1996, p. 164, P. Avril et J. Gicquel
— *RFDC*, n° 28, 1996, p. 795, J.-C. Car
96-377 DC du 16 juillet 1996, *Répression du terrorisme*, *Rec.*, 87
— *AJDA*, 1997, p. 86, C. Teitgen et F. Julien-Laferrière
— *AJDA*, 1996, p. 693, O. Schrameck
— *D*, 1997, J, p. 69, B. Mercuzot
— *GP*, 26 et 27 février 1997, p. 2, D. Richard
— *JCP*, 1996, éd. G, II, n° 22709, Nguyen Van Tuong
— *JCP*, 1997, I, n° 4023, B. Mathieu et M. Verpeaux
— *Justices*, n° 5, 1997, p. 216, N. Molfessis
— *Justices*, n° 5, 1997, p. 228, G. Drago
— *LPA*, n° 89, 24 juillet 1996, p. 4
— *LPA*, n° 144, 29 novembre 1996, p. 5, B. Mathieu
— *Pouvoirs*, n° 80, 1996, p. 164, P. Avril et J. Gicquel
— *RDP*, 1996, p. 1245, F. Luchaire
— *RFDC*, n° 28, 1996, p. 806, Th.-S. Renoux
96-378 DC du 23 juillet 1996, *Loi de réglementation des télécommunications*, *Rec.*, 99
— *AJDA*, 1996, p. 694, O. Schrameck
— *Cahiers de la fonction publique*, sept. 1996, n° 149, p. 7, O. Schrameck
— *JCP*, 1997, I, n° 4023, B. Mathieu et M. Verpeaux
— *Juris PTT*, n° 45, 3e trim. 1996, p. 20, J. Frayssinet
— *LPA*, n° 70, 11 juin 1997, p. 16, B. Mathieu et M. Verpeaux
— *LPA*, n° 90, 26 juillet 1996, p. 4
— *LPA*, n° 132, 1er novembre 1996, p. 15, P.-G. Pérot
— *Pouvoirs*, n° 80, 1996, p. 162, P. Avril et J. Gicquel
— *RFDA*, 1996, p. 909, J. Chevallier
— *RFDC*, n° 28, 1996, p. 823, J. Trémeau
96-379 DC du 16 juillet 1996, *LO, Lois de financement de la sécurité sociale*, *Rec.*, 95
— *AJDA*, 1996, p. 692, O. Schrameck
— *JCP*, 1997, I, n° 4023, B. Mathieu et M. Verpeaux
— *LPA*, n° 11, 1996, p. 10, N. Van Tuong
— *LPA*, n° 144, 29 novembre 1996, p. 10, S. Aivazzadeh
— *LPA*, n° 152, 18 décembre 1996, p. 23, N. Van Tuong
— *Pouvoirs*, n° 80, 1996, p. 153, 164, P. Avril et J. Gicquel
— *RFDC*, n° 28, 1996, p. 799, J.-C. Car
96-380 DC du 23 juillet 1996, *Entreprise nationale France Télécom*, *Rec.*, 107
— *AJDA*, 1996, p. 694, O. Schrameck

— *Cahiers de la fonction publique*, sept. 1996, n° 149, p. 7, O. Schrameck
— *JCP*, 1997, I, n° 4023, B. Mathieu et M. Verpeaux
— *LPA*, n° 70, 11 juin 1997, p. 19, M. Verpeaux
— *LPA*, n° 90, 26 juillet 1996
— *Pouvoirs*, n° 80, 1996, p. 163, P. Avril et J. Gicquel
— *Rev. adm.*, 1996, p. 510, P. Espuglas
— *RFDA*, 1996, p. 909, J. Chevallier et p. 1125, C. Lavialle
— *RFDC*, n° 28, 1996, p. 832, F. Mélin-Soucramanien

96-381 DC du 14 octobre 1996, *Règlement du Sénat*, *Rec.*, 117
— *JCP*, 1997, I, n° 4023, B. Mathieu et M. Verpeaux
— *Pouvoirs*, n° 81, 1997, p. 176, P. Avril et J. Gicquel
— *RFDC*, n° 29, 1997, p. 94, E. Oliva

96-382 DC du 14 octobre 1996, *Règlement de l'Assemblée nationale*, *Rec.*, 120
— *JCP*, 1997, I, n° 4023, B. Mathieu et M. Verpeaux
— *Pouvoirs*, n° 81, 1997, p. 176, P. Avril et J. Gicquel
— *RFDC*, n° 29, 1997, p. 94, E. Oliva

96-383 DC du 6 novembre 1996, *Information et consultation des salariés*, *Rec.*, 128
— *D*, 1997, chron., 152, B. Mathieu
— *Droit social*, 1997, p. 25, M.-L. Morin
— *Droit ouvrier*, 1996, p. 479, G. Lyon-Caen
— *JCP*, 1997, I, n° 4023, B. Mathieu et M. Verpeaux
— *Pouvoirs*, n° 81, 1997, p. 190, P. Avril et J. Gicquel
— *RFDC*, n° 29, 1997, p. 107, J. Trémeau

96-384 DC du 19 décembre 1996, *Loi de financement de la sécurité sociale pour 1997*, *Rec.*, 141
— *JCP*, 1997, I, n° 4023, B. Mathieu et M. Verpeaux
— *Justices*, n° 5, 1997, p. 215, N. Molfessis
— *LPA*, n° 156, 27 décembre 1996, p. 4
— *LPA*, n° 47, 18 avril 1997, p. 15, Nguyen Van Tuong
— *Pouvoirs*, n° 81, 1997, p. 176, P. Avril et J. Gicquel
— *RDP*, 1997, n° 2, p. 289, F. Luchaire
— *RFDC*, n° 29, 1997, p. 114, E. Oliva

96-385 DC du 30 décembre 1996, *Loi de finances pour 1997*, *Rec.*, 145
— *AJDA*, 1997, p. 161, O. Schrameck
— *D*, 1997, J, p. 117, P. Malaurie
— *JCP*, 1997, I, n° 4023, B. Mathieu et M. Verpeaux
— *LPA*, n° 1, 1er janvier 1997, p. 4
— *LPA*, n° 7, 15 janvier 1997, p. 5, J.-C. Zarka
— *LPA*, n° 29, 7 mars 1997, p. 5, B. Mathieu
— *Pouvoirs*, n° 81, 1997, p. 189, P. Avril et J. Gicquel
— *RDP*, 1997, p. 289, F. Luchaire
— *RFDC*, n° 29, 1997, p. 119, L. Philip
— *RTDC*, n° 2, 1997, p. 412, J. Hauser et p. 416, J. Mestre

96-386 DC du 30 décembre 1996, *Loi de finances rectificative pour 1996*, *Rec.*, 154
— *AJDA*, 1997, p. 161, O. Schrameck
— *JCP*, 1997, I, n° 4023, B. Mathieu et M. Verpeaux

— *Justices*, n° 5, 1997, p. 229, G. Drago
— *LPA*, n° 1, 1er janvier 1997, p. 4
— *LPA*, n° 7, 15 janvier 1997, p. 5, J.-C. Zarka
— *LPA*, n° 22, 19 février 1997, p. 28, Nguyen Van Tuong
— *Pouvoirs*, n° 81, 1997, p. 176, P. Avril et J. Gicquel
— *RDP*, 1997, p. 5, J.-P. Camby
— *RDP*, 1997, p. 289, F. Luchaire
— *RFDC*, n° 29, 1997, p. 149, L. Philip

96-387 DC du 21 janvier 1997, *Prestation spécifique dépendance*, *Rec.*, 23
— *AJDA*, 1997, p. 161, O. Schrameck
— *JCP*, 1997, I, n° 4066, B. Mathieu et M. Verpeaux
— *LPA*, n° 11, 24 janvier 1997
— *LPA*, n° 19, 12 février 1997, p. 9, J.-C. Zarka
— *Rev. adm.*, 1997, p. 620, G. Alberton, S. Dyens, M.-L. Gely, J. Roux, A. Viala
— *RFDC*, n° 30, 1997, p. 326, F. Mélin-Soucramanien

97-388 DC du 20 mars 1997, *Loi créant les plans d'épargne retraite*, *Rec.*, 31
— *Droit social*, 1997, p. 476, X. Prétot
— *JCPG*, 1997, I, n° 4066, B. Mathieu et M. Verpeaux
— *Rev. adm.*, 1997, p. 620, G. Alberton, S. Dyens, M.-L. Gely, J. Roux, A. Viala
— *RFDC*, n° 30, 1997, L. Favoreu et F. Mélin-Soucramanien

97-389 DC du 22 avril 1997, *Loi DD, relatives à l'immigration (Loi Debré)*, *Rec.*, 45
— *AJDA*, 1997, p. 524, F. Julien-Laferrière
— *JCP G*, 1997, I, n° 4066, B. Mathieu et M. Verpeaux
— *Rev. adm.*, 1997, p. 620, G. Alberton, S. Dyens, M.-L. Gely, J. Roux, A. Viala
— *LPA*, n° 50, 25 avril 1997, p. 9, Nguyen Van Tuong
— *LPA*, n° 77, p. 4, G. Pellissier
— *RDP*, 1997, p. 931, F. Luchaire

97-390 DC du 19 novembre 1997, *LO, Fiscalité applicable en Polynésie française*, *Rec.*, 254
— *AJDA*, 1997, p. 963, J.-E. Schoettl
— *D*, 1998, p. 117, Y. Brard

97-391 DC du 7 novembre 1997, *Loi portant mesures urgentes à caractère fiscal et financier*, *Rec.*, 232
— *AJDA*, 1997, p. 969, J.-E. Schoettl
— *Rev. adm.*, 1997, p. 634, T. Meindl

97-392 DC du 7 novembre 1997, *Loi portant réforme du service national*, *Rec.*, 235
— *AJDA*, 1997, p. 974, J.-E. Schoettl
— *LPA*, n° 153, 22 décembre 1997, P. Jan

97-393 DC du 18 décembre 1997, *Loi de financement de la sécurité sociale pour 1998*, *Rec.*, 320
— *Droit social*, 1998, p. 164, X. Prétot

97-394 DC du 31 décembre 1997, *Traité d'Amsterdam*, *Rec.*, 344
— *JCP G*, 1998, actualité, p. 57
— *Cahiers du Conseil constitutionnel*, n° 4, 1998, p. 113, A. Pellet

97-395 DC du 30 décembre 1997, *Loi de finances pour 1998*, *Rec.*, 333
— *JCP G*, 1998, p. 261, J.-C. Zarka

2. Décisions de délégalisation (art. 37, alinéa 2 de la Constitution)

61-14 L du 18 juillet 1961, *Organisation judiciaire*, *Rec.*, 38
— Franck (C.), *GDJC*, p. 144
— Hamon (L.), *D*, 1961, J, p. 541
— Laubadère (A. de), *AJDA*, 1961, p. 625
62-18 L du 16 janvier 1962, *Loi d'orientation agricole*, *Rec.*, 31
— Franck (C.), *GDJC*, p. 310
— Hamon (L.), *S*, 1963, J, p. 303
64-31 L. du 21 décembre 1964, *Juridiction pour enfants*, *Rec.*, 43
— Franck (C.), *GDJC*, p. 318 ;
— Hamon (L.), *D*, 1965, p. 641
— Laubadère (A. de), *AJDA*, 1965, p. 100
65-33 L du 9 février 1965, *Expropriation pour cause d'utilité publique*, *Rec.*, 73
— Hamon (L.), *D*, 1967, J, p. 405
69-55 L du 26 juin 1969, *Monuments historiques*, *Rec.*, 27
— Franck (C.), *GDJC*, p. 34
— Voisset (M.), *JCP*, 1970, I, n° 2290 *bis*
72-73 L du 29 février 1972, *Participation des salariés aux fruits de l'expansion des entreprises*, *Rec.*, 31
72-75 L du 21 décembre 1972, *Procédure devant les tribunaux administratifs*, *Rec.*, 36
73-80 L du 28 novembre 1973, *Code rural. Baux à ferme*, *Rec.*, 45
— Rivero (J.), *AJDA*, 1974, p. 229 à 234
77-99 L du 20 juillet 1977, *Cour de cassation*, *Rec.*, 63
— Avril (P.) et Gicquel (J.), *Pouvoirs*, 1977, n° 3, p. 168
— Favoreu (L.), *RDP*, 1979, p. 1663
— Hamon (L.), *D*, 1978, J, p. 701
82-124 L du 23 juin 1982, *Comités et agences de bassin*, *Rec.*, 348
— Favoreu (L.), *RDP*, 1983, p. 348
85-139 L du 8 août 1985, *Nature juridique des dispositions relatives à la Sécurité sociale*, *Rec.*, 94
— Favoreu (L.), *RDP*, 1986, p. 395 et s., n° 61 à 65, 92, 94
85-140 L du 24 juillet 1985, *Traitement des agents de l'État*, *Rec.*, 113
— *JCP*, 86.II.20614, Nguyen Quoc Vinh
— *RDP*, 1986, p. 395, L. Favoreu
— *RFDA*, 1986, p. 831, B. Mathieu
86-145 L du 19 mars 1986, *Certaines dispositions du Code de la nationalité*, *Rec.*, 22
— RCDIPr., avril-juin 1986, p. 297, P. Lagarde
93-174 L du 6 avril 1993, *Nature juridique de dispositions contenues dans les articles L 611-4 et L 611-6 du Code du travail*,
— *JO*, 8 avril 1993, p. 6105

93-175 L du 22 septembre 1993, *Nature juridique de dispositions contenues dans la loi du 27 septembre 1941 portant réglementation des fouilles archéologiques*,
— *JO*, 25 septembre 1993
95-177 L du 8 juin 1995, *Nominations en conseil des ministres*, *Rec.*, 211,
— *AJDA*, 1995, p. 519, O. Schrameck
— *LPA*, 1995, p. 137, J.-P. Camby

3. Décisions de fins de non-recevoir (art. 41 de la Constitution)

59-1 FNR du 27 novembre 1959, *Stabilisation des fermages*, *Rec.*, 71
— Félice (J. de), *GP*, 1960, I, p. 13
— Franck (C.), *GDJC*, p. 104
— Giffard (J.), *S*, 1960, J, p. 102
— Hamon (L.), *D*, 1960, chron., p. 55
— Surgy (M. de), *S*, 1960, chron., p. 55
— Teitgen (P.H.), *DS*, 1961, p. 147
— Waline (M.), *RDP*, 1960, p. 1011
64-6 FNR du 22 mai 1964, *Saisine des Conseils de prud'hommes*, *Rec.*, 47
— Hamon (L.), *S*, 1964, J, p. 338
79-10 FNR du 26 avril 1979, *Économies d'énergie*, *Rec.*, 55
— Avril (P.) et Gicquel (J.), *Pouvoirs*, 1979, n° 10, p. 172
— Hamon (L.), *D*, 1981, J, p. 133
— Favoreu (L.), *RDP*, 1979, p. 1675

4. Contentieux de l'élection des députés et des sénateurs (art. 59 de la Constitution)

11 juin 1981, *Delmas*, *Rec.*, 97
— Avril (P.) et Gicquel (J.), *Pouvoirs*, 1981, n° 19, p169
— Favoreu (L.), *RDP*, 1981, p. 1347
— Feffer (M.A.), *AJDA*, 1981, p. 481
— Franck (C.), *JCP*, 1982, n° 19775
— Goyard (C.), *AJDA*, 1981, p. 357
— Luchaire (F.), *D*, 1981, J, p. 589
— Rials (S.), *Rev. adm.*, 1981, p. 272
— Turpin (D.), *G.P.*, 1981, n° 22-24, p. 4
— Villiers (M. de), *Rev. adm.*, 1981, p. 489 à 492
16 et 20 avril 1982, *Bernard*, *Rec.*, 109
— Favoreu (L.), *RDP*, 1983, p. 349

— Julien-Laferrière (F.), *AJDA*, 1982, p. 466
— Luchaire (F.), *D*, 1982, J, p. 489
— Villiers (M. de), *Rev. adm.*, 1982, p. 506 à 509
87-1026 du 23 octobre 1987, *Rec.*, 55
24 novembre 1987, *Rec.*, 77
— Peuchot (E.), *LPA*, 7 décembre 1987, p. 27
20 mars 1997, *Mme Richard*, *Rec.*, 43
— *JO*, 23 mars 1997, p. 4561
— *Dr. adm.*, 1997, n° 125, B. Maligner
— *RFDA*, 1997, p. 697, R. Ghevontian
— *RDP*, 1997, p. 1209, J.-P. Camby

Index alphabétique

Les chiffres renvoient aux pages.
Les chiffres en gras indiquent les passages principaux
où la question est traitée.

THÉMIS

Collection fondée et dirigée par Maurice Duverger

DROIT PUBLIC

Direction : Didier Truchet

AUBY Jean-Bernard et Jean-François *Droit des collectivités locales.* 1998, 2e éd.
BELTRAME Pierre et MEHL Lucien *Techniques, politiques et institutions fiscales comparées.* 1997, 2e éd. refondue
BOURDON Jacques, PONTIER Jean-Marie et RICCI Jean-Claude *Droit des collectivités territoriales.* 1998, 2e éd. mise à jour
BURDEAU François *Histoire du droit administratif.* 1995, 1re éd.
CHARLES Hubert *Droit de l'urbanisme*, 1997, 1re éd.
DEBBASCH Charles *Institutions et droit administratifs*
T. 1 : *Les Structures administratives.* 1991, 4e éd. mise à jour
T. 2 : *L'Action et le contrôle de l'administration.* 1998, 4e éd. refondue
DEBBASCH Charles, BOURDON Jacques, PONTIER Jean-Marie et RICCI Jean-Claude *Droit administratif des biens.* 1994, 2e éd.
DOUAT Etienne Finances publiques. 1998, 1re éd.
DRAGO Guillaume *Contentieux constitutionnel français.* 1998, 1re éd.
DUVERGER Maurice *Éléments de droit public.* 1995, 13e éd. mise à jour
GLEIZAL Jean-Jacques, GATTI Domenach et JOURNES Claude *La Police. Le cas des démocraties occidentales.* 1993, 1re éd.
RIVERO Jean *Les Libertés publiques*
T. 1 : *Les Droits de l'homme.* 1995, 7e éd. mise à jour
T. 2 : *Le Régime des principales libertés.* 1996, 5e éd. mise à jour
SUEUR Philippe *Histoire du droit public français*
T. 1 : *Constitution monarchique.* 1993, 2e éd.
T. 2 : *Affirmation et crise état.* 1994, 2e éd.
TOUSCOZ Jean *Droit international.* 1993, 1re éd.
VEDEL Georges et DELVOLVÉ Pierre *Droit administratif*
T. I. 1992, 12e éd.
T. II. 1992, 12e éd.

Ouvrages en préparation

BURDEAU Geneviève *Droit des organisations internationales*
DUTHEIL DE LA ROCHÈRE Jacqueline *Droit communautaire et politiques communes*
LABORDE Jean-Pierre *Sécurité sociale*

Maillard Dominique *Droit des relations de l'administration avec ses usagers*
Molinier Joël et Tournié Gérard *Procédure fiscale*, 2e éd. refondue
Picard Étienne *Droits fondamentaux. Théorie générale*
Rainaud Jean-Marie *Les grandes conclusions des commissaires du gouvernement*
Van Lang Agathe *Droit de l'environnement*

Imprimé en France
Imprimerie des Presses Universitaires de France
73, avenue Ronsard, 41100 Vendôme
Septembre 1998 — N° 45 376